Jan Röhnert
Springende Gedanken und flackernde Bilder

Jan Röhnert

Springende Gedanken und flackernde Bilder

Lyrik im Zeitalter der Kinematographie
Blaise Cendrars, John Ashbery,
Rolf Dieter Brinkmann

WALLSTEIN VERLAG

Für Nadine,
die den Film einlegte

Inhalt

Einleitung: Die endlose Ausdehnung von Zelluloid[1]

Wann immer der Medienbegriff auftaucht, kommt Bewegung in die Diskurse der Geisteswissenschaften. Angeregt durch die Arbeiten von Medientheoretikern wie Herbert Marshall McLuhan und Kulturphilosophen wie Walter Benjamin, beginnen sich auch die Literaturwissenschaften mit der Frage auseinanderzusetzen, inwieweit Medien am Entstehungs- und Rezeptionsprozeß von Literatur beteiligt sind, also: Stellen sie eine direkte oder indirekte Konkurrenz zur Institution Literatur dar? Wirken sie mit an der veränderten Rolle und gesellschaftlichen Relevanz von Literatur? »Hat das filmische und schließlich elektronische Festhalten und Übermitteln von bewegten Bildern die Buchstaben-Kunst auf die Seite gedrängt oder ihr neue Leistungen abverlangt, indem es sie zu selbstreflexiven Experimenten nötigte?«[2]

Nicht selten wirken Theorien medialer Einflußnahme auf Literatur forciert oder übertrieben; dennoch vermag ihr zum Widerspruch oder allgemein zur Stellungnahme herausforderndes Argumentationspotential die fortdauernde Diskussion zu bereichern.[3] Im Gegensatz jedoch zu Arbeiten von umfassendem medialen Fokus steht in diesem Buch die Auseinandersetzung mit Texten im Vordergrund. Es handelt sich um solche Texte, an denen die Beschäftigung mit *einem* Medium ablesbar ist, welches *das* Paradigma der medialen Überformung von Lebenswelt im 20. Jahrhundert darstellt: der Film.

1 Die Formulierung »endlose Ausdehnung von Zelluloid« geht zurück auf eine Sentenz in Brinkmanns Gedicht »Cinemascope« (Brinkmann, Standphotos, S. 295f.), wo, an den Benjaminschen »Aura«-Begriff erinnernd, von »diese[r] Ferne, die wir / zusammen meinen, die endlose / Ausdehnung von Celluloid [sic]« die Rede ist. (Ausführliche bibliographische Angaben der zitierten Quellen und Sekundärliteratur im Literaturverzeichnis).

2 Elm/Hiebel, Medien und Maschinen, S. 12.

3 Dazu zählt auch die Auseinandersetzung mit dem heftig diskutierten Paradigma der Intermedialität (vgl. Wolf, »Cross the Border – Close the Gap«), von dem vorliegende Arbeit – zumindest theoretisch – unberührt bleibt: Sie geht von der grundsätzlichen *Autonomie* der einzelnen Medien aus, die, mögen sie sich auch interdependent zueinander verhalten, in ihrer jeweiligen semiotisch-funktionalen Codierung keineswegs beliebig austauschbar sind. Als ihre Zielvorgabe kann gelten, die ›Antwort‹ der Lyrik auf die Herausforderung durch den Film aus der ihr eigenen, spezifischen medialen Disposition heraus zu erklären.

Das 19. Jahrhundert mit seinen charakteristischen Medien – neben der Fotografie wären Fortbewegungsmittel wie Eisenbahn, Kommunikationsbeschleuniger wie Telegrafie und Tageszeitung, aber auch das Visuelle betonende Neuerungen wie Karikatur, Graphik, (Werbe-)Plakat zu nennen – kann als ein Jahrhundert der allgemeinen Aufwertung der Bildlichkeit, des Seh-Sinns verstanden werden; eine Tendenz, die sich im 20. Jahrhundert mit der Etablierung des Kinos, später des Fernsehens, bis hin zu virtuellen Computer-Bildwelten nurmehr verstärkt hat. In der Lyrik etwa seit Mitte des 19. Jahrhunderts ›antworteten‹ die Dichter darauf ihrerseits mit einer Bevorzugung des Bildlichen. Das bis dahin geltende Primat von Regelpoetik, Rhetorik und Metrik verlor hingegen an Bedeutung. Die kühnen, artifiziellen Bildwelten eines Rimbaud oder Lautréamont vermögen das Reale durch ihre Bild-Montagen bereits derart zu verfremden, daß sie damit auf Prinzipien des nach ihnen aufkommenden Films verweisen.

Auch Siegfried Kracauer kam um 1930 in seiner Abhandlung zu der Feststellung: »Die Unordnung des in der Photographie gespiegelten Abfalls kann nicht deutlicher klargestellt werden als durch die Aufhebung jeder gewohnten Beziehung zwischen den Naturelementen.«[4] Daß von dieser »Aufhebung« nicht nur die Domäne des Films und seiner Schnitt- und Montagetechniken betroffen war, sondern, wie alle übrige Kunst, auch die der modernen Poesie, ist offensichtlich. Das hinderte Kracauer nicht daran, sich gerade vom Film *Die Errettung der äußeren Wirklichkeit* zu versprechen: Durch dieses Medium sei die Möglichkeit gegeben, das alltäglich Gewordene und deshalb allzu Gewohnte unserer Umwelt plötzlich mit neuen Augen, aus ganz anderer Perspektive wahrzunehmen und so zu neuen Einsichten über den Charakter der Realität zu gelangen. Die Ambivalenz in der Beurteilung der filmimmanenten Potenzen findet ihre Entsprechung in Tendenzen der modernen Poesie: einerseits die Hinwendung zu plastischer Konkretheit, zu Detailgenauigkeit und Alltagsleben; andererseits die Bevorzugung imaginierter Traumwelten, künstlicher Paradiese, autonomer, hermetischer Metaphern. Ausgangshypothese ist, daß in der Lyrik seit Aufkommen des Films ein Wandel stattgefunden hat, der sich als *cinematographic shift* bezeichnen läßt.[5]

---

4 Vgl. Kracauer, Die Photographie, S. 90.
5 Ähnlich Mc Cabe, Cinematic Modernism, deren Studien zur (Avantgarde-)Filmrezeption von W. C. Williams, H. D., Gertrude Stein und Marianne Moore bis jetzt eine der wenigen größeren Arbeiten zum Zusammenhang von filmischem Paradigma und Lyrik der Moderne darstellen. Aufgrund der methodischen Verknüpfung von Filmtheorie mit Psychoanalyse und modischem *gender*-Diskurs

Mein Vorhaben ist als doppelt komparatistisch – medien- und literatur-komparatistisch – anzusehen: Während als genuin filmisch anzusehenden Mechanismen in der Lyrik von Moderne und Avantgarde nachgegangen wird, soll der Nachweis dieser Befunde an Dichtern unterschiedlicher Zeiträume und Literaturen des 20. Jahrhunderts erbracht werden. Den internationalisierenden Tendenzen, die sowohl einem bildzentrierten Medium wie dem Film als auch der aus Metropolen wie Paris oder New York kommenden Lyrik innewohnen, wird Rechnung getragen.

Im Sinne des doppelt komparatistischen Ansatzes gehört es zum Ziel dieser Studien, Verbindungslinien zwischen den präsentierten Dichtern aufzuzeigen – ihren jeweiligen Orten, Epochen und unterschiedlichen Traditionen, denen sie entstammen –, Gemeinsamkeiten im Herangehen an das Kino festzustellen, um so Prinzipien, Strukturen oder ›Gesetzmäßig-keiten‹ bei der Transposition vom einen Medium in das andere – vom Film zur Lyrik – aufdecken zu können. Wenn auch die inhaltliche Be-schränkung auf drei Kulturen und je einen zentralen Dichter alles andere als Universalität des Anspruchs garantiert, so berührt dieser Diskurs doch eines der entscheidenden Kapitel doppelt transatlantischer Literatur-vermittlungen im 20. Jahrhundert: die Wiederentdeckung der franzö-sischen Avantgarden des ersten Jahrhundertdrittels über die Relaisstation New York im Europa der Nachkriegszeit.

Zu danken ist all denen, die mein Vorhaben durch ihre Anregungen und Hinweise, durch Ins-Gespräch-Kommen oder Ins-Kino-Gehen auf die eine oder andere Weise befördert haben – oft ohne daß sie direkt da-von wußten: John Ashbery, Roland Bärwinkel, Dieter Burdorf, Edoardo Costadura, Tom Elliot, Larry Fagin, Gunter Geduldig, Gerhard R. Kai-ser, Wulf Kirsten, Andreas Kramer, Jonas Mekas, Wolfgang G. Müller, Ron Padgett, Helge Pfannenschmidt, Franz-Joachim Verspohl sind an dieser Stelle hervorzuheben. Dem DAAD ist für die Gewährung der Kurzzeitstipendien für London, Paris und New York, der Geschwister Boehringer Stiftung Ingelheim und der Ludwig Sievers Stiftung Han-nover für die großzügigen Zuschüsse zu danken, die den Druck dieser Arbeit ermöglichten. Ohne das Lektorat von Susan Bindermann vom Wallstein Verlag hätte das Buch nicht die Form angenommen, in der es jetzt vorliegt.

Weimar, im März 2007

bleibt ihre Vorgehensweise jedoch auf den Umkreis der dargestellten Autoren be-schränkt und ist kaum in raumzeitlich umfänglichere Kontexte übertragbar.

1. Prämissen und Vorgeschichte

1.1 Zur Geschichte und Theorie medialer Interferenzen in Literatur und Kunst

Das Konzept, Literatur- als Teil der Mediengeschichte zu betrachten kommt zum ersten Mal explizit in der Medientheorie des kanadischen Literaturwissenschaftlers Marshall McLuhan zum Ausdruck und hat in der Germanistik mit Friedrich Kittler seinen prominentesten Vertreter gefunden. McLuhan begreift Medien allgemein als »extensions of man«, als Ausweitung und Verlagerung der Funktionen menschlicher Gliedmaßen in Instrumente und Werkzeuge, wobei sich im Zuge dieser ›Ausweitung‹ selbstverständlich auch der Gebrauch der einzelnen Gliedmaßen ändern bzw. zurückbilden wird – eine Ansicht, die in der Philosophie z.B. bei Arnold Gehlen anzutreffen ist.[6] Daß man diesen Prozeß auch als eine die menschliche Selbstwahrnehmung extrem beeinträchtigende ›Amputation‹ empfinden kann, zeigt ein negativ motivierter Medientheoretiker wie Paul Virilio. McLuhan hingegen schlußfolgert ganz wertneutral, daß die so entstehenden medialen Ausweitungen alle bisher bestehenden Medien immer wieder neu in Frage stellen bzw. längerfristig die Rolle dieser älteren Medien einschränken und auch deren Erscheinungsbild wesentlich verändern werden. Damit geht die Annahme einher, daß sich eine Kultur über die in ihr vorherrschenden Medien definiert und Medien die Wahrnehmungsweisen einer Kultur vorgeben; medialer Wandel bedeutet folgerichtig auch Wahrnehmungswandel.[7] Bemerkenswert an McLuhans Medienbegriff ist, daß neben Innovationen, die wir in der Alltagssprache als »Medien« bezeichnen – Telefon, Tonträger, Radio, Fotografie, Kino, Fernsehen –, auch technische Neuerungen wie das Rad, das Auto oder die Eisenbahn darin Platz finden.

---

6 Vgl. Gehlen, Die Seele im technischen Zeitalter.

7 Ähnlich Benjamins Ansicht von einem medienbedingten Wahrnehmungswandel: »Innerhalb großer geschichtlicher Zeiträume verändert sich in der gesamten Daseinsweise der menschlichen Kollektiva auch die Art und Weise ihrer Sinneswahrnehmung. Die Art und Weise, in der die menschliche Sinneswahrnehmung sich organisiert – das Medium, in dem sie erfolgt – ist nicht nur natürlich sondern auch geschichtlich bedingt.« (Benjamin, Das Kunstwerk im Zeitalter seiner technischen Reproduzierbarkeit, S. 17).

Ein engerer Medienbegriff liegt dagegen Friedrich Kittlers »Aufschrei-besysteme[n] 1800/1900« zugrunde – einem Buch, in dem schlichtweg alle im fokussierten Zeitraum kurrenten Schreibweisen, Stile, Poetiken, Diskurse auf technologische Neuerungen zurückgeführt werden. Kittler kann nicht abgesprochen werden, daß er mit seiner Argumentation den Blick auf die technologisch-außerliterarische Bedingtheit bestimmter innerliterarischer Prozesse zu schärfen versteht. Dennoch wirkt die von ihm aufgestellte Opposition zwischen Literatur (Schrift) und Technik (Konkurrenzmedien) zu forciert, um aufrechterhalten werden zu können. Natürlich sind die Fragen, die sich aus Kittlers Postulaten ergeben, durchaus sinnvoll: Was unternimmt die Literatur, um der Übermacht der technologischen Medien nicht das Feld zu räumen? In welche neuen Domänen übersiedelt sie, wenn ihre bisherigen Felder von den neuen Medien übernommen worden sind? Vom ästhetischen Standpunkt wird der Literatur damit jedoch ihr ›Spezifisches‹ genommen, sie erscheint le-diglich als ein beliebiges Medium unter vielen. Anders formuliert: Diese Fragen sind unter einem allzu medienhistorischen Blickwinkel gestellt, der es nurmehr zuläßt, Antworten der Literatur auf mediale Innova-tionen als Ausweichstrategien zu interpretieren, nicht aber als *progressive Auseinandersetzung* der Literatur mit der *ästhetischen* Herausforderung der neuen Medien.

Um eine Verengung des Blickwinkels, wie sie der medienhistorische Ansatz Kittlers erzwingt, zu vermeiden, wäre eine flexiblere, vor allem ästhetisch motivierte Betrachtungsweise wünschenswert. So wären z.B. ›filmische‹ Schreibweisen nicht als Versuch anzusehen, mit dem Medium Film zu konkurrieren, sondern als ästhetische Ausweitungen, die den medial-technischen Veränderungen außerhalb der Literatur Rechnung tragen. Eine solche alternative Betrachtungsweise verfolgt für die Kunst-geschichte Dieter Daniels: Für ihn ist das Aufkommen neuer technischer Medien nicht gleichbedeutend mit dem »Ende der Kunstgeschichte«. Vielmehr weist er darauf hin, daß die Künstler und Literaten mit ihren Werken entweder selbst mediale Innovationen vorwegnahmen oder diese Erfindungen, vor deren Transformation in Massenmedien, eine Quelle für künstlerische Inspiration darstellten, ja zu utopischen Entwürfen An-regung boten. Er läßt keinen Zweifel daran, daß sich die Autonomie und Eigengesetzlichkeit der Kunst gerade darin erweist, daß sie sich der Massenmedien auf eigene Weise bedient, ohne auf deren vordergründig kommerziellen Zweck Rücksicht zu nehmen. Malerei etwa kann deshalb nicht als ein beliebiges Bildmedium oder Literatur als willkürliches »Aufschreibsystem« verstanden werden. Beide sind über ihren Medien-charakter hinaus wesentlich *ästhetisch* motiviert, was sich, mit Daniels, auch für die wort- und bildmedialen Erfindungen *vor* ihrer kommerziellen Vereinnahmung behaupten ließe: ein Faktum, wodurch sich Kunst und Literatur von den sozioökonomischen Funktionszusammenhängen absetzen, in denen die Massenmedien stehen.[8] Inwieweit die »Autonomie« der Künste selbst erst mit dem Aufkommen der Massenmedien ins Zentrum ästhetischer Diskurse rückte, wäre einer eigenen Betrachtung wert, die an dieser Stelle unterbleiben muß.

Interessant ist die Problemlage, die sich nunmehr unter medial-ästhetischer Perspektive eröffnet: Wie können sich die Künste – und damit die Literatur – ihre Unabhängigkeit bewahren, ohne zugleich an Relevanz einzubüßen? Dieser Frage widmet sich auch Adornos »Ästhetische Theorie«. Überraschenderweise scheint das medienreflexive Potential Adornos in bezug auf den Charakter von Kunst und Literatur bisher nur am Rande wahrgenommen worden zu sein,[9] und wenn, dann nur unter dem Aspekt des »falschen Bewußtseins«, das die Massenmedien reproduzierten, im Gegensatz zum »richtigen Bewußtsein« des um Autonomie bestrebten Künstlers der Moderne. Der Einfluß der Medien – die Adorno in seiner »Ästhetischen Theorie« unter den Begriff »Technik« einordnet – auf die Sprache bildnerischer oder literarischer Kunstwerke dürfte dem Frankfurter Philosophen bewußt gewesen sein. Nicht wenige Stellen weisen bei ihm auf die Veränderung des Kunstwerkcharakters unter medialen (»technischen«) Vorzeichen hin. Technisch-mediale Progression und ästhetische Ausweitung im künstlerischen Sektor werden unter dem Stichwort ihrer Modernität in Zusammenhang gebracht:

> Wohl datiert der Begriff des Modernen chronologisch weit hinter der Moderne als geschichtsphilosophische Kategorie zurück; diese aber ist nicht chronologisch, sondern das Rimbaudsche Postulat einer Kunst fortgeschrittensten Bewußtseins, in der die avanciertesten und differenziertesten Erfahrungen sich durchdringen. [...] Solche Moderne

---

8 Vgl. Daniels, Kunst als Sendung.
9 Eine Ausnahme bildet Hansen, Mass Culture as Hieroglyphic Writing. Adornos Auffassung von einer »Hieroglyphenschrift« der Massenmedien, die das Bewußtsein der Konsumenten präfiguriere, stellt sie den davon verschiedenen Überlegungen zur Hieroglyphenschrift der Alltagskultur bei Derrida und Kracauer gegenüber. Dennoch findet sie auch bei Adorno »moments in his œuvre in which he himself crosses the dividing line between aesthetic theory and the critique of the culture industry« (S. 68f.), relativierende Aspekte also, die die von ihm aufgestellte Opposition zwischen autonomem Kunstwerk und »Massenbetrug« der »Kulturindustrie« aufzuweichen scheinen.

muß dem Hochindustrialismus sich gewachsen zeigen, nicht einfach ihn behandeln.[10]

An dieser Stelle berührt sich die »Ästhetische Theorie« offensichtlich mit McLuhans »Understanding Media«. Obwohl letzterem die kritischen Implikationen Adornos fremd sind, gehen beide davon aus, daß sich die Literatur neue Bereiche, neue Formen und Schreibweisen suchen muß, wenn sie mit den industriellen Entwicklungen der Moderne Schritt halten will. Wenn Adorno davon spricht, daß die Massenmedien »Aufklärung als Massenverdummung« inszenierten, so ist McLuhan in der Tat nicht weit von diesem Standpunkt entfernt, indem er behauptet, der durch das »Gutenbergzeitalter« sozialisierte Kunst- und Büchermensch sei den Mechanismen der Massenmedien, ob er sich gegen sie wehre oder nicht, schutzlos ausgeliefert, sofern er sie nicht zu verstehen lerne. Erst dann könne er sich gegen deren Manipulationsstrategien erfolgreich zur Wehr setzen.[11]

Im Hinblick auf Literatur und Kunst ist McLuhan daran interessiert, wie das technische Potential der Medien subversiv, gegen den Strich gebürstet, *ästhetisch* genutzt werden kann,[12] während Adorno den Begriff der Technik in Korrelation zum technisch-verfahrensmäßigen Entwicklungsstand des Künstlers setzt und beide – technisch konnotierte Massenkultur und Kunst – zugleich als der jeweiligen Zeit und Epoche geschuldet begreift. Soll, nach Adorno, der »Geist der Zeit« überschritten werden, muß dieser erst einmal als verinnerlicht erfaßt worden sein:

> In jeder [Epoche] scheinen tatsächlich die ästhetischen Produktivkräfte, Begabungen heranzuwachsen, die gleichwie aus zweiter Natur auf den Stand der Technik ansprechen und in einer Art sekundärer Mimesis ihn weitertreiben; so sehr sind Kategorien, die für außerzeitlich, für Naturanlagen gelten, zeitlich vermittelt: der kinematographische Blick als Angeborenes.[13]

10 Ebd. S. 57.
11 Einen ähnlichen, zwischen Adorno und McLuhan changierenden Standpunkt vertritt Enzensberger, Baukasten zu einer Theorie der Medien.
12 Unter den deutschen Germanisten tritt z.B. Hörisch für eine medienreflexive Literaturbetrachtung ein. Er macht auf die Interdependenz der Medien und deren prinzipielle ästhetische Gleichberechtigung bzw. auf die Vorteile einer intermedialen Literaturkonzeption aufmerksam. In seinem Gefolge beleuchtet Löser, Mediensimulation als Schreibstrategie, die Schreibweisen »postmoderner« Autoren (Strauß, Bernhard, Goetz) unter dem Gesichtspunkt ihrer Adaption an Techniken nicht-schriftgebundener Medien.
13 Adorno, Ästhetische Theorie, S. 287.

In meiner Untersuchung soll es darum gehen, wie es zur Entstehung dieses »kinematographischen Blicks« kommen konnte, welche literarästhetischen Veränderungen mit ihm affiziert und besonders welche Konsequenzen damit für jene Gattung der Literatur verbunden sind, die Wolfgang Iser noch 1966 als »Paradigma der Moderne« bezeichnen konnte.

Dabei entspringt die Suche nach filmischen Analogien gerade in der Lyrik nicht einmal einer willkürlichen Entscheidung, die dann genauso zugunsten von Prosa oder Dramatik hätte ausfallen können. Vielmehr verdankt sie sich einem strukturellen Zusammenhang, der intuitiv längst erfaßt worden zu sein scheint oder gar schon als trivial gelten dürfte. Berücksichtigt man nämlich jenes Formelement, auf welches sich die gattungsmäßige Unterscheidung der Lyrik von Prosa traditionell gründet, den Vers, so ergibt sich das tertium comparationis von Film und Lyrik nahezu von selbst: die Suggestion rhythmischer *Bewegung*, die im visuellen Medium über das Bild, im lautlichen Medium über die Stimme des Vortragenden realisiert wird.

Wolfgang Kayser hat bereits 1959 auf diesen Zusammenhang verwiesen: »Die Frage: was ist der Vers? muß also den Sinnhorizont der Bewegung von einem Vers zum anderen schon mit umfassen. Der Vers in diesem Sinne wird immer als Bewegung erfahren, und zwar als akustische Bewegung im Gegensatz zum Film, der ja auf optischer Bewegung aufgebaut ist.«[14] Obwohl für die Lyrik unter dem Signum moderner und avantgardistischer Impulse der Vers kaum mehr als hinreichendes Gattungskriterium dient, ist es wichtig, sich die durch das Grundelement des Rhythmus bedingte Strukturanalogie zum Film bei der Diskussion von Lyrik in bild- *und* bewegungszentrierten Kontexten ins Gedächtnis zu rufen.

Das Kayser-Zitat weist auf gewisse strukturimmanente Charakteristika von Lyrik hin, die eine gattungsspezifische Nähe zum Medium Film implizieren – unabhängig davon, ob sie von dessen Vorhandensein motiviert sind: Vers als strukturbildendes Gattungsmerkmal/Schnitte und Einstellungen im Film als rhythmische Binnenstrukturen; Beziehungen vom Einzelvers zum Strophen- und Gedichtganzen/Beziehung der Einzelbilder und -sequenzen zum Filmganzen. Auch auf der Ebene der Bildlichkeit lassen sich Korrrespondenzen vom Gedicht zum Film ausmachen, die nicht auf transmediale Einflüsse durch die bewegten Bilder zurückzuführen sind, sondern von jeher zum Fundus lyrischer Ausdrucksweisen, zu ihren »Elementen« (Killy) zählten. Schlägt man etwa die ›tropischen‹ Stilfiguren von Metapher, Metonymie, Synekdoche, bildhaftem Vergleich

---

14 Kayser, Geschichte des deutschen Verses, S. 12.

dem Grundinventar lyrischer Gestaltungsmittel zu,[15] so hätte eine *Tendenz zur bildhaften Vergegenwärtigung* immer schon – gattungsimmanent – das Gedicht gekennzeichnet.[16]

Die Existenz filmanaloger Tendenzen im lyrischen Genre lange vor Einführung des Filmmediums kann im Rahmen dieser Untersuchung nicht nachgewiesen werden – stellt jedoch zweifellos ein Desiderat für spätere Forschungen dar. Diese Studie beschränkt sich weitgehend auf die im Zeitalter des Films entstandene Lyrik, mit ihren Anfängen in der dem Film vorangegangenen fotografischen Epoche, widmet sich der Lyrik jedoch nicht unter der Fragestellung, inwieweit sie als Gattung vor dem Aufkommen der bewegten Bilder bereits einen möglichen »Filmersatz« geliefert haben könnte.

1.2 Die literarische Ästhetik der Moderne als Auseinandersetzung mit der medialen Umgestaltung der Lebenswelt

Es war Benjamin, der, aus der Perspektive seiner Zeitgenossenschaft mit der surrealistischen Bewegung von Paris als der »Hauptstadt des XIX. Jahrhunderts« schrieb. Am Beginn der Moderne stehen für ihn die *Passagen* der Seine-Metropole, in denen sich konsumästhetische und literarisch-kunstgeschichtliche Phänomene überlagern: »Die Phanatasieschöpfung bereitet sich vor, als Werbegraphik praktisch zu werden. Die Dichtung unterwirft sich im Feuilleton der Montage.«[17]

Die Ästhetik der Warenwelt, beispielhaft an den die Sinne provozierenden Pariser Einkaufsstraßen dargestellt, zeitigt eine neue Art der Wahrnehmung, die vom Visuellen dominiert wird: »Die wechselseitigen Beziehungen der Menschen in den Großstädten zeichnen sich durch ein merkliches Übergewicht der Aktivität des Auges über die des Gehörs aus«, zitiert Benjamin in »Über einige Motive bei Baudelaire« Georg Simmel.[18]

---

15 Vgl. Burdorf, Einführung in die Gedichtanalyse, S. 143-156.

16 Als gegenläufige lyrische Tendenz wäre dann, ausgehend von den Stilfiguren, deren sich das Gedicht bedient, allerdings die zur rein rhetorischen Geste zu nennen, wie sie uns in politisch-zeitgeschichtlich gefärbter, am ausgeprägtesten in agitatorischer ›Gebrauchslyrik‹ – bis hin zu Victor Hugo – begegnet.

17 Benjamin, Illuminationen, S. 184.

18 Ebd. S. 226. Vgl. Simmel, Die Großstädte und das Geistesleben.

Deutlich wird das Primat des Visuellen auch an den im 19. Jahrhundert aufgekommenen Erfindungen optischer Natur, die in der Folge nicht nur die Künste tiefgreifend revolutionierten, sondern auch Auswirkungen auf die Erlebnis- und Erfahrungswelt des ausgehenden 19. Jahrhunderts hatten und, so Benjamin, die Weichen stellten für maßgebliche technische Artefakte des 20. Jahrhunderts: Es sind dies die um 1840 aufgekommene Daguerreotypie – mit der Camera obscura als einem Vorläufer – sowie die in ihrem Gefolge rangierenden Dioramen, Panoramen, Kaleidoskope usw.[19] Aus der Goethe-Sentenz »Mikroskope und Fernrohre verwirren eigentlich den reinen Menschensinn«[20] geht die tiefe Verunsicherung des an der Schwelle zur Moderne stehenden Subjekts gegenüber dem sich ankündigenden Primat des Visuellen, der magisch anmutenden Verdoppelung, Spiegelung und Verzerrung der sichtbaren Welt mit Hilfe technischer Apparate hervor; und bereits Jean Paul hatte 1794 geradezu präfilmisch von einem »*Vorüberfliehen* der Szenen«[21] gesprochen und ein Jahrmarkttreiben mit dem »Vor- und Zurückspringen der Gestalten wie an einer Bilderuhr«[22] verglichen. Symptomatisch für die romantische Aufwertung visueller Inspirationsquellen jeglicher Art heißt es 1812 bei Ludwig Tieck: »Warum hat nicht jeder Ort sein Panorama, seine optischen Buden, seine Gaukeleien, die bloß den Sinn des Auges reizen?«[23]

Baudelaire widmet sich in einem 1853 entstandenen Essay »Morale du joujou« dem von ihm so bezeichneten »joujou scientifique«, einem Spielzeug, durch welches die Erfindungen der optischen Mechanik Kinderhänden nahegebracht werden sollen.[24] In Antizipation eines kinematographischen Sehens bringt Baudelaire die Veränderungen im optischen Bereich mit dem für die Moderne charakteristischen Faktum beschleunigter Bewegung zusammen. Von all diesen aufgekommenen Spielsachen,

---

19 In »Daguerre oder die Panoramen« bringt Benjamin die Panoramen direkt in Verbindung mit der Entstehung der Pariser Passagen, der Fotografie und des späteren Films: »Indem die Panoramen in der dargestellten Natur täuschend ähnliche Veränderungen hervorzubringen trachten, weisen sie über die Photographie auf Film und Tonfilm voraus« (Benjamin, Medienästhetische Schriften, S. 327). – Vgl. zu den seit der Renaissance in Europa gemachten optischen und kinästhetischen Erfindungen, die als prä-kinematographisch gelten können, die filmische Dokumentation von Nekes, Film before Film.

20 Goethe, Wilhelm Meisters Wanderjahre, S. 292.

21 Jean Paul, Hesperus, S. 673; kursiv im Original.

22 Ebd. S. 547.

23 Tieck, Phantasus, S. 682.

24 Baudelaire, Œuvres complètes I, S. 581-587, bes. 585f.

»[qui] peuvent [...] développer dans le cerveau de l'enfant le goût des effets merveilleux et surprenants«,[25] beschreibt er ein Objekt näher, das es dem ruhenden Betrachter ermöglicht, sich der Illusion bewegter bzw. beweglicher Figuren oder Gegenstände hinzugeben – eine Art Plattenteller mit Figuren, die zu tanzen beginnen, wenn man ihn bewegt und die Augen an den Sehschlitzen justiert:

> Supposez un mouvement quelconque [...] divisé et décomposé en un certain nombre de mouvements; supposez que chacun de ces mouvements [...] soit représenté par une figure entière [...] et qu'ils soient tous dessinés autour d'un cercle de carton. Ajustez ce cercle, ainsi qu'un autre cercle troué, à distances égales, de vingt petites fenêtres, à un pivot au bout d'un manche que vous tenez comme on tient un écran devant le feu. Les vingt petites figures, représentant le mouvement décomposé d'une seule figure, se reflètent dans une glace située en face de vous. Appliquez votre œil à la hauteur des petites fenêtres, et faites tourner rapidement les cercles. La rapidité de la rotation transforme les vingt ouvertures en une seule circulaire, à travers laquelle vous voyez se réfléchir dans la glace vingt figures dansantes, exactement semblables et exécutant les mêmes mouvements avec une précision fantastique. Chaque petite figure a bénéficié des dix-neuf autres. Sur le cercle, elle tourne, et sa rapidité la rend invisible; dans la glace, vue à travers la fenêtre tournante, elle est immobile, exécutant en place tous les mouvements distribués entre les vingt figures. Le nombre des tableaux qu'on crée ainsi est infini.[26]

Die bislang mögliche kontemplativ-statische Wahrnehmung der Welt ist aufgrund der Wahrnehmungs- und Beschleunigungsrevolution grundsätzlich in Frage gestellt;[27] Natur, Illusion und technisch reproduzierte Natur können sinnlich nicht eindeutig mehr voneinander geschieden werden, ergeben ein neues Beziehungsgeflecht, dessen Qualität genau ihr *Schein*-Charakter ist, der in der »Zweideutigkeit« der wahrgenommenen »Bilder« zutage tritt – »der Fetischismus, der dem Sex-Appeal des Anorganischen unterliegt, ist ihr Lebensnerv«.[28] Paris mutiert in Benjamins

---

25 Ebd.
26 Ebd. Zur Bedeutung des *tableaux* für Baudelaires literarische Ästhetik vgl. die »Tableaux Parisiens« seiner »Fleurs du Mal«.
27 Die durch die Daguerreotypie ausgelöste »Krisis der künstlerischen Wiedergabe« diagnostiziert der Baudelaire-Interpret Benjamin, Illuminationen, S. 222, folgerichtig als »integrierender Teil einer Krise in der Wahrnehmung selbst«.
28 Ebd. S. 176.

Passagen zur »Hure«, zum künstlichen, mit illusionären sowie Abbildern der ›natürlichen‹ Welt überfrachteten Modehaus.

Für den in einem solchen Klima operierenden Dichter wird es nunmehr zur Aufgabe, das »Neue« darin, den »Ursprung des Scheins« aufzuspüren, »der den Bildern unveräußerlich ist, [...] die Quintessenz des falschen Bewußtseins, dessen nimmermüde Agentin die Mode ist«.[29] Daß Baudelaire, den Benjamin am Beginn dieser Entwicklung sieht, nunmehr in »künstliche Paradiese« eintaucht und »seine einzige Geschlechtsgemeinschaft«[30] mit einer Hure teilt, scheint dafür symptomatisch zu sein. Die Warenwelt mit ihren Féerien und Spiegelkabinetten, deren Phantastik die Einbildungen romantischer Phantasie ins anonyme, technisch-serienmäßige Fabrikat transformiert,[31] entzieht der traditionellen dichterischen Originalität und Erfindungsgabe jeden Spielraum. Die Legitimation des Dichters ist gefährdet, da er ›funktionslos‹ geworden zu sein scheint. Seine zeitlos-»ewigen« Sujets sind vom Zeitgeist der Mode desavouiert; seine Imaginationsgabe wird von den maschinell produzierten Imaginationen, den »Traumfabriken« der Einkaufshäuser und Vergnügungsstätten übertroffen.[32] Mit diesem Trend des merkantil entfesselten 19. Jahrhunderts

---

29 Ebd. S. 180.

30 Ebd.

31 Dem entspricht, was Kaiser zur Paris-Wahrnehmung deutscher Autoren der zweiten Hälfte des 19. Jahrhunderts herausgefunden hat. Die journalistischen Stereotype »Vulkan«, »Feerie«, »Lusthaus«, die seiner Untersuchung den Titel geben, bestimmen dabei zugleich für das ausgehende 19. Jahrhundert das maßgeblich über Paris vermittelte deutsche Bild einer urbanen Moderne.

32 Auf das Absinken des Poeten in die öffentliche Bedeutungslosigkeit reagieren Gedichte Baudelaires wie »Paysage« offensiv. Die Öffentlichkeit – selbst wenn er sie beobachtet – bleibt vom Ort, an dem die »Landschaft« des Dichters entsteht, ebenso ausgeschlossen, wie er von der Teilnahme am öffentlichen Leben ausgeschlossen ist; eine Exposition, die sich bis zur Evokation einer intimen Gegen-Landschaft steigert, die von der Außenwelt gar nicht wahrgenommen werden *kann*, weil sie allein im Innern des lyrischen Subjekts existiert – die grinsende Revanche des Dichters an der Öffentlichkeit. Sowohl der Poet als auch die Öffentlichkeit verstehen sich jedoch über die *Bilder*, die sie erzeugen. Grundverschieden ist die *Art* ihrer Bilder: Während die Warenwelt sich mit intendierter Deutlichkeit in Plakaten, Photos, Karikaturen selbst abbildet, verwirft der Baudelairsche Typus von Dichter diese und imaginiert statt dessen vielschichtige, z.T. symbolisch aufgeladene Bilder, die nirgendwo direkt »abgebildet« sind. Den »fleuves de charbon qui montent au firmament«, hinter denen sich, mit den Worten Hamons, Imageries, S. 64, »un siècle camaïeu à dominante noire, siècle fuligineux du charbon et de la vapeur« verbirgt, ›antwortet‹ in der Vision des Dichters etwa der Mond mit seinem romantisch vorgeprägten »pâle enchante-

zum *fabrizierten* Image ist ein Funktionswechsel des Bildes als eines kulturellen Selbstzitats verbunden, wie Philippe Hamon konstatiert:

> L'indice ponctuel [...] remplace la grande hypotypose picturalo-théâtrale et le trope pittoresque, l'image triviale remplace la grande ekphrasis et l'image noble de la peinture historique, biblique ou mythologique, l'image crue remplace la peinture à sfumato, l'image plate (»Coloured plates«) remplace l'image »qui tourne« du tableau illusioniste qui mimait la perspective, le »volume« et les trois dimensions.[33]

Zum »Mann in der Menge« degradiert, wie Poe ihn beschrieb, ist der Poet gezwungen, seinen privilegierten Standort – ikonographisch seit Petrarca durch die panoramatische Landschaftsschau verkörpert – aufzugeben. Die »subjektive Kultur« des einzelnen wird zum Anachronismus angesichts einer das Fassungsvermögen des Subjekts sprengenden »objektiven Kultur«, wie sie Georg Simmel in »Die Großstädte und das Geistesleben« charakterisierte: »Hier bietet sich [...] eine so überwältigende Fülle kristallinierten, unpersönlich gewordenen Geistes, daß die Persönlichkeit sich sozusagen dagegen nicht halten kann.«[34]

Mit der Atomisierung der Erfahrung in der Großstadt[35] korrespondiert auch Benjamins Auffassung vom Verfall der »Aura«, die er in seinen Bau-

---

ment« – eine provokante Antithese, die durch das Reimpaar, welches beide Bilder zu einer rhythmischen Einheit verknüpft, um so deutlicher wird. Gerade in diesem Beharren auf Autonomie der lyrischen Bildwelt zeigen sich, um eine Formulierung Kaisers, Baudelaire pro Heine contra Janin, S. 160, aufzugreifen, »Momente einer Ästhetik [...] welche die Widersprüche der Wirklichkeit ins ästhetische Material transformiert«.

33 Hamon, Imageries, S. 35.

34 Simmel, Die Großstädte und das Geistesleben, S. 203.

35 Dennoch ist der Unterschied in der Großstadterfahrung eines Baudelaire im Vergleich mit derjenigen der Lyriker des 20. Jahrhunderts bedeutsam, worauf Yves Bonnefoy hingewiesen hat. Während der Dichter der »Fleurs du mal« als Flaneur noch eine neuartige organische Beziehung zu den Dingen und Menschen der Metropole entwickeln und ästhetisch habe umsetzen können, sei die Unüberschaubarkeit der sich zu virtuellen Megalopolen auswachsenden »unreal cities« zum Stigma aller Großstadtpoesie seit Apollinaire und Eliot geworden – woran auch das Kino seinen Anteil habe: »Et que ce poète d'un temps nouveau marche dans sa ville, ›tout seul parmi la foule‹ [Apollinaire] comme l'était Baudelaire, ce ne sera plus cette fois pour fixer ses yeux sur les passants ou passantes avec une tendre ou cruelle curiosité, car en esprit il est déjà à Chartres, à Prague, à Marseille, à Coblence, à Rome, à Amsterdam [...] Paris éclate, le lieu où le poète vit ou veut vivre s'étend par banlieues, trains, bateaux, et une sorte de rêverie nouvel-

delaire-Studien und seinem »Kunstwerk«-Aufsatz vertritt: »die Zertrümmerung der Aura ist die Signatur einer Wahrnehmung, deren *Sinn für das
Gleichartige* in der Welt so gewachsen ist, daß sie es mittels der Reproduktion auch dem Einmaligen abgewinnt«.[36] Der Dichter, dessen Poesie
bisher die Einmaligkeit des auratischen Erlebnisses zum Inhalt hatte, ist
gezwungen, sich in der Reizflut der großstädtischen Kultur einzurichten,
aus dem dort mit beliebiger Wiederholbarkeit ablaufenden Geschehen
etwas Einmaliges, Unwiederholbares zu destillieren. Aus diesem Grund
kann er nicht gleichzeitig selbst handelnd in das Geschehen involviert
sein, sondern bleibt ein passiver Beobachter der Vorgänge; jeder Kontakt
mit der Zweckbestimmtheit seiner Außenwelt würde ihn nur an die Un-
zweckmäßigkeit, den Anachronismus seiner Existenz erinnern.

Als *Flaneur*, den Benjamin mit Baudelaire als »*Kaleidoskop*, das mit
Bewußtsein versehen ist«,[37] umschreibt, nimmt er seine Umwelt, obwohl
in ihr beheimatet, aus einer Außenperspektive wahr, die sozial mit der
Stellung des Außenseiters korreliert.[38] Den Verlust seiner Autonomie versucht er wettzumachen, indem er die aus der zweckgerichteten Warenwelt einströmenden Bilder ihres aktuellen Zusammenhangs entreißt und
seine unwillkürliche Erinnerung – wofür Benjamin von Proust den Begriff der »mémoire involontaire« entlehnt – mit ihnen reagieren läßt:
»Damit stützt sie einen Begriff der Aura, der die ›einmalige Erscheinung
einer Ferne‹ in ihr begreift«.[39]

Der Topos der unbekannt vorüberhuschenden Passantin, den Baudelaire mit »A une Passante« in die moderne Lyrik einführt, illustriert diese
»Plötzlichkeit«, für die der Dichter seinen Wahrnehmungsapparat sen-

le, à la terre entière. D'autre part ce n'est plus comme auparavant que dans cette
espace se pose le problème du rapport du moi et de l'autre, car dans ›les prospectus les catalogues les affiches qui chantent tout haut‹ – et bientôt ce seront les
émissions de radio, bientôt les images à l'infini du cinéma et de la télévision – les
signes qui jusqu'alors restaient retenus dans l'échange entre des êtres conscients
[…] constituent des discours sans locuteurs, sans pensée.« Bonnefoy, Préface, S. 21.

36 Benjamin, Das Kunstwerk im Zeitalter seiner technischen Reproduzierbarkeit,
    S. 19; kursiv im Original.

37 Benjamin, Illuminationen, S. 208.

38 Franz Hessel, Ein Flaneur in Berlin, S. 7-9, spricht von der »verdächtige[n] Rolle
    des Zuschauers«, wenn er auf den Flaneur anspielt: »Ich bekomme immer miß-
    trauische Blicke ab, wenn ich versuche, zwischen den Geschäftigen zu flanieren.
    Ich glaube, man hält mich für einen Taschendieb. […] Hierzulande muß man
    müssen, sonst darf man nicht. Hier geht man nicht wo, sondern wohin.«

39 Ebd. S. 223. Zur Geschichte des »Plötzlichkeits«-Topos in der Literatur der Mo-
    derne vgl. Bohrer, Plötzlichkeit.

sibilisieren muß. Während der hektische Passant jedoch bestrebt ist, durch geradlinige Ausrichtung seines Blicks und zügiges Vorwärtseilen diese Momente der Begegnung mit dem Fremden, Unwägbaren zu vermeiden, ihnen auszuweichen und sie, sollten sie sich dennoch einstellen, zu verdrängen, reagiert der Dichter genau umgekehrt; die »Choks« sind ihm maßgebliche Inspirationsquelle, er ist sogar bestrebt, sie aufzusuchen oder sie gezielt zu provozieren. Das Moment von »Plötzlichkeit«, das Bohrer unter der Zuspitzung auf den »Augenblick des ästhetischen Scheins« zum poesiegeschichtlich bedeutsamen Signum transzendent aufgeladener Wirklichkeit stilisiert, liefert im Kontext unserer Erwägungen einen Hinweis auf die Neuartigkeit dichterischer Bildsprache seit Baudelaire. Entzieht sich der »Plötzlichkeits«-Schock per definitionem einer feststellenden Fixierung im tableau des Ateliermalers, so entwickelt sich doch eine Erfindung wie die Fotografie geradezu auf das Ziel hin, die Flüchtigkeit des Augenblicks im »Schnappschuß« einzufangen.

Einen maßgeblichen Beitrag zur Veränderung der Wahrnehmung auf solche sich ›blitzartig‹ einstellenden Situationen hin dürfte die ebenso im 19. Jahrhundert beginnende Geschwindigkeitsrevolution geleistet haben, die, wie auch die neue Bildlichkeit, als Hauptcharakteristikum einer von anderen Epochen evolutionär verschiedenen Moderne angesehen werden kann. Das ›raumtötende‹ neue Fortbewegungsmittel,[40] als welches die Eisenbahn galt, machte »das Sehen zum Rohstoff«[41] – und gab damit ein Modell für kinematographische Erfahrung noch über fünfzig Jahre vor der tatsächlichen ›Erfindung‹ des Kinos vor. Diese maschinelle Art, vorwärts zu kommen, bei der der Beförderte – wie der Betrachter im Kino – bewegungslos im Angesicht bewegter, ständig wechselnder Landschafts-›Bilder‹ verharrt, läßt nicht nur den spazierengehenden Flaneur zum antiquierten Kuriosum schrumpfen, sondern führt zugleich das Ende einer auf ruhiger, tiefsinniger Anschauung, auf Kontemplation beruhenden Möglichkeit von Wahrnehmung herbei: »je n'aurais jamais cru que notre patrie pût marcher avec une telle vélocité dans la voie du *progrès*. Ce monde a acquis une épaisseur de vulgarité qui donne au mépris de l'homme spirituel la violence d'une passion«, lautet der angewiderte Kommentar Baudelaires auf diesen »Fortschritt« in seinem geplanten

---

40 »Durch die Eisenbahnen wird der Raum getötet, und es bleibt nur noch die Zeit übrig. […] Mir ist, als kämen die Berge und Wälder aller Länder auf Paris angerückt. Ich rieche schon den Duft der deutschen Linden; vor meiner Türe brandet die Nordsee.« Heine, Lutezia, S. 449.

41 Virilio, Die Ästhetik des Verschwindens, S. 67.

24

Vorwort zu den »Fleurs du Mal«.[42] Doch selbst in der Form des »mépris« bleibt die moderne Welt einem Dichter wie Baudelaire eingeschrieben, wie der Wechsel innerer und äußerer »Landschafts«-Bilder, die Wahl der gegen geltende poetische Konventionen verstoßenden Sujets, das Beharren auf dem Extrahieren des Überzeitlichen aus der unmittelbaren Gegenwart, das der Mode entlehnte Vokabular in seinen Gedichten belegen.[43]

Eine Welt, in der der Reiz visueller Eindrücke dominiert, muß zwangsläufig als eine Welt der Oberflächen erscheinen, als eine »Plakatwelt«, in der die öffentlich ausgehängten, vervielfältigten Bilder der Warenwerbung die »Haut der Welt«,[44] ihr »Make up«[45] darstellen. Das ist die Ausgangsthese von Max Benses Essay »Plakatwelt«, einem Text, der in der Forschung bislang kaum berücksichtigt worden ist. Bense begreift unsere Wahrnehmung der Welt als eine medial bestimmte in dem Sinne, daß uns die Medien »einen Modus des Seins«[46] vorgeben. Der ›Seinsmodus‹ der Moderne, von deren Präfiguration Benjamin mit den Pariser Passagen das wohl anschaulichste Beispiel geliefert hat, läßt sich mit Bense als der einer »Plakatwelt« definieren, in der Kunst und Warenwerbung zwei Seiten derselben Medaille, zwei Aspekte desselben Phänomens ›Oberfläche‹ sind: »Ihr Raffinement besteht darin, daß die Ware die Kunst und die Kunst die Ware assoziiert«.[47] Für ihn ist das Prinzip der Oberfläche, das mehr als jedes Einzelmedium einen tiefgreifenden Wandel der Wahrnehmung als Einheit von psychischem Prozeß und künstlerischer Gestaltung (aisthesis) in Gang setzt, dadurch gekennzeichnet, daß »in der abstrakten dekorativen Präsentation des Plakats – die anziehende Kraft eines Seins, einer Welt essentiell keine Frage seiner Schönheit und ihrer Realität, sondern eine Frage seiner Intensität, ihrer Effekte ist«.[48] Wie reagiert die Literatur diesem »Äußerste[n] an Welt«[49] gegenüber, wie setzt sie sich mit der Oberfläche auseinander, die ihr bisheriges Beziehungsgeflecht zum »Schönen«, »Ewigen«, »Idealen« radikal in Frage stellt?

Die Sprache gestattet sich Metaphern, Sätze und Gedanken, weniger im Fluß der Vorstellung als vielmehr in der Folge konstruktiver Mon-

---

42 Baudelaire, Œuvres complètes I, S. 181; kursiv im Original.
43 »Es war das Unternehmen von Baudelaire, an der Ware die ihr eigentümliche Aura zur Erscheinung zu bringen«. Benjamin, Illuminationen, S. 239.
44 Bense, Plakatwelt, S. 20.
45 Ebd. S. 14.
46 Ebd. S. 10.
47 Ebd.
48 Ebd. S. 11.
49 Ebd. S. 19.

tage [...] und diese Form der Rhythmik und Rhetorik, der Explikation und Deskription hat ihren natürlichen und trivialen Ort in der Sphäre der Plakatsprache, deren Geschichte noch nicht geschrieben ist, aber in zukünftigen Geschichten der Literaturen ein Kapitel der terminologischen Prosa, des technologischen Stils bilden wird.[50]

Die Rede ist von einer Sprache, die den bildintensiven Duktus der Plakatwelt, »ihren neuen, künstlichen, ganz im Geschehnis, nicht im Sprachlichen liegenden Rhythmus«[51] im Medium der Literatur sichtbar zu machen sucht. Damit reagiert sie auf die mediale Überformung des modernen Lebens, in dem alle Hervorbringungen »nur der Errichtung der künstlichen Umwelt dienen«.[52] Wenn die »Plakatwelt« als »eine artistische Revolte gegen die Kunst aus der Tiefe, eine teleologische Vitalität der Fläche, die, einmal befreit, nicht mehr einzufangen ist«,[53] verstanden werden kann, wachsen der Literatur neue Aufgaben zu, die neue Formen und Ausdrucksweisen erfordern. Entscheidend dabei ist für Bense die Frage – und sie läßt sich zum Desiderat für eine Literatur des modernen Zeitalters verallgemeinern –, wie Literatur der dieser Oberfläche eigentümlichen ›Tiefe‹ gerecht werden kann:

> In jeder Saison gibt es die weithin leuchtenden Plakate, die das jüngste körperliche und geistige Make up präsentieren, aber unter ihnen liegen die alten, verwaschenen Plakate, die ausverkauften oder schlecht gewordenen Waren, deren Präsentation sich jetzt erübrigt, denn sie werden niemanden mehr antreffen, aber sie bilden dennoch eine abgeschlossene Sphäre [...] für sich, Opfer der Erinnerung, die beständig die neuen Gewohnheiten heimsucht. Und das gesellschaftliche Leben der Saison spiegelt die Schichten der Plakatwelt, eine Folge von Oberflächen [...] wieder, so daß es mehr und mehr zu einer totalen Gegenwart der diskordanten Vergangenheiten kommt.[54]

Im Offenlegen dieser »Gegenwart der diskordanten Vergangenheiten« scheint für Bense das Potential der Literatur zu liegen. Zugleich ist an dieser Stelle angedeutet, was die »Plakatwelt« mit Benjamins Konzeptionen aus der Zeit des »Kunstwerk«-Aufsatzes und seinen Baudelaire-Studien gemeinsam hat. »Die Entlarvung der Dissonanzen, die als Bedrückkung empfunden werden, setzt voraus, daß man in Schichten denken

---

50 Ebd. S. 15.
51 Ebd. S. 19.
52 Ebd. S. 20.
53 Ebd.
54 Ebd. S. 21.

kann. Man muß die Oberflächen kennen, um die Tiefen, also das, was darunter liegt, beurteilen zu können«.[55] Worin aber, wenn nicht im Abtragen dieser unter der Oberfläche liegenden »Schichten« – die ihrerseits Oberfläche gewesen sind –, liegt das Spezifikum einer Literatur, welche sich in Momenten schockhaft hereinbrechender Plötzlichkeit den Schichten der mémoire involontaire überläßt?

Daß für Benjamin die »Zertrümmerung der Aura«, Schockerlebnis, Poesie und »Plakatwelt« ein Feld miteinander korrespondierender Bezüge eröffnen, zeigt ein kurzer, ursprünglich 1928 in »Einbahnstraße« veröffentlichter Text mit dem Titel »Diese Flächen sind zu vermieten«. Von der »Reklame« heißt es darin, daß sie der »heute wesenhafteste, der merkantile Blick ins Herz der Dinge« sei; was sie »der Kritik so überlegen« mache, sei nicht etwa »was die rote Laufschrift sagt«, sondern »die Feuerlache, die auf dem Asphalt sie spiegelt«.[56] Wiederum wird auch hier die Oberfläche der Werbung, das Plakat, die Leuchtreklame als optischer Begleitumstand der Moderne genannt, der unausweichlich die Seh-Gewohnheiten des Subjekts infiltriert. Die allgemeine Aufwertung des Sehsinnes bestätigt sich auch in der »Plakatwelt«, die sich zudem mit den Tagesaktualitäten und wechselnden Modeerscheinungen wandelt, so daß sie zugleich an der sich vollziehenden Geschwindigkeitsrevolution teilhat. Damit kann sie, neben dem technischen Impuls der Daguerreotypie, als einer der ideologischen Wegbereiter bzw. Begünstigungsfaktoren des Kinos mit seinen ebenso wechselnden szenischen Oberflächen-»Schichten« und dem Aufeinanderprallen heterogener Bildwelten angesehen werden: »Und wie das Kino Möbel und Fassaden nicht in vollendeten Figuren einer kritischen Betrachtung vorführt, sondern allein ihre sture, sprunghafte Nähe sensationell ist, so kurbelt echte Reklame die Dinge heran und hat ein Tempo, das dem guten Film entspricht«.[57]

Dieser Wahrnehmungswandel, von einer vormals möglichen ruhigen Kontemplation und Betrachtung der Dinge zu Folgen bewegter, wechselnder Oberflächen[58] hin, ist ein Prozeß, dessen Beginn in der Poesie für

---

55 Ebd. S. 22.
56 Benjamin, Medienästhetische Schriften, S. 198.
57 Ebd. Auch Paech, Literatur und Film, S. 45-84, weist auf das Vorhandensein einer ›filmischen‹ Wahrnehmung und davon beeinflußter literarischer Schreibweisen noch *vor* dem Aufkommen des Kinos hin. Als diese Wahrnehmung begünstigende Faktoren nennt er die technische Beschleunigung, das Fließband, die Eisenbahn sowie die Panoramen und Féerien.
58 Mit dem Ausruf »Ah der Blick – ganz *Oberfläche*, kalt« kommentiert ein Nietzsche-Fragment aus dem Jahre 1880 diese sich einstellende Seh-Verschiebung. Nietzsche, Kritische Studienausgabe, S. 305.

Benjamin durch Baudelaires »Fleurs du Mal« markiert ist. Daß diese Gedichte schon auf den Glanz der die Moderne[59] ankündigenden Pariser Passagen reagieren, während sie zugleich noch den vom Alltag abgesetzten anti-modernen Charakter des traditionellen poetischen Diskurses wahren, wird etwa am Sonett »Le Chat« (»Viens mon beau chat, sur mon cœur amoureux …«) deutlich.

Poetische Attribute von symbolischem Charakter finden sich neben Vokabular aus der Sphäre der Mode- und Warenwelt, der alttestamentarische Achat wird dem Metall an die Seite gestellt, zu dem auch jenes Eisen gehört, das Benjamin in »Paris, die Hauptstadt des XIX. Jahrhunderts« als ersten künstlichen Baustoff der Architekturgeschichte bezeichnet: »Die Schiene wird der erste montierte Eisenteil, die Vorgängerin des Trägers. Man vermeidet das Eisen bei Wohnbauten und verwendet es bei Passagen, Ausstellungshallen, Bahnhöfen – Bauten, die transitorischen Zwecken dienen«.[60]

Auffallend an Baudelaires Gedicht ist die Betonung visueller Reize, von denen sich die eindringlichsten Metaphern herleiten – die Augen »aus Metall und Achat« wecken das Begehren, sich in ihnen zu verlieren; ihr Blick *schneidet* und *zerschlitzt*,[61] kalt wie eine Messerklinge. Kopf und Rückgrat werden als elastisch gepriesen, der Körper ist elektrisch aufgeladen. Das Objekt der Begierde vermag sich dem Streicheln des Ichs hinzugeben, jedoch ebenso dem Bewunderer einen unerwarteten, heftigen Schlag zu versetzen. Der Magnetismus der Katze führt dazu, daß die Frau plötzlich im Geist des Ichs gegenwärtig wird. Mit dem Wechsel zum ersten Terzett des Sonetts wechselt das von den Versen evozierte Bild, und bis zum Schluß des Gedichts bleibt unklar, ob die Frau des lyrischen Ichs oder die Katze gemeint ist. Es liegt eine *Überblendung* vor: Das Image oszilliert zwischen Katzen- und Frauengestalt. Ist das gefährliche »Parfüm«, das ihren dunklen Körper von den Füßen bis zum Kopf umgibt, noch ein Attribut der Katze oder gehört es schon zur dunkelhäutigen Mätresse des

---

59 Vgl. zur Genese des »Moderne«-Begriffs, wie er uns auch heute noch literatur- und medienwissenschaftlich geläufig ist, Jauß, Literaturgeschichte als Provokation. Mit Baudelaires Polemik »Le peintre de la vie moderne«, so Jauß' Argumentation, sei das Attribut »modern« vom Dichter das erste Mal in der Literaturgeschichte zum Zweck der poetologischen Selbstbestimmung und inhaltlichen Abgrenzung gebraucht worden.

60 Benjamin, Illuminationen, S. 171.

61 Analog zu dieser Metaphorik nennt Friedrich, Die Struktur der modernen Lyrik, S. 55-57, Baudelaires lyrisches Verfahren eine Technik des »Zerlegens und Deformierens«: Das »Wirkliche, verstanden als das sinnenhaft Wahrnehmbare, in seine Teile zerlegen und zertrennen, bedeutet, es deformieren«.

Poeten-Ichs? Hat letztere dieses Parfüm zuvor womöglich in einer der Pariser Passagen erstanden, um ihrem Geliebten später »tief und kalt« in die Augen schauen zu können?

»Die Oberflächen sind kälter als die Tiefen«[62] – in Baudelaires Gedicht jedoch vermischen sich die Oberflächen-Schichten der modernen Erscheinungen (métal, électrique, parfum) noch mit den uralten »Tiefen«-Schichten sexuellen Begehrens (cœur amoureux, beaux yeux, air subtil), das sich im Anblick der Katze symbolisch verdichtet – man denke an das Katzen-Motiv in anderen Gedichten Baudelaires wie »Les Chats« oder »Dans ma cervelle se promène«. Damit ist in der Ästhetik seines Gedichts eine Moderne aufgehoben, deren Manifestationen er andernorts, besonders in bezug auf den von der Fotografie beanspruchten Kunstcharakter, heftigst attackiert hatte. Der Vorherrschaft des Bildes in der modernen Waren- und Kommunikationswelt antwortet bereits Baudelaire – wie nach ihm erklärtermaßen Rimbaud, Lautréamont und die Avantgarden des 20. Jahrhunderts – mit einer neuartigen lyrischen Tendenz zu expliziter, detailgenauer Bildlichkeit, die von dem der Lyrik zur Verfügung stehenden stilistischen Inventar bildhafter Vergegenwärtigung, wie Vergleich, Metonymie, Synekdoche, Metapher, intensivsten Gebrauch macht.

1.3 Das Dispositiv der Fotografie in der 2. Hälfte des 19. Jahrhunderts und die Reaktion der Lyrik auf die Veränderungen des Kunstwerk-Charakters

Knut Hickethier schlägt in seiner »Film- und Fernsehanalyse« vor, den von Michel Foucault in den sozialwissenschaftlichen Diskurs eingebrachten Begriff des »Dispositivs« – Foucault ging es darum, ein »Dispositiv der Macht« in den Ordnungsstrukturen verschiedener geschichtlicher Epochen nachzuweisen – auch auf den filmwissenschaftlichen Diskurs zu übertragen. Für Hickethier sind Film und Fernsehen als wahrnehmungsprägende und -rasternde Institutionen gleichzeitig Medien, in denen sich im gesellschaftspräformierenden Sinne Foucaults die Macht-, Ordnungs- und Diskursstrukturen des 20. Jahrhunderts widerspiegeln, und insofern sind sie als »Dispositive« aufzufassen. Dehnt man diesen Begriff auf die Fotografie aus, so läßt sich das 1839 von Daguerre erstmals der Öffentlichkeit präsentierte Medium als ein Dispositiv des späteren 19. Jahrhunderts begreifen.

---

62 Bense, Plakatwelt, S. 22.

Folgt man der Argumentation McLuhans und Benjamins, dann tritt die Fotografie als neues Medium in Konkurrenz zu allen etablierten ›alten‹ Medien und unterminiert deren Status. Die Malerei, als Medium begriffen, war von der Konkurrenz der Fotografie besonders bedroht: Ihr jahrhundertelang proklamierter Abbildcharakter stand in Frage. Baudelaire, der sich in »Le public moderne et la photographie« über die Gleichstellung der Fotografie mit den bildenden Künsten, wie sie der »Salon« des Jahres 1859 pflegte, beschwert, ist bestrebt, die Rolle des Mediums auf diejenigen Domänen gesellschaftlichen Lebens zu beschränken, denen es entstammt: die Wissenschaft und das Kunsthandwerk. »Il faut donc qu'elle rentre dans son véritable devoir, qui est d'être la servante des sciences et de l'art [...] comme l'imprimerie et la sténographie qui n'ont ni créé ni suppléé la littérature«.[63] Es mag überraschen, daß der Dichter nicht dazu bereit ist, ihr größere Konzessionen einzuräumen, ihr nicht das Prädikat »d'un art véritable« zu verleihen. Schließlich geht es ihm darum, seine Poesie aus der Flüchtigkeit des modernen Lebens zu ziehen, »de tirer l'éternel du transitoire«.[64] Gerade in dem Vermögen, die Flüchtigkeit des Augenblicks zu bannen, liegt jedoch die große Leistung der Fotografie![65]

So kann, was Baudelaire vom Dichter des modernen Lebens verlangt, genausogut als spezifische Leistung des fotografischen Mediums angesehen werden, das jedoch kein dafür sensibilisiertes Bewußtsein nötig hat: »La poésie et le progrès sont deux ambitieux qui se haïssent d'une haine instinctive, et, quand ils se rencontrent dans le même chemin, il faut que l'un des deux serve l'autre«.[66] Seine Abneigung speist sich aus der Ähnlichkeit der Resultate sowohl des technischen Objekts als auch des subjektiven dichterischen Vorhabens. Die Imaginationskraft steht für

---

63 Baudelaire, Œuvres complètes II, S. 618.
64 Ebd. S. 694.
65 Die Eigenschaft, das Flüchtige festzuhalten, das Augenblickliche einzufangen, sieht etwa Großklaus, Medien-Zeit, S. 19f., als ein Hauptcharakteristikum der Fotografie und aller auf ihr fußenden Medien an: »Die Fotografie segmentiert ein Zeitfeld intensivster, punktueller sinnlicher Erregung und sinnlichen Austausches und wiederholt damit den kognitiven Entwurf der Gegenwart. *Magisch* wirkt die Stillstellung des Augenblicks. [...] Fotos und später Film und Video halten ein Bild dessen fest, was in der beschleunigten Aufeinanderfolge von Ereignissen längst der Vergangenheit anheimgefallen wäre oder was in beschleunigter Verfallszeit überhaupt verschwindet (Dinge und Räume).« (Meine Hervorhebung – J. R.)
66 Baudelaire, Œuvres complètes II, S. 618.

ihn mit dem Aufkommen der Fotografie auf dem Spiel. Benjamin kommentiert dies mit dem Hinweis darauf, daß »[d]ie ständige Bereitschaft der willentlichen, diskursiven Erinnerung [des Gegenteils der spontanen mémoire involuntaire – J. R.], die von der Reproduktionstechnik begünstigt wird [...] den Spielraum der Phantasie beschneidet.«[67] Sollte die Fotografie in den Rang der traditionellen Künste erhoben werden, so prophezeit Baudelaire die Entmachtung der menschlichen Autonomie, imaginäre Bildwelten zu entwerfen, sich *träumend* über seine irdischen Beschränkungen hinwegzusetzen. »Seelenlose« technische Bilderfluten würden statt dessen die Imagination okkupieren und an die Stelle der Vorstellungskraft treten. Eindeutig ist es die Technizität der vom Menschen unabhängigen Apparatur, ihr Automatismus, *nicht* die Künstlichkeit des Mediums, wogegen Baudelaire opponiert – wehrt er sich doch im selben Atemzug auch gegen die Publikumsmeinung von der Naturwiedergabe in der bildenden Kunst. Baudelaire meint mit seiner Kritik die Fotografie als unkritisch rezipiertes Massenphänomen, das die künstlerische Autonomie bedroht, *nicht* jenes Medium, das zu neuen wissenschaftlichen Einsichten verhilft.

Walter Benjamin versucht in »Kleine Geschichte der Photographie«, aus einem zeitlichen Abstand von mehr als siebzig Jahren heraus, Baudelaires Fotografiekritik mit einer »leise[n] Akzentverschiebung«[68] positiv für eine Neubestimmung der Kunst im Zeitalter des Surrealismus fortzuschreiben. Da der massenhafte, unspezifische Gebrauch der Fotografie sowie die unwirklichen Staffagen der Photoateliers die »Aura« und »Authentizität« – ein Faktum, das, so Benjamin, Baudelaire entgangen sei[69] – der frühen Daguerreotypien schnell entwertet hätten, seien auch das künstlerische Selbstverständnis, die für »authentisch« gehaltenen Repräsentationen der bildenden Kunst in eine Krise geraten. Einen Ausweg böte wiederum die Fotografie – dann nämlich, wenn sie die bisherigen künstlerischen Konventionen negierte und eine Anti-Kunst entwürfe, die radikal mit der Illusion einer Aura bräche. Am Anfang dieser Entwicklung – »der einzigen wirklich breiten Kolonne, die der Surrealismus hat in Bewegung setzen können« – sieht er die Pariser Aufnahmen Atgets, des »Vorläufer[s] der surrealistischen Photographie«:

---

67 Benjamin, Illuminationen, S. 221.
68 Benjamin, Medienästhetische Schriften, S. 315.
69 Ich möchte behaupten: Baudelaire *durfte* der Fotografie keine Authentizität zugestehen, da seiner eigenen dichterischen Authentizität sonst eine Konkurrenz erwachsen wäre, die er nicht gestatten konnte.

Atget ist »an den großen Sichten und an den sogenannten Wahrzeichen« fast immer vorbeigegangen; nicht aber an einer langen Reihe von Stiefelleisten; nicht an den Pariser Höfen, wo von abends bis morgens die Handwagen in Reih und Glied stehen; nicht an den abgegessenen Tischen und den unaufgeräumten Waschgeschirren [...] nicht am Bordell rue ... no 5, dessen Fünf an vier verschiedenen Stellen der Fassade riesengroß erscheint.⁷⁰

Siegfried Kracauer, der nicht nur den Abbildungsteil seiner »Theorie des Films« mit einer Pariser Straßen-Fotografie Atgets beginnen läßt, sondern auch fast alle Potenzen des Films bereits in der Fotografie angelegt findet (weshalb er die »Einführung« seiner »Theorie« der Fotografie vorbehält), konzentriert sich in der bereits 1929 entstandenen Schrift »Die Photographie« auf den selektiven, ausschnitthaften Charakter des Mediums sowie auf die Veränderungen des zeitlichen Bewußtseins durch die aus dem »Fluß des Lebens« geschnittenen, quasi ›eingefrorenen‹ Bilder. Die selektive Wahrnehmung des Apparats, die sich mit der von Benjamin konstatierten aussondernden Wahrnehmung des Großstadt-Passanten vergleichen läßt, liefert einen »Abfall«, der im Gegensatz zur Intentionalität des traditionellen Kunstwerks erst durch die Interpretation des Betrachters mit Sinn und Bedeutung aufgeladen wird:

Erscheinen sie [die Gedächtnisbilder] von dieser [der Photographie] aus als Fragment – Fragment aber, weil die Photographie den Sinn nicht einbegreift, auf den sie bezogen sind und auf den hin gerichtet sie aufhören, Fragment zu sein –, so erscheint die Photographie von ihnen aus als Gemenge, das sich zum Teil aus Abfällen zusammensetzt.⁷¹

Die Ahistorizität der fotografischen Konstrukte leitet, mit Kracauers Worten, ein *Vabanque-Spiel* der Geschichte« ein, das »die Bilder des in seine Elemente aufgelösten Naturbestands dem Bewußtsein zur freien Verfügung überantwortet«.⁷² Damit zerbricht die Empfindung einer Kontinuität bisheriger geschichtlicher Verläufe; das traditionelle Kunstverständnis ist hinfällig geworden. Von den »Gedächtnisbildern«, die man mit Benjamin als »auratisch« bezeichnen könnte und die den Bildern der traditionellen Kunst gleichzusetzen wären, unterscheiden sich die fotografischen Bilder dadurch, daß sie »nicht mehr in dem räumlichen Zusammenhang, der sie mit einem Original verband [...] haften«.⁷³

70 Benjamin, Medienästhetische Schriften, S. 309f.
71 Kracauer, Die Photographie, S. 86.
72 Ebd. S. 96f.
73 Ebd.

Brechen die Fotografien mit »jeder gewohnten Beziehung zwischen den Naturelementen«, so obliegt es dem Bewußtsein, die vorgefundenen »Bruchstücke gegeneinander« zu verstellen, was »die *Vorläufigkeit* aller gegebenen Konfigurationen« betont.[74]

Kracauer ist an einem neuen Kunstbegriff gelegen. Wie Benjamin von der Fotografie auf die Anti-Kunst des Surrealismus, so schließt er von den fotografischen Ausschnitten auf die Möglichkeiten des Films. Diesem käme es zu, die »gewohnten Beziehungen zwischen den Naturelementen« zu zerschlagen, indem er »Teile und Ausschnitte zu fremden Bildern assoziiert«.[75] Kracauer vergleicht die Potenzen von fotografischem und filmischem Medium schließlich mit denen des Traums, wodurch die Verbindung zum von Benjamin favorisierten Surrealismus wiederum hergestellt wäre:

> Ist das Durcheinander der illustrierten Zeitungen Konfusion, so gemahnt dieses Spiel mit der zerstückelten Natur an den *Traum*, in dem die Fragmente des Taglebens sich verwirren. Das Spiel zeigt an, daß die gültige Organisation unbekannt ist, nach der die in das Generalinventar aufgenommenen Reste der Großmutter und der Filmdiva [Kracauers Beispiele für Fotografien, deren semantische Verschiedenheit sich mit der zeitlichen Distanz des Betrachters von ihnen relativiert – J. R.] einst anzutreten haben.[76]

Hier bietet es sich an, dem Verhältnis der lyrischen Moderne zur Fotografie als Dispositiv einer neuen Kunst- und Geschichtsauffassung nachzugehen. Der Vergleich der lyrischen Verfahren Baudelaires mit den Schreibweisen der um eine Generation jüngeren Rimbaud und Lautréamont führt dabei zu ähnlichen Ergebnissen, wie sie Benjamin bei der Gegenüberstellung der frühen Daguerreotypien mit den proto-surrealistischen Bildern Atgets herausgearbeitet hat.

»Rêve parisien« ist Baudelaires aussagekräftigstes Gedicht, wenn es darum geht, des Dichters ambivalenter Beziehung zur Moderne, seinem lyrischen Verständnis von moderner Kunst, Technik und Fotografie nachzuspüren.[77] Die imaginierte Stadt des ersten Teils des Gedichts ist das wirkliche Paris der Passagen, Panoramen und Boulevards und ist es doch nicht. Es ist das tatsächliche Paris: »Babel d'escaliers et d'arcades […] Plein de bassins et de cascades […] Non d'arbres, mais de colon-

---

74 Ebd.
75 Ebd.
76 Ebd.
77 Vgl. Baudelaire, Œuvres complètes I, S. 101-103.

nades«, aber so, wie es nur individuell, vom *träumenden* Ich des Poeten, möglicherweise unter dem Einfluß bewußtseinsverändernder Drogen (›Medien‹) wie des Haschisch, erlebt werden kann: »Et, peintre fier de mon génie, / Je savourais dans mon tableau / L'enivrante monotonie / Du métal, du marbre et de l'eau.« Die künstliche Pariser Umwelt wird transformiert zu etwas Eigenem, Autonomem, das *im Geist* des Dichters entsteht: »Par un caprice singulier / J'avais banni de ces spectacles / Le végétal irrégulier […] Architecte de mes féeries, / Je faisais, à ma volonté, / Sous un tunnel de pierreries / Passer un océan dompté«. Die Erscheinungen der Moderne finden allesamt Eingang in die Sprach- und Bilderwelt des »Rêve«, der mit sicherem Kalkül genau jenem Constantin Guys gewidmet ist, dessen Pariser Skizzen Baudelaire im Essay »Le peintre de la vie moderne« den Vorwand lieferten, über seine eigene Dichtung zu schreiben.

Gerade weil Baudelaire eine scheinbare Rausch- und Traumerfahrung wiedergibt, tritt darin die Künstlichkeit und Technizität des modernen Lebens als sein eigentliches Thema hervor; die Féerien, Panoramen, Warenhausfassaden des realen Pariser Alltags kehren unter umgekehrten, irrealen Vorzeichen in den Traum zurück – Friedrich spricht von der »Bildwerdung einer konstruktiven Geistigkeit«.[78] Ganz im Zentrum der traumhaften Transformationen stehen optische Phänomene: »Et tout, même la couleur noire, / Semblait fourbi, clair, irisé […] Tout pour l'œil, rien pour les oreilles!« Aus der Perspektive des 20. Jahrhunderts scheint es, als habe Baudelaire mit dieser Formel bereits Charakteristika des Stummfilms entworfen, würde man ihn sich ›rein‹, d.h. ohne Musikbegleitung, vorstellen. Doch der sich anschließende zweite Teil des Gedichts läßt in seiner Abruptheit und schneidenden Kürze alle zuvor errichteten Traumpaläste mit einem Schlag zusammenstürzen. Der Schockmoment des Erwachens, des Wieder-die-Augen-Aufschlagens offenbart ihm das Grauen der tatsächlichen Wirklichkeit, »l'horreur de mon taudis […] La pendule aux accents funèbres […] le triste monde engourdi«. Damit ist die nicht von der dichterischen Imagination durchdrungene, die ›nackte‹ phantasielose Wirklichkeit gemeint.[79] In genau dieser Wirklichkeit ist für Baudelaire auch die Fotografie angesiedelt: Das technische Medium vermag nicht von sich aus Traumwelten zu entwerfen; es bildet ab, was physisch vorhanden ist, erschafft jedoch keine

---

78 Friedrich, Die Struktur der modernen Lyrik, S. 55.
79 Zum quantifizierenden Zeitmaß der Uhr (»la pendule«) als einem Signum moderner literarischer Metaphorik vgl. Kaiser, Zur Metaphorik der Moderne.

geistigen Repräsentationen wie die kristallinen Paläste, die vorm inneren Auge des Ichs entstehen.

Baudelaire könnte mit »Rêve« als Verfechter einer zwar ›modernen‹, aber sich noch auf Originalität und Autonomie berufenden Dichtungskonzeption gelten. Die Bilder, die seine Verse evozieren, sind noch von einer »Aura« umgeben (»l'image, / Vague et lointaine«), der eine Erfahrung von einmaliger, individuell erlebter Gegenwart zugrunde liegt; zeitlich korreliert die Aura seiner »Tableaux Parisiens« mit der von Benjamin attestierten Aura der frühen Daguerreotypien. »In dem Umstand, daß die ersten Photographen der Avantgarde angehörten und ihre Kundschaft zum großen Teil aus ihr kam«[80] – Baudelaire zählte zum Freundeskreis Nadars und ließ sich von diesem ablichten –, ist ein weiteres Indiz für die Nähe des technisch neuen Mediums zur neu entstehenden Poesie der Moderne zu sehen. Dennoch deutet der von der Fragilität dichterischer Beschwörungskraft in der Moderne kündende zweite Teil von Baudelaires »Rêve« schon auf den Zusammenbruch dieser »einmaligen Nähe« hin, als dessen Agenten Rimbaud und Lautréamont dann auftraten.

War, wie Benjamin formulierte, Atget mit seiner Kamera auf der Suche nach dem »Verschollenen und Verschlagenen«, so läßt sich dies auch für Rimbaud und seine Expeditionen zu neuen lyrischen Schreibweisen und Bilderwelten sagen. Eine häufig zitierte Sequenz aus »L'Alchimie du verbe«, einem der »Délires«-Stücke von »Une saison en enfer«, ist als programmatisches Postulat einer Poetik anzusehen, die zur Sprache bringen will, »was noch nie gesagt wurde«, die sichtbar machen will, »was noch nie gesehen wurde«. Sujets, die bisher dem Bereich des Budenzaubers, der Féerie, den verachteten niederen Künsten, den Volksbelustigungen mit ihrer vulgären Bildlichkeit, den Jahrmarktsspektakeln, den ›Guckkästen‹ und dem »Abfall« (Kracauer) angehörten, rücken nun, viel entschiedener als dies bei Baudelaire an irgendeiner Stelle zu finden gewesen wäre, in den Rang von Fetischen der poetischen Inspiration, sind die Quellen von Rimbauds *Illuminationen*:

> J'aimais les peintures idiotes, dessus de portes, décors, toiles de saltimbanques, enseignes, enluminures populaires; la littérature démodée, latin d'église, livres érotiques sans orthographe, romans de nos aïeules, contes de fées, petits livres de l'enfance, opéras vieux, refrains niais, rhythmes naïfs.
>
> Je rêvais croisades, voyages de découvertes dont on n'a pas de relations, républiques sans histoires, guerres de religion étouffées, révolution de

---

80 Benjamin, Medienästhetische Schriften, S. 328.

mœurs, déplacements de races et de continents: je croyais à tous les enchantements.[81]

Diese Stelle liefert eine prägnante Charakteristik seiner »Illuminations«: Die in diesen Prosagedichten beschriebenen Vorgänge sind tatsächlich nur noch Konstrukte der Imagination des Poeten, ohne dabei in einer irgendwie angedeuteten *Korrespondenz* mit der aktuellen Wirklichkeit zu stehen, wie dies noch in Baudelaires »Rêve« der Fall ist: »J'ai seul la clef de cette parade sauvage«.[82] Statt dessen fungiert beim Dichter des *dérèglement de tous les sens* »die ganze Welt mit ihren verschiedenen Realitätsebenen und -graden als Spielfeld einer frei vagabundierenden Phantasietätigkeit [...] vom mittelalterlichen Holzschnitt bis zum mikroskopischen Blick aufs Rieseninsekt, den die moderne Technik ermöglicht«.[83]

Schreibt Kracauer, daß die Fotografie ein »Vabanque-Spiel der Geschichte« herbeiführe, so betreibt Rimbaud in seinen »Illuminations« ebenso ein Vabanque-Spiel mit den Signifikaten der außersprachlichen Wirklichkeit, auf die die Wörter im Rahmen der Kommunikation verweisen. Bei Rimbaud existieren diese Signifikate nicht mehr, bzw. sie existieren lediglich innerhalb des imaginativen Kosmos des Dichters, dem Leser hingegen wird die Möglichkeit, anhand der Wörter zu Referenten einer intersubjektiv überprüfbaren Wirklichkeit zu gelangen, mit Hilfe paradoxer Konstruktionen, alogischer Fügungen, plötzlicher semantischer Brüche usw. konsequent abgeschnitten. Der »gewohnte Zusammenhang zwischen den Naturelementen« (Kracauer) ist aufgegeben worden; was sprachlich vorzufinden ist, sind Bewußtseinsdiagramme des *absolut modernen* lyrischen Ichs: »Ta mémoire et tes sens ne seront que la nourriture de ton impulsion créatrice«.[84]

Rimbauds Illuminationen entziehen sich der Mitteilbarkeit und vergegenwärtigen keinerlei »Aura« mehr; statt dessen geben sie sich als *Konstruktionen* zu verstehen, als »Machtmittel einer Phantasie, die mit vollen Händen im Wirklichen wühlt, es wegwirft, zu neuen Überwirklichkeiten

---

81 Rimbaud, Œuvres, S. 228.
82 Ebd. S. 261. Für Jean-Pierre Richard gehen die *Illuminations* damit aus einer Poetik der Oberfläche hervor: »Rimbaud refuse toutes les formes sensibles du profond, et c'est là ce qui marque son vrai divorce avec Baudelaire. Ses visions s'étalent *sur un écran sans épaisseur, pellicules suprêmement minces,* pourtant increvables, car il n'y a rien derrière«. Nach Perloff, The Poetics of Indeterminacy, S. 65; meine Hervorhebungen – J. R.
83 Lehmann, Die Sprache neu (er)finden, S. 828.
84 Rimbaud, Œuvres, S. 297f.

massiert«.[85] Da sie das Einmalige, Unwiederholbare »auratischer« Erlebnisse als inkommunikabel entfalten, erübrigt sich jeder Versuch, ihnen nachträglich eine Aura zu verleihen: »Die Bildbewegungen sind reine Kurven der absoluten Phantasie und der absoluten Sprache«.[86] Seine Leser anzusprechen, um einen gemeinsamen Kommunikationshorizont zu etablieren, wie es noch Baudelaire getan hatte (»hypocrite Lecteur!«), wird innerhalb von Rimbauds Dichtungskonzept obsolet.

Daß die »Illuminations« bereits Montagecharakter besitzen,[87] zeigt auch das Beispiel von »Promontoire«. Wenn es, wie Kracauer schreibt, zum Wesen des Films gehört, »Teile und Ausschnitte zu fremden Gebilden« zu assoziieren, so leistet Rimbaud genau dies – mit dem Material der Sprache und dem sprachlich evozierbaren Material seiner Imagination, das ihm zur Verfügung steht. Versatzstücke verschiedenster sprachlicher Herkunft, unterschiedlicher Stil- und Bedeutungsebenen werden miteinander vermischt bzw. gegeneinander gestellt, so daß sich daraus etwas Neues ergibt, das nur als Konstrukt existiert:

L'AUBE d'or et la soirée frissonnante trouvent notre brick en large en face de cette villa et de ses dépendances, qui forment un promontoire

---

85 Friedrich, Die Struktur der modernen Lyrik, S. 82.

86 Ebd.

87 Ein ähnlicher Hinweis findet sich bei Martin, Langage cinématographique, S. 184, anläßlich der Diskussion von Eisensteins Standpunkt, die Montage sei als literarisches Gestaltungsmittel schon lange vor der ›Erfindung‹ des Kinos in Gebrauch gewesen. Eisensteins Verweise auf da Vinci, Puschkin, Maupassant, Majakowski ergänzt Martin durch das Zitat von Rimbauds »Illuminations«-Gedicht »Marine«, dessen eigentümliche typographische Versauffächerung die alternierende Abfolge zweier parallel sich ereignender Vorgänge illustriere – in Analogie zur filmischen Parallelmontage, wo die Schnittfolge den Eindruck zweier simultan sich ereignender Vorgänge erweckt. Friedrich, Die Struktur der modernen Lyrik, S. 84-86, spricht mit Blick auf »Marine«, etwas vager, aber terminologisch auch am Film orientiert, von Rimbauds lyrischer »Einblendungstechnik«:
Les chars d'argent et de cuivre,
   Les roues d'acier et d'argent,
   Battent l'écume,
Soulèvent les souches et les ronces.
Les courants de la lande,
   Et les ornières immenses du reflux
   Filent circulairement vers l'est,
Vers les piliers de la forêt,
   Vers les fûts de la jetée,
   Dont l'angle est heurté par des tourbillon de lumière.

aussi étendu que l'Épire et le Péloponnèse, ou que la grande île du Japon, ou que l'Arabie! Des fanums qu'éclaire la rentrée des théories, d'immenses vues de la défense des côtes modernes; des dunes illustrées de chaudes fleurs et de bacchanales; de grands canaux de Carthage et des Embankments [sic] d'une Venise louche; de molles éruptions d'Etnas et des crevasses de fleurs et d'eaux des glaciers; des lavoirs entourés de peupliers d'Allemagne; des talus de parcs singuliers penchant des têtes d'Arbre du japon; les façades circulaires des »Royal« ou des »Grands« de Scarbro' et de Brooklyn; et leurs railways flanquent, creusent, surplombent les dispositions de cet Hôtel, choisies dans l'histoire des plus élégantes et des plus colossales constructions de l'Italie, de l'Amérique et de l'Asie, dont les fenêtres et les terrasses à présent pleines d'éclairages, de boissons et de brises riches, sont ouvert à l'esprit des voyageurs et des nobles – qui permettent, aux heures du jour, à toutes les tarentelles des côtes, – et même aux ritournelles des vallées illustres de l'art, de décorer merveilleusement les façades du Palais-Promontoire.[88]

Ähnlich verhält es sich mit Lautréamonts ungefähr zeitgleichem Vorhaben einer von allen Zwängen klassischer Komposition befreiten Poesie. Wie Rimbaud will auch er die an den Regeln von Rhetorik und Versbau geschulte Komposition durch eine assoziative, vom lyrischen Bewußtseinsstrom diktierte Konstruktion ersetzen. In »Les chants de Maldoror« will Lautréamont die *in Stücke gerissene* Wirklichkeit präsentieren, so, wie die Fotografie *Fragmente* (Kracauer) der Wirklichkeit entreißt, Aus-Schnitte liefert, découpagen betreibt – und damit den Sinn des Ganzen verändert, ja sogar aufhebt. Mit den evozierten Grausamkeiten und blutigen Spektakeln wird die Dominanz des Visuellen in der modernen Welt ad absurdum geführt: Lautréamont ›zeigt‹ das, was der Öffentlichkeit, den Zeitungen, Fotografien, Féerien usw. durch die moralische Konvention zu zeigen verboten ist. Damit erhält der technische Aspekt seiner Vorgehensweise – Versatz- oder Fundstücke aus der Wirklichkeit zu etwas Neuem zusammenzuschneiden – zusätzlich eine psychologisch entlarvende Tiefenschärfe, die nicht wenig zu Lautréamonts Popularität unter den Surrealisten beigetragen haben dürfte. Seine Poetik illustriert er selbst im »Chant sixième« metaphorisch als »la rencontre fortuite sur une table de dissection d'une machine à coudre et d'un parapluie«.[89] Im »Chant cinquième« ist die Rede von »la tendance attractive qui nous

---

88 Rimbaud, Œuvres, S. 299.
89 Lautréamont, Les chants de Maldoror, S. 297.

porte à rechercher (pour ensuite les exprimer) les ressemblances et les différences que récèlent, dans leur naturelles propriétés, *les objets les plus opposés* entre eux, et quelquefois les moins aptes [...] à se prêter à ce genre de combinaisons sympathiquement curieuses«.[90]

Auch Susan Sontag erblickt, ähnlich wie Benjamin, die dauerhafte Leistung des Surrealismus in der Domäne der Fotografie, wobei sie auf Lautréamonts Metaphorik zurückgreift: »Was könnte surrealer sein, als ein Objekt, das sich praktisch selbst hervorbringt, und zwar mit minimaler Anstrengung [...]. Die Fotografie hat uns das Nebeneinander von Nähmaschine und Regenschirm am besten vor Augen geführt«.[91]

Insofern darf postuliert werden, daß das Dispositiv der Fotografie seit der Mitte des 19. Jahrhunderts am Zustandekommen einer neuen Wahrnehmung teilhatte und auf diese Weise auch der Dichtung neue Impulse verlieh, welche schließlich zu den eruptionsartigen Veränderungen innerhalb der lyrischen Sprache des 20. Jahrhunderts führten. Die optischen Zurschaustellungen, die Entwertung der Aura durch massenhafte Reproduzierbarkeit, die fragmentarische, inkomplette, herausgerissene Art von Wirklichkeit, die die Fotografie wiedergab, verlangten nach neuen Ausdrucksweisen, einer prägnanteren, ausdrücklicheren Art von Bildlichkeit. Dieser Wandel, der die gesamte lyrische Gattung betreffen sollte, ist als ästhetisches Phänomen aufs engste mit dem Begriff der Moderne verbunden. Die Fotografie dürfte dasjenige technische und wohl auch, im Sinne Atgets und der Surrealisten, künstlerische Paradigma an der Schwelle zum 20. Jahrhundert gewesen sein, das – zeitlich ein Vorläufer der bewegten Fotografien des Films – der Lyrik als dem Paradigma der literarischen Moderne gegenübergestellt zu werden verdient. Dies ist Sontags Anliegen, wenn sie zwischen Fotografie und Lyrik der Moderne eine Beziehung etabliert:

Während die Malerei immer begrifflicher wurde, hat sich die Dichtung (seit Apollinaire, Eliot, Pound und William Carlos Williams) immer eindeutiger als eine mit dem Visuellen befaßte Kunst definiert. (»Nur in den Dingen ist Wahrheit«, heißt es bei Williams.) Das Bekenntnis der Dichtung zu Konkretheit und zur Autonomie der Sprache des Gedichts findet seine Parallele im Bekenntnis der Fotografie zum reinen Sehen. Das eine wie das andere bedeutet Diskontinuität, zerbrochene Formen und kompensatorische Einheit: das Herausreißen

---

90 Ebd. S. 273.
91 Sontag, Über Fotografie, S. 53f.

der Dinge aus ihrem Zusammenhang (um sie auf neue Weise zu sehen), ihr unvollständiges Zusammenfügen im Sinne einer gebieterischen, aber oft genug willkürlichen Subjektivität.[92]

1.4 Film als Idee und Metapher visueller Wahrnehmung

Als die Brüder Lumière 1895 mit ihrem Apparat an die Öffentlichkeit traten, hatten sie ein Medium gefunden, das nahezu alle Eigenschaften der die Wahrnehmung im 19. Jahrhundert verändernden Medien auf sich vereinte: Aus der Fotografie hervorgegangen, verwandelte es die Starrheit der Fotos durch den rotierenden Motor des Projektors in eine Serie bewegter Bilder und gab damit, als seinerseits rein technisches Konstrukt, der technischen Geschwindigkeitsrevolution des Zeitalters den adäquaten ästhetischen Ausdruck: »Insofern ist das Kino zugleich Ausdruck und Inzitament einer neuen Rezeptionshaltung, die auf die Rezeption von Kunst Einfluß nehmen wird.«[93]

Im Film kamen die Bewegtheit und Instabilität der aus dem fahrenden Zug wahrgenommenen Umwelt zusammen mit den künstlichen Imagerien der Passagen und den Féerien der Panoramen und Guckkästen. Es ist bezeichnend, daß ein früher Film Lumières die Ankunft eines Zuges (»L'arrivée d'un train à la gare de La Ciotat«) dokumentiert und kurze Zeit später Lumières künstlerischer Gegenpart Georges Méliès mit Hilfe geschickt inszenierten Kulissenzaubers Reisen ins Reich der Phantastik (z.B. »Voyage à travers l'impossible«) imaginierte. Die nomadische, zwischen Varietétheatern, Schaustellerbühnen und Music Halls angesiedelte Existenz des Films während des ersten Jahrzehnts seines Bestehens, seine spätere Institutionalisierung in eigens dafür eingerichteten Lichtspielhäusern, die wechselnde Namensgebung (»Kinematograph«, »Kintopp«, »Bioskop«) zeugten davon, daß man es beim Film mit etwas Neuem, schwer Einzuordnendem zu tun hatte. Die Symbiose von Fotografie, Varietébühne, Technik und Geschwindigkeit bündelte nicht nur die Phänomene der Industrie- und Großstadtepoche, sondern schuf selbst wiederum ein Dispositiv der Wahrnehmung, das exemplarisch für die Veränderungen der – bereits am Visuellen orientierten – Wahrnehmung im Verlauf des 20. Jahrhunderts steht:

---

92 Ebd. S. 94f.
93 Vietta, Expressionistische Literatur und Film, S. 295.

Der dunkle Kinoraum, in den sich der Zuschauer zu vorgegebenen Zeiten begibt, um teilzuhaben am Geschehen des Films, seine Plazierung zwischen der projizierenden Apparatur und dem projizierten Bild, schließlich die in das Filmbild eingeschriebene perspektivische Darstellung des Filmraums mit seinem Verweis auf eine andere Realität, der Illusionismus des Vorgeführten, der auf eine lange kulturelle Tradition ästhetischer Inszenierung verweist, dies alles läßt sich in Zusammenhang mit der mentalen Disposition des Zuschauers für derartige Konstruktionen als ein dispositives Netz, als ein Dispositiv des Kinos beschreiben.[94]

Die filmische Wahrnehmung ist demnach nicht als bloße Bestätigung oder Steigerung von fotografischer und beschleunigungstechnischer Wahrnehmung zu verstehen, sondern als Raster mit eigener Spezifik. Dies macht es nötig, Film nicht allein auf der Grundlage der zu ihm hinführenden Medien und Wahrnehmungsmodi zu analysieren, sondern ihn als unabhängiges Medium zu begreifen, das nach einem spezifischen Beschreibungsapparat verlangt. Zur Charakterisierung der (visuellen) Wahrnehmung im 20. Jahrhundert kann der Film deshalb herangezogen werden, weil er als breitenwirksames Medium in Alltag und Lebenswelt der meisten Menschen im westlichen Kulturraum hineinreicht und die verschiedensten Lebensbereiche tangiert – sei es die Ökonomie, die eine »Filmwirtschaft« entstehen läßt, seien es gesellschaftliche Moralvorstellungen,[95] seien es die ›traditionellen‹ Künste oder die Wissenschaften.

Es überrascht nicht, daß der frühe Kinotheoretiker Jean Epstein das Medium in Verbindung mit der von Albert Einstein kurze Zeit nach ›Erfindung‹ der laufenden Bilder veröffentlichten Relativitätstheorie bringt, die das menschliche Weltbild im 20. Jahrhundert revolutionierte. Das gleiche gilt für die Affinität des Kinos zu Freuds Psychoanalyse, die die Auffassungen der tradierten Psychologie erschütterte. Das Kino wird von Epstein als visuelle Konkretisierung, als Illustration dieser Entdeckungen aufgefaßt. Erst das Kino habe dazu beigetragen, diese wissenschaftlichen Erkenntnisse durch seine Bildsprache ins Bewußtsein der Massen eindringen zu lassen. Epstein spricht von einer ›zweiten Realität‹ (»seconde réalité«), in der das Kino die strengen kartesianischen Gesetze der ›ersten Realität‹ (»réalité première«), die von Verstandeslogik und Stabilität der Wahrnehmung determiniert sei, außer Kraft setze zugunsten der Dyna-

---

94 Hickethier, Film- und Fernsehanalyse, S. 19.
95 Zur wirtschaftlichen und sozialen Dimension der Filmindustrie vgl. Monaco, Film verstehen, S. 230-281.

mik moderner Teilchenphysik und der Alogizität der in der Tiefenpsychologie gemachten Beobachtungen. So führe das Kino zu neuen Denkstrukturen und Vorstellungsweisen, die über die ›zweite Realität‹ des Lichtspielsaals hinaus die Wahrnehmung der ›ersten Realität‹ modifizierten:

> Dans la représentation cinématographique, l'espace et le temps sont indissolublement unis pour constituer un cadre d'espace-temps, où coexistences et successions présentent ordres et rhythmes variables jusqu'à l'irréversibilité. [...] Le continu qui apparaît à l'écran est hétérogène, parce que le mouvement qui y règne est non seulement variable de façon variable, variable avec inconsistance [...] au point de subir des accélérations et des ralentissements qui modifient très profondement les caractères de la réalité première.[96]

Insofern ebnet der Film einer Art von Wahrnehmung den Weg, wie sie zur Zeit der Erfindung und Einführung des neuen Mediums noch gar nicht abzusehen war. Er kündigt mediale und lebensweltliche Entwicklungen an und vermag sie zu versinnlichen, auch wenn sie sich außerhalb seiner eigentlichen Sphäre vollziehen. Der Film entspricht der Dominanz des Visuellen im Alltag durch die Reproduktion der Außenwelt auf dem Zelluloidstreifen. Seine konkrete und anschauliche Bildersprache ist der auf Abstraktion basierenden abendländischen Schriftsprache diametral entgegengesetzt. Dies mag zu der Annahme führen, daß das seit Gutenbergs Erfindung die westliche Kultur dominierende Buchmedium nicht mehr dazu imstande sei, die technisch umgestaltete, großstädtische Lebenswelt der Moderne in ihrer schillernden Vielfalt und fragmentarischen Gebrochenheit auf seinen engbedruckten Seiten wiederzugeben.[97] Mit dem Medium Film ist ein adäquater Ausdruck für die Erfahrungen der Moderne geschaffen worden; das Buch wird somit in seiner Rolle als ein die Kultur definierendes Medium durch den Film abgelöst – eine Auffassung, die inzwischen zum Gemeinplatz der Medientheoretiker gehört und abgewandelt auch bei McLuhan oder Kittler anzutreffen ist.

---

96 Epstein, Le cinéma du diable, S. 223-225.
97 In der Glosse »Vereidigter Bücherrevisor« aus der 1928 erschienenen »Einbahnstraße« notiert Benjamin: »Bereits die Zeitung wird mehr in der Senkrechten als in der Horizontale gelesen, Film und Reklame drängen die Schrift vollends in die diktatorische Vertikale. Und ehe der Zeitgenosse dazu kommt, ein Buch aufzuschlagen, ist über seine Augen ein so dichtes Gestöber von wandelbaren, farbigen, streitenden Lettern niedergegangen, daß die Chancen seines Eindringens in die archaische Stille des Buches gering geworden sind.« Benjamin, Medientheoretische Schriften, S. 196.

Schien zunächst die Malerei durch die Fotografie in Frage gestellt – bis sie, spätestens mit dem Impressionismus, darauf reagierte und vom Postulat der Naturwiedergabe abrückte –, so hat nunmehr die Literatur, einschließlich der Theater-Gattungen, die Konkurrenz des Films zu fürchten, sieht ihre Legitimation als ästhetische Artikulationsinstanz lebensweltlicher Erfahrung bedroht.[98]

Wie die beiden konträren kinematographischen Tendenzen eines Lumière und Méliès belegen, ist der Film einerseits in der Lage, dokumentarisch-abbildend im Sinne der Theorie des literarischen Realismus und Naturalismus vorzugehen. Dabei übernimmt das Kamera-Objektiv den Standpunkt des ›objektiven‹ Erzählers (Lumières ›Reportagen‹ von der Ankunft eines Zugs, von aus der Fabrik strömenden Arbeitern). Andererseits vermag der Film auch Märchenhaftes, Phantastisches, imaginäre, traumhaft-irreale Welten im Sinne literarischer Romantik vorzuführen – mit dem Unterschied, daß die Beschreibungen eines Autors nunmehr durch die vom Regisseur arrangierten, ›Echtheit‹ suggerierenden Kulissen und Dekors hinfällig geworden sind (Méliès' phantastische Reisen, verzauberte Zimmer usw.).[99]

---

98 Kittler hält den Film schon aufgrund seines vermeintlich mimetischen Vermögens für überlegen gegenüber der Literatur: »Der Film entwertet die Wörter, indem er ihre Referenten […] einfach vor Augen stellt. […] Als maschinisierte Psychotechnik ist ›die Welt des Films‹ tatsächlich gleichbedeutend mit Illusion und Phantasie geworden und hat die Welt zu dem gemacht, was James Joyce jene ›ganznächtliche Filmmagazin-Meterware‹ (allnights newsery reel) nennt, die das Wahre durch Filmmeterware ersetzt. […] So rückt das Kino an die genaue Stelle des Bibliotheksphantastischen [des 19. Jahrhunderts] […] Um 1900 führen Film und Grammophon […] dazu, das Wort auch theoretisch zu isolieren und seine einstigen Effekte auf Einbildungskraft den Medien zu überlassen.« Kittler, Aufschreibesysteme 1800/1900, S. 254-256. – Der Annahme einer einfachen Opposition von realitätsabbildendem Film und bedeutungsgenerierendem Wort widerspricht Rußegger, Mimesis in Wort und Bild, S. 19, der Wort und Bild als zwei autonome Zeichensysteme versteht: »In ihrer Eigenschaft als *ästhetische Konstrukte* [meine Hervorhebung – J. R.] sind beide Künste [Film und Literatur] weniger an der Existenz einer bestimmten *Realität* (als objektiv Gegebenes) zu messen als an vorgefaßten inhaltlichen Bestimmungen, was denn Realität zu sein habe. Es geht in erster Linie um autologische selbstreferentielle, an Semiosis (das heißt der Hervorbringung von Bedeutungen) und erst in zweiter Linie an Mimesis orientierte Denkmodelle. […] sowohl Bilder als auch die Sprache haben *dispositiven Charakter* […] und geben die Welt gemäß der jeweiligen Logik ihrer Signifikantenoperationen wieder.« – Dennoch läßt auch diese Argumentation die Frage offen, welche ›Wiedergabe‹ von ›Welt‹ der jeweiligen Welt-Sicht *angemessene* sein könne.

99 Auch für Sontag, Geist als Leidenschaft, S. 88-95, sind Realismus und Phantastik

Die später durch Griffith, Gance, Eisenstein und andere Film-Autoren weiterentwickelten bzw. auf der Basis bewußter theoretischer Reflexion eingesetzten Techniken von Kameraführung, Schnitt und Montage[100] vervielfachten zudem die Aussagemöglichkeiten des Films und ließen neue Formen entstehen, in denen die frühe Dichotomie von Realismus vs. Phantastik vielfältige Modifikationen und wechselseitige Verknüpfungen erfuhr: »Die Filmerzählung hat eine ›Syntax‹, die sich aus dem Rhythmus von Assoziationen und Disjunktionen aufbaut [...] die Kamera ist ein vereinheitlichter Standpunkt, der sich unentwegt verschiebt«.[101]

Das Vermögen der Kamera, »(vermeintlichen) Durchblick auf und strukturierte Darstellung einer Realität außerhalb des Kinos [zu geben], die das Kino gleichzeitig umgibt und daher homolog mit ihm verbunden ist«,[102] ließ schon Walter Benjamin von einem grundlegenden Paradigmenwechsel in der Wahrnehmung der Außenwelt sprechen: Indem »sie den apparatfreien Aspekt der Wirklichkeit [...] gerade aufgrund ihrer intensivsten Durchdringung mit der Apparatur gewährt«, sei »die filmische Darstellung [...] die unvergleichlich bedeutungsvollere«.[103] Damit spielt er auf jene *von der Technik* hervorgebrachte Realität der Moderne an, welche erst von einem *aus der Technik* hervorgegangenen Medium sichtbar gemacht werden könne. All die Aspekte, die von der selektiven Wahrnehmung des Großstadtpassanten verworfen oder ganz übersehen werden, vermag die Kamera einzufangen und abzubilden. Somit entwickelt sie eine neue Vorstellung von jener Realität, die bislang im »Optisch-Unbewußten« verharrt hatte:

Unsere Kneipen und Großstadtstraßen, unsere Büros und möblierten Zimmer, unsere Bahnhöfe und Fabriken schienen uns hoffnungslos einzuschließen. Da kam der Film und hat diese Kerkerwelt mit dem

zwei Konkretisierungen des einen Phänomens Film: »Louis Lumières [...] erste Verwendung der Filmkamera galt der dokumentarischen Wiedergabe einer nicht für die Bühne aufbereiteten, zufälligen Realität«, während Méliès' Filme »in ihrer Behandlung der Personen als Sachen (körperliche Objekte) und in ihrer disjunktiven Behandlung der Zeit und des Raumes [...] ihrem Wesen nach ›filmisch‹« sind. Der Schnitt als »Äquivalent zum Trick des Magiers [...] bewirkt [bei Méliès] eine Verwandlung der gewöhnlichen Realität.«

100 Wie Paech, Literatur und Film, dokumentiert, beriefen sich diese Regisseure ihrerseits auf analoge ›Montagetechniken‹ im literarischen Realismus des 19. Jahrhunderts: etwa bei Flaubert, Dickens, Dostojewski.

101 Sontag, Über Fotografie, S. 95f.

102 Paech, Literatur und Film, S. 144.

103 Benjamin, Das Kunstwerk im Zeitalter seiner technischen Reproduzierbarkeit, S. 37.

Dynamit der Zehntelsekunden gesprengt, so daß wir nun zwischen ihren weit verstreuten Trümmern gelassen abenteuerlich Reisen unternehmen. Unter der Großaufnahme dehnt sich der Raum, unter der Zeitlupe die Bewegung. [...] So wird handgreiflich, daß es eine andere Natur ist, die zu der Kamera als die zum Auge spricht. [...] Vom Optisch-Unbewußten erfahren wir erst durch sie, wie von dem Triebhaft-Unbewußten durch die Psychoanalyse.[104]

Wenn aber der Film als adäquates Referenzmedium für die moderne Gegenwart beschrieben werden kann, so stellt sich die Frage, welche Stellung dann die Literatur als ästhetische Artikulationsform einer als zunehmend anachronistisch empfundenen Buch- und Schriftkultur noch einnehmen kann bzw. welche Modifikationen das neue kulturelle Leitmedium Film im schriftsprachlich fixierten Medium Literatur bewirkt – unter der Prämisse, daß der Film keine bloße Übertragung literarischer Ästhetik in ein anderes Medium sei, sondern tatsächlich eine neue Ästhetik gebiert, die, statt vom Wort, nunmehr vom (bewegten) *Bild* dominiert wird und auch nur über das Bild erfahren werden kann.

Einen vielversprechenden Ansatz, sich den Schnittflächen von Literatur und Film anzunähern, bietet die Reflexion über Rolle und Funktion des metaphorisch verstandenen *Bildes* im schriftliterarischen Medium selbst. Es war Friedrich Nietzsche, der das Bild als konstitutiven Faktor literarischer Erfindungskraft, poetischer Metaphernkonstruktion, ja überhaupt als Anreiz sprachlichen Variationsreichtums erklärte. »Wir [...] besitzen doch nichts als Metaphern der Dinge, die den ursprünglichen Wesenheiten ganz und gar nicht entsprechen. [...] so nimmt sich das rätselhafte X des Dings an sich als Nervenreiz, dann als Bild, endlich als Laut aus«, hatte er erkenntnisskeptisch bereits 1873 in »Über Wahrheit und Lüge im außermoralischen Sinne« notiert und die »Wahrheit« als »bewegliches Heer von Metaphern« gekennzeichnet, das durch »die Illusion der künstlerischen Übertragung des Nervenreizes in Bilder« zustande gekommen sei.[105] Zugleich jedoch ist dieser »Trieb zur Metaphernbildung« – »das Fremdeste paarend und das Nächste trennend« – verantwortlich für den Prozeß der dichterischen Imagination und künstlerischen Produktivität, indem er fortwährend »neue Uebertragungen, Metaphern, Metonymien hinstellt, fortwährend [...] die vorhandene Welt des Menschen so bunt unregelmässig folgenlos unzusammenhängend, reizvoll und ewig neu« gestalte.[106]

104 Ebd. S. 40-42.
105 Nietzsche, Kritische Studienausgabe Bd. 1, S. 879-882.
106 Ebd. S. 887f.

Ein Jahrzehnt bevor die Brüder Lumière die erste öffentliche Vorstellung ihres Kinematographen gaben, und ein Jahrzehnt nachdem Rimbaud seine »Illuminations« niedergeschrieben hatte, beschäftigte sich Nietzsche, von der Lektüre Heraklits angeregt, erneut mit dem ›Fluß der Bilder‹, die wir von der Wirklichkeit empfangen, als sprachlich-künstlerischem Impuls. In Fragmenten der Jahre 1880/81 sowie 1884/85 stoßen wir auf Stellen, in denen die Phantasie – »die Mutter der Scheinerkenntnisse und der ›plötzlichen Erleuchtungen‹«[107] – als Instrument der Wirklichkeitsaneignung favorisiert wird:

> Unser Auge ist in der Handhabung zahlloser Formen fortwährend in Übung: – der größte Theil des Bildes ist nicht Sinneneindruck, sondern *Phantasie-Erzeugniß*. […] Die *Phantasie* ist an Stelle des »Unbewußten« zu setzen: es sind nicht unbewußte Schlüsse als vielmehr *hingeworfene Möglichkeiten*, welche die Phanatsie giebt […] Unsere »Außenwelt« ist ein *Phantasie-Produkt* […][108] weshalb überall wo wir meinen, bloß wahrzunehmen (z.B. Bewegung) schon unsere Phantasie mithilft, ausdichtet und uns die Anstrengung der vielen Einzelwahrnehmungen *erspart.* […] *Die Dinge rühren unsere Saiten an, wir aber machen die Melodie daraus.*[109]

In einer Aufzeichnung aus dem Jahre 1885 gibt Nietzsche eine mit dieser Art ›phänomenologischer‹ Relativität korrelierende Beschreibung des Menschen als »formen- und rhythmen-bildendes Geschöpf«:

> Man beobachte nur, womit sich unser Auge sofort beschäftigt sobald es nichts mehr zu sehen bekommt: es schafft sich Etwas zu sehen. […] Ohne die Verwandlung der Welt in Gestalten und Rhythmen gäbe es für uns nichts »Gleiches«, also auch nichts Wiederkehrendes […] Dieser Aktivität ist es zu eigen, […] Formen, Rhythmen und Aufeinanderfolgen der Formen zu setzen […] So entsteht unsere Welt […].[110]

Wahrnehmen, Denken wird so als »Zeichenschrift« aufgefaßt,[111] die das vielgestaltige, nicht faßbare Kontinuum des Wirklichen, die Tatsache, daß »jeder Gedanke zuerst vieldeutig und schwimmend kommt«, die Unbestimmtheit der Bilder, die uns umgeben, »zur willkürlichen Festsetzung« zurechtzulegen vermag.[112] Das »thatsächliche, äußerst vielfache Gesche-

---

107 Nietzsche, Kritische Studienausgabe Bd. 9, S. 90.
108 Ebd. S. 446.
109 Ebd. S. 311.
110 Nietzsche, Kritische Studienausgabe Bd. 11, S. 608f.
111 Ebd. S. 505.
112 Ebd. S. 595.

hen« kann jeweils nur ausschnittweise, als fragmentarisches Teilstück erfahren werden, das sich wiederum mit anderen Teilstücken aus dem Wahrnehmungsprozeß zu einem kohärenten Konstrukt zusammenfügt, »in Zeichen faßbar, merkbar, mittheilbar« gemacht:[113] »Von einer Kongruenz des Gedankens und des Wirklichen kann nicht die Rede sein. Das Wirkliche ist irgend eine Triebbewegung«.[114] »Ursache und Wirkung« von Vorgängen kämen uns lediglich »als negative Abbilder« zu Bewußtsein, und die »Succession« solcher Abbilder nähmen wir nicht als »Bewegung« wahr, sondern als intuitive Aneinanderfügung »*bewußte[r] Momente*«:[115]

> Aber wie das gleiche Ding in der Bewegung eine Illusion ist, also die Bewegung, welche wir construiren, jedenfalls etwas anderes ist als die »Wirklichkeit«, so ist auch dies Gebilde aus mehreren negativen Eindrücken auf uns construirt und zurechtphantasirt, jedenfalls etwas anderes als die Wirklichkeit. Es kann nicht *vollständig* sein, denn es besteht nur aus Relationen zu uns, und das an uns, wozu es keine Relationen haben kann, verhindert einen vollen Abdruck. [...] Sodann hat es zur Voraussetzung, daß das Ding in *diesem* Augenblick, wo es einen Eindruck auf uns macht, *dasselbe* Ding ist, welches in einem anderen Augenblick [...] wieder einen neuen Eindruck d.h. eine zweite Relation auf uns macht. Ein Baum, der lang, *dann* rund, dann grün usw. erscheint.[116]

Die Vorläufigkeit und Unbestimmtheit der Eindrücke führt Nietzsche zur Annahme eines unwillkürlichen Mechanismus von dauernd bewegten Bildern im Bewußtsein:

> Eine Bewegung tritt ein [...] durch *Vorstellung* der Bewegung, durch das Bild des Vorgangs in uns. Dies ist ein höchst *oberflächliches* Bild [...] und *schließlich* ist ein Band da, so fest, daß der *umgedrehte* Prozeß eintritt: sobald jenes Bild entsteht, entsteht die entsprechende Bewegung, *das Bild dient als auslösender Reiz.*[117]

Es dürfte keine allzu kühne Annahme sein, im Anschluß an Nietzsches metaphorische Überlegungen zum Funktionieren menschlichen Sehens, Erkennens und Sprechens und der zentralen Stellung, die das – sich stän-

---

113 Ebd. S. 597.
114 Nietzsche, Kritische Studienausgabe Bd. 9, S. 263.
115 Ebd. S. 303.
116 Ebd. S. 303f.
117 Ebd. S. 489.

dig verändernde – Bild dabei einnimmt, von einer ›Idee‹ des Filmischen auszugehen, die dem eigentlichen Medium vorausging: Erinnert sei an Benjamins Auffassung von der ›Idee‹, wie er sie in der »Vorrede« zum »Ursprung des deutschen Trauerspiels« äußert, als einer unabhängig von ihrer tatsächlichen Konkretisierung vorhandenen »Monade«. Der Film wäre, einer Bemerkung Heide Schlüpmanns zufolge, die Erfüllung eines lange gehegten philosophischen Desiderats – dem nach Sichtbarkeit des Gedankens:»Der Philosoph im Kino […] erwartet von dem Film einzig und allein das, was der Schrift entgleitet, er erwartet die reine Oberfläche der gegenwärtigen Welt, die pure Visualität, und er erwartet sie als eine, die aus der Geschichte wich und deswegen durch und durch fragmentarisch ist.«[118] Der Ursprung dieser Idee wäre dann allerdings nicht bei Nietzsche, sondern bereits beim vorsokratischen Heraklit und seinem Diktum »Alles fließt« zu suchen. Es besteht jedoch eine auffällige Affinität zwischen Nietzsches Vorstellung von der Instabilität und Selbstreferentialität der menschlichen Wahrnehmung – woraus, so der Philosoph, die Künstler und Dichter ihr kreatives Kapital schlügen[119] – und dem, was nach Ansicht von Filmtheoretikern wie Epstein oder Benjamin das Medium Film aus dem bisher Unterbewußten und Verdrängten ins menschliche Bewußtsein rückte.

Im Medium des Kinos fände somit die – noch vor dessen eigentlicher Gestaltwerdung formulierte – Idee des Filmischen ihre materielle Entsprechung: »Die technischen Revolutionen – das sind ja die Bruchstellen der Kunstentwicklung, an denen die Tendenzen je und je, freiliegend sozusagen, zum Vorschein kommen«.[120] Die – unabhängig vom Film vorhandene – »Tendenz« zum ›Filmischen‹ wäre durch den Film »aus einem

---

118   Zit. nach Zischler, Literaturmagazin 43, S. 9.
119   Auch Mandelstam, Gespräch über Dante, läßt den Eindruck entstehen, die Dichter hätten von dieser Idee des Filmischen schon von jeher gewußt. In bezug auf Dante und Rimbaud spricht er von »heraklitische[n] Metapher[n]«, die »den fliessenden Charakter des Phänomens« zu unterstreichen wüßten (Mandelstam, Gespräch über Dante, S. 141), und wenn er sich zu den tatsächlichen Filmprodukten seiner Epoche in kritische Distanz begibt, so, weil diese ihm als Pervertierung dieser Idee erscheinen: »Das moderne Kino mit seiner filmischen Bandwurmmetamorphose gerät zur schlimmsten Parodie auf den Instrumentcharakter poetischer Sprache, weil sich die Bilder ohne Kampf in ihm fortbewegen und einander nur ablösen.« (S. 114) Seine ablehnende (sicher nicht gegen Eisensteins Theorie der »Montagekunst« gerichtete) Haltung bestätigt u.a. auch die negative Reaktion auf einen kunstlosen, massenkompatiblen Sowjetfilm, den zu besprechen er hatte (»Tatarische Cowboys«, ebd. S. 13-16).
120   Benjamin, Medienästhetische Schriften, S. 347.

sehr verborgenen Element der Kunst wie von selber zum manifesten« geworden: »Wirklich entsteht mit ihm *eine neue Region des Bewußtseins*«.[121]

Wenn Film selbst als Metapher des ans Licht gebrachten Unbewußten, als ein sich in stetigem Wandel befindliches *Bild* von unendlicher »Wirklichkeit« aufgefaßt wird, so muß dies als Indiz für die Kongruenz kinematographischer Erfahrung und sprachlicher Bildergenese angesehen werden, wie sie Nietzsche oder Mandelstam als Voraussetzung für den poetischen Diskurs betrachten, wie sie Rimbaud oder Lautréamont noch vor Einführung des Kinos praktizieren. Auf der Suche nach einem Ansatz, der beide Vorstellungen miteinander verknüpft, bietet sich Siegfried Kracauers »Theorie des Films« an. Die philosophische Idee des Filmischen, wie sie Nietzsches Fragmente erkennen lassen, verknüpft Kracauer mit der tatsächlichen Erfahrung des Mediums Film – aus der Perspektive des filmbegeisterten, technisch dilettierenden Literaten.

1.5 Siegfried Kracauers »Theorie des Films« als Beschreibung des ästhetischen Paradigmenwechsels unter dem Primat des Kinos

Die 1960 in Amerika erschienene »Theorie des Films« resümiert Siegfried Kracauers seit der Zeit der Weimarer Republik anhaltendes essayistisches Interesse an Literatur und Film. In seiner phänomenologisch ausgerichteten Apologie des kinematographischen Mediums geht er »von der Voraussetzung aus, daß jedes Medium einen spezifischen Charakter hat«.[122] Kracauers Ziel ist es, den »spezifischen Charakter«, oder mit Husserl gesprochen, das »Wesen« des Filmmediums zu ergründen. Dieses liegt für ihn im Vermögen der »Errettung der äußeren Wirklichkeit«, wie es der Untertitel signalisiert (im Original jedoch: »The redemption of physical reality«).[123] Die Eigenheit des Films ist für ihn in der – anders als noch bei der Fotografie – *bewegten* Wiedergabe von Vorgängen der Außenwelt zu

---

121 Ebd. S. 348.
122 Kracauer, Theorie des Films, S. 25.
123 Mit der – von Kracauer wahrscheinlich selbst vorgeschlagenen – Übersetzung von »physical reality« als »äußere Wirklichkeit« liegt in der deutschen Version der Akzent stärker auf dem Prinzip der Oberfläche als der sichtbaren ›Außenwelt‹, während »physical reality« im amerikanischen Original ein weitaus größeres Spektrum an Bedeutungsvarianten zuläßt. Darauf weist bereits Adorno am Schluß seines Kracauer-Porträts »Der wunderliche Realist« hin: »Wahrhaft zu übersetzen wäre das: Die Rettung der physischen Realität. So wunderlich ist sein Realismus.« Adorno, Noten zur Literatur, S. 408.

sehen. Damit hat das Medium »unsere Sicht nicht nur wesentlich erweitert, sondern [...] auch unserer Situation in einem technologischen Zeitalter angepaßt«.[124] Indem der Film das technische Korrelat zu einer durch die Beschleunigungsrevolution veränderten Wahrnehmung darstelle, entspreche auch die von ihm erschaffene Realität am ehesten der technisch modifizierten Gegenwart: »wenn unter dem Einfluß der Naturwissenschaften die materiellen Komponenten unser Welt an Bedeutung gewinnen, dann mag die Vorliebe, die der Film für sie zeigt, legitimer sein«.[125] Unschwer ist an dieser Argumentation der von Benjamins »Kunstwerk«-Aufsatz stammende Impuls zu erkennen, den Film als progressivstes Kunstmittel, die traditionelle Auffassung von Kunst unterminierendes Medium anzusehen: »Definiert man sie aber als Kunst, so muß man sich stets vergegenwärtigen, daß selbst der schöpferischste Filmregisseur [...] die Natur in sich eindringen läßt und sie durchdringt.«[126]

Mit anderen Worten: Kracauer schätzt einen Film gerade dann als besonders ›filmisch‹, d.h. dem Medium Film entsprechend, ein, wenn er der traditionellen Auffassung von Kunst widerspricht. Diese besteht für ihn darin, daß mit der Kunst eine ganz bestimmte schöpferische Intention verbunden sei und das Kunstwerk als Artefakt ohnehin nur durch den Willen des Künstlers existiere: Alles, was an ›Wirklichkeit‹, ›Außenwelt‹ oder »Natur« ins Kunstwerk gelange, sei somit stets der Gestaltungsabsicht des Autors/Künstlers unterworfen. Genau umgekehrt verhält es sich beim (›filmischen‹) Film: Der Regisseur bleibt der überbordenden, intentionslosen, ›für sich‹ existierenden Fülle der Außenwelt, der ihn mit »Rohmaterial« versorgenden »Natur« unterworfen. Während der Regisseur also mit dem vorgefundenen Material auskommen muß – dem, was ihm die Kamera liefert –, erweckt das »Material« des Kunstwerks in der Regel den Eindruck, vom Maler oder Dichter selbst erschaffen zu sein: »Wie realistisch er auch sein mag, er überwältigt eher die Realität, als daß er sie registriert.«[127]

Das filmische »Wesen« des Films, so seine Argumentation, leite sich aus bestimmten, der ursprünglichen Idee von Kunst eher zuwiderlaufenden »Affinitäten« des Mediums ab, die er in fünf Kategorien zusammenfaßt: Die Affinität zur

(i) *ungestellten Realität,* der der Film sein »Rohmaterial« verdankt und die gleichbedeutend ist mit dem, was er unter der »Kamera-Realität« ver-

---

124 Kracauer, Theorie des Films S. 32.
125 Ebd. S. 373.
126 Ebd. S. 69.
127 Ebd. S. 390.

standen wissen will – die Art von Wirklichkeit also, die die Kamera aufgrund ihrer technischen Kapazität aufzuzeichnen vermag – unabhängig
davon, ob sie das Defilee von Schauspielern oder echten Passanten filmt;
zum

(ii) Zufälligen oder der »Art und Weise, in der [Straßenszenen] dem
Zuschauer« – welcher sich dadurch dem Typus von Baudelaires Flaneur
annähert – »flüchtige Erscheinungen und Vorgänge zum Bewußtsein
bringen, die von der Straße als solcher untrennbar sind«,[128] wodurch der
Film das Potential für die vielfältigsten, einander keineswegs im Sinne
strenger Dialektik ausschließenden Möglichkeiten des Lebens bereit-
hielte;[129] zur

(iii) Endlosigkeit, da der Film keine abgeschlossenen Geschichten,
sondern Einblicke in die Unbegrenztheit realen Lebens zeigen wolle:

> Was ihm [dem Film] gegeben ist, sind keine scharf umrissenen Einzel-
> personen, die diesem oder jenem definierbaren Ziel zustrebten, sondern
> lose zusammenhängende Mengen skizzenhafter, völlig unbestimmbarer
> Figuren. [...] Statt dessen entfaltet sich ein unaufhörlicher Strom von
> Möglichkeiten und nahezu ungreifbaren Bedeutungen. Dieser Strom
> ist es auch, der den »Flaneur« so verzaubert oder ihn gar erst ins Leben
> ruft. Der [Zuschauer-]Flaneur ist berauscht vom Leben der Straße –
> einem Leben, das immer wieder die Formen auflöst, die es zu bilden
> im Begriff ist[130];

(iv) zum *Unbestimmbaren,* weil die Filmbilder und -szenen immer nur
sich selbst bedeuten können, nicht auf Symbole oder Allegorien für
begriffliche Denkschemata reduzierbar sind, keine auf einen eindeutigen
Sinngehalt hin interpretierbaren Metaphern darstellen:

> Gerade durch sein Bemühen um Kamera-Realität gestattet der Film be-
> sonders dem einsamen Zuschauer, sein schrumpfendes Ich – schrump-
> fend in einer Umwelt, in der die bloßen Schemen der Dinge die Dinge
> selber zu verdrängen drohen – mit Bildern des Lebens als solchem zu
> füllen – eines schimmernden, vieles meinenden, grenzenlosen Lebens[131];

---

128 Ebd. S. 99.
129 Bei der Interpretation des Gedichts »Arbre« von Guillaume Apollinaire im Rah-
       men von Isers Kolloquium »Lyrik als Paradigma der Moderne« kommt Kracauer
       zu dem Schluß, daß »der Zufall« – in Anbetracht der Heterogenität der Eindrük-
       ke modernen Lebens – »gleichsam notwendige Erscheinung [wird]«. Kracauer in
       Iser, Immanente Ästhetik – Ästhetische Reflexion, S. 466.
130 Kracauer, Theorie des Films, S. 110.
131 Ebd. S. 231.

und schließlich zum

(v) ›Fluß des Lebens‹, eine Affinität, mit der Kracauer direkt an Heraklits Diktum »Alles fließt« anknüpft. Gerade der »Fluß des Lebens«« wird von Kracauer ins Zentrum der filmischen Affinitäten gerückt, weil sich hier etwas zeige, das noch der Fotografie versagt gewesen sei, nämlich durch die ständige Bewegtheit der Bilder eine neue, andersartige Sicht auf die Welt und die äußere Wirklichkeit zu vermitteln:

> [Filmische Filme] weisen in dem Maße über die physische Welt hinaus, in dem die Aufnahmen oder Aufnahmefolgen, aus denen sie bestehen, vielfältige Bedeutungen mit sich führen. [...] Dementsprechend kann man auch sagen, daß sie eine [...] Affinität zum Kontinuum des Lebens oder »Fluß des Lebens« besitzen, der natürlich identisch mit abschlußlosem, offenem Leben ist.[132]

Sieht man einmal ab von der Problematik, welche die Zweideutigkeiten, metaphorischen Umschreibungen und semantischen Überschneidungen von Kracauers filmischen »Affinitäten« mit sich bringen – das Paradox, Tatbestände begrifflich festlegen zu müssen, die sich eigentlich begrifflicher Festlegung entziehen, was ihm selbst bewußt gewesen ist –, so fällt auf, wie sehr diese fünf Kategorien eigentlich über den Film hinaus Maßstäbe für die Beurteilung moderner Dichtung und Kunst zur Verfügung stellen: Spiegelt sich in Begriffen wie »Ungestellte Realität«, »Endlosigkeit«, »Unbestimmbarkeit«, »Zufälligkeit« nicht auch die Realitätsausweitung einer großen Zahl moderner Kunstbestrebungen? Verweist der »»Fluß des Lebens«« nicht ebenso auf die Vieldeutigkeit und Offenheit der Bilder moderner Lyrik spätestens seit Rimbaud und Lautréamont sowie auf den unabgeschlossenen, fragmentarischen Charakter moderner Poesie, der sich programmatisch schon in den Schriften der Romantiker andeutete?

Expliziter als bei Kracauer stoßen wir bei Benjamin auf diese Zusammenhänge, der in seinem »Kunstwerk«-Aufsatz die radikalen Schnitt- und Montagetechniken des Films in den lyrischen Schreibweisen der dadaistischen Avantgarde vorweggenommen sieht: etwa die nach dem Zufallsprinzip angeordneten oder – im Falle der Surrealisten – aus Anwendung der »écriture automatique« entstandenen Assemblagen, die »objets trouvés« eines Duchamp oder die »Merz«-Collagen eines Schwitters sowie die »poèmes-conversations« Apollinaires. Die »Aura« des traditionellen, aus der Singularität eines Erlebnisses geborenen Gedicht-Kunstwerks erübrige sich damit:

---

132 Ebd. S. 109.

Ihre Gedichte sind *Wortsalat*, sie enthalten obszöne Wendungen und allen nur vorstellbaren Abfall der Sprache. Nicht anders ihre Gemälde, denen sie Knöpfe oder Fahrscheine aufmontierten. Was sie mit solchen Mitteln erreichten, ist eine rücksichtslose Vernichtung der Aura ihrer Hervorbringung.[133]

Kracauer, der Benjamins Begriff des »Aura«-Verlusts für seine eigene Filmtheorie zu vermeiden sucht, gelangt zu ganz ähnlichen Ergebnissen, wenn er den nicht abgeschlossenen, aus der Addition einer Vielzahl von Perspektiven, Einstellungen, Bildern und Stimmen hervorgehenden Charakter des Mediums unterstreicht. In bezug auf die Rolle des sprachlichen Moments im (Ton-)Film spricht er von einem »Gewebe«, einer Stimmen-Textur also, deren Sinn weniger in der Mitteilung klarer, bedeutungstragender Botschaften (wie z.B. auf dem Theater) als vielmehr in der Übermittlung einer die Abbildung der »äußeren Realität« begleitenden Hintergrundmusik zu suchen sei: »Das Wesentliche ist vielmehr das ständige Gemurmel selbst, das von Stimme auf Stimme erzeugte Gewebe.«[134]

Hätte sich Benjamin womöglich nicht gescheut, gewisse Formen der zu seiner Zeit avanciertesten Lyrik wie Apollinaires »poèmes-conversations« oder Bretons und Soupaults »Champs magnétiques« als Transkripte einer »Tonkamera« zu bezeichnen, so wird die Ähnlichkeit von Kracauers Theorie mit Benjamins Ansatz vollends offensichtlich, wo es um die Rolle des Zuschauers und die psychischen Veränderungen geht, denen er während der Filmprojektion unterworfen ist. Zunächst findet eine Wahrnehmungsverschiebung vom Diktat des logisch-deduktiven Denkens zur sinnlich-induktiven Perzeption hin statt: »Dadurch, daß sie [die Kinoeindrücke] seine [des Zuschauers] eingeborene Neugierde wecken, locken sie ihn in Dimensionen, in denen Sinneseindrücke den Ausschlag geben.«[135] Rimbauds Satz: »ICH ist ein anderer«, der konstitutiv für die vielstimmigen Diskurse des modernen Dichters ist, wird zur gewöhnlichen Erfahrung jeden Kinogängers; das Kino zeitigt so eine den bewußtseinserweiternden »künstlichen Paradiesen« und Rauschgiften Baudelaires nicht unähnliche Wirkung:

wonach sie [die Zuschauer] wirklich verlangen, ist, einmal vom Zugriff des Bewußtseins erlöst zu werden, ihr Ich im Dunkeln zu verlieren und die Bilder, wie sie gerade auf der Leinwand einander folgen, mit geöff-

---

133 Benjamin, Das Kunstwerk im Zeitalter seiner technischen Reproduzierbarkeit, S. 43.
134 Kracauer, Theorie des Film, S. 158.
135 Ebd. S. 217.

neten Sinnen zu absorbieren. [...] das Problem ist [...], ob der Film als Film traumartige Elemente enthält, die ihrerseits den Zuschauer zum Träumen veranlassen [...] eine Eigenschaft, die [...] sich gerade dort am deutlichsten zeigt, wo sie [die Filme] sich auf reale Phänomene konzentrieren.[136]

Ohne daß dies Kracauer bewußt gewesen sein muß, zeigt sich hier die enge Verwandtschaft seiner Vorstellung von dem Film innewohnenden Potenzen mit den Absichten der Surrealisten, die darin bestehen, »die Physis [...] in jenem Bildraume zu erzeugen, in welchem die *profane Erleuchtung* uns heimisch macht«.[137] Auch der Schock-Effekt des Films, auf den Benjamin im »Kunstwerk«-Aufsatz hinweist, korreliert mit der das Hervorbrechen des psychisch Unbewußten zeitigenden Schock-Vorstellung der Surrealisten. Nach Kracauers Ansicht bürgen gerade diejenigen Filmsequenzen für die nachhaltigsten Schocks beim Zuschauer, die mit dem größtmöglichen Kamera-Realismus inszeniert sind, die Bilder also, denen eine »enthüllende« Funktion [138] – im Gegensatz zur bloß »registrierenden« Funktion – innewohnt: »In der jähen Unmittelbarkeit und schockierenden Wahrheitstreue solcher Aufnahmen liegt etwas, das ihre Identifizierung mit Traumbildern rechtfertigt.«[139] Das realistische, der »ungestellten Realität« entstammende Rohmaterial hält Kracauer deshalb für geeigneter als künstlich arrangierte Traumwelten, eigene Träume beim Filmbetrachter in Gang zu setzen, denn

die Sehnsucht des isolierten Kinobesuchers [...] erinnert an den Flaneur des neunzehnten Jahrhunderts [...] in seiner Empfänglichkeit für die vergänglichen Phänomene der Realität, die über die Leinwand ziehen. *Es ist [...] ihr Fluß, der ihn am stärksten berührt. Gemeinsam mit den fragmentarischen Geschehnissen in ihrem Gefolge stimulieren diese Phänomene [...] seine Sinne und liefern ihm Material für Träume.* Bar-Lokale lassen seltsame Abenteuer ahnen; improvisierte Zusammenkünfte versprechen neue menschliche Kontakte; ein plötzlicher Szenenwechsel ist voll von unvorhersehbaren Möglichkeiten.[140]

Genau dieser Eigenschaft als Traum- und Sinnenstimulans kommt die »offene«, fragmentarische Struktur des ›filmischen‹ Films entgegen, die »den liebgewonnenen Begriffen der traditionellen Ästhetik zuwider-

---

136 Ebd. S. 218-223.
137 Benjamin, Gesammelte Schriften II/1, S. 309f.
138 Vgl. Kracauer, Theorie des Films, S. 77-94.
139 Ebd. S. 224.
140 Ebd. S. 231; meine Hervorhebungen (J. R.).

läuft«.[141] Aus dem improvisatorischen Spiel der Akteure hervorgegangene Szenen und Filmhandlungen gewinnen nach Ansicht Kracauers dadurch gegenüber abgeschlossenen, vorausberechenbaren bühnenhaftsteifen Szenarios. Parallelen zu dieser vor der Kamera praktikablen Improvisationskunst finden sich in einer seit Rimbauds »Illuminations« von den verschiedensten Dichtern gehandhabten Poesie, die sich dem freien Spiel der Assoziationen überläßt. Die Bilder besitzen keine ›symbolische‹, das Bild transzendierende Bedeutung mehr, sondern vielmehr einen Eigenwert als – ihre eigene Bedeutung in sich tragende – Images. Somit stehen sie auch nicht mehr unter der Diktion eines sinn- und ordnungstiftenden Ganzen, sind mehr als nur Illustrationen einer einzigen, sinntragenden Idee – so auch die einzelnen Bilder des Films: »Gerade dadurch, daß er jedes solche Ganze in Teile auflöst, verleiht der Filmregisseur seinen Bildern den Schein des Lebens, wie es sich außerhalb der ästhetischen [symbolisch-repräsentativen] Dimensionen entfaltet«.[142] Statt dessen kommt eine Synthese ganz neuer Art zustande, die dem Abschweifenden, Diversen und Spontanen, allen nicht assimilierbaren Einsprengseln von Fremdartigkeit Raum gewährt und zur Artikulation verhilft. Insofern dürfte das, was Kracauer zu den Regisseuren anmerkt, die die Besonderheiten dieser für ihn genuin filmischen Ästhetik umzusetzen suchen, auch von den Dichtern gelten, welche mit ihrer Lyrik einer neuen Ästhetik abseits dialektischer Zirkelschlüsse und symbolischer Repräsentationen, abseits auch eines mimetischen Kunstideals Ausdruck verleihen wollen:

> Eine gerade Linie scheint ihnen unvorstellbar zu sein; nichts in ihren Filmen ist wirklich zusammengefügt. Gleichzeitig ist es jedoch, als besäßen sie eine Wünschelrute [sic], die sie befähigt, [...] Phänomene und Geschehnisse von ungemeiner Bedeutung zu entdecken.[143]

Mit Erwin Panofsky, aus dessen Aufsatz »Stil und Medium im Film« er ausgiebig zitiert, ist Kracauer der Ansicht, daß die induktive Verfahrensweise des Films, sich den Phänomenen zu überlassen – von Bild zu Bild, Szene zu Szene, Einstellung zu Einstellung wandernd –, ohne ihre Einzigartigkeit einem übergeordneten Ganzen zu opfern, der traditionellen Kunstauffassung diametral zuwiderläuft. Deren deduktives Vorgehen könne allerdings den Phänomenen der technologisch determinierten Welt des 20. Jahrhunderts nicht länger gerecht werden: »Der Film und

---

141 Ebd. S. 336.
142 Ebd. S. 262.
143 Ebd. S. 337.

nur der Film wird jenem materialistischen Weltverständnis gerecht, das die gegenwärtige Kultur durchdringt.«[144]

Um sich angemessen mit Kracauers Ansatz auseinandersetzen zu können, sollte seine »Theorie« nicht als neutrale Beschreibung des filmischen Mediums, sondern vielmehr als die Apologie eines Desideratums – dem praktisch nur wenige Filme entsprechen mögen – gelesen werden, das die metaphorische Idee des Filmischen, wie sie sich z.b. bei Nietzsche nachweisen läßt, mit Hilfe von Kamera, Projektor und Filmspule gestalterische, *mediale Wirklichkeit* werden lassen kann. Gerade diese Absicht, den Film als potentielles Medium einer *neuen Art* von ästhetischer Erfahrung zu würdigen, statt in ihm die bloße Summe seiner einzelnen Konkretisationen, aller bisher tatsächlich entstandenen Filme, zu sehen, läßt Kracauers »Theorie« als willkommen für eine Untersuchung neuartiger poetischer Verfahrensweisen erscheinen, die im Film, wie ihn Kracauer beschreibt, die Bestätigung ihres eigenen ästhetischen Experiments finden.

Die »Affinitäten«, die der Frankfurter Kulturphilosoph dem visuellen Leitmedium des 20. Jahrhunderts nachsagt, hätten so ihre Entsprechungen in den »Affinitäten« der lyrischen Avantgarden derselben Zeit. »Das Unbestimmbare« jener Oberfläche, auf der die Bilder des Films ablaufen, kehrt, mit dem Diktum »il faut être absolument moderne« als Leitspruch, wieder in den »Poetics of Indeterminacy« jener »anderen«, anti-symbolistischen lyrischen Tradition, die sich für die amerikanische Avantgarde-Theoretikerin Marjorie Perloff von Rimbaud bis zu John Cage spannt. Für sie beginnt mit der strukturellen Einbeziehung von Bewegung, im Sinne eines permanenten abrupten Bilder- und Szenenwechsels, seit Rimbauds »Illuminations«, die sie als *Anti-paysage*[145] zu Baudelaires symbolistischer Landschaftskonzeption interpretiert, eine andere, selbstreferentielle Art von Dichtung, deren Merkmal die Unbestimmtheit oder Unbestimmbarkeit (»Indeterminacy«) der in ihr vorkommenden, wie auf der Oberfläche einer Leinwand sich abwechselnden Imagerien ist. Was Perloff anhand von Rimbauds Prosapoem »Villes« zu zeigen sich bemüht – das Vorkommen von Bilderfolgen, die auf nichts mehr außer sich selbst verweisen –, wird in den Poetiken des 20. Jahrhunderts und mit der Ausbreitung des Films als auf dieselbe Weise operierenden Mediums von enormer Wichtigkeit:

Rimbaud's landscape is characterized by constant explosive movement and shifting perspective […]. *Rimbaud's cityscape is thus a phantasma-*

---

144 Panofsky, Stil und Medium im Film, S. 53; in anderer Übersetzung bei Kracauer, Theorie des Films, S. 400.

145 Perloff, The Poetics of Indeterminacy, S. 45.

goria. Like a stage-set, it makes use of stylized back-drops: now a scene of craters and copper palmtrees, now platforms in the midst of whirlpools, now a Bagdad boulevard. *It is the landscape of* [...] *calculated artifice.* The poetic imagination becomes, [...] »a slide projector which ejects each slide almost at the very instant it is lighted up.« [...] Rimbaud presents a succession of briefly illuminated scenes, each one astonishingly palpable and arresting. But when we look for the relational principle that might inform these images, we come up against a wall.[146]

Wie weit die Korrespondenzen zwischen Kracauers Auffassungen vom »Wesen« des Films und modernen, avantgardistischen Poetiken und lyrischen Schreibweisen im einzelnen reichen, kann nur anhand konkreter Beispiele illustriert werden.[147] Einige von Kracauers Postulaten sind aus, heutiger cineastischer Perspektive sicher schwer haltbar – etwa seine Vorbehalte gegen den experimentellen Film als ›unfilmisches‹, weil zu sehr im herkömmlichen Kunstbegriff verharrendes Unterfangen[148] –, sie werden jedoch dort bedeutsam, wo sie bislang kaum Berücksichtigung fanden: in einer Theorie der Avantgarden und speziell der Lyrik als dem Paradigma avantgardistischer Schreibweisen.

Adornos auf Kracauer gemünzte Formulierung, daß »unter einem gewissen Aspekt [...] die Brüche einer Philosophie wesentlicher denn die Kontinuität des Sinnzusammenhangs«[149] sind, könnte so zu einem neuen Verständnis von Kracauers Filmtheorie verhelfen, selbst wenn dies den Intentionen ihres Verfassers zuwiderläuft. Ihre offensichtlichen cineastischen Unzulänglichkeiten würden ihr dann, im Hinblick auf eine Poetologie der Moderne, unversehens zu Vorzügen geraten. Kracauer, dem es um die »Enthüllung« der »Abfälle« der Außenwelt im Film geht,[150] gelangt zu

---

146 Ebd. S. 45-64; meine Hervorhebungen (J. R.).

147 Als Beleg für die Tatsache, daß die moderne Lyrik eine Affinität zum Film besitzt und daß Kracauers »Theorie« möglicherweise einen – wenn auch von ihm nicht beabsichtigten – Erklärungsansatz für die Korrespondenzen dieser beiden ästhetischen Ausdrucksweisen bietet, kann auch Kracauers Präsenz auf dem von Wolfgang Iser geleiteten Symposion »Lyrik als Paradigma der Moderne« gelten.

148 Adorno hat dies in seiner Kracauer-Charakteristik sehr zutreffend angemerkt: »Der kommerzielle Film, dem Kracauer zuleibe rückte, profitiert unversehens von seiner Toleranz; vorm Intoleranten – dem experimentellen Film – zeigt jene zuweilen Grenzen.« Adorno, Noten zur Literatur, S. 398.

149 Ebd. S. 389.

150 Kracauer versteht unter »Abfälle[n]« diejenigen »Gegenstände«, die »wir nur deshalb nicht« bemerken, »weil es uns niemals einfällt, in ihre Richtung zu blicken«:

einer Auffassung von Kunst, die die »schäbigen, verachteten, ihrem Zweck entfremdeten« Dinge in den »Stand der Unschuld« zurückversetzt; denn »sie allein verkörpern dem Bewußtsein Kracauers, was anders wäre als der universale Funktionszusammenhang«.[151] Dem entspricht Adornos eigene Ansicht von einer Kunst, die »die Spannung zwischen objektivierender Technik und dem mimetischen Wesen der Kunstwerke […] in der Anstrengung« austrägt, »das Flüchtige, Enteilende, Vergängliche […] in Dauer zu erretten«.[152] Eine kaum anzweifelbare Übereinstimmung scheint somit in der Vorliebe sowohl der Kamera als auch des modernen Dichters zu liegen, »sich besonders gern den kurzlebigen Bestandteilen unserer Umwelt zuzuwenden«.[153]

Mitunter nimmt Kracauer selbst Anleihen bei Beispielen aus der Literatur, um Funktionen und Prinzipien des für ihn Filmischen zu erläutern. An Baudelaire faszinieren ihn die »allgegenwärtigen Pariser Menschenmengen«, die »wie Reizmittel« wirken, »die irritierende, kaleidoskopisch wechselnde Sensationen hervorrufen«;[154] an Proust fällt ihm »besonders der ständige, konsequent durchgeführte Gebrauch […] von Großaufnahmen« auf, wodurch »immer wieder kleinste Elemente […] der Realität ins Riesenhafte« vergrößert würden;[155] darüber hinaus zitiert er eine Vielzahl affirmativer Aussagen zum Film von so verschiedenen Dichtern wie Valéry, Aragon, Cendrars oder Cocteau. Kracauer zieht jedoch einen klaren Trennstrich zwischen dem fotografischen Bild des Films und dem sprachlichen Bild des Gedichts, wie er bezüglich surrealistischer Filmprojekte erläutert:

Das sprachliche Bild von dem einer dichterischen Schöpfung entnommenen Mund, der in der Hand des Dichters wie eine Wunde lebt, mag sehr poetisch sein; vom Standpunkt des Films aus bedeutet aber das fotografierte Bild dieser seltsamen Hand nichts anderes als […] ein na-

»Die meisten Menschen vermeiden den Anblick von […] all dem Abfall, den sie hinter sich lassen. Filme kennen dergleichen Hemmungen nicht; im Gegenteil, was wir für gewöhnlich lieber übersehen, lockt sie gerade an. […] Wir sehen ein Bankett auf der Leinwand, und dann, wenn alles gegangen ist, sind wir genötigt, noch einen Augenblick zu verweilen und aufs zerknitterte Tischtuch, die halbgeleerten Gläser und die Teller mit den unappetitlichen Speiseresten zu starren.« Kracauer, Theorie des Films, S. 87f.

151 Adorno, Noten zur Literatur, S. 408.
152 Adorno, Ästhetische Theorie, S. 325f.
153 Kracauer, Theorie des Films, S. 85.
154 Ebd. S. 82.
155 Ebd.

türliches, wenn auch unerklärliches Phänomen, das keineswegs die poetische Qualität des sprachlichen Bildes hat.[156]

Fest steht, daß die Erfahrung des Films in der Art, wie sie sich in Kracauers »Theorie« niederschlägt, auch unter den Lyrikern zu Konsequenzen führen mußte, sie neue Schreibweisen, Arten von ›Bildern‹ bzw. ›Bild‹-›Montagen‹, neuartige Motive, Sujets, Formen usw. suchen ließ. Die Dominanz des Optischen, die schon durch die Fotografie ihre Ausweitung erfuhr, wird durch den Film untermauert. Das Vermögen der Filme – »Sie entfremden unsere Umwelt, indem sie sie exponieren«[157] –, funktioniert dann als Anregung für die übrigen Künste und literarischen Gattungen, ebenfalls die Alltags- und Außenwelt in ihren Diskurs aufzunehmen und das allseits Bekannte, Vertraute als plötzlich ganz anders, fremd und noch unbekannt darzustellen:

> Wie oft sehen wir nicht Aufnahmen von Straßenecken, Gebäuden und Landschaften, mit denen wir unser Leben lang bekannt waren; wir erkennen sie natürlich wieder, und doch ist es, als empfingen wir ganz frische Eindrücke, die aus dem Abgrund der Nähe aufsteigen.[158]

In den folgenden Kapiteln sollen Spuren einer solchen Rezeption des Films in der Lyrik des 20. Jahrhunderts verfolgt werden. Ein Instrumentarium bleibt zu entwickeln, das filmisch-kinematographische Referenzen in Gedichten empirisch klassifizierbar macht.

156 Ebd. S. 256f.
157 Ebd. S. 88.
158 Ebd. S. 89.

2. Film-Rezeption in der Lyrik des 20. Jahrhunderts: ein Überblick

2.1 Typologie von Gedichten mit filmischen Bezügen

2.1.1 Das Kinogedicht

Unter »Kino-Gedichten«[1] sind lyrische Texte zu verstehen, die sich thematisch explizit mit dem Kino und dessen Inhalten auseinandersetzen,[2] ohne das Medium Film dabei formal und strukturell in ihren Diskurs einzubeziehen.[3] »Inhalte« des Kinos können einzelne Filme sein, Schauspieler, einzelne Filmbilder, der Starkult usw. Überall dort also, wo vom »Kino« die Rede ist, die poetische Verfahrensweise sich jedoch nicht signifikant von der Verfahrensweise bei anderen überlieferten Sujets der Poesie – z.B. Natur, Liebe, Kunst, Vergänglichkeit – unterscheidet, soll der Begriff »Kino-Gedicht« verwendet werden: Das Kino wird als Sujet

---

[1] Diesem Kompositum entspricht das französische »ciné-poème«, das bereits bei Apollinaire als Bezeichnung für dem Kino gewidmete Gedichte gebräuchlich war. Vgl. Albersmeier, Die Herausforderung des Films an die französische Literatur.

[2] Mir ist bewußt, daß es spätestens mit Erfindung und Einbürgerung des *Fernsehens* weitere massenwirksame Möglichkeiten gab, Filme zu präsentieren. Selbst wenn man McLuhans Ansicht, die Wirkung des TV sei der des Kinos im Hinblick auf die Bündelung der Aufmerksamkeit, ›Taktilität‹ des Mediums diametral entgegensetzt, nicht teilen will, so steht doch fest, daß mit dem Fernsehen nicht nur eine andere technische Reproduktionsweise, sondern auch eine andere Rezeptionsform von ›Film‹ – als übergeordneter medialer Form der Wiedergabe bewegter Bilder – vorliegt. Wie Schenk, Das Fernsehgedicht, nahelegt, sollte die lyrische Auseinandersetzung mit dem Massenmedium Fernsehen als Apparatur »simulierter Nähe« Gegenstand einer speziellen Analyse sein und nicht pauschal der Beschäftigung mit dem Abstraktum ›Film‹ zugeschlagen werden. Vorliegende Arbeit folgt der Unterscheidung in Kino-/Fernsehgedicht nicht, da sie nicht primär der Auseinandersetzung der Dichter mit einzelnen Reproduktionsweisen des Films nachgeht, sondern dem Korrespondenzspektrum von Lyrik und Film. Wo sich Lyriker in den zur Diskussion stehenden Gedichten ausdrücklich auf das TV beziehen, wird dies entsprechend auch in die Interpretationen mit einbezogen.

[3] Wenngleich die Thematisierung des Kinos *an sich* in Gedichten bereits von einem veränderten *kulturellen* Selbstverständnis der Dichter zeugt; dieser Aspekt ist für die Poetologie der »Kino-«Dichter von Bedeutung.

entdeckt, ohne daß sich daraus direkte Konsequenzen für die Wahl der poetischen Mittel ergäben. Ihre Vorläufer hat eine derart stoff- und sujetorientierte Filmfaszination in den von den Warenhaus-, Photo- und Plakatimagerien des späten 19. Jahrhunderts inspirierten lyrischen Bildverweisen eines Baudelaire, Rimbaud, Lautréamont. Erst jedoch seit die Institution »Kino« dem Film eine lokalisierbare Erscheinungsform gab, ist es auch sinnvoll, von »Kinogedichten« zu sprechen.

Vorstellbar wären für diesen Typus demnach Gedichte, die beim Sprechen über das Kino das überlieferte Reim- und Versschema beibehalten bzw. im Gebrauch der rhetorischen Mittel keine vom Medium beeinflußten Abweichungen erkennen lassen. Dies träfe etwa auf die frühen whitmanesken Kino-Hymnen des Amerikaners Vachel Lindsay zu.[4] Weiterhin auf Gedichte, die sich zwar im poetischen Duktus ihrer Zeit bewegen, Kino dabei jedoch nach wie vor nur als ein Sujet unter vielen aufgreifen – was etwa in den Gedichten einiger deutscher Expressionisten der Fall ist. Schließlich meint der Terminus all jene Gedichte, die sich zwar dem Kino widmen, dabei jedoch die Interferenzen kinematographischer Film-Bilder in lyrischer Schrift-Sprache nicht oder nur peripher in ihren Diskurs einbeziehen. In Gedichten dieser Art findet vorrangig eine poetische Auseinandersetzung mit der Lokalität des Kinos und all seinen Inhalten statt – nicht oder kaum jedoch mit den die lyrische aisthesis stimulierenden Impulsen des Mediums Film.

2.1.2 Das ›filmische‹ Gedicht

Anders als Kino-Gedichte bezeichnet der Terminus »›filmisches‹ Gedicht« zunächst eine Art von Lyrik, die in Struktur, Ausdrucksweise und poetischem Duktus deutliche Äquivalenzen zum Medium Film aufweist – auch wenn das Kino und dessen Inhalte dabei thematisch keine Rolle spielen und nicht eigens darauf Bezug genommen wird. Diese Definition würde es somit erlauben, bereits vor dem Aufkommen des Films entstandene Gedichte wie Rimbauds »Illuminations« als »filmische Gedichte« zu verorten.[5] Inwieweit filmanaloge Strukturen und Ausdrucksweisen tendenziell ohnehin den Charakter der Gattung Lyrik bestimmen, ist eine offene Frage, deren Beantwortung späteren Untersuchungen vorbe-

---

4 Vgl. Goldstein, The American Poet at the Movies.
5 »Haben späte künstlerische Entwicklungen Montage als ihr Prinzip erkoren, so haben subkutan die Kunstwerke seit je etwas von deren Prinzip in sich gehabt.« Adorno, Ästhetische Theorie, S. 402.

halten bleiben muß. Es steht jedoch fest, daß sich erst seit dem Vorhandensein des Mediums Film ein reflektierendes Bewußtsein möglicher Strukturverwandtschaften von Lyrik und Film entwickeln konnte. Das Attribut »filmisch« umfaßt innerhalb dieser Überlegungen sehr wohl Gedichte, welche bereits vor dem Aufkommen des Films entstanden sind, jedoch nur dann, wenn sie wie Rimbauds »Illuminations« ausdrücklich im soziokulturellen Vorfeld dieser Erfindung zu verorten sind. Der Zuschreibung »filmisch« wird hier nicht die Qualität einer überzeitlichen lyrischen Kategorie zugesprochen.

Es kann auch nicht darum gehen, Gedichte in naiver Weise auf das Medium Film zurückzuführen, indem man ihnen zur Beschreibung das technische Vokabular aus dem Fach der Filmkunst überstülpt. Eine Eins-zu-eins-Übertragung filmischer Techniken auf die Struktur von ›filmischen‹ Gedichten würde methodische Dissonanzen nach sich ziehen. *Vielmehr ist aufgrund der Unvereinbarkeit beider Medien die Prämisse zu setzen, daß immer nur von filmanalogen Verfahrensweisen und filmäquivalenten Effekten in Gedichten die Rede sein kann.* Dabei bleibt die Schwierigkeit, diesen Analogien und Äquivalenzen einen überprüfbaren theoretischen Vergleichsrahmen zu geben. Mit den Anleihen bei Kracauer, Nietzsche, Benjamin u.a. wurde dieser Rahmen bereits vorgezeichnet; anhand der weiteren Argumentation und der aufgeführten Beispiele soll er nachvollziehbar gemacht werden. Welches terminologische Vokabular kommt dann für den Nachweis filmischer Gedichte in Betracht?

Sowohl in der unüberschaubaren Forschungsliteratur zu den Beziehungen zwischen erzählender Literatur und Film als auch im verschwindend kleinen Kontingent der Schriften, die den Korrespondenzen von Lyrik und Film Beachtung schenken, taucht der Begriff der *Montage* auf. Bei all den Bestrebungen, welche die Äquivalenzen von Film und Literatur mit einem Terminus erfassen wollen, ist am häufigsten wohl von Montage die Rede – nicht selten ohne klare definitorische Grundlage. Das »Sachlexikon Film« versteht unter »Montage« zunächst das rein handwerkliche Zusammenstellen und »Aneinanderfügen von Bild- und Tonsegmenten«, das, ein Synonym zum »Schnitt«, eine technische Notwendigkeit beim Verfertigen des Films darstellt.[6] Künstlerisch reflektiert und analysiert wurde die Montage für den Film zuerst von Sergej Eisenstein und zeitgleich arbeitenden Pionieren des russischen Films wie Dziga Wertow und Wsewolod Pudowkin. Für letzteren war die Montage die »Grundlage der Filmkunst« überhaupt.[7] Aus dem handwerklichen und

---

6 Rother, Sachlexikon Film, S. 200-203.
7 Ebd.

dem künstlerischen Aspekt der Montage im Film ergeben sich ein enges und ein weites Verständnis dieses Vorgangs: »Durch Fragmentierung (Découpage) der vorfilmischen Realität in eine Anzahl von einzelnen Aufnahmen erhält man das Ausgangsmaterial von Bildern, die bei der Montage im engeren Sinne, also bei der Zusammenfügung von Aufnahmen, zu Ganzheiten der Aussage kombiniert werden.«[8] Narration im Film, Zeit-, Raum- und Personenbezüge, Erzählerperspektive usw. werden also durch die Montage gesteuert. Die Art ihrer Verwendung: ob in diskontinuierlichen Brüchen, Gegeneinanderstellungen, Kollisionen einzelner Szenen – wie sie Eisenstein bevorzugte – oder in kontinuierlichen, gleitenden, die Kausalität berücksichtigenden Übergängen – was eher der Intention von Griffith' Parallelmontagen und dem sich auf ihn berufenden kommerziellen amerikanischen Kino entspricht –, bestimmt wesentlich Struktur und Aussage des Films. Wie läßt sich ein solcher Begriff von Montage aber auf literarische, speziell auf Strukturen der Lyrik übertragen?

Bürger nähert sich der Montage über die Kunstgeschichte: »Während also im Film die Montage ein technisches Verfahren ist, das mit dem Medium Film selbst gegeben ist, hat sie in der Malerei den Status eines künstlerischen Prinzips.«[9] Das Montageprinzip fällt für ihn zusammen mit dem Aufkommen der Materialcollagen Braques und Picassos und erfährt eine Ausprägung mit den Photomontagen John Heartfields gegen Ende der Weimarer Republik – Adorno nennt sie »Selbstkorrektur der Photographie«.[10] »Montage« meint in diesem Argumentationszusammenhang ein genuines Gestaltungsmittel der historischen Avantgarden.

Von Iser stammen theoretische Überlegungen zur Funktion der Montage im modernen Gedicht. Er beruft sich jedoch nicht, wie man vermuten könnte, auf das avantgardistische Montagekonzept der bildenden Künste, sondern direkt auf den Film, und zwar vorrangig auf die Eisensteinsche Begriffsdefinition, nach der Filmschnitt »aus der Kollision von unabhängigen Aufnahmen entsteht«.[11] Die lyrische Montage nun – Iser veranschaulicht sie an T. S. Eliots »The Waste Land«, einem in mancher Hinsicht dafür wohl weniger geeigneten Beispiel, als dies auf den ersten Blick scheinen mag[12] – versuche den durch den Medienwechsel vom Film zum Gedicht bedingten »Verzicht auf die kontinuierliche Beweglichkeit

---

8 Ebd.
9 Bürger, Theorie die Avantgarde, S. 99.
10 Adorno, Ästhetische Theorie, S. 232.
11 Iser, Image und Montage, S. 378.
12 Vgl. dazu die von Perloff getroffene Unterscheidung der beiden Strömungen moderner angelsächsischer Dichtung: Die eine, konservativere und gesellschaftlich

der Bilder« durch stärkere »Kontrastwirkungen« aufzuheben, »indem die unterschiedensten [sic] Bildausschnitte stärker miteinander gekoppelt werden«.[13] Iser stellt klar heraus, was jede medienkomparatistische Studie zu diesem Thema zu berücksichtigen hat: »Lyrische und filmische Montage ähneln sich in ihren Wirkungen, unterscheiden sich jedoch in ihrer Form«[14] – genauso wie sich Dada-Collage und Photomontage von der Filmmontage unterscheiden, wenn sich auch ihre Wirkung mit dem von Eisenstein vorgesehenen Schockmoment treffen mag.[15] Eliots programmatische Zeile »A heap of broken images« dient Iser als Beleg dafür, daß in dessen Gedicht »das Arrangement der Bilderfolge [...] durch den Schnitt bestimmt [wird], so daß die einzelnen Momentaufnahmen unvermittelt aufeinander stoßen«.[16] Die auf diese Weise erzielte »Vielfalt

akzeptierte Strömung, die sich auf Baudelaire und das Erbe der Romantik beruft und als deren Hauptvertreter sie Eliot hinstellt; und »the other tradition«, die von Rimbaud her kommt und deren Grundmerkmal in den »Poetics of Indeterminacy« zu finden ist, der unbestimmten/unbestimmbaren Struktur sowie dem nicht-mimetischen Charakter der Sprache also: Hier sieht sie Ezra Pound und den W. C. Williams von »Spring and All« angesiedelt. Dieser Unterscheidung zufolge stünde Montage bei Dichtern wie Eliot immer schon im Dienste einer bestimmten symbolischen Aussage (wie sich leicht an den symbolischen Konfigurationen des »Waste Land« nachweisen läßt). Die eigentlichen Potenzen der *filmischen* Montage (nach Kracauer), die gerade in der »Unbestimmbarkeit«, im Fürsichselbstsprechen der aneinandergeschnittenen Bildersequenzen lägen, blieben hier weitgehend ungenutzt. Dieser Gegensatz von Eliots Symbolismus zur filmischen Idee scheint Iser nicht bewußt gewesen zu sein. – Weiterhin ist es fragwürdig, die Montagebrüche Eliotscher Sentenzen mit Eisensteins Montagetheorie erklären zu wollen. Nicht nur, daß »The Waste Land« bereits 1922 erschienen war, Eisensteins Schrift »Die Montage der Attraktionen« jedoch erst 1923 (»Panzerkreuzer Potemkin« 1925), angemessener wäre es auch aus Gründen der kulturellen Herkunft gewesen, bei dem Amerikaner Eliot vielmehr auf die »Montagesequenzen« des frühen amerikanischen Kinos (D. W. Griffith, später die Komödien Buster Keatons und Charlie Chaplins) hinzuweisen.

13 Iser, Image und Montage, S. 379.
14 Ebd. S. 380.
15 Zugleich muß man sich bei dieser Gegenüberstellung vor Augen halten, daß Eisensteins Montage-Theorie, die sowohl Bürger als auch Iser ihren Vergleichen zugrunde legen, nur einer von vielen divergierenden Arten der Filmmontage entspricht und für ihre Zeit selbst dem Begriff der Avantgarde zugerechnet werden kann – d.h., auch Eisensteins Montage entsprang *künstlerischen* Intentionen (gepaart mit sozialrevolutionärem Idealismus) und brach ihrerseits in voller Absicht mit den damals im Kino üblichen Schnittkonventionen.
16 Iser, Image und Montage, S. 380.

unvermittelter Einzelheiten«[17] führe dazu, daß sich das dem Dichter ständig entziehende, unabbildbare Phänomen der Wirklichkeit »als fortwährender Übergang definierter Vorstellungen zu erkennen« gebe.[18] Hier begegnet sich Isers Befund mit den von Kracauer hervorgehobenen filmischen Affinitäten zum »Unbestimmbaren«, dem »Zufall« und dem »›Fluß des Lebens‹«. So mache es die lyrische Montage möglich, »das Phänomen im Prozeß seiner Realisierung zu gewärtigen«, was im Bewußtsein des Lesers den Eindruck hervorzurufen vermag, »daß die Unabbildbarkeit des Wirklichen sich in einer potentiell unendlichen Vielzahl individueller, ja höchst bizarrer Bildgestalten« realisiert.[19] Zur Funktion der lyrischen Montage bietet Iser folgenden, noch immer hilfreichen Definitionsversuch an:

> [Sie] zerschneidet gegebene Zusammenhänge, löst Zitate aus ihrem ursprünglichen Kontext heraus und verpflanzt sie in eine neue Umgebung. [...] Die Grundform der Montage ist die Interferenz der ›Bilder‹ [...] In dieser durchschaubaren Doppeldeutigkeit gründet der poetische Charakter der Bildmontage, der [...] die Realität als eine unabsehbare Erweiterung der von ihr gebildeten Vorstellungen erscheinen läßt.[20]

Es bleibt also festzuhalten, daß die Montage als Hauptmerkmal sich filmisch gebender Gedichte zu gelten hat. Die Tatsache, daß sie in den Künsten, im Avantgardefilm, in der Lyrik ästhetisch gleichermaßen für konventionssprengende Brüche und alternierende ›Bild‹-Fragmente steht, legitimiert jedoch nicht dazu, den Begriff auf alle Arten moderner bzw. avantgardistischer Dichtung anzuwenden, die sich landläufigen Deutungsschemata verweigern.[21]

Es ist hingegen darauf zu achten, daß der Zusammenhang zu den Affinitäten des Filmischen berücksichtigt bleibt, wofür auch Siegfried Kra-

---

17 Ebd. S. 381.
18 Ebd. S. 389.
19 Ebd. S. 390.
20 Ebd. S. 390-393.
21 »Ruckhafte, diskontinuierliche Aneinanderreihung von Sequenzen, der als Kunstmittel gehandhabte Bildschnitt will Intentionen dienen, *ohne daß die Intentionslosigkeit des bloßen Daseins verletzt würde, um die es dem Film zu tun ist*«. Adorno, Ästhetische Theorie, S. 231f. (meine Hervorhebung – J. R.). Unter dieser Voraussetzung wäre zu fragen, ob es sich etwa bei der von Iser an Eliot nachgewiesenen Montage tatsächlich schon um eine dem Film vergleichbare Schreibweise handelt.

cauer in der Diskussion von Isers Beitrag plädiert: Wenn das Bestreben der lyrischen Montage darin zu suchen sei, »unsere gewohnheitsmäßige, zweckbestimmte Vorstellung der Realität als einer definierbaren Gegebenheit chockartig außer Kraft zu setzen« und »durch eine Folge unzusammenhängender, nicht harmonisierbarer Bilder von ihr zu demonstrieren, daß die Realität in Wahrheit sowohl unabbildbar wie endlos ist«, dann hat dies seine direkte Entsprechung in den

> Anstrengungen aller wirklich im Geiste des Mediums arbeitenden Filmregisseure, die geschlossene Story entweder ganz zu negieren oder doch von innen aufzulösen. [...] So können sie leichter Bilder montieren, die nicht der Vergegenwärtigung eines gegebenen Handlungszusammenhangs dienen. Umgekehrt, die Story [...] scheint ein Produkt der Aufeinanderfolge dieser Bilder zu sein.[22]

Der Ursprung des Wortes ›Montage‹ aus den technischen Gegebenheiten des filmischen Mediums sollte also bei der Rede von Montage im Zusammenhang mit Lyrik gewahrt bleiben. Was darüber hinaus den Gedichten an dem Film oder der Idee des Filmischen adäquaten Kunstmitteln zugeschrieben werden kann – wie Überblendung,[23] Kameraperspektive, Zeitlupe, Zeitraffer,[24] Schwenks,[25] Wechsel der Einstellungen (takes)[26] –, vermag die Bandbreite der Kategorie »filmisches Gedicht« zu illustrieren.

22 Kracauer in Iser, Immanente Ästhetik – Ästhetische Reflexion, S. 507f.

23 »Allmähliches Abblenden eines Bildes bei gleichzeitigem Aufblenden eines zweiten« zur (kausalen) Verknüpfung »chronologisch oder räumlich getrennter Szenen«. Rother, Sachlexikon Film, S. 305.

24 Bildfolgen mit beschleunigter (Zeitlupe) oder reduzierter (Zeitraffer) Aufnahmefrequenz, die für einen verlangsamten (Zeitlupe) bzw. schnelleren (Zeitraffer) Bewegunsgablauf im Film sorgen. Vgl. Rother, Sachlexikon Film, S. 331.

25 Kamerabewegung bei laufender Einstellung, die den räumlichen Eindruck der Szene – in der Horizontalen, Vertikalen oder auch Diagonalen – erweitert. Vgl. Rother, Sachlexikon Film, S. 263f. Aus dem Repertoire tropischer Stilfiguren würde die Metonymie im Gedicht Vergleichbares leisten.

26 Eine Einstellung definiert sich durch eine »endliche Folge von Phasenbildern, die fortlaufend nacheinander belichtet werden« (Rother, Sachlexikon Film, S. 71), deren Ende jeweils durch den Schnitt vorgegeben ist, welcher damit für den Wechsel der Einstellungen sorgt. Ein Film mit einer einzigen Einstellung könnte demnach nur durch eine ununterbrochen laufende Kamera realisiert werden, was technisch bedingt in frühen Filmen der Fall war.

2.1.3 Das Film-Gedicht

Im Film-Gedicht konvergiert die Struktur filmischer Gedichte mit den Inhalten der Kino-Gedichte. Das heißt, auf der thematischen Ebene verarbeiten Film-Gedichte Inhalte des Films, während sie gleichzeitig durch ihre Form und Schreibweise metaphorisch an Techniken und Verfahren des Mediums anzuknüpfen versuchen.

Beim Film-Gedicht haben wir es mit der elaboriertesten Form jener Lyrik zu tun, die sich dem Phänomen Film zuwendet – dem Typus von Gedicht, der am aussagekräftigsten die Impulse des filmischen Mediums für die lyrische Gattung dokumentiert. Es geht um Gedichte von Lyrikern, die die kinematographische Wahrnehmungsweise sich zu eigen gemacht haben und dabei zugleich, explizit oder verschlüsselt, das Medium des Films bzw. seine Inhalte reflektieren. In der angelsächsischen Bezeichnung »movie-verse«[27] klingt diese Doppelnatur des Film-Gedichts bereits an, da »movie« ja sowohl Kino(film) als auch Film-an-sich bedeuten kann, zumal darin auch noch die Hauptaffinität des Films zur *bewegten (movi*ng) Realität mitschwingt.

Natürlich macht es die Variationsbreite der tatsächlich zum Film vorhandenen Gedichte nicht leicht, zu beurteilen, wann von einem Film-Gedicht gesprochen werden darf, wann ›bloß‹ ein Kino-Gedicht vorliegt, wann es ein ›filmisches‹ ist. Diese Typologie wurde jedoch aufgestellt, um zu zeigen, wovon in dieser Untersuchung die Rede sein soll: von Gedichten, die nicht nur den Film auf der Inhaltebene anhand von Kinotiteln, Stars usw. thematisieren, sondern die auch formal filmäquivalente oder -analoge Strukturen erkennen lassen. Gedichte, in denen dieses Zusammenspiel von Inhalt und Form nicht zum Ausdruck kommt, sind in die folgende Zusammenstellung nur in geringem Maße eingebracht worden: Die Arbeit interessiert sich schwerpunktmäßig für Film-Gedichte oder auch solche, die aufgrund ihrer paratextlichen Einbettung diese Zuschreibung für sich beanspruchen.

Daß die Einschätzung darüber, ob ein Film-Gedicht vorliegt, nicht zwangsläufig davon abhängt, ob sein Dichter die Intentionen der Avantgarden teilt, zeigt das Beispiel von »A Shooting Script«, einem Gedicht des irischen Nobelpreisträgers Seamus Heaney, den man schwerlich als radikalen Avantgardisten wird bezeichnen wollen. In einer von der als ›traditionell‹ empfundenen nur mäßig abweichenden Form verfaßt – vierzeiliger Strophenbau, sechshebige Verse mit unregelmäßig alternierendem, trochäisch-jambischem Rhythmus und unreinen Endreimen

---

27 Vgl. French, The Faber Book of Movie Verse.

(jeweils 2. und 4. Zeile der 3., 4., 5. Strophe reimen sich lautlich) usw. –, ist das Gedicht jedoch gespickt mit Regieanweisungen und cineastischen Fachbegriffen, die von der Evokation wie im ›echten‹ Film wechselnder Bilder und Szenen begleitet sind. Man fragt sich unwillkürlich, welcher spezielle Film mit dem »Shooting Script« gemeint sein könnte bzw. an welchen tatsächlichen Film über Irland die eingestreuten Bildzitate erinnern.

In bester Kenntnis der filmischen Sprache – »held shot«, »out at the end of the lens«, »mix to«, »soundless sequence«, »pan and fade«, »voices over«, »close-up«, »pulling back wide«, »freeze«, »the credits«, »tracking shots«[28] – entwirft Heaney ein Drehbuch, das gerade aufgrund seiner ›unbestimmten‹, ans Irisch-Stereotype grenzenden Bilder jedem Film über die moderne irische Geschichte entnommen sein könnte. Die Kino-Erfahrung (»what will never be«) des geschichtlichen Irlands geht auf in den im öffentlichen Bewußtsein (die traditioneller Verspoetik angenäherte Form!) tradierten unbestimmten Bildern der jüngeren irischen Vergangenheit (»whatever might have been«). Kino-Gedicht – im Beispiel als potentielle Kinoerfahrung geschildert – und filmisches Gedicht (wechselnde Bilder, Technikvokabular, das hier nicht einmal metaphorisch, sondern im Sinne realer ›Anweisungen‹ gebraucht wird) korrelieren miteinander. Hinzu kommt gegen Ende, und darin zeigt sich die Originalität von Heaneys auf die Versform verdichtetem Pseudo-Drehbuch, noch ein subtiler Hinweis auf die eigene mediale Verfaßtheit des Gedichts, wenn vom »stick« die Rede ist, der »Words in the old script in the running sand« schreibt:

> They are riding away from whatever might have been
> Towards what will never be, in a held shot:
> Teachers on bicycles, saluting native speakers,
> Treading the nineteen twenties like the future.
>
> Still pedalling out at the end of the lens,
> Not getting anywhere and not getting away.
> Mix to fuchsia that ›follows the language‹.
> A long soundless sequence. Pan and fade.

---

28 In der deutschen Übersetzung von Bandini/König sind diese filmischen Fachtermini – obwohl als englische zum Großteil auch international gebräuchlich – jeweils wiedergegeben mit: »in der Totalen«, »am Rand des Suchers«, »Bildmischung«, »stumme Sequenz«, »Schwenk und ab«, »Stimmen off«, »Großaufnahme«, »Zurückziehen auf halbnah«, »einfrieren«, »Abspann«, »Fahrtaufnahmen«. Vgl. Heaney, The Haw Lantern, S. 97.

Then voices over, in different Irishes,
Discussing translation jobs und rates per line;
Like nineteenth-century milestones in grass verges,
Occurrence of names like R. M. Ballantyne.

A close-up on the cat's eye of a button
Pulling back wide to the cape of a soutane,
Biretta, Roman collar, Adam's apple.
Freeze his blank face. Let the credits run

And just when it looks as if it is all over –
Tracking shots of a long wave up a strand
That breaks towards the point of a stick writing and writing
Words in the old script in the running sand.[29]

Derart eindeutig ihre vom Film abgeschauten poetischen Verfahrensweisen beim Namen nennende Film-Gedichte sind allerdings selten; auch die im Anschluß vorgestellten geben nicht immer ihre stofflichen und strukturellen Film-Vorbilder zu erkennen – wenngleich sie damit die Diskussion um die Art potentieller Film-Gedichte um so mehr bereichern.

Für die französische und amerikanische Literaturgeschichte wurden jene Zeiträume und poetologischen Zusammenhänge in die Betrachtung einbezogen, die für Blaise Cendrars bzw. John Ashbery von Belang sind, während die Beziehungen Film – Lyrik im deutschsprachigen Gedicht etwas umfassender gewürdigt werden sollen. Übersichtlichkeit geht jedoch vor Vollständigkeit; letztere mag wünschenswert für einschlägige motivgeschichtliche Anthologien sein,[30] nicht jedoch für eine Untersuchung, die die Grenzüberschreitung des Gedichts zum Film im Kontext der permanenten ästhetischen Grenzüberschreitungen sucht, die kennzeichnend für das moderne und avantgardistische Gedicht im 20. Jahrhundert sind.

29 Heaney, The Haw Lantern, S. 96.
30 Vgl. für den angelsächsischen Bereich French, The Faber Book of Movie Verse; für den spanischen Congét, Viento del cine; für den italienischen Moscariello, Poeti al cinema.

2.2 Kompendium lyrisch-filmischer Korrespondenzen

2.2.1 Präsenz des Films in französischen Gedichten des ersten Jahrhundertdrittels[31]

Als symptomatisch für das Selbstverständnis der modernen französischen Lyrik nach 1900 kann gelten, was Walter Benjamin in einem »Zentralpark«-Fragment bereits für den geistigen Urheber der Moderne in der zweiten Hälfte des 19. Jahrhunderts proklamiert: »Der Chock als poetisches Prinzip bei Baudelaire: die fantasque escrime der Stadt der tableaux parisiens ist nicht mehr Heimat. Sie ist Schauplatz und Fremde.«[32] In der begrifflichen Bestimmung der poetischen Stadtlandschaft als »Schauplatz« manifestiert sich die nicht mehr naiv-mimetische, sondern *medial* vermittelte Wahrnehmung des Stadt-Topos, z.B. über tableaux vivants, Panoramen, Fotografien, Plakate und – schließlich – das Kino. Diese mediale Vermittlung läßt gleichzeitig die Relationen nah–fern unter umgekehrten Vorzeichen aufscheinen: Wo zwischen Objekt und Wahrnehmenden ein Medium, wie z.B. die Leinwand, die Kamera, das Photonegativ usw. geschaltet ist, wird das ursprünglich Nahe und Vertraute plötzlich zur »Fremde«. Wie sehr das Nachdenken über die ins Schwanken geratenen Raum-Zeit-Relationen unter geänderten technisch-medialen Bedingungen selbst symbolistische, in poetologischer Hinsicht eher noch dem 19. Jahrhundert verpflichtete Dichter wie Paul Valéry er-

---

31 Das Thema, das hier nur anhand exemplarischer Lyriker und Gedichte angerissen werden kann, befindet sich in Einzelaspekten ausführlicher abgehandelt u.a. bei Ramirez, Poésie et cinéma, der auch die jeweils unterschiedlichen Motivationen der Dichter, das Kino aufzusuchen (oder, wie im Falle Valérys: auch nicht), näher beleuchtet. – Einen vorbildlichen Überblick bieten außerdem die Arbeiten von Richard Abel, The Contribution of the French Literary Avant-Garde to Film Theory and Criticism (1907-1924), sowie American Film and the French Literary Avant-Garde (1914-1924). Ob seine aus angeblich divergierenden Rezeptionsgewohnheiten des Kinos abgeleitete Einteilung in erste und zweite Avantgardegeneration mit jeweils Apollinaire, Max Jacob, Blaise Cendrars bzw. Breton, Aragon, Soupault, Péret, Desnos als deren Hauptvertretern in ihrer Prononciertheit gerechtfertigt ist, darf angezweifelt werden. Für die erste Generation sei das Kino v.a. Simultanität und Geschwindigkeit, während im Umkreis der späteren Surrealisten Kino v.a. Transformation von Realität bedeute. Daß sich beide Sichtweisen auf das Medium keineswegs ausschließen, muß auch Abel anerkennen, indem er nämlich der Person Pierre Reverdys, dessen »Image«-Theorie und seiner Zeitschrift »Nord-Sud« die Rolle von Bindegliedern zwischen beiden ›Generationen‹ zuschreibt.

32 Benjamin, Illuminationen, S. 239.

faßt, zeigt dessen Glosse »La conquête de l'ubiquité«,[33] die Benjamin das Motto für den »Kunstwerk«-Aufsatz lieferte. Valéry preist vor allem die sich ankündigende Omnipräsenz der Musik auf Tonträgern, ist jedoch überzeugt, daß die Allverfügbarkeit geistiger Werte im Zuge technischer Innovationen auch auf die Künste und die Literatur übergreifen und längerfristig dem Künstler und Dichter völlig neue Horizonte kreativen Potentials erschließen wird – eine neue Poetik kann Valéry aus seinen Überlegungen jedoch noch nicht formulieren.

Die Bemühungen um eine solche konzentrieren sich um den Initiator der jungen Pariser Kunst- und Dichterszene, Guillaume Apollinaire. Mit aller Schärfe bekennt er sich zur »Modernität« des neuen Mediums Kino. Für ihn gehört es zu jenen ›primitiven‹ Attraktionen, an denen sich schon Rimbaud in den »Délires« der »Saison en enfer« berauscht hatte. Als Inspirationsquelle ist es für die Kubisten von ebensolcher Wichtigkeit wie die von ihnen neu entdeckten, von den Hochkünsten bisher verachteten Negerplastiken oder die »art naïf« eines Henri Rousseau. Mit dem Dichterkollegen Max Jacob war Apollinaire u.a. Gründungsmitglied einer 1909 gegründeten »Société des Amis de Fantômas«,[34] wo die jungen Intellektuellen sich ihre Begeisterung für die stummen amerikanischen Episodenfilme vom Typ der »Nick-Carter«- oder »Fantômas«-Serien gegenseitig mitteilten; außerdem entwarf der Poet selbst zwei Filmszenarios (die Liebesgeschichte »La Brehantine« und das germanophobe »C'est un oiseau qui vient de France«),[35] die jedoch nie adaptiert wurden. Als Feuilletonredakteur des »Mercure de France« hatte Apollinaire zudem die Gelegenheit, sich an exponierter Stelle für das Kino einzusetzen und es gegen Verteufelungen von seiten jener Moralisten in Schutz zu nehmen, die durch die neue Attraktion die Grundfesten des Abendlands erschüttert sahen.

In »Avant le Cinéma«, einem relativ spät, 1917, in Pierre Reverdys Revue »Nord-Sud« veröffentlichten Kino-Gedicht, drückt sich das Wissen des Insiders aus, der auf der Höhe der Zeit lebt, weil er mit den verschiedenen Benennungen des Mediums vertraut ist: »Si nous étions des Artistes / Nous ne dirions pas le cinéma / Nous dirions le ciné // Mais si nous étions de vieux professeurs de province / Nous ne dirions ni ciné ni cinéma / Mais cinématographe // Aussi mon Dieu faut-il avoir du goût«. Doch wichtiger als diese Verse, denen der Wert eines humoristischen Aperçus zukommt, waren die Schlüsse, die Apollinaire aus seinen kine-

33 Valéry, Œuvres II, S. 1284-1287.
34 Vgl. Ramirez, Poésie et cinéma, S. 33.
35 Apollinaire, Œuvres en prose complètes II, S. 1043-163.

matographischen Erfahrungen für die Zukunft der Poesie zog. In spätestens zwei Jahrhunderten, erklärt er in »Le Pays«,[36] werde sich das Buch überholt haben und von der Schallplatte und dem Film abgelöst worden sein; deshalb sei es für den Dichter wichtig, wolle er an der Spitze des geistigen Fortschritts stehen, sich mit diesen Erfindungen auseinanderzusetzen.[37]

In seinem poetologischen Testament »L'esprit *nouveau* et les poètes«, einem am 1. Dezember 1918 im »Mercure de France« abgedruckten Vortrag vom November 1917, dessen schulemachende Bedeutung kaum überschätzt werden kann, rangiert das Kino in einer Reihe von technischen Neuerungen, die für die Bildung des ›heutigen‹ Dichters als essentiell angesehen werden. Die neuen Medien sollen den Poeten dabei helfen, die »Signatur« (Heine)[38] ihrer Zeit ablesen zu lernen: »Ils veulent être les premiers à fournir un lyrisme tout neuf à ces nouveaux moyens d'expressions qui ajoutent à l'art le mouvement et qui sont le phonographe et le cinéma. Ils n'en sont encore qu'à la période des incunables.«[39] Er preist das Alltägliche, die »ungestellte Realität« als Quelle poetischer Exaltation. Dabei kommt dem Schock bzw. dem Erstaunen (»la surprise«) eine tragende Rolle beim Aufdecken dieser unbekannten, unter dem Mantel des Vertrauten schlummernden Welten zu:

On peut partir d'un fait quotidien: un mouchoir qui tombe peut être pour le poète le levier avec lequel il soulèvera tout un univers. [...] C'est pourquoi le poète d'aujourd'hui ne méprise aucun mouvement de la nature, et son esprit poursuit la découverte aussi bien dans les synthèses les plus vastes et les plus insaisissables: foules, nébuleuses, océans, nations, que dans les faits en apparence les plus simples: une main qui fouille une poche, une allumette qui s'allume par le frotte-

---

36 Ebd. S. 989.
37 Ähnlich schlußfolgerte in den zwanziger Jahren Benjamin: »An dieser Bilderschrift werden Poeten [...] nur mitarbeiten können, wenn sie sich die Gebiete erschließen, in denen [...] Konstruktion sich vollzieht. Mit der Begründung einer internationalen Wandelschrift werden sie ihre Autorität im Leben der Völker erneuern und eine Rolle vorfinden, im Vergleich zu der alle Aspirationen auf Erneuerung der Rhetorik sich als altfränkische Träumereien erweisen werden.« Benjamin, Medientheoretische Schriften, S. 197.
38 Im Unterschied zu den Frühromantikern (Novalis) steht »Signatur« bei Heine nicht mehr für die Chiffrensprache der (ahistorischen) Natur, sondern für die Zeichenhaftigkeit sozialer und technischer Phänomene innerhalb geschichtlicher Progression.
39 Apolliniare, Œuvres complètes II, S. 954.

ment, des cris d'animaux, l'odeur des jardins après la pluie, une flamme qui naît dans un foyer. [...] la surprise, l'inattendu est un des principaux ressorts de la poésie d'aujourd'hui.⁴⁰

Apollinaire geht sogar so weit, die Ausweitung des ästhetischen Horizontes, die Medien wie Kino und Grammophon bewirken, als Aufsprengung der der Poesie bisher durch die Medien Sprache und Schrift gesetzten Grenzen zu begreifen – was ihn indirekt bereits mit den späteren Forderungen der Surrealisten in Berührung bringt, Poesie, poetisches Denken auf die gesamte Lebensweise auszudehnen:

> Il eût été étrange qu'à une époque où l'art populaire par excellence, le cinéma, est un livre d'images, les poètes n'eussent pas essayé de composer des images pour les esprits méditatifs et plus raffinés qui ne se contentent pas des imaginations grossières des fabricants de films. [...] le jour où le phonographe et le cinéma étant devenus les seules formes d'impression en usage, les poètes auront une liberté inconnue jusqu'à présent. [...] *On peut être poète dans tous les domaines: il suffit que l'on soit aventureux et que l'on aille à la découverte.*⁴¹

Unter Apollinaires eigentlichen Gedichten sind es vor allem die recht spät in ›vers libres‹ entstandenen, welche eine gedankliche Assoziation zum Kino nahelegen. Als deren bekanntestes hat wohl das die »Alcools« einleitende, jedoch als letztes dieser Sammlung verfaßte Gedicht »Zone« von 1912 zu gelten.⁴² Kameragleich nimmt das flanierende Ich all die benennbaren Straßeneindrücke, Stimmen, Aufschriften, (Plakat-)Bilder, die ihm zu Gesicht kommen, ins Transkript seiner Dichtung auf oder macht diese Vorgehensweise zumindest zum Programm: »Tu lis les prospectus les catalogues les affiches qui chantent tout haut / Voilà la poésie ce matin et pour la prose il y les journaux«.⁴³ Die instabile Ortsidentität »Te voici à Marseille au milieu des pastèques // Te voici à Coblence à l'hôtel du Géant // Te voici à Rome assis sous un néflier du Japon // Te voici à Amsterdam avec une jeune fille« korrespondiert dabei mit der Unsicherheit über die jeweils mit dem Pronomen »Tu« gemeinte Person –

---

40 Ebd. S. 951.
41 Ebd. S. 955, 950; meine Hervorhebungen – J. R.
42 Neben »Zone« kommen tatsächlich nur einige wenige Gedichte in »Alcools« konsequent den Forderungen des »Esprit nouveau« nach; dazu zähle ich »La maison des morts«, »Cortège«, »Le voyageur«, »Les fiançailles«, »1909« und das Schlußpoem »Vendémiaire«.
43 Apollinaire, Œuvres poétiques, S. 39.

handelt es sich um eine moderne Inkarnation des leitmotivisch angeru-
fenen Jesus (»Pupille Christ de l'oeil / Vingtième pupille des siècles il sait
y faire«) oder um das Alter ego des monologisierenden Dichter-Ichs oder
um (s)eine anonym bleibender Geliebte (»Maintenant tu marches dans
Paris tout seul parmi la foule / Des troupeaux d'autobus mugissant tout
près de toi roulent [...] Le sang de votre Sacré-Cœur m'a inondé à Montmartre [...] C'est toujours près de toi cette image qui passe«)?[44]

Die Affinitäten zur Unbestimmtheit, zum Zufall, zur »ungestellten
Realität«, die Kracauer dem Film zuschreibt, sind auch als die lyrischen
Affinitäten von »Zone« anzusehen: Die Orte, die aufgezählt, die Bilder,
die evoziert werden, sind nicht Teil eines symbolischen Universums in
antagonistisch aufeinander abgestimmten Versen, nicht Bilder für etwas,
sondern Bilder für sich selbst, Fund-Stücke – Duchamp führte um dieselbe Zeit das Objet trouvé in die Kunstgeschichte ein – einer nicht vom
Dichter arrangierten Außenwelt; seine Eigenleistung besteht allein in der
Benennung und dem Arrangement der Dinge, was der »coupage«, der
Montage des Films aus dem gesamten aufgenommenen Material durch
den Regisseur entspricht. Filmzuschauer wie Leser dieses Gedichts sind
dazu angehalten, die Lücken des von der Kamera bloß fragmentarisch
Wahrgenommenen zu ergänzen, die Perspektivenwechsel, räumlichen
und zeitlichen Dissonanzen zu überbrücken, aus den Anspielungen,
Brüchen, leeren Zwischenräumen, den ›Offenheiten‹ auf das im Gedicht
fehlende Ganze der äußeren Wirklichkeit zu schließen.

Simultanität oder, wie Valéry sagt, »ubiquité«, ist ein Merkmal der
filmischen Repräsentation. Bereits die Brüder Lumière zeigten wochen-
schauähnliche Zusammenschnitte von Filmmaterial aus allen Teilen der
Welt. Simultanität entspricht dem modernen Lebensgefühl, das der
»Esprit Nouveau« Apollinaires ästhetisch aufzeichnen soll. Zwar spricht
Apollinaire in »Zone« nicht vom Kino, die Vorstellung, die sein Gedicht
kreiert, ist jedoch eine unzweifelhaft filmische, nämlich die vom »Fluß
des Lebens«‹.

»Zone« endet unter dem Licht des rätselhaften »soleil cou coupé«[45] –
wenn damit auch das Bild eines Sonnenaufgangs gemeint zu sein scheint,
wie Vorstufen dieses Verses bestätigen (»soleil levant cou tranché«), so bot
doch der Kinosaal dem Dichter in der Tat das Erlebnis einer von der
Natur ›abgeschnittenen‹ (»coupé«) Sonne: den Filmprojektor.

In den Gedichten der späteren Sammlung »Calligrammes« versucht
Apollinaire die Forderung des »Esprit Nouveau« nach dichterischer An-

---

44 Ebd. S. 40-42.
45 Ebd. S. 44.

eignung der Potenzen von Phono- und Kinematograph weiter umzusetzen: »Tu chantes avec les autres tandis que les phonographes galopent«, beginnt »Arbre«. Zur phonographenähnlichen Aufzeichnung in der Öffentlichkeit aufgeschnappter Sentenzen gesellt sich die kinematographenhafte Montage, die durch den willkürlichen Wechsel von Ausschnitten ständige Bewegung und »Fluß des Lebens« suggeriert. Auch in »Arbre« sind die aus der Realität geschnittenen Elemente Teilstücke eines unbestimmt vagen Phänomens: »Entre les pierres / Entre les vêtements multicolores de la vitrine / Entre les charbons ardents du marchand de marrons / Entre deux vaisseaux norvégiens amarrés à Rouen / Il y a ton image«. In einer Gemeinschaftsinterpretation von »Arbre« in Isers Kolloquium »Lyrik als Paradigma der Moderne« zog Siegfried Kracauer den Vergleich zum Film:

> So ist die [...] evozierte Konfusion einer belebten Großstadt [...] als eröffnende Szene typisch für den Film. All dies verweist auf die [...] photographische Realitätserfahrung unserer Zeit, auf die Versuche einer Rückübertragung der Kamerarealität auf die Kunst [...] Apollinaire versucht, gerade dieser Wirklichkeit eine neue Schönheit abzugewinnen [...] in der die Realität selbst eine implizite Anerkennung erfährt.[46]

Apollinaires poetologische Proklamationen wie seine poetische Praxis in den »poèmes-conversations« haben als erste vorgeführt, wie avantgardistischer Kunstanspruch und Interesse am Massenmedium des Films miteinander vereinbar sind und gemeinsam ein neues Poesie-Verständnis bewirken. Alle von Apollinaire affizierten Dichter,[47] die die lyrische Avantgarde der zwanziger und dreißiger Jahre verkörpern, sind ihm weit-

---

46 Kracauer in Iser, Immanente Ästhetik – Ästhetische Reflexion, S. 466.
47 Aus dem Umkreis Apollinaires ist im Hinblick auf lyrische Kino-Adaptationen besonders Pierre Albert-Birot hervorzuheben, dessen Name in der Geschichte der Avantgarden mit der von ihm 1916-1920 herausgegebenen Zeitschrift *SIC* (die Buchstaben stehen für Sons – Idées – Couleurs) assoziiert wird. Arlette Albert-Birot im Vorwort der Sammlung »Cinémas«, das die Reproduktion des 1920 erschienenen Bändchens Cinéma: Drames Poèmes dans l'Espace, enthält, zu Albert-Birots Auffassung vom Film: »Selon Albert-Birot le cinéma aurait dû, et pu, être un des hauts-lieux de la poésie moderne. [...] le cinéma de Méliès donnant vie à l'irréel – au surréel – se trouve au cœur d'un Albert-Birot.« Albert-Birot, Cinémas, S. 20. Ähnlich wie Apollinaire fand Albert-Birot im Zelluloid das Band, welches den Dichter an seine Gegenwart knüpft: »il me semble qu'il [le cinéma] va relier le poète à tous les autres hommes, et qu'ainsi ses poèmes vont être à nouveau des êtres vivants.« Ebd. S. 24.

gehend in seiner Kino-Affirmation gefolgt, haben daraus z.T. jedoch andere Schlußfolgerungen für ihre eigene Lyrik gezogen.

Pierre Reverdy, der mit Apollinaire vor allem die Herkunft aus dem künstlerischen Kubismus und, daraus entlehnt, die Bevorzugung der Simultanität als Formprinzip teilt, reflektiert in seiner Theorie der Metapher das Zustandekommen des künstlich erzeugten poetischen Bildes (Image) – läßt er doch, indem er ihm nichts anderes an die Seite stellt, keinen Zweifel daran, daß das Bild für ihn das bedeutsamste Strukturelement an einem Gedicht ist, ja daß sich an der sprachlichen Setzung des Image gewissermaßen der »Bauplan« eines Gedichts ablesen läßt.[48] Reverdys Überlegungen, veröffentlicht im gleichen Jahr wie Apollinaires »Esprit Nouveau« (1918) in der von ihm herausgegebenen Zeitschrift »Nord-Sud«, sind präziser als die Proklamationen seines berühmteren Zeitgenossen in bezug auf die Art von Montage, die der Dichter zu betreiben hat, will er ein »Bild« kreieren:

L'Image est une création pure de l'esprit. Elle ne peut naître d'une comparaison mais du *rapprochement de deux réalités plus ou moins éloignées*. [Meine Hervorhebung – J. R.] Plus les rapports des deux réalités rapprochées seront lointains et justes, plus l'image sera forte – plus elle aura de puissance émotive et de réalité poétique [...] Ce qui est grand ce n'est pas l'image – mais l'émotion qu'elle provoque; si cette dernière est grande on estimera l'image à sa mesure. [...] Il y a la surprise et la joie de se trouver devant une chose neuve. [...] On crée [...] une forte image [...] en rapprochant sans comparaison deux réalités distantes dont *l'esprit seul* a saisi les rapports.[49]

---

48 Auch in späteren dichtungstheoretischen Texten bleibt Reverdy seiner Auffassung vom Bild als den poetischen Schöpfungsakt auslösendem Faktor treu. In La fonction poétique, S. 65f., nennt Reverdy den Dichter »une véritable fabrique d'images«. Der Poet sei daran interessiert, »un accord nouveau [entre les choses] que, sans lui, nous n'aurions pas perçu« herzustellen. In seinem Beharren auf der Konkretheit der Dinge enger verwandt mit Kracauers »Errettung der äußeren Wirklichkeit« als beispielsweise mit Mandelstams »heraklitischer Metapher« im »Gespräch über Dante«, spricht er vom *mouvement poétique*, das den Versuch darstelle »de transformer les choses du monde extérieur, qui telles qu'elles sont nous démeureraient étrangères, en choses plus complètement assimilables et que nous puissions, le plus intimement possible, intégrer. Dans ce mouvement, nous nous lions davantage aux choses et nous les rapprochons de nous.« Ebd. S. 67.

49 Reverdy, Nord-Sud, Self-Defence et autres écrits sur l'art et la poésie (1917-1926), S. 73-75.

Unbedingt will er die Bilder, die der Dichter montiert, als Phänomene der Außenwelt begriffen wissen. So, wie sie sich im Gedicht präsentieren, sind sie Ausschnitte einer endlosen Bewegung, eines in Fluß befindlichen Lebens, das nie in seiner Totalität wahrgenommen werden kann, nur über die Annäherung (rapprochement) von daraus aufgegriffenen Fragmenten – hier benutzt Reverdy die Metapher der Fotografie – erfahren wird:

> Chaque poème est [...] une facette de l'indéfinissable image, *la photographie d'un de ses multiples aspects.* [...] Mais le poète est aussi le receptacle idéal de toutes les manifestations extérieures, de tous les mouvements des êtres et des choses; seulement parmi tous les phénomènes sensibles, le poète choisit ceux qui participent strictement du réel.[50]

Die Brücke von seiner Theorie poetischer Montage zum tatsächlichen Medium des Kinos vermag vielleicht Reverdys Artikel »Cinématographe« zu schlagen – ebenfalls 1918 in der letzten Nummer von »Nord-Sud« veröffentlicht. In diesem läßt er sich über die Vorzüge amerikanischer Filmproduktionen aus, die damals technisch avancierter als die europäische Konkurrenz waren – man denke an die von Griffith eingeführte Parallelmontage.[51] Sieht Reverdy in »L'Image« den Dichter als denjenigen, in dessen Bewußtsein (l'esprit) sich distante Daseinsbereiche vereinigen, so kommen für ihn starke Film-Eindrücke ebensowenig primär auf der Leinwand, sondern im Bewußtsein des Zuschauers zustande. Auch die filmische Montage bezieht er indirekt auf die lyrische Montage: Ihr verbindendes Moment ist der Überraschungs- oder Schockeffekt (la surprise), den sie hervorrufen; so etwa schon in der simplen Sequenz, wenn der Aufnahme einer aus dem Fenster starrenden Frau unvermittelt die Aufnahme von Wolken am Himmel folgt und der Betrachter darin einer Kausalität nachspürt, auch wenn diese rätselhaft bleiben muß. Reverdy ist sich der Eigengesetzlichkeit der verschiedenen Medien bewußt, betont

---

50 Ebd. S. 204-207.

51 Vgl. zu Reverdys Rezeption amerikanischer Streifen und seiner Lyrik auch die Nachweise bei Abel, American Film and the French Literary Avantgarde (1914-1924), S. 96-100: »It would seem that the cinema provided Reverdy with an unusual means of expressing a key perspective on the origins of Cubist art.« Zur begeisterten Aufnahme des amerikanischen Kinos in den Reihen der französischen Avantgarde zwischen 1918 und 1924 vgl. den kursorischen, etwas zu schematisch auf die angebliche Polarität von Ablehnung französischer Hochkultur vs. Akzeptanz amerikanischer Populärkultur zugeschnittenen Überblick von Shi, Transatlantic Visions.

aber, daß es für ihn keine Rolle spielt, ob die Überraschung oder Emotion – die er als Triebkräfte der Poesie ansieht – vom Kino oder den bildenden Künsten komme; was allein zähle, sei die Intensität der Erfahrung:

> Le cinéma [muet] n'est pas, comme on le crut, la pantomime [...] Au ciné le geste ne doit pas remplacer la parole. Il y a d'autres moyens exclusivement cinématographiques qui dispensent de cette exagération des gestes. L'esprit du spectateur fait le reste. Si on montre une femme qui regarde à la fenêtre et, séparément, un ciel de nuages, à côté de moi un tout jeune enfant peut dire: »c'est le ciel qu'elle regarde«. On a obtenu simplement, directement le résultat essentiel. Il peut même rester toute la poésie de ce regard sur le ciel [...] Cela est énorme. [...] ce qui nous cause une surprise est toujours agréable [...] La valeur d'une œuvre est peut-être en raison directe de la quantité et surtout de la *durée* de surprise qu'elle peut donner. J'ai éprouvé devant tel film une émotion plus intense et au moins aussi pure que devant les œuvres d'art que j'ai préférées.[52]

Auch Reverdys eigene poetische Praxis ist geprägt von solchen Anleihen bei der Technik des Films bzw. (versteckten) Anspielungen auf kinematographische Erfahrungen. Ein frühes Beispiel sind etwa die drei Gedichte des mit Zeichnungen von Matisse versehenen Heftchens »Les jockeys camouflés«: »Les jockeys mécaniques« – ein Titel, der an Fernand Légers Filmexperiment »Le ballet mécanique« erinnert –, »Autres jockeys alcooliques« und »Piéton«, das, ähnlich wie Apollinaire in den »poèmes-conversations«, das Motiv des Flaneurs aufgreift. Gerade diese längeren Gedichte aus Reverdys früher Phase dürften in ihrer zersprengten Form, den Zeilenbrüchen, den verstreut über die Seite angeordneten Versfragmenten – zusätzlich eine Art graphischer Montage im Gedicht betreibend – bereits die später von O'Hara oder Brinkmann in extenso kultivierten ›offenen‹ Schreibweisen vorwegnehmen, erinnern aber auch an gleichzeitige Bestrebungen von Pound oder Williams, die Verszeilen aufzubrechen, um so den neuartigen Charakter ihrer Poesie auch optisch zu unterstreichen: »ein fragmentarisiertes Ich äußert sich in willkürlichen Assoziationen«.[53]

In Reverdys zahlreichen Prosagedichten ist das Unbestimmbare einer fragmentarisch erfahrenen Welt als Unsicherheit provozierendes Element zu finden. Die Ausschnitte des Alltags, Zufallsfunde, geben dem Ich Rät-

---

52 Reverdy, Nord-Sud, Self-Defence et autres écrits sur l'art et la poésie (1917-1926), S. 91-95.
53 Kracauer in Iser, Immanente Ästhetik – Ästhetische Reflexion, S. 475.

sel auf, weil sich die Realität ständig in Bewegung befindet und so keine gültigen Aussagen über Kausalität, Zeit und Raum mehr gemacht werden können. In diesem Sinne sind es – Rimbauds »Illuminations« verwandte – Gedichte mit filmanalogen Schockeffekten, Schwenks und Überblendungen, Zeitlupen- oder Zeitraffervorgängen. Die einander angenäherten divergenten Bilder und Erscheinungen ergeben einen neuen Sinnzusammenhang, eine neue Aussage über den Charakter der Wirklichkeit. Seine sprachlichen »close-ups« wenden sich mit Vorliebe scheinbar nebensächlichen, vernachlässigten Vorgängen und Sachen der Außenwelt zu, die, als würden sie durch die Kameraoptik fokussiert, plötzlich unerwartete Ausmaße annehmen und denen ungewohnte Bedeutungen zuwachsen können, wie etwa in der Sentenz aus »Regard Humain« deutlich wird: »sur l'écran du ciel, la fuite des éclipses et la silhouette de l'homme perdu au coin de la forêt.«[54]

Reverdy ist vor allem an Bildern interessiert, die für das Ich eine Emotionen weckend Suggestivkraft besitzen – ob diese Bilder der Kunst, dem Kino, öffentlicher Plakat- und Warenwelt entstammen, spielt eine untergeordnete Rolle. Entscheidend bleibt für ihn die force évocatrice des Mediums, das Vermögen des Kinos, prägnante, im (Unter-)Bewußtsein haftende Bilder zu erzeugen, Bilder, die ähnlich der Proustschen mémoire involontaire die Ressourcen der Imaginationskraft bereichern, wie das um 1929 entstandene »Cinéma« illustriert:

> Mille cœurs pareils mis à nu
>   Sanglants et terribles
> Le secret qu'on n'a pas connu
> Et qui n'en valait pas la peine
> Les visages m'en disent trop
>   Les épaules en écriteau
> quelques rides de plus autour des yeux et de la bouche
> Un clin d'un œil
>   Et je vais ailleurs[55]

Auch die Titel anderer Gedichte aus der Sammlung »Sources du vent« verweisen auf die Bedeutung, welche die Welt der künstlichen Optik für Reverdy besitzt. Damit unterstreichen sie die Funktion, die er dem Bild in seiner Lyrik zuspricht: »Lumière rousse«, »Galeries«, »Spectacle des yeux«, »Perspective«, »Lumières«, »Mouvant paysage«, »Lumière«, »Astres nouveaux«, denen bereits in der 1918 erschienenen Sammlung »Les Ar-

---

54 Reverdy, Flaques de verre, S. 78.
55 Reverdy, Main d'œuvre, S. 213.

doises du Toit« Titel wie »Réclame«, »Chambre Noire« oder »Ecran« vorangegangen waren. Gerade das Kino bedeutet ihm dabei mehr als nur eine beliebige Quelle emotionsgeladener Bilder; sehr wohl ist er sich des die menschliche Wahrnehmung beeinflussenden Charakters der Kameraaufzeichnung bewußt, wie Anspielungen bereits in früheren Gedichten nahelegen. »Œil électrique projecteur« nennt er die neue Art des Sehens in »Tentative«;[56] und in »Remords« vergleicht er den nicht explizit genannten Apparat mit einem Phantom: »Fantôme il regardait dans notre vie ce qui se passe / Et voyait défiler des scènes sans pareilles / Jusqu'au jour qui tuait ses lumières«.[57]

Ein Beispiel für die Verwendung ›harter‹ Schnitte in den Bildern seiner Lyrik, die der Wirkung abrupter Szenenwechsel beim Film entspricht, bietet etwa »Drame« (ebd. 248; zugleich 1918 in der letzten Nummer von »Nord-Sud«), wo die einzelnen Verszeilen – wie sehr oft bei Reverdy – jeweils eigenständige, voneinander unabhängige ›Szenen‹ evozieren. Diese Art von Filmgedichten (inhaltlich spielen sie auf Feuillades Kolportageserials wie »Fantômas« oder »Les vampyres« an) unternimmt den Versuch, die Montageverfahren des Films auf der Ebene des Gedichts möglichst unverfälscht nachzuzeichnen. Eine ›schneidendere‹ metaphorische Gleichsetzung als die der Guillotine und der »réalité du film« – tertium comparationis ist der Schnitt – scheint in der Tat kaum vorstellbar. Man beachte, wie die semantische Gegensätzlichkeit von »électricité« vs. »obscurité«, »yeux [...] plus vivants« vs. »personne ne crie« oder von »âme [...] étalée« vs. »passion [qui] fait remuer toutes les têtes« sich auch graphisch manifestiert: in der Gegenüberstellung von linksbündigen und eingerückten Verszeilen. Die bis zur Ellipse verknappten Sätze und Wortgruppen; die Vorliebe für Substantive, die Bilder setzen, jedoch nicht ausschmücken oder reflektieren; die bestimmten Artikel (»le rond«, »les traits«, »la passion«, »le pouvoir«), die der Unbestimmtheit der fragmentarisch wiedergegebenen Filmhandlung eigentümlich widersprechen, und das im Singular angesprochene »tu«, das der namenlosen Masse (»les têtes«) im Kinosaal gegenübersteht, sind Kennzeichen jener Art von filmischer Synthese – und nichts anderes ist die Montage –, in der im logischen Sinne Unvereinbarstes (»des réalités éloignées«) ohne Erklärung miteinander zusammengebracht wird: »Logic does not determine their sequence, but the irrational bond of associations [...]. No thing is analyzed. To *show* is enough«.[58] Da die Sprache gemeinhin als Kommunika-

---

56 Ebd. S. 493.
57 Ebd. S. 503.
58 Debrix, Cinema and Poetry, S. 103.

tionsinstrument den Konventionen diskursiver Logik unterworfen ist, sind die Brüche und Schnitte im Gedicht spürbarer als in der ohnehin nicht-diskursiven Sprache der Bilder. Was im Wesen des Stummfilms liegt: »Un coup de pistolet qui ne fait pas de bruit«, wird sprachlich gesehen, da es der außerstummfilmischen Erfahrungswelt widerspricht, zum Oxymoron:

> Le rond qui s'agrandit
> > Est-ce la guillotine
> Réalité du film
> > mystère dans le crime
> Il passait à ton cou une corde plus fine
> Les yeux sont plus vivants
> > Ton âme est étalée
> Tu ne t'en doutais pas
> > c'est l'électricité
> Les traits en grossissant se sont presque effacés
> La passion fait remuer toutes les têtes de la salle
> > Mais dans l'obscurité
> où personne ne crie
> Un coup de pistolet qui ne fait pas de bruit
> Comment pourra-t-il sortir
> > Mystère acrobatique
> Le pouvoir surhumain du courant électrique
> > L'a fait partir
> Le policier déçu meurt devant la fenêtre

Tristan Tzaras früher Gedichtband »Cinéma calendrier du cœur abstrait maisons«, den er, nachdem er von Zürich nach Paris gezogen war, 1920 bei Sans Pareil veröffentlichte, verdeutlicht schon im Titel die Attraktion des Kinos für Dadaisten – hatte es doch als junges, noch kaum als »Kunst« akzeptiertes Medium keinen Anteil an jener negierten Hochkultur, deren geistiger Bankrott sich für diese Avantgarde im Desaster des Ersten Weltkriegs verkörperte. Bei ihrem Bestreben, mittels der Montierung sprachlichen »Abfalls« (Benjamin) die Entregelung überlieferter Begriffe voranzutreiben, mußte ihnen der Film mit seinem Vermögen, durch die Sprunghaftigkeit der gezeigten Situationen Verwirrung im Bewußtsein des Betrachters zu stiften, als hochwillkommener Verbündeter erscheinen. Dabei hat die Inkohärenz, die die Dadaisten in ihren Gedichten durch das Aufeinandertreffen verschiedenster Sprachregister, Bedeutungs- und Bildbereiche provozieren wollten, ihr Äquivalent in der Inkohärenz der von der Kamera eingefangenen Welt: Sind stilistische und rhetorische Brüche gegenüber dem bis dahin in Gedichten Vorfindbaren, semantische Verfremdungen und verbalsuggestive Schocks *aktives* Gestaltungsprinzip dadaistischer Lyrik, so entstammen dabei die Inkohärenzen im Film weniger einem wohlüberlegten Formprinzip als vielmehr der Wirklichkeit, die »registriert« wird.

Das »cinéma« von Tzaras Titel kann so als metaphorischer »calendrier« des »cœur abstrait« der modernen Welt, als mit der Lebensweise im Zeitalter der Beschleunigung korrespondierende Kunstform aufgefaßt werden. Bilder scheinen für Tzara, wie er im »bulletin / à francis picabia« formuliert, eine »cavalcade des miracles à surpasser tout langage« zu sein, das maschinengetriebene und fotografisch abgelichtete Zeitalter entspricht bei ihm der »mécanique du calendrier / où tombent les photos synthétiques des journées«.[59] In zwei der einundzwanzig Gedichtsentenzen der Sektion »Maisons« desselben Bandes begegnet man einer sich explizit auf den Film bzw. das Kino berufenden Metaphorik:

6
la brume a injecté l'œil
qui met couleur à notre vie
de sang léger et de liqueur opaque lasse
se mécanise la danse des cercueils
ou des pages multicolores imprévues dans les veines
roue pétrifiée grise dépouillée de branches
des choses sautant à travers la distance
je vis les intervalles de la mort souterraine

12
picottements dans la gorge de petites lettres en flamme
quelques gouttes de lumière échec dans le miroir suffisent
le meilleur cinéma est le miroir du diaphragme
télégramme d'arrivée de chaque degré de froid sec
télégraphie-moi la densité de l'amour
pour remplir la chanson du rebec d'encre de chine[60]

Der Schlußfolgerung, die Benjamin im »Kunstwerk« aus dem »Wortsalat«, dem Collagencharakter dieser Art Gedichte im Zusammenhang mit dem Film zieht: daß darin avantgardistische Techniken vorgeführt würden, die erst durch den Film allgemeine Anerkennung fänden, kann so jedoch nicht zugestimmt werden – wie bereits Bürger feststellte –;

---

59 Tzara, Cinéma calendrier du cœur abstrait maisons, o.S.
60 Ebd.

wird doch mit dieser Behauptung die Inkompatibilität der Verfahrensweisen beider Medien gar nicht in Betracht gezogen. Mit Paech können wir bezüglich der Unterschiede in der Formensprache von Film und ›filmischer‹ Literatur konstatieren: Was im Film, wie die Montage, herstellungsbedingte Konvention ist, wirkt, auf Literatur übertragen, zunächst einmal unkonventionell und avantgardistisch.

Ebensowenig spricht etwas dafür, daß die sprachlichen »Zitat-Collagen«[61] der Dadaisten irgendwie direkt die russischen Filmexperimente, auf die Benjamin sich bezieht, beeinflußt hätten. Bei näherer Betrachtung stellen sich die Schreibweisen der Dadaisten außerdem als zu inhomogen heraus, um sie für aussagekräftige Analogien mit dem Film zu bemühen. Den dadaistischen Autoren ist Sprache zu sehr Material, welches es seinem gewohnten kommunikativen Verwendungszusammenhang zu entreißen gilt – hier berühren sie sich wiederum mit Mallarmés Intention, nichts als die Sprache selbst als Thema des Gedichts gelten zu lassen –, ohne daß sie dabei, anders als Apollinaire oder Reverdy, noch die Absicht hegten, neue Bild- und Vorstellungswelten zu evozieren.

Tzara jedoch, der, je weiter er sich vom eigentlichen Dadaismus entfernte, mehr und mehr unter dem lyrischen Einfluß Reverdys stand, läßt das Kino als eine seiner Inspirationsquellen hin und wieder transparent werden. »Crime sportif«, ein Gedicht, das im 1929 bei den surrealistischen Éditions Kra verlegten Band »De nos oiseaux« erscheint, bietet die bizarr verfremdete Nacherzählung einer Filmsequenz, verbunden mit einer Bemerkung über monokulturelle Tendenzen des Mediums; die Schlußpointe ähnelt hierbei Reverdys Feststellung in »Cinéma« (»Mille cœurs pareils mis à nu«):

le criminel descend dans un parachute
pour éparpiller les soupçons dirigés gracieusement
contre son corps précieux et les bonnes intentions de son
visage spacieux
et accomplit le crime en 12 poses brutales et pittoresques
voilà les suites de l'amour au cinéma où mènent les chemins
des pays homogènes[62]

Kaum zu überschätzenden Anteil an der hingebungsvollen Filmbegeisterung damaliger Lyriker hatte das Auftreten Charlie Chaplins, der nahezu einstimmig als Verkörperung all dessen begrüßt wurde, was man sich

61 Vgl. Riha, Cross-Reading und Cross-Talking.
62 Tzara, De nos oiseaux, S. 60.

vom Kino erhoffte. »The arab telephone of the avant-garde«[63] bot den der Modernität verpflichteten Lyrikern, gleich welcher Nationalität, nach dem Ende des Ersten Weltkriegs die Möglichkeit, das Kino als Ausdrucksform einer neuartigen Poesie zu entdecken. In ihrer Sympathie für Chaplin konnten sich die Dichter mit den ins Kino strebenden Massen, die von der Lyrik sonst nicht erreicht wurden, auf dieselbe Stufe stellen und das ungeliebte Stigma einer elitären Minderheit abstreifen. Zudem sahen sie in Chaplin ihr Ideal einer den Widerspruch von Kunst und Leben aufhebenden Existenz verwirklicht.

Die Liebe zu den alltäglichen Dingen, wie sie Apollinaire in »L'Esprit Nouveau« gefordert hatte, eine Länder- und Sprachbarrieren überwindende Kunst, die Konkretisierung unbewußter seelischer Vorgänge in zufälligen, beiläufigen Erscheinungen der Außenwelt, all dies konnten die avantgardistischen Dichter in die Leinwandfigur des ewigen Tramp hineinprojizieren – und sie taten dies grenzüberschreitend, weshalb auf Chaplin immer wieder zurückzukommen ist.

Philippe Soupault begründet im Vorwort von »Charlot«, einer »Biographie« des Komikers anhand von dessen Leinwanderscheinungen, weshalb die Dichter zu ihm aufschauten: »Charlot est [...] un poète au sens le plus fort du terme. Sa vie, blanche et noire, n'est aussi émouvante que parce qu'elle s'alimente aux sources mêmes de la poésie. Et pour pouvoir donner une image plus profondément vraie [...] il aurait fallu écrire [...] un poème.«[64] Und so entstehen seit 1920 auch eine Vielzahl von Kinogedichten, die sich dem Leinwandphänomen Chaplin verdanken. Soupaults eigenem Gedicht »Stumbling«, aus dem Bändchen »Georgia« von 1926, gelingt es, ohne Chaplins Namen zu nennen, allein durch die Erwähnung des Spazierstocks als untrüglichem Erkennungszeichen des Helden, Charlot als Übermittler einer ganz neuen Poesie, die nicht mehr »tout cela [...] [qu'on a] déjà vu« reproduziert, darzustellen:

Il y a de bien jolies choses
les fleurs
les arbres
les dentelles
sans parler des insectes
Mais tout cela on connaît
on l'a déjà vu

---

63 Lawrence Ferlinghetti, »Adieu à Charlot«, in Baatsch/Bailly, À quoi bon les poètes, S. 77-80.
64 Soupault, Charlot, S. ivf.

et on en a assez
Là-bas on ne sait pas
Tenir dans sa main droite une canne
et rien dans sa main gauche
qu'un peu d'air frais
et quelquefois une cigarette
dans son cœur[65]

Soupaults Gedicht »CINEMA-PALACE«, das in der schon 1920 veröffentlichten Sammlung »La rose des vents« enthalten und Blaise Cendrars gewidmet ist, sieht von der Einzelfigur Chaplins zugunsten der medialen Repräsentation des Kinos allgemein ab. Es versucht, formal innovativer als das spätere »Stumbling«, eine lyrische Entsprechung für das Etablissement Kino zu finden. Mit jeder neuen Zeile ist praktisch ein Umschwenken der Perspektive angedeutet; Atmosphäre im Kinosaal und Leinwanderlebnis verschmelzen ineinander, so daß die Plakatanschläge der Außenwelt (»Tous les vendredis«) nicht mehr zu unterscheiden sind von den Vorgängen auf der künstlich projizierten Welt des Zelluloidstreifens: Ob sich Stellen wie »l'amoureux transi s'est acheté un faux-col« oder »Il a mis son chapeau« auf die Zuschauer oder auf die Akteure beziehen, ist nicht mit Sicherheit bestimmbar; lediglich die eingerückten Wörter »l'Écran« (»Vorhang auf!«) und »applaudissements« markieren noch den Eintritt ins Lichtspielhaus. So wird gezeigt, wie das Medium des Kinos auf die Lebenswelt zurück- und in ihr fortwirkt. Deshalb läßt sich Soupaults Kinogedicht genausogut als filmisches Gedicht bezeichnen, da die durch das zweidimensionale Kinoerlebnis gewonnene Wahrnehmungsweise gleichzeitig auf die dreidimensionale Außenwelt übertragen wird – damit gerät dem Dichter ›die ganze Welt zum Kino‹:[66]

---

65 Soupault, Georgia, S. 93.
66 Philippe Soupault ist neben Robert Desnos derjenige Dichter aus dem Umfeld der Surrealisten, der sich am intensivsten mit Film und Kino auseinandergesetzt hat. 1918 und 1925 gibt er in Albert-Birots »SIC« und den »Cahiers du mois« einige kurze, szenarioähnliche Prosaskizzen als »poèmes cinématographiques« heraus, von denen Walter Ruttmann 1922 zwei verfilmt hat. Diese Filme sind leider verlorengegangen. Näheres dazu bei Alain und Odette Virmaux in Soupault, Écrits de cinéma, S. 23-29. Wie Cendrars verfaßte Soupault außerdem ein nicht realisiertes Szenario für Jean Vigo und, von 1929 bis 1934, eine Vielzahl von Kinorezensionen für Zeitschriften, u.a. zu Buñuels »Un chien andalou«, über Filme von Chaplin, Eisenstein und Sternberg. – Auch für Abel, American Film and the French Literary Avantgarde (1914-1924), S. 100-104, und Shi, Transatlantic Visions, S. 589-591, erreicht das Kinogedicht mit Soupaults »poèmes cinématographiques«

Le vent caresse les affiches
Rien
la caissière est en porcelaine

l'Ecran

le chef d'orchestre automatique dirige le pianola
il y a des coups de revolver
                    applaudissements
l'auto volée disparaît dans les nuages
et l'amoureux transi s'est acheté un faux-col
    Mais bientôt les portes claquent

Aujourd'hui très élégant
Il a mis son chapeau claque
Et n'a pas oublié ses gants

Tous les vendredis changement de programme[67]

Von Anfang an geben sich auch die Surrealisten als begeisterte Kinogänger zu erkennen. Im ersten Manifest von 1924 nennt André Breton den Grund hierfür: »Le cinéma? Bravo pour les salles obscures«.[68] Das romantische Motiv der Dunkelheit wird von ihnen in der modernen Errungenschaft des Kinos wiederentdeckt. Auch die häufig in Bretons theoretischen Schriften anzutreffende Licht- und Elektrizitätsmetapher schlägt einen Bogen von der spekulativ mit Elektrizität und Magnetismus liebäugelnden Romantik zum durch technisch erzeugte Elektrizität erst hervorgebrachten Kino.[69] Das technische Medium zählt für den Sur-

und »Photographies animées« eine neue, filmanaloge Qualität: »What Soupault has done is to subdue the wildly comic effects of speed and change and instead reveal the marvelous nature of metamorphosis itself« (Abel, ebd. S. 102). »The subtle images combine to convey the meaning of the film or poem in a strikingly effective manner« (Shi, ebd. S. 590 über »Cinéma-Palace« [s.o.]).

67 Soupault, Georgia, S. 45.
68 Breton, Manifestes du surréalisme, S. 54.
69 Vgl. auch die überdeutliche Präsenz des Kinos in Aragons erstem, 1921 erschienenem Roman »Anicet«, dessen die bürgerlichen Moral- und Kunstvorstellungen desavouierender Anti-Held als eine Art Rimbaud des Slapstickzeitalters bezeichnet werden kann: »Rien n'est plus frais en été que les salles des cinémas les aprèsmidi de semaine, et les deux amis s'étaient réfugiés dans l'asile d'ombre de l'Electric-Palace. Sans se préoccuper des voisins, ils parlaient à voix haute et mêlaient à leurs discours des jugements sur les films. Ainsi vous regardez passer la vie, vous y intéressez votre sensibilité, vous vous en détournez pour explorer votre

realismus damit zu einem jener ›magischen‹ Phänomene, die in immer wieder neuen Transformationen den Alltag mit der Sphäre des Traums, des Unbewußten, des Irrationalen und Zweckfreien zu koppeln vermögen: »It is through the cinema that he [Breton] came to see that ›the free and unlimited play of analogies‹ implied extreme mobility and ceaseless transmutation. Poetry was an extension of life in being dynamic and always in transition«.[70]

Bretons exemplarische Erwähnung seines Tagtraums von einem Mann, der von der Fensterscheibe entzweigeschnitten wird, erinnert an die filmische Montage, speziell die Technik der Überblendung. Dieser Stelle des Manifests ist zudem Reverdys Definition des poetischen Bildes unterlegt. In den 1920 erschienenen Prosagedichten der »Champs magnétiques« hatte Breton zusammen mit Soupault bereits das Prinzip sich abwechselnder, zufällig einstellender poetischer Bilder – mehr noch von Rimbauds »Illuminations« und Lautréamonts »Maldoror« kommend als von Reverdys konkreteren Setzungen – in extenso praktiziert. Jenes »diskontinuierliche Aneinanderfügen von Bildern«, das für Adorno »in der surrealistischen Lyrik [den] Montagecharakter« bestimmt,[71] wird damit zum Stilprinzip erhoben. Auch die Kinometapher, wie hier in »Éclipses«, bemühen Breton/Soupault, ganz Kinder ihrer Zeit, für ihr Vorhaben, Rimbauds »dérèglement de sens« fortzuführen: »Dans cette vallée métallique, les fumées, pour un sabbat cinématographique, se sont donné rendez-vous. [...] La lumière galoppante meurt continuellement.«[72]

Es ist bedeutsam, daß die literarische Laufbahn Louis Aragons mit einem Text über den Film, »Du décor«, beginnt, in welchem er das Kino als Inbegriff und Vorbild »heutiger« (1918) Kunstbestrebungen ansieht. Die Hellsichtigkeit seiner Überlegungen zeigt sich v.a. am ästhetischen Horizont, den er um das neue Medium herum absteckt. So sei in der Hinwendung der modernen Kunst und Poesie zu Alltag und Gegenwart das Kino bereits vorweggenommen. In der Institution des Kinos bestätigt sich für Aragon der avantgardistische Anspruch, absolut modern zu sein, weil in ihr die Dinge der Außenwelt den Nährboden für eine neuartige Poesie abgäben. Kracauer antizipierend, feiert Aragon die Wiedererweckung scheinbar bedeutungsloser, »ungestellt« arrangierter Alltagsdetails unter der Sonne des Kinoprojektors:

esprit et vous reportez de nouveau le yeux sur les spectacles quotidiens.« Aragon, Anicet ou le panorama, S. 137.

70 Abel, American Film and the French Literary Avantgarde (1914-1924), S. 106.

71 Adorno, Noten zur Literatur, S. 103.

72 Breton/Soupault, Les champs magnetiques, S. 33f.

La porte d'un bar qui bat et sur sa vitre les lettres capitales de mots illisibles et merveilleux, ou la vertigineuse façade aux mille yeux de la maison à trente étages, ou cet étalage enthousiasmant de boîtes de conserve (quel grand peintre a composé ceci?) [35 Jahre vor Warhol! – J. R.] [...] Avant l'invention du cinématographe, c'est à peine si quelques artistes avaient osé se servir de la fausse harmonie des machines et de l'obsédante beauté des inscriptions commerciales, des affiches, des majuscules évocatrices, des objets vraiment usuels, de tout ce qui chante *notre* vie, et non point quelque artificielle convention, ignorante du corned-beef et des boîtes de cirage. Les courageux précurseurs, qu'ils soient peintres ou poètes, assistent aujourd'hui à leur propre triomphe, eux qu'un journal ou un paquet de cigarettes savait émouvoir [...] Baudelaire avant eux savait le parti qu'on peut tirer d'un enseigne. [...] Mais seul le cinéma qui parle directement au peuple pouvait imposer ces sources nouvelles de splendeur humaine à une humanité rebelle à qui cherche son cœur. [...] Il faut ouvrir les yeux devant l'écran, il faut analyser le sentiment qui nous transporte, et raisonner pour découvrir la cause de cette sublimation de nous mêmes. [...] la magnification de tels objets que sans artifice notre faible esprit ne pouvait pas susciter à la vie supérieure de la poésie. [...] à l'écran se transforment au point d'endosser de menaçantes ou énigmatiques significations ces objets qui, tout à l'heure, étaient des meubles ou des carnets à souches. [...] Doter d'une valeur poétique ce qui n'en possédait pas encore, restreindre à volonté le champ objectif pour intensifier l'expression, voilà deux propriétés qui contribuent à faire du décor cinématographique le cadre adéquat de la beauté moderne.[73]

Die in Aragons erstem, 1919 veröffentlichtem Band »Feu de joie« enthaltenen Gedichte sind denn zugleich auch seine ›filmischsten‹ und kokettieren auffällig mit der Ästhetik des Kinos, so beispielsweise in »Soifs de l'ouest«, wo Szenen amerikanischer Melodramen zu einer chansonartigen Komposition montiert sind, oder im Pierre Reverdy gewidmeten »Lever«, das die alogische, auf der Suggestivkraft sich abwechselnder Bilder beruhende Struktur des Films in seinem aufgesprengten Versbau und seinen antidiskursiven sprachlichen Montagen nachzuahmen sucht.

»Charlot mystique« hingegen zeigt, wie für Aragon die der neuen Poesie den Anstoß gebenden Diskontinuitäten des Alltags mit der Erfahrung des Kinos korrespondieren: Fragmentarische Sequenzen aus Chaplin-Komödien sind zu einem Stück surrealistisch arrangierter Wirklichkeit

---

73 Aragon, Chroniques I, S. 23-28.

mutiert. Dieser Eindruck entsteht, weil der Kino-Zusammenhang zwar als Hintergrund des Gedichts erahnbar, jedoch nicht mehr rekonstruierbar ist: Das Gedicht ist kein Drehbuch; seine Bilder stehen nicht im Dienst einer Dramaturgie, sondern für sich selbst. Was im Spielfilm überraschend wirkt, macht im Gedicht den Eindruck einer traumartig verfremdeten Realität: »C'est toujours le même système / Pas de mesure / ni de logique«.[74]

Dennoch gelangen die eigentlichen Gedichte der Surrealisten, in bezug auf die Verwendung der Film- und Kinometapher und die Übertragung kinematographischer Struktur in die Struktur des Gedichts, selten über das hinaus, was vor ihnen bereits Apollinaire, Cendrars, Reverdy oder Tzara erreicht hatten.[75] Wie stark Reverdys Bildbegriff denjenigen der Surrealisten determiniert, zeigt die Berufung Aragons im »paysan de Paris« auf »l'image, qui est la connaisance poétique [...] l'image comme la résultante de tout le mouvement de l'esprit« (Aragon 1926:246-251), um zu dem Schluß zu kommen, der bereits an das Diktum des Amerikaners Williams »No Ideas but in Things« denken läßt: »Le fantastique, l'au-delà, le rêve, la survie, l'enfer, la poésie, autant de mots pour signifier le concret.« (Ebd.) In ihrer Hinwendung zu den scheinbar banalen Gegenständen des Alltags, den Hervorbringungen einer neuartigen, technisch affizierten Populärkultur mußten diese französischen Lyriker des ersten Jahrhundertdrittels zwangsläufig auch auf die frühen, noch stummen Mythen gerade des amerikanischen Kinos stoßen:

Because of its unique features of mobility and metamorphosis, the American cinema in particular became as important to the young

---

74 Aragon, Le mouvement perpétuel, S. 31.
75 Wie bereits erwähnt, vertritt Abel hingegen die Position, daß die Surrealisten in ihren Gedichten auf eigene, von der Generation um Apollinaire verschiedene Weise mit den Anregungen des Filmmediums umgegangen seien. Das Gedicht »Rencontre« von Robert Desnos – schon 1922, vor der offziellen Ausrufung des Surrealismus durch Breton (1924) verfaßt! –, das Abel für diese These zitiert, gehört tatsächlich jedoch zu den seltenen Ausnahmen, wo die Filmmetapher wirklich neue Perspektiven für die Poesie eröffnet. In seltener Äquivalenz verschmelzen in »Rencontre« die Metaphorik des lyrischen Sprachgestus und imaginierte Bilder- bzw. Szenenwechsel des Films zu fortlaufenden Metamorphosen: »Minuit ajoute une perle de fraise au collier de Madeleine / et puis on ferme à deux battants les portes de la gare. / Madeleine, Madeleine, ne me regarde pas ainsi; / un paon sort de chacun de tes yeux. / La cendre de la vie sèche mon poème. / Sur la place déserte l'invisible folie imprime son pied dans le sable humide. / Le second boxeur se réveille et dit / ›J'ai eu bien froid.‹« Desnos zit. nach Abel, American Film and the French Literary Avantgarde (1914-1924), S. 108.

poets as their interest in popular tales of fantasy and adventure, automatic writing, and dreams. [...] all agreed that the American cinema was a prime source of this revolution because it had made them look at things as if they were seeing them for the first time. (Abel 1976:109)

Tauchen im surrealistischen Gedicht Aspekte kinematographischer Wirklichkeitsaneignung auf, die nicht auch schon von der Avantgardegeneration vor dem Ersten Weltkrieg aufgegriffen worden waren, so ist es die schon in Apollinaires »Esprit nouveau« erhobene Forderung nach Ausweitung der poetischen Aktivität auf die gesamte dichterische Existenz, die als wahre Errungenschaft der Surrealisten gelten kann und auch den Film als Betätigungsfeld surrealistischer Poesie begreift. In den auf direkte Weise vom Surrealismus inspirierten Filmexperimenten Luis Buñuels, Jean Vigos oder Antonin Artauds, in Man Rays Verfilmung des Gedichts »L'étoile de mer« von Robert Desnos, in Desnos' Filmschaffen (Kritiken und Szenarios)[76] oder in Paul Éluards,[77] auf Fotografien Man

---

76 Wie stark sich Desnos' lyrische Sprache, seine surrealistische Weltsicht in seiner Kinobegeisterung niederschlagen, unterstreicht der 1927 in »Le Soir« veröffentlichte Artikel »Mélancolie du cinéma« voller Enthusiasmus für Amerika und seine Traumfabrik Hollywood: »Le cinéma nous offre ses ténèbres. Pénétrons dans le drame qui s'offre à nous. Si les héros n'ont pas une âme de viande hachée, si l'objet de leur tourment est valable, nous entrerons de plain-pied dans l'univers où ils s'agitent. Si ce ne sont que des fantoches, nous rirons brutalement et hautement, et nous n'aurons pas trop de toute la nuit et de toutes ses brises pour calmer la brûlure de nos yeux. [...] Et nos langues, ô héros de l'écran cinématographique, sont plus muettes peut-être que les vôtres. Donnez-nous des films à la hauteur de nos tourments! Bas les pattes, censeurs imbéciles, devant les rares films honorables qui, pour la plupart, viennent en France de ce coin d'Amérique, Los Angeles, ville libre parmi des terres esclaves! [...] A quoi bon dissimuler plus longtemps le tourment surréaliste de notre époque, où le cinéma tient largement sa place? Nuits de tempêtes et de vagues écumeuses, assassinats perpétrés dans les forêtes de l'écran, beaux paysages!« Desnos, Cinéma, S. 174-176.

77 Für Paul Éluards frühen, 1921 bei Sans Pareil mit einer Vorbemerkung von Jean Paulhan veröffentlichten Gedichtband »Les nécessités de la vie et Les conséquences des rêves« war ursprünglich der Titel »Cinéma parfait« vorgesehen. Er enthält mit »Julot« ein Gedicht auf Charlot, und in »L'art de la danse« werden die Tanzbewegungen als »Images plusieurs fois découpées« ausgewiesen. »Modèle« dürfte sich der Auseinandersetzung mit der kubistischen Inszenierung gebrochener Lichtreflexe auf Leinwand verdanken: »Tant de lumière / Tant de mains et tant de visages / Tous ces jours parmi ces nuits / Comme l'œil parmi les ailes / Des oiseaux! [...] / Des horizons sont en scène. / Coulée. / Chute de la lumière sur un dôme éteint, / Un désert / Une étoile de jour pour quelques jours seulement.«

Rays gedrucktem Gedichtbändchen »Facile« von 1935, ja überhaupt der Verflechtung von künstlerischen, dichterischen und filmischen Ambitionen sind bereits die Tendenzen für Entwicklungen vorgeprägt, die nach 1945 besonders in Amerika wiederaufgenommen werden sollten.

Der einzige den literarischen Avantgarden nahestehende Cineast, der auch theoretisch zwischen der Lyrik und dem Film zu vermitteln suchte, blieb der zunächst vom älteren Blaise Cendrars geförderte Jean Epstein. Ergebnis seiner sich an den Schnittstellen von cineastischer Praxis und lyrischer Ästhetik entfaltenden Aktivität ist der Band »Bonjour Cinéma« von 1921, herausgegeben in der von Blaise Cendrars betreuten Édition de la Sirène, ein originell gestaltetes Kompendium, in dem Kinogedichte, Filmessays und kinoreflektierende Prosa zu finden sind. Das Motiv des Zelluloidstreifens als ikonenartige Repräsentation des filmischen Mediums taucht in der Graphie der Anfangs- und Schlußseiten dieser singulären Publikation auf (»La pellicule n'est qu'un relai entre cette source d'énergie nerveuse [du film] et la salle qui respire son rayonnement«, heißt es zur Bedeutung des filmischen Bildträgers).[78] Die ästhetische Neuheit des Mediums wird so auch im gestalterischen Impuls dieser Sammlung greifbar.

In seinen Gedichten demonstriert Epstein die Wirkung des Kinos als poetischen Stimulus: »Parade vernale / Ailleurs / une huile nauséabonde et / précieuse surgit en arc dans un paysage / de cavalcades de revolvers et de carabines«,[79] was in einer »litanie des photogénies« gipfelt, in der die internationalen Stars der damaligen Lichtspieltheater (Sessue Hayakawa, Alla Nazimova, Charlot, Charles Ray, Douglas Fairbanks) angepriesen werden. Für Epstein wird die Welt des Kinos deshalb zu einem unverzichtbaren Movens schriftgebundener Poesie: »Des sources de vie jaillissent de coins qu'on croyait stériles et explorés. [...] Un homme qui marche [...] un passant: la réalité d'aujourd'hui fardée pour une éternité d'art.«[80] An die Stelle des für Baudelaire typischen Flanierens über belebte Straßen und Plätze tritt das ›Flanieren‹ des im dunklen Kinosaal sitzenden Dichters über die auf die Leinwand projizierten Einstellungen: »Je regarde, je flaire, je palpe. Gros plan, gros plan, gros plan. Non pas les points de vue recommandés [...] mais des détails naturels, indigènes et photogéniques. Vitrines, cafés, mômes [...] des gestes coutumiers [...] une foire, la poussière des autos, une atmosphère«.[81] Damit sind ihm die Illu-

---

78 Epstein, Bonjour Cinéma, S. 101.
79 Ebd. S. 49.
80 Ebd. S. 37-42.
81 Ebd. S. 100.

minationen des fernen Filmmekkas »Los Angeles«[82] näher gerückt als die Verlockungen der nahen Pariser Seine-Quais:

Baudelaire, votre invitation au voyage
ne vaut pas le billet de quai qui coût 2
sous [...]

Visages gantés de verre
luxe vivant où je mire
      mon désir
en pleine danse brutal du 95 à l'heure
visages que chaque aiguille penche sur
la catastrophe

In seiner im selben Jahr (1921) veröffentlichten theoretischen Schrift »La poesie d'aujourd'hui. Un nouvel état d'intelligence« vergleicht er im Kapitel »Le cinéma et les lettres modernes« die unter dem »Esprit nouveau« entstandenen Schreibweisen mit der Novität des Films. Die beiden Prinzipien, unter denen er – vom Enthusiasmus spontaner Kinoleidenschaft zu vielleicht allzu gefälligen, unkritischen Vergleichen beflügelt – Film und Poesie zusammenbringt, sind für ihn die Beweglichkeit und die Dominanz der Bilder:

»Movies« disent les anglais ayant compris peut-être que la première fidélité de ce qui représente la vie, est de grouiller comme elle. Une bousculade de détails constitue un poème, et le découpage d'un film enchevêtre et mêle, goutte à goutte, les spectacles. [...] Cinéma et lettres, tout bouge. La succession rapide et angulaire tend vers le cercle parfait du simultanéisme impossible. L'utopie physiologique de voir ensemble se remplace par l'approximation: voir vite [...] Le poème: une chevauchée de métaphores qui se cabrent. [...] À l'écran, une foule. Une voiture passe difficilement. Ovation. Des chapeaux se lèvent. Des mains et des mouchoires, taches claires, au-dessus des têtes, s'agitent. Une indéniable analogie appelle ces vers d'Apollinaire: »Quand les mains de la foule feuillolaient ainsi« et ces autres: »Et des mains, vers le ciel plein de lacs de lumière / S'envolaient comme des oiseaux blancs.« Aussitôt j'imagine, surimpression, naissant au fondu, puis qui surgit plus nette et tout de suite s'interrompt: des feuilles mortes qui tombent et tourbillonent, puis un vol d'oiseaux. Mais: VITE (2 mètres) SANS SYMBOLISME (que les oiseaux ne soient pas des colombes ou des corbeaux, mais, simplement, des oiseaux).[83]

82 Ebd. S. 51-55.
83 Epstein, La poésie d'aujourd'hui, S. 173-177.

Epsteins Beispiel ist weniger wegen der Qualität seiner lyrischen Produktion erwähnenswert, sondern weil es deutlich macht, wie im Frankreich der zwanziger und dreißiger Jahre auch außerhalb der großen avantgardistischen Schulen über ein neues, gattungs- und medienüberschreitendes Poesie-Konzept nachgedacht wurde.

Da die französische Avantgarde der zwanziger und dreißiger Jahre, ob im Umfeld des Surrealismus oder, wie Jean Cocteau, auf eigenständigem ästhetischen Terrain, im Zuge einer proklamierten Einheit von Kunst und Leben auch die Barrieren zwischen Einzelgattungen, -künsten und -medien niederzureißen sich vorgenommen hatte, legte sie den Grundstein zu einem völlig neuen Poesieverständnis, das sich statt über die Sprache primär über Bilder und Bewegungsreflexe definierte: Poesie war nach dieser Auffassung nicht mehr als eine Frage des ›Materials‹ oder ›Mediums‹ und konnte ebenso auf einem Streifen Zelluloid wie auf dem Blatt Papier entstehen. Dieser breite Poesiebegriff kann als Anstoß für die im Laufe des 20. Jahrhunderts nachfolgenden poetologischen Deklarationen gelten, schien er doch, sich auf die Poesie-Würdigkeit aller Medien berufend, direkt mit der multimedial durchdrungenen Lebenswirklichkeit der Autoren zu korrespondieren.

2.2.2 Kino und Film in der amerikanischen Lyrik nach 1945

Eine auffällige Konstante der Filmbegeisterung der französischen Dichter noch zu Anfang der zwanziger Jahre ist, daß sie nahezu einmütig für die ihrer Ansicht nach wirklich ›filmischen‹ amerikanischen Streifen eintreten, während sie gleichzeitig die ihnen zu ›literarischen‹ Produktionen des französischen Marktes als ›unfilmisch‹ oder ›zu theatralisch‹ ablehnen – die oben zitierte Ansicht Reverdys steht für viele seiner Avantgarde-Kollegen. Die Montagesequenzen in den Streifen von D. W. Griffith weisen einen technischen Standard der Verarbeitung zeitlicher und räumlicher Kausalitäten, simultaner Vorgänge, Routine in der Handhabung der Kamera, von Schwenks und Schnitten auf, die sich bei europäischen Regisseuren erst allmählich durch die Fortschritte deutscher (Lang, Murnau), französischer (Feuillade, Gance) und russischer Filmemacher (Eisenstein) abzuzeichnen beginnen. Obwohl Griffith sich bei seinen Montagesequenzen selbst auf literarische Vorbilder des 19. Jahrhunderts (Dickens, Flaubert, Dostojewski) berief, sahen die Avantgarden in ihm denjenigen, der den Film von literarisch oder bühnenhaft erzählten Fabeln (Einteilung der Stummfilmhandlung in Akte oder Kapitel mit Zwischentiteln) befreite und dem Medium durch die virtuose Gestaltung seiner Schnittfolgen – die keiner verbalen Erklärung mehr bedurften, sondern den kausalen Zusammenhang nur durch Bilder herstellten – zu einer eigenen Sprache verhalf.

Siegfried Kracauer versuchte in seinem 1938, kurz vor seiner Flucht in die Vereinigten Staaten geschriebenen Aufsatz »Americana« die augenscheinliche Affinität der Amerikaner zum Film sozialhistorisch zu begründen. Die Naivität und Ungezwungenheit, die er ihnen beim Umgang mit der – wie sie selbst – geschichtlich geradezu jungfräulichen technischen Erfindung attestiert, sind seitdem immer wieder als Argumente vorgebracht worden, wenn es darum ging, den Film als genuines künstlerisches Ausdrucksmittel der Amerikaner darzustellen:

> Ist [...] Bewegung ein Grundimpuls der Amerikaner, so erklärt sich schon hieraus zureichend ihre besondere Befähigung für den Film. [...] Hinzu kommt natürlich auch, daß die Amerikaner die Eigengesetzlichkeit des Films um so leichter entwickeln konnten, als diese ihnen nicht durch alte theatralische Traditionen verdeckt wurde. Sie sind unbefangen an den Film herangegangen und mit ihm zusammen ein Stück weitergewachsen.[84]

Dennoch scheint sich die lyrische Avantgarde Amerikas, denkt man an deren Exponenten Ezra Pound und T. S. Eliot, explizit auf Europa zu beziehen. Eine eigenständige, mit dem Einfluß des Films vergleichbare Ästhetik und Poetik beginnt sich erst später durchzusetzen. In Versen wie etwa denen aus »Hugh Selwyn Mauberley« betont Pound geradezu den anachronistischen Anspruch traditioneller Dichtung angesichts einer industrialisierten Gegenwart: »The ›age‹ demanded chiefly a mould in plaster, / Made with no loss of time, / A prose kinema, not, not assuredly, alabaster / Or the ›sculpture‹ of rhyme.«[85] Pounds und Eliots Orientierung an antiken und neuzeitlichen europäischen Vorbildern scheint deshalb einer echten ästhetischen Auseinandersetzung mit der eigenen Kultur im Wege zu stehen. Tatsächlich aber sind die Schreibweisen beider Lyriker Ausdruck ihrer Modernität, da sie – folgen wir der Auslegung Isers – ausgiebig von der Technik der Montage Gebrauch machen.[86]

---

84 Kracauer, Aufsätze 1932-1965, S. 309f.
85 Pound, Personae, S. 186.
86 Auch spielt der ›kinematische‹ oder ›Bewegungs‹-Aspekt in der Lyrik Pounds eine ernstzunehmende Rolle. Erinnert sei hier an das Gedicht »The Game of Chess« mit dem Untertitel »Theme for a Series of Pictures« aus der »Lustra«-Sammlung von 1915. Sowohl kubistische Simultankunst, Farb- und Figurenmontagen wie auch kinematographische Bilderfolgen scheinen Anteil an der Konzeption dieses Textes zu haben: »This board is alive with light; / these pieces are in living form, /

Pounds Imagismus leitet sich gar, ähnlich wie Reverdys Metaphern-begriff, aus der Spannung zwischen zwei distanten Bildbereichen ab – nur, daß in Pounds Definition der Akzent nicht so sehr auf der »création pure de l'esprit« des dichterischen Image liegt als vielmehr auf dem Vor-gang des »casting of images upon the visual imagination«.[87]

Sein bekannter Zweizeiler »In a Station of the Metro« (»The apparition of these faces in the crowd; / Petals on a black, wet bough«)[88] demon-striert dieses Verfahren. Der zweite Vers mit der Vorstellung der Blätter erweitert das Bild von den Gesichtern in einer anonymen Masse; er kann sowohl als Natur-Entsprechung[89] zur Großstadt-Situation wie auch als kontrastiver Schwenk zu einer offeneren Erfahrung hin verstanden wer-den: »So entfaltet das konstruierte Bild eine vielfältige Wirkung. Es befreit vom Blickzwang der Gewohnheiten, die die gegenständliche Realität ver-engen.«[90]

In Eliots »Waste Land« läßt, so Iser, die Prologzeile »A heap of broken images« die – gegenüber dem Durchgangsstadium des Imagismus weiter fortgeschrittene – Poetik des Autors durchscheinen. Mittels der Kom-bination verschiedenartigster Wirklichkeitsbilder wird der Eindruck hervorgerufen, daß die »Bildmontage [...] die Unabbildbarkeit des

---

Their moves break and reform the pattern: luminous green from the rooks [...] Whirl! Centripetal! [...] Clash, leaping of bands, straight strips of hard colour, / Blocked lights working in.« Pound, Personae, S. 124. Damit hätte er sich Experi-menten an der Grenze von Malerei und Film, wie sie zeitgleich Léopold Survage unternahm, bzw. derjenigen Richtung des Experimentalkinos, die – in Anleh-nung an die abstrakte Malerei – den »abstrakten« oder »absoluten« Film kreieren wollte (Eggeling, Richter, Ruttmann um 1920), poetisch angenähert.

87 Zit. nach Iser, Image und Montage, S. 369.

88 Pound, Personae, S. 111.

89 Die erste Fassung des Gedichts von 1913 (vgl. Pound, Personae, S. 251) scheint hingegen wegen des Doppelpunkts am Ende des ersten Verses statt des Semiko-lons die Beziehung beider Images zueinander noch genau festzulegen: Suggeriert der Doppelpunkt eine direkte Analogie der Bilder, gab Pound mit dem Semi-kolon der Unbestimmtheit der Relation zwischen Blätter-Bild und Gesichter-Erscheinung den Vorzug. Interessant ist, daß in der ersten Version durch die Ver-wendung größerer Leerräume zwischen einzelnen Wortgruppen und Wörtern gleichzeitig auch Atempausen und Sprechrhythmus vorgegeben sind und dadurch zugleich der stufenweise Vorgang des visuellen Abtastens der Oberflächen er-kennbar wird:
»The apparition   of these faces   in the crowd   : / Petals on a wet, black   bough   .«

90 Iser, Image und Montage, S. 366.

Wirklichen als Zeichen seiner unschätzbaren Fülle« biete.[91] Aber über diese mit der Filmtechnik vergleichbaren Bildersetzungen hinaus gibt es in den großstädtischen Anspielungen und Geschichtenfragmenten des Langgedichts auch Parallelen zu Inhalten und Motiven des Kinos. Trägt die in »The Fire-Sermon« mit (ironischer) Melancholie erzählte deprimierend banale Liebesgeschichte nicht auch Züge eines Kino-Melodrams?[92] Wäre – anders als das von Iser gesehen wird – die Figur des blinden Sehers Tiresias, die diese Erzählung wiedergibt, dann eine Metapher jenes an sich ›blinden‹ Projektors, der das mechanisch registrierte Geschehen, indem es durch ›ihn‹ hindurch abläuft, erst für alle sichtbar macht?[93] Und verbergen sich hinter den biblischen Anspielungen von der Ankunft der Könige in »Ash Wednesday« nicht ebenso Einflüsse des Monumentalkinos von der Art der »Ben Hur«-Streifen?

Weniger angewiesen auf Mutmaßungen bei der Suche nach Kinobezügen ist man bei jenen Lyrikern, die innerhalb der Vereinigten Staaten geblieben waren. Vachel Lindsay, der als mittelmäßiger Epigone die Heldinnen von Griffith-Filmen wie Undinen des romantischen Zeitalters besang, vertrat um 1917 die erstaunliche Auffassung, »the United States is a great movie … All American history past, present and to come, is a gigantic movie with a Pilgrim's Progress or hurdle race plot«.[94] Das unterstreicht die oben angeführte Beobachtung Kracauers von der ›Naivität‹ der Amerikaner gegenüber dem Film.

Diese kommt auch in einer Chaplin-Hommage Hart Cranes zum Ausdruck, die im Vergleich zu den europäischen Chaplin-Elogen auffallend traditionell gebaut zu sein scheint, jedoch en passant bereits das Beiläufige, Unscheinbare, Zufällige der ›ungestellten Realität‹ des Films wachzurufen weiß. Wenn »Chaplinesque« auch keine montageartigen Strukturen im Sinne Pounds oder Eliots aufweist, so ist es doch mehr als ein beliebiges Kinogedicht über einen Leinwandhelden. Zwar wird Cranes Schreibweise noch stark durch rhetorische Vorgaben statt durch die Ab-

---

91 Ebd. S. 391.
92 Bereits in »The love song of J. Alfred Prufrock« von 1917 schildert Eliot das Dilemma der stereotypen Konversation, deren Sprache vor tieferen Ansprüchen versagt; sie findet ihre Entsprechung im Bild der stereotypen Kinoszene: »It is impossible to say just what I mean! / But as if a magic lantern through the nerves in patterns on the screen: / Would it have been worthwhile / If one, settling a pillow or throwing off a shawl, / And turning toward the window, should say: / ›That's not it all, / That's not what I meant, at all.‹«
93 Zum ›Kinematismus‹ in der Lyrik Eliots im Zusammenhang mit der Tiresias-Figur vgl. McCabe, Cinematic Modernism, S. 38-46.
94 Goldstein, The American Poet at the Movies, S. 32.

sicht, Bilder gegeneinander zu setzen, bestimmt; auf der semantischen Ebene werden filmische Affinitäten jedoch erkannt und ausdrücklich genannt (»random consolations«, »fury of the street«, »what surprise!«, »fine collapses«, »moon […] make / A grail of laughter on an empty ash can«). Bei Crane verschmilzt damit die Evokation spezifisch filmischer Reize und alltagstypischer Zufallskonfigurationen mit der etablierten rhetorischen Diktion der angloamerikanischen romantizistisch-symbolistischen Tradition (Emily Dickinson, William Butler Yeats):

We make our meek adjustments
Contented with such random consolations
As the wind deposits
In slithered and too ample pockets.

For we can still love the world, who find
A famished kitten on the step, and know
Recesses for it from the fury of the street,
Or warm torn elbow coverts.

We will sidestep, and to the final smirk
Dally the doom of that inevitable thumb
That slowly chafes its puckered index toward us,
Facing the dull squint with what innocence
And what surprise!

And yet these fine collapses are not lies
More than the pirouettes of any pliant cane;
Our obsequies are, in a way, no enterprise.
We can evade you, and all else but the heart:
What blame to us if the heart lives on.

The game enforces smirks; but we have seen
The moon in lonely alleys make
A grail of laughter of an empty ash can,
And through all sound of gaiety and quest
Have heard a kitten in the wilderness.[95]

Bei Wallace Stevens, dessen Lyrik ansonsten dem Film ähnlich fernsteht wie in Frankreich die Lyrik Paul Valérys, kann der Held des 1923 im Band »Harmonium« veröffentlichten Langgedichts »The Comedian as the Letter C« mit aller Wahrscheinlichkeit als ein – ins Lyrische transzendiertes –

Alter ego Chaplins aufgefaßt werden. Stevens' Phantasiefigur Crispin –
»Illuminating, from a fancy gorged / By apparition, plain and common
things«[96] – führt, ähnlich dem Leinwandtramp Chaplins, eine ubiquitäre,
geographisch unbestimmbare Existenz: »Bordeaux to Yucatan, Havana
next, / And then to Carolina. Simple jaunt. / Crispin, merest minuscule
in the gales, / Dejected his manner to the turbulence.«[97] Doch wie bei
Crane, so schafft auch bei Stevens die stark metrische Diktion eine gewisse Distanz zu Prinzipien filmischen Fließens. Wiederum ist es das
Staunen über die Dinge, die der Film, oder die Gestalt Chaplins im Film,
aufzudecken hilft – Dinge, die vorher der Welt des Gedichts verborgen
geblieben waren. Das Vermögen des Films, das scheinbar Nebensächliche,
von zweckbestimmter Wahrnehmung Übersehene in den Blick zu rücken
– im Kino verkörpert durch die Omnipräsenz des Anti-Helden Chaplin –,
wird vom Lyriker anerkannt, wenngleich dieser sich seinen sublimen
Sprachgestus bewahrt. In einer dem Schwenk vergleichbaren Technik der
unabschließbaren Aufzählung des Ephemeren wird die Welt metonymisch aufgeblättert:

He inhaled the rancid rosin, burly smells
Of dampened lumber, emanations blown
From warehouse doors, the gustiness of ropes,
Decays of sacks, and all the arrant stinks
That helped him round his rude aesthetic out.
[…] He marked the marshy ground around the dock,
The crawling railroad spur, the rotten fence,
Curriculum for the marvellous sophomore.
It purified. It made him see how much
Of what he saw he never saw at all.[98]

Eigentlicher Anreger und Vorbild jener ab ca. 1950 veröffentlichenden
Generation avantgardistischer amerikanischer Lyriker war – neben der
weiblichen Trias Gertrude Stein, Marianne Moore[99] und Elizabeth Bi-
shop – William Carlos Williams. Bereits seine 1918 herausgegebenen Pro-
sa-Improvisationen »Kora in Hell« lassen stark den Einfluß französischer
Vorbilder, vor allem von Rimbauds »Illuminations« erkennen; die spezi-

96 Stevens, The Collected Poems, S. 46.
97 Ebd. S. 29.
98 Ebd. S. 36.
99 Zur Filmrezeption Steins und Moores vgl. McCabe, Cinematic Modernism,
    S. 56-92; 184-225.

fisch amerikanische Diktion (Ortsnamen, Slang, Prosodie) macht sie wiederum zu etwas Eigenem. Gemeinsam ist ihnen die ›filmische‹ Schreibweise, die abrupten, unvorhersehbaren Schwenks zu anderen Bild- und Bedeutungsebenen. Diese Richtung verfolgen auch die Gedichte im Band »Spring and All« von 1923, die für Perloff am meisten die »andere« europäische Tradition aufnehmen. Die darin praktizierte Poetik läßt sich durchaus – in der Verschmelzung verschiedenster Bildbereiche, filmtechnisch wäre der Begriff der Überblendung zu gebrauchen – mit derjenigen Reverdys vergleichen, wie z.B. »The Eyeglasses« zeigt, wo, bei aller kulturräumlichen Differenz zum französischen Zeitgenossen, Kino-Korrespondenzen genauso selbstverständlich wie subtil der poetischen Rede beigemischt sind: »in the most practical frame of / brown celluloid made to / represent tortoiseshell – // [...] All this is for eyeglasses // to discover.«[100]

Einer der wenigen expliziten Kinobezüge des Lyrikers findet sich im 1948 veröffentlichten zweiten Teil seines Langgedichts »Paterson«. Dort schiebt sich die Erinnerung an eine geschaute Szene des Fragment gebliebenen Eisenstein-Films »Que viva Mexico!« unvermittelt zwischen die Beobachtungen des lyrischen Voyeurs in einem sonntäglichen amerikanischen Park und bleibt so ein singulärer, nicht der Idee eines Ganzen zuzuordnender Bestandteil innerhalb des selber fragmentarischen Großwerks. In der Sequenz wird der Film auf zweierlei Weise ins Bewußtsein gerückt: Einmal durch die scheinbar objektive Nachzeichnung der Kameraaufnahme, einmal durch die subjektiven Reaktionen des Zuschauer-Ichs darauf – emotionale Äußerungen wie »Heavenly man!«, Assoziationen wie »Priapus!« –, die den Rhythmus der Strophen aufbrechen und damit vom eigentlichen Filmgeschehen, das diese wiedergeben wollen, abschweifen. Dabei zeigen die ersten vier, gleichmäßig zweizeiligen Strophen den von Eisenstein in Großaufnahme beim Trinken gefilmten Peon. Der Akribie der Kamera versucht die Sprache gerecht zu werden, indem sie sich dem Detail der über den Oberkörper verschütteten Weintropfen widmet (»dribbling // over his shirt-front«) – dort, wo diese auf die Hose treffen –, in der Mitte der Verszeile aber einen semantischen Schwenk zurück zum Ausdruck des Gesichts macht (»laughing, toothless?«). Im folgenden vierzeiligen Strophenblock, in dem der Unterkörper des Mannes in den Blick kommt (»the leg raised«), verschwimmen die Konturen auf der Leinwand, jene kurz angedeuteten Details in der Leistengegend des Peons, und machen den Anspielungen vorm ›inneren Auge‹ des Zuschauers Platz, in denen die Fabelwelt der griechischen Antike angerufen wird (»the satyr –«). Mit den sich der »Priapus!«-Einrük-

---

100 Williams, Selected Poems, S. 48f.

kung anschließenden beiden Zeilen wird eine Welt animalischer Leib-
lichkeit beschworen, von der man nicht mehr weiß, ob sie noch auf der
Leinwand (»goatherd/and goat«) oder lediglich im Bewußtsein des Zuschauers stattfindet. Die Szene dient Williams zur mythologischen
Reflexion – auch diese wird jedoch vom ersten Wort der nächsten Zeile,
»cleansed«, abrupt abgeschnitten. Der elliptische Charakter dieses zwei-
silbigen Verses spiegelt zugleich das willkürliche Ende von Williams'
Film-Erinnerung und das (ebenso willkürliche) Ende jenes unfertig gebliebenen Films wider. In den kommentarartig angefügten Schlußzeilen
dieser ›Zwischenblende‹ innerhalb des »Paterson«-Kontexts wird zudem
auf einen latenten Gegensatz zwischen der auf der Leinwand zum Vorschein gekommenen animalischen (Ur-)Natur des Menschen und den
zivilisatorischen Konventionen, denen das lyrische Ich inmitten seiner
amerikanischen Umwelt ausgesetzt ist, aufmerksam gemacht – die »ungestellte Realität« hat der sprachlichen Zensur zu weichen, wirkt aber im
Unterbewußtsein fort:

Remember

the peon in the lost
Eisenstein film drinking

from a wine-skin with the abandon
of a horse drinking

so that it slopped down his chin?
down his neck, dribbling

over his shirt-front and down
onto his pants – laughing, toothless?

Heavenly man!

– the leg raised, verisimilitude   .
even to the coarse contours of the leg, the
bovine touch! The leer, the cave of it,
the female of it facing the male, the satyr –
      (Priapus!)
with that lonely implication, goatherd
and goat, fertility, the attack, drunk,
cleansed   .

Rejected. Even the film

suppressed   :   but   .   persistent[101]

<hr/>

101 Ebd. S. 287f.

Williams' Liaison mit dem Kino sollte man allerdings nicht überbewerten.[102] Seine Gedichte sind viel stärker an visuellen Wahrnehmungsvorgängen, an optischer Unmittelbarkeit der sprachlich referierten Objekte orientiert als von direkten Interferenzen mit bestimmten Medien beeinflußt. Williams' Autobiographie zufolge dürfte für sein lyrisches Werk die Begegnung mit bildender Kunst und Fotografie seiner Zeitgenossen (Marcel Duchamp, Man Ray, Charles Demuth, Edward Steichen) bedeutsamer als der Film gewesen sein.[103] Bis hin zu seinem späten Gedichtband »Pictures of Breughel« ist die Affinität zur optischen Weltaneignung zu verfolgen; dort etwa an Titeln wie »Shadows« (»Shadows cast by the street light / under the stars [...] the little dog in the snapshot / keeps his shrewd eyes / pared«)[104] oder »View Color Photography on a Commercial Calendar«[105] nachweisbar. Viele seiner Gedichte wirken ›filmisch‹ infolge der kinematographisch gesteuerten Wahrnehmung, die sie reproduzieren – zeitlupenartig verlangsamt oder zeitrafferartig beschleunigt; ein Eindruck, den nicht zuletzt sein neuartiger, radikal mit metrischen Konventionen brechender Zeilenrhythmus erweckt, der den Atempausen, der ›rhythmischen Kinetik‹ des Sprechers angepaßt sein soll. So versteht Williams die Poesie als »words [...] being actual / having the form / of motion«, wie er sich in »The Wind increases« von 1930 ausdrückt.[106] Dieses im Band »Pictures of Breughel« mit dem Zyklus »Some Simple Measures in the American Idiom and the Variable Foot« quasi didaktisch

---

102 Man beachte auch, daß Film und Kino in Amerika sehr frühzeitig Zuträger eines neuen Wirtschaftszweiges, der Filmindustrie (Hollywood), geworden waren. Berührungen zwischen künstlerischer Avantgarde und der am Kommerz orientierten Filmindustrie gab es deshalb in Amerika schon während der zwanziger Jahre viel seltener als in Europa, wo um dieselbe Zeit ein Klima allgemeinen geistigen Aufbruchs die Zusammenarbeit zwischen Künstlern und Filmemachern eher begünstigte. – Darüber hinaus ist die Hinwendung zum sowjetischen Filmemacher Eisenstein von Bedeutung, da dieser den ideologischen Gegenpol zu Amerika verkörpert.

103 In einem am 14.3.2004 mit Jonas Mekas in New York City geführten Interview berichtete mir dieser jedoch von einem Besuch bei Williams um 1960, bei dem ihm der Dichter von seinem großen Interesse am Film und der (nicht realisierten) Idee zu einem Dokumentarfilm über seine Heimatstadt Paterson – der er das gleichnamige zyklische Langgedicht widmete – erzählt habe. Zur Rezeption von Filmen aus dem Umfeld des Surrealismus bei Williams vgl. McCabe, Cinematic Modernism, S. 93-132.

104 Williams, Pictures of Breughel, S. 150.

105 Ebd. S. 127.

106 Williams, Collected Poems I, S. 339.

eingeübte flexible Metrum reflektiert scheinbar mühelos eine genuin amerikanische Natur mit Hilfe der Hervorbringungen einer genuin amerikanischen Kultur, so in »IV: The Blue Jay« einen Blauhäher durch die Filmkamera: »It crouched / just before the take-off // caught / in the cinematograph – // in motion / of the wind wings // just get to spread a / flash a // blue curse / a memory of you // my friend / shrieked at me.«[107]

Im Beharren auf der visuellen Konkretheit der Anschauung und der Revolutionierung des Metrums durch die ›Bevorzugung‹ des »Variable Foot« liegen Williams' Errungenschaften, die ihn für die jüngere Generation zum Vorbild machten. In diesen Schreibweisen besaßen die neuen, bereits durch das Kino sozialisierten Lyriker dann eine Grundlage für ihre eigenen lyrischen Auseinandersetzungen mit dem Filmmedium. Die für diese Analyse herangezogenen Lyriker entstammen ursprünglich den beiden wohl wichtigsten Zusammenschlüssen amerikanischer Dichter nach dem Zweiten Weltkrieg, den – mehr durch jeweils gemeinsamen geographischen Standort als durch gemeinsame Poetologien ausgewiesenen – Gruppen des »Black Mountain College« um Charles Olson und der um die New Yorker Kunstszene herum entstandenen »New York school of poets« mit Frank O'Hara im Mittelpunkt.

Charles Olson, der Rektor des Black Mountain College, entwickelte dort seine Therie des *Projective Verse*, die von Williams stürmisch als Legitimation seiner eigenen poetischen Praxis begrüßt wurde. Olson spricht von den »*kinetics* of the thing«, die der Lyriker im Gedicht wiedergeben müsse; der Text, der so entstehe, habe eine »Field Composition«, d.h. die Projektionsfläche der wechselnden Wahrnehmungen des Lyrikers' zu sein:

ONE PERCEPTION MUST IMMEDIATELY AND DIRECTLY LEAD TO A FURTHER PERCEPTION. It means exactly what it says, is a matter of, at *all* points [...] get on with it, keep moving, keep in speed, the nerves, their speed, the perception, theirs, the acts, the split second acts, the whole business, keep it moving as fast as you can [...] always one perception must must must MOVE, INSTANTER, ON ANOTHER![108]

Im sprachlichen Rhythmus, in der Anordnung der Zeilen, in der Klarheit und Unmittelbarkeit der Diktion habe sich die dichterische Aneignung der Außenwelt zu vollziehen. Im Wechsel dessen, was wahrgenommen

---

107 Vgl. Williams, Pictures of Breughel, S. 47-52.
108 Olson, Selected Writings, S. 16f.

wird, würde sich dann ein Phänomen ähnlich dem Kracauerschen »Fluß des Lebens« manifestieren. So unverstellt wie möglich habe der Lyriker die Bewegung der Außenwelt in seinem Bewußtsein auf dem Papier nachzuzeichnen – mit dem »typewriter as the personal and instantaneous recorder of the poet's work«.[109] Analog zur Aufzeichnungsweise der Kamera soll auch der Dichter die »ungestellte Realität« wiedergeben:

> The objects which occur at every given moment of composition (of recognition, we can call it) are, can be, must be treated exactly as they do occur therein and not by any ideas or preconceptions from outside the poem, must be handled as a series of objects in field in such a way that a series of tensions (which they also are) are made to *hold*, and to hold exactly inside the content and the context of the poem which has force itself, through the poet and them, into being.[110]

Der »projektive Vers« ist Olsons Ansicht nach eine Möglichkeit, die abendländische Dichotomie von Subjekt/Objekt zu unterlaufen und so ein Wissen über die Realität zu erlangen, das über die persönlichen Intentionen beim Schreiben eines Gedichts hinausgeht. Die »Feldkomposition« des »projektiven Vers« würde vielmehr die Kenntnis von Dingen und Zusammenhängen zutage fördern, die so weder intendiert noch sichtbar gewesen seien. Damit nähert sich Olsons Dichtungstheorie der Auffassung Kracauers in der Filmtheorie, daß die Kamera Dinge vor Augen führt, die uns ohne ihre Apparatur entgehen würden. Das Vermögen dieser neuen Art von Lyrik, die Dinge für sich selbst sprechen zu lassen, nennt Olson »Objectism«. Als »human nature« bezeichnet Olson die Fähigkeit, Laute zu formen, lautmalerisch mit Worten umzugehen (»sound«), seinen Atem (»breath«) beim Sprechen als Rhythmus zu ›projizieren‹. Genau dieses Potential habe der Dichter beim Verfertigen von Lyrik auszunutzen; im Ensemble der lyrischen Ausdrucksmittel komme speziell dem Bild die Rolle eines »Vektors« zu (»Image […] is vector«).[111] Dies legt nahe, daß so etwas wie ›Aussage‹, ›Intention‹, ›Bedeutung‹ überhaupt nur durch die Evokation von Bildern im Gedicht zustande kommen könne.

Zwei mit dem »Black Mountain College« verbundene Lyriker, die an Olsons Theorie anknüpften und dabei zu jeweils eigenständigen Resultaten in ihrer Dichtung kamen, sind Robert Creeley und Edward Dorn. An sie sei hier wegen der Rolle, die Film und Kino in ihrer Lyrik einnehmen, erinnert.

109 Ebd. S. 23.
110 Ebd. S. 20.
111 Ebd. S. 29.

»One / by one / the form // comes. One / thing follows / another. One // and one, / and one. Make / a picture // for the world / to be. It / will be.«[112] Diese Sequenz Robert Creeleys aus dem längeren Gedicht »Enough« verdeutlicht sehr gut seine lyrische Verfahrensweise, dem Wort als abstrakter Entität im Mund des Sprechers zu konkreter Lebendigkeit zu verhelfen: Innerhalb der durch die Verse abgesteckten Atempausen, des verzögerten, sich gegen das Enjambement sträubenden Rhythmus, wachsen dem einzelnen Wort neue, spontane Bedeutungsnuancen zu, die in ständigem Wandel begriffen sind. Auf diese Weise versucht Creeley Olsons Anspruch eines flexiblen, »projective verse« einzulösen. »Enough« schildert in sprachlicher Sparsamkeit den Ablauf künstlerischer Montage: »One / thing follows / another [...] for the world / to be«. Indem Creeley – den eine Freundschaft mit dem Experimental- und Avantgardefilmer Stan Brakhage verband, welcher ihn auch auf Zelluloid porträtierte[113] – den Sprechrhythmus seiner Gedichte jeweils durch die nach Länge oder Kürze des Atems angelegten Verszeilen graphisch zu pointieren versucht, hat er die *Anwesenheit von Bewegung* zum immanenten Formprinzip seiner Lyrik gemacht.

Die spontane Repräsentation der (sichtbaren) Welt im Akt der Bewegung bzw. des Bewegtseins sieht er als die dem Film ureigenste Domäne an, wie er in dem Essay »Three Films« von 1978 unterstreicht: »Walking down streets daily, have you noticed that what's there is somehow true enough, i.e., it really seems there to be before anything else?«[114] Von der Bewegung im Sinne eines rhythmischen Gefüges leben für Creeley sowohl das Gedicht, als auch der Film (der Essay bezieht sich besonders auf die Experimentalfilme Stan Brakhages): »you'll be seeing a specific rhythm of visual activity which is itself an obviously definite informa-

---

112 Creeley, The Finger, S. 30.
113 Vgl. Brakhages Film von 1965 »Two: Creeley / McClure« sowie Brakhages Essays »Poetry and Film« bzw. »Gertrude Stein. meditative literature and film« in Brakhage, Essential Brakhage, S. 174-191; 194-202. Im fünfminütigen 16mm-Streifen »Two: Creeley / McClure« versuchte Brakhage 1965, das Charakteristische der beiden porträtierten Poeten durch die Anwendung spezifisch filmischer Mittel auszudrücken – so verharrt die Kamera bei Creeley auf ruhigen, jedoch extrem fragmentarischen Detailaufnahmen und überrascht durch den Wechsel zwischen Positiv- und Negativbildern, während beim Porträt McClures flackernde, hektisch springende Images den filmischen Rhythmus bestimmen. – Zum Kinoimpuls in der Lyrik des kalifornischen Beat-Poeten Michael McClure vgl. dessen Zyklus »The Sermons of Jean Harlow & The Curses of Billy the Kid« in McClure, Huge Dreams, S. 149-160.
114 Creeley, Collected Essays, S. 409.

tion. Much as in the case of poetry, these rhythms and the pace thus defined will have a very significant role. [...] Again you might consider how visual instances of rhyming [als eine Konkretisation des Rhythmus im Gedicht – J. R.] are used here.«[115]

In einem späteren Gedicht, »Bresson's Movies«, verbindet Creeley den formalen Aspekt rhythmischer Bewegung mit der Thematik eines Kinogedichts. Aus der Erinnerungsperspektive wird die emotionale Wirkung von Szenen zweier Streifen des französischen Regisseurs[116] auf das Ich geschildert: Der sein Mädchen vermissende »young, / embittered Frenchman« auf einer Yacht an der Seine wird nach der Anspielung auf eine andere Szene eines anderen Films zum »aging Lancelot / with his armor standing / in a woods [...] trying to get back to / the castle«. Die Wahrheit, die es in diesen Filmen entdeckt, bezieht das Ich auf das Leben als solches: »It / moved me, that / life was after all / like that. You are // in love. You stand / in the woods, with / a horse, bleeding. / The story is true.«[117] Filmische Wahrheit und phänomenologische Lebenswahrheit des Ichs koinzidieren in dem alltagssprachlichen Satz: »It / *moved* me«, Bewegung wird als Zusammenspiel poetischer, vitaler und kinematographischer Prinzipien erkennbar. Schon im amerikanischen Wort für Kinofilm, movie, ist dieser Zusammenhang angelegt.

Im selben, erst 1983 erschienenen Band *Mirrors* – bereits der Titel hebt hier die optisch-visuellen Koordinaten von Creeleys Lyrik hervor – findet sich »The Movie Run Backward«. Der zitierte Vorgang des Zurückspulens eines Films führt, in die wörtliche Bedeutungsebene des Gedichtes übertragen, zu alogischen Resultaten. Da »run« die Perfektform (past participle) des Verbs »to run« ist, zugleich aber als Nomen Teil des Kompositums »the movie run« (›der Film[ab-/durch-]lauf‹) sein kann, herrscht Unklarheit darüber, ob damit auf einen bestimmten Film angespielt wird, den man (»you«) einmal rückwärts laufen sah oder ob das Rückwärtslaufen des Films hier ein Bild für die Funktionsweise des Gedächtnisses ist, jener mémoire involontaire, die plötzlich (»one day«) die Worte Toter wieder wie gegenwärtig (»birds returning«) ablaufen läßt. Im Essay »Three Films« hebt er entsprechend die im Wort »image« angelegte Bedeutungsspanne vom ›inneren‹ (imaginierten) zum ›äußeren‹ (sichtbaren) Bild hervor: »What's called image [...] means for us a most significant information, whether we consider it as an *interior* condition, that

115 Ebd. S. 412.
116 Zum Kino Bressons vgl. Susan Sontags Aufsatz »Spiritual Style in the Films of Robert Bresson« in Sontag, A Susan Sontag Reader, S. 121-136.
117 Creeley, Selected Poems, S. 279f.

is, the *image* in the word *imagination,* or else the outside, those *images* we will momently see.«[118] Mit dieser linguistischen Bezugnahme hätte Creeley zugleich jenes Vermögen des filmischen Mediums umschrieben, das schon in der fotografischen Abbildung angelegt war (vgl. Kracauer 1990): vergangene, nur noch imaginierbare Situationen ins aktuelle Präsens herüberzuholen und sie wieder, als geschähen sie im Hier und Jetzt, vor den Augen des Betrachters ablaufen zu lassen. Der Film vermag längst vergangene Situationen während der Leinwandprojektion sichtbar zu machen, als wären sie Vergegenwärtigungen der mémoire involontaire. »Die Bilder des in seine Elemente aufgelösten Naturbestands [der Vergangenheit] sind dem Bewußtsein zur freien Verfügung überantwortet. [...] Sie umzutreiben ist eine der Möglichkeiten des Films«.[119]

Creeleys »The Movie Run Backward« ist ein Filmgedicht, das den raumzeitliche Diskontinuität stiftenden Aspekt des visuellen Mediums konsequent in Sprache nachzubilden sucht. Während der Film wegen der Unbestimmtheit seiner Bilder Verwirrung hervorrufen mag, ist es im Gedicht die Ambiguität der Wörter ohne exakte Referenzebene, die Ratlosigkeit entstehen läßt – die Ratlosigkeit desjenigen, den mit einem Mal der unwillkürliche, fragmentarische Bilderstrom seiner Erinnerung heimsucht. Die letzte Strophe unterstreicht die Passivität des Betrachters gegenüber den Vorgängen in seinem inneren Auge, die sich ganz seiner Steuerung und Kontrolle entziehen. Die Aktivität des Filmzurückspulens wird damit zum ›Bewußtseinsfilm‹ umkodiert, der in einem Schockmoment – etwa einer Todesahnung – zeitrafferartig rückwärts zu laufen beginnt:

The words will one day come
back to you, birds returning,
the movie run backward.

Nothing so strange in its talk,
just words. The people
who wrote them are the dead ones.

This here paper talks like anything
but is only one thing,
»birds returning«.

You can »run the movie
backward« but »the movie run
backward«. The movie run backward.[120]

118 Creeley, Collected Essays, S. 411.
119 Kracauer, Die Photographie, S. 97.
120 Creeley, Selected Poems, S. 278.

Creeley ist mehr als nur ein kongenialer Fortsetzer von Williams'
lyrischer Praxis des »Variable Foot« und der Devise »No Ideas but in
Things«. In seinen Gedichten schafft die Illusion von Bewegung ein unbestimmbares, ständig in Fluß befindliches Raster von Images, auf die
sprachlich referiert wird, ohne daß ihre Bedeutung damit ›festgestellt‹
würde. Das Zustandekommen von Realität wird als prinzipiell genauso
unabschließbarer wie unabgeschlossener Wahrnehmungsvorgang begriffen, mit welchem die filmische Wirklichkeitsrepräsentation korrespondiert. So ist es nur natürlich, wenn Creeley beispielsweise seinem Band
»Echoes« als Motto ein Coleridge-Zitat voranstellt, in dem die lyrische
Wahrnehmung als »only that film, which fluttered on the grate« apostrophiert wird. Es ist weiterhin folgerichtig, wenn darin ein Gedicht wie
»Shadows« das Flimmern der Bilder eines projizierten Zelluloidstreifens
assoziierbar macht: »There is a shadow / to intention a place / it comes
through and / is itself each stasis / of its mindedness ex- / plicit walled
into / semblance it is a / seemingly living place / it wants it fades it / comes
and goes it puts / a yellow flower in a pot / in a circle and looks.«[121]

Einen ganz anderen Bezug zum Filmmedium suchte Edward Dorn mit
seinem Langgedicht »Gunslinger«, das er in vier Büchern zwischen 1968
und 1972, gesammelt 1975 herausgab. Das Poem entpuppt sich als film-
skriptartiger Versuch einer Parodie moderner amerikanischer Mythen von
der Besiedlung des Westens bis hin zu den Prophetien des Raumfahrt-
zeitalters. Sprachliche Register, die benutzt werden, und Bildbereiche,
auf die referiert wird, entstammen sämtlich einer genuin amerikanischen
Tradition literarisch-filmischer Genres vom Western über den Science-
fiction-Roman bis hin zum Comicstrip; hinzu kommen u.a. Verweise
auf die amerikanische Populär- und Gegenkultur der sechziger Jahre
(psychedelische Drogen), verfremdende Anspielungen auf griechische
Philosophie (»Secretary to Parmenides«) oder poetische Traditionslinien
(Shakespeare). Das Gedicht erzählt die bizarre Geschichte des »Gunslinger«, eines Revolverhelden, in der jedes gewohnte narrative Kontinuum
von Raum und Zeit außer Kraft gesetzt ist, in der Diskontinuitäten, Ab-
schweifungen, Paradoxien den Gang einer möglichen rekonstruierbaren
Handlung unmöglich machen.
    Die Montagen, Schnitte, Brüche erinnern sowohl an die verschieden-
ste Orte und Zeiten assoziierende Clustertechnik Ezra Pounds in den
»Cantos« als auch an das surreale, traumlogische Szenario an Buñuel
anknüpfender Avantgarde- und Experimentalfilme jener Zeit. Mit der

---

121 Creeley, Echos, S. 7.

Unbestimmtheit seiner Kontexte läßt sich »Gunslinger« in die von Perloff beschriebene Tradition der »Poetics of Indeterminacy« einreihen. Für unsere Arbeit ist Dorns lyrisches Szenario wichtig, weil es exemplarisch zeigt, wie die Gedichte US-amerikanischer Autoren sich das Kino und den Film als Träger spezifisch amerikanischer Mythen angeeignet haben: Der Film ist dasjenige Medium, in dem sich am stärksten die Populärkultur der Vereinigten Staaten ausdrückt; Anspielungen auf Filme können dort in etwa die Funktion übernehmen, die in Europa Anspielungen auf literarische Werke besaßen; Filmzitate in Gedichten sind somit auch ein Hinweis auf kulturelle Zugehörigkeit. Eine Stelle des »Gunslinger« zeigt dies überdeutlich: Dort wird die Phantasie eines »Literate Projector« ausgemalt, der es ermöglichen soll, die bewegten Bilder eines Films so einzulesen, daß sie als Manuskript auf der Leinwand erscheinen würden. Diese Idee findet ihre Entsprechung in der Darstellung eines bräunlich gebleichten Streifens auf dem Cover der Buchausgabe, der den Buchstaben »g« ergibt und als Teil einer durch den Projektor laufenden Rolle Zelluloid gedeutet werden kann. Dorns »Literate Projector« kann in jedem Fall als eine der faszinierendsten Konkretisationen der Filmmetapher in der amerikanischen Lyrik gelten:

Everybody's *got* to see this!

Is all the world a cinema then?

Name this thing.

Well, there's a *Literate Projector*,
which, when a 35mm strip is put thru it
turns it into a Script
Instantaneously!
and projects that – the finished script
onto the white virgin screen
and they're gonna run it
in Universe City tonight
Fantasía, in other images
this machine makes it possible
for people who can't make films
to produce scripts[122]

Selten waren Kinobezüge jedoch ein so konstantes Element innerhalb eines lyrischen Gesamtwerks wie in den Gedichten des Animateurs der

---

122 Dorns, Gunslinger, o.S.

New Yorker Kunst- und Avantgardewelt der fünfziger und frühen sechziger Jahre, Frank O'Hara.[123] Analog zum Begriff der um Jackson Pollock, Willem de Kooning, Larry Rivers[124] u.a. gruppierten »New York School« der Maler des sogenannten »abstrakten Expressionismus« wurden auch die mit diesen Malern assoziierten Dichter als »New York school of poets« zusammengefaßt, obwohl sie mehr eine enge persönliche Freundschaft denn ein einheitliches programmatisches Konzept miteinander verband.[125]

Goldstein widmet ein ganzes Kapitel seiner Arbeit dem Kino-Sujet im Œuvre Frank O'Haras, dessen Relevanz er unter Bezug auf O'Haras wohl entschiedenstes Kinogedicht »To the Film Industry in Crisis« erläutert: »Though much has been written about the affinities of O'Hara's poems with Jackson Pollock's improvisatory paintings, the more significant connection between his poems [...] and the animated arts may well be the ›iconoclasms‹ of Valentino, the Marx Brothers, and Mae West«.[126]

Der Autor bezieht sich dabei auf O'Haras hymnische Verteidigung des Kinos gegen neu aufgekommene Massenmedien im oben genannten Gedicht. »To the Film Industry in Crisis« entstand Mitte der fünfziger Jahre, als das TV die Zahl der Kinobesucher drastisch schrumpfen ließ. O'Haras lyrisches Subjekt versteht die »Film Industry« als unveräußerlichen Teil der eigenen amerikanischen Biographie; amerikanische Sozialgeschichte im 20. Jahrhundert ist, wie das Gedicht demonstriert, nicht ohne die Kenntnis seiner Kinogeschichte zu begreifen. »To the Film Industry« gerät deshalb v.a. auch zum Porträt der filmischen Sozialisation von O'Haras gesamter Generation, zum elegischen Abgesang auf all die weiblichen und männlichen Leinwandstars, die die (zum großen Teil noch schwarzweißen) Melodramen, Komödien, Krimis, Tanzfilme ihrer Kindheit und Jugend bevölkerten. Damit ist sein Gedicht eines der frühen Beispiele einer literarisch aufbereiteten Lebensgeschichte, in der das Ich

123 Vgl. Perloff, Poet among painters: »Aside from literary models, O'Hara's poetry also incorporates specific film techniques, phonetic and rhythmic devises modeled on the music of John Cage and Erik Satie, and such concepts of Action Painting as ›push and pull‹, the ›all-over‹, and the notion of the canvas [man beachte die Polysemantik von *Leinwand!* – J. R.] as a field which the artist enters. The result of assimilating such varied influences is the creation of a new kind of lyric poem.«

124 Vgl. Koriath, Larry Rivers' Bildende Kunst in Beziehung zur Dichtung Frank O'Haras.

125 Vgl. Watkin, In the Process of Poetry.

126 Goldstein, The American Poet at the Movies, S. 162.

zur Projektionsfläche massenmedial ins Bewußtsein einströmender Bilder mutiert:

> Glorious Silverscreen, tragic Technicolor, amorous Cinemascope,
> stretching Vistavision and startling Stereophonic Sound, with all
> your heavenly dimensions and reverberations and iconoclasms! To
> [...] Ginger Rogers with her pageboy bob like a sausage
> on her shuffling shoulders, peach-melba-voiced Fred Astaire of the feet,
> Eric von Stroheim, the seducer of mountain climbers' gasping spouses.
> The Tarzans, each and every one of you (I cannot bring myself to prefer
> Johnny Weissmuller to Lex Barker, I cannot!), Mae West in a furry sled,
> her bordello radiance and bland remarks, Rudolph Valentino of the moon,
> its crushing passions, and moonlike, too, the gentle Norma Shearer,
> and crying into the dappled sea, Clark Gable rescuing Gene Tierney
> from Russia and Ala Jones rescuing Kitty Carlisle from Harpo Marx,
> [...] Marilyn Monroe in her little spike heels reeling through Niagara falls,
> Joseph Cotton puzzling and Orson Welles puzzled and Dolores del Rio
> [...] and Jean Harlow reclining and wiggling, and Alice Faye reclining
> and wiggling and singing, Myrna Loy being calm and wise, William
> Powell
> in his stunning urbanity, Elizabeth Taylor blossoming, yes, to you[127]

Lebens- und Zeitgeschichte wird hier in der Tat, wie es Vachel Lindsay 1917 prophezeit hatte, als »a great movie« dargeboten, und folgerichtig schließt O'Hara seine Aufzählung mit der ekstatischen Apostrophe: »It is a divine precedent / you perpetuate! Roll on, reels of celluloid, as the great earth rolls on!«

O'Haras Kinogedicht markiert einen qualitativen Schnitt gegenüber den europäischen Kinogedichten der zwanziger Jahre: Hier artikuliert sich eine Generation, die Kino nicht mehr als faszinierendes neuartiges Kuriosum, als Herausforderung an die alten Künste und Literaturen begreift, sondern die bereits vollständig mit ihm aufgewachsen, seiner Bildersprache und ikonographischen Codierungen mächtig ist. »To the Film Industry« ist der trotz aller Exaltiertheit weder sarkastisch noch mystifizierend gemeinte Auftakt zu einer Reihe von Gedichten verschiedener Autoren – zu denen auch John Ashbery zu zählen ist –, die amerikanische Kulturgeschichte der Mitte des 20. Jahrhunderts als Kinogeschichte zu begreifen und zu beschreiben: »Mothers of America / let your kids go to the movies!«[128] Für O'Hara bilden Kinofilme im Prozeß

---

127 O'Hara, Selected Poems, S. 100.
128 Ebd. S. 179.

der Sozialisation des Subjekts ein unverzichtbares ikonographisches Reservoir; sie sind für ihn Teil der »Memory of my feelings« – so einer der Gedichttitel – und gehören zu seinen dauernden Inspirationsquellen, was Titel wie »For James Dean« oder »A Poem in envy of Cavalcanti« belegen; häufiger noch sind plötzliche, unvermittelte Kinoanspielungen und Filmbezüge in den langen elegisch-parlandohaften Passagen vieler seiner Gedichte zu finden: »Where a bare-legged boy stares into the future [...] / foreseeing his epic triumph in the style of Cecil B. De Mille«.[129] Oder: »I went to my first movie / and the hero got his legs / cut off by a steam engine / in a freightyard, in my second // Karen Morley got shot / in the back by an arrow / I think she was an heiress / it came through her bathroom door // there was nobody there / there was never anybody / there at any time / in sweet-smelling summer.«[130]

Beispiele dieser Art entnehmen dem Kino eine Fülle neuer Metaphern, Posen von Filmhelden werden auf die innere Gefühlslage des Ichs projiziert, Bilder von Filmszenen dienen als tertium comparationis von Situationen des eigenen Alltags. So ist O'Haras späteres langes Gedicht »Biotherm« als Versuch zu lesen, die Totalität und Vielschichtigkeit der Außenwelt in einer Collage surreal verfremdeter Filmerinnerungen, Filmanspielungen und Filmzitate abzubilden. Alltagssituationen, in die das »Ich« verwickelt ist, werden rückbezogen auf vergleichbare Szenen in erinnerten Streifen, das Verhalten des »Ichs« oder anderer wird verglichen mit dem Verhaltensmuster von Filmstars. Ähnlich intensiv und impulsiv wie Frank O'Hara wird sich erst wieder Rolf Dieter Brinkmann des Fundus der Filmgeschichte für sein metaphorisches Inventar bedienen.

Über den inhaltlichen Filmbezügen O'Haras dürfen jedoch nicht die strukturellen Analogien vergessen werden, die seine Gedichte zum Medium Film aufweisen. Es ist eine Poetik plötzlicher Schwenks, die aus der zwanglosen Montage aufgeschnappter Zitate, Beobachtungen und Gedanken des Ichs entsteht, während es, wie z.B. im Gedicht »Second Avenue«, durch die Straßen New Yorks flaniert. Als Vorbilder dafür fungieren Apollinaires »poèmes-conversations« und Reverdys Poetik der Zusammenführung auseinanderliegender Bildbereiche. Zu diesen literarischen Einflüssen kommt zusätzlich eine in häufigen Kinobesuchen geschulte kinematographische Wahrnehmung, die, wie Koriath feststellt, »alle Einzelheiten [...] schnappschußartig, somit auch zum Teil fragmentarisch oder durch Bewegung verzerrt, undeutlich aufgenommen« wiedergibt:

129 Ebd. S. 144.
130 Ebd. S. 125.

Statt der narrativen Struktur bevorzugt O'Hara die nahtlose Aneinanderreihung zahlreicher Wahrnehmungen jeweils kurzer Momente. Sein Prinzip lautet: »Keep photographing the instant« […]. Aufgrund ihrer zeilenübergreifenden Anordnung und häufig ambivalent beziehbaren Wörter ergeben sich Überblendungen einzelner »glimpses«, die filmtechnische Qualitäten annehmen. O'Hara vergleicht […] die Entstehung eines Gedichts mit Filmaufnahmen.[131]

Anders als Dziga Wertows »Mann mit der Kamera« ist der flanierende Poet jedoch auf seine persönliche Anschauung, den Augen-Blick angewiesen, welchen er später auf dem Papier mit der individuellen Imagination des Subjekts verknüpft. Ein Gedicht wie »A step away from them« besitzt zwar durchaus »filmtechnische Qualitäten« im Vorhaben, die ›ungestellte Realität‹ einzufangen, zugleich wird aber auch versucht, das Ich innerhalb dieser Realität zu situieren – was übrigens Wertow im Film durch schnappschußartige Schwenks auf seinen filmenden Kameramann genauso unternahm: »It's my lunch hour, so I go / for a walk among the hum-colored / cabs. […] The sun is hot, but the / cabs stir up the air. I look / at bargains and wristwatches. There / are cats playing in sawdust.«[132]

So, wie die dokumentarische Kamera Zusammenhänge aus dem »Fluß des Lebens« greifen würde, konstituiert sich O'Haras Gedicht aus scheinbar zufälligen Assoziationen, die das Ich auf seinem Weg durch die Stadt begleiten. Das Gedicht setzt sich aus genau jenen Bildern und Eindrücken aus dem unendlichen Angebot von Bildern der Außenwelt zusammen, die ihm der »Zufall« in den Weg legt: »The effect of all these devices is to create an aura of intense animation«.[133] Dabei überblendet ein Joyce-scher »stream of consciousness« – die Innenperspektive des Ichs – die kaleidoskopartig fluoreszierende Künstlichkeit der äußeren Wirklichkeit: »Neon in daylight is a / great pleasure, as Edwin Denby [ein älterer New Yorker Dichter aus O'Haras Freundeskreis – J. R.] would / write, as are light bulbs in daylight. / I stop for a cheeseburger at JULIET'S / CORNER. Giulietta Masina, wife of / Federico Fellini, è bell' attrice.«[134]

Dabei ist O'Hara weit davon entfernt, den literarischen Horizont seiner Lyrik zu verleugnen. Allerdings sind Kino und kinematographische Wahrnehmung unerläßliche Determinanten seines Selbstverständnisses

---

131 Koriath, Larry Rivers' Bildende Kunst in Beziehung zur Dichtung Frank O'Haras, S. 47.
132 O'Hara, Selected Poems, S. 110f.
133 Perloff, Poet among Painters, S. 124.
134 O'Hara, Selected Poems, S. 111.

als Dichter innerhalb der amerikanischen Gegenwart. Aus diesem Grund macht er auf jene ›andere‹ poetische Tradition aufmerksam, durch welche Kino-Topik und -wahrnehmung bereits vorbereitet wurden.[135] Auf seine Verbindung zu einer solchen der Oberfläche verhafteten Poetik anspielend, heißt es am Schluß desselben Gedichts daher auch: »And one has eaten and one walks, / past the magazines with nudes / and the posters for BULLFIGHT and / the Manhattan Storage Warehouse, [...] A glass of papaya juice / and back to work. My heart is in my / pocket, it is Poems by Pierre Reverdy.«

O'Haras Anspielungen auf befreundete oder verehrte Künstler, Dichter, Schauspieler, Regisseure usw. geben ihre Herkunft aus dem interagierenden Beziehungsgeflecht der New Yorker Kunstwelt zu erkennen: Sie entstammen einer Avantgarde, die die Anregungen des Pariser Surrealismus aufgenommen hatte und sich nicht mehr auf ein einzelnes Medium beschränkte, einem Klima, das die Zusammenarbeit zwischen Künstlern verschiedener medialer Orientierung begünstigte.[136] In der Lyrik selbst äußert sich diese Intermedialität zunächst in thematischen und strukturellen Anleihen beim Film. Eine Äußerung des jüngeren amerikanischen Lyrikers Peter Gizzi versucht die Gründe für die lyrische Präsenz des Films auf die innovative Verwendung von Verweis- und Zitiertechniken im künstlerisch-intellektuell ambitionierten Kino der Nachkriegszeit zurückzuführen:

> La vénération de O'Hara pour le cinéma fait particulière sens si l'on réfère à [...] les pratiques novatrices chez Godard, à savoir les faux accords, l'emploi du son direct et la mise en forme des interviews, les références à d'autres films, les emprunts libres à la culture pop, les digressions essayistes. Cet inventaire retentit comme une bonne description de l'usage par des poètes aussi divers qu'O'Hara, Ashbery, Brathwaite, Spicer, Reznikoff, Marianne Moore, Crane et Williams de la parataxe, de l'onomatopoée, du reportage ethnographique, de la dis-

135 Im 1959 verfaßten »Manifesto« »Personism« umreißt O'Hara seine Sicht auf die amerikanische Dichtungstradition und die Beziehung zum Kino ganz lapidar: »I like the movies too. And after all, only Whitman and Crane and Williams, of the American poets, are better than the movies.« O'Hara, Selected Poems, S. xiii.

136 In einem am 5. März 1965, wenige Wochen vor seinem Unfalltod gemachten Filmporträt ist O'Hara zu sehen, wie er sich mit dem Filmemacher Al Leslie (der gemeinsam mit Robert Frank an der Realisation des Beatnik-Streifens »Pull My Daisy« gearbeitet hatte) über ein gemeinsames Filmprojekt »Philosophy in the Bedroom« unterhält, das jedoch unausgeführt bleiben mußte.

jonction narrative, de l'intertextualité et de la pop et le tout dans un seul poème.[137]

Die gegenseitige Durchdringung der Künste im Resonanzraum der New Yorker Avantgarde der fünfziger und sechziger Jahre führt darüber hinaus schließlich zur Ausweitung von ursprünglich der Lyrik vorbehaltenen Domänen, etwa wenn Jonas Mekas, der Initiator der New Yorker »Film Makers' Cooperative« und selbst in seiner litauischen Muttersprache publizierender Lyriker, vom Experimentalfilm als dem »Film Poem« spricht: Gemeint ist eine vom kommerziellen Filmmarkt unabhängige Filmkultur, die sich im Amerika der damaligen Zeit, nicht zuletzt unter dem Einfluß im Land gebliebener europäischer Emigranten wie Hans Richter und Oskar Fischinger oder aus Europa zurückgekehrter Auslandsamerikaner wie Man Ray zu entwickeln begann. Filmkritiker der Weimarer Zeit, wie Rudolf Arnheim und Siegfried Kracauer, die nun dauerhaft in Amerika residierten, bereicherten die Perspektive auf den Film als eigenständiges Medium der Kunst um ihre dort publizierten Ansichten – so machte Arnheim auf die experimentellen Streifen Maya Derens aufmerksam, die zu den ersten Versuchen in Amerika in Richtung »Film als Kunst« gehörten.

Susan Sontag schrieb 1964 in ihrem Essay »Against Interpretation« über die Attraktivität des Mediums Film für die künstlerische und poetische Avantgarde New Yorks, daß es »gegenwärtig die lebendigste, erregendste und bedeutendste aller Kunstgattungen« sei. Diese Tatsache wäre »auf den glücklichen Umstand zurückzuführen, daß der Film so lange Zeit nichts als Kintopp war, mit anderen Worten, daß er als ein Teil der Massenkultur im Gegensatz zur hohen Kultur verstanden wurde«.[138] Das Kino als hinsichtlich seines kulturellen Niveaus niedrig eingestufte Attraktion inspirierte also nicht nur an Rimbauds »Délires« geschulte Dichter vom Schlage O'Haras zu neuen Gedichten. Vielmehr eröffnete es Künstlern allgemein die Möglichkeit, unabhängig vom Schriftmedium und unbelastet von historischen Vorgaben und Traditionen ihre poetischen Intentionen umzusetzen: Filme nicht-narrativen Inhalts, die auch nicht zum Genre der Reportage gerechnet werden können, hatte es vorher fast ausschließlich im Umkreis der Berliner (Richter, Ruttmann, Eggeling) und der Pariser Avantgarde (Légers »Ballet mécanique«, Man Rays »Etoile de mer«, Buñuels »Un chien andalou« und »L'age d'or«, Jean Vigos »A propos de Nice«) gegeben.

---

137 In Giraud, Poésie et cinéma américain – Parallèles et circulations, S. 7.
138 Sontag, Geist als Leidenschaft, S. 13.

Doch auch am handlungsorientierten Film begann man zunehmend andere, ›poetische‹ Qualitäten wahrzunehmen. Unter den Kinoproduktionen der damaligen Zeit sind es vor allem die Spielfilme aus dem Umfeld der französischen »Nouvelle Vague«, die unter dem ästhetisch ambitionierten amerikanischen Publikum Beachtung finden. Godards kreativer Umgang mit dem starren Erzählschema des Hollywood-B-Movies und Film noir konnte als Impuls für eigene lyrische Strategien angesehen werden.

Wichtig ist, sich die Atmosphäre ausgesprochen multimedialer Kooperationen in der Kunstszene New Yorks zu vergegenwärtigen, um das Umfeld in den Blick zu bekommen, in dem Gedichte wie die O'Haras entstehen können. Eine sich in den sechziger Jahren etablierende Institution wie Andy Warhols »Factory« ist symptomatisch für diese Tendenz: Dort entstanden unter dem Titel »Screen Test« 1964-66 die Aufnahmen von Persönlichkeiten der New Yorker Kunstwelt, von Dalí über Dylan bis Ashbery; ein Vorhaben, das dann von Warhol und Gerard Malanga im Buchformat mit Filmstills und daneben abgedrucktem Gedicht Malangas – auf einer Art Pergamentpapier, so daß beim Umblättern Text und Fotografie sich gegenseitig überdeckten – dokumentiert wurde.[139]

Dennoch sollten grenzüberschreitende Experimente nicht darüber hinwegtäuschen, daß die künstlerischen Ausdrucksweisen, sei es als Film, als Lyrik, Fotografie, bildende Kunst, Musik weiterhin ihre Eigengesetzlichkeiten bewahren, die sich aus der Natur des zugrundeliegenden Mediums ergeben – ob auf Papier (statisch) festgehaltene Schrift, ob auf fortlaufendem Zelluloid fixierte Bilder.[140] So ist – sieht man von den körperzen-

---

139 Malanga ist künstlerisch als Fotograf und Lyriker tätig. 1972 veröffentlichte er den Gedichtband »Poetry on film«.

140 In einem am 12.3.2004 in New York geführten Interview legte mir Larry Fagin, Lyriker und Herausgeber der sogenannten »Second Generation« (nach O'Hara und Ashbery) der »New York School« um Ted Berrigan, Ron Padgett, Anne Waldman u.a. – von Rolf Dieter Brinkmann in Deutschland in den »Acid«- und »Silverscreen«-Anthologien vorgestellt – seine Auffassung von der Analogie Film – Lyrik ans Herz. Für ihn ist sie sowohl durch die Technik des Aufnehmens und Schneidens (»shots and cuts«) gegeben als auch durch den Rhythmus (»buzz«, »kind of pulse«), durch den Lyriker wie Filmemacher ihr Material verknüpfen: »The closest connection to poetry is film. Because you're editing, you're cutting. There's two things in film: Shots and cuts. The same thing's in poetry: Shots and cuts. That's it. When you're cutting, two things come together – one line and another line – … You know you couldn't get it [macht eine Geste des Zusammenschweißens] … well, you need a buzz between them, you need some kind of pulse between them, and that's [for] both film and poetry.«

trierten, auf physische Präsenz ausgerichteten Kunstformen wie Theater, Tanz, Happening einmal ab – das Prinzip der Bewegung in der Kunst technisch eigentlich nur beim Film anzutreffen, findet aber sein gesellschaftliches Pendant in der ›Bewegung‹, im Sinne allgegenwärtiger Beschleunigung als hervorstechendem Merkmal der Moderne. Amerikanische Identität wiederum definiert sich, in Selbstzuschreibungen, ebenfalls über die Bewegung im Sinne einer Mobilität oder räumlichen Ungebundenheit. Die Bevorzugung des Films als künstlerischen Leitmediums scheint so ihr gesellschaftliches Korrelat im Identitäts- und Lebensgefühl zu haben, das sich über ›Bewegung‹ definiert.

Die bereits bei Nietzsche angelegte Idee des Filmischen, hier konkretisiert zum alltagsästhetischen *Prinzip beweglicher Bilder*, darf als unverzichtbarer Teil der amerikanischen Kultur verstanden werden; ihm kann man sowohl in der US-amerikanischen Alltags- und Warenästhethik wie in den Manifestationen transatlantischer Avantgarde-Kunst begegnen. Auch die US-amerikanische Lyrik der Gegenwart konstituiert sich innerhalb dieses Horizonts einer gesellschaftstypischen Beweglichkeit und Oberflächendominanz.

2.2.3 Film- und Kinobezüge in der deutschsprachigen Lyrik

»Ist es möglich«, fragt sich der in seinem Pariser Quartier verzweifelnde Protagonist von Rilkes »Aufzeichnungen des Malte Laurids Brigge«, »daß man noch nichts Wirkliches und Wichtiges gesehen, erkannt und gesagt hat? [...] Ist es möglich, daß man [...] an der Oberfläche des Lebens geblieben ist?«[141] Doch selbst diese »Oberfläche, die doch immerhin etwas gewesen wäre«, habe man bloß »mit einem unglaublich langweiligen Stoff überzogen«.[142] Über die Tatsache hinaus, daß Rilke mit dieser und ähnlichen Passagen der »Aufzeichnungen« seine bis dahin entstandene Lyrik einer radikalen Selbstkritik unterwirft, zeigt sich daran sein Ungenügen an aller damals üblichen ästhetischen, sowohl künstlerischen als auch lyrischen Praxis. Rilke macht sich mit dieser Äußerung zum Sprachrohr einer ästhetischen Neuorientierung in der deutschsprachigen Lyrik, die um die Jahrhundertwende außer von ihm vor allem von George und Hofmannsthal propagiert wurde.

War es bei George das Insistieren auf dem Kunstcharakter des Gedichts, die von Baudelaire und vehement von Mallarmé aufgegriffene Auseinandersetzung mit dem Gedicht als poetischem Selbstzweck, die

---

141 Rilke, Sämtliche Werke 6. Band, S. 726f.
142 Ebd.

immanente Thematisierung des Gedichts als Medium ästhetischer Aussage, so kommt bei Hofmannsthal ein reges Interesse an der Dingwelt, bedeutungstragenden Phänomen der Außenwelt hinzu, die in die Bilderwelt seiner Gedichte eingehen. Hofmannsthal, der dem Kino recht unbefangen, wenn auch technisch unbewandert gegenüberstand, macht auf diese ästhetische Ausrichtung seiner Lyrik am Prinzip der »Oberfläche« selbst aufmerksam, wenn er einem seiner Terzinengedichte den sinnfälligen Titel »Ballade des äußeren Lebens« gibt: »Und Straßen laufen durch das Gras, und Orte / Sind da und dort, voll Fackeln, Bäumen, Teichen, / Und drohende, und totenhaft verdorrte«,[143] lautet die vierte Strophe, die den Versuch darstellt, optische Verzerrungen, die etwa durch entsprechende Ausleuchtung und Objektivwahl beim Film oder schon bei prä-kinematographischen Panoramen hervorgerufen werden können, in der Sprache des Gedichts wiederzugeben. Daß gerade der Wechsel der Bilder (»Orte / Sind da und dort«) eine Motivkette im Topos der Vergänglichkeit bildet, zeigt, wie eng Hofmannsthal das alte Thema mit der Beschleunigung als kulturellem Signum der Moderne verknüpft. Mit dem Konstatieren der Simultanität verschiedenster Wahrnehmungen, wie es der Siebzehnjährige 1891 in der Besprechung einer »Physiologie der modernen Liebe« tut, bereitet er den Grund für eine gegenüber Oberflächenreizen zugeneigt, tendenziell offene Poetik vor:

> Man denkt manchmal über allerlei Tiefstes, aber während es einem durch die Seele zuckt, steht man ganz ruhig vor der Affiche eines café chantant oder sieht zu, wie eine hübsche Frau dem Wagen entsteigt, große Gedanken, die eigentlichen Lebensgedanken der »oberen Seele« stimmen die »untere« *nicht* weihevoll, und wir können ganz gut einer abgebrochenen Gedankenreihe Nietzsches nachspüren und zugleich einen blöden crevé um sein englisches smoking beneiden.[144]

Auch der in Hofmannsthals Lyrik wiederkehrende romantisch-symbolistische Topos des Traums findet für ihn im Kino seine moderne Entsprechung. Er sieht – positiv – im Film einen massenkulturell wirksamen »Ersatz für die Träume«, wie er in der gleichnamigen Betrachtung von 1921 notiert. »Träume« im Sinne poetisch aufgeladener Bewußtseinszustände werden in seinen Augen durch das Kino wegen dessen optischer Fokussierung auf scheinbar nebensächliche, bedeutungsschwache Vorgänge des Alltags begünstigt. Dabei entgeht ihm ebensowenig die Fähigkeit des Films, aus der eigenen Medialität heraus Traumwelten, »künst-

---

143 Hofmannsthal, Gedichte, S. 23.
144 Hofmannsthal, Reden und Aufsätze I, S. 98.

liche Paradiese« zu schaffen. Sowohl die poetische Aufladung des unmittelbaren Alltags als auch die Kreation artifizieller Landschaften werten für Hofmannsthal das Kino gegenüber der Literatur als Ort schier unbegrenzter Möglichkeiten auf, über die aktuelle Lebenswirklichkeit hinausweisende »Traum«-Konstellationen zu erschaffen:

> Eine dunkle Ecke, ein Anhauch der Luft, das Gesicht eines Tiers, das Schlürfen eines fremden Schritts genügte, um ihre fortwährende Gegenwart fühlbar zu machen [...] der dunkle Raum hinter der Kellerstiege, ein altes Faß im Hof, halbvoll mit Regenwasser, eine Kiste mit Gerümpel [...], die Tür zu einem Magazin, die Bodentür, die Tür zur Nachbarswohnung, durch die jemand hindurchkam, vor dem man sich ängstlich vorbeiduckte, oder ein schönes Wesen [...] – und nun ist es wieder eine Kiste mit zauberhaftem Gerümpel, die sich auftut: das Kino. Da liegt alles offen da [...] da gehen alle Türen auf, in die Stuben der Reichen, in das Zimmer des jungen Mädchens, in die Halls der Hotels; in die Schlupfwinkel des Diebes, in die Werkstatt des Alchimisten. [...] auf dem Film aber fliegt indessen in zerrissenen Fetzen eine ganze Literatur vorbei, nein, ein ganzes Wirrsal von Literaturen [...]. Sie leben und leiden, ringen und vergehen vor den Augen des Träumenden; und der Träumende weiß, daß er wach ist [...] mit allem, was in ihm ist, starrt er auf dieses flimmernde Lebensrad, das sich ewig dreht.[145]

Eine ähnliche Hinwendung zur optisch wahrnehmbaren äußeren Wirklichkeit wie bei Hofmannsthal ist auch Rilkes Gedichten, zumindest nach der Zeit seiner Paris-Aufenthalte, zu entnehmen. Begriffe wie »Dinggedicht« oder »Impressionismus« vermögen den ästhetischen Wandel, an dem etwa »Der Panther« oder »Das Karussell« teilhaben, deshalb nur ungenau zu reflektieren.[146] Wendet man versuchsweise einmal Begriffe der

---

145 Ebd. S. 143f.
146 Rilke, Sämtliche Werke 1. Band, S. 505, 530. Der im Ensemble der Lyrik seiner Zeit innovative Charakter von Rilkes Dingverständnis vor allem in den »Neuen Gedichten« von 1907 wird jedoch in zwei Aufsätzen W. G. Müllers facettenreich untersucht: Indem er nachweist, daß es Rilke »nicht um Dinge als solche, sondern um die Repräsentation der Wahrnehmung von Dingen« geht (Müller, »Neue Gedichte/Der Neuen Gedichte anderer Teil«, S. 298), macht er auf die Nähe dieser Lyrik zur phänomenologischen Philosophie Husserls aufmerksam; gleichzeitig allerdings betont er Rilkes »dynamisches Dingverständnis« (ebd. S. 304), das sich nicht in philosophischen Kategorien erschöpft, sondern poetische »Bewegungsstudien« betreibt, »die metaphorisch verdichtet sind und meist auch

filmischen Ästhetik auf den »Panther« an, so fallen die optischen Brechungen, die dieser Text bietet, auf: Spräche man von »Parallelmontage« – dem Einstellungswechsel zwischen simultanen, räumlich getrennten Handlungen –, dann böte die erste Strophe den »vom Vorübergehn der Stäbe« erschlafften »Blick« des Panthers auf seine Umzäunung an, die in dessen Imagination zwar »tausend Stäbe« reproduziert, jedoch »keine Welt« dahinter erkennen läßt. Die zweite Strophe zeigt das Tier aus der Perspektive der Betrachter, wie es »sich im allerkleinsten Kreise dreht«. Der »Vorhang der Pupille« im ersten Vers der dritten Strophe läßt offen, ob es sich dabei um die Pupille des Panthers oder des Betrachters handelt – wir ›sehen‹ die Großaufnahme eines Auges, das »sich lautlos auf[schiebt]«. Hier, in der Mitte des zweiten Verses, ist ein Schnitt, angedeutet durch den Gedankenstrich nach »auf«, und »ein Bild [geht] hinein«, das, im 3. Vers, den Blick freigibt auf »der Glieder angespannte Stille«. Der Ausdruck »Glieder« suggeriert, daß nunmehr die Außenperspektive auf die Reglosigkeit des in seinem Gang verharrenden Panthers gemeint ist, während die ›Überblendung‹ mit dem »Herzen«, wo das Bild aufhört »zu sein«, Betrachter und Panther miteinander verschmelzen läßt. Durch das *Bild*, das in die Pupille »hinein«geht, wird ein Zusammenhang geschaffen, der über die Szene im Jardin des Plantes hinausführt.

Hingegen leitet das Motiv von Bewegung als kinetische Aktion in »Das Karussell« zur Problematik des Filmischen über: »Und das geht hin und eilt sich, daß es endet, / und kreist und dreht sich nur und hat kein Ziel. / Ein Rot, ein Grün, ein Grau vorbeigesendet, / ein kleines kaum begonnenes Profil –.« Aus der polysyndetischen Reihung der dynamischen Bilder, die das am Anfang jeder neuen, quasi-›szenischen‹ Beobachtung wiederkehrende »Und« ausdrückt, entsteht ein sprachlicher Rhythmus, der »dieses atemlose blinde Spiel« konsequent wiedergibt, während die asyndetischen Aufzählungen (»Ein Rot, ein Grün, ein Grau«) den rasanten Wechsel der Eindrücke verdeutlichen, den auch »dann und wann ein weißer Elefant« nicht zu einem harmonischen, in ruhiger Anschauung wahrnehmbaren Ganzen mehr ordnen kann.

Mit Rilke und Hofmannsthal sei jedoch nur auf jene ästhetische Neuorientierung am Paradigma der »Oberfläche« verwiesen, die als eine der

epiphanische Momente aufweisen« (ebd. S. 306). In diesem Bemühen lassen sich Rilkes Dinggedichte mit dem von Pounds Imagismus kommenden Dingverständnis eines William Carlos Williams vergleichen: Beider Gedichte wollen nicht die »objektive Wirklichkeit [...] kopieren, sondern die Gegenstände im Prozeß der individuellen Wahrnehmung [...] konstituieren und in poetische Strukturen um[...]setzen.« (Müller, Rilke, Husserl und die Ding-Lyrik der Moderne, S. 232).

Voraussetzungen des literarischen Expressionismus gelten darf.[147] Im Umfeld der Expressionisten finden sich auch um 1910 die ersten expliziten Bezugnahmen auf den »Kinematographen« oder das »Kintopp«. Wie in Frankreich oder Amerika konnte das Kino als Stimulans gelten, das – da weder in der Hochkultur noch der literarischen Tradition beheimatet – den Bruch mit als überholt empfundenen ästhetischen Idealen nachzuvollziehen half.

Alfred Döblins Reaktion auf den »Vergnügungsautomaten« vermag sehr gut den Reiz zu schildern, den dieses Medium auf die gesamte Expressionistengeneration ausübte. Was er schreibt, unterstreicht die individualitätsnivellierende Macht des »Theater[s] der kleinen Leute« und erinnert an den Reverdy-Vers »Mille cœurs pareils mis à nu«, sieht Döblin doch im Kino zugleich eine Konkretisation des Phänomens Großstadt: »Drin in dem stockdunklen, niedrigen Raum glänzt ein mannshohes Leinwandviereck über ein Monstrum von Publikum, über eine Masse, welche dieses weiße Auge mit seinem stieren Blick zusammenbannt.«[148] Sowohl die großstädtische Atmosphäre gegenseitiger Fremdheit als auch die Vorstellung einer gleichförmigen Masse von Menschen findet der Dichter-Zuschauer im Kino wieder. Dementsprechend bleiben die Themen und Motive auf der Leinwand, wie Walter Hasenclever 1913 in dem Artikel »Der Kintopp als Erzieher« betont, »etwas Amerikanisches, Geniales, Kitschiges. Das ist seine Volkstümlichkeit; so ist er gut«.[149] Das versöhnende Pathos, mit dem ein Großteil der expressionistischen Dichter den Zusammenhalt innerhalb einer entfremdeten Menschheit wiederherzustellen wünscht, ist für Hasenclever auch im Kino gegenwärtig. Für ihn »schöpft der Kintopp aus gleichem Wesen wie die Lyrik: denn er [sic] *verkündigt* etwas; er wird zu einer Attraktion, einem Zustand. Durch

---

147 Nicht vergessen werden soll der Beitrag der naturalistischen Lyrik zu dieser neuartigen Konkretheit, mit ihrer unverstellten Thematisierung v.a. großstädtischer Sachverhalte und bisher in der Lyrik tabuisierter, zwielichtiger Rand- und Schattengebiete menschlicher Erfahrung wie triebhaftes Verhalten, Kriminalität, Prostitution, Verelendung. Auch Frank Wedekind mit seiner Vorliebe für ›niedere‹ artistische Spektakel wie Varieté usw. ist in diesem Zusammenhang zu nennen. Formal einzigartig steht Arno Holz' »Phantasus« in der Lyriklandschaft seiner Zeit. In seiner Einführung dazu von 1922 gibt er zu bedenken, daß beim Vortrag der Text des Langgedichts im Hintergrund »wie eine Bilderserie im Kinema abrollen« solle (Holz, Phantasus, S. 26).

148 Zit. nach Schweinitz, Prolog vor dem Kino, S. 154.

149 Zit. nach Schweinitz, Prolog vor dem Kino, S. 221.

Aktivität beginnt der Kintopp, zum Lebensgefühl erhebt er sich, mit Sentimentalität hört er auf.«[150]

Bereits in seinem zwischen 1906 und 1909 entstandenen Roman »Bebuquin«, der den grotesk-bizarren Sprachgestus, die antikausale, sprung- und schnitthafte Narration expressionistischer Texte – ob in Prosa oder Lyrik – zuerst kultivierte, schildert Carl Einstein in einer satirischen Szene den kulturellen Einfluß des Kinos. Erstaunlich sind die mediengeschichtlichen Überlegungen, die diese Beschreibung motivieren – bei Einstein kreiert die mediale Präsenz des Kinos bereits eine neue, virtuelle Öffentlichkeit. Bewegung (in Form des Autos), Oberflächenwelt (als kaschierte Reklame), Künstlichkeit der modernen Wirklichkeit (durch die erst vom Medium sichtbar gemachte defilierende Schauspielerin) verschmelzen hier unter dem Signum des »Kinema«, aus dem Einsteins avantgardistische Imagination eine fiktive Kreation ähnlich dem von Blaise Cendrars in »New York in Flashlight« erdachten Projektor macht:

> Durch die regengepeitschte Nacht fuhr in einem Auto die Schauspielerin Fredegonde Perlenblick. Sie hörte außerdem auf den Namen Mah bei jüngeren Liebhabern, Lou, wenn sie dämonisch war, und Bea, wenn sie eine Familie zu ersetzen suchte. Sie fuhr mit zwei erschrecklich blendenden Scheinwerfern, die im glitschrigen Asphalt, in dessen Regenwasser die Schatten der letzten Trotteurs gaukelten, weiße Lichtgruben aufrissen. Ihre Autohupe hatte entschieden dramatische Kraft. Der Chauffeur hielt einen tragischen Rezitationsstil inne, die Hupe hatte das dramatische R. *Auf dem Dache des Coupées war ein Kintopp angebracht*, der den verschlafenen Bürgern zeigte, wie die Schauspielerin Fredegonde Perlenblick sich auszog, badete und zu Bett ging. Ehe es dunkel wurde, erschien über dem Bett kalligraphisch »Endlich allein?« Unter der Bilderreihe des rasenden Kinema stand zum Beispiel »Ich trage den Strumpfhalter ›Ideal‹« oder sonst irgend eine wertvolle Empfehlung.[151]

Als erste eigentliche Kino-Gedichte der Expressionisten sind die Texte der vom Münchner Verleger F. S. Bachmair 1913/14 herausgegebenen Sammlung »Der selige Kintopp« dokumentiert worden – weit weniger bekannt als das erfolgreiche Prosa-Pendant aus dem Jahr 1913, das von Kurt Pinthus herausgegebene »Kinobuch«, zu dem auch ausgesprochene Lyriker wie Else Lasker-Schüler, Albert Ehrenstein, Ludwig Rubiner, Paul Zech oder Heinrich Lautensack Leinwandszenarien (»Kinodramen«,

---

150 Ebd.
151 Einstein, Bebuquin, S. 25f. (Meine Hervorhebung – J. R.).

»Stücke«) beisteuerten. Die Kleinauflage war mit der Widmung »Asta Nielsen zu eigen« versehen, jener Stummfilmaktrice, die »als erster populärer Medienstar, dem dies in Deutschland gelang, zu einer Ikone der Avantgarde« aufgestiegen war und selbst in Franz Pfemferts »Aktion« besprochen wurde.[152] Damit kann diese Verehrung eines »Superstars« – ein Phänomen, welches zeitgleich mit dem Kino aufgekommen zu sein scheint – als deutsches Pendant zur Begeisterung für die »Nick Carter«- und »Fantômas«-Serien bei den französischen Literaten um Apollinaire gelten.[153] »Der selige Kintopp« enthält Beiträge von J. R. Becher,[154]

152 Vgl. Schweinitz, »Der selige Kintopp«, S. 82.

153 Zu den literarisch gelungensten Hymnen an die Stummfilmaktrice dürfen wir wohl einen dreiteiligen, teilweise in Sonettform verfaßten Zyklus »Asta Nielsen« von Walter Rheiner aus den Jahren 1912/13 zählen (Rheiner, Kokain, S. 55-58). Durch Verse wie »Deines Gesichtes bleiche Orchidee / geht in uns auf, wenn du dich kaum bewegst. / Ist über uns, wenn du die Lippen regst / und deine Augen öffnest. [...] // Taumelnde Seele, die sich groß verhaucht: // *In all dem Vielen, das du bist, lebt Eines*« gerät ihm die Schauspielerin zur Inkarnation einer mythischen, zeitlosen Weiblichkeit. – Den dreiteiligen, 1917 in Berlin verfaßten Terzinen-Zyklus »X« versah Rheiner mit der Widmung »An Asta Nielsen« (ebd. S. 124f.). Statt des verklärenden, noch an den Jugendstil erinnernden Tons der früheren Verse treffen wir hier eine Verzweiflung an, aus der deutlich der Expressionist Rheiner herauszuhören ist. Das düstere, chaotische Bild einer von den Kriegsereignissen geprägten Stadt weckt die Sehnsucht nach dem Gegenbild des Leinwandmythos; traumartig stellt sich ihre Gegenwart ein: »Da überblüht dein brausendes Gesicht / die Tose-Stadt! [...] ein Mond thronst du erhoben! / Um dich der Donner aller Nächte zischt! // Es flammt das schwarze Haar, ein Brand!, nach oben. / Die Stirne sich den finstren Wolken mischet [...] Du bist die Nacht, die hangt unendlich droben!!« (Ebd. S. 125)

154 Von J. R. Becher ist im Hinblick auf Anleihen beim Film das 1914 im Band »Verfall und Triumph« veröffentlichte dreiteilige, aus je drei Quartetten bestehende »Kino« bemerkenswert. In der Vorgehensweise des Verknüpfens von Ausschnitten nicht zusammenhängender oder nur vermutungsweise miteinander korrespondierender Geschehnisse erinnert es stark an den auch in van Hoddis' »Kinematograph« anzutreffenden »Simultanstil«, der auf der Textebene ein strukturelles Pendant zu den Schnitten und Szenenwechseln innerhalb der Filme sowie zur Buntheit der im frühen Kino gezeigten Wochenschau-Vorläufer zu liefern sucht. Gleichzeitig unterstreicht es, wie sehr nicht zuletzt unter dem Einfluß des Kinos die Motivik von in der Hochkultur als ›trivial‹ abgelehnten Kriminalgeschichten zum stehenden Inventar expressionistischer Lyrik gehört: »Ein Polizist im Vorstadtviertel strolcht. / Schon bröckelt aus der stählerne Kassenschrank. / Das Liebespaar schläft selig auf der Bank. / Ein Offizier ward in dem Park erdolcht.« (Becher, Ausgewählte Gedichte 1911-1918, S. 157).

Emmy Hennings, Karl Otten sowie, unter dem Pseudonym Sebastian Scharnagl, von Bachmair selbst.

Sein Titelsonett »Der selige Kintopp« steht paradigmatisch für den frühen Reiz des von der Hochkultur als »Schundprogramm« verdammten Mediums unter den Dichtern der deutschen Avantgarde. Bachmairs ironische Pejorativ-Apostrophierung des Kinos kann aber genauso als aus der Einsicht in die Potenzen dieses Mediums ausgesprochenes Urteil gelesen werden, nachdem das »Wir« des Sprechers den Widerspruch zwischen den Möglichkeiten des Kinos und dem tatsächlichen »Schundprogramm« entdeckt hat. Motivische Leitlinien machen den dargebotenen »Schund« sichtbar als das, was Hasenclever das ›Amerikanische‹ daran nannte (»wenn sich Rivalen mit Pistolen schießen«). Daß Bachmair für seine Eloge des populären Mediums die strenge Form des abendländischen Sonetts benutzt, kommt einem Affront gegen die deutsche lyrische Tradition gleich. Andererseits erinnert der Umstand, daß die – hier allerdings im Reimschema und dem Rhythmus extrem trivialisierte – Form des Sonetts zur Liebeserklärung an das Kino bzw. dessen Repräsentantin Asta Nielsen genutzt wird, noch immer an die Herkunft dieser Gattung aus dem Genre der Liebeslyrik bei Petrarca. Die Verquickung niederer und hoher sprachlicher Register, vom Kitsch (»heißen Tränen«) bis zum religiösen Pathos (»selige Kintopp«, »heiliger Betrug«), weist das Gedicht zudem als typisches Produkt deutscher expressionistischer Ästhetik aus. Es sagt noch fast nichts vom Wesen oder den Affinitäten des Films, von ›filmischer‹ Struktur kann daher keine Rede sein; es demonstriert jedoch die Wahrnehmungsveränderung beim Rezipienten im Augenblick des Kinobesuchs. Der Kintopp wird zu einem Ort, an dem ein lyrisches ›Ich‹ nichts mehr zu suchen hat, wo statt dessen die Stimme eines anonymen »Wir« zum Sprechen kommt.

Weitere Kino-Allusionen der Frühexpressionisten nicht nur in Sonettform nennt Güttingers Darstellung »Der Stummfilm im Zitat der Zeit«. Sie weist mit Recht darauf hin, wie sehr sich die dreißig 1913 in Kollaboration mit Friedrich Eisenlohr und Livingstone Hahn verfaßten »Kriminal-Sonette« Ludwig Rubiners an den frühen Krimis der französischen »Nick Carter«-Serie orientieren, ja die filmischen Kolportagen in ihrer Schockwirkung durch den Rückgriff auf die literarisch vorgeprägte strenge Sonettform noch übertreffen. Walter Hasenclever ist beizupflichten, wenn er bei diesen für die deutsche Literatur einzigartigen Kino-Texten durch die »Technik des Wortes und [...] Bildhaftigkeit des Geistes [...] die Möglichkeiten des Kintopps noch gesteigert« sieht.[155] Rubiners »Kri-

---

155 Zit. nach Güttinger, Der Stummfilm im Zitat der Zeit, S. 31.

minal-Sonette« stellen durch die der Sammlung voranstehende Orts- und Zeitangabe »Paris im Frühjahr 1913« von selbst schon die entscheidenden kinematographischen Bezüge her – war doch die Hauptstadt zugleich der Mutterschoß des neuen Mediums und beherbergte wie nirgendwo sonst in Europa ein geradezu überwältigendes Angebot an allerneuesten Lichtspielproduktionen, zu denen auch die von den Avantgarden besonders bevorzugten Pulver- und Pistolenserien von jenseits des Atlantik gehörten. Paris, nicht Berlin, war der Ort, an dem die »Nick Carter«- und »Fantômas«-Krimis vorgeführt und kolportiert wurden.

In sechs Teilen: »Kapital«, »Detektivisches«, »Menschlichkeit«, »Bluff«, »Politik«, »Liebe«, liefern die dreißig Sonette eine Apologie der durch Simultanität, grenzüberschreitende beschleunigte Fortbewegung, Waren- bzw. Oberflächenreize gekennzeichneten modernen Zivilisation. Das Menschenbild, welches den auf Schnelligkeit, Aktion, Sensation bedachten Gangsterserien unterschwellig zu eigen ist, vermag dabei den mit diesen medialen Veränderungen einsetzenden Werte- und Moralwandel zu dokumentieren. Noch radikaler, verstörender als in Bachmairs Sonett, das immerhin das Kino als personifizierte Weiblichkeit anpries, signalisiert bei Rubiner der Rückgriff auf die klassische italienische Form die Umkehrung aller bisher darin ausgedrückten Werte und Gefühlslagen: Seine Sonette übernehmen die Ethik der Gangsterserien, ohne diese moralisch zu verurteilen. Die »Menschlichkeit« ihrer Helden ist antibürgerlich, ihre »Liebe« skandalös, ihre »Politik« Spionage, ihr »Kapital« durch Diebstahl erworben, ihre Lebensdevise heißt »Bluff«. Damit sind die »Kriminal«-Sonette des mit Cendrars befreundeten Rubiner der expressionistische Gesellschaftsaffront par excellence. Das neue Filmmedium – nur an einer Stelle, in »Das Duell«, spielen die Dichter mit dem verbalen Neologismus »kinoskopt« direkt darauf an – wird von Rubiner schon als das angesehen, was später noch Brinkmann in ihm sehen soll: eine Vermittlungsinstanz neuer Bewußtseinsinhalte. »Die Pariser Robe« illustriert das neuartige Verhältnis von Oberfläche, Fortbewegung, Kommunikation, Kommerz und Trivialkultur, wenn von »Reklame-Oden« die Rede ist, die »schnell von Englands Boden / Ins neuerfundne Bildtelegraphon« über den Atlantik nach New York geschickt werden.[156]

Die spätere expressionistische Lyrik, wie etwa Ferdinand Hardekopfs Sonett »Die Première im Marmor-Kino«, demonstriert die thematische und formale Fortschreibung der »Kriminal-Sonette« im Kanon des Expressionismus. Bereits 1914 hatte Hardekopf sich in der »Aktion« im Gedicht »Cinéma« – die keineswegs zufällige französische Schreibung verweist

---

156 Rubiner et al., Kriminal-Sonette, S. 60.

wiederum auf die kinematographische Relaisstation Paris! – zu den Inspirationsquellen seiner Generation bekannt: »Wir haben nichts mehr, was wir einst besessen, / In Cinémas suchen wir Grauen zu fressen.«[157] Auf die ästhetische Dimension des Kinos verweist die zwischen Lyrik und Prosa changierende Skizze »Morgen-Arbeit«. Darin wird berichtet von einem »kinematographische[n] Traum«, in dem die Dimension der Tiefe durch die Oberfläche des neuen Mediums abgelöst ist:

> Bemerkenswerter Schlaf, in dem Films erglommen, ein mattgekrönter Zug freundlicher Erscheinungen.
> Niederländische Kinder auf der Landstraße, in Holzschuhen, Windmühlen ferne,
> diskret angeboten,
> alles in zwei Dimensionen.
>
> (Nur flächig sei hinfort geträumt,
> die Leinwand mildem Spuk gesäumt,
> des Raumes Alp hinweggeräumt!)[158]

Das wohl – zu Recht – am häufigsten zitierte lyrische Beispiel der expressionistischen Kinomanie stammt von Jakob van Hoddis. In seinem »Kinematograph« treffen moderne, disparate Lebenswirklichkeit, Kino-Erfahrung und die expressionistisch-moderne Ästhetik aufeinander. Die Verbindung heterogensten Sprach-und Bild-Materials, wie sie das Kino pflegt und wie sie schon in Rimbauds »Illuminations« zum Ausdruck kam, ist strukturelles Grundprinzip des Gedichts. Dieser »in der frühexpressionistischen Lyrik entwickelte Reihungsstil [...] zeigt von seiner formalen Struktur her auffallende Ähnlichkeit mit der Schnittechnik und Präsentationsform des frühen Stummfilms«.[159] Wie bei Bachmair ist bei van Hoddis ein lyrisches Ich nicht mehr anzutreffen, statt dessen spricht das »Wir« der uniformen Zuschauermenge; lediglich im ersten Vers der letzten Strophe, wo das Ausgeliefertsein an die auf die Leinwand projizierten Illusionen geschildert wird, kommt noch eine Äußerung individuellen Erschreckens vor (»mir ins Gesicht [...] entsetzlich!«). Auffallend ist die Passivität des Publikums im Gegensatz zu den auf der Leinwand gezeigten Aktivitäten (»Man zückt Revolver [...] Dann zeigt man uns [...] Wir schieben geil und gähnend«): Alles, was der »Kinematograph« vorführt, muß vom Zuschauer hingenommen werden. Somit re-

---

157 Zit. nach Güttinger, Der Stummfilm im Zitat der Zeit, S. 31f.
158 Die Aktion 5/1915, S. 649f. Auf diese Quelle wies mich Andreas Kramer hin.
159 Vietta, Expressionistische Literatur und Film, S. 296.

produziert der »diskontinuierliche Reihungsstil« nicht bloß »Darstellungs-
und Repräsentationsformen des Films [...] sondern spiegel[t] sie selbst
und ihre Wirkung aus einer kritischen, zum Teil ironischen Distanz«.[160]
Die von van Hoddis vorgenommene Plazierung des Gedichts am Ende
eines »Varieté« betitelten Zyklus unterstreicht den über das akzidentielle
Kino-Ereignis hinausreichenden Charakter des Texts. Die Reihung verschiedenster Sensationen, die Mischung kulturell hoch und niedrig be-
werteter oder geistig als unvereinbar eingestufter, geradezu blasphemisch
aufeinander gereimter Inhalte (»Tempel auch des Brahma, / [...] toben-
des Familiendrama«) sind ein Zerrbild des modernen Zustands und
besonders des großstädtischen, wie ihn die Expressionisten wegen der
Heterogenität seiner Sinnen-Reize empfanden. Die Entfremdung, die
eine von all der Aktion am Ende apathisierte Zuschauermenge im Kino
erfährt, verweist direkt auf die Entfremdung, die ihr draußen, in einer
nur mehr fragmentarisch erlebten, von filmischer Beschleunigung und
Diversität durchdrungenen Wirklichkeit widerfährt. Um so mehr darf
van Hoddis' »Kinematograph« als Filmgedicht bezeichnet werden, als es
sehr wohl den soziokulturellen Ort des Kinos mit seinen Inhalten und
Auswirkungen auf Individualität und Psyche des Zuschauers dokumentiert, wie es auch das filmische Erlebnis strukturell, durch die simultane
Aneinanderfügung logisch-rational nicht zusammengehöriger Elemente,
nachvollziehbar macht.

Direkt in Berührung mit dem Film – wenn auch nur vorübergehend[161] –
kamen jedoch nur zwei im Zusammenhang mit dem Expressionismus
genannte Dichter, die darüber hinaus für den Austausch mit der lyrischen Avantgarde Frankreichs von enormer Bedeutung sind: Claire und
Yvan Goll. Yvan Goll begrüßte das neue Medium »emphatischer als viele
seiner deutschen Zeitgenossen und vergleichbar vielleicht nur der französischen Avantgarde, mit der Goll [...] auch aktiv zusammenarbeitete.«[162]

---

160 Ebd.
161 »In den Jahren zwischen 1918 und 1924 hat sich Yvan Goll aktiv an der Kino-
     Debatte beteiligt«, heißt es bei Kramer, »Basis aller neuen Kunst ist das Kino«,
     S. 83, über »Yvan Goll und das Medium Film«, der die wichtigsten Eckpunkte
     von Golls filmästhetischer Beschäftigung zusammenfaßt. Als »Kino-Debatte«
     gingen die frühen Auseinandersetzungen (ca. 1909-1929) unter deutschen Intel-
     lektuellen um den Wert und das künstlerische Potential des Films in die Kultur-
     geschichte ein; dokumentiert u.a. in Kaes, Kino-Debatte, und Greve, »Hätte ich
     das Kino!«.
162 Kramer, »Basis aller neuen Kunst ist das Kino«, S. 83.

Wie wenige deutsche Literaten war Goll darum bemüht, seine Reflexionen über den Film auch für seine literarische Produktion, besonders die vom Expressionismus inspirierten Dramen und seine Lyrik, nutzbar zu machen. In »Paris Stern der Dichter«, einem Essay von 1922, in dem Goll dem deutschsprachigen Publikum die französische Avantgarde näherbringen will, bezeichnet er die Dichtung Apollinaires – als Beispiel nennt er »Le musicien de Saint-Merry« – als von der Ästhetik des Kinos beeinflußt, »zu einer Zeit, wo das Kino existierte, aber noch nicht auf eine Kunstformel gebracht war: ein Werk aus der Summe seiner Bewegungen gebaut«,[163] um daran die Hoffnung anzuschließen: »Es wird gewiß bald eine Kinosprache geben.«[164] Neben der polemischen Verteidigung des Kinos verschaffte ihm auch die Zusammenarbeit mit dem Film-Experimentator Viking Eggeling, dessen »Diagonal-Symphonie« von 1922 ein wichtiges Verbindungsstück zwischen avantgardistischer Malerei und Film darstellt, einen praktischen Einblick in die technischen Voraussetzungen des Mediums.[165]

Zwar trug schon ein Gedichtband Golls von 1914 den Titel »Films«, doch ist es »eher die montageförmige, fragmentarische Wahrnehmung von Bildern des modernen Großstadtlebens, welche diese Texte prägt«.[166] Auch mit Texten wie »Der neue Orpheus« von 1918, wo Goll den Sänger des griechischen Mythos in eine europäische Großstadt seiner Gegenwart versetzt, bewegt er sich weiterhin innerhalb des Horizonts expressionistischer Ausdrucksweisen: »Im Vorstadtkino am Qualenklavier / Läßt er den Pilgerchor / Den Mord an der Jungfrau beklagen // Grammophone / Pianolas / Dampforgeln / Verbreiten Orpheus' Musik«.[167]

Auch der »Sekundenfilm«[168] in dem langen, noch am ehesten Apollinaires »Zone« nachempfundenen Simultangedicht »Paris brennt« vermag in seiner stichwortartigen Abfolge semantisch dissonanter Wortgruppen und Substantive das Medium wiederum nur metaphorisch zu repräsentieren. Anstatt einen montageartigen Ablauf zu suggerieren, funktioniert es mehr nach den Prinzipien einer vorgefundenes Bildmaterial agglutinierenden Collage: »Letzte Verzweiflung hol ich mir im Kino / Das der Schweizer von Notre-Dame bewacht / Auf den Plakaten lächelt Charlotte Corday / Preisgekrönt für Menschlichkeit / Lenins Photographie / Proji-

163 Goll, Gefangen im Kreise, S. 355.
164 Ebd. S. 366.
165 Vgl. Kramer, »Basis aller neuen Kunst ist das Kino«, S. 85.
166 Ebd.
167 Goll, Gefangen im Kreise, S. 55.
168 Ebd. S. 47.

zieren brennende Luftschiffe / Auf den Saturn«.[169] Was die poetische Wirkung von Golls Versen abschwächen mag, ist die Tatsache, daß sie lediglich – imaginierte oder vorgefundene – Bilder *zitieren,* anstatt diese metaphorisch oder metonymisch zu evozieren, wie dies bei van Hoddis geschieht.

Golls spätere Lyrik (»Traumkraut«) kann ohnehin kaum hinreichend über die Präsenz des technischen Phänomens Film erklärt werden und soll deshalb hier auch keine Rolle spielen; das »aus der Summe seiner Bewegungen gebaut[e]« Werk darf eher in seiner Dramenproduktion der zwanziger Jahre vermutet werden, die Kramer folgerichtig in den Mittelpunkt seiner Untersuchung über Golls Bemühungen um eine ›filmische‹ Literatur stellt.[170]

Der erste Gedichtband »Lyrische Films« von Yvans Frau Claire Goll schien schon wegen des Titels die Programmatik ihres Mannes fortzusetzen. Die Aufteilung des Bändchens legt jedoch den Verdacht nahe, daß dieser Titel auch gewählt wurde, um nicht allein eine neue Schreibweise anzukündigen, sondern um für seine Publizität innerhalb der Avantgarde zu sorgen: Die Erwartung, die ein solcher Titel weckt, wird eigentlich nur vom ersten Teil, den sie »Globus-Kino« nennt, in gewisser Weise eingelöst. Die Gedichte der anderen beiden Teile besitzen demgegenüber mehr den Charakter von »Sentimentalitäten« – so Claire Golls Überschrift des zweiten Teils. Im »Globus-Kino« stimmt sie bereits mit dem Eröffnungsgedicht »Zwanzigstes Jahrhundert« einen Hymnus auf die »zweite Natur der urbanen und medialen Realität«,[171] auf die Schönheit von Technik-, Maschinen- und Leinwandprodukten an und bewegt sich dabei, inhaltlich wie formal, zwischen futuristischer Technomanie, kubistischem Kunst-Experiment und expressionistischem Menschlichkeits-

---

169 Ebd. S. 51.
170 Kramer, »Basis aller neuen Kunst ist das Kino«, vergleicht Golls Manifeste (»Das Überdrama«, »Das Kinodram«) sowie das Stück »Der Unsterbliche« mit Benjamins und Brechts medienästhetischen Theorien und kommt zu dem Schluß, daß, anders als diese, Golls filmästhetischer Ansatz »in der deutschen Kulturgeschichte ein einmaliges Phänomen« geblieben sei: »Die Verbindung von technischer und ästhetischer Modernität sowie sein Gespür für die nicht nur ästhetischen Folgen der modernen, globalen Medienrealität ist es sicher auch.« (Ebd. S. 95) Indem er sowohl Golls theoretische Aussagen wie deren intendierte Umsetzungen im Drama betrachtet, gelingt es Kramer, ihn gegen den z.B. von Albersmeier erhobenen Vorwurf futuristischer Naivität in Schutz zu nehmen und seinen Exkursen zum Film durchaus konstruktive Aspekte abzugewinnen.
171 Kramer, Claire Goll, S. 16.

pathos: »Wir beten in Kinos / Die kurbelnde Schicksalsgöttin an«.[172] Wie Kramer betont, dient ihr die Filmmetapher zur Rechtfertigung ihrer eigenen neuartigen Poetik, die sie schon 1920 in dem Essay »Amerikanisches Kino« angedeutet hatte.[173] Das vielleicht ›filmischste‹ Gedicht der »Lyrischen Films« könnte die Jeanne und Fernand Léger zugeeignete »Pathé-Woche« sein, ein Kinogedicht, das, indem es die lyrische Perspektive von der Leinwand zum Publikum wechseln läßt und so eine Art Parallelmontage erzeugt, beinahe die Qualität eines Filmgedichts annimmt. Was als Protokoll der zusammenhanglosen Vielfalt einer Wochenschau beginnt, steigert sich zur gleichnishaften Charakteristik der fragmentarischen, ubiquitären Existenz des modernen Großstadtmenschen:

> Es brennt, es brennt in Chikago,
> Riesenbrand in New York:
> Aus dem Stockwerk des Liberty Tower
> Springen die Tippmamsells.
> (Das Publikum hält begeistert den Atem an.)
> Honolulu:
> Grüne violette Aeroplane,
> Luftspiele
> Ueber der Weltausstellung.
> Ein tätowierter Neger tanzt Shimmy
> Von einem Propeller zum andern.
> (Neben mir träumt eine, Filmstar zu werden.
> Hinter mir küssen sich zwei,
> Sehnsucht arbeitet mit 3000 Volt.)
> [...] Im Kino
> In fünf Kontinenten zugleich
> Ist meine Heimat.[174]

Zu erkennen ist, daß in den Gedichten von Claire, wie zum Teil auch in denen von Yvan, formal die Schreibweisen der französischen Dichter-Avantgarde vorbildstiftender sind als die der deutschen Expressionisten,

---

172 Goll, Lyrische Films, S. 7f. – Zur Wahrnehmung des Kinos als neuer, weltumspannender Religion vgl. auch Robert Musils »Bemerkungen zu einer Dramaturgie des Films« von 1925: »Und es haben die Kirchen und Gottesstätten aller Religionen in Jahrtausenden die Welt mit keinem so dichten Netz überzogen, wie das Kino es in drei Jahrzehnten tat.« (Musil, Der Mann ohne Eigenschaften, S. 1138).
173 Vgl. Kramer, Claire Goll, S. 16.
174 Goll, Lyrische Films, S. 10-13.

wie ein Vergleich von van Hoddis' »Kinematograph« mit der »Pathé-Woche« veranschaulicht: dort die gereimten Volksliedstrophenblöcke, hier
das Experiment mit dem »vers libre«. Bei Claire Goll die relative Nüchtern-
heit der Sprache, bei van Hoddis und anderen deutschen Expressionisten
die Lust an Substantivkomposita, an der Verquickung der Stilebenen, die
Provokation durch Brüche im Reim- und Rhythmusschema.

Indem sie sich, bedingt auch durch ihren Pariser Wohnort, mehr an
französischer als an deutscher lyrischer Avantgarde orientiert, steht Claire
Goll mit ihren »Lyrischen Films« neben ihrem Mann Yvan singulär in der
deutsch-französischen Lyriklandschaft;[175] jedoch bleibt ihr Experiment
in der deutschen Lyrik der kommenden Jahre weitgehend folgenlos, weshalb sie sich auch mehr und mehr an die französische Literaturszene
bindet; so wirkt sie dort nach der Rückkehr aus dem amerikanischen Exil
u.a. an der Übersetzung und Verbreitung amerikanischer Lyrik, darunter
auch an der von W. C. Williams.

Können auch Gottfried Benn und Bertolt Brecht, den beiden wohl einzigen schon ausgiebig während der Weimarer Republik publizierenden
Lyrikern, welche später als weltanschauliche Gegenspieler im Westen
bzw. Osten Deutschlands rezipiert wurden, Korrespondenzen mit dem
Filmmedium attestiert werden?

In Gottfried Benns Gedichten gibt es kaum direkte Anspielungen auf
den Film,[176] ja seine Lyrik betont geradezu die Autonomie der lyrischen
Sprache gegenüber jedweder Vereinnahmung durch außerhalb ihrer Eigen-
gesetzmäßigkeiten stehende Sachverhalte. Ein Titel wie »Statische Ge-

---

175 Man muß sich jedoch bewußt machen, daß innerhalb der zwanziger Jahre ein
gleichermaßen an Frankreich wie Deutschland gebundenes Schriftstellerpaar
wie Claire und Yvan Goll in exemplarischer Weise den grenzüberschreitenden
Impetus der europäischen Künstler-Avantgarde verkörperte. Avantgarde als
transnationales wie transmediales Phänomen der zwanziger Jahre findet sich
kongenial dokumentiert in Carl Einsteins und Paul Westheims »EUROPA-
Almanach« von 1925 (mit dem Untertitel: »Malerei Literatur Musik Architektur
Plastik Bühne Film Mode«), der kaleidoskopartig Beiträge so unterschiedlicher
Autoren wie Becher, Brecht, Cendrars, Cocteau, Goll, Grosz, Jahnn, Kandinsky,
Lasker-Schüler, Lissitzky, Majakowski, Loerke, Péret, Pound, Reverdy, Soupault
u.a. versammelt.

176 Eine Ausnahme bildet »Kleiner Kulturspiegel« von 1951, das gern als repräsen-
tativ für das Parlando seiner späten, der Sprach- und Bilderwelt des Alltags zu-
neigenden Lyrik zitiert wird: »Im Kino, wo man Hut und Mantel mitnehmen
kann, / ist mehr Feuerwasser als auf dem Kothurn / und ohne die lästige Pause.«
Benn, Gedichte 2, S. 151.

dichte« scheint das mit Nachdruck zu bestätigen und jede von außerhalb der Sprache kommende Dynamik abzuweisen. Andererseits ist Benn, trotz dieses Georgeschen Erbes, darum bemüht, durch den Gebrauch von Mode- und Zeitvokabular, naturwissenschaftlich-technischen, Jargon- und alltagssprachlichen Begriffen, Schlager- und Smalltalkfloskeln, soviel wie möglich an Außenwelt in seine Dichtung einfließen zu lassen. Im 1951 gehaltenen Vortrag »Probleme der Lyrik« bekennt er sich ohne Umschweife dazu: »Aus allem kommen die Farben, die unwägbaren Nuancen, die Valeurs – aus allem kommt das Gedicht.«[177]

Zur Rimbaudschen Devise »Il faut être absolument moderne«, die hier durchscheint, kommt bei Benn die Erkenntnis eines fragmentarisierten, spezifisch modernen oder »späten« Ichs hinzu, das seiner Individualität, der Einheit einer Gesamtpersönlichkeit verlustig gegangen ist, worauf er am nachdrücklichsten in der Rede »Nietzsche nach 50 Jahren« hinweist. Die Zersplitterung, Auflösung des Ichs in einzelne Bewußtseinspartikel wird zum konstitutiven Prinzip auch seiner »Rönne«-Novellen; der den Bewußtseinsstrom nachvollziehende, ausschweifende expressionistische Sprachgestus evoziert stets neue, flüchtige »künstliche Paradiese«, die szenenartig aufleuchten, verlöschen, vorübergleiten. In »Die Reise« von 1915 wird das Kino zu einem Symbol der Dissoziation der Persönlichkeit seines Protagonisten: »Einrauschte er in die Dämmerung eines Kinos, in das Unbewußte des Parterres. [...] Er war eingetreten in den Film, in die scheidende Geste, in die mythische Wucht. [...] Über den Trümmern einer kranken Zeit hatte sich zusammengefunden die Bewegung und der Geist, ohne Zwischentritt.«[178]

Deshalb heißt für Benn der »Stil der Zukunft«, wie er später seiner Autobiographie anvertraut, nichts anderes als »Montagekunst«.[179] Für das »moderne Lyrische Ich«, wie er in dem für das Dichterfestival in Knokke verfaßten Vortrag »L'Apport de la Poésie Allemande du Demi-Siècle« feststellt, ergibt sich die Forderung nach einer entindividualisierten, fragmentarisierten, heterogenste Elemente in sich vereinigenden dichterischen Sprache: »Es betritt sein Laboratorium, das Laboratorium für Worte, hier modelliert es, fabriziert es Worte, öffnet sie, sprengt sie, zertrümmert sie, um sie mit Spannungen zu laden [...] für den Lyriker ist das Wort eine körperliche Sache«.[180] Entstammen die Bilder, mit denen er die Wortarbeit des Lyrikers vergleicht, auch nicht direkt dem Bereich

177 Benn, Gedichte und Reden in der Fassung der Erstdrucke, S. 529.
178 Benn, Prosa und Autobiographie in der Fassung der Erstdrucke, S. 39.
179 Ebd. S. 470.
180 Benn, Gedichte und Reden in der Fassung der Erstdrucke, S. 553.

des Films, so geben sie dennoch die Vorstellung der *Montagetechnik* wieder, durch die sich einer nur noch in Bruchstücken erfaßbaren Wirklichkeit angenähert werden könne.

Bei Benn geschieht der Montagevorgang im Sinne des ›Zusammenschneidens‹, ›clusterings‹ oder ›Aneinanderklebens‹ wie in der Collage nicht primär auf der Bilder evozierenden Ebene des Gedichts, sondern, wie er selbst mit der Metapher der Körperlichkeit hervorhebt, auf der Wort-Ebene: Vokabular verschiedenster Stil- und Bedeutungsebenen wird bei ihm aneinander›geschnitten‹, zu einem Cluster arrangiert, in dem sich der bruchstückhafte Charakter der erfahrbaren Wirklichkeit widerspiegelt. Diese Differenz zu anderen, auf dem ›Bild‹ beruhenden Poetiken verstärkt natürlich den Eindruck des ›Statischen‹ der meisten Gedichte Benns – oft begnügen sie sich mit einer Ausgangsszene, einem Schlüsselbild oder intensiv erlebtem Augenblick, um daraus den Wort-Körper zu ›modellieren‹: »Ein Schatten an der Mauer / von Ästen, bewegt im Mittagswind, / das ist genügend Erde / und hinsichtlich des Auges / genügend Teilnahme / am Himmelsspiel.«[181]

Wenn auch zu beobachten ist, daß Benn sich gerade in seiner späteren Lyrik immer häufiger von festen Reim- und Rhythmusschemata löst, so ist doch schon in Gedichten seiner explizit expressionistischen Phase eine stark bildgesättigte Dynamik zu beobachten. Dies geschah wohl in der Absicht, seine Gedichte welthaltiger zu gestalten und sie der Alltagssprache zuzuführen:[182] Der Kino-Topos figurierte dabei als Signatur eines soziokulturellen Wandels, worauf auch Benns gelegentliche Anspielungen auf Amerika als das Land künftiger lyrischer Innovationen abzielen. Auf »Das Plakat« des gleichnamigen Gedichts rückt Benn den Fokus seines Sprechens, indem er ihm ›über Umwege‹, durch eingeschobene und -geklammerte Satzglieder, Präpositionalkonstruktionen, kausale und temporale Präzisierungen und Einschränkungen, immer näher kommt – als würde sich eine langsam heranfahrende bzw. in der Trambahn installierte Kamera dieser Litfaßsäule nähern, um dann vor ihr zu verharren. Die daraufhin imaginierte Destruktion ähnelt einer zusammenstürzenden Kulissenwelt: »Früh, wenn der Abendmensch ist eingepflügt / [...] nach Krankenhaus, Fabrik, Registratur / [...] tröstet den Trambahngast / allein das farbenprächtige Plakat. / [...] Rauschwerte werden öffentlich genehmigt. / [...] Und plötzlich bricht das Chaos durch die Straßen«.[183]

181 Benn, Gesammelte Gedichte, S. 260.
182 Vgl. Willems, Großstadt- und Bewußtseinspoesie.
183 Benn, Gesammelte Gedichte, S. 49.

Das in der Sammlung auf »Das Plakat« folgende Gedicht »Durchs Er-
lenholz […]« darf, auf seine Struktur bezogen, wohl als sein ›filmisch-
stes‹, vielleicht sein einziges auf die Schnitttechniken des Films direkt
Bezug nehmendes Gedicht bezeichnet werden. Hier sind szenische Bilder
aneinandergefügt, deren innerer Zusammenhang uns durch keine Erklärung erschlossen wird; es kann auch von Montage im Bilder setzenden,
Images übergangslos clusternden Sinne gesprochen werden. Es beginnt
mit einer ländlich-pittoresken Jagdszene, die an Landschaftsbilder des
19. Jahrhunderts erinnert; dazwischen mischen sich Namen und Fakten
der Wissenschaftsgeschichte, worauf, um die Terminologie des Films zu
gebrauchen, die Kamerablende geöffnet und ein scheinbar ereignisloses
Kleinstadtleben vorgeführt wird. Ob der im letzten Vers genannte »Brief
der Patentante« von der im ersten Teil angedeuteten »Schnepfenjagd« berichtet, bleibt eine Mutmaßung, die, wie beim Film, einen narrativen
Zusammenhang zwischen der Abfolge bloßer Bilder herstellen will.

Eine andere, wiederum eher ›unfilmische‹ Verbindung zur Film-Äs-
thetik läßt sich bei Benns Antipoden Brecht rekonstruieren. War es bei
Benn auf der metaphorischen Ebene das Montieren von Wort-Bruch-
stücken, so versuchte Brecht sich des Mediums vor allem zur Illustration
seiner lyrisch in Anspruch genommenen materialistischen Dialektik zu
bedienen. Dies war jedoch nicht von Anfang an so – zunächst schien die
Attraktion des Kinos auf ihn einen genuinen Reiz auszuüben, wie ihn
Rimbaud in den »Délires« ähnlichen als wertlos erachteten Gegenständen
entgegengebracht hatte. Von Brechts früher Faszination spricht der Fragment gebliebene »10. Psalm«:

3
Ich betäube mich mit Musik, dem bitteren Absinth kleiner Vorstadt-
musiken, Orgeln nach der Elektrizität, davon blieb Kaffeesatz in mir,
ich weiß es. Aber es ist meine letzte Zerstreuung.

4
Ich lese die letzten Briefe großer Menschen und stehle den braunen
Trikotarabern vor den Leinwandbuden ihre wirksamen Gesten. Das
alles tue ich nur einstweilen.[184]

Ein Gedicht wie »Gedanken eines Grammophonbesitzers«[185] leitet dann
schon in Ansätzen zur Argumentation seiner »Radiotheorie«[186] über, in
der, noch expliziter als in Benjamins »Kunstwerk«-Aufsatz (mit dem sie

---

184 Brecht, Gesammelte Gedichte Bd. 1, S. 81.
185 Ebd. S. 112-114.
186 Brecht, Versuche 1-12, S. 23f.

den theoretischen Hintergrund teilt), die »fortschrittlichen« – d.h. bei ihm: an politischer Veränderung in Richtung Marxismus interessierten – Intellektuellen ermutigt werden, sich der neuen Medien zum Zweck gesellschaftlicher Subversion zu bemächtigen (Entlarvung, Bloßstellung, Aufdeckung von Mißständen).[187] Brechts ›dialektischer‹ Umgang mit den Medien – es kommt darauf an, *wer* sich ihrer *zu welchen Zwecken* bedient – wirkt über seine eigene Praxis hinaus bis zu den Medientheorien der 68er fort, wie Enzensbergers im »Kursbuch« veröffentlichter »Baukasten zu einer Theorie der Medien« zeigt. Die an Benjamin erinnernde, im »Dreigroschenprozeß«[188] formulierte Einsicht, daß die Apparate »wie sonst kaum etwas zur Überwindung der alten untechnischen, antitechnischen, mit dem Religiösen verknüpften, ›ausstrahlenden‹ ›Kunst‹ verwendet werden« könnten,[189] findet sich in seinen Gedichten vor allem der zwanziger Jahre metonymisch verkörpert im Motiv der »Antennen«: »An den großen neuen Antennen / Ist von alter Zeit / Nichts mehr bekannt«.[190] Freilich äußert sich Brecht hier vorsichtiger, ambivalenter bezüglich eines solchen ›Fortschritts‹, wenn er in ihm auch einen Vorboten des politischen Umbruchs begrüßt: »in den Gesprächen der Kontinente« kommen nun auch Erscheinungen wie »der Mond« oder »Tiere / Die Wägen zogen, Pferde geheißen […] nicht mehr vor mit ihrem Namen«.[191]

Aus Brechts lyrischer Beschäftigung mit dem Phänomen des Kinos entstehen, wenn man so sagen darf, Kinogedichte aus dem Geist des Marxismus. Auch in seinen eigenen Filmprojekten, die sich v.a. auf die Zusammenarbeit mit dem bulgarischen Regisseur Slatan Dudow gründeten, woraus als bekanntester 1932 der das Arbeiterelend zum Ende der Weimarer Zeit anprangernde Film »Kuhle Wampe« hervorging, ist diese Einstellung anzutreffen.[192] An Eisenstein fesselt ihn deshalb die suggestive Überzeugungskraft von dessen Montagesequenzen, wie er in »Keinen Gedanken verschwendet an das Unänderbare« hervorhebt: »Ich habe erlebt, wie neben mir / Selbst die Ausbeuter ergriffen wurden von jener

---

187 Vgl. zu den frühen Medienbezügen Brechts und Benjamins im Vergleich zu denen der Expressionistengeneration Heller, Literarische Intelligenz und Film.
188 Brecht, Versuche 1-12, S. 243-300.
189 Ebd. S. 257f.
190 Brecht, Gesammelte Gedichte Bd. 1, S. 131.
191 Ebd.
192 Für »Kuhle Wampe« schrieb Brecht nicht nur am Drehbuch mit, sondern verfaßte auch Lieder und Gedichte, darunter »Das Frühjahr« (vgl. Brecht, Gesammelte Gedichte Bd. 1, S. 366-371 sowie Bd. 4, S. 11).

Bewegung der Zustimmung / Angesichts der Tat der revolutionären Matrosen«.[193]

Der agitatorische Umgang mit dem Medium Film in Brechts Lyrik wirkt sich ungünstig auf strukturelle Ähnlichkeiten bzw. Affinitäten zum Film aus: Die auf der Dialektik beruhende Argumentationsstruktur seiner Gedichte läßt wenig Platz für das »Zufällige« oder »Unbestimmbare« (wie es eher noch bei Benn zu finden wäre). Gerade an seinem »Hollywood«-Gedicht ist diese filmferne dialektische Rhetorik ablesbar: »Jeden Morgen, mein Brot zu verdienen / Gehe ich auf den Markt, wo Lügen gekauft werden. / Hoffnungsvoll / Reihe ich mich ein zwischen die Verkäufer.«[194] Auch die um dieselbe Zeit im amerikanischen Exil entstandenen »Hollywood-Elegien« sind alles andere denn Exempel lyrischer Film-Apologie. Dennoch öffnen sie sich auf eine dingliche Konkretheit hin, wie sie auch seine früheren Lieder und Balladen kennzeichnet, die das Erbe des Wedekindschen Naturalismus fortführen. Hinzu kommt die von ihm an chinesischen Gedichten bewunderte prätentionslose Sachlichkeit, die, was ihr auffällt, ohne Umschweife benennt. So zeigen die »Hollywood-Elegien« gerade das, was die Kulissenwelt der in den Studios produzierten Streifen dem Publikum vorenthält — intellektuelle Prostitution und Promiskuität, menschliche Statisten, die am schönen Schein zugrunde gehen, eine Ersatzwirklichkeit, die künstlich vor der tatsächlichen ›äußeren Wirklichkeit‹ abgeschirmt werden muß. Damit erinnern Brechts Eindrücke an die dort 1936 auch von Cendrars gemachten Beobachtungen: »Die Engel von Los Angeles / Sind müde vom Lächeln. Am Abend / Kaufen sie hinter den Obstmärkten / Verzweifelt kleine Fläschchen / Mit Geschlechtsgeruch. [...] Über den vier Städten kreisen die Jagdflieger [...] Damit der Gestank der Gier und des Elends / Nicht bis zu ihnen heraufdringt.«[195] Im Öl, Rohstoff des Zelluloids, erblickt Brecht eine Metapher des amerikanischen Mythos, den nun »die Traumfabriken« reproduzieren: »Am Meer stehen die Öltürme. In den Schluchten / Bleichen die Gebeine der Goldwäscher. Ihre Söhne / Haben die Traumfabriken von Hollywood gebaut. / Die vier Städte / Sind erfüllt von dem Ölgeruch / der Filme.«[196]

Mag sich hier schon etwas wie Ernüchterung gegenüber den in das Medium gesetzten Hoffnungen ausdrücken, so beschränkt sich das unter denselben Umständen entstandene Gedicht »Ein Film des Komikers

---

193 Brecht, Gesammelte Gedichte Bd. 1, S. 391.
194 Brecht, Gesammelte Gedichte Bd. 3, S. 848.
195 Ebd. S. 849f.
196 Ebd.

Chaplin« auf die reine Nacherzählung einer Slapstickszene, die Brecht schon seit 1921 beschäftigte.[197] Das Bemerkenswerte daran ist, daß Brecht hier alle Kulturkritik aufgibt und das Filmgeschehen um seiner selbst willen wiedergibt. In dem Film »Liebe und Alkohol« – sein Originaltitel »The Face on the Bar Room Floor« wird der schlichten poetischen Faszination dieses Streifens weitaus mehr gerecht – mimt Chaplin, wie Brecht berichtet, »ein[en] jungen Maler« »in ein[em] Bistro des Boulevard Saint Michel«, der verzweifelt versucht, das entschwundene Gesicht seiner Geliebten aufzuzeichnen:

> Auswischend was er gezeichnet, von neuem beginnend
> Wiederum stockend, andere Züge
> Mischend und murmelnd: »Gestern noch wußt ich sie«.
> Über ihn stolperten fluchende Gäste, erbost der Wirt
> Nahm ihn am Kragen und warf ihn hinaus, doch rastlos am Fußsteig
> Kopfschüttelnd jagte er nach mit der Kreide den
> Zerfließenden Zügen.[198]

»Ein Film des Komikers Chaplin« dürfte eines der wenigen lyrischen Beispiele für einen undialektischen Zugang zum Filmmedium bei Brecht sein. In seinem einzigen veritablen Kinogedicht versucht er zudem, die Dynamik der Stummfilmkomik durch die »zerfließenden«, im Enjambement ineinander übergehenden Zeilen nachzubilden, die einen Rhythmus atemloser Hast erzeugen. Fast unmerklich, und ohne ins Parabelhafte oder Gleichnisartige abzugleiten, knüpft er dabei an eines der großen, wiederkehrenden Themen seines Werks an: das der verflossenen, erinnerten Liebe. Der Rekurs auf die Filmhandlung verleiht diesem Topos gleichzeitig etwas von jenem »Unbestimmbaren«, das sowohl zur Natur der Leinwandprojektion wie der Erinnerung gehört und was die semantische Mehrdeutigkeit der »zerfließenden Züge« kongenial zum Ausdruck bringt.

Nach 1945 war es v.a. die Desavouierung des Mediums durch die Propaganda-Kunst des Dritten Reichs, die in Szenarien wie Leni Riefenstahls »Triumph des Willens« kulminierte, was deutschsprachige Intellektuelle – mit Ausnahme dialektisch inspirierter Autoren wie Peter Weiss oder Alexander Kluge, die sich jedoch nicht als Lyriker verstanden – vor der Berührung mit dem Film zurückschrecken ließ.[199] Zumal die Lyrik andere

---

197 Vgl. die Anmerkung in Brecht, Gesammelte Gedichte Bd. 4, S. 21.
198 Brecht, Gesammelte Gedichte Bd. 3, S. 870f.
199 Eine diskursive, explizit anti-hermetische Verarbeitung der die Unsagbarkeit des Grauens symbolisierenden Chiffre »Auschwitz« weist das ungereimten antiken

Wege eingeschlagen hatte, im Westen unter dem Stichwort einer sich auf Loerke, Lehmann, von der Vring, und Langgässer berufenden »naturmagischen« Richtung, an die im Osten auch Peter Huchel und Johannes Bobrowski anknüpften, während dort offiziell eine sich bei Brecht und Becher legitimierende Agitationslyrik des »sozialistischen Realismus« propagiert wurde. Den Blick der »naturmagischen« Schule auf die Wirklichkeit noch dort, wo sie – selten genug – auf die Manifestationen großstädtischer Zivilisation trifft, illustriert ein 1954 entstandenes Kinogedicht Wilhelm Lehmanns mit dem signifikanten Titel »Göttin und Diva«, das sich bemüht, die weiblichen Filmstars auf Archetypen der antiken Mythologie zurückzuführen:

Schnell füllte sich die Halbrotunde.
Marlene Dietrich und Claire Bloom
Walten als Göttinnen einer Stunde.
Auf Leinwand tuscht sie ihr täglicher Ruhm:
Dicht gedrängt versunkene Mienen,
Dumpfe Regung, erstarrtes Dienen.[200]

Eine Fortführung des avantgardistischen Anspruchs auf Intermedialität der Künste schien im geteilten Deutschland zunächst keinen günstigen Nährboden zu finden. Selbst in Zeilen des hörspielerprobten Günter Eich ist eher von Abgrenzung die Rede, wenn er beispielsweise in »Ryoanji« bekennt: »Mir sind auch Fotoapparate fremd«,[201] und ein auf das Medium

---

Strophenformen nahestehende lyrische Werk Ludwig Greves auf. Sein Gedicht »Sie lacht« (Greve, Sie lacht, S. 53) macht das Kino zu einem Ort, wo die Leiden einer ganzen Epoche als existentiell *aufgehoben* – etwa durch die Humoristik Chaplins – erscheinen können: »Solche Nachmittage im Kino; heiser / brach Musik aus, wenn man danach vom Dunkeln / taumelnd an die Dämmerung trat […] Da stolpert zu Herzen Chaplin, / der's im Durcheinander so gut meint … Lachst Du?«

200 Lehmann, Sämtliche Gedichte, S. 239. Vgl. auch Lehmanns in dieselbe mythische Richtung weisendes Gedicht »Pavane« (ebd. S. 267), wo sich urbane Inhalte in ein ländliches Gespräch einschieben, um wiederum auf archetypische Figuren und Konstellationen zurückgedeutet zu werden: »Im Kino heute spielt ein Stück ›Der Zauberer Merlin‹. / Ob das was ist? Ich glaube nicht. Wer von euch geht denn hin?‹ // Sie rücken fort, von Weißdornruch benommene Pavane. / Sie selbst beschwor der Zauberer, Geschenk für Viviane.«

201 Eich, Gesammelte Werke Bd. 1, S. 177-179. Vgl. jedoch Eichs ausdrücklich auf die Fotografie Bezug nehmenden Gedichte »Zu einer sehr alten Photographie« von 1934 (ebd. S. 194f.) und das zuerst 1948 in »Abgelegene Gehöfte« veröffentlichte »Photographie« (ebd. S. 53f.)

anspielendes Nachlaßgedicht evoziert demonstrativ das Paradox eines »Films«, der uns lediglich als Dichtung überliefert ist. Diese Konstellation, die bereits bei Mandelstam im »Gespräch über Dante« anklingt, läßt jedoch phänomenologische Gemeinsamkeiten von lyrischer Metaphernsprache und bildlicher Suggestionskraft des Films aufscheinen: »DIVINA COMMEDIA, / ein harter Film, / zentral gelegen, / aber ganz Western, / genügend selbstzufrieden / und in der Abwesenheit / des Mitleidens / wirklich divin.«[202]

Aus einem anderen Grund ist es problematisch, Paul Celans Gedichte direkt mit dem Film in Zusammenhang zu bringen. Zwar schöpft seine Poetik aus der internationalen Avantgarde, vor allem der französischen und russischen, aber auch aus dem Expressionismus eines Trakl. Er gehört zu denen, die durch biographische und poetologische Bezüge sowie durch Übersetzungen (aus dem Amerikanischen, Französischen, Russischen) die deutsche Lyrik wieder in Resonanz mit internationalen Bestrebungen bringen, weshalb er auch der Berührung mit anderen Medien offener gegenübersteht. Das beweist seine deutsche Bearbeitung von Alain Resnais' Auschwitz-Streifen »Nuit et brouillard« (1955), die auch im »Sprachgitter«-Gedicht »Engführung« ihren Niederschlag findet:[203] »Lies nicht mehr – schau!« heißt es dort,[204] wohl unter Bezug auf die im Film dargestellten Greuel. Dennoch fällt es schwer – und wäre methodisch mit Sicherheit unangebracht –, ein derart komplexes, zumal von Idiosynkrasien, Solipsismen und Chiffrierungen überbordendes poetisches Werk wie das Celans von der Ästhetik des Films her deuten zu wollen. Natürlich böten die Vergegenwärtigungen von Unbestimmtheit oder Fremdheit, die seine späteren Gedichte auszeichnen, sowie das fragmentarische, elliptisch ›beschnittene‹, auf Wort-Montagen basierende Sprechen einen Anknüpfungspunkt für diesen Interpretationsansatz: Dafür spricht auch der synästhetische Reiz seiner Sprach-Bilder; dafür sprechen direkte Anleihen bei Filmtiteln wie etwa Jacques Tatis »Playtime«. Deshalb spielen Momente des Visuellen eine große Rolle, was nicht erst am Titel seines letzten zu Lebzeiten veröffentlichten Bandes: »Lichtzwang«, sondern schon an Texten wie »Ein Auge, offen« aus dem »Sprachgitter« deutlich wird: »Schmerzende Augapfeltiefe: / das Lid / steht nicht im Wege, die

---

202 Ebd. S. 287.
203 Vgl. zu Paul Celans Auseinandersetzung mit Resnais' Auschwitz-Dokumentation »Nacht und Nebel« Seng, »Damit der Schrei der Opfer nicht verstummt«.
204 Celan, Gedichte Bd. 1, S. 197.

Wimper / zählt nicht, was eintritt. // Die Träne, halb, / die schärfere Linse, beweglich, / holt dir die Bilder.«[205]

In »Helligkeitshunger« aus »Atemwende« verortet er seine Poesie in einer »wortdurchschwommenen / Bildbahn, Blutbahn«,[206] was dem aus der individuellen Imagination und Sprachgebung schöpfenden, im buchstäblichen Sinne mit nichts vergleichbaren Charakter dieser Gedichte entspricht. Celans Distanzierung gegenüber Verfahrensweisen anderer Medien, selbst des Kommunikationsmediums Sprache – dessen er sich wie übrigens auch der späte Brinkmann im Gestus der Negation des eigenen Mediums, mehr und mehr widerstrebend bedient –, läßt sich, ähnlich wie es bei Mandelstam im »Versuch über Dante« anklingt, aus dem Beharren auf einer absolut eigenen, unverwechselbaren dichterischen Sprache erklären, die autonome Bild- und Sinneswelten generiert.

Erst mit der in den sechziger Jahren nachrückenden Generation von Dichtern kam das Verhältnis von filmischer Ästhetik und lyrischer Sprache erneut in Bewegung. Schließlich mag dazu, neben dem lebensgeschichtlichen Hintergrund der Distanzierung von der Elterngeneration und einer ins Unüberschaubare angewachsenen Bedeutung von Kino und Fernsehen im Nachkriegsdeutschland, die Rezeption der internationalen Avantgarden in Film und Literatur beigetragen haben. Hatte Hans Magnus Enzensbergers 1960 herausgegebenes »Museum der modernen Poesie« noch ein Kompendium für den deutschen Auffrischungs- und Nachholebedarf an internationalen Lyriktendenzen der ersten Jahrhunderthälfte geboten,[207] leitete eine Zeitschrift wie die »fragmente« des zu

---

205 Ebd. S. 187.
206 Celan, Gedichte Bd. 2, S. 40.
207 Enzensberger ist außerdem wichtig als Übersetzer von William Carlos Williams, den er 1963 auf deutsch herausgab. In seinem »Museum« gibt er einer Abteilung den Namen »Panoptikum«, das er mit Jakob van Hoddis' »Kinematograph« eröffnet und worin er u.a. ein Chaplin-Gedicht des Spaniers Rafael Alberti aufnimmt. – Enzensbergers subtile Kenntnis der Kinogeschichte unterstreichen zwei Gedichte seines 1977 erschienenen Bandes »Mausoleum«. Hinter dem »Balladen«-Titel »E. J. M. (1830-1904)« (S. 93-95) verbirgt sich Étienne Jules Marey, der aus der wissenschaftlichen Sezierung von Bewegungsabläufen zum Film kam: »Er bastelt, entwirft, baut die erste Filmkamera / der Welt. Nicht weil er filmen will: er will sehen. / Auf den Champs-Élysées steigt ein Mann / von seinem Fahrrad ab; niemand weiß, wie. / Das zeigt nur die Zeitlupe. Also erfindet er sie.« Die ›Ballade‹ »G. M. (1861-1938)« (S. 102-104) ist Georges Méliès gewidmet, dem Verknüpfer der Phantastik des Varietés mit den technischen Voraussetzungen des Films. Wie Enzensberger richtig erkennt, brachte Méliès' virtuoser, sich

früh verstorbenen Rainer Maria Gerhardt, der neben französischer Gegenwartslyrik auch Beiträge der Amerikaner Olson und Creeley publizierte, oder die von Walter Höllerer und Gregory Corso 1961 herausgegebene Anthologie »Junge amerikanische Lyrik« zur Wahrnehmung gegenwärtiger, am stärksten von jenseits des Atlantik hereindrängender Tendenzen über.[208] Die in Filmen wie denen der »Nouvelle Vague« oder

über verstandesmäßige Schranken hinwegsetzender Umgang mit Raum und Zeit den Filmpionier in die Nähe der avantgardistischen Poesie. Enzensberger demonstriert, wie Méliès' Leinwandphantasmagorien durch die konsequente Ausnutzung der dem Film innewohnenden Möglichkeiten im Ergebnis den willkürlich anmutenden Brüchen und Setzungen moderner lyrischer Metaphorik adäquat sind: »*Ihr Metier und das meine – nicht viel Unterschied*, sagt Apollinaire. [...] // Die Kamera läuft. Ein Auto erscheint und stockt und verwandelt sich / in eine Leichenkutsche. Vier weiße Clowns verwandeln sich in einen riesigen Neger. / In rasendem Tempo verwandelt sich alles in alles. Dann zerplatzt es. / Dann zerspringt es in tausend Stücke. Der Film ist zu Ende. Das Kino fängt an. / *Die Gesänge des Maldoror* flackern über die weiße Wand. An der Zimmerdecke / spazieren Gelehrte. Uhren speien Dämonen aus. Ein Opiumsüchtiger träumt. / Aus Regenschirmen entspringen Damen. Gulliver schrumpft und wächst. / Die erste Reklame bejubelt Burnibus Senf.«

208 Nicht völlig unerwähnt bleiben soll in diesem Überblick der Sprachspiel mit typographischem Experiment und mathematischem Formalismus verknüpfende Ansatz der »konkreten Poesie«, wenngleich es heute scheint, daß ihm wegen seines Dogmatismus und seiner Monotonie in der praktischen Umsetzung nurmehr literarhistorische Bedeutung zukommt – bis auf Ernst Jandl und evtl. Helmut Heißenbüttel, die ausgehend von den Anregungen der ›orthodoxen‹ »konkreten« Lyriker (Mon, Gomringer) zu je eigenen poetologischen Schlüssen gelangten: Heißenbüttel unter Berufung auf Gertrude Stein und den akzidentiellen, frag-würdigen Charakter alltäglicher Syntax; Jandl hingegen in der Tradition von E. E. Cummings den performativen Aspekt innerhalb einer typographisch entfesselten Poesie betonend. Indem Jandl mit dem Materialcharakter der Sprache experimentiert, gelingen ihm zugleich Aussagen über den Materialcharakter des Films: So spielt das 1964 entstandene »film« (Jandl, Sprechblasen, S. 86) anhand einer vertikal, en bloc, ›ablaufenden‹ Buchstabenreihe mit dem Endlosigkeit suggerierenden Charakter des Filmstreifens, dessen Zusammensetzung aus gleichformatigen Einzelbildern (den »frames«) im Gedicht durch eine in jeder Zeile aus vier Zeichen zusammengesetzte Buchstabenkombination, vom Wort »film« motiviert, daher immer mit »f« beginnend und mit »m« endend, wiedergegeben ist. Lediglich die beiden Zeichen innerhalb des Wortes variiert Jandl, sie gegeneinander austauschend oder weglassend. Auf dem Grundwort »film« basierend, ergeben sich so Kombinationen wie: »fi m«, »f im«, »f m«, »fl m«, »f lm« und »flim«, das die Vorstellung filmischen Flackerns evoziert. Jandls eine ganze Seite einnehmender ›Wortfilmstreifen‹ beginnt und schließt – in Analogie zum

Werken der Autoren des »nouveau roman« direkt thematisierte Interdependenz von Film, Literatur und Avantgardebewußtsein dürfte die Sensibilität für dieses Desiderat zusätzlich geschärft haben. Neben dem
maßgeblichen Anteil Rolf Dieter Brinkmanns an der Neugestaltung der
deutschsprachigen Lyriklandschaft unter dem Signum einer kinematographischen Ästhetik ist an dieser Stelle vor allem Jürgen Becker zu nennen, der fotografische, filmische (das Foto-Buch »Eine Zeit ohne Wörter«) und Hörspielexperimente von Anfang an mit dem Experiment in
Prosa (etwa die am Kamerablick geschulte Konkretheit der »Felder« oder
»Ränder«) und Lyrik verband. Für diese Gattung am nachdrücklichsten
vollzog er den Paradigmenwechsel im programmatischen Band »Das
Ende der Landschaftsmalerei« von 1974. Hier verbindet er eine eigene
fotografisch-filmische Ästhetik mit der Poetik des »langen Gedichts«, das
Höllerer 1965 in seinen »Thesen zum langen Gedicht« mit Verweis auf
die USA und Olsons »projective verse« als offenste, die Diversität der
Welt in sich aufnehmende lyrische Innovation den deutschen Autoren
anempfohlen hatte. Es schaffe »sich die Perspektive, die Welt freizügiger
zu sehen [und] opponiert gegen vorhandene Festgelegtheit«.[209]

Höllerer, der ebenfalls 1965 im Berliner Literarischen Colloquium in
einer Reihe »Veränderung im Film« Werke des amerikanischen Expe-
rimentalfilmkinos vorführte,[210] hatte damit Lyrikern aus Beckers Generation die theoretische Legitimation für eine Absage an hermetische
Traditionen und eine Neuorientierung an jüngeren amerikanischen Vorbildern geliefert. Blendet man einmal den in Höllerers Befürwortung des
langen Gedichts latenten Bezug zum auf gesellschaftliche Umgestaltung

filmischen Vor- und Abspann – mit der viermaligen Wiederholung des Wortes
»film« in der korrekten Buchstabenfolge; dazwischen vollziehen sich, scheinbar
unsystematisch, die graphischen und lautlichen Permutationen als Äquivalent
filmischer Bewegung. Jandl gelingt mit dieser Art von semiotischem Minimalismus die Umsetzung der Idee filmischer Bewegung und Endlosigkeit im Medium der Buchseite. Im Gedicht »harte vögel« (ebd. S. 67), das die Widmung »für
hitchcock« trägt, beschränkt er sich hingegen auf die ständige Duplizierung der
beiden Silben des Wortes »granit«, so daß typographisch daraus eine Pyramide
wird, deren ›Grundmauer‹ aus der Lautkombination »gragragragragragragra-
nitnitnitnitnitnitnit« besteht: Was lautmalerisch bloßes Onomatopoetikum
für Vogelkrächzen ist, wird auf der Bedeutungsebene Ausdruck des sich zum
Terror steigernden Schreckens, der in Hitchcocks berühmtem Film von den Vö-
geln ausgeht – freilich wirkt die ›Pointe‹ des Gedichts nur dann, wenn auch der
Inhalt des Films bekannt ist.

209 Höllerer, Thesen zum langen Gedicht.
210 Vgl. Schlemmer, Avantgardistischer Film 1951-1971, S. 114.

drängenden Zeitbewußtsein aus[211] – dem mit Sicherheit viele der damals entstandenen langen Gedichte auch zum Opfer gefallen sein mögen –, so interessiert hier vorrangig, welcher Zusammenhang sich zwischen der Ästhetik des Films und der Poetik des modernen Langgedichts ermitteln läßt. Es ist die schon in den Avantgarden der ersten Jahrhunderthälfte geübte Einbeziehung heterogenen Wirklichkeitsmaterials, die die kinematographische Affinität zur »ungestellten Realität«, zum »Zufälligen« nachzubilden versucht; es ist der Eindruck von Offenheit, Endlosigkeit, der Fragmentcharakter, der von dieser poetischen Form ausgehen soll; es ist die Absicht, zeitlich und räumlich entfernte Bereiche in montagegeschulten Schreibverfahren zusammenzubringen. Das Langgedicht scheint – eher als ein in der Vergegenwärtigung augenblickshafter Momente zur Statik neigendes ›kurzes‹ Gedicht – geeignet, die Dynamik der Realität, Vorgänge von Bewegung in ihrer lokalen und temporalen Verwurzelung nachzubilden: Damit rückt es darstellungsästhetisch in die Nähe des Films.

Titel von Jürgen Beckers Gedichten wie »In der Nähe von Andy Warhol«, »Fernsehen, 1972«, »Kölner Fernseh-Gedicht«, Formulierungen wie »mein Kamera-Blick«, »die Bilderstreifen der Jahre im Kopf«, »ein grobkörniger Tag« zeugen vom Eindringen einer aktuellen Film- und Medienproblematik in den lyrischen Diskurs. Zeitgleich mit Rolf Dieter Brinkmann, jedoch weitgehend unabhängig von diesem, fand Becker mit »Das Ende der Landschaftsmalerei« zu einer poetischen Form, in der simultan ablaufende Vorgänge, Assoziationen, Gedankenketten platziert sind, Reflexe der Erinnerung in Beobachtungen der unmittelbaren Gegenwart einfließen können. Er entwickelt eine lyrische Sprache, in der Fokussierungen, wie sie in der Fotografie üblich sind – von der Detail- bis zur Panoramaeinstellung –, sowie Schwenks, Überblendungen, Schnittmontagen, wie sie im Film gebräuchlich sind, vorgenommen werden können. Im Rekurs auf das begriffliche Inventar des »Medienzeitalters« (McLuhan) und der »Bewußtseinsindustrie« (Enzensberger) gelingt es Becker, die Film-Metapher in ihrer Bedeutung für heutige kulturellgesellschaftliche Zusammenhänge in den Blick zu rücken. Im »Kölner Fernseh-Gedicht« ist das Kompositum des Fern-Sehens wörtlich zu nehmen. Wie es im Vermögen der Kamera liegt, neue Relationen zwischen den Objekten herzustellen, indem es sie unterschiedlich scharf beleuchtet und ›heranholt‹; wie das Medium Fernsehen durch die Vielzahl seiner Kanäle, seine Live-Einspielungen und Satellitenübertragbarkeit das Bild

---

211 Vgl. zur literarästhetischen Diskussion um 1968 die vom Marbacher Literaturarchiv herausgegebene Dokumentation »PROTEST«.

einer schon von Valéry vorhergesagten und durch die Wochenschauen des Kinos vorbereiteten ubiquitären Existenz vermittelt, so versucht Beckers Gedicht neue Beziehungen zwischen Umwelt und Ich herzustellen, indem zeitlich oder räumlich ferne Elemente, scharf eingestellt, in unmittelbare Nähe rücken, neue Beziehungen eingehen, die sich dem explizit in den poetischen Diskurs einbezogenen »Kamera-Blick« verdanken: Das individuelle Kombinations- und Kreationsvermögen des Künstlers, das noch Reverdy in seiner Metaphern-Theorie beschwor, wird nunmehr durch die vor das Auge des lyrischen »Ichs« geschobene, technisch erzeugte Kamera-Perspektive ersetzt:

> Westdeutscher Rundfunk; Kamera-Auge; atlantischer Wind
> über der Kölner Bucht
>   – nun denke ich, sage ich:
> 10. Dezember. Wo ist Stockholm; hier ist
> die Lufthansa, Leverkusen und Knapsack; umflattert
> von Möwen und Tauben, das sogenannte lyrische Ich
> auf dem Funkhaus-Dach
>   – nun, großer Rundschwenk;
> der Wind drückt die Kamera weg
> und der Kamera-Mann ist schwindelfrei nicht.
> Unten die Stadtautobahn; Nord-Süd-Fahrt;
> das Geräusch der Zerstörung des Altstadt-Systems,
> aber
>   (wir sind ja geboren, hier, mit, sagt man,
> einem historischen Instinkt)
>   die alten Wege nach Rom,
> das Alter der Namen, Steine, Ruinen, Gerüche, Gebeine;
> den Bau unserer U-Bahn betreibt
>   die Archäologie.[212]

Mit jeder Einrückung der Verszeilen führt Becker ein neues Cluster von Aufnahmen, Schnittfolgen, Möglichkeiten kamera-perspektivischer Wirklichkeitsaneignung ein; so entsteht das Bild einer permanent mediengenerierten Realität, wo ›Erfahrung‹ nicht mehr primär über die menschlichen Sinne vermittelt, sondern immer schon technisch-medial vorfabriziert entsteht. ›Identität‹ wird so als – beliebig manipulierbarer – aus verschiedenen Bildern und Einstellungen zusammengeschnittener »Film« konstruierbar. Dies hat Konsequenzen für die Konsistenz des lyrischen Ichs: Es wird zum künstlichen »patchwork«- oder »bricolage«-Produkt, wie

---

212 Vgl. Becker, Das Ende der Landschaftsmalerei, S. 63-70.

Lévi-Strauss in »La pensée sauvage« sagt; es setzt sich aus heterogensten Partikeln des Wirklichen zusammen, seine Identität ist weder stabil noch festgelegt, sondern dynamisch und fluktuierend. Durch die Kamera-Metapher fällt dem Sprecher im Gedicht außerdem die Möglichkeit zu, sich vom jeweiligen »Ich« zu distanzieren und es so von seinen spezifischen aktuellen und historischen Verankerungen loszueisen, um es statt dessen in neuen Zusammenhängen zu verorten – erinnert sei an Foucaults »Heterotopien«, jene Durchgangsorte mit sich perspektivisch wandelnden Zuschreibungen, oder Benjamins geschichtliche »Jetztzeit«, in der fragmentarische Reste der Vergangenheit in einer unmittelbaren Gegenwart aufzuleben beginnen. Andererseits droht durch ein arbiträres Oszillieren von Identität, das – wie beim Fernsehen – vom vor die Wahrnehmung geschobenen medialen Dispositiv ausgeht, der Verlust primärer Realitätserfahrung. Wo Identität nur noch als beliebig collagierbares, von Kamera und Schneidetisch manipulierbares Artefakt verstanden wird, ist der Begriff von Erfahrung aufgegeben, wovon Beckers »Zukunft« berichtet:

– weniger Kirschen: soviel, bislang, wissen wir
über den kommenden Sommer, und weil
eine Reise nicht stattfinden wird,
ein Film-Projekt scheitert, kommt zur Ungewißheit
die Gewißheit hinzu, daß es nicht
unsere Bedingungen sind, nach denen
dieser Sommer beschreibbar wird; so greifen wir
auf Konserven zurück, betrachten wir
Karten und legen alte Photos frei; nichts
wird man wissen, wie wir jetzt lebten –[213]

Hier deuten sich bereits neue Komplexe an, die den dieser Arbeit gesetzten Rahmen von Kino und Film überschreiten: Von den radikalen, sinnverstümmelnden sprachlichen ›Schnitten‹ wäre zu reden, die ein Thomas Kling in Gedichten etwa seines Bands »geschmacksverstärker« als Reflex auf die Ästhetik der Videoclips, des Fernbedienungs-Zappings oder der sich über das Filmgeschehen lagernden Werbeunterbrechungen vornimmt.[214] Ebenso von den – im Ansatz ähnlich wie Kling – Fotografie

---

213 Ebd. 92.

214 Als Klings direktes Vorbild muß jedoch der schon in den siebziger Jahren veröffentlichende Reinhard Priessnitz angesehen werden, der es mit einem Gedicht wie »film« unternimmt, die Schnittmetapher auf die konkrete Wort- und Zeichenebene des Gedichts zu übertragen und so zu einem ganz eigenen Typ von Film-Gedicht findet. »film« ist deshalb als poetologisches Bekenntnis-Gedicht

und Film als Medien virtueller Erinnerung thematisierenden Gedichten Marcel Beyers (Titel wie »Olympia, Spätfilm« oder »Der westdeutsche Tierfilm« sind exemplarisch) oder denen eines Lutz Seiler, für den das Medium Teil der mémoire involontaire individueller wie kollektiver Geschichte ist (»nosferatu«), müßte die Rede sein. Die zahlreichen Momentaufnahmen (»glimpses & glances«) in Durs Grünbeins erstem Gedichtband »Grauzone morgens« wären zu erwähnen oder die kaleidoskopartigen Enumerationen, Ausschweifungen und Bilderfluten in Paulus Böhmers Langgedichten des »Kaddish«-Zyklus, um nur einige Autoren zu nennen, die seit den neunziger Jahren der Thematik des Films, Kinos, Fernsehens, der Hyper- und Massenmedialität des Internet verstärkt Aufmerksamkeit entgegenbringen.

Doch damit rückt das in der Moderne mit Autoren wie Rimbaud, Lautréamont oder Nietzsche aufgekommene ästhetische Paradigma filmisch-kinematographischer Weltwahrnehmung bereits wieder aus dem Blickfeld: Das Wahrnehmungsdispositiv des 21. Jahrhunderts ist nicht mehr der Film, wie ihn optische Kamera, Zelluloidstreifen, Projektor und Leinwand im 20. Jahrhundert verkörperten. Neue mediale Bezüge sind im Entstehen, die wiederum an neue, erst in unserer Zeit aufgekommene Möglichkeiten digitaler Aufnahme und Bildverarbeitung gebunden sind: »Die Kinowäsche war wieder ganz weiß«, umschrieb Born schon 1978 in »Für Pasolini« das »Ende der Vorstellung« im Projektionsraum.[215] Seit es Videotechnik, Satellitenfernsehen und elektronische Animationsverfahren gibt, ist der auf Zelluloid reproduzierbare Film selbst historisch geworden – einem, wie das oft totgesagte Buch und die Lyrik im Medium Buch nichtsdestotrotz lebendigen Anachronismus mit nach wie vor innovativem ästhetischen Potential.

---

von Priessnitz – und für Kling – aufzufassen, da es durch die wörtliche Nennung der »film«-Technik und des »schnitt«-Verfahrens seine Vorgehensweise des ›Zerschneiden‹wollens von Wort-, Satz- und Sinnzusammenhängen präsentiert: »schnitt; die schweisswarze am lid-/ schatten; *bild-* / *riss*, / das grosse: menü; eiswind; schas; / immer flimmer: dass sich so / worte ergeben? , *ab-* / *schnitt*, tisch, sessel, regen; dann / der film als tag: reisst. / *abriss*, *quaqua*; herbst, / die zeitlose nuss: reiss ab. / surren; sekündend: vierundzwanzig tränenkader / (heuler!), und das durchs kino; *schnitt*, / kommata; milch; tusch, zeichenleichen, / *viel hunderttausend ungezählt*, / aber nur die blöderen bilder; gerafftes; / ——— fragen, / was für eine leinwand das auge sei« (Priessnitz, vierundzwanzig gedichte, S. 45).

215 Vgl. Born, Gedichte, S. 223.

3. Blaise Cendrars

3.1 Cendrars' Auseinandersetzung mit Film und Kino – in Theorie und Praxis

Wenn Cendrars in seinen späteren Prosawerken wie »Le lotissement du ciel«, »Bourlinguer« oder der Interviewserie »Blaise Cendrars vous parle« von seiner Zeit im Kreis der Pariser Avantgardisten gern von der »époque quand je faisais du cinéma« spricht, so ist Vorsicht geboten. Denn nimmt man seine Bekenntnisse allzu wörtlich, läuft man Gefahr, der Kolportierung seines eigenen Mythos in die Falle zu gehen.[1] Indem er literarisch unter dem Kunst-Namen Cendrars auftritt, statt als bürgerlich registrierter Frédéric Louis Sauser, gibt er uns bereits zu verstehen, daß Dichtung und Wahrheit, Autobiographie und Fiktion, literarische Erfindung und Lebenswirklichkeit in seinem Werk eine poetische Symbiose eingehen. Was seine dichterische Authentizität ausmacht, stimmt nicht zwangsläufig mit der faktischen Wahrheit überein. Dabei ist es für uns nicht von Belang, ob sein Mythos vom auf allen Meeren und Kontinenten beheimateten Abenteurer anhand biographischer Daten nachprüfbar ist, sondern es geht um die Frage, wie tatsächliche Erfahrungen poetischen Stellenwert gewinnen. Diese Vorgabe ist bei Cendrars' Beschäftigung mit dem Kino[2] zu beachten: Es ist weniger von Bedeutung, wie detailliert und

---

1 Vgl. etwa folgende, nicht nachgewiesene Episode von in Afrika gedrehten Tierfilmen für Pathés Wochenschauen, von der Cendrars in der Erzählung »La Tour Eiffel sidérale« des autobiographischen Erinnerungswerks »Le lotissement du ciel« berichtet: »Si avant la guerre de 14 je m'étais déjà occupé du cinéma, tournant des documentaires pour le compte de la firme *Pathé*, bobines qui faisaient partie d'une série intitulée *La Nature chez elle*, ce n'était pas tant pour gagner ma vie, péchère! que profiter de l'occasion qui m'était offerte de séjours dans les coins les plus paradisiaques de la planète« (Cendrars, Œuvres complètes VI, S. 508). Die funktionale Einbindung dieser Anekdote in den Kontext seiner Erzählung – einem Rückblick des schreibenden Ichs auf die Pariser Kunstwelt vor dem Ersten Weltkrieg aus einer Distanz von über dreißig Jahren – macht jedoch deutlich, daß er sie nicht des reinen Fabulierens willen zum besten gibt, sondern um einen daran anschließenden, minutiös durchgeführten Vergleich zwischen dem Funktionieren der individuellen Erinnerung und dem einer Filmkamera das lebensgeschichtliche Fundament zu verleihen.

2 Ein erster Überblick über Cendrars' essayistisch-theoretische wie literarische Kino-Referenzen in all seinen gesammelt vorliegenden Prosawerken ist bei Vanoye, Le

fachlich exakt er sich mit dem Kino-Handwerk einließ, wie tief er Einblick ins Filmemachen erhielt, sondern wie intensiv seine – mehr oder weniger profunden – Kenntnisse des Mediums Film seine Konzeption von Literatur, seine Auffassung von Poesie, die Kreation von Lyrik im engeren Sinne steuerten.

An seiner einzigen nachweisbaren Tätigkeit als individueller Filmemacher zeigt sich solche Transformation des Materials persönlicher Erfahrung zu poetisch bedeutsamen Signata im Zeichenkosmos seiner Literatur: Auf Vermittlung des mit ihm befreundeten Jean Cocteau – der, im Gegensatz zu Cendrars, kinematographische und literarische Arbeit streng voneinander trennte und in beiden Metiers zu reüssieren verstand[3] – erhält er 1921 die Möglichkeit, in der römischen »Cinecittà« einen Film zu drehen. Es entsteht »La Vénus noire«, wovon lediglich der szenische Entwurf erhalten geblieben ist, 1922/23 im Kontext des Fortsetzungs-»ciné-romans« »La perle fiévreuse« inklusive präziser Kameraanweisungen und durchnummerierter Einstellungswechsel veröffentlicht,[4] nicht jedoch das Zelluloid-Material. Vom Desaster dieses nur mit Mühe fertiggestellten und anscheinend ohne jeden Erfolg durch die Kinos gegangenen Streifens erzählt Cendrars das erste Mal 1929 in »Une nuit dans la forêt« (mit dem Untertitel: »Premier fragment d'une autobiographie«). Den Mißgriff des Mediums will er rechtfertigen mit dem nachträglichen Eingeständnis: »moi-même, je faisais du cinéma pour gagner de l'argent«,[5] ohne dabei jedoch die Faszination, die die Technik auf ihn ausübte, schmälern zu wollen.[6] Im Gegenteil, in seiner Vision eines Kinos, das sich seiner Poten-

cinéma de Blaise Cendrars, zu finden; erwähnt werden dort allerdings nicht seine verstreut vorliegenden literarischen Rückgriffe auf das Kino in diversen Interviews, Vorworten, Begleittexten etc.

3 Cocteau (»à Jean CoctO«) ist das Gedicht »OPOetic« von 1916/17 gewidmet, eines von drei der 1923 veröffentlichten »Sonnets dénaturés« (Cendrars, Œuvres complètes I, S. 87-90), das Vokalismus und Graphismus des emphatischen O-Lautes zur lyrischen Absurdität steigert: »Oh POE sie / Ah! Oh! / CacaO / Puisque tu prends le tram pOurquOi n'écris-tu pas tram*wée* / VOis la grimace écrite de ce mOt bien fran*cée* / Le clOwn anglais [Chaplin ! – J. R.] la fait avec ses jambes / […] L'Esprit jalOuse l'affiche du cirque et les pOstures alphabétiques de l'homme-serpent / Où sOnt les pOètes qui parlent la bOuche en rOnd?«

4 Zum französischen »ciné-roman« und einer Interpretation von Cendrars' »La perle fiévreuse« als prototypischem Vertreter dieser publizistisch lancierten Gattung vgl. Albersmeier, Die Herausforderung des Films an die französische Literatur, S. 273-297.

5 Cendrars, Tout autour d'aujourd'hui, S. 190.

6 Diese Technikleidenschaft mit der Kinobegeisterung im Mittelpunkt bildet auch den Hintergrund für Cendrars' 1929 erschienenen, utopisch-technologisch basier-

zen und Affinitäten bewußt wird, hebt er sich bereits von den technischen Standards und Konventionen seiner Zeit ab. »Une nuit dans la forêt« ist deshalb nicht als anekdotische Schilderung vom akzidentellen Aufenthalt eines Literaten unter Cineasten aufzufassen, sondern als im Autobiographischen verankerte Apologie des Films als dem Referenzmedium poetischer Ambitionen.[7]

So etwa evoziert er mit der Nennung der von der Filmkamera benutzten Objektive eine neue Art von Wahrnehmung, welche durch die technischen Apparate determiniert wird; zugleich macht der litaneihaft-suggestive, anaphorisch-asyndetische Stil die Aufzählung zu einem lyrischen Interludium innerhalb des Prosa-Duktus – sie gehört zu jener Art arabesker Passagen, wie sie kennzeichnend für die autobiographischen Erzählwerke Cendrars' sind:

le 170 *Dallon-Téléphoto* qui vous capte un individu et le ligote brusquement comme au lasso, le 120 *Dallmeyer* qui le dope, leurre et le transforme en patient, le 100 *B & L Tessar* qui l'endort comme au chloroforme et le désanime, le 75 *Carl Zeiss Matched* qui fend et écartèle les muscles, le 50 *Vérito* qui griffe et pince les nerfs, le 28 *Ultrastigmate* qui colore les pensées et le 12 *Goerz-Hypar* qui compénètre insensiblement votre victime pour se substituer à sa personnalité.[8]

Seine Apologie des Kinos entsteht somit nicht nur, wie bei den meisten seiner schriftstellerischen Zeitgenossen, aus der passiven Anschauung im Lichtspielhaus, sondern aus der im praktischen Umgang mit den filmischen Gerätschaften erworbenen Sachkenntnis. Diese verschafft ihm konkrete Einblicke in die Natur des Mediums, wie sie beispielsweise Apolli-

---

ten ›Abenteuerroman‹ »Les confessions de Dan Yack« (Cendrars, Œuvres complètes III, S. 125-228). Wie Prinz, Das Motiv der Reise im Frühwerk von Blaise Cendrars, S. 179-181, festgestellt hat, entspricht die dieser fiktiven Biographie zugrunde liegende »umfangreiche Darstellung und vielschichtige Beurteilung der neuen Kunst der Kinematographie […] weitgehend Cendrars' persönlicher, ambivalenter Haltung gegenüber diesem Medium, die auf Erfahrungen, die er in den Dreharbeiten für eigene Filme gemacht hat, beruht.«

7   Um die Rezeptionsgeschichte dieses Textes anzudeuten, sei hier nicht unerwähnt, daß Gottfried Benn in der Einleitung seines in Knokke gehaltenen Vortrags »L'Apport de la Poésie Allemande du Demi-Siècle« auf eben Cendrars' »Une nuit dans la forêt« anspielt, das ihm poetologisch einen Schlüssel zur französischen Gegenwartspoesie an die Hand gibt, von der er die deutschsprachigen Entwicklungen, über die er sprechen will, abzugrenzen versucht. (Vgl. Benn, Essays und Reden in der Fassung der Erstdrucke, S. 545f. und 551f.).

8   Cendrars, Tout autour d'aujourd'hui, S. 197.

naire beim Verfassen von »L'Esprit nouveau« nicht zur Verfügung standen. Cendrars' Anspielungen auf den technischen Charakter des Mediums
weisen das Kino als einen Ort aus, der die Erfahrungen des modernen
Zeitalters repräsentiert. Die gesellschaftliche Rolle, die früher Magie,
Traumdeutung, Astrologie oder Prophetie erfüllten, wird vom Film zugleich übernommen und profanisiert:

> Ce que l'astrologie a mis des siècles à esquisser, les horoscopes, les lignes
> de la main, l'interprétation des songes, les bosses du crâne, la forme des
> ongles, les chiffres et les formules magiques du cœur, les évocations
> noires de la sensibilité, la conjuration des sens, les fantasmes de l'imagi-
> nation, le symbolisme de l'esprit, l'analogisme du langage, l'inassouvis-
> sement pharamineux des désirs, le cinéma est prêt à nous en livrer les
> clés dès demain [...].[9]

Das psychisch Unbewußte, aus dem die magischen und visionären Prak-
tiken schöpfen konnten, werde nunmehr vom Kino ausgelotet – als handelte es sich um eine Visualisierung von Freuds Psychoanalyse: »Sa seule
justification est de nous arracher la peau et de nous montrer nus, écor-
chés, dépouillés dans une lumière plus réfrigérante que celle qui tombe
de l'Absinthe«.[10] Das scheinbar Nebensächliche, Unbeachtete, Unbestimmbare gewinnt plötzlich an Bedeutung und läßt ein unerwartetes
Bild der eigenen Alltagswelt entstehen:

> La grandeur du ciné est toute en surprises, grâce à ces correspondances
> entre l'irréfléchi, l'inerte, l'indéchiffrable, l'informe, l'informulé [...]
> et les aspects les plus connus [...] de l'existence. [...] Le rôle du cinéma
> dans l'avenir sera de nous redécouvrir des hommes, nous-mêmes, de
> nous redémontrer, de nous remonter à nous-mêmes, de nous faire voir
> à nous, de nous nous faire accepter à nous-mêmes, sans rancœur et
> sans dégoût, tels que nous sommes [...].[11]

In einem Zeitschriftinterview, welches auch Kracauer für seine »Theorie
des Films« heranzog,[12] erläutert Cendrars, wie er aus dem technischen
Gerät eine neue Art von Magie, eine »vie intense« aufkeimen sieht, die
sich den Interferenzen der Filmprojektion mit der menschlichen Wahrnehmung verdankt:

---

9   Ebd. S. 194.
10 Ebd.
11 Ebd. S. 193.
12 Vgl. Kracauer, Theorie des Films, S. 225f.

Je me souviens d'un ancien film: L'écran montrait une foule, et dans cette foule il y avait un gamin avec sa casquette sous le bras: Et tout d'un coup, voilà que cette casquette [...] s'est mise sans bouger – à prendre une vie intense, on la sentait prête à bondir, comme un léopard! [...] Était-ce une affaire de lumière, d'effluves, je ne sais quoi? Il y a comme des faits mystérieux qui semblent indiquer que la pellicule peut être sensible à des impressions qui échappent à nos sens [...].[13]

Ein Schockmoment von der Art, wie es auch Benjamin demonstriert, soll dazu beitragen, die unbewußten Zusammenhänge, denen das Ich ausgeliefert ist, aufzudecken; bestimmte, willkürlich heraufbrechende Momente der eigenen Geschichtlichkeit werden *erleuchtet* und transparent gemacht, so daß aus dieser Art von »Illuminationen« oder aufblitzenden, erhellten Bildern sich eine neue Art von ›Sinn‹ konstituiert. Diese Einsicht korrespondiert mit Cendrars' literarischem Anspruch auf Simultanität und verortet seine Intentionen innerhalb avantgardistischer Montage- und Assemblageverfahren:

Je tombe alors au fond de moi-même, je coule et je prends plaisir à ces retours vertigineux de la conscience quand je suffoque et me noie. La vie défile à toute vitesse comme un vieux film recollé, plein de déchirures, de trous, de scènes ridicules, de personnages à l'envers, de titres démodés pour s'arrêter soudain sur une seule image, qui n'est pas toujours la plus belle, mais qui devient lumineuse à force de fixer l'attention.[14]

Cendrars' Überlegungen sind das Ergebnis einer bis in die Jahre seines ersten New Yorker Aufenthalts 1911/12 hinein dokumentierbaren Affinität zum Kino (»New York in Flashlight«), die, wie bei Benjamin und Kracauer, weniger aus Neigung zu den meisten tatsächlichen Kinoproduktionen seiner Zeit zu erklären ist – welche verantwortlich waren für das weitverbreitete Bild vom »Kintopp« als eines unseriösen Vergnügungsautomaten – als aus den noch weithin unerkannten Möglichkeiten, die das neue Medium zu bieten hatte.

»New York in Flashlight« enthält die erste bekannte theoretische Reflexion von Cendrars über das Kino. Wie auch seine übrigen Texte zum Kino stellt sie bereits ein die Gattungsgrenzen aufsprengendes Stück lyrischer Prosa dar. Im »Préface« des Fragment gebliebenen Entwurfs weist Cendrars dem Kino eine paradigmatische Rolle innerhalb des Ensembles der technisch-medialen Erfindungen, die das Bild der modernen Metro-

---

13 Cendrars, Interview de Blaise Cendrars sur le Cinéma, S. 140.
14 Cendrars, Tout autour d'aujourd'hui, S. 162f.

pole bestimmen, zu. Anstelle innerer Vorstellungen (»l'imagination«) des romantischen Dichters treten nunmehr äußere Bilder (»images«), die er zu bewältigen hat. Die Vorstellung vom Kino als Inkarnation modernen Lebensgefühls illustriert besonders der zweite Absatz, wo Cendrars verschiedene Komponenten des Mediums (Schnelligkeit, Bilderfolgen, Rhythmus) in der Alltagswelt (Metro, Geräuschkulisse, Leuchtreklamen) situiert. Imaginiert wird die kongeniale Erfindung eines Aufnahmeapparates, der zugleich Projektor ist ähnlich dem ambulanten Kino in Einsteins »Bebuquin«; doch dürften beide Autoren zu diesem Zeitpunkt ohne Kenntnis voneinander ihre Idee entwickelt haben. Die dichterische Produktion wirkt auf den Kopf gestellt, da der kreative Prozeß von innen nach außen verlagert ist – wiedergegeben wird vom Gerät nämlich nur das, was bereits auf der Straße vorhanden ist. Damit hat Cendrars bereits zu diesem Zeitpunkt für sich eine Idee des Plagiats als poetischer Verfahrensweise formuliert, auch wenn sie erst später in den »Dix-neuf poèmes élastiques« zur Anwendung kam:

J'ai été en traitement chez un cinématographe. Depuis je me suis procuré un appareil. Surtout le soir, quand j'ai vainement peiné sur un poème et que les rimes ne viennent pas. L'appareil crépite. Le film ronronne. Les images pleuvent. Le cerveau se gonfle à la pluie. Les nerfs se détendent. Le cœur s'apaise. Les scènes défilent, me cinglent, comme les flagelles glacés des douches. La vulgarité de la vie quotidienne me régénère. Je ne poursuis plus de chimères. Je ne rêve pas. Pas de métaphysique. Pas d'abstraction. Les mâchoires se décrochent. Je ris en équilibre dans un fauteuil. Pour cinq sous! C'est mon hygiène d'homme-de-lettres trop aigri. Le cinématographe est mon hydrothérapie. J'aime aussi beaucoup les métropolitains et les chemins de fer suspendus. Surtout ceux de New York, car ils sont mal bâtis et il y arrivent beaucoup d'accidents. Les express fusent. Les roues tournent. Les ressorts grincent. Un rhythme aheurté, impair, m'emporte. Je bois de la vitesse, cette absinthe de tout le corps. [...] Je me suis acheté un gramophone. [sic] [...] J'y enregistre sur les disques sympathiques le parler des gens qui dialoguent dans la rue. [Vgl. Apollinaires »poèmes-conversations«! – J. R.] Je n'ai plus aucun frais d'imagination. Mes romans sont dictés par une machine parlante qui hausse la voix et hurle l'en-tête redondante d'un journal. Elle me fait de la réclame. [...] J'ai su combiner les merveilles du monde moderne. J'ai inventé un appareil qui, actionné par les roues des express, déroule ses films transparents, débrouille ainsi, devant les passagers ennuyés, l'écheveau des dernières nouvelles télégraphiques qu'un gramophone grasseye. [...] A la place des insipides tableaux-réclames qui font le beau aux parois des wagons, les vues gesticulantes d'un grand magasin forceraient l'attention, tandis que le gramophone [...] énoncerait les arrivages et les prix. [...] Après les Balzac, les Villiers, c'est là mon dernier rêve romantique.[15]

Der Idee eines Alphabets der Bilder verdankt sich auch die Schrift »L'ABC du Cinéma«, einzeln erschienen in Paris 1926, jedoch mit dem davon abweichenden Entstehungsvermerk versehen: »Rome 1921« – ein Datum, das mit der intensivsten Phase seiner Tätigkeit als Filmemacher zusammenfiel. Vierzig Jahre vor McLuhan entdeckt Cendrars im Kino den Repräsentanten eines epochalen Umbruchs in der Evolution der menschlichen »Aufschreibesysteme« (Kittler).

Die These eines Epochenwandels für den menschlichen Wahrnehmungsapparat bildet die theoretische Achse seines in »L'ABC« geschilderten Ansatzes: So proklamiert er drei menschheitsgeschichtliche Epochen, die die Schriftkultur revolutionierten; zunächst eine ›haptisch-mimetische‹ Ära von den Höhlenmalereien der Bronzezeit über die Hieroglyphen der Ägypter bis zur Einführung und Weiterentwicklung des phönizischen Alphabets in Griechenland; danach das mit Gutenberg einsetzende Zeitalter des Buchdrucks, das mit gesellschaftlichen Erscheinungen wie Demokratie und Nationalismus, Kolonialisierung und Kapitalismus assoziiert wird (hier gibt es die auffälligsten Parallelen zu den späteren Thesen McLuhans); und schließlich, seit der Erfindung der Daguerreotypie, die Epoche des künstlich reproduzierbaren Bildes:

»Cinquante années plus tard le cinéma était là [...] tout fait prévoir que nous nous acheminons vers une nouvelle synthèse [...] et qu'une race d'hommes nouveaux va paraître. Leur langage sera le cinéma«.[16]

Mit der Euphorie des Entdeckers versucht er eine Vorstellung von dieser neuen Sprache zu vermitteln. Er tut dies zum einen, indem er das sich gerade erst herausbildende Vokabular cineastischer Fachbegriffe zitiert, zum anderen durch einen elliptischen, assoziativen Sprachgestus, der die

---

15 Cendrars, Inédits sécrets, S. 238-240.
16 Vgl. Cendrars, L'ABC du Cinéma, S. 16-22, hier S. 21. Im Zeitschrifteninterview von 1926 gibt er im selben Tenor zu Protokoll: »Il n'y a que le cinéma pour faire vivre mille hommes comme un seul être; ou un fragment d'être, alors que dans la réalité cette unité profonde n'apparaît pas, comme un être entier.« (Cendrars, Interview de Blaise Cendrars sur le Cinéma, S. 142). Diese Ansicht vom Kino als einem den Massen zu gemeinsamer Identität verhelfenden Ort erinnert wiederum an Reverdys prägnanten Vers: »Mille cœurs pareils / Mis à nu«.

im Kino üblichen Schnitte, Ellipsen, Überblendungen, Parallelmontagen, auf denen die alogischen Brüche und semantischen Sprünge gegenüber dem logisch-linearen Duktus der ›Büchersprache‹ beruhen, erfahrbar machen will: »L'image est aux sources primitives de l'émotion«.[17] D. W. Griffith, mit dem er persönlich ein Interview geführt haben will, schreibt er die Erfindung von Techniken wie »cut-back« und »close-up« sowie den Satz »What is ever seen is never seen« zu, während er Abel Gance mit der Einsicht zitiert, daß das Kino erlernt und studiert werden müsse wie eine Fremdsprache.[18] Die Kenntnis dieser Sprache bedeute den Eintritt in eine bis dahin nicht wahrgenommene Welt – keine andere als die unsrige, nunmehr jedoch aus der Perspektive der Filmkamera betrachtet:

> Les cristallisations s'animent. Extase. Les animaux, les plantes, les mi-néraux sont des idées, des sentiments, des chiffres. [...] Et ceci n'est pas d'un symbolisme abstrait, obscur et compliqué mais fait partie d'un organisme vivant que nous surprenons, que nous délogeons, que nous traquons et qui n'avait jamais été vu.[19]

Für ihn ist das Kino das ganze Gegenteil einer einlullenden »usine des rêves«, nämlich ein bewußtseinssteigerndes Medium, das neue Einblicke in die Wirklichkeit erlaubt und einfache literarische Repräsentations-intentionen wie ›realistisch‹ oder ›mimetisch‹ verblassen läßt. Wie Cen-drars' Metaphorik belegt, ist es v.a. eine Erweiterung des Seh-Sinns, des Auges, der visuellen Wahrnehmung, die er sich vom Kamera-Auge er-hofft, das er für ein größeres Wunder als das Facettenauge der Fliege hält. Denn der Facettenreichtum der filmischen Darstellung läßt keine kühle Beobachtung einzelner, voneinander geschiedener Objekte mehr zu, son-dern bindet den Betrachter an das Universum seiner aus heterogensten, fluktuierenden Einzelobjekten zusammengesetzten Bilder:

> Et que nous importent les védettes et les stars! Cent mondes, mille mouvements, un million de drames entrent simultanément dans le champ de cet œil dont le cinéma a doté l'homme. Et cet œil est plus merveilleux bien qu'arbitraire, que l'œil à facettes de la mouche. Le cerveau en est bouleversé. Remue-ménages d'images. L'unité tragique se déplace. Nous apprenons. Nous buvons. Ivresse. Le réel n'a plus aucun sens. Aucune signification.[20]

---

17 Cendrars, L'ABC du Cinéma, S. 21.
18 Vgl. ebd. S. 14f.
19 Ebd. S. 12f.
20 Ebd. S. 9.

Konsequenterweise führt der ›Rausch‹ der unkontrolliert konsumierten Bilder zur Entmachtung des autonomen Subjekts; seine Individualität gibt es an den »automatisme« des Apparates ab. In dieser Überlegung kommt bereits eine radikale Infragestellung der ästhetischen Forderung nach literarischer Originalität und individueller Autorschaft zum Ausdruck, wie später in einigen seiner »Poèmes élastiques« und den »KODAK«-Gedichten. »Et c'est la machine qui recrée et déplace le sens d'orientation et qui découvre enfin les sources de la sensibilité [...] Mais c'est une découverte anonyme à laquelle on ne peut pas attacher de nom.«[21]

Cendrars bejaht die technische Determiniertheit nicht mit futuristischer Hingabe, jedoch in der Hoffnung, künstlerisch daraus Kapital zu schlagen; hinzu kommt das Bewußtsein von der Irreversibilität technischer Evolutionen. Wie Benjamin im »Kunstwerk«-Aufsatz die Dadaisten und Surrealisten als Vorreiter dessen sieht, was später dank filmischer Schnittechniken kulturelles Allgemeingut wird, so sieht Cendrars die Absichten der Avantgarde nach einer dem technischen Zeitalter angepaßten Ästhetik im Sinne von Apollinaires »Esprit nouveau« im Kino bestätigt. Den Zufalls- und Fragmentcharakter moderner Kunstwerke entdeckt er im Ausschnitthaften, den Kubismus in den verzerrten Größenverhältnissen der Filmaufnahmen wieder. Analog zur Sichtweise Kracauers haben die Abbildungen auf Zelluloid keinen literarischen Symbolcharakter, sondern sind von sich aus, als Objekte der Außenwelt, mit individueller Bedeutung aufgeladen:

Sur l'écran le moindre effort devient douloureux, musical, et les insectes et les microbes ressemblent à nos plus illustres contemporains. Éternité de l'éphémère. Gigantisme. [...] L'attention se fixe sur le froncement sinistre des sourcils. Sur la main recouverte de durillons criminels. Sur un bout d'étoffe qui saigne continuellement. Sur la chaîne de montre qui se tend et se gonfle comme les veines de la tempe.[22]

Damit unterstreicht Cendrars, daß in seiner Auffassung dem Film eine wirklichkeits›enthüllende‹ (Kracauer) Funktion zugedacht ist. Dem Prinzip der Authentizität des dargestellten Wirklichkeitsausschnitts verpflichtet, ist er der Ansicht, daß »une humble servante qui lave la vaisselle en ne pensant à rien est plus photogénique, *à condition qu'elle se laisse surprendre par l'objectif,* que toutes les métamorphoses pénibles de Mary Pickford«.[23]

21 Ebd. S. 8f.
22 Ebd. S. 10f.
23 Ebd. S. 12.

Gewissermaßen avant la lettre die Idee eines »Cinéma vérité«[24] ent-wickelnd, favorisiert er am Film dessen dokumentarische Potenzen. Dies läßt sich schon an der Tatsache feststellen, daß Cendrars beim Drehen von Gances »La Roue« (1920) die Leitung der Außenaufnahmen über-nommen hatte[25] – also genau diejenigen Akzente setzte, die über das literarische Erzählmuster und die bühnenhafte Inszenierung des Films hinausgehen –, die Kracauer in einer Kritik des Streifens als dessen film-ästhetisch überzeugendste, progressivste Partien bezeichnete.[26] In seiner »Theorie des Films« zitiert Kracauer dann auch genau jene Interview-äußerung Cendrars' von 1926, die sich für diesen Aspekt der Authentizität bei der Aufnahme und Wiedergabe einer ›ungestellten Realität‹ ausspricht:

> Quand la même scène peut être prise sur le Montblanc, ou dans un studio, il est certain que la scène prise réellement sur la montagne pos-sède quelque chose de plus: il y a là encore des *effluves lumineux* [meine Hervorhebung – J. R.] ou autres qui ont agi sur le film et lui ont donné une âme.[27]

Deutlich richtet er sich gegen künstlich drapierte Szenerien, wie sie etwa der expressionistische Film mit »Das Cabinett des Dr. Caligari« gepflegt hatte: »Ce n'est pas *faire de l'avant-garde* que de mettre des décors cubi-ques etc.«[28]

Die Ansicht einer Korrespondenz zwischen Kameraaufnahme und un-gestellter Außenwelt unterstreichen nicht zuletzt die flüchtig gebliebe-nen, wegen des frühen Tods von Jean Vigo in der Phase der Projektierung steckengebliebenen Notizen Cendrars' für einen Spielfilm unter der Regie des Machers von »À propos de Nice« und »L'Atalante«.[29] »Contrebandiers«, wie der Arbeitstitel des Vorhabens war, sollte die Situation der vom

---

24 Zur Begrifflichkeit des Dokumentarfilms und »Cinéma vérité« vgl. die Artikel von Musser in Nowell-Smith, Geschichte des internationalen Films.

25 Vgl. Vanoye, Cendrars et Gance à la Roue.

26 Vgl. Kracauer, Kino, S. 116-118. Kein Geringerer als Ezra Pound hebt in einer sei-ner raren Filmbesprechungen Cendrars' genuine Leistung bei der mise en scène von *La Roue* hervor: »Thanks to [...] Blaise Cendrars, there are interesting mo-ments, and effects which belong, perhaps, only to the cinema. [...] we can admit that they are essentially cinematographic, and not a mere degradation of some other art.« Pound zit. nach Bochner, Writing a Cinema.

27 Cendrars, Interview de Blaise Cendrars sur le Cinéma, S. 141. Vgl. Kracauer, Theorie des Films, S. 63.

28 Cendrars ebd.; kursiv im Original.

29 Zu Vigo vgl. Kracauer, Kino, S. 120-124.

Schmuggel profitierenden Pyrenäendörfer an der französisch-spanischen Grenze, eingekleidet in die Story einer Eifersuchtsgeschichte, inszenieren. Auffällig sind Cendrars' wiederkehrende Anweisungen für den Einbau dokumentarischer Sequenzen, die, bis auf ein gewisses Lokalkolorit und atmosphärische Details, keinerlei direkten Bezug zur Spielfilmhandlung aufweisen.[30]

In einer Fußnote zu einem völlig anderen, um 1918 favorisierten Filmprojekt »Les atlantes«, das die geologische Entstehung der Kontinente mit der Geschichte einer vormenschlichen Zivilisation in einer Art »Science-fiction«-Epos avant la lettre vereinen sollte, hatte Cendrars sich die Realisation ›authentisch‹ wirkender Aufnahmen etwa so vorgestellt: »Comme le mouvement des foules ne donne rien au cinéma – rendre dans des épisodes isolés *la plasticité* de la vie publique.«[31]

Das vehemente Eintreten für eine solche wie oben von ihm postulierte ›Aura‹ dokumentarischer oder »echter« (Kracauer) Filmaufnahmen gegenüber dem Kulissenzauber von Studioeinspielungen zeigt sich in einer der materialreichsten Reportagen Cendrars', die gern als seine enttäuschte Rückzugserklärung aus der Welt des Films und als Abgesang auf seine früheren kinematographischen Ambitionen verstanden wird,[32] nämlich »Hollywood. La Mecque du Cinéma« von 1936. »Hollywood« ist jedoch kein Abgesang in dem Sinne, daß Cendrars nunmehr dem Kino als solchem, der Idee des Filmischen, abgeschworen hätte. Im Gegenteil, indem es eine Absage an die Welt des kommerziellen Kinos ist, treten die Konturen seiner eigentlichen kinematographischen Absichten um so deutlicher hervor – als unausgesprochenes, mit wenigen Strichen nur angedeutetes Positiv von der Negativfolie jener Traumfabrik Hollywood, die er, im horror vacui der von der Außenwelt abgeschirmten Studios, so quälend ausführlich beschreibt. Insofern ist einer Interpretation wie der von Vanoye mit Vorsicht zu folgen, der die cineastische Entwicklung Cendrars' etappenartig von der Euphorie des »ABC du Cinéma«-Manifestes, über die Zwischenphase praktischer Filmerfahrung bis zur Enttäuschung der »Hollywood«-Reportage bescheibt. Eher scheint mir eine direkte Verbindung von Cendrars' frühem Optimismus, der die Möglichkeiten des Film-Mediums tangierte, zum späteren pessimistisch gefärbten Realismus, der die Misere tatsächlicher Filmproduktionen konstatierte, zu bestehen: Bis zuletzt bleibt er damit konsequent der Idee dokumentarischer Authentizität verpflichtet, während – im Gegensatz zur Ansicht vieler

---

30 Vgl. Cendrars in Vigo, Œuvre de Cinéma.
31 Cendrars, Inédits sécrets, S. 411.
32 Vgl. den Kommentar von Vanoye in Cendrars, Tout autour d'aujourd'hui.

damaliger Intellektueller – in seinen Augen die Einführung des Tonfilms als solchen dem Kino nicht notwendig eine Einbuße an ästhetischer Glaubwürdigkeit bescherte.

Im Dokumentarcharakter des Films sieht er auch die Basis für eine völlig neue Auseinandersetzung mit der jüngeren Vergangenheit. So zieht er den Film als Möglichkeit, bisher unbeachtete, scheinbar bedeutungslose »Konstellationen« – durchaus im epistemologischen Sinn, den Walter Benjamin diesem Begriff verliehen hatte – ins Licht zu rücken, 1956 in einem Vorwort zu Erich von Stroheims Roman »Poto-Poto« in Erwägung:

> Ce pays secret [du cinéma] est celui où s'exprime – pas toujours librement – mais presque toujours de manière involontairement significative, le contenu profond d'une civilisation, ou d'un morceau du temps. Ce que vous ne trouvez pas à l'extérieur (je veux dire dans les livres, les revues et les journaux), vous le trouverez à l'intérieur, c'est-à-dire dans certains films privilégiés dont les images fixent et laissent deviner par transparence les sentiments plus ou moins durables, les passions, les obsessions d'une époque.[33]

Bezeichnend für Cendrars' ›schrägen‹ Blickwinkel auf Hollywood hingegen ist seine Entscheidung, der Reportage keine Fotografien beizugeben. In einer Geste, die an Baudelaires Haltung in »Le peintre de la vie moderne« erinnert, wo in der Gegenüberstellung mit den flüchtigen Skizzen Constantin Guys' der Fotografie das Recht auf künstlerische Aussage abgesprochen wird, entscheidet sich Cendrars für 29 dessins des Zeichners Jean Guérin, die ihm enthüllendere Einblicke hinter die Kulissen der Traumfabrik gestatten sollen, als dies die allseits bekannten Fotografien Hollywoods seiner Meinung nach getan hätten: »La rencontre la plus heureuse [...] que je pouvais faire dans la capitale de la photographie et de l'objectif était justement celle de ce jeune peintre français [...] d'une sensibilité exquise, de ce garçon qui savait voir et ouvrir l'œil, un œil humain«.[34] Damit scheint er andeuten zu wollen, daß die ›Wahrheit‹ über den Mythos Hollywood nicht in den öffentlichen Fotografien der Lokalität gefunden werden könne – eine Einsicht, der auch Brecht im »Dreigroschenprozeß« anhängt, um damit die Notwendigkeit künstlerischer Montage zu begründen –, sondern nur im genauen, individuellen Hinschauen und Recherchieren ›hinter den Kulissen‹. Warum dies so ist, machen bereits seine Attribuierungen Hollywoods deutlich. Die »Hauptstadt des *industriellen* Kinos« (»la capitale industrielle du cinéma«) para-

33 Cendrars, Préface, S. 8.
34 Cendrars, Hollywood, S. 17.

phrasiert er wahlweise als »l'usine aux illusions«, »cité interdite«, »pays chimérique« oder »Nouvelle Byzance«.[35] Das heraufbeschworene Bild einer chimärischen, realitätsfernen Kulissen- und Studiowelt »ce paradis artificiel qu'est le ciné!«,[36] wird verstärkt durch die Atmosphäre der Undurchdringlichkeit und Abgeschlossenheit der Filmkonzerne gegen jedes unerlaubte Hineinspähen der Außenwelt, personifiziert im Reporter-Ich Cendrars'.

Indem er sich für Zeichnungen anstelle von Fotos entscheidet, indem er die »Stars«[37] in seiner Reportage nur am Rande auftreten läßt – Chaplin, mit dem er bereits um 1910 als Jongleur in London ein Zimmer geteilt haben will, ist abwesend, andere sagen ihr Interview ab –, indem er eigene Erfahrungen in Hollywoods Straßen und Studios in den Vordergrund stellt, diesen aber einschlägige Statistiken, z.B. über die Selbstmordraten in Städten der Vereinigten Staaten, und Zitate aus der wirtschaftlich-soziologischen Fachpresse an die Seite stellt, versucht er das Phänomen Hollywood zu entmythologisieren, was seinem Verlangen nach Authentizität entspricht. Mitunter eröffnen sich ihm paradoxe Einblicke. In

---

35 Ebd. S. 22f., 36ff., 41, 44ff.

36 Ebd. S. 86.

37 In zwei 1951/52 veröffentlichten Porträts »Si j'étais Greta Garbo« und »Si j'étais Charlie Chaplin« widmet er sich dezidiert dem Phänomen des Stars. Besonders an der schwedischen Diva hebt er den Eindruck des künstlichen Wesens hervor, den ihr der Leinwandruhm verleihe: »Sa publicité est devenue sa seconde nature. Pauvre Greta Garbo, condamnée à incarner sa légende publicitaire. *Un sphinx sans énigme*, disait déjà Swedenborg, en parlant métempsychose. [...] Pauvre mannequin romantique de Greta« (Cendrars, Œuvres complètes VIII, S. 277f.), während er die mediale Omnipräsenz Chaplins als eine seiner positivsten Erfahrungen mit dem Kino darstellt: »Si Molière était le comédien du roi, Charlie Chaplin est le roi des comédiens, car il est le seul à nous avoir fait rire du XXe siècle et de nos malheurs« (ebd. S. 281). Darauf hebt auch »Charlot«, eine zweite Chaplin-Apologie von 1952, ab (ebd. S. 283-290), in der sich Cendrars an seine ersten Begegnungen mit dem Komiker erinnert – sowohl während des Ersten Weltkrieges vor der Leinwand als auch persönlich im London des Jahres 1909. An Chaplin, dessen wiederholte Erwähnung am Rande der großen Erzählwerke Cendrars' wie »Bourlinguer« oder »L'homme foudroyé« nahezu leitmotivischen Charakter gewinnt, schätzt er nicht zuletzt die Fähigkeit, in seinen Komödien prototypische Verkörperungen des Grotesken geliefert zu haben, die *dem* literarischen Meister des Grotesken vergleichbar seien: »Je crois bien que l'on donnait [während des Ersten Weltkriegs auf Fronturlaub in Paris] *Charlot au Caf' conc'*, un film cocasse où Charlot tient simultanément deux rôles [...] des véritables caricatures vivantes comme seul E. T. A. Hoffmann avait su en typer jusqu'à ce jour« (ebd. S. 286).

Amerika sei das Verhältnis von Film und Realität bereits derart auf den Kopf gestellt, daß dort nicht mehr der Film das Leben wiedergebe, sondern das Leben den Film zu kopieren beginne:

> Ce n'est pas le point le plus faux pour observer la vie américaine et ses manifestations si souvent exagérées, sinon hysteriques qui se déroulent comme dans un film et qui ont, la plupart du temps, l'air d'avoir été réglées d'avance par un metteur en scène de cinéma. [...] la vie elle-même, en un rien de temps, semble y devenir irréelle, un mythe.[38]

Für Cendrars, der sich vom Film zunächst Aufklärung über das Wesen der Realität erhofft hatte, kann sich die Ernüchterung nicht umfassender manifestieren. Mit dem »Hollywood, la nuit« überschriebenen Schlußkapitel der Reportage wendet sich der Erzähler folgerichtig von der am Profit orientierten Praxis eines realitätsver- statt enthüllenden Kinos ab und taucht im Gegenzug ins ›wahre‹ Leben am Fuße der Traumfabrik ein, sucht die Armenviertel, Rotlichtbezirke und Hafenkneipen der Umgebung auf.

Avantgardegeschichtlich, mit den Prämissen von Daniels argumentierend, ließe sich Cendrars' ästhetische Absage an das Kino seiner Zeit mit dem Hinweis darauf beurteilen, daß die kinematographische Innovation domestiziert, industriell ausgebeutet worden war, sie inzwischen also ihr Neugier weckendes Potential eingebüßt hatte.[39] Mit anderen Worten entsprach das Kino 1936 nicht seinen Vorstellungen eines Kinos, wie er es in »L'ABC du Cinéma« und »Une nuit dans la forêt« poetisch-essayistisch zu antizipieren versucht hatte: ein dokumentarisches, Kracauers Idee von der »redemption of physical reality« verpflichtetes »Cinéma vérité«. Daß diese kinematographischen Ambitionen Cendrars' – fehlten ihm realiter auch die technischen wie finanziellen Voraussetzungen dafür – auf einen durchaus ernstzunehmenden realen Hintergrund verweisen konnten, mag etwa eine in die Erzählung »Paris, Port-de-Mer«, einen Teil seines arabesken Lebensrückblicks »Bourlinguer«, eingeflochtene Vorstellung

---

38 Cendrars, Hollywood, S. 41, 103.

39 Das schließt jedoch nicht aus, daß sich Cendrars auch weiterhin mit der Technik und der sich etablierenden medialen Kultur einläßt, etwa für zwischen 1955 und 1957 im Radio ausgestrahlte Hörspielproduktionen, die er 1959 zusammen mit dem Filmkritiker Nino Frank unter dem Titel »Film sans images« auch als Buch herausgibt. Nino Frank hatte 1946 in der Zeitschrift »L'écran français« in Anlehnung an die französische Kriminalbuchreihe der »série noir« den folgenreichen Gattungs- und Stilbegriff des »Film noir« in den kinematographischen Diskurs eingebracht. Vgl. Cendrars, Œuvres complètes VIII, S. 311–484.

eines »documentaire« über die Pariser Hafenmeile belegen, die unzählige bildhafte Details vorm inneren Auge des Lesers defilieren läßt:

> Quel film! Quel film cocasse il y aurait à faire, une cascade de gags inépuisables et saugrenus, avec les enflés du ministère, les fielleux de la politique, les combinards, les profiteurs, cette faune et cette flore de Paris, autour d'un sujet aussi sérieux et pathétique et gros d'avenir économique et révolutionnaire: PARIS, PORT-DE-MER, dans un décor de bled industriel, un cimétière de machines, des gazomètres défoncés, des pyramides dégringolantes de tonneaux de goudron éventrés, des vannes flottantes, des pistes de cendré, une étendue de tessons de bouteille, des monticules de bidons déchiquetés, des remblais criblés de ressorts à matelas et autres débris sans nom de la civilisation, et jusqu'à une énigmatique machine à coudre échouée sur une digue et à une poussette d'enfant abandonnée, se mettant à rouler d'elle-même au bas d'un talus pour culbuter dans un trou de rat, et l'on se demande comment ces objets usuels sont là et pourquoi, dans cette solitude, devant cet horizon de cheminées d'usines en herse qui les encercle, les fumées empuantissant l'atmosphère.[40]

Aus der tatsächlichen Nichtrealisierung eines solchen an filmische Dokumentarpoesie in der Art von Jean Vigos »A propos de Nice« erinnernden Projekts zieht er jedoch den paradox anmutenden Schluß: »Les meilleurs films sont ceux qu'on ne tourne pas.«[41] Diese Verteidigung eines cineastischen Ideals, das auf Gegenkurs zur kommerziellen Forderung etwa eines »film sentimental qui venait de remporter un succès fou«[42] steuert, mag Vanoye mit einigem Recht zu der Ansicht führen, daß Cendrars' cineastische Karriere nicht an der Uneinlösbarkeit seiner Vorstellungen, sondern am filmästhetischen Rückstand seiner Gegenwart scheitern mußte. So sieht er die kinematographische Theorie des Dichters – eine ›Theorie‹, die freilich nie diskursiv, sondern immer mit der Suggestion lyrischer Metaphorik vorgetragen wird – in der Nähe eines späteren dokumentarpoetischen Avantgardekinos angesiedelt, wie es von Jonas Mekas oder Chris Marker vertreten wird –, auch wenn dessen Vorbilder, im Ansatz des Dokumentarischen, freilich schon bei Jean Vigo, ja bereits Lumière liegen:

> En tant que cinéaste potentiel, Cendrars est peut-être venu trop tôt. Il pouvait difficilement s'accorder de la lourdeur des appareillages tech-

40 Cendrars, Œuvres complètes VI, S. 258.
41 Ebd. S. 259.
42 Ebd.

niques et financiers de l'époque. Un texte comme *Une nuit dans la forêt* invite cependant à penser que l'invention de la camera légère avec son synchrone lui aurait permis de s'inscrire parmi les cinéastes voyageurs, éternels itinérants, documenatristes de leur propre vie, spectateurs passionés et engagés dans le monde, auteurs de journaux de bord filmés, tels que Jonas Mekas, Robert Kramer, Chris Marker ou Johan van der Keuken. Tous un peu rhapsodes d'eux-mêmes, gageons qu'ils ont capté quelque chose de Cendrars. En tout cas, s'il fallait chercher une descendence cinématographique à Blaise, [...] ce serait parmi ceux-là qu'on proposerait de glaner.[43]

Cendrars' theoretische Äußerungen über das Kino sagen allerdings wenig über die kinematographischen Korrespondenzen seiner Lyrik im engeren Sinne aus – es sei denn, man liest sie als implizite poetologische Äußerungen einer am dokumentarischen Vermögen der Filmkamera geschulten Poetik. Genau die Prämisse wird hier vertreten – ausgehend von Cendrars' kinoästhetischen Vorstellungen eine Brücke zu seiner Lyrik zu schlagen; Kino-Texte und Gedichte ins Verhältnis miteinander zu setzen.

3.2 Die Lyrik Cendrars' unter filmästhetischem Gesichtspunkt

3.2.1 »Les Pâques à New York«

Der fulminante Beginn von Cendrars' lyrischer Laufbahn – nach anfänglichen, bis zur Jahrhundertwende zurückreichenden Versuchen (»La légende de Novgorod«, »Séquences«), die im Rahmen dieser Darstellung übergangen werden dürfen – ist im Jahr 1912 anzusetzen, als er in New York mit der Niederschrift von »Les Pâques à New York« Anschluß an »eine Traditionskette [findet], deren letztes Glied Rimbaud ist«.[44] Mit den in die Form doppelter, paarweise gereimter Langzeilen aufgefächerten »Les Pâques à New York« meldet sich ein dezidiert antipoetischer Impuls zu Wort, der mit der »Rhythmik der Großstädte« korrespondiert, indem er »das lyrische Träumen [durchbricht]« und »jäh erhöhte seelische Gestimmtheiten [zerschneidet]. Wahrnehmung [...] wird dem Subjekt nicht gewährt als Geschenk, sondern angetan als Schock. Dem steht gegenüber, daß neue Erfahrungen möglich werden, fremdartige

---

43 Vanoye im Kommentar zu Cendrars, Tout autour d'aujourd'hui, S. xxii.
44 Steland, Antipoetische Poesie, S. 31.

Dingqualitäten und Bewußtseinslagen zu künstlerischer Darstellung drängen«.[45]

»Les Pâques à New York«, durch das Gerüst der häufig unreinen Endreime formal wie in thematischer Hinsicht durch das Motiv des am Ostersonntag durch Manhattan vagabundierenden Ichs eine Einheit stiftend, gibt die Richtung vor, die seine Lyrik, mit den nächsten Bänden an Radikalität gewinnend, einschlagen wird. Das Zusammentreffen ›krasser‹, mit unversöhnlicher Härte aufeinanderprallender Gegensätze, wie sie durch die Assoziation der christlichen Heilsbotschaft inmitten der technisch fortgeschrittensten Metropole der Zeit – Sinnbild lebensweltlicher Artifizialität und oberflächenverhafteter Warenästhetik – zum Ausdruck kommen, ist kalkulierter Stilbruch und (anti-)poetische Programmvorgabe: »L'étoile qui disparut alors du tabernacle / Brûle sur les murs dans la lumière crue des spectacles. [...] La joie du paradis se noie dans la poussière, / Les feux mystiques ne rutilent plus dans les verrières. [...] Des reflets insolents palpitent sur les vitres«.[46] Das Licht der religiösen Verheißung wird vom künstlichen Licht der großstädtischen Spektakel (Leuchtschriften, Kino) eingeholt und überstrahlt – seine mystische Aura verlischt. Die im Schatten der Wolkenkratzer von technischer Präzision ausgeleuchtete Gegenständlichkeit der äußeren Erscheinungen provoziert ein Bewußtsein, das den im Osterfest gesuchten Zustand religiöser Entrücktheit zu nichts zerfallen sieht: »Trouble, dans le fouillis empanaché des toits, / Le soleil, c'est votre Face souillée par les crachats.« (PC 13)

Hatte Rimbaud in den »Illuminations« jene hypertrophe artifizielle Oberflächen-Welt noch weitgehend imaginiert – wenngleich angereichert mit Londoner und Pariser Großstadtimpressionen –, so empfängt Cendrars seine »Erleuchtungen« im Neongeflacker und vor den Leinwänden realer metropolitaner Wirklichkeit. Das »dérèglement de sens«, das der berühmte Vorgänger als provokatorisches Richtmaß für den ›absolut modernen‹ Dichter eingefordert hatte, kehrt wieder in unruhigen, dynamischen Bilderreihen, die der Wirklichkeit den hypothetischen Charakter einer gebrochen vorüberfließenden kaleidoskopischen Wahrnehmung, eines in immer neuen Variationen auf das Bewußtsein projizierten Filmstreifens verleihen.

---

45 Ebd.
46 Cendrars, Poésies Complètes, S. 8, 10. In den folgenden Kapiteln werden Cendrars' Gedichte unter der Sigle PC im fortlaufenden Text nachgewiesen.

3.2.2 »La Prose du transsibérien et de la petite Jeanne de France«

Um zu einer angemessenen Einschätzung von Cendrars' berühmtem Langgedicht unter kinematographischem Gesichtspunkt zu gelangen, ist es notwendig, sich die Art seiner ursprünglichen Publikation zu vergegenwärtigen: Verlegerisch als Gemeinschaftsarbeit mit Sonia Delaunay 1913 auf dem Höhepunkt des Kubismus entstanden und als »Premier Livre Simultané« angepriesen, dessen Auflage von 150 Exemplaren, auseinandergefaltet, die Höhe des Eiffelturms ergeben sollte, könnte es als Versuch gelten, das linear-statische Prinzip des Buchdrucks Prinzipien der Bewegungskünste, inklusive des Films, anzunähern. Auf diese Weise erinnert die »Édition des Hommes Nouveaux«, die sie für die Herausgabe der »Prose du transsibérien« einrichteten, als Titel bereits an jene später in »L'ABC du cinéma« unter dem Zeichen der wahrnehmungsverändernden Kraft des Kinos angekündigte »race d'hommes nouveaux [qui] va paraître«. In der Tat kündigt das Projekt des Dichters und der Malerin jede bis dahin geltende Konvention bei der Herstellung eines Buches auf, ja stellt die herrschenden druckgraphischen Standards auf den Kopf: Cendrars verwendet für den Satz so verschiedene, uneinheitliche Drucktypen, Schriftgrößen und Hervorhebungen wie irgend möglich, was dem Ideal eines besonders harmonischen Satzspiegels von in Strophenform gesetzter Lyrik (dem noch seine ein Jahr zuvor entstandenen »Pâques à New York« entsprochen hatten) radikal widerspricht. Hinzu kommen willkürlich anmutende Einrückungen, abrupte Wechsel von linksbündigem zu rechtsbündigem Satz, ungleiche Zeilenabstände usw.

Auf jeder ›Seite‹ – die, ein weiterer ›Verstoß‹ gegen das gewöhnliche Buch-Fabrikat, nicht umgeblättert, sondern lediglich aufgefaltet wird – stehen sich Text und Malerei direkt gegenüber, als handelte es sich dabei um einen kubistischen Vorgriff auf die später beim Tonfilm übliche Aufteilung des Zelluloidstreifens in Bild- und Tonspur. Delaunays der Abstraktion sich annähernde Farb- und Formenspiele erinnern an die Experimente des ebenfalls im Umfeld der Pariser Kubisten beheimateten russisch-jüdischen Malers Léopold Survage, der unter dem Titel »Rhythme coloré« bewegliche Farbrollen entworfen hatte, die Malerei und kinematographische Dynamik zusammenzubringen suchten, was auf Zelluloid jedoch erst zu Anfang der zwanziger Jahre in Bestrebungen der Maler Viking Eggeling, Hans Richter und Walter Ruttmann gelingen sollte.

In seinem »Modernités« überschriebenen, 1919 in Fortsetzungen in der Revue »La rose rouge« veröffentlichten kunsttheoretischen Essay über die ihm nahestehenden Pariser Maler stellt Cendrars Sonias Ehemann Robert Delaunay als den Schöpfer der semantisch polyvalenten Begriffszuschreibung »simultané« innerhalb der Pariser Kunstszene heraus.[47] Robert Delaunay ist über sein von Cendrars angeregtes Gemälde des Eiffelturms indirekt mit der Publikation der auf Eiffelturm-Höhe ausgelegten »Prose du transsibérien« assoziiert.[48] Für Cendrars bedeutet die Berührung mit Delaunays Simultanität eine im »Profond aujourd'hui« wurzelnde, umfassende

technique [qui] travaille la matière première, matière universelle, le monde. La poésie est l'esprit de cette matière. Sons, couleurs, voix, danses, passions, minéral, végétal, animal, textiles, boucherie, chimie, physique, civilisations, fils, père, mère, tableaux, robes, affiches, livres, poèmes, lampe, sifflet sont la technique, sont le métier. Le contraste simultané est le perfectionnememt le plus nouveau de cette [...] technique. [...] Réalité. Forme. Construction. Représentation.[49]

Im selben Atemzug mit Delaunay nennt Cendrars in diesem Aufsatz – neben Fernand Léger, der kurze Zeit darauf seinen mit animierten Fotografiemontagen experimentierenden Streifen »Le ballet mécanique« fertigstellen sollte – den oben erwähnten Maler Léopold Survage »qui a saisi la profondeur de la couleur cinématographiquement«.[50] Survages Experiment des »Rhythme coloré«[51] allein ist das auf Delaunays »Contraste simultané« folgende Kapitel im »Modernités«-Aufsatz, »De la parturition

---

47 Chefdor, Cendrars et le simultanéisme, weist begriffsgeschichtlich präzisierend darauf hin, daß hingegen die um 1910 von dem inzwischen weitgehend vergessenen Kunsttheoretiker H. M. Barzun proklamierte Schule des »Simultanismus« weder der Simultanitätsauffassung von Cendrars noch der seiner kubistischen Freunde entsprach:»Sans doute faut-il parler du ›simultanéisme‹ et du ›simultané cendrarsien‹, deux parallèles qui ne se rencontrent pas.« (S. 29)
48 Vgl. Cendrars' Gedicht »Tour« in PC S. 67-69 ; Cendrars, Œuvres complètes IV, S. 195f. sowie Miriam Cendrars, Blaise Cendrars, S. 247-260.
49 Cendrars, Œuvres complètes IV, S. 193. Ebendiese Begeisterung Cendrars' für die Simultaneffekte des Kubismus wird häufig als Grund für seine Affinität zum Kino angeführt. So sieht Vanoye, Cendrars et Gance à La Roue, S. 190, die Zusammenarbeit von Cendrars und Abel Gance auf seiten Cendrars' von der Auffassung getragen, daß »le cinéma est l'art (l'arme?) absolu(e). Il est peinture, photographie, lumière, mouvement. Il fond tous les langages, écriture, parole, image, musique, symboles, en un seul.«
50 Cendrars ebd. S. 192.
51 Schon Guillaume Apollinaire hatte Survages rhythmischen Farbversuchen 1914 die Kolumnen »Le rhythme coloré« und »Peinture pour cinéma« im »Paris-Soir« gewidmet. Vgl. Apollinaire, Œuvres en prose complètes II, S. 826f., 845.

des couleurs« gewidmet.[52] Auf diese Weise ergreift Cendrars die Gelegenheit, »de lier ses expériences sur les contrastes colorés avec les Delaunay avec ses préoccupations sur le mouvement propre au cinéma«.[53] Mit einer Ausdrucksweise, die Cendrars selbst als »aussi photogénique que possible«[54] bezeichnet, versucht der Dichter Survages simultanistische Farbversuche in Worten wiederzugeben. Aufgrund des Plastizität suggerierenden Vokabulars, des zuweilen innehaltenden, dann wieder atemlosen rhythmischen Flusses seiner lyrischen Sprache, scheint es dem Dichter leichter zu gelingen, die Illusion rhythmisch bewegter, ›reiner‹ (»absoluter«) Farben und Formen zu erzeugen, als dies für den Maler mit den bloßen bildkünstlerischen Mitteln seiner Gegenwart möglich gewesen wäre. Ohne weiteres kann die visuelle Vorstufe von Survages Experiment auch in Sonia Delaunays Bebilderung der »Prose du transsibérien« vorgefunden werden – blätterte man ihre Buchgraphiken in präkinematographischem Daumenkino-Verfahren durch.

Wie aber läßt sich der Bezug von Delaunays »simultanen«, abstraktrhythmischen Farbillustrationen zur Text-Ebene des »Transsibérien«-Poems (PC 17-34) herstellen? Unter dem Gesichtspunkt sinnlich erlebter Simultanität fällt zunächst die Dissonanz zeitlicher und räumlicher Fixpunkte im Gedicht auf: Während der Transsibirische Expreß ostwärts reist, ruft das Ich in seiner Aufzählung Orte ab, die westwärts liegen, so daß sich auf der lokalen Referenzebene des Gedichts der Eindruck von Paris – »Grand foyer chaleureux« (33) – mit dem débarquement des Ichs im fernöstlichen Kharbin – »comme on venait de mettre le feu aux bureaux de la Croix-Rouge« (ebd.) – vermischt. Den Eindruck zeitlicher Simultanität erreicht Cendrars hingegen, indem er etwa die Vorstellung prähistorischer Vergangenheiten mit der einer technisierten Welt der Zukunft verknüpft: »Et je construirai un hangar pour mon avion avec les os fossiles de mammouth« (28). Mit folgender Intention begründet er seine Verfahrensweise: »j'ai rassemblé les élements épars d'une violente beauté« (32).

Zu den dem Reisenden auf der Strecke begegnenden Bildern von Krieg, Elend, Verwüstung gesellen sich Eindrücke von zurückliegenden Episoden, früher durchfahrenen Landschaften, Personen und Plätzen der verlorenen Kindheit sowie Imagerien rauschhafter Gegenwelten und künstlicher Paradiese (»Viens au Mexique!«, 27f.): »Mehrfach werden die zeitlichen Ordnungen überspielt und ineinandergeschoben. Nicht nur ist

---

52 Cendrars, Œuvres complètes IV, S. 193f.
53 Thibault, Cendrars et Survage, S. 186f.
54 Cendrars, Œuvres complètes IV, S. 194.

die ganze Fahrt erinnernd vergegenwärtigt, auch das halbbewußte Da-
hindämmern des Reisenden verläßt […] die Gegenwart, um in eine nahe
oder ferne Vergangenheit zurück- oder […] phantastische Zukunft hin-
auszuträumen«.[55] Anstelle einer chronologisch berichtenden, narrativen
Linearität kommt es fortlaufend zu Durchdringungen lokal und tempo-
rär divergierender bzw. heterogener Bilder und Sequenzen:

> L'heure de Paris l'heure de Berlin L'heure de Saint-Pétersbourg et
> l'heure de toutes les gares […]
> Et l'avance perpétuelle du train
> Tous les matins on met les montres à l'heure […]
> La cloche aigrelette du Louvre qui sonna la Barthélémy
> Les carillons rouillés de Bruges-la-Morte
> Les sonneries électriques de la bibliothèque de New York
> Les campagnes de Venise
> Et les cloches de Moscou, l'horloge de la Porte-Rouge qui me comptait
> les heures quand j'étais dans un bureau
> Et mes souvenirs […]
> Et le monde, comme l'horloge du quartier juif de Prague, tourne éper-
> dument à rebours (29)

Eine kaleidoskopartige, assoziative Kompositionstechnik wird verwendet, für die auch der Begriff der »Montage« im weiteren Sinne gebraucht
werden könnte. Die überbordende Fülle an Assoziationen und dem Auge
sich bietenden ›Schnappschüssen‹ verhindert ein geschlossenes, von einer
statisch ruhenden, vereinheitlichten Perspektive aus formuliertes Weltbild; mit den ständig wechselnden Standorten und Ortszeiten des Zugs
verändert sich auch die jeweilige Perspektive des Ichs, so daß es einge-
stehen muß: »Autant d'images-associations que je ne peux pas développer
dans mes vers« (30).

Die Bevorzugung akzidenteller Momente gegenüber präformierten Einsichten hat insofern Montagecharakter, als die fragmentarischen Assoziationen jeweils neue, unerwartete Ein-Schnitte in das bisher Dargestellte
bedeuten. Cendrars' eigener Hinweis in der 1919 eingefügten Widmung:
»dédiée aux musiciens« scheint den Begriff der Komposition statt den der
Montage nahezulegen – einer »montageartigen Komposition« in der Art
avantgardistischer Sinfonik, wie sie beispielsweise der mit Cendrars befreundete Erik Satie pflegte.[56] Die Widmung schlägt damit zugleich den

---

55 Steland, Antipoetische Poesie, S. 32.
56 Satie, dem »musicien« der Pariser Avantgarden, widmete Cendrars das dritte sei-
    ner »sonnets dénaturés«, »Le Musickissme«, worin auch Chaplin ein Gastauftritt

Bogen zum ›Rhythmus‹ der sich durchdringenden Formen und Farben von Sonia Delaunays Illustrationen und darüber hinaus zum kühnen Versuch, eine zeitliche Strukturierung wie den Rhythmus in die normalerweise ohne die Dimension der Zeit auskommende Malerei zu integrieren – ebendies war die Absicht von Léopold Survages »Rhythme coloré«.

Die Vorstellung eines spezifischen Rhythmus wird im Text von Cendrars' »Transsibérien« u.a. bewirkt durch refrain- bzw. litaneiartig wiederkehrende Formeln (»›Dis, Blaise, sommes-nous bien loin du Montmartre?‹«; »j'étais fort mauvais poète«), die unregelmäßig alternierenden Vers- und Strophenlängen, den Wechsel langer und kurzer Zeilen, der einen Wechsel des Sprechrhythmus bedeutet sowie Lesegeschwindigkeit und Atempausen moduliert. Außerdem entsteht neben diesem Rhythmus auf der Wort- und Tonebene – der ›musikalischen‹ Struktur des Gedichts – ein Rhythmus der Bilder und Bildfolgen auf der Inhaltsebene, der Bedeutungsstruktur des Gedichts. Auffallend sind die zahlreichen Farbmetaphern, die zudem häufig mit Analogien aus dem Bereich der Musik verknüpft werden (»cloche«, »flûte«, »tambour« etc.) und eng mit den farblichen Rhythmen der Delaunay-Illustrationen korrespondieren:

> Le Kremlin était comme un immense gâteau tartare
> Croustillé d'or,
> Avec les grandes amandes des cathédrales toutes blanches
> Et l'or merveilleux des cloches …
>
> (19)

> Le ciel est comme la tente déchirée d'un cirque pauvre dans un petit
> village de pêcheurs
> En Flandres
> Le soleil est un fumeux quinquet
> Et tout au haut d'un trapèze une femme fait la lune.
> La clarinet le piston une flûte aigre et un mauvais tambour
>
> Les lourdes nappes de neige qui remontent
> Et le grelot de la folie qui grelotte comme un dernier désir dans l'air bleu
> Le train palpite au cœur des horizons plombés
>
> (23f.)

> Si j'étais peintre je déverserais beaucoup de rouge, beaucoup de jaune
> sur la fin de ce voyage
> (31)

als taktschlagender Dirigent zugedacht ist: »CHARLOT chef d'orchestre bat la mesure / Devant / L'européen et sa femme en corset« (PC S. 113).

O Paris [...]
Et voici des affiches, du rouge du vert multicolores comme mon passé
bref du jaune
Jaune la fière couleur des romans de la France à l'étranger. [...]
Les vaches du crépuscule broutent le Sacré-Cœur [...]
Seuls les marchands de couleur ont encore un peu de lumière sur leur
porte
(33)

Rhythmus der Bilder und Rhythmus der Zeilenfolgen, das simultane
Arrangement von Illustration und Text wirken mit an der Suggestion von
Bewegung als einer Voraussetzung für die filmische Apperzeptionsweise
überhaupt: »Die *Bewegung als Form der Wahrnehmung* und das *Wahrgenommene in Bewegung* werden bezeichnenderweise als ›mouvement‹
beschrieben. Beide Begriffe bilden Wesensmerkmale von Cendrars' Poesie«.[57]

Das konkrete Medium, das im Falle von Cendrars' Langgedicht die
Bewegung als eigenständiges Leitmotiv auch bildsprachlich zu variieren
hilft, wird bereits vom Titel evoziert: die Eisenbahn. Im Text heißt es
zum Verhältnis von Zugfahrt und Sehen: »Et mon œil, comme le fanal
d'arrière, court encore derrière ces trains« (31). Paech benennt das Wahr-
nehmungsparadox, das Eisenbahngast wie Kinobesucher zusammen-
führt: »Der Zuschauer seiner eigenen Fortbewegung am Abteilfenster
findet sich bewegungslos bewegt – und das gleiche gilt für einen Kinozuschauer, der einen Film sieht.«[58] Cendrars' frenetisch wiederholtes »J'ai
vu«[59] gibt dieser neuen, »noch nicht festgestellten« Art des Sehens ihren
authentischen Ausdruck:

J'ai vu les trains silencieux les trains noirs qui revenaient de l'Extrême-
Orient et qui passaient en fantômes [...]
Et sous la pression de la peur les regards crevaient comme des abscès [...]
J'ai vu des trains de 60 locomotives qui s'enfuyaient à toute vapeur
pourchassées par les horizons en rut et de
bandes de corbeaux qui s'envolaient désespérément après
Disparaître (31)

---

57 Prinz, Das Motiv der Reise im Frühwerk von Blaise Cendrars, S. 210.
58 Paech, Das Kino, die Eisenbahn und die Geschichte des filmischen Sehens, S. 42.
59 In Rimbauds »Le bateau ivre« – wegen seiner Rauschhaftigkeit ein direktes Vorbild für Cendrars' »Prose« – ist der visionäre Dichterblick durch die Formeln »J'ai
vu« und »Je sais« auf ähnliche Weise herausgestellt.

Aufgrund der sich überstürzenden, wie im Rausch verfliegenden Eindrücke und Bilder herrscht jedoch ein permanenter Zweifel an der Echtheit des Gesehenen, Realität kann nicht mehr klar von der Fiktion, Tatsächliches nicht mehr von bloß Vorgestelltem unterschieden werden. Daraus leiten sich die scheinbar paradoxen, der Fülle und Klarheit der vorgetragenen Eindrücke widersprechenden Einsichten ab: »Je crois bien que j'étais ivre durant plus de 500 kilomètres« oder »Quand on voyage on devrait fermer les yeux« (32).

Die Unsicherheit, ob das vom fahrenden Zug aus Geschaute nicht doch bloß Illusion ist, erhält zusätzliches Gewicht durch die Tatsache, daß die Bilder der Transsibirischen Eisenbahn ja bereits in einer Panorama-Schau zugänglich waren: Auf der Weltausstellung 1900 in Paris, die der dreizehnjährige Freddy Sauser mit seinen Eltern nachweislich besucht hatte,[60] dauerte die Simulation des Expreß 45 Minuten – das entspricht in etwa der Dauer des Vortrags von Cendrars' »Prose du transsibérien«. In der Einrichtung des Panoramas von der Transsibirischen wird auf exemplarische Weise die neue Art des Sehens veranschaulicht, bei der Statik (des Orts Paris) und Dynamik (der Eisenbahn), Realität (Fotografien der Stationen, Suggestion von Authentizität) und Illusion (das Panorama erweckt, wie das Kino, nur die Vorstellung, im Zug zu sitzen) miteinander verschmelzen.[61] Es ist eine fragmentarisierte Wahrnehmung, weil das einmal Gesehene sich sofort wieder dem Betrachter entzieht, und somit Ungewißheit herrscht, ob sich auf diese Weise Realität überhaupt visuell der subjektiven Erfahrung einverleiben läßt: »Les vitres sont givrées / Pas de nature! / [...] Et l'Europe tout entière aperçue au coupe-vent d'un express à toute vapeur / N'est pas plus riche que ma vie« (22).

60   Vgl. Miriam Cendrars, Blaise Cendrars, S. 68.

61   »Wer den sibirischen Pavillon betrat, den erwartete zuerst der Nachbau des Moskauer Bahnhofs, in dem ein exklusives Restaurant untergebracht war. Die, die es sich leisten konnten, löffelten in dem Wagen einen Borschtsch [...] Alle anderen [...] verfolgten die Vorstellung stehend. Vier von Elektromotoren angetriebene Leinwände zogen in unterschiedlicher Geschwindigkeit vor den Augen der Zuschauer vorüber. Unten jagte der gemalte Gleiskörper mit Schwellen und Schotterbett in einer Geschwindigkeit von 300 Metern pro Minute entlang, darüber nur halb so schnell Sträucher, Hecken und Bäume. Es folgten Bilder von Menschen und Isben, den Holzhütten der russischen Bauern, die sich mit 40 Metern pro Minute bewegten und schließlich der langsam dahinziehende Horizont mit Bergen, Wäldern und Himmel.« (Gefunden in: mobil, Magazin der deutschen Bahn, September 2003, S. 53, Autor: Olivier Meyer.)

Ohne direkte Kinoanspielungen aufzuweisen, sind in der »Prose du Transsibérien« doch bereits alle Auffassungen Cendrars' in bezug auf das Kino in poetisch komprimierter Form enthalten: Die Affinität zur modernen Musik, zur kubistischen Montage, zu synästhetischen Experimenten mit Formen, Farben und Rhythmen bereitet seine spätere Hinwendung zum Kino vor. »La Prose du transsibérien« ist derjenige von Cendrars' Texten, in dem, nicht zuletzt wegen der Art seiner Publikation in einem traditionellen Buchformaten entgegenarbeitenden Gemeinschaftsprojekt mit Sonia Delaunay, am deutlichsten das avantgardistische Kunst-Experiment zum Ausdruck kommt, welches, im Sinne von Apollinaires »Esprit nouveau«, die traditionellen Künste mit den technischen Innovationen zusammenzubringen sich bemühte. Cendrars' poetisches Experiment nimmt, in der mit Sonia Delaunay konzipierten Publikationsform, damit die Idee eines synästhetischen »Cinéma pur«[62] vorweg:

Cendrars soustrait en effet des films [...] les ficelles dramatiques pour n'en retenir que les images en mouvement, le rhythme [...], les effets sidérants produits par les ralentis ou les gros plans [die zudem in den kurzen und langen Verszeilen des Gedichts eine Art typographischer Entsprechung finden – J. R.]. Il n'est pas loin du ›cinéma pur‹, de la ›musique des yeux‹ prônée par Germaine Dulac.[63]

Die Charakteristik des von Cendrars mit einem Vorwort versehenen Romans »Poto-Poto« von Erich von Stroheim wirkt unter dieser Prämisse wie eine Lektüreanweisung für das lange Eisenbahngedicht. Bewegung als konstitutives Prinzip filmischer Repräsentation – durch den musikalischen Rhythmus des Sprachgestus nachgebildet (»syncopée«, »improvisé«) –, versehen mit dem Signum der Individualität des Autors, scheint für Cendrars das Gesamtkunstwerk hervorzubringen:

On voit le film noir, rouge et or que Stroheim projette [...] on suit sa marche brutale, on découvre l'empreinte, la patte appuyé du grand fauve, son climat, sa faim, sa force, sa fièvre. Œuvre intérieure syncopée et rôle d'interprétation improvisé tournent sur une même musique inassouvissable, brutale, monotone, rhythmée et contrastée, primitive et raffinée comme le tam-tam.[64]

---

62 Zum Begriff »Cinéma pur« vgl. A. L. Rees, Das Kino und die Avantgarde, in Nowell-Smith, Geschichte des internationalen Films.

63 Vanoye, Préface in Cendrars, Tout autour d'aujourd'hui, S. x.

64 Cendrars, Préface, S. 9.

Das rhythmisch-musikalische, bilder- und formenkreierende Element zeigt jedoch nur die eine Seite von Cendrars' Kinoverständnis. Zugleich erkennt er nämlich auch Eigenschaften des Films, die Kracauer als die »Affinität zur ungestellten Realität« bzw. zum »Unbestimmbaren« und »Zufälligen« bezeichnet hat. Dies wäre der dokumentarische Aspekt seiner Filmauffassung: Die flüchtigen, vom Rhythmus der Zugfahrt diktierten, jedoch den Eindrücken der Reise Plastizität und den Anschein von Authentizität verleihenden, ›unkontrolliert‹, d.h. kaleidoskopartig-assoziativ eingestreuten Bilder sind einem Verständnis dokumentarischer Wiedergabe der Realität geschuldet, dem die Konventionen filmischer wie literarischer Narration, das Erfinden von Plot, Story, Handlung fremd sind. Darüber hinaus wird jedoch auch schon das Illusorische optisch imaginierter Welten, wie sie im Panorama oder dem Film zu finden sind, und der Zweifel an der Echtheit des Vorgeführten – der über zwei Jahrzehnte später Leitmotiv seiner Hollywood-Kritik ist – thematisiert. Avantgardistisch-experimentellen Kino-Auffassungen, die später von Filmemachern mit der Forderung nach einem ›reinen‹, abstrakten Kino und nach einem Kino der Wiedergabe ungestellter Realität unter den divergierenden Begriffen »Cinéma pur« (»absoluter Film«) und »Cinéma vérité« in Umlauf kamen, lassen sich in Ansätzen bis zu Cendrars' »Prose du transsibérien« zurückverfolgen.

Es bietet sich an, das Poem wegen seiner rhythmischen und visuellen Analogien, der Thematisierung von kinematographischen Aspekten wie Bewegung und Bewegtheit, Simultanität, Orts- und Zeitenwechsel, Sichtbarkeit der Außenwelt bei gleichzeitigem Entzug bzw. Verflüchtigung der Realität als filmisches Gedicht aufzufassen – oder als Film-Gedicht, in dem Cendrars avant la lettre seine Ansichten von einem Kino illustriert, wie er es, selbst als späterer Cineast, nie wird verwirklichen können.

3.2.3 »Le Panama ou les aventures de mes sept oncles«

Das Bestreben der Lumière-Brüder in ihren die Frühgeschichte des Kinos markierenden Kurz- und Kürzestprojektionen war es bekanntlich, das sensations- und bilderhungrige Publikum mit Aufnahmen aus entfernteren Gegenden der Welt zu versorgen, die selber zu bereisen ihm versagt war. Die von den ausgeschickten Kameramännern produzierte Exotik erhielt so in den heimischen europäischen Lichtspielhäusern einen Ort, an dem sie konsumiert werden konnte: Szenen von Militärparaden in Rußland wechselten mit Bildern New Yorker Wolkenkratzer, die wiederum Aufnahmen aus dem südafrikanischen Burenkrieg oder indischen Tempelprozessionen Platz machten – von selbst entstand so eine Atmosphäre von Simultanität, von Allgegenwärtigkeit und In-die-Nähe-Rücken des allzu Entfernten, die der künstlerischen Indienstnahme simultaner Effekte, wie sie der Kubismus pflegen sollte, den Boden ebnete. In diesem Sinne ist auch Cendrars' Aussage in seinem nächsten, nach eigenem Bekunden schon 1913/14 geschriebenen, aber erst 1918 publizierten Langgedicht zu verstehen, daß der Bau des Tausende Kilometer von Paris entfernten Panamakanals schuld an seiner Dichterwerdung sei. Da mit den neuen Medien visueller Vergegenwärtigung die Welt nahe gerückt war, so erlangten plötzlich die entferntesten Ereignisse eine lebensverändernde Bedeutsamkeit:

> Le Canal de Panama est intimement lié à mon enfance [...]
> J'avais un beau livre d'images
> Et je voyais pour la première fois
> La baleine
> Le gros nuage
> Le morse
> Le soleil
> Le grand morse
> L'ours le lion le chimpanzé le serpent à sonnette et la mouche [...]
>
> C'est le crach [sic] du Panama qui fit de moi un poète! [...]
> Tous ceux de ma génération sont ainsi [...]
> On casse toujours et partout la vaisselle
> On s'embarque
> On chasse les baleines
> On tue les morses
> On a toujours peur de la mouche tsé-tsé
> Car nous n'aimons pas dormir. (PC 41-43)

Reisen, Ubiquität, Überall-und-nirgends-Sein (»Rien et partout«), Allgegenwärtigkeit der Welt sind denn auch Themen von »Le Panama«, die das Ich des Gedichts episodenartig an den Lebensgeschichten seiner sieben Onkel exemplifiziert. Über die Briefe, die das Kind von diesen in allen Weltgegenden verstreut lebenden Verwandten erhält, gestaltet sich eine netzartige Beziehung zur Welt, ja ›Verwandtschaft‹ mit dem Globus selbst. In einer Sprache, die viel stärker als »Le transsibérien« einen deiktischen Zeigegestus pflegt, der die Referenten der Sprache, die Dinge und Ereignisse, von denen gesprochen wird, selbst präsent machen will – genau wie das Kino die Gegenstände präsent zu machen suggeriert, indem es sie *zeigt*, ohne sie sprachlich umschreiben zu müssen –, werden die Biographien der Onkel aus deren Briefen und Bildern eruiert und mit

der Lebensgeschichte des Ichs assoziativ kombiniert. Durch den deiktischen Sprachgestus werden bestimmte Lebensmomente der Verwandten
oder der eigenen Biographie blitzartig erhellt und szenisch zu den in den
nächsten Verszeilen genannten Momenten in Beziehung gesetzt. In Analogie zum Film könnte von einer Art Schnittmontage diversen Wirklichkeitsmaterials ausgegangen werden.

Cendrars nennt das Kino eine schönere, gemeint ist wohl: zeitgemä-
ßere Erziehung als die Schule, weil es, im Gegensatz zu dieser, ihm zu zeigen vermag, welche Strecken die Briefe seiner Onkel zurücklegten, um zu
ihm zu gelangen:

> Comment voulez-vous que je prépare des examens
> Quand une lettre est sous la porte
> J'ai vu
> La belle pédagogie!
> J'ai vu au cinéma le voyage qu'elle a fait (45)

Der slapstickartige, groteske Eindruck vieler der angeschnittenen Episoden
erinnert besonders an den Einfluß von Komödien der Stummfilmzeit,
z.B. in der Schilderung eines der sieben Onkel, welcher als Hotelkoch
durch die Welt reist:

> Nice Londres Buda-Pest Bermudes Saint-Pétersbourg Tokio Memphis
> Tous les grands hôtels se disputent tes services
> Tu es le maître
> Tu as inventé nombre de plats doux qui portent ton nom
> Ton art
> Tu te donnes tu te vends on te mange [...]
> Tu as toujours été partout où se passait quelque chose
> Tu es peut-être à Paris.
> Tes menus
> Sont la poésie nouvelle (53)

Jetztzeit des in Paris ansässigen Dichter-Ichs (vgl. die detaillierten Pariser
Ortsangaben im Paratext des Gedichts) und Vergangenheit des die Briefe
seiner Onkel studierenden Kindes kreieren eine simultane Wirklichkeit –
die eigene, authentische des Dichters Blaise Cendrars: »J'ai du pain et du
fromage / Un col propre / La poésie date d'aujourd'hui« (60). Für ihn
scheint, neben der Heterogenität des ins Gedicht einfließenden Materials, die Authentizität ein Merkmal der »Poesie von heute« zu sein. Dazu
gehört für ihn auch die Integration scheinbar unpoetischen Rohstoffs der
Außenwelt, wie er ihm etwa in einem Werbeprospekt der Handelskammer

der amerikanischen Metropole Denver entgegentritt, den der Lyriker, im Sinne eines »objet trouvé« oder »Objektzitats«,[65] ohne sich im Text irgendwie auf den Inhalt des Prospekts zu beziehen, scheinbar grundlos ganzseitig in das fortlaufende Gedicht collagiert (55). Dieses Vorgehen bedeutet eine Ausweitung des literarischen Wirklichkeitsbegriffs insofern, als hier nicht mehr versucht wird, Wirklichkeit im Sinne des Realismus mimetisch abzubilden, sondern Partikel der Wirklichkeit unverfälscht – d.h. auch nicht vom Autor sprachlich umgestaltet – in literarische Kontexte zu übernehmen; ein Verfahren, das der Affinität des Films zur ›ungestellten Realität‹ im Sinne Kracauers entspricht. Damit ist aber auch die traditionelle Autorschaft in ein neues Licht gestellt: Das Dichter-Subjekt zeichnet sich nicht mehr nur durch eine genuine Sprache, einen autonomen Stil aus, sondern nimmt sich das sprachlich bereits geformte Wirklichkeitsmaterial vor, um es seinem Text zu inkorporieren bzw., noch radikaler, es mit anderem, ›nur‹ vorgefundenem Material zusammenzubringen – hierin besteht die der Collage zugrunde liegende Idee; und dieser Aspekt unterscheidet wohl auch die ursprüngliche Moderne in der Konzeption Baudelaires von der Avantgarde eines Apollinaire der »poèmes-conversations« oder Cendrars, der die von Duchamp präferierte Methode des »objet trouvé« in die Dichtung überträgt und so seine Art der »poèmes trouvés« ins Leben ruft.

In »Le Panama« führt das Einsprengsel ›ungestellter Realität‹ in Form eines amerikanischen Werbeprospekts zwar noch nicht zur Aufgabe der Autorinstanz, es ragt aber bereits als unbestimmbares, fremdes Objekt aus dem Gedicht heraus und weist als solches auf weitergehende Versuche Cendrars' in späteren Gedichten wie in den »Dix-neuf poèmes élastiques« oder »KODAK«, die die Rolle des Autors neu innerhalb des medialen Umfelds seiner Gegenwart zu konturieren suchen.

Ähnlich wie »La Prose du transsibérien« weist »Le Panama« filmische Momente im Sinne der simultanen Wirklichkeitsdarstellung auf: Auch hier werden wiederum auseinanderliegende Orte und Zeiten assoziativ miteinander in Verbindung gebracht, auch hier vermittelt der Rhythmus der unterschiedlich langen Zeilen eine Vorstellung diskontinuierlicher, schnitthafter Bewegtheit, auch hier herrscht ein dokumentarischer, das Ich in seiner direkten Lebenswelt situierender Impuls vor. Die kühne, synästhetisierende Metaphorik des »Transsibérien«-Gedichts wird hier jedoch weniger ausgiebig praktiziert; zugunsten eines deiktischen, gestisch zeigenden Stils, der die Dinge, analog zur suggerierten Objektivität der

---

65 Vgl. Kaiser, Proust – Musil – Joyce, S. 237.

Kamera, vorführt, indem er sie benennt. Im Hinblick auf die filmischen Affinitäten zum Zufälligen und Unbestimmbaren bedeutet »Le Panama«, aufgrund seines collagierten Objektzitats, eine Überbietung von »Le Transsibérien«, an dessen gestalterischen Avantgardismus als Gesamtkunstwerk wiederum die Publikationsform von »Le Panama« nicht heranreicht. In »Le Panama« kündigen sich Ideen, insbesondere hinsichtlich einer Neudefinition des Autorsubjekts sowie des lyrischen Sprechers an, wie ihnen um dieselbe Zeit Apollinaire mit »Zone« und den »poèmes conversations« der »Calligrammes« nachging und wie sie Cendrars in der Folgezeit noch forcierter umsetzen wird.

3.2.4 »Dix-neuf poèmes élastiques«

Aus der Lektüre dieser kurzen, scheinbar okkasionellen, mit Ausnahme des letzten – dem Fernand Léger gewidmeten »Construction« – noch direkt vor dem Ausbruch des Ersten Weltkriegs entstandenen, jedoch erst 1919 gesammelt publizierten Gedichte ergibt sich der Eindruck, daß Cendrars hier noch einmal all die lyrischen Innovationen und ästhetischen Provokationen der beiden vorangegangenen Langgedichte sezieren wollte, indem er entscheidende Strukturelemente und Motivketten von »Le Transsibérien« und »Le Panama« pointiert, elliptisch zuspitzt und somit ästhetisch radikalisiert verwendet. Perloff versucht eine Definition des in der Verbindung mit Gedichten zunächst verwundernden Begriffs der ›Elastizität‹ aus dem Gestus von Apollinaires »Esprit nouveau« heraus zu entwickeln. Das »poème élastique« ist für sie die der Avantgarde angemessene Form der alten Gattung des Gelegenheitsgedichts:

> Le poème élastique, tel que le conçoit Cendrars, n'est pas, comme on le pense souvent, un poème libre et lâche, ›étirable‹, un fourre-tout d'éléments arbitrairement réunis. Au contraire, l'élasticité peut être prise au sens littéral. [...] Le mot clé [selon Larousse] est *reprendre leur forme*. Comme Apollinaire dont la poétique est si proche de la sienne, Cendrars étire et comprime une structure au maximum, empilant avec exubérance hyperboles, catalogues, galéjades, fantaisie, appel, exclamation, action et interpellation jusqu'à ce que la ›force agissante‹ craque pour ainsi dire et que la forme reprenne son contour original.[66]

Goldenstein weist in seinen detailreichen Studien zur Entstehungs- und Rezeptionsgeschichte der »Dix-neuf poèmes élastiques«[67] darauf hin, daß

---

66 Perloff, »Mouvences de midis«, S. 120.
67 Goldenstein geht es in seiner Arbeit darum, eine Poetik des modernen ›Plagiats‹

der Begriff der Elastizität ein Schlüssel zu einem neuen Verständnis jener in der klassischen Avantgarde, also zur Zeit von Cendrars' lyrischer Produktion, aufkommenden Literatur sein kann: »*L'élasticité*, jamais théorisée [...] demande à être sérieusement pensée«.[68]

Auf form- und strukturgebende Elemente hin, die, unter den Stichworten Bewegung, Rhythmus, Simultanität, dokumentarische Realitätsaneignung, Infragestellung des Autorsubjekts usw. bereits aufgelistet worden sind, sollen die »Poèmes élastiques« untersucht werden; um den inneren Zusammenhang dieser Texte nachvollziehbar zu machen, sind sie interpretativ in Beziehung zueinander zu setzen.

Gerade weil diese Gedichte durch ihre formalästhetische Provokation an die Ästhetik des Films anknüpfen, sind sie in der Forschung schon des öfteren unter dem Gesichtspunkt kinematographisch analoger Schreibweisen diskutiert worden. Mit Nachdruck wurde dabei zumeist auf das Motiv der *Bewegung* verwiesen, wie es im fünften Gedicht der Sammlung, »Ma Danse« (PC 75), explizit ins Zentrum des lyrischen Diskurses rückt. In einer Selbstcharakteristik aus dem Jahr 1913 im expressionistischen »Sturm« hatte Cendrars bereits die Stichwörter zum Verständnis dieser programmatischen Poesie vorgegeben: »Toute vie n'est qu'un poème, un mouvement.«[69] »Ma Danse« steht paradigmatisch für die neue, avantgardistische Weltsicht der »Dix-neuf poèmes élastique«: »Tu n'as plus de coutumes et pas encore d'habitudes«, heißt es darin von dem hier in der zweiten Person angeredeten lyrischen Ich. Ein »Ich«, das den »danse que Nietzsche a voulu nous apprendre à danser« der »métaphysique« eines »Platon [qui] n'accorde pas droit de cité au poète« vorzieht: Ein solcher sich auf Nietzsche berufender lyrischer »Tanz« des Subjekts erlaubt ihm, die festumrissene sokratisch-platonische Identität gegen ein noch »nicht festgestelltes«, dynamisches Ich einzutauschen, wie der Wechsel der Pronomina von »tu« zu »je« und das mit unbestimmtem Artikel qualifizierte Nomen »un monsieur« veranschaulichen.

Aus dem zyklischen Ineinandergreifen wechselnder, das »Ich« demontierender und wieder neu konfigurierender Pronomen, dem Aufzäh-

---

zu entwerfen; daher legt er den Nachdruck seiner Forschung auf die beiden offensichtlichen ›Plagiat‹-Gedichte Cendrars', »Dernière Heure« und »Mee too buggi«. Er vernachlässigt jedoch den Impakt der Kinematographie und anderer technischer Innovationen, die einen Hinweis auf die für Cendrars so wichtige Thematik der Bewegung bzw. der Beweglichkeit erlauben, die ja, wie es auch bei Perloff anklingt, eng an den Begriff der Elastizität gekoppelt ist.

68 Goldenstein, Vers une systématique du poème élastique, S. 129.
69 Zit. nach Perloff, »Mouvences de midis«, S. 101.

lungscharakter semantisch differierender Substantive, dem indikativischen Gebrauch von Bewegungs- bzw. Fortbewegungsverben leitet Colville, die »Ma Danse« als »point de rencontre entre la poésie et la technologie« bezeichnet,[70] das filmische Moment dieses Gedichts ab: »Cendrars fait accélérer son train de pensée en l'attachant à une *logomotive*, qui aura tendance à vouloir quitter les rails du logos, pour gagner la voie du mouvement perpétuel. Elle finit par prendre son envol et par dissoudre en image mouvante, là où le poétique devient cinématographique.«[71] In ihrer Argumentation bringt sie so das durch den »rasenden Stillstand« bzw. die »Fluchtgeschwindigkeit« (Virilio) der Eisenbahn angedeutete Verschwinden des autonomen Subjekts in Zusammenhang mit dem kinematographischen Blick der Kamera, der sich vor die Wahrnehmung schiebt: »le poème arrive à sa conclusion, faisant place à l'œil de la caméra ou au ›ciné-œil‹ de Vertov. […] caméras, projecteurs, bobines, écrans […] comme l'écriture rhythmée du poème de Cendrars, constituent une série de métaphores […] pour la pensée qui les anime.«[72]

Die Rede von Cendrars' »Ma Danse« als ›filmischem‹ Gedicht muß sich also, wie Colvilles Argumentation zeigt, weitgehend metaphorischer Termini bedienen, um eine solche These zu illustrieren. Um den Charakter des Texts unter Verzicht auf diese nicht immer unanzweifelbare Begrifflichkeit genauer umreißen zu können, wäre bei »Ma Danse« besser von einem eher programmatischen Gedicht zu sprechen, das das filmimmanente Element der Bewegung für eine avantgardeeigene Poetik in Beschlag nehmen möchte. Indem Cendrars in »Ma danse« die Konsequenzen, die eine auf die Spitze getriebene strukturell-thematische Einbeziehung von *Bewegung* für die Gattung des Gedichts mit sich bringt, also: Verlust eines homogenen lyrischen »Ichs«, Demontage der Einzelperspektive und Aufsplitterung des Blickwinkels in eine Mehrfachperspektivität, Setzung assoziativer sprachlicher Bilder anstelle einer rhetorisch deklamierenden Syntax exemplarisch demonstriert *und* von Bewegung spricht (»mouvement perpétuel«), begibt er sich zugleich auf eine metapoetische Ebene. Bereits sein Zeitgenosse Jean Epstein stellte diese ›Poetologie der Bewegung‹ in die Nähe der kinematographischen Wahrnmung: »Mais ›la danse du paysage‹ est photogénique. Par la fenêtre du wagon et le hublot du navire le monde acquiert une vivacité nouvelle, cinématographique.«[73] In diesem Sinn scheint auch Caws Cendrars zu

---

70 Colville, Blaise Cendrars, écrivain protéiforme, S. 13.
71 Ebd. S. 14.
72 Ebd. S. 21.
73 Epstein, La poésie d'aujourd'hui nouvel état d'intelligence, S. 97.

verstehen, wenn sie seine »Dix-neuf poèmes élastiques« als »A Cinema of Poetry« bezeichnet.[74] Die Polyperspektivität in den Bildern seiner Gedichte scheint ihr durch die geometrische Bewegung von Linien und Spiralen, wie sie Gemälden des Kubismus eigen ist, vermittelt zu sein. Für sie evoziert die von den Malern intendierte Bewegung ›reiner‹ Formen einen Rhythmus, den Cendrars in den Gedichten wiederzugeben sucht. Auf diese Weise manifestiert sich bei ihm die auf Nietzsche zurückverweisende Idee des Filmischen, die jedoch im Zeitalter der Verbreitung des Kinos dem tatsächlichen Medium gegenüberzustellen wäre; eine Dichotomie, die Caws in ihrer Studie nur in den Gemeinsamkeiten beider Film-Auffassungen – der konkreten und der vorgestellten – durchblicken läßt, nicht aber explizit:

> This theory is the basis for Cendrars' admiration of the cinema, a medium effective precisely because the simultaneous levels and perspectives involve the onlooker. [...] His involvement is paralleled by that of the reality it joins and to create the new unity deeper than the partial links we observe with our more limited vision.[75]

Alle »poèmes élastiques« sind von dieser überraschenden, unvorhersehbare Zusammenhänge aufzeigenden »new unity« durchzogen, die gleichsam eine unbestimmbare, alternative, in jedem Gedicht sich neu und anders etablierende »Ordnung der Dinge« jenseits kausallogischer bzw. grammatikalisch-rhetorischer Diskursstrukturen kreiert: »Der Lebensstoff wird in seiner kruden Tatsächlichkeit ins Gedicht aufgenommen [...]. Rücksichtslos werden immer schärfere Substanzen gemischt, Gegenwerte zusammengeschlossen [...] und zur Erzeugung von Schocks eingesetzt«.[76]

Die suggerierte ästhetische Offenheit ähnelt idealiter dem unvorhersehbare Beziehungen offenlegenden Schnittcharakter von Filmsequenzen – ihrer Affinität zum »Zufälligen« (Kracauer). Caws versucht diese Analogie über die Struktur der Cendrarsschen Verse zu erfassen, wenn sie schreibt: »It is the *continuous gesture* which is significant, the cinema which takes precedence over still photographs [...] Cendrars' own sentences either are lengthy or made up of brief moments, separated by periods;

---

74 »The circular images of Tzara and the spiraling images of Cendrars are the perfect representations of poetic language in motion.« Caws, Blaise Cendrars, A Cinema of Poetry, S. 25.

75 Ebd. S. 34-40.

76 Steland, Antipoetische Poesie, S. 34f.

they are joined, in principle, by the eye acting as movie camera.«[77] Allerdings ließe sich gegen Caws der Einwand erheben, daß sie hier den Dichter als »Kamera-Auge« zu allgemein umschreibt, d.h. keine oder nur ungenügende Abstufungen im Gebrauch der Kino-Metaphorik vornimmt: Dies erscheint notwendig angesichts der Tatsache, daß Cendrars in seinen »poèmes élastiques« an kaum einer Stelle direkt auf das Kino zu sprechen kommt.

Widmet er sich den Medien und der Technik, rücken scheinbar andere Innovationen in den Vordergrund – so etwa ist im achten Gedicht »Mardi-Gras« (PC 78), wo der Dichter sich als Animateur eines »Verbe coloré« zu verstehen gibt, von »les gratte-ciel [qui] s'écartèlent«, »Les messages télégraphiques« und »le soleil« die Rede, »[qui] t'apporte le beau corps d'aujourd'hui dans les coupures des journaux«. Und das neunte, das Ludwig Rubiner gewidmete »Crépitements« (PC 79), faßt die Auswirkungen der drahtlosen Kommunikation ins Auge.

Dieser Gebrauch der Technik gegen den Strich ist in allen Medienanspielungen Cendrars' der »Poèmes élastiques« anzutreffen: So, wenn er, wie im zehnten Gedicht »Dernière Heure« (PC 80), das Massenmedium Zeitung aufgreift und eine Nachricht extrahiert, die er, in Verse gesetzt, als Gedicht ausgibt (»Télégramme-poème copié dans *Paris-Midi*«) – ein Vorgehen, das dieser Meldung den Eindruck szenischer Unmittelbarkeit gibt. Damit erinnert das Geschehen an die dramatischen Hergänge in den frühen Stummfilmmontagen eines D. W. Griffith; die von Cendrars gesetzten Versgrenzen können zu szenischen Einstellungwechseln der Kamera ins Verhältnis gesetzt werden:

> Trois forçats se procurent des revolvers
> Ils tuent leur geôlier et s'emparent des clefs de la prison
> Ils se précipitent hors de leurs cellules et tuent quatre gardiens dans la cour
> Puis ils s'emparent de la jeune sténo-dactylographe de la prison
> Et montent dans une voiture qui les attendait à la porte
> Ils partent à toute vitesse
> Pendant que les gardiens déchargent leurs revolvers dans la direction
>   des fugitifs

Diese poetische Transformation des aus anderen Texten gezogenen Materials wird Cendrars, methodisch perfektioniert, den Methoden seiner »KODAK«-(»Documentaires«)-Gedichte zugrunde legen. Im fünfzehnten Gedicht, »Fantômas« (PC 87f.), bezieht sich der Dichter auf den Helden

---

77 Caws, Blaise Cendrars, A Cinema of Poetry, S. 46-48.

der außerordentlich populären Fortsetzungskriminalromane, die Louis Feuillade[78] seit 1913 in mehrfachen »Serials« für das Kino adaptiert hatte. Das ubiquitäre Panorama, das Cendrars' Gedicht – analog zur mysteriösen ubiquitären Existenz des ungreifbaren Verbrechers – entwirft, erhält eine eigentümliche historische Komponente, indem der Lyriker den Bogen von der Nennung Eugène Sues in der ersten Strophe (»Tu as étudié le grand siècle dans l'*Histoire de la Marine française* par Eugène / Sue«) zurück zur homerischen Antike spannt. Der Vater der modernen Kolportage und der Patron der abendländischen Poesie werden provokativ als gemeinsame Ahnen einer Gestalt zusammengeführt, die gerade wegen des Phantastisch-Unbestimmbaren ihrer fiktionalen Existenz eine Personifikation der kinematographischen Magie darstellt. Zugleich kehren die Simultanität und Ubiquität der modernen Welt in den Wesenszügen sowohl der trivialliterarischen Fiktion »Fantômas« als auch in Cendrars' stilisiertem Poeten-Ich wieder. Was läge näher, als im Kino, auch wenn es nicht explizit beim Namen genannt wird, den Ort des Zusammentreffens beider zu vermuten? Bezieht sich dann nicht die Doppelzeile am Schluß auf all die »jolis coups«, die sowohl in den Frühvorstellungen »de 9 à 11« zu sehen sind, als auch auf den Dichter, der aus den dort empfangenen Anregungen die neuartigen, provokanten Bilder seiner elastischen Poesie destilliert?

> Tu m'as mené au Cap chez le père Moche au Mexique
> Et tu m'as ramené à St.Pétersbourg où j'avais déjà été
> C'est bien par là
> On tourne à droite pour aller prendre le tramway
> Ton argot est vivant ainsi que la niaiserie sentimentale de ton cœur qui
> beugle
> Alma mater Humanité Vache
> Mais tout ce qui est machinerie mise en scène changement de décors
> etc. etc.
> Est directement plagié de Homère, ce Châtelet […]
>
> Nous avons encore beaucoup de traits communs
> J'ai été en prison
> J'ai dépensé de fortunes mal acquises
> Je connais plus de 120.000 timbre-postes tous différents et plus joyeux
> que les No. No. Du Louvre

---

78 Zu Feuillades Filmschaffen und seiner Wirkung auf die französische Avantgarde bis hin zur »Nouvelle Vague« vgl. Lacassin, Louis Feuillade.

[…] J'ai étudié les marques de fabriques enregistrées à l'Office interna-
tional des Patentes internationales
Il y a encore de jolis coups à faire
Tous les matins de 9 à 11

Scheinbar konsequent demonstriert das sechzehnte Gedicht, »Titres«
(PC 89), die kreative Verwendung des modernen Plagiats, wie es Cendrars
versteht: Aus vorgefundenen, abseitigen, vielleicht auch imaginierten
»Titeln« – Titel wovon bleibt rätselhaft –, die miteinander in einer Be-
ziehung äußerer Beziehungslosigkeit stehen, montiert er ein Gedicht.
Das avantgardistische Schlüsselwort des »Esprit nouveau« bleibt dabei,
im Gegensatz zum Titel Apollinaires, in bescheidene Kleinbuchstaben
gesetzt: »Premier poème sans métaphores / Sans images / Nouvelles /
L'esprit nouveau / Les accidents des féeries / 400 fenêtres ouvertes / […]
A travers l'accordéon du ciel et des voix téléscopées / Quand le journal
fermente comme un éclair claquemuré«. Hier interessiert die mit diesen
Titeln ursprünglich ausgedrückte Botschaft nicht mehr, ihr ›Zweck‹ ist
verschwunden – das im historisch beziehungsreichen »Juillet 1914« verfaßte Gedicht weist so schon auf die Entwertung der Botschaft im Zeitalter übersteigerter, nicht mehr zu überblickender ›Information‹ voraus.
Cendrars versucht aus dieser Tatsache jedoch poetisches Kapital zu
schlagen, indem er die ihres Alltagszwecks beraubten Botschaften in un-
vermutete Zusammenhänge setzt. Diese Art Cendrarsscher »found poetry«
korrespondiert eng mit dem in Apollinaires »Calligrammes« vorkommenden Typ der »poèmes-conversations«, in denen der Dichter zum Ka-
talysator der von außen ungefiltert auf ihn eindringenden sprachlichen
wie auch außersprachlichen Reize wird. Cendrars radikalisiert dieses Programm noch, indem er in den »poèmes élastiques« auch metapoetisch die
Rolle des Dichters in der sich abzeichnenden Informationsgesellschaft
verhandelt, während für Apollinaire das »poème-conversation« nur eine
Möglichkeit vielfältiger lyrischer Verfahrensweisen darstellt. Für Cendrars steht die Poesie buchstäblich auf dem Spiel, wenn der Dichter sich
nicht auf die mediale Konstitution seiner Zivilisation einlassen kann, wie
das dreizehnte Gedicht, »Aux 5 Coins« (PC 85), demonstriert:

Oser et faire du bruit
Tout est couleur mouvement explosion lumière
La vie fleurit aux fenêtres du soleil
Qui se fond dans ma bouche
Je suis mûr
Et je tombe translucide dans la rue

Tu parles, mon vieux

Je ne sais pas ouvrir les yeux?
Bouche d'or
La poésie est en jeu

Cendrars zeigt, daß erst die Vernetztheit, das Zusammenspiel der verschiedenen Medien (»couleur mouvement explosion lumière«) den Eindruck von Simultanität und Perspektivenvielfalt erzeugen, um den es der avantgardistischen Kunstbewegung – im Gegensatz zu den Alltagsnutzern von Medien – geht. Erst die neuen Medien machen dem Avantgardisten die Lage des modernen Ichs, welches, mit Ernst Machs berühmtem Diktum zu sprechen, »unrettbar verloren« ist, erfahrbar; denn nur sie vermögen ihm eine *bildliche* Vorstellung von der Auflösung des traditionellen Subjekts zu geben, der sich z.B. das erste der »Poèmes élastiques«, »Journal« (PC 65f.), verdankt: »Vie crucifiée dans le journal grand ouvert que je tiens les bras tendus / [...] On dirait un aéroplane qui tombe. / C'est moi. // [...] Je suis l'autre«.

In der Problematik, die Cendrars mit diesen technologisch-medialen Sujets anreißt, nimmt das kinematographische Medium einen zentralen Platz ein. Obwohl er es nicht eigens erwähnt, ist es stets zwischen den Zeilen präsent. Denn dieses Medium verbindet aufgrund des Zusammenspiels von die Außenwelt aufnehmendem Kameraobjektiv, mit dem durch den Projektionsapparat laufenden *elastischen* Zelluloidstreifen wie kein anderes die Erfahrung von oberflächenhafter Visualität, Simultanität, Ubiquität und ständiger Bewegtheit. Cendrars' kinotheoretische Schriften wie »L'ABC du Cinéma« bezeugen, daß ihm dieser Zusammenhang bewußt gewesen ist.

Auch in seinem vor jungen brasilianischen Dichtern über die französische Gegenwartspoesie 1924 in São Paulo gehaltenen Vortrag »Les poètes modernes dans l'ensemble de la vie contemporaine« kommt er auf diese sich manifestierende Vernetzung des neuen technologischen Medienpotentials, mit dem Kino als ihrem ästhetischen Paradigma par excellence, zu sprechen. Indem der Dichter seinen sinnlichen Wahrnehmungsapparat nach allen Seiten hin ausrichte, könne er seine Lyrik aus einer Diversität von ›Sprachen‹ konstruieren, die ein Äquivalent zur vorgefundenen medialen Vernetzung seiner technologisierten Außenwelt erschafft:

Tous les organes des sens peuvent servir à créer un langage.
Il y a le langage olfactif et le langage tactile, le langage visuel et le langage auditif.
Un parfum répandu sur une robe, un mochoir rouge ou vert dépassant

> la poche d'un veston, un serrement de main plus ou moins prolongé
> constituent les éléments d'un langage [...]
> Le geste scande la parole.
> Les attitudes du visage traduisent, en même temps que la voix, les
> émotions et les pensées.
> Il a y le code des signaux marins.
> Les signaux optiques colorés.
> La T. S. F.
> Le cinéma.
> L'écriture et l'imprimerie.
> Les disques et la téléphonie sans fil.
> Les poètes d'aujourd'hui se sont servis de tout cela.[79]

In den folgenden Absätzen dieses Vortrags favorisiert er die künstlichen Leuchtreklamen der Innenstädte als geeignetes sinnliches Schulungsobjekt und Betätigungsfeld des modernen Poeten und nennt das Beispiel Majakowskis, der von den Sowjets zum Animateur der die Revolution preisenden Leuchtschriften auf dem Roten Platz bestimmt worden war. Das Verlangen nach absoluter Modernität läßt den Dichter zum Mitstreiter auf dem Feld der technisch installierten Werbung, der »Haut« (Bense) seiner modernen Umwelt, werden – Gedanken, die noch von einem Rest jener Euphorie diktiert sind, wie sie etwa sein sprachliche Synästhesie mit lebensweltlicher Simultanität verknüpfender Text »Profond aujourd'hui« von 1917 bezeugte.

Lyrisch wird dieses Programm der Äquivalenz von technisierter Lebenswelt und Ausweitung der Poesie auf eine Vielfalt sinnlich zugänglicher ›Sprachen‹ von der Mehrzahl der »poèmes élastiques« getragen. Das dritte Gedicht, »Contrastes« (PC 70f.), ist unter diesen Versuchen das wohl herausragendste, weil sich in ihm die verschiedenen Motivketten der Sammlung zu einer Apologie der vom Poeten als synästhetisches Gesamtkunstwerk erlebten Außenwelt vereinigen. Das Ich wird hier gleichsam ad negativum erfahrbar, da es seiner Funktion, das Geschehen statisch zu überblicken, nicht mehr entspricht: Es dissoziiert in die im Text aufgelisteten einzelnen sensuellen Wahrnehmungen. Positiv gewendet bedeutet dies, daß das ›Ich‹ gleichgesetzt werden kann mit der Summe seiner vom Gedicht erfahrbar gemachten sinnlichen Wahrnehmungen – mit jedem neuen Gedicht hätte es sich demnach neu zu konstituieren.

Von dieser Verfahrensweise ist es nur noch ein Schritt bis zum Anspruch ›dokumentarischer‹ Wirklichkeitserfassung, wie ihn die an der

---

79 Cendrars, Œuvres complètes IV, S. 211f.

Kamera geschulte Poetik seiner späteren Gedichte vertritt. Anstelle formgebundener, grammatisch korrekt verbalisierter Gedanken tritt die Syntax eines ›benennenden Blicks‹, die der Polyphonie bzw. Polytropie der Eindrücke gerecht werden will, indem sie in synästhetischer Metaphorik verschiedene Wirklichkeitsempfindungen zusammenbringt und so oft und so schnell als möglich zu neuen, kontrastierenden Bildern ›umschwenkt‹, was den Eindruck einer vielschichtigen, simultan ablaufenden Wirklichkeit heraufbeschwört:

> Les fenêtres de ma poésie sont grand'ouvertes sur les boulevards et dans
> ses vitrines
> Brillent
> Les pierreries de la lumière
> Écoute les violons des limousines et les xylophones des linotypes
> Le pocheur se lave dans l'essuie-main du ciel
> Tout est taches de couleur
> Et les chapeaux des femmes qui passent sont des comètes dans
> l'incendie du soir [...]
>
> Il pleut les globes électriques
> Montrouge Gare de l'Est Métro Nord-Sud bateaux-mouches monde
> Tout est halo

»Contrastes« zeigt, wie die mit Zeichen oder ›Sprachen‹, um in Cendrars' Duktus zu bleiben, angefüllte Lebenswirklichkeit von der lyrischen Kombinationsgabe, dem Montagetalent des Dichters zu einem bedeutungsaufgeladenen Stück Poesie umgewandelt wird.

Cendrars' ästhetisches Verständnis in den »Poèmes élastiques« ist zwar durch und durch avantgardistisch markiert: Das beweisen sein Bestreben nach Simultanität und dem »Schock«-Erlebnis – der »Plötzlichkeit« im Sinne Bohrers –, seine Thematisierung ›reiner‹, ›absoluter‹ Bewegung und Farblichkeit sowie die Nutzung und Verfremdung des technischen Medienpotentials im Akt der poetischen Transformation. Das macht jedoch seine Gedichte noch nicht zu konkret ›filmischen‹ Artefakten im Sinne Kracauers. Wenn seiner Poetik dennoch das Prädikat des Filmischen verliehen wird, ist zu berücksichtigen, daß Cendrars' Filmauffassung sich diametral von der der meisten seiner Zeitgenossen unterscheidet. Sie entspringt einem pointiert avantgardistischen Standpunkt, der sich vom Film die Synthese der künstlerischen Intentionen der Moderne erhofft, ihn als dasjenige Medium feiert, in welchem die Wesensmerkmale moderner Ästhetik – auf Begriffe wie Bewegung, Bildlichkeit, Oberfläche gebracht – sich zum Sinnbild einer neue Epoche vereinigen.

Das letzte, nach Kriegsende entstandene der »Dix-neuf poèmes élastiques«, »Construction« (PC 92), beschreibt die Aktivität des Malerkollegen Fernand Léger, »qui grandit comme le soleil de l'époque tertiaire /
[...] L'esprit s'anime soudain et s'habille à son tour comme les animaux et
les plantes«. Wie Léger, der am Filmexperiment »Le ballet mécanique«
bastelte, hatte sich Cendrars inzwischen aktiv dem Medium zugewandt –
die Abfassung von »Construction« fällt bereits in die Zeit seiner Zusammenarbeit mit Abel Gance an »La Roue«: »La peinture devient cette chose
énorme qui bouge / La roue / La vie / La machine«.

Die »Dix-neuf poèmes élastiques« können, wie auch die beiden vorangegangenen Langgedichte »La Prose du transsibérien« und »Le Panama«,
als Vorstufen einer filmischen Poetik angesehen werden. Es sind Texte,
bei denen Cendrars' kinematographische Affinität in den Rahmen zen-
traler Topoi der Avantgarde eingebettet ist: »le mouvement perpétuel /
[...] Vitesse / [...] Des ondes multicolores / Des zones de couleur / [...]
Nu. / Neuf. / Total« (»La Tête«, PC 91). Als »Vorstufen« einer filmischen
Schreibweise haben diese Gedichte nicht etwa deshalb zu gelten, weil die
Idee des Filmischen darin zu wenig präsent wäre – sie ist allgegenwärtig,
allein schon im Rekurs auf das »mouvement perpétuel« –, sondern weil
sie noch kaum die praktische, technische Berührung mit dem Kino reflektieren, die erst im Anschluß stattfinden und eher enttäuschend ausfallen wird. Gerade der Widerspruch zwischen realem und dichterisch
vorgestelltem Kino macht Cendrars' Vision einer avantgardistisch prononcierten Ästhetik, in der Film und poetische Artikulation miteinander
verschmelzen, bis heute zu einem nur akzidentell, und zwar am ehesten
im Bereich des sogenannten Experimentalfilms, eingelösten Desiderat.[80]

Das im Krieg nach der Amputation seines rechten Arms geschriebene
Gedicht »La guerre au Luxembourg« nennt das Kino in einer Aufzählung
all derjenigen ›unschuldigen‹ Vergnügungen, die im Schlamm der Schüt-
zengräben die wehmütige Erinnerung an friedlichere Vorkriegszeiten
heraufbeschwören: »Les photographies / On se souvient de ce que l'on a
vu au cinéma« (PC 103). Die Tatsache jedoch, daß die mit soviel Enthusiasmus gepriesene mediale Innovation sich nunmehr vor den Karren
ideologischer und ökonomischer Zwecke hat spannen lassen, empfindet
der Dichter ganz klar – und hellsichtiger als Apollinaire – als Zumutung,
die dem heimkehrenden Invaliden kaum mehr denn bitterböse Sarkas-

---

80 Vgl. hierzu die Kino-Ästhetik des im Amerika-Kapitel erwähnten Jonas Mekas,
der den Film als poetisches Artikulationsmedium direkt neben das Gedicht stellt
(»movie poem«) und in Gesprächen und Briefen wiederholt auf Cendrars Bezug
genommen hat.

men entlockt: »A PARIS / Le jour de la victoire quand les soldats reviendront / Tout le monde voudra LES voir […] / Sur les marroniers de boulevards les photographes à califourchon braqueront leur œil à déclic / On fera cercle autour de l'opérateur du cinéma qui mieux qu'un mangeur de serpents engloutira le cortège historique« (107).

Exkurs: »La fin du monde filmée par l'Ange de Notre-Dame«

Auf der Suche nach einem Bindeglied zwischen Cendrars' lyrischer Auseinandersetzung mit Bewegung, Simultanität, Oberfläche, medialer Problematik und seinem praktischen Engagement als Cineast stößt man auf den gewöhnlich nicht seinen Gedichten, sondern den Filmdrehbüchern oder »ciné-romans« zugeordneten Text »La fin du monde filmée par l'Ange de Notre-Dame«. Zunächst fallen Entstehung und Publikation von »La fin du monde« – Vorarbeiten dazu veröffentlichte Cendrars bereits 1916 in »La Caravane« und 1918 im »Mercure de France« – gleichermaßen in die Zeit der Fertigstellung der »Dix-neuf poèmes élastiques« und den Beginn der »KODAK«-Montagen, der Arbeit an seinen film- und medientheoretischen Texten »Profond aujourd'hui« und »L'ABC du Cinéma« sowie in den Beginn seiner cineastischen Kollaboration mit Abel Gance an den Filmen »J'accuse« (1919) und »La Roue« (1921). Weiterhin hält er in derselben Zeit die Freundschaft mit seinen Pariser Künstlerkollegen der Vorkriegszeit aufrecht, was seine Beiträge »Peintres« über Delaunay, Survage, Chagall, Picasso usw. in der Revue »La rose rouge« unter Beweis stellen, 1931 unter dem Titel »Aujourd'hui« zusammengetragen. Das faszinierendste Beispiel für die Interferenz von Kunst, Film und Literatur in dieser Periode von Cendrars' Schaffen ist zweifellos das mit Fernand Léger realisierte Buchprojekt »La fin du monde filmée par l'Ange N.-D.«, das die »Éditions de la Sirène« 1919 herausbrachten, im Untertitel mit der Bezeichnung von Cendrars' Text als »Roman« und Légers Farbdrucken als »Compositions en Couleurs«.

Handelte es sich um einen bloßen (»ciné«-)Roman, wäre Cendrars' Text mit der Nacherzählung der szenischen ›Story‹ schnell abgetan: Gott, der als amerikanischer Geschäftsmann erscheint, ist seit dem Ende des letzten Kriegs in Gefahr, seinen Profit wegen sinkender Totenzahlen einzubüßen; er versammelt die Führer aller Weltreligionen um sich und unternimmt mit ihnen eine Reise zum Mars; die Propheten des Alten Testaments sind eingeladen, um von dort aus ihre Weissagungen eintreffen zu sehen; der Engel an der Kirche von Notre-Dame wird als Sendemedium dieser Nachricht genutzt, mit der er gleichzeitig das Signal zum von Paris aus angestimmten Ende der Welt gibt. So beginnt eine Apokalypse, die alles unter sich begräbt; das Kino (Kapitel »Cinéma accéléré et cinéma ralenti«) läßt die Welt jedoch neu in Zeitraffer- und Zeitlupenvorgängen entstehen; am Schluß wird der ganze Film noch einmal zurückgedreht, Paris erscheint wieder bevölkert, und Gott kehrt vom Mars aus in seinen amerikanischen Fabrikantensessel zurück. Soweit erinnert »La fin du monde« an eine Reihung grotesk-phantastischer Motive, die sich seit Georges Méliès' virtuosen Zelluloid-Féerien der Filmgeschichte eingeschrieben haben. Méliès' Phantastik übte einen nachhaltigen Zauber auf Cendrars aus, wie er in einem zeitgenössischen Interview bekennt:

> Mais s'il [le cinéma] a une influence sur moi, c'est surtout par ses premiers films, qui étaient idiots mais merveilleux. C'est là qu'il y avait véritablement une découverte, quelque chose de nouveau: je me souviendrai toujours d'un certain *Voyage dans la lune* que l'on jouait quelques années avant la guerre, il y avait des bonshommes qui s'embarquaient pour la lune au milieu des ballets du Châtelêt. Et qu'est-ce qu'ils trouvaient dans la lune? Un corps de ballet. Et allez donc! Ça, c'était épatant![81]

Zwar zeigt diese Affinität zu der den Filmen Méliès' eigenen Logik des Phantastischen, daß Cendrars' Fabel von »La fin du monde« die textlichen Partien und Kapitel des Buchs mehr als bloß inhaltlich willkürlich miteinander verknüpft, sie sagt aber noch nichts über den sprachlichen Charakter seines Textes aus. Eine Lesart, die ihn als illustrierte Prosa begriffe, oder als Prosa mit drehbuchartigem Charakter, wüßte mit all seinen nicht-narrativen, avantgardistisch experimentierenden Elementen wenig anzufangen. Daher sollen diese Elemente im folgenden hervorgehoben werden. Die interpretationswürdige, anspielungsreiche Narration Cendrars' ist im Rahmen einer am ästhetischen Impetus des Films orientierten Untersuchung eher zu vernachlässigen.

Zweifellos gehört »La fin du monde« zu denjenigen Schriften Cendrars', welche sich einer eindeutigen Zuordnung zu einer bestimmten literarischen Gattung sperren: Dies muß sogar so sein, ist sie doch nicht nur literarisch im Grenzbereich von erzählender Prosa, lyrischer Beschreibung und drehbuchartiger Szenenanweisung, sondern auch konzeptionell zwischen Literatur, Film, Malerei und (was die Story betrifft) moderner Geschichts- und Medienallegorie angesiedelt. Am ehesten läßt sich der Text mit anderen von Cendrars' gattungsüberschreitenden bzw. Gattungsgrenzen nivellierenden literarischen Projekten aus dieser Zeit, so den ›lyrischen‹ Teilen seiner Medienästhetik und vor allem mit »L'Eubage«

---

81 Cendrars, Interview de Blaise Cendrars sur le cinéma, S. 139.

vergleichen, einer Art poetischem ›Ursprungsmythos‹ aus der Perspektive des Zeitalters optisch-visueller Simulationen.

»La fin du monde« kann in diesem Zusammenhang als Fortschreibung von Rimbauds »Illuminations« *nach* der Erfahrung des Kinos verstanden werden, als Ausdruck der Verschmelzung eines lyrischen »Esprit nouveau« mit einem von der Technik des Kinos und der Schreibweise eines Drehbuchs geprägten Duktus. Hinzu kommt, wie schon bei der »Transsibérien« von Sonia Delaunay, das von Fernand Léger gestaltete graphische Arrangement, das den Text Cendrars' aus der rein schriftliterarischen Repräsentationsform des Buchs heraushebt und ihm auch zu einer bildlichen Transparenz verhilft. Dabei haben wir es aber gerade nicht mit einer bloßen Illustration zu tun, man sieht eine eigene, nicht-mimetische, dem Text komplementäre bildkünstlerische Interpretation (»Compositions en couleurs«) des durch das Szenario vom Weltende vorgegebenen Inhalts.

Wort- wie Bildrepräsentation von »La fin du monde« unterstreichen vielmehr durch ihre je eigene, voneinander unabhängige Zeichen- und Bedeutungsvielfalt die tatsächliche filmische Unnachahmlichkeit des beschriebenen Geschehens, was den Eigenwert der Buchpublikation – zumal es sich um ein aufwendig gestaltetes Künstlerbuch handelt – en tant que telle unterstreicht. Dennoch kommt dem unterstellten Verwendungszweck des Buchs als Filmvorlage eine Bedeutung zu: Darin manifestiert sich eine ›absolut moderne‹ Kino-Vorstellung, die das Medium von seiner kommerziellen Zweckgebundenheit befreit, um es dem potentiell zweckfreien Avantgardismus der Kunst zuzuführen. Es entsteht die Idee eines avantgardistisch prononcierten Gegen-Kinos, das vom offiziellen Kino als nicht realisierbar oder nicht realisationswürdig angesehen wird – Léger wird wenig später sein »Ballet mécanique« aus eigener Tasche finanzieren.

Ebenso wie sich eine filmische Umsetzung von Rimbauds »Illuminations« verbietet, kann Cendrars' »La fin du monde« nicht auf eine bloße Vorlage für eine tatsächliche Filmproduktion reduziert werden: Eine solche Lesart würde den Eigenwert des Gattungs- und Formexperiments seines Textes negieren. Statt dessen ist »La fin du monde« als Versuch einer sprachlichen und formalen Fortschreibung der Tradition des Prosagedichts im Kinozeitalter anzusehen.

Mit van Hoddis' Gedichten »Weltende« und »Kinematograph«, die Cendrars bekannt gewesen sein mögen,[82] hat das Szenario den abrupten,

---

82 Vor Ausbruch des Ersten Weltkriegs veröffentlichte Cendrars drei seiner »Poèmes élastiques«, darunter »Contrastes«, bereits in Herwarth Waldens »Der Sturm«. Zahlreiche Freundschaften verbanden Cendrars mit in Paris weilenden deut-

unvermittelten Wechsel der Bilder und Vorgänge gemeinsam. Durch die fortlaufend nummerierte Szenenaufteilung, die fingierten Regieanweisungen (»on voit«) und kamerasprachlichen Fachbegriffe (»raccourci«, »premier plan«) ist gleichzeitig der medial determinierte Charakter der apokalyptischen Vision hervorgehoben: Der Weltuntergang wird erst durch die Hybris moderner Technik ermöglicht; erst die Existenz moderner Technik gestattet die Vorstellung eines technisch provozierten Weltuntergangs. Die Darstellung apokalyptischer Reiter ist unnötig geworden, wo ein mit der Kamera ausgestatteter Engel an der Kuppel von Notre-Dame imaginiert werden kann. Deshalb nutzt Cendrars auch mit den Mitteln sprachlicher Vergegenwärtigung das Spektrum an visuellen Tricks, die zu den von Benjamin beschriebenen »Schockeffekten« des Mediums zu rechnen sind. Ein »cinéma accéléré« und »cinéma ralenti« wird dem Kapital der lyrischen Sprache hinzugeschlagen, der Autor arbeitet mit Analogien zu Vergrößerungen, perspektivischen Verzerrungen von Total- bis Nahaufnahmen, überwältigt logisch unüberbrückbare, alogische zeitliche und räumliche Distanzen und Differenzen durch Zeitraffer- und Zeitlupenbeschreibungen, Schnitte, fragmentarische Brüche und Auslassungen, wie sie dem Film eigen sind. Eine nicht von traditioneller Diskurslogik abgeleitete, sondern von den durch die filmische Montage eröffneten Möglichkeiten optischer Setzung determinierte Struktur entsteht.

»La fin du monde« markiert eine Zwischenstufe in der Entwicklung von Cendrars' kinoästhetischer Poetik: Der absolute Modernitätsanspruch der Avantgarde wird weiterhin eingelöst durch eine Bilder setzende Imagination, die nicht einfach in die Szenenfolgen eines Films auflösbar wäre, sondern im autonome Zeichensysteme entwerfenden Prosagedicht die ihr gemäße Repräsentation findet. Andererseits wird durch die Form des Filmszenarios und das im Gedicht verwendete Fachvokabular der Anspruch nach filmischer Verwirklichung laut: »Quant à la *Fin du mon-*

schen Expressionisten wie Yvan Goll oder Ludwig Rubiner. Das anti-teutonische Moment, das die kriegsbedingten Polemiken Apollinaires bestimmt, ist in Cendrars' Schriften so nicht zu finden: Als Schweizer, der die deutschsprachigen Leonhard Euler und Paracelsus zu seinen Vorfahren stilisierte, der vorgab, Goethes Gesamtausgabe auf der Überfahrt nach Amerika gelesen zu haben, war ihm eine solche Attitüde fremd. Sein Internationalismus war mit dem weltumspannenden Pathos der deutschen Expressionisten eher vereinbar als der teilweise zum Chauvinismus neigende Patriotismus eines Apollinaire. Über Cendrars' Vertrautheit mit den ›esoterischeren‹ Aspekten deutscher Literatur und Philosophie, etwa die Kenntnis von Jakob Böhmes Mystik oder des romantischen Idealismus, ließe sich auch die Brücke zu den Surrealisten schlagen, von denen er sich öffentlich jedoch distanzierte.

de, c'est *presque* un scénario, moins les indications des procédés à employer.«[83] Durch die Tatsache, daß gewisse szenische Vorgaben und Formulierungen zwar eine poetische Vorstellung hervorrufen, nicht aber einer filmischen Repräsentation entsprechen, entsteht das Paradox eines Drehbuchs, dessen Umsetzung unmöglich ist. Légers und Cendrars' im Buch festgehaltene Kollaboration »La fin du monde filmée par L'Ange N. D.« *ist* bereits der ›Film‹, der ihnen beiden vorschwebt: Der ›absolut moderne‹, unrealisierbare Film, verstanden als eine Repräsentationsform des avantgardistischen Gesamtkunstwerks.

3.2.5 »KODAK (Documentaires)«

Dem Umstand, daß der ursprüngliche Titel »KODAK« des 1924 mit einer Zeichnung Francis Picabias in der Pariser Librairie Stock veröffentlichten Gedichtbands vom gleichnamigen amerikanischen Fotokonzern als Inhaber des gesetzlich geschützten Namens gerichtlich beanstandet wurde, ist die Umbenennung späterer Auflagen in »Documentaires« zu verdanken. Die keineswegs willkürliche Entscheidung für diesen Namen – den ursprünglichen Untertitel – begründet der Autor 1943 bei der Herausgabe seiner »Poésies complètes« mit dem spezifischen Charakter dieser Gedichte:

> J'avais bien pensé débaptiser mes poèmes [...] par exemple »Pathé-Baby«, mais j'ai craint que la puissante »Kodak C° Ltd« [...] m'accuse cette fois-ci de concurrence déloyale. [...] La poésie n'est pas dans un titre mais dans un fait, et comme en fait ces poèmes, *que j'ai conçus comme des photographies verbales*, forment un documentaire, je les intitulerai dorénavant *Documentaires*. [...] C'est peut-être aujourd'hui un genre nouveau. (PC 384; meine Hervorhebung – J. R.)

Auf den ersten Blick wirkt dieser Band wie eine Sammlung von Reise- und Landschaftsgedichten v.a. vom amerikanischen und vom afrikanischen Kontinent, die einzelnen Kapitelüberschriften »West«, »Far-West«, »Terres aléoutiennes«, »Fleuve«, »Le Sud«, »Le Nord«, »Îles«, »Fleuve«, »Chasse à l'Éléphant« und »Menus« mit den in den Gedichten enthaltenen präzisen Ortsangaben und lokalen Eigennamen scheinen die Lesart der Gedichte als Reiseskizzen eines Globetrotters zu bestätigen. Zudem legt die paradoxe Formulierung »conçus comme des photographies verbales« das Bild des – statt wie der Tourist mit der Kamera – mit Bleistift und Papier

---

83 Cendrars, Interview de Blaise Cendrars sur le cinéma, S. 142; meine Hervorhebung – J. R.

durch die Welt streifenden Dichters nahe, der seine Aufzeichnungen als Äquivalent fotografischer Schnappschüsse von seiner Umgebung versteht. Die kursivierte Subscriptio am Schluß des Bandes: »En voyage 1887-1923« (PC 175) unterstreicht diesen Gestus der buchstäblich ›erfahrenen‹ Authentizität, mit dem sich der Lyriker hier präsentiert. Dieser Auslegung entspräche auch der ursprüngliche, die Fotokamera-Analogie hervorhebende Titel »KODAK«. Der neue Titel »Documentaires«, den er als Bezeichnung für ein neues Genre von Gedichten vorschlägt, betont die von ihm während seiner Tätigkeit als Filmemacher bevorzugte Abbildung einer ›dokumentarisch‹ begriffen, d.h. »ungestellten« Wirklichkeit.

Seit jedoch bekannt wurde, daß es sich bei den »KODAK«-Schnappschüssen um Collagen aus bereits vorgefundenem Text-Material handelt, und zwar um Schnipsel aus einem Fortsetzungsroman »Le mystérieux docteur Cornélius« des mit Cendrars befreundeten Kolportageautors Gustave Le Rouge, hat sich dieser Eindruck als Täuschung erwiesen. Hinzu kommen die versifizierten ›Plagiate‹ einer Reisereklame in »Prospectus« und verschiedener Speisekarten in »Menus«. Die Frage nach der ›dokumentarischen‹ Authentizität, überhaupt nach dem Charakter dieser Sammlung als »Reisegedichte«, ist deshalb nicht mehr eindeutig zu entscheiden. In den späten Prosa-Bekenntnissen von »L'Homme Foudroyé« hatte Cendrars bereits auf den Plagiatcharakter dieser Gedichte selbst hingedeutet:[84] »J'eus la cruauté d'apporter à Lerouge un volume de poèmes et de lui faire constater de visu [...] une vingtaine de poèmes originaux que j'avais *taillés à coups de ciseaux* dans l'un de ses ouvrages en prose et que j'avais publié sous mon nom ! C'était du culot.«[85]

Montage begegnet uns hier also zunächst in der Form von Text-Collagen: Der vorliegende Prosatext wird solange ›beschnitten‹, demontiert und wieder neu zusammengesetzt, bis er ein Gedicht nach den Vorstellungen des Plagiators ergibt. Passagen, die in Le Rouges Prosa die Narration stützten, den Gang der Handlung vorantrieben, denen also eine strukturierende Funktion im Rahmen der Erzählung zukam, werden ihres Zwecks beraubt und in neue Zusammenhänge innerhalb der stoff-

---

84 Vgl. in »L'Homme Foudroyé« die Episode »Gustave Le Rouge« des Kapitels »Le Fouet« der »Rhapsodies Gitanes« (Cendrars, Œuvres complètes V, S. 181-188). Den subtilen Hintersinn seiner Plagiatabsichten verrät die geschilderte Absicht, Le Rouge um die *Verfilmung* des zur Diskussion stehenden Fortsetzungsromans zu ersuchen: »Comme j'allais prochainement partir à Rome faire du cinéma [...] que j'entrepris l'ami Lerouge [sic] pour qu'il me cédât les droits cinématographiques d'adaptation du ›Mystérieux Docteur Cornélius‹ à l'écran. Ce n'est pas que je tenais personellement à tourner ce film« (S. 184).

85 Ebd. S. 188.

lichen Progression der Gedichtsammlung eingebunden. Umfang und Ausmaß von Cendrars' Collage- und Remontagearbeit sind bereits hinreichend dargelegt worden.[86]

Interessant bleibt die Frage, warum Cendrars die textlichen Collagen in »KODAK« als »photographies verbales« charakterisiert. Geht man von Kracauers Definition der Fotografie als fragmentarischem »*Gemenge*« aus,[87] »das sich zum Teil aus *Abfällen* zusammensetzt«, so ist, analog dazu, der collagierte Text ein ebensolches »Gemenge«, das den »Abfall« eines oder mehrerer Texte in sich aufnimmt. Der »ursprüngliche Zusammenhang«, der die Textteile »mit einem Original verband«,[88] ist zugunsten des fragmentarischen Ausschnitts, den eben die Fotografie darstellte, gelöscht worden: Cendrars tut somit nichts anderes, als das Verfahren der Fotografie – »Bruchstücke« (Kracauer) aus einem nicht mehr eruierbaren Ganzen auszuschneiden – auf die Ebene seines Textes zu übertragen! Nach Kracauer liegt eine filmische Verfahrensweise vor, wenn diese »Ausschnitte zu fremden Gebilden assoziiert«[89] werden – eben das finden wir in Cendrars, »KODAK«-Zyklus verwirklicht. Deshalb ist der Vergleich mit einem »court-métrage poétique«, den sein Herausgeber 1967 in einer vorangestellten Notiz der Taschenbuchausgabe der »Poésies complètes 1912-1924« komplementär zu Cendrars' eigenem Terminus der »photographies verbales« vorschlägt, durchaus gerechtfertigt.

---

86 Lacassin, der Cendrars' Arbeitsschritte und -techniken (Übernahmen, Umschreibungen, elliptische Kürzungen, Einschübe, Verschiebungen, Umgruppierungen) bei der Collagierung von »KODAK« aus Le Rouges »Le mystérieux docteur Cornélius« eindrucksvoll dokumentiert hat, faßt zusammen, wodurch sich das vermeintliche lyrische Plagiat unverkennbar vom prosaischen Original abhebt. Es ist zunächst der Verfremdungseffekt an scheinbar vertraut oder gewöhnlich wirkenden Erzählpassagen, den der Schnitt- und Montageprozeß provoziert: »un instinct poétique très sûr a guidé ses ciseaux agiles. Décapant la réalité banale, il a délivré l'image vibrante qu'elle emprisonnait. D'un incident sans importance, il a extirpé la magie de l'instant. D'un paysage un visage reposant, il a distillé l'inquiétude. Mais par-dessus tout, il ne s'est pas borné à confiner l'exotisme dans les couleurs délicates d'un coucher de soleil sur le lac Ontario ou dans les miasmes d'un marais frémissant. Il a su déceler, là-même où notre accoutumance à la vie moderne nous empêche de le voir: dans la reconstruction selon des mornes inhabituelles […] il a filtré la prose de Le Rouge à travers la grille de sa personnalité, et a réalisé une véritable opération alchimique en fondant dans le creuset de son inspiration personelle, la matière brut que le romancier lui apportait.« (Lacassin, Gustave Le Rouge, S. 83).

87 Kracauer, Die Photographie, S. 86.

88 Ebd. S. 97.

89 Ebd.

Auch die von Cendrars als neues Genre im Untertitel angebotene Bezeichnung »Documentaires« bietet, neben der oberflächlichen Assoziation zum Genre einer dokumentarischen Lyrik im Sinne von Reisegedichten, erstaunliche Parallelen zu den Intentionen des Dokumentarfilms. Man vergleiche die Funktion, die Jean Vigo in einer Erklärung aus Anlaß der Premiere von »À propos de Nice« der Filmkamera zuweist, mit dem Schnitt- und Montageverfahren, das Cendrars, mit Schere und Klebstoff, an vorgefundenen Texten vornimmt, um dadurch zu Gedichten vom Genre der »Documentaires« zu gelangen:

> L'appareil de prise de vue sera braqué sur ce qui doit être considéré comme un document et qui sera interprêté comme un document. Bien entendu, le jeu conscient ne peut être toléré. Le personnage aura été surpris par l'appareil … *Et le but sera atteint si l'on parvient à révéler la raison cachée d'un geste, à l'extraire d'une personne banale et de hasard sa beauté intérieure* ou sa caricature, si l'on parvient à révéler l'esprit d'une collectivité.[90]

Analog zum Bild-Montageverfahren der Kamera bei Vigo kann als Ziel des Text-Montageverfahrens von Cendrars' »Documentaires« gelten, die »innere Schönheit« des banalen, wohl mehr oder weniger zufällig dafür ausgewählten – ›gefundenen‹ – Fortsetzungsromans aufzudecken. Cendrars' Bericht über Gustave Le Rouges Erstaunen, sich als ›Dichter‹ zu entdecken, ist vergleichbar dem Erstaunen derjenigen, die, ohne ihr Wissen von der Kamera aufgezeichnet, sich auf der Leinwand wie einem anderen Selbst begegnen: »j'avais dû […] lui faire admettre […] que, lui aussi, était poète […] Il n'en revenait pas.«[91]

Hinter der von Vigo vorgetragenen Idee des Dokumentarischen verbirgt sich Kracauers Auffassung eines »enthüllenden« Kinos – analog zum Kinoverfahren ›enthüllt‹ Cendrars mit Mitteln textlicher Montage in seinen »Documentaires« folgerichtig das poetische Potential des vorgefundenen Fortsetzungsromans: »The camera associates things which, by earlier artistic canons, did not belong together, and severs expected, presumably necessary relationships«, diagnostiziert Bochner den Zusammenhang zwischen Kamera-Schnitt und Text-Schnitt für Cendrars' »Documentary Idea«.[92] Seine »photographies verbales« sind zunächst nichts anderes als ›Schnappschüsse‹ aus einem (nicht mehr darin erkennbaren)

90 Vigo in Pilard, Cendrars – cinéma de rêve, rêve de cinéma, S. 130; meine Hervorhebung – J. R.
91 Cendrars, Œuvres complètes V, S. 188.
92 Bochner, Writing a Cinema, S. 43.

Textganzen, bevor sie, auf der Inhaltsebene der Gedichte, die Vorstellung von ›Schnappschüssen‹ einer dokumentarisch abgelichteten Außenwelt erwecken, deren Zusammenschnitt neue überraschende Zusammenhänge ans Tageslicht bringt.

Daher ist zu unterscheiden zwischen einem ›textgenetischen‹ Montagebegriff, wie er oben entwickelt wurde, und einem als »Montage« empfundenen Eindruck der inhaltlichen Organisation, der Komposition des Gedichts. Ist von Korrespondenzen mit dem Medium Film die Rede, so wird zumeist stillschweigend letzteres Verständnis von Montage unterstellt – im Kontext avantgardistischer Schreibstrategien wie derjenigen von Cendrars ist es jedoch sinnvoll, den Unterschied zu einem sich auf die Textgenese selbst beziehenden Montagebegriff geltend zu machen; dieser entspräche am ehesten dem der dadaistischen und surrealistischen *Materialcollage*.

Béhar setzt dennoch zu Recht Cendrars' Collage-Tätigkeit an »KODAK« von der Vorstellung eines am Klebetisch zer- und verschneidenden Dada-Künstlers zugunsten der eines am Schneidetisch ein neues Ganzes montierenden Regisseurs ab. Beide Aspekte der »KODAK«-Verfertigung – der der Materialcollage und der der Textmontage – faßt Béhar unter dem Begriff des »bricolage« zusammen:

> Chez Cendrars, le collage s'efface au profit du montage […] les poèmes lisses de *Kodak* […] revêtent un caractère *exemplaire*, je veux dire qu'ils illustrent parfaitement le fonctionnement de cette machine à imaginer qu'est un table de montage. *Kodak*, ou l'invention poétique par le bricolage.[93]

Eine genuin ›filmische‹ *Schreib*weise nach dem in dieser Arbeit vertretenen Verständnis läge allerdings erst dann vor, wenn auch die inhaltliche Konzeption und formale Komposition des Textes – abgesehen von seiner Genese aus ›found material‹ – Assoziationen zur Ästhetik des Films zulassen, wie sie sich etwa bei der Betrachtung von »Le Transsibérien« oder »Le Panama« ergaben. Nachfolgend deshalb ein Blick auf ästhetische Analogien zum Film, ohne hierfür wiederum den Montagebegriff zu bemühen.

Inhaltlich vertreten die »KODAK«-Gedichte wie die meisten Texte Cendrars' wiederum den Anspruch dokumentarischer Authentizität, was an den aneinandergesetzten ›Bildern‹, aus denen jeder der Einzeltexte hervorgeht, ablesbar ist. Der die ›Kulisse‹ vorgebende Titel und das perspektivisch entfaltete Reisemotiv verleihen den Gedichten auch entfernt

---

93 Béhar, Débris, collage et invention poétique, S. 114.

emblematischen Charakter. Ihnen würde dann allerdings die Subscriptio fehlen – verstünde man nicht den Text selbst schon als Subscriptio, die das ›mentale‹ Bild kommentiert, das die Inscriptio des Titels evoziert. Sie erinnern jedoch ebenso an die hintereinandergeschnittenen Szenen eines Films. Die imaginäre Kamera schwenkte damit von Einstellung zu Einstellung; für das erste Kapitel des Bandes hieße das beispielsweise, von »I. Roof-Garden« über »II. Sur L'Hudson«, »III. Amphitryon«, »IV. Office«, »V. Jeune Fille«, »VI. Jeune Homme«, »VII. Travail«, »VIII. Trestle-Work«, »IX. Les Mille Îles« bis zu »X. Laboratoire« – analoge ›Schwenks‹ und Motiventfaltungen verzeichnen die nächsten Kapitel. Auch die römisch bezifferte Progression der Texte erinnert an die – wenngleich arabische – Bezifferung der im Drehbuch beschriebenen Einstellungen, wie sie Cendrars etwa in »La fin du monde« praktiziert hatte.

Ein Beispiel für die harte, übergangslose parataktische Reihung der oft elliptisch gerafften Satzzeile, deren Ineinandergreifen kinästhetische Bewegtheit suggeriert, bietet »Travail« mit dem Szenario eines Eisenbahnunglücks:

> Des malfaiteurs viennent de faire sauter le pont de l'estacade
> Les wagons ont pris feu au fond de la vallée
> Des blessés nagent dans l'eau bouillante que lâche la locomotive éventrée
> Des torches vivantes courent parmi les décombres et les jets de vapeur
> D'autres wagons sont restés suspendus à 60 mètres de hauteur
> Des hommes armés de torches électriques et à l'acétylène descendent le
> sentier de la vallée
> Et les secours s'organisent avec une silencieuse rapidité
> Sous le couvert des joncs des roseaux des saules les oiseaux aquatiques
> font un joli remue-ménage
> L'aube tarde à venir
> Que déjà une équipe de cent charpentiers appelés par télégraphe
> et venus par train spécial s'occupent à reconstruire le pont
> Pan pan-pan
> Passe-moi les clous (PC 144)

Mit Sicherheit wird unser Blick auf diese Gedichte auch durch deren Titel »KODAK« und ihre Charakterisierung als »Documentaires« in die Richtung einer kinematographischen Lesart gelenkt;[94] denn nicht alle

---

94 Béhar insistiert auf einem durch die Arbeit am Film gewonnenen cineastischen Gestaltungswillen Cendrars' in den »KODAK«-Gedichten; als Nachweis führt er

der Texte sind nach dem gleichen Prinzip szenischen Wechsels und harter, Bild an Bild setzender Schwenks strukturiert. Ebenso finden sich flüchtige, in einer Art metonymischen Sprechens Details aufgreifende Deskriptionen wie etwa die einer »Maison Japonaise« (PC 163), die zugleich ein Beispiel dafür ist, wie die Wahl des Sujets die lyrische Sprache determiniert. Man meint den auf andeutungsintensive Bilder vertrauenden Charakter japanischer Poesie darin wiederzufinden: »Tiges de bambou / Légères planches / Papier tendu sur des châssis / Il n'existe aucun moyen de chauffage sérieux«.

Gemeinsam ist all diesen sequenzartigen ›Einstellungen‹ und ›Bildern‹ – als welche die Texte in der von Cendrars selbst vorgeschlagenen Analogie zur Kamera anzusehen sind – der unmetaphorische, gestische Duktus, der jedes lyrische Pathos, jede symbolische Überhöhung zurückweist, und stattdessen nur die Dinge bedeutet, die die sprachlichen Zeichen repräsentieren. Den Gestus kameraartiger, ›objektiver‹ Aufzeichnung, eines deiktischen Sprechens, das ein Hier und Jetzt von im Objektiv festgehaltener Gegenwart entwirft, unterstützt auch das Fehlen eines individuell umgrenzten lyrischen Ichs, das sich statt dessen »weitgehend auf Motivwahl und Bildabgrenzung«[95] beschränkt. Der auf- und wahrnehmende Beobachter dissoziiert vielmehr in die zahlreichen Einstellungen, die seine Optik registriert:

S'efforçant d'intégrer la réalité quotidienne à l'expérience poétique, il était normal que Cendrars vint à faire se rejoindre le langage cinématographique et l'écriture syllabique, proposant, en quelque sorte, avec *Kodak*, une écriture picturale, animée, comme le serait un album dont on fait défiler les pages à grande vitesse en le feuilletant. [...] Par le pouvoir de nommer, le poète engendre la représentation. Vertu de l'image-association.[96]

---

den intensiven Gebrauch an, den der Autor von präzisen Kameraanweisungen in seinem etwa zeitgleich entstandenen *ciné-roman* »La perle fiévreuse« macht: »Au témoignage d'Abel Gance, Cendrars s'est montré désemparé par la technique cinémato-graphique, il en avait du moins retenus les grandes lois du montage, comme le prouverait l'étude d'un scénario exactement contemporain du *Kodak*, *La Perle fiévreuse*, où sont utilisés les variations scalaires de l'objectif (du plan panoramique au gros plan), les diaphragmes et les caches, avec en particulier la fermeture à l'iris, le mouvement de caméra (plongée, contre-plongée, travelling), les variations de vitesses (ralenti, accéléré, retour en arrière), et les techniques de l'enchaînement (fondus, réingression).« (Ebd. S. 108).

95 Steland, Antipoetische Poesie, S. 35.
96 Béhar, Débris, collage et invention poétique, S. 111f.

Freilich sind die simultanen, synästhetischen Effekte, wie sie die Gedichte von Cendrars' dezidiert avantgardistischer Phase kennzeichnen, zurückgedrängt zugunsten einer vorrangig an der Aufzeichnung der optischen Wahrnehmung ausgerichteten Schreibweise, »das heißt einer Dichtung, die von allen zu poetischem Ornament geronnenen Sprachkonventionen sich abstößt und auf unverstellte sprachliche Wahrnehmung auch und gerade des banalen Weltstoffs drängt«.[97]

»KODAK« ist als poetologisches Dokument von besonderem Interesse, weil es zeigt, wie sich Cendrars' Lyrik nach einer Interimszeit praktischer Kinoarbeit weiterentwickelt hat. Nach der technischen Erprobung der Montage bei der Assistenz und Regie von Filmen versuchte er dieses filmische Bauprinzip im doppelten Sinne in Lyrik umzusetzen: Die »photographies verbales«, als welche er die »KODAK«-Gedichte paraphrasiert, sind sowohl Montagen in jenem textgenetischen Sinn, der collagierte Texte der Avantgarde auszeichnet, die die ›verborgene Schönheit oder Wahrheit‹ eines zufälligen, plagiierten Ursprungstextes ›enthüllen‹, als auch Montagen im metaphorischen Sinn, mit denen das Bemühen um kamera-analoge Bildlichkeit und Perspektivik im Gedicht gemeint ist.

Aufgrund des Zusammenspiels beider Auffassungen von Montage – des für die Collage verwendeten Begriffs eines ›zusammengeschnittenen‹ Plagiats und des metaphorischen einer ›filmischen‹ Schreibweise – entstehen singuläre Gedichte, die, je nachdem auf welchen Montagebegriff man den Akzent setzt, vielfältigste Deutungen zulassen: ›Filmische‹ Reisegedichte mit untergeschobenem Fremd-Text – also tatsächliche verbale Schnappschüsse als Souvenirs aus den Lektüre-Reisen in Texten anderer –; Text-Collagen unter dem Vorwand des Reisegedichts; aus der Erfahrung technischer Schnittvorgänge beim Film resultierende Lyrik mit dokumentarischem Anspruch.

3.2.6 »Feuilles de route«

Im Gegensatz zu den artistisch plagiierten Reiseeindrücken ›zweiter Natur‹ von »KODAK« haben wir es bei den »Feuilles de route« mit ›echten‹ Reisegedichten zu tun: Cendrars dokumentiert in ihnen, der Spontanität des Augenblicks verhaftet, eine Überfahrt von Frankreich nach Brasilien, die sich anschließenden brasilianischen Impressionen vor Ort und die beginnende transatlantische Rückfahrt nach Frankreich.

Die lyrischen Notate der zwischen 1924 und 1928 publizierten drei Teile der »Feuilles« (PC 177-258) erweisen sich schon in der äußeren Form als

---

97 Steland, Antipoetische Poesie, S. 35.

ganz anders strukturiert als die aus bereits vorliegenden Texten zusammengeschnittenen »Documentaires«: Sie sind ›Gelegenheitsgedichte‹ im besten Sinne, da sie alle dem direkten Augenblick, der momentanen Stimmung und Verfaßtheit des Autors, der spontanen Eingebung vor der Schreibmaschine geschuldet zu sein vorgeben. Phänotypisch vom chansonhaften Arrangement (»Tu es plus belle que le ciel et la mer«, »Lettre«) über die intime monologartige Reflexion (»La Cabine N⁰ 6«, »Couchers de soleil«, »Je nage«) bis zur detailverliebten Deskription der Außenwelt (»Papillon«, »Mictorio«, »Klaxons électriques«) reichend, konturieren sie das Ich mit seiner je aktuellen emotionalen Aufgeladenheit inmitten seiner während der Reise von Nordost nach Südwest dynamisch changierenden Umwelt. Den lyrisch festgehaltenen Eindrücken eignet eine Ursprünglichkeit, eine »Aura«, durchaus im benjaminschen Sinne der einmaligen Annäherung einer Ferne, von Anwesenheit in der Gegenwart, dem wechselnden »Hier und Jetzt« des mit dem Autor identischen Ichs, wie sie die, bei allem Bemühen um Originalität, künstlich montierten Passagen der »Documentaires« selten aufweisen. Diese verhalten sich zu den unmittelbarer Anschauung entsprungenen »Feuilles de route« wie jene künstlich errichtete, mit dem Schein von Echtheit drapierte Kulissenwelt des Filmstudios zu Aufnahmen an Originalschauplätzen. Dieser Argumentation folgend, wären nur den »Feuilles« diese »leuchtende[n] oder auch anders beschaffene[n] Strahlungen« solcher an Originalschauplätzen gedrehten Szenen zu eigen, »die sich dem Film mitgeteilt und ihm eine Seele eingehaucht haben«.[98]

Dem »Feuille«-Paragraphen »A Babord« (PC 218f.) etwa hat sich die Vergegenwärtigung einer solchen ›Aura‹ »einmaliger Nähe« (Benjamin) mit besonderer Intensität mitgeteilt; makrokosmisch aus der Totale abgebildete, ›still‹gestellte, wie mikrokosmisch vergrößerte, herangezoomte Wirklichkeiten sind im momentanen Erlebnis des Ichs aufgehoben. Der gestische Charakter von Cendrars' Sprache ahmt das ›Zeigen‹ der Kamera durch deiktische Verweise auf einen Zustand gesteigerter, einmalig apperzipierter (»absoluter«) Gegenwart nach:

Le port
Pas un bruit de machine pas un sifflet pas une sirène
Rien ne bouge on ne voit pas un homme
Aucune fumée monte aucun panache de vapeur
Insolation de tout un port

98 Cendrars in Kracauer, Theorie des Films, S. 63; nach Cendrars, Interview de Blaise Cendrars sur le cinéma.

Il n'y a que le soleil cruel et la chaleur qui tombe du ciel et qui monte
de l'eau la chaleur éblouissante
Rien ne bouge
Pourtant il y a une ville de l'activité une industrie
Vingt-cinq cargos appartenant à dix nations sont à quai et chargent du café
Deux cents grues travaillent silencieusement
(A la lorgnette on distingue les sacs de café qui voyagent sur les tapis-
roulants et les monte-charge continus
La ville est cachée derrière les hangars plats et les grand dépôts rectilignes
en tôle ondulée)
Rien ne bouge
Nous attendons des heures
Personne ne vient
Aucune barque ne se détache de la rive
Notre paquebot a l'air de se fondre minute par minute et de couler len-
tement dans la chaleur épaisse de se
gondoler et de couler à pic

Die »Feuilles« sind Cendrars' Abschied von der Lyrik im engeren Sinn.
Lyrische Partien nach Art des Prosagedichtes werden nur noch in seinen
Romanen und Memoiren zu finden sein. Für ihn bedeutet dies auch den
Abschied von den Intentionen der Avantgarde, wie sie Apollinaires Programmatik des »Esprit nouveau« exemplarisch umrissen hatte. Das Potential an lyrischen Innovationen schien für ihn offensichtlich ausge-
schöpft, so daß er mit seinen Versuchen konsequenterweise an einem
Schlußpunkt angelangt war, der ihm, wollte er sich nicht wiederholen,
lediglich die Möglichkeit bot, das Genre zu wechseln.

Dieser sich abzeichnende Gattungswechsel steht in enger Beziehung
zu seinen Kontakten mit dem cineastischen Metier: Das Kino war für
ihn zum Referenzmedium seines Schreibens geworden, bereits die vor
seiner Arbeit am Film entstandene Lyrik orientiert sich an Prinzipien
kinematographischer Optik, Beweglichkeit und Simultanität. Anders als
andere ›lyrische‹ Filmemacher wie etwa Jean Cocteau bewahrte Cendrars
sich jedoch eine avantgardistische Distanz zum kommerziell eingebunde-
nen Medium, die *vom technischen auf das ästhetische Potential* abstrahieren kann. Auch während bzw. nach dem Engagement beim Kino ist seine
Lyrik von der Fragestellung durchdrungen, wie sich filmische Prinzipien
(etwa Montage) ins Schrift-Medium übertragen lassen. In »La fin du
monde« und »KODAK« wurde der Wunsch nach lyrischen Verfahrensweisen eingelöst, die, ohne die mediale Determiniertheit durch die Schrift
zu verleugnen, den Affinitäten des Films entsprechen.

So mag es zunächst überraschen, wenn sich Cendrars – demonstriert durch die permanente Anwesenheit eines die eigene Subjektivität hervorhebenden moi lyrique – in den »Feuilles de route« dem »œil humain« zuzuwenden beginnt, das er in der »Hollywood«-Reportage von 1936 gegenüber dem technischen Automatenauge der Film- oder Fotokamera favorisiert. Diese Betonung der eigenen Individualität ist nicht als Abwendung von der Ästhetik des Kinos oder Rückzug in einen konservativen Subjektivismus anzusehen. Es ist ein »regard humain« *nach* der Erfahrung des Films, eine Wahrnehmung, der die Optik der Kamera bestens vertraut ist: Die das 20. Jahrhundert dominierende Kamera-Wahrnehmung fließt deshalb immer schon unwillkürlich in die subjektive Wahrnehmungsweise des Ichs mit ein.

In dem in der São-Paulo-Schilderung des zweiten Teils enthaltenen »Paysage« (PC 232) kann die äußere, von der technischen Zivilisation des 20. Jahrhunderts überwucherte ›Natur‹ z.B. nur noch durch eine Optik erfaßt werden, die auch technisch determinierte Blickgewohnheiten annimmt, wie sie der fotografischen Ausschnitthaftigkeit innewohnen. Die in Baudelaires »Paysage«, einem der Referenztexte für den »Landschafts«-Begriff der modernen Lyrik, anzutreffende Vision einer vom Dichter (»du haut de ma mansarde«) überblickten panoramenartigen Totalität urbaner Landschaft, die schließlich der Gegenvision eines imaginierten Landschaftspanoramas (»des féeriques palais«) weicht, ist bei Cendrars zur Auflistung dessen reduziert, was das Herbergsfenster an fragmentarischen Ausblicken samt der dazugehörigen Geräuschkulisse (»Trams auto trams«) zu bieten hat. Der Eindruck simultaner Heterogenität unterliegt hier keiner primär kubistisch akzentuierten Schockintention mehr, sondern ist der Versuch getreuer dokumentarischer Wiedergabe des florierenden Stadtlebens, das in seiner Totalität aus keiner überhöhten Dichterperspektive mehr einzufangen wäre. Nur noch in metonymischer Teil-fürs-Ganze-Setzung kann das ausschnitthafte Fragment einen – verlorengegangenen oder nicht mehr ermittelbaren – Zusammenhang, *die Vision einer Ganzheit in ihrer Abwesenheit* evozieren:

Le mur ripoliné de la PENSION MILANESE s'encadre dans ma fenêtre
Je vois une tranche de l'avenue São-João
Trams auto trams
Trams-trams trams trams
Des mulets jaunes attelés par trois tirent de toutes petites charettes vides
Au-dessus des poivriers de l'avenue se détache l'enseigne géante de la
             CASA TOKIO
Le soleil verse du vernis

Der Fragmentcharakter wird ebenso evident, wenn man einen Blick auf die Konkretheit wirft, mit der in den oft skizzenartigen Gedichten Beobachtungen anschaulich wiedergegeben sind; wenn man nachvollzieht, wie die Worte kameraähnliche Nah- und Fern-Perspektiven entwerfen; wie die Notate einer bestimmten szenischen Einstellung, die einzelnen Verszeilen einer Verweildauer des Objektivs vor dessen nächstem Schwenk entsprechen. Bochner sieht sich daher legitimiert, das lyrische Ich mit der Optik der Filmkamera gleichzusetzen: »The camera is unsettling, keeps us on our toes, makes us hunger for the new and unexpected [...] The camera, in fact, is the perfect *flâneur*.«[99]

Wenn zwar am Primat der in den »Feuilles« festgehaltenen visuellen Eindrücke die vom Sensorium der Kameralinse durchdrungene menschliche Augen-Wahrnehmung zu spüren ist, so erinnert die Konkretheit der evozierten Vorstellungen dennoch weniger an die zweidimensionale Oberfläche der Leinwand als an die dreidimensionale Plastizität sinnlich umfassenderer Erfahrung. Die »Feuilles de route« können so auch als die konsequente Fortführung von Cendrars' dokumentarischem Anspruch begriffen werden – bis zu dem Punkt, wo idealerweise die Subjektivität der lyrischen Ich-Perspektive und die ›Ungestelltheit‹ verbürgende Wahrnehmung durch das Kameraobjektiv miteinander verschmelzen.

In den »Feuilles de route« wird keine demonstrativ ›filmische‹ Schreibweise angestrebt, ›filmische‹ Effekte sind nicht sklavisch nachgeahmt. Vielmehr wird versucht, ästhetische Dimensionen des Mediums, vor allem dessen Potential an dokumentarischer Wirklichkeitsaufzeichnung der Lyrik zugänglich zu machen.

Ein autonomes Ich, in dessen *menschlichem* Auge die der technischen Zivilisation entsprechende Perspektive der Kamera *aufgehoben* ist, konstituiert sich inmitten einer mit sinnlicher – poetisch verdichteter – Intensität erlebten Gegenwart. Wie Kamera- und Augenoptik aufeinandertreffen, so verschmelzen Kunstanspruch des Gedichts und gesteigert erfahrene Lebenswirklichkeit des Dichters in Texten wie denen der »Feuilles« miteinander. Damit bereiten sie die späteren autobiographischen Prosadokumente vor, in denen »Selberlebensbeschreibung« und auratisch aufgeladene Daseinsmomente ein singuläres dichterisches Kondensat ergeben.

---

99 Bochner, Writing a Cinema, S. 43.

3.3 Resümee: Das Zusammenspiel von Film- und Avantgardeästhetik in Cendrars' Lyrik

Für Cendrars war das Kino der geeignete Ort, um das avantgardistische Ideal einer Poesie im Sinne von Apollinaires »Esprit nouveau« zu realisieren – weil der Film selbst ein *neues* Medium war, weil er die moderne, ›geschnittene‹ Welterfahrung verkörperte, weil er Bildlichkeit zum ästhetischen Prinzip erhob. Weit entfernt davon, eine Aufgabe oder Unterordnung der Lyrik zugunsten des Films zu proklamieren, sucht Cendrars nach Mitteln und Wegen, die *Existenz geschriebener Poesie im Zeitalter des Films* zu rechtfertigen. Er findet die Rechtfertigung schließlich im Anspruch dokumentarischer Authentizität, die ihm nur durch die Involviertheit des lyrischen Ichs, durch dessen gesteigerte Daseinserfahrung, möglich zu sein scheint – eine Auffassung von zugleich subjektiv markierter *und* medial determinierter Poesie, wie sie schon in seinem Langgedicht »Prose du transsibérien« anzutreffen war und wie sie, nach intensiver Auseinandersetzung mit dem Film, wiederkehrt in seinem letzten lyrischen Zyklus »Feuilles de route«.

Blaise Cendrars ist das Verdienst zuzuschreiben, der Lyrik zum ersten Mal in breiterem Umfang das ästhetische Potential des filmischen Mediums erschlossen zu haben. Wenn er selbst Bezeichnungen wie »Documentaires« als neuen Genre-Begriff für seine Art von Lyrik vorschlägt, so ist darin seine ausdrückliche Intention zu erkennen, das Genre der Lyrik neu, vom Film her kommend zu konturieren. Daß Cendrars' Bemühungen keine systematische Vollendung oder theoretische Fundierung erlangten – er sich statt dessen ganz vom lyrischen Genre verabschiedete –, mag auch aus dem fehlenden Rückhalt durch den Film seiner Zeit resultieren: Die Kommerzialisierung des Mediums war abgeschlossen; die Einführung des Tonfilms stand bevor. Seine Lyrik bewahrt jedoch die medienüberschreitende *Idee* eines Kinos von poetischer Authentizität, das kaum auf finanzielle Unterstützung hoffen konnte und von Filmemachern – bis heute – nur in meist unabhängigen, experimentellen Projekten realisiert worden ist.

Von der »Prose du transsibérien« bis zu den »Feuilles de route« hatte Cendrars seine Lyrik jeweils mit einem anderen technischen oder ästhetischen Aspekt des Films in Berührung gebracht. Dominierten in »La Prose du transsibérien« der kaleidoskopartig bunte, überraschende Wechsel heterogener Szenen, Schauplätze, Orte, Ereignisse und, auf ähnliche Weise, in »Le Panama« die Simultanität verschiedenster Räume und Zeiten die jeweilige lyrische Struktur, so zerlegen die »Dix-neuf poèmes élastiques« das filmische Phänomen von Ubiquität und Simultanität in die ästhetischen Komponenten von Bewegung bzw. Beschleunigung und Bildlichkeit: Bild- und Textmaterialien der Außenwelt werden als objets trouvés in die Gedichte aufgenommen, oder das Rohmaterial wird gar an sich schon zum genuinen ›Gedicht‹ erkoren. In den »Poèmes élastiques« finden wir – im Gegensatz zum Langzeilenschema der frühen arabesken Poeme – lyrische Notate, fragmentarisch kurze Wortgruppen oder Satzteile, die in ihrer Abfolge abrupten Fortlauf und Beschleunigung suggerieren. »La fin du monde«, ein fiktives, nicht realisierbares Drehbuch, das die Tradition von Rimbauds »Illuminations«-Prosa für das Zeitalter des Films fortschreibt, betont hingegen, an den phantastischen Leinwandszenarien eines Georges Méliès geschult, das illusionistische Element des Kinos, das die Kehrseite zu dessen realistischem, durch die Lumière-Aufnahmen verkörperten Element darstellt: Eine Welt wird imaginiert, in der Reisen durch Raum und Zeit möglich scheinen, die Gesetze von Kausalität und Schwerkraft keine Geltung haben. Der aus einzelnen *Schnitten* sich konstituierende Charakter des Mediums führt Cendrars in »KODAK« dann zur Idee der aus anderen Texten herausgeschnittenen »photographies verbales«; damit zeigt er, wie eine technische Voraussetzung des Films – der Schnitt – direkt ins Schrift-Medium der Lyrik übertragen eine Möglichkeit avantgardistischen Schreibens gegen den Strich begründen kann. In den »Feuilles de route« schließlich führt ihn der Anspruch dokumentarischer Authentizität, der ihn – entsprechend der von Kracauer postulierten Affinität zur ungestellten Wirklichkeit – am Film besonders interessiert, wieder zur medialen Selbstbestimmtheit des Gedichts zurück. Was er im Film seiner Zeit nicht oder kaum realisiert sieht, versucht er lyrisch konsequent einzulösen, da es für ihn das Wesen des Mediums repräsentiert: die Wirklichkeit ›authentisch‹ einzufangen, so, als sähe man sie zum ersten Mal, mit neuen Augen.

Seine Entscheidung, sich nunmehr einer um subjektive Authentizität ringenden Prosa zu widmen, ist daher nur folgerichtig. Wie der scheinbar paradoxe Titel »Films sans images« von Cendrars' späten Radiohörstükken (1955/57) illustriert, war für ihn die durch den Aspekt der Bewegung vermittelte Idee des Filmischen keineswegs auf das Film-Medium, die Kamera, die Kinoleinwand, den Bildschirm, beschränkt, sondern konnte sich genauso in anderen Medien und künstlerischen Ausdrucksformen Bahn brechen.

Aus literarhistorischer Perspektive betrachtet fällt Cendrars damit eine Mittlerrolle zu: Er steht zwischen jener präkinematographischen Avantgarde eines Rimbaud und Lautréamont, die Bewegung, Bildlichkeit und Ubiquität bereits vor dem eigentlichen Zeitalter des Kinos ästhetisch eingefordert hatten, und einer Zeit, in welcher der Film zum kulturellen Leitmedium avanciert.

4. John Ashbery

4.1 Zur Charakteristik von Ashberys Lyrik und ihrer Vergleichbarkeit mit der Filmästhetik

4.1.1 Der »décor« der Oberfläche

In Giorgio de Chiricos 1929 erschienenem Roman »Hebdomeros« findet sich eine Eloge auf die Künstlichkeit filmischen Dekors, die Kracauers Ansicht von der Affinität des Mediums zur ›ungestellten‹ Wirklichkeit geradezu auf den Kopf stellt. De Chiricos Erzähler empfindet eine frappierende Kongruenz zwischen der Künstlichkeit des auf die Leinwand geworfenen bewegten Zelluloids und der künstlich ausgestatteten Filmkulisse:

> Ils se trompent lourdement car une fausse barbe est toujours sur l'écran plus vraie qu'une barbe naturelle, tout comme un décor en bois et carton est toujours plus vrai qu'un décor naturel. Mais allez donc raconter cela aux metteurs en scène avides de beaux sites et de vues pittoresques; ils n'y comprennent rien, hélas![1]

Anstatt jedoch eine Gegenposition zu Kracauers Postulat von der Hereinnahme der ungeschminkten physischen Wirklichkeit zu entwickeln, macht de Chirico auf einen Aspekt des Kinos aufmerksam, den die »Theorie des Films« vernachlässigt: Es geht um den »Film als Kunst« (Arnheim), um die Kreation eines autonomen filmischen Kosmos, in dem die Gesetze der ›natürlichen‹ Außenwelt außer Kraft gesetzt sind. Prototypen dieser durch einen künstlerischen Kreationswillen inszenierten Kulissenwirklichkeit sind die Filme Georges Méliès', bekannt wegen ihres willkürlichen – durch die Verwendung des Stopptricks möglichen – Umspringens mit den Gesetzen von Raum, Zeit und Schwerkraft.

Ein zentrales Merkmal von Ashberys Lyrik läßt sich auf de Chiricos Postulat zurückführen: den sichtbar gemachten Kunst- oder auch »décor«-Charakter seiner Gedichte. Im Lichte der filmischen Opposition Lumière – Méliès betrachtet, deren einer Vertreter für die Wiedergabe der aufgenommenen Außenwelt (Lumière), deren anderer für die Künstlichkeit des décors (Méliès) steht, wäre Ashbery am ehesten in der Nachfolge

---

1 De Chirico, Hebdomeros, S. 159f.

von Méliès angesiedelt. Seine Lyrik auf kinematographische Entwicklungslinien zu beziehen macht insofern Sinn, als dadurch ein weiterer, mit dem »décor« eng verwandter Aspekt seiner Lyrik ins Spiel gebracht wird: der des Oberflächeneindrucks. Die Oberfläche, die Rilke in seinen »Aufzeichnungen des Malte Laurids Brigge« als ästhetisch wertvoll hervorgehoben hatte, die von Cendrars und Bense unter ihrer modernen phänotypischen Erscheinungsform des Plakats als »Haut der Welt« bezeichnet wurde, ist die Voraussetzung von Ashberys Lyrik.

Sensibilität für die mikroskopisch genaue Beschreibung von Oberflächen, die immer zugleich Ausgangspunkt bizarr anmutender Imaginationen ist, findet Ashbery bei Raymond Roussel, einem bereits für die Surrealisten enorm einflußreichen Autor. Dessen sich herkömmlichen Kategorisierungen nach Phantastik oder Realismus entziehender Roman »Locus Solus« von 1912 hatte die von Harry Mathews, John Ashbery und anderen Dichtern der »New York School« 1961 begründete Avantgardezeitschrift »Locus Solus« um mehr als nur den Titel bereichert. Im Aufsatz »The bachelor of machines« seines Essaybands »Other Traditions« macht Ashbery auf seine Affinität zum Werk Roussels aufmerksam. Dieser Aufsatz ist die späte Frucht eines früheren Dissertationsvorhabens, welches ihm nicht zuletzt den Vorwand geliefert hatte, 1956 mit einem Stipendium nach Frankreich zu gehen. Was Ashbery so nachhaltig an Roussel fasziniert, ist die Tatsache, daß dessen Imagination sich nur an der objektiv vorhandenen Welt abzuarbeiten vermag – egal, ob es sich um die Beschreibung realer, dreidimensionaler Objekte oder um die zweidimensionaler Illustrationen realer oder fiktiver Objekte handelt. Darin zeige sich die Vorbildwirkung Roussels für die Avantgarden des 20. Jahrhunderts – vom Surrealismus bis zum »nouveau réalisme«:

> Roussel's purpose is not to tell a story [...] but to describe objects and décors as minutely as possible, in a medium that is both seamless and pedestrian. [...] One ends both by admiring the precision of Roussel's descriptions and agreeing with his biographer Caradec when he says, »Roussel seems to have been totally devoid of spontaneous imagination.« One could say the same thing of a camera. *La Vue* [!], Roussel's second book, published in 1903 [...] may be a *jeu de mots: la vue* could mean »the view« and also »the faculty of sight«. Each of the three long poems which compose it consists of a meticulous, even microscopic, description: not, this time, of actual scenes but of printed illustrations of them.[2]

2 Ashbery, Other Traditions, S. 58-60.

Aus den ›*Bilder*‹ *und* ›*Images*‹ *von zweidimensionalen Bildern und Images echter oder erfundener dreidimensionaler Objekte* collagierenden textlichen Arrangements entsteht idealiter eine neue, artifizielle Oberfläche, die nicht nach den Deutungsmustern der als ›geläufig‹ hingenommenen Außenwelt erfaßbar ist, sondern nach eigenen, selbstreferentiellen Gesetzen funktioniert. Diese sind jedoch weder als solche festgeschrieben, noch besitzen sie darüber hinaus Gültigkeit.

4.1.2 New Yorker Erbe des französischen Surrealismus

Es ist bereits an anderer Stelle hervorgehoben worden, daß mit den an der Seite ihrer Malerkollegen agierenden Dichtern der »New York School« der fünfziger und frühen sechziger Jahre, als deren auratischer Mittelpunkt Frank O'Hara angesehen werden kann, europäische Avantgarde-Tendenzen des ersten Jahrhundertdrittels verstärkt Eingang in die amerikanische Lyrik fanden, ja ihr zu einer Renaissance verhalfen. In zwei Kolumnen der sechziger Jahre, »In the Surrealist Tradition« und »The Heritage of Dada and Surrealism«, versucht John Ashbery die Präferenz der New Yorker Künstler und Poeten für die Pariser Vorkriegsavantgarde aus den Erfahrungen mit der eigenen amerikanischen Lebenswelt heraus verständlich zu machen.

In Abgrenzung von Breton sieht er den Surrealismus übrigens *nicht* dort am intensivsten fortwirken, wo er sich als strenge Bewegung manifestierte, sondern an seinen Rändern, bei seinen Anregern, Vorläufern und Stichwortgebern, die – neben den bloß malenden und filmenden Surrealisten, die, wie Dalí oder Buñuel, ohnehin nach New York gegangen waren – mit Namen wie de Chirico, Apollinaire, Max Jacob, Raymond Roussel, Pierre Reverdy oder eben auch Blaise Cendrars benannt sind. Auch diejenigen massenkulturellen Tendenzen, von welchen sich bereits die historische Pariser Avantgarde hatte inspirieren lassen, wären dabei zu nennen – so etwa die »Fantômas«-Verfilmungen Louis Feuillades von 1913/14, welche Ashbery in der Zeit seines Paris-Aufenthalts (1956-1964) Gelegenheit hatte in einer Retrospektive der Cinémathèque française zu bewundern.[3]

Vor allem kunstgeschichtlich sieht Ashbery einen Einfluß des Surrealismus auf die nordamerikanisch-westliche Alltagskultur der Nachkriegszeit; die einstigen Provokationen der Avantgarde sind von den Medien – der Reklame, dem Film usw. – aufgegriffen worden, d.h. selber zu Mechanismen der Bewußtseinsindustrie avanciert. Für Ashbery bedeutet

3 Ashbery, Interview mit Vf. am 16.3.2004.

dies jedoch nicht, daß die ästhetischen Postulate der Avantgarde damit
hinfällig geworden wären – im Umfeld einer sich um den kulturellen
Großraum New York neu formierenden amerikanischen Dichteravantgarde werden statt dessen gerade jene Tendenzen der französischen, als
Surrealisten im weiteren Sinne verstandenen Autoren aufgegriffen und
radikalisiert, die weiterhin Möglichkeiten bereithalten, aus den technischen Hervorbringungen des modernen Zeitalters künstlerisch provozierendes Kapital zu schlagen. Was Ashbery für New York und die mit
der Künstleravantgarde dieser Stadt assoziierten Dichter – denen er selbst
zuzurechnen ist – einfordert, ist nichts Geringeres als das Erbe des
französischen Surrealismus: »Surrealism during the 1930's [...] is largely
baubles and trouvailles [...] but is this really *La révolution surréaliste*? It
was not to erupt meaningfully again until after the war, in New York, but
it is still what's happening.«[4]

Obwohl Ashbery die meiste Zeit der Jahre zwischen 1955 und 1965 in
der einstigen Metropole der Avantgarden, Paris, verbrachte, empfindet er
sich doch selbst mit New York assoziiert, das für ihn in seiner literarischen und kunstgeschichtlichen Bedeutung an die Stelle von Paris getreten ist. Die nach dem Zweiten Weltkrieg aus Europa importierten
Impulse beginnen dort plötzlich ein Eigenleben zu führen, mit dem von
Europa ganz verschiedenen Charakter der City zu verschmelzen: »A scent
of garbage, patchouli and carbon monoxide drifts across it, making it the
lovely, corrupt, wholesome place New York is.«[5]

Richtungsweisend für Ashbery und O'Hara wird zunächst die – bewußt prononciert interpretierte – lyrische Konzeption Pierre Reverdys als
Gegenentwurf zu den symbolistischen Entwürfen der amerikanischen
Vorläufer. In dem 1962 vom Mercure de France herausgegebenen Rever-
dy-Gedächtnisbuch stilisiert O'Hara zusammen mit Bill Berkson in einer
»Hommage à Reverdy« den Franzosen zum europäischen Pendant von
William Carlos Williams, dem einzigen genuin amerikanischen Vorbild,
das die junge ›andere Tradition‹ uneingeschränkt akzeptierte. Ashbery
liefert mit »Reverdy en Amérique« das theoretische Fundament dazu. Es
ist das oft ziel- oder regellos anmutende Einfließen einer Welt als sichtbarer Oberfläche, das Miteinanderverschmelzen nicht ausgedeuteter,
sondern in ihrer Fremd- und Bizarrheit belassener Versatzstücke der
Wirklichkeit, was Ashbery an der Poesie Reverdys würdigt:

> À l'inverse des écrivains importants de langue anglaise de ce siècle (Eliot,
> Pound, Yeats, Joyce), Reverdy parvient à restituer aux choses leur nom,

4 Ashbery, The Avant-Garde, S. 8.
5 Ashbery im Vorwort zu O'Hara, Collected Poems, S. xf.

à abolir l'éternel poids mort de symbolisme et d'allégorie qui excède chez les auteurs que j'ai cités. Dans *The Waste Land* d'Eliot, le monde réel apparaît avec les rêves qui lui sont propres, mais il est toujours artificiellement lié à une signification allégorique – l'usine à gaz et le »dull canal«, par exemple. Tandis que chez Reverdy un canal ou une usine sont des phénomènes vivants, ils font partie du monde qui nous entoure, dont le souffle cru se fait sentir partout dans sa poésie. C'est comme si on voyait pour la première fois un paysage naturel, n'ayant vu jusque là que des paysages peints. [...] Ce qui nous enchante chez Reverdy, c'est la pureté de sa poésie, faite de changements, fluctuations, archétypes d'événements, situations idéales, mouvements de formes transparents, aussi naturels et variés que les vagues de la mer. [...] Son caractère immédiat est si proche de la spontanéité qui a toujours marqué ce que l'Amérique a produit de meilleur – de Whitman à Pollock – dans les lettres et les arts.[6]

Reverdy, von dem er auch Gedichte übersetzte, ist für ihn derjenige französische Gegenentwurf, mit dessen Hilfe er seine Lyrik vom lyrischen Mainstream seiner amerikanischen Zeitgenossen pointiert abzusetzen vermag. Dabei wird Reverdys Art zu schreiben nicht sklavisch nachempfunden, sondern seiner spezifisch amerikanischen Prägung entsprechend anverwandelt. Dies zeigt sich schon in Ashberys obenstehender Reverdy-Lesart. Charakterisierungen wie »fluctuations [...] mouvements de formes transparents« korrespondieren mit der am eigenen Amerika gelobten »spontanéité [...] de Whitman à Pollock«.

Gerade mit dieser Offenheit, Beweglichkeit, Nicht-Feststellbarkeit der poetischen Form, die er für sich und seinen Kreis der New Yorker Dichter postuliert, rückt seine Poetik in die Nähe filmischer Affinitäten, wie sie von Kracauer beschrieben wurden.

4.1.3 Apologie des Unbestimmbaren

Siegfried Kracauer begreift Filmaufnahmen »[t]rotz ihrer latenten oder [...] manifesten Beziehung zur Spielhandlung, der sie angehören« als »mehr oder minder freischwebende Bilder materieller Realität.«[7] Das, was er ihre »Unbestimmbarkeit« nennt, wird für ihn durch die Tatsache hervorgerufen, daß sie »auf Zusammenhänge an[spielen], die mit der von ihnen zu erstellenden Handlung nicht verknüpft sind.«[8] Die aus solchem

---

6 Ashbery, Reverdy en Amérique, S. 111f.
7 Kracauer, Theorie des Films, S. 108.
8 Ebd.

»Bildmaterial von rein andeutendem Charakter« resultierende »Suggestiv-kraft«[9] äußert sich in den psychologischen Reaktionen des Zuschauers: Zweifel an der Identität der gezeigten Objekte oder Personen; Unsicher-heit über den Bezug zu den anderen, folgenden oder vorangegangenen Filmbildern; Ungewißheit über den ›Sinn‹, die ›Bedeutung‹, die man der Aufnahme zuschreiben soll; das Begehren zu interpretieren, die Fremdheit einer vorgeführten Situation aufzulösen und festzustellen – bei gleichzeiti-ger Unmöglichkeit einer endgültigen, Klarheit verschaffenden Deutungs-variante.[10] Die Gegenwart der Aufnahmen als bloße für sich selbst ste-hende Bilder und *nicht* als Sinn-Bilder oder symbolische Konstrukte *für* etwas Drittes stößt den Betrachter vor den Kopf, weil ihm das psycholo-gische Verlangen nach Deutbarkeit, Enträtselung des Unbekannten aus der Hand geschlagen zu werden scheint: eine Variante des Benjaminschen »Schocks«. Hier findet sich eine Analogie zur Poetik von Ashberys Œuvre, das sich diese gleichermaßen ›filmische‹ Unbestimmbarkeit zunutze macht: »Every moment is surrounded by a lot of things in life that don't add up to anything that makes much sense and these are part of a situation I'm trying to deal with when I'm writing«.[11]

Es sind jedoch nicht allein der schnittartige Wechsel der evozierten Bilder und Situationen oder die Fülle der in den Gedichten mit proust-scher »Endlosigkeit« (Kracauer) angesammelten Assoziationen, die den Eindruck der Unbestimmbarkeit erwecken, sondern, auf der Textebene, ganz konkret der verwirrende Gebrauch rhetorischer und stilistischer Fi-guren, etwa der Umgang mit Metonymien, die bei ihm Teile eines nicht mehr eruierbaren Ganzen repräsentieren; auch die Vielzahl uneindeuti-ger, wechselnder Pronomina bzw. Artikel zielt auf diese Wirkung ab:

---

9 Ebd.

10 Die Unbestimmbarkeit als Aspekt filmischer Repräsentation ist natürlich in ganz bestimmten filmischen Sujets und Genres mehr als in anderen anzutreffen: So besitzt sie eine Affinität zu jenen Filmen, die sich dem ›Unbestimmbaren‹ der menschlichen Psyche, den Abgründen und Schattenseiten des menschlichen We-sens verschreiben, den Kriminalfilmen und Films noirs, wo das Unbestimmbare für den Spannungsbogen und Fortgang der Handlung geradezu unverzichtbar ist. Daher auch Ashberys Vorliebe für das Genre des Film noir, wo die Antihelden ihre Taten aus letztlich unbestimmbaren Motiven verüben. Vgl. Werner, Film noir, S. 11: »Der Mord, der Totschlag, der Raub oder der Betrug stellt den Kataly-sator dar für die Desorientierung des Antihelden oder der Antiheldin, und die Figuren werden mit einer chaotischen Welt konfrontiert, der sie ebenso fassungs-los gegenüberstehen wie diese ihnen.«

11 Ashbery zit. nach Reichardt, Innenansichten der Postmoderne, S. 39.

To use the analogy of film, we have shifting perspectives on certain phenomena that are themselves on the brink of dissolving [...] evoking what Ashbery has called ›Märchenbilder‹. [...] However open the meaning of individual lines or passages may be, images do coalesce to create, not a coherent narrative with a specific theme, but a precise tonality of feeling. [...] this pattern of opening and closing, of revelation and re-veiling, of simultaneous disclosure and concealment is the structural principle of the Ashbery poem.[12]

Das Ashberys Gedichte kennzeichnende Bilder-Reservoir, von dem sie eingangs spricht, läßt die ›unbestimmbare‹ Vielfalt der an den Oberflächen seiner urbanen Gegenwart angesiedelten Inspirationsquellen und Bezüge erkennen. Diese können als ›filmisch‹ insofern aufgefaßt werden, als sie, in der Diktion Kracauers, »Aufnahmen oder Aufnahmefolgen« vergleichbar sind, die »vielfältige Bedeutungen mit sich führen«:[13]

The sleepy nondescript small town, somewhere in the Middle West, the Pacific Coast, the fake Palladian buildings one sees in stage sets, fields of flowers, fairy-tale castles with balustrades and towers, comic-book animal farms, babble scenes from old war movies, ›forest prisons‹. Ashbery's ›strange juxtapositions‹ (Auden's term) recall Rimbaud's famous catalogue of ›decadent‹ art works in the *Saison en enfer* [...].[14]

Das Unbestimmbare als entsubjektivierendes, in die Summe einzelner, unabhängiger Eindrücke dissoziierendes Subjekt-Empfinden; als metonymische Repräsentation mit fehlendem oder uneindeutigem Referenz-Objekt; als in dauerndem Wandel begriffener, sich – ähnlich wie in wechselnden Szeneneinstellungen – stetig neu konstituierender Kontext, ist allgegenwärtig in Ashberys Poesie. Auch wenn sie nicht vorsätzlich intendiert sind, ergeben sich die Parellelen zum Film: »I can imagine various ways film and poetry are related to one another. In my case, you have the shifts of scene – one thing which happens all the time in my poetry«.[15]

4.1.4 ›Filmische‹ Schreibweise: Der Fluß der Bilder

Kracauer hebt in seiner Theorie die Affinität des Films zu dem hervor, was er metaphorisch mit »Fluß des Lebens« umschreibt. Um zu illustrieren, was er darunter versteht, zieht er den literarischen Flâneur heran, wie

12 Perloff, Poetics of Indeterminacy, S. 259-262.
13 Kracauer, Theorie des Films, S. 109.
14 Perloff, Poetics of Indeterminacy, S. 279f.
15 Ashbery, Interview mit Vf. am 16.3.2004.

er die Schriften Baudelaires, Benjamins und Hessels bevölkert. Letzerer bezeichnete das Flanieren als ein Ausgehen »auf die ungeahnten Abenteuer des Auges«, bei dem »neue Nähen und Fernen« entstehen,

> eine Art Lektüre der Straße, wobei Menschengesichter, Auslagen, Schaufenster, Café-Terrassen, Bahnen, Autos, Bäume zu lauter gleichberechtigten Buchstaben werden, die zusammen Worte, Sätze und Seiten eines immer neuen Buches ergeben. Um richtig zu flanieren, darf man nichts allzu Bestimmtes vorhaben.[16]

Das Flanieren korrespondiert demnach mit einer Wahrnehmung, die die Bilder der Außenwelt in bewegter Abfolge aufnimmt, ohne sie bereits einer ihren Eigenwert als ›bloße‹ Bilder beraubenden Deutung auszusetzen – einer auf den Strom der Bilder, *das Sehen* als Selbstzweck zentrierten Wahrnehmung. Für den Flaneur ist die Straße, was für den Kinobesucher das projizierte Filmband ist, »ein Ort, an dem der Fluß des Lebens sich geltend machen muß«, wo die »kaleidoskopisch wechselnden Konfigurationen unidentifizierter Gestalten und fragmentarischer visueller Komplexe [...] sich gegenseitig auf[heben], so daß der müßige Betrachter nicht dazukommt, irgendeiner ihrer unzähligen Suggestionen wirklich zu folgen«.[17]

Ebenso wie die ›laufenden‹ Filmbilder nehmen die Bilder, aus denen sich Ashberys Lyrik generiert, eine ›fluide‹, vorübergehende Bedeutung an, sind eingebettet in eine Textur, die dem Gedicht verschiedenartiges, nicht vorhersehbares Wort-Material inkorporiert. Den Fluß der Bilder, den diese Schreibweise bewirkt, hat er selbst am besten im Vorwort zu seiner Übersetzung von Giorgio de Chiricos Roman »Hebdomeros« umrissen. Indem er von der Technik dieser lyrischen Prosa spricht, die er als »finest [in] [...] the list of surrealist fiction« preist,[18] liefert er einen kaum mehr verschlüsselten Einblick in den Entstehungsprozeß seiner eigenen Lyrik:

> His long run-on sentences, stitched together with semicolons, allow a cinematic freedom of narration; the setting and the cast of characters frequently change in mid-clause. In this fluid medium, trivial images or details can suddenly congeal or take on a greater specific gravity, much as a banal object in a de Chirico painting – a rubber glove or an artichoke – can rivet our attention merely through being present. His

---

16 Hessel, Ein Flaneur in Berlin, S. 145.
17 Kracauer, Theorie des Films, S. 110.
18 Ashbery, Introduction – The Decline of the Verbs, S. ix.

language, like his painting, is invisible: a transparent but dense medium containing objects that are more real than reality.[19]

Diese Präliminarien seien zur Begründung des kinematographischen Impakts von Ashberys Lyrik vorangeschickt. Der besondere Charakter seiner Bezugnahmen auf das Medium Film und den kulturell abgesteckten Ort des Kinos kann jedoch nur in Einzelinterpretationen seiner Gedichte demonstriert werden. Die Grundzüge, auf die seine Lyrik im voraus thesenartig zugespitzt wurde, können dabei zugleich verifiziert und um neue Facetten erweitert werden.[20]

Exkurs: Burckhardt und Cornell – Ashberys Kontakte zu New Yorker Kunst- und Experimentalfilmemachern

Ashberys poetologische Sensibilität für Aspekte filmischer Ästhetik läßt sich auch aus seiner Lebensgeschichte erklären. Können sein Interesse am Film als Medium bewegter Bilder und kultureller Repräsentationsform, seine konkrete Kinobegeisterung – etwa für den Film noir, Comics oder den phantastischen Realismus des frühen französischen Kinos (Louis Feuillade) – als enorm gelten, so verfügte er darüber hinaus über persönliche Kontakte zu Filmemachern aus dem Umkreis der »New York School«.

Der den Dichtern der »New York School« am nächsten stehende Filmemacher war der gebürtige Schweizer Rudy (Rudolph) Burckhardt (1914-1999), der sich auch als Maler, Fotograf, Choreograf und gelegentlich als Autor betätigte. In einem Nachruf nennt John Ashbery den Freund »The Enabler« und hebt dessen Fähigkeit hervor, Künstler verschiedener me-

---

19 Ebd. S. 11.
20 Ich werde chronologisch, von Gedichtband zu Gedichtband, vorgehen und mich mit denjenigen Texten auseinandersetzen, welche eine diskutable Beziehung zur Film- und Kinothematik erkennen lassen. Für die ersten fünf Gedichtbände zitiere ich aus dem 1997 in England erschienenen Sammelband »The Mooring of Starting out. The First Five Books of Poetry«, im fortlaufenden Text unter der Sigle FFB angeführt. Den ersten sieben Gedichtbänden bis »Houseboat Days« von 1977 ist, in der Reihenfolge ihrer Publikation, jeweils ein Kapitel vorbehalten, während seine darauffolgende lyrische Produktion – bis heute liegen an die 25 Gedichtbände vor – nur noch summarisch in den Blick kommen kann. Diese Fokussierung entspricht einerseits der Kontinuität lyrischer Filmrezeption im 20. Jahrhundert, auf die sich vorliegende Arbeit stützt; andererseits sind es die früheren Bände Ashberys, die für die Genese seiner Poetik die entscheidenden Akzente setzten, so daß sein späteres Werk mühelos als Fortschreibung und Variation der einmal vorgegebenen, eingeführten Themen und Motive aufgefaßt werden kann.

dialer Provenienz in den verschiedensten Medien interagieren zu lassen. So gab er dem jungen Ashbery die Möglichkeit, in einer slapstickhaften Parodie auf den Siegeszug der Psychoanalyse à l'américaine (»Mounting Tension«) einen Baseballfan zu mimen, der seine Leidenschaft für den abstrakten Expressionismus entdeckt. Dieser Film wurde seinerzeit im New Yorker »Cinema 16« gezeigt, einem Forum für hollywoodunabhängige Produktionen. Ashbery erinnert sich: »I first met Rudy in 1950 when he asked me to play a role in a short, Mack Sennet-like movie [...] that also starred my friends the painters Jane Freilicher and Larry Rivers. I was ludicrously miscast as an extrovert baseball player, but that didn't matter: anomalies and accidents nourished Rudy's work.«[21]

Eine Analogie von Ashberys lyrischen Intentionen zu Burckhardts Filmarbeiten mag in der Bevorzugung des Akzidentiellen, sich wie beiläufig, ohne Bedeutungsschwere Einstellenden zu erblicken sein. Burckhardt ging es in seinen abseits vom Mainstreamkino, aber auch abseits einer programmatisch abgesicherten Avantgarde entstandenen Filmen – sie tragen Titel wie »A day in the life of a cleaning woman« (1953), »Under Brooklyn Bridge« (1954), »What Mozart saw on Mulberry Street«, »Shoot the moon« (1962; nach Méliès' »Voyage dans la lune«!) oder »City Pasture« (1975) – darum, »the flow of life in a location, through what appears to be a process of merely sitting back and watching« festzuhalten.[22] In einer für die Anthology Film Archives verfaßten Selbstcharakteristik spricht Burckhardt von der sich dem Filmemacher stellenden Schwierigkeit, »seeing the large, unexpected image fast enough – the subject beyond them«.[23] Bei aller Subjektivität der aufgenommenen Sujets gehe es ihm darum, mit den Filmen den Eindruck zu vermitteln, »as if anybody could have done it; gradually you discover the sophisticated variety, the wealth of imagination and sympathy«.[24] Burckhardts und Ashberys Arbeiten haben gemeinsam, daß sie – über die Verschiedenheit ihrer spezifischen medialen Verankerungen hinweg – den Akt der Wahrnehmung als vita-

21 Ashbery, The Enabler, S. 20. Vgl. auch Katz, Film Collaborations. – Ein weiterer Film Burckhardts, der Ashbery – neben anderen Dichtern der New Yorker Szene – unter den Akteuren verzeichnet, ist »Money« von 1968. In Ashberys ›Filmographie‹ wäre zudem »Once Upon An El« von 1955 anzuführen, der von der ebenfalls mit der »New York School« affizierten Filmemacherin Daisy Aldan stammt. Sie läßt neben Ashbery seine Dichterkollegen Frank O'Hara, Kenward Elmslie sowie den Maler Grace Hartigan in einem »El« posieren, einem der kurz darauf abgeschafften »subway elevators«, der in den Metrostationen eingerichteten Aufzüge.

22 Lippard, Rudy Burckhardt, S. 77.

23 Burckhardt, undatiertes Typoskript, o.S.

24 Ebd.

len Lebensvollzug des Subjekts vergegenwärtigen. Bezogen auf Burckhardt, bringt Lippard in ihrem Essay über den Filmemacher dieses poetische Movens auf die scheinbar paradoxe Formel: »His work is about seeing things. While there is much more art in his art than meets the casual glance, it is not about problems, and if you approach it with a judicial eye, it tends to vanish [...] One is tempted just to say ›[...] I *really* like it‹«.[25]

Burckhardts filmkünstlerische Aktivitäten vermögen ein neues Licht auf gewisse Aspekte von Ashberys Poesie und seine poetologischen Verfahren zu werfen, etwa was das ostentative Verharren auf alltäglichen, in ihrer Sinnhaftigkeit »unbestimmbaren« Details betrifft oder die neue Rolle, die der subjektiven Wahrnehmung im Konstitutionsprozeß des poetischen Artefakts ›Gedicht‹ zugestanden wird.

Auch mit Techniken zeichenhafter Verfremdung, wie sie Ashbery in seinen Gedichten pflegt, ist Burckhardt vertraut. Dies zeigt sich an den Kollaborationen mit Joseph Cornell, den Ashbery wegen seiner dreidimensionalen »boxes« bewunderte, in denen scheinbar willkürlich gesammelte Rara, Trivia und Kuriosa des Alltags zum freien Spiel der Imagination einladen. Bei den zusammen mit Burckhardt edierten Kurzfilmen Cornells handelt es sich zumeist um Collagen, Zusammenschnitte vorgefundenen Filmmaterials: So benutzt »Rose Hobart« von 1936 Szenen eines melodramatischen Hollywood-B-Movies »East of Zanzibar«, die jedoch – den Vornamen der Schauspielerin Rose Hobart aufgreifend – von Cornell rosa eingefärbt wurden. Seinem Film »By night with torch and spear« liegen populäre Ethnodokumentationen afrikanischer »Wilder« zugrunde, deren Sequenzen er jedoch z.T. rückwärts, z.T. auf den Kopf gestellt projiziert. Am konsequentesten in der Re-Assemblage vorgefundener Streifen (»found footage«) verfährt die Cornell- / Burckhardt-Kollaboration »Bookstalls«, die mit Szenen bei den Pariser Bouquinisten beginnt, Landschaftsbilder des schottischen Hochlands dazwischenschneidet, abwechselnd zu Aufnahmen vom Ozean, Reiseeindrücken auf asiatischen Tee- und Reisplantagen hinführt, um wieder bei den Bouquinisten zu enden, und zwar bezeichnenderweise einem Mann, der in einem illustrierten Buch blättert. Der tatsächliche Prozeß des Filme-Machens beschränkt sich in diesem Fall auf die Nachbearbeitung (Kolorieren der Frames) sowie die Collage der seinerzeit etwa auf Flohmärkten für den Hausgebrauch erhältlichen Aufnahmen.

Die intermediale Verwandtschaft Burckhardts und Ashberys unterstreicht nicht zuletzt eine Reihe von Filmen Burckhardts, die sich direkt mit Gedichtvorlagen Ashberys auseinandersetzen, so etwa der achtminü-

---

25 Lippard, Rudy Burckhardt, S. 78.

tige 16mm-Streifen »Indelible, Inedible« von 1983, über den John Ashbery schrieb: »Rudy Burckhardt's film is a brilliant extension of my poem,
perhaps the films I might have made myself if I were a filmmaker.«[26] Andere Kommentare dieser Gedicht-›Verfilmungen‹ betonen das Aufgehobensein des Schrift-Mediums im kaleidoskopischen Bilderspiel des
Film-Mediums, so heißt es über das 17-minütige »Untitled« (»Untilted«
auf dem Filmvorspann!) von 1984: »Lines from a poem by John Ashbery
cross the screen at times and our grasp of his elusive language is
strengthened by the accompanying images [...] so skillfully assembled
here that they serve to reveal each other in surprising and delightful
ways«;[27] oder man entdeckt die von Burckhardt analog zu den assoziativen poetischen Verfahrensweisen Ashberys eingesetzten filmischen Mittel, wie Lopate dies anläßlich des halbstündigen »The Nude Pond« tut:
»The filmmaker has achieved a style which enables him to encompass
everything from the whimsical, even silly, to the deeply philosophical and
grave, with all shades of curiosity and neutral observation (›Just Walking
around‹, as the subtitle says [Ein Ashbery-Gedicht – J. R.]) inbetween«.[28]
Diese Worte rekapitulieren nicht bloß den ›Inhalt‹ von Burckhardts ›Ge-
dicht-Film‹ (einem kinematographischen Pendant zum Film-Gedicht?);
indem sie vom Medium des Films her argumentieren, paraphrasieren sie
zugleich die ästhetischen Prinzipien, die Ashbery in seiner Lyrik medien-
überschreitend mit Burckhardt gemeinsam hat.

4.2 Ashberys Lyrik im Kontext von Film und Kino: Gedichte aus einzelnen Bänden

4.2.1 »Some Trees«

Bereits Ashberys erster, 1956 erschienener und mit einem Nachwort
W. H. Audens versehener Gedichtband kündigt eine Tendenz an, die sich
mit dem darauffolgenden Band »The Tennis Court Oath« noch steigern
wird: das Aufsprengen vorhandener Traditionslinien und etablierter Sujets von ›innen‹ heraus (wie die ihr Genre ad absurdum führenden »Can-
zone«, »Sonnet«, »A Pastoral« oder das aus der Wiederholung von zweiter
und vierter Verszeile in der ersten und dritten Verszeile der jeweils folgenden Strophe konstruierte »Pantoum«, mit dem schon Baudelaire experi-

---

26 Ashbery in Film-Makers' Cooperative, On Rudy Burckhardt, S. 93.
27 Ebd. S. 93f.
28 Ebd. S. 94.

mentiert hatte); die konsequente Negation von Sinnerwartungen; der irritierend verfremdende Umgang mit grammatischen Konventionen wie deiktischen Markierungen, Lokal- und Temporalpräpositionen, Personalpronomina, Konkordanz von Subjekt-Objekt. Daneben finden sich aber auch scheinbar das Verstehen nicht überfordernde, konventionellere Gedichte wie »The Instruction Manual« (FFB 8-10) oder »And You Know« (42f.), die dennoch voll hintergründiger Anspielungen und Konnotationen sind, während wiederum andere Gedichte, wie »The Picture of Little J. A. in a Prospect of Flowers« (18f.), »A Boy« (12f.) oder »The Young Son« (29) Zitate und Bilder derart unvermittelt in die Gedichte einstellen, daß jeder Erklärungsversuch an ihnen abprallt und sie nichts als sich selbst bedeuten.

Den sich bei der Lektüre einstellenden Eindruck der Unbestimmbarkeit teilt diese Art Poesie mit der Unbestimmbarkeit filmischer Einstellungen.[29] Das erste Gedicht von Ashberys Sammlung, »Two Scenes« (FFB 3), weist bereits im Titel auf diesen Zusammenhang hin. Es ist die Sichtbarkeit der Welt, die ausgestellt wird, eine Bedeutung ›hinter‹ diesen Bildern wird zurückgewiesen; es sind die Bilder selbst, die eine Resonanz auslösen (»The train comes bearing joy«); ein lyrisches Ich, das eine Erklärung für die Existenz der Szenen, ihren Zusammenhang liefern könnte, gibt sich nicht zu erkennen, nur das »we« der ersten Verszeile erinnert an eine Identität, die sich erst über die Bilder und Zitate, die ihm zur Verfügung stehen, definieren kann. Der Effekt der ›Sichtbarmachung des Sichtbaren‹ erinnert sehr an den Film: Trotz der Tatsache, daß ›alles da‹ ist, Objekte und Vorgänge der äußeren Welt gezeigt werden, die als bekannt oder wenigstens unspektakulär vorhanden vorausgesetzt werden können

---

29 Auch Shoptaw, On the outside looking out, S. 30, entgeht dieser Zusammenhang nicht. In bezug auf Ashberys »Some Trees«-Gedicht »A Long Novel« (FFB 47f.) weist er darauf hin, daß »the present tense and the atmospheric *film noir* smoke adapt the novel [die der Titel evoziert] into a screen play« – ein im Gedicht freilich bloß fragmentarisch realisiertes ›Drehbuch‹, das einzelne, stereotype Szenen aus jenen gegen den Strich gebürsteten amerikanischen Kriminalfilmen der vierziger Jahre aufgreift, um sie zu neuartigen, bedeutungsaufgeladenen Konstellationen zu verknüpfen: »He stands quieter than the day, a breath / In which all evils are one. // [...] Milady Mimosa! So the end // Was the same: the discharge of spittle / Into frozen air. Except that, in a new // Humorous landscape, without music, / Written by music, he knew he was a saint«. Die Beziehung vieler Gedichte Ashberys gerade zum *Film noir* ist also nicht akzidentiell, sondern es sind strukturelle Übereinstimmungen zwischen der Rätselhaftigkeit von Ashberys Orten, Personae, Konflikten und der Rätselhaftigkeit der Motive, Verwicklungen und Szeneneinstellungen im Genre des Film noir auszumachen.

– in der realen Welt zu unscheinbar, um Rätsel aufzugeben –, mutet deren bloßes kommentarloses Vorhandensein im Gedicht bzw. im Film rätselhaft und fremdartig an.

Mit jedem neuen Bild, das Ashbery einführt – analog zu den Schwenk-bewegungen der Kamera –, scheint er das Verständnis in eine neue Rich-tung zu lenken, um den hinter dem ganzen Arrangement vermuteten Plan nur um so heftiger in Frage zu stellen durch das sarkastische Schluß-zitat von Kadetten, daß hinter allem ein Plan stecke, wenn man heraus-fände, was oder welcher es sei. Genau dieser »Plan« aber wird nicht preis-gegeben; er könnte nicht einmal ›entschlüsselt‹ werden in Form aller möglichen Interpretationen, die zu diesem Gedicht denkbar wären: Denn Ashbery gibt uns keinen Schlüssel an die Hand. Mit »Two Scenes« demon-striert er die plötzliche Fremdartigkeit von Bildern und Gegenständen, sobald sie in neuem Kontext, als Teile einer Montage-Welt des Gedichts oder Films auftauchen, die nach unbekanntem »Plan« funktioniert.

Das ›Rohmaterial‹ des auf »Two Scenes« folgenden Gedichts, »Popular Songs« (4f.), dürften klischeehafte Melodramen sein, im Hollywood der vierziger und fünfziger Jahre produzierte Liebesfilme mit stereotyper Rollenverteilung – insofern kann dieses Gedicht als thematischer Grund-stein des knapp zwanzig Jahre später entstandenen »Forties Flick« in »Self-Portrait in a Convex Mirror« gelten. Was aber macht Ashbery aus den stereotypen Dialogen und »Popular Songs« des Melodrams, den standardisierten Liebeshandlungen des Films? Er greift scheinbar bei-läufige Szenen und Einstellungen heraus, die sich zu mehr oder weniger versteckten Andeutungen einer Botschaft ›hinter‹ der Banalität der Spiel-filmhandlung auswachsen. Wie auch in »Two Scenes« handelt es sich jedoch um eine bloß vermutete Botschaft, zu der wir keinen Schlüssel besitzen. Das Rollenverhalten der Schauspieler wird seiner Funktion für den Fortgang der Spielfilmhandlung entkleidet und in seiner leeren Ge-stik – fotografischen stills oder Standbildern gleich – ausgestellt. Den auf diese Weise aus der Imagination extrahierten, ›eingefrorenen‹ oder auf Zeitlupentempo verlangsamten Szenen kommt plötzlich eine neue Be-deutung von durchaus subversiver Sprengkraft zu:

He continued to consult her for her beauty
(The host gone to a longing grave)
The story then resumed in day coaches
Both bravely eyed the finer dust on the blue. That summer
(»The worst ever«) she stayed in the car with the cur.
That was something between her legs.
[…] They all stayed chatting.

No one did much about eating.
The tears came and stopped, came and stopped, until
Becoming the guano-lighted summer night landscape,
All one glow, one mild laugh lasting ages.
Some precision, he fumed into his soup.

[...] All are aware, some carry a secret
Better, of hands emulatings deeds
Of days untrustworthy. But these may decide.
The face extended its sorrowing light
Far out over them. And now silent as a group
The actors prepare their first decline.

Das Verhalten der Schauspieler – sind es Schauspieler, die sich wie Alltagsmenschen, oder Alltagsmenschen, die sich wie Schauspieler verhalten? – wird als gesellschaftliches Spiel mit tatsächlich austauschbaren
Rollen dargestellt. Die Fluidität der Erfahrung – und damit des Bewußtseins, sich in wechselnden, fiktional bereits einmal vorgeführten Rollen
zu bewegen – kommt sehr gut in den überblendungsartigen Bilderfolgen
zur Geltung, etwa wenn die herangezoomten Tränen plötzlich zur »guano-
lightened summer night landscape« mutieren.

Sämtlich handelt es sich hier um medial vorgeprägte Bilder, die aber
plötzlich zu Metaphern eines bestimmten Bewußtseins, einer Stimmungslage oder »tonality of a feeling« (Perloff) werden, ohne daß ihnen dabei
eine klar umrissene symbolische Bedeutung zukäme. Das »Ich« verfügt
bei Ashbery über ein Repertoire verschiedener von den »Popular Songs«
des Kinos und anderer Medien vorgegebenen Rollen, die ihm jeweils zur
Illustration bestimmter Bewußtseinslagen und Erfahrungsmodi zur Verfügung stehen. Damit stimmt Ashberys Aussage überein, daß »Popular
Songs« den Versuch darstelle, »to conjure up the kind of impression you
would get from riding in the car, changing the radio stations and at the
same time aware of passing the landscape [...] a kind of confused, but
insistent, impression of the culture going on around us«.[30] Statt eine
lineare, unipersonale Identität zu besitzen, kann seine lyrische Instanz in
die unendlich vielen Rollen, die die Bilderwelten der Populärkultur anbieten, hineinschlüpfen; daher auch die Fluidität etwa der Pronomen in
Ashberys Gedichten: Das Ich ist nicht beschränkt auf die erste Person
Einzahl, sondern springt gleichermaßen zwischen den verschiedenen
Rollenangeboten hin und her (»He continued«; »she stayed«; »Who cares«;
»They all stayed«; »You laugh«).

30 Shoptaw, On the outside looking out, S. 31.

Das Gedicht »And You Know« (FFB 42f.) spielt mit dem Rollenrepertoire eines konkreten Films: Shoptaw bezeichnet es als »parody of Sam Wood's film *Good-bye, Mr. Chipps*«.[31] Ashbery malt eine Schlüsselszene aus, in der der Lehrer seine Schüler in das Leben, die Welt ›draußen‹ entläßt. Statt von verschiedenen Identitäten ist die »Wir«-Masse der Schüler zunächst von einer Leere ausgefüllt, die es noch zu füllen gilt: »The girls, protected by gold wire from the gaze / Of the unrushing students, live in an atmosphere of vacuum / In the old schoolhouse covered with nasturtiums.« In der Imagination, die ein Fingerzeig auf den Globus in Bewegung versetzt, werden die künftigen Rollen bereits durchgespielt: »We are pointing to England, to Africa, to Nigeria; / And we shall visit these places, you and I, and other places, / Including heavenly Naples, queen of the sea, where I shall be king and you will be queen«. »And You Know« endet mit der Verdüsterung eines klassischen Abspanns – so nimmt das Gedicht die aus dem Film bekannte Pose der allein gelassenen jugendlichen Helden an: »And they have left us with the things pinned on the bulletin board, / And the night, the endless, muggy night that is invading our school.«

Eines der eindrucksvollsten und zugleich eingängigsten Gedichte in »Some Trees« ist »The Instruction Manual« (FFB 8-10).[32] Thematisiert wird das Sehen als Sinnesleistung vom aktuell Wahrgenommenen bis zum Vorgestellten hin, welche die eigentliche Realität dann überzieht. Für die Stringenz der poetischen Narration sorgt diesmal – selten genug bei Ashbery – die Präsenz eines lyrischen Ichs. Der Protagonist schaut beim Schreiben einer Gebrauchsanweisung »on the uses of a new metal« sehnsüchtig auf die Straße unter seinem Fenster: »I look down into the street and see people, each walking with an inner peace, / [...] they are so far away from me!« Über den Anblick der Straße beginnen sich jedoch die Bilder eines Tagtraums zu schieben, eine Überblendung von den Bildern der Außenwelt, in der das Ich sich befindet, zu denjenigen einer vorgestellten Außenwelt, von der das Ich träumt, geschieht: »And, as my

31 Ebd. S. 40. – Der Film regte gleichermaßen den Expressionisten Ferdinand Hardekopf zu einem späten, in der Schweizer Emigration entstandenen Gedicht an, das sich als Typoskript in seinem am DLA Marbach aufbewahrten Nachlaß befindet.

32 »The Instruction Manual« wurde 1961 als einziges Gedicht Ashberys von Corso / Höllerer in deren Anthologie »Junge amerikanische Lyrik« aufgenommen und war damit seine erste Präsentation vor deutschem Publikum – auch Gedichte seines New Yorker Freundes Frank O'Hara waren darin enthalten, sieben Jahre also bevor sich Brinkmann mit »Die Piloten« und der Übersetzung der »Lunch Poems« die Poesie O'Haras und der »New York School« identifikatorisch aneignete.

way is, I begin to dream, resting my elbows on the desk and leaning out of
the window a little, / Of dim Guadalajara! City of rose-colored flowers! /
City I wanted most to see, and most did not see, in Mexico!« Über den
biographisch-psychologischen Aspekt dieser Wunschvorstellung hinaus[33]
interessiert hier die Art, in der uns Ashbery die mexikanische Stadt vor
Augen führt. Seine Beschreibung liest sich wie der Sprecherkommentar zu
den Kameraschwenks eines Dokumentarfilms: »This discourse, typified
by James Fitzpatrick's famous travel shorts (silent films with voice-over
narration), was already delightfully parodied in several Warner Brothers
cartoons« (Shoptaw ebd. 37). Dabei bezieht Ashbery den Zuschauer/Le-
ser mit in das imaginierte Geschehen ein, indem er von »wir« spricht.
Ausrufe wie »Look!« vermitteln zudem die vermeintliche Gegenwärtig-
keit des Vorgestellten.

Die dokumentarfilmartige Beschreibung des Flanierzugs ist selbst eine
»Gebrauchsanweisung« dafür, wie die mexikanische Stadt wahrzunehmen sei. Doch wie der Film den Zuschauer von der Beteiligung an dem
Gezeigten ausschließt, ihn zum passiven Rezipienten der Bilder macht,
so erweist sich auch die scheinbar so authentische Szenerie lateinameri-
nischen Lebens als bloße Illusion dessen, der über dem Anfertigen einer
Gebrauchsanweisung ins Träumen verfiel: »How limited, but how complete withal, has been our experience of Guadalajara! […] / What more is
there to do, except stay? And that we cannot do.« Diese Erkenntnis
bringt den Tagträumer in die tatsächliche Realität zurück, im nächsten
Vers wechselt das Gemeinsamkeit stiftende »we« wieder zum die einsame
Situation am Schreibtisch umreißenden »I«. Durch die tagträumerisch
ausschweifende Evokation einer anderen, bloß vorgestellten Realität ist
»The Instruction Manual« ein Beispiel für die Durchdringung simultaner, entfernter Realitäten im Gedicht. Es enthüllt zugleich den Illusions-
charakter des Mediums Film, indem sich das, was uns – im Gedicht
durch Worte, im Film durch die Kamera – *gezeigt* wird, was uns der lyrische Kommentator *sehen und begehren läßt*, in seiner physischen Präsenz,
seiner Greifbarkeit zugleich wieder entzieht.

Aus dieser Perspektive bewahrheitet sich plötzlich auch die bekannte
Paraphrase auf das Filmstudio, speziell das Hollywood-Atelier, als einer
»Traumfabrik«. Das, was wir im Film sehen, auch wenn seine Aufnah-
men der physischen Realität entnommen sein mögen, sehen wir nur als
Oberfläche – als Bilder somit, die eine authentisch wirkende Illusion
erzeugen, uns jedoch an dem, was sie zeigen, nicht agierend teilnehmen

---

33 Vgl. Shoptaw, On the outside looking out, S. 36f.

lassen. Dem, was der Zuschauer sieht, fehlt, um es in Benjamins Terminologie zu sagen, die »Aura« des von ihm selbst, des eigenständig Erlebten. Dennoch entführt in Ashberys Gedicht die Illusion einer anderen, in
kinematographischer Bewegtheit imaginierten Gegenwart den Schreiber
der Gebrauchsanweisung für die Dauer dieser Illusion aus der trostlos vor
ihm ablaufenden Gegenwart. Die Signalwörter »Instruction Manual«
und »Guadalajara« bleiben trotz der Opposition, die sie darstellen – hier
Signum der tristen Wirklichkeit, dort Zauberformel, die die Tür zum
Tagtraum aufschließt –, eigentümlich ineinander verschränkt, ja, sie bedingen gegenseitig – was schon die auffälligen Asonanzen von »u« und
»a« andeuten –, indem das eine, »Guadalajara«, als Projektionsfläche des
anderen, »Instruction Manual«, fungiert: Was das »Instruction Manual«
dem Ich potentiell zu bieten hätte, ihm jedoch vorenthält, verschafft ihm
der positive Gegenentwurf »Guadalajara«, wenn auch nur als kurz an-
dauernden Tagtraum. »Guadalajara« ist erst vor dem Hintergrund des
»Instruction Manual« zu verstehen: eine Apologie letzlich, keine Kritik,
der »künstlichen Paradiese«, zu denen auch der Film mit seinem »décor«
gehört, oder, in den Worten Blochs, seinem »Kitsch«. Er liefert der Einbildungskraft die Stimulantien, um innerhalb der allen zugänglichen
Wirklichkeit eine andere, von subjektiver Imagination aufgeladene
Wirklichkeit zu kreieren.

4.2.2 »The Tennis Court Oath«

Ästhetisch radikaler, offen mit der amerikanischen Lyriktradition sowie
den tradierten Vorstellungen von der Gattung »Gedicht« überhaupt bre-
chend, präsentiert sich der zweite, 1962 veröffentlichte Band Ashberys.
Geschrieben zu einer Zeit, da er sich größtenteils in Europa, und zwar
vornehmlich in Paris, aufhielt, beziehen diese Gedichte ihre Anregungen
von der im ersten Jahrhundertdrittel aus Paris agierenden europäischen
Künstler- und Dichteravantgarde. Vor allem Anregungen aus Apollinaires Experimenten mit den »poèmes conversations«, Marcel Duchamps
»objets trouvés« analogen »poèmes trouvés« der Dadaisten und deren
»Wortsalat« (Benjamin) sowie den »Momentaufnahmen« (Benjamin) der
Surrealisten werden aufgegriffen und radikalisiert. In Ashberys Augen hat
sich die Situation der Avantgarde seit Rimbauds Diktum »Il faut être
absolument moderne« und der provokativen Verwerfung der jeweils
etablierten poetologischen Standards durch den Avantgarde-Künstler
gewandelt und muß modifiziert betrachtet werden, wie er in dem 1968
veröffentlichten Essay »The Invisible Avantgarde« hervorhebt. Anstelle
des gesellschaftlichen Außenseiterdaseins befindet sich der ›unsichtbare‹

(postmoderne) Avantgardist nun in einer neuen Lage, die ihm die Freiheit zu ästhetischem Experiment gestattet, ohne provozieren zu *müssen*:

> The Midas-like position into which our present acceptance-world forces the avant-garde is actually a disguised blessing which previous artists have not been able to enjoy, because it points the way out of the predicament it sets up – that is, towards an attitude which neither accepts nor rejects acceptance but is indifferent of it.[34]

Seine poetologischen Vorbilder liegen genau auf der Linie einer ›unsichtbaren‹ Avantgarde; es sind die randständigen Anreger des Surrealismus, die sich selbst keiner Bewegung mit gruppentypischem Habitus zuschlagen lassen. Als amerikanische Stichwortgeber könnten gleichrangig in diesem Zusammenhang die wiederum auf europäische Einflüsse verweisenden Poetiken einer Gertrude Stein oder eines Wallace Stevens genannt werden. Ashbery übernimmt die Schreibweisen und Intentionen der inzwischen historisch gewordenen französischen Avantgarde jedoch nicht sklavisch, sondern füllt sie mit denjenigen Inhalten, die ihm seine Zeit an die Hand gibt, und modifiziert sie um diejenigen Aspekte, die ihm seine nordamerikanische Sozialisation mitliefert. Dies bedeutet eine verstärkte Einbeziehung von Populärkultur und deren Verbreitungsmedien Film, Kino, Fernsehen: »the flag of film / waving over the sky / toward us – citizens of some future state« (FFB 69).

Viele Gedichte in »The Tennis Court Oath« verdeutlichen den ge- oder beschnittenen Zustand, in dem uns Wirklichkeit im Medienzeitalter präsentiert wird. Gedichte wie »Europe« (124-150) oder »Rain« (82-86) sind montierte Varianten einer »found poetry«, aus ›zufällig‹ gefundenem Alltagsmaterial wie Zeitungen, Zeitschriften oder unbekannten, bei den Pariser Bouquinisten erstandenen Romanen zusammengeschnittene, die üblichen »Sinn«-Zuschreibungen negierende Gedichte. Sie entstehen aus buchstäblichem »Abfall«, wie Kracauer das von der Fotografie erfaßte Rohmaterial der Außenwelt bezeichnet. Der frühere Kontext dieser neu arrangierten »Abfälle« bleibt dabei spekulativ, ist für den Rezipienten nicht mehr ermittelbar: »A photograph of what«, wie es in einer der fragmentarischen Zeilen von »Rain« (84) heißt. Wirklichkeit, dies suggerieren die radikalen Schnitt-Gedichte Ashberys, kann nur noch partiell, als Bruchstück von nicht mehr zu bestimmenden Zusammenhängen, erfahren werden. Ein »New Realism« wird beschworen, wie ihn das gleichnamige programmatische Gedicht einzulösen sucht. Bruchstücke verschiedener medial generierter Botschaften, wie sie die Wirklichkeit der

---

34 Ashbery, The Avant-Garde, S. 132.

westlichen Welt überziehen, sind aneinandergefügt, ohne daß die Inhalte, auf die sie verweisen, noch auszumachen wären. Ein Gefühl von Fremdheit, von Irrealität gegenüber der als »real« hingenommenen Wirklichkeit stellt sich ein. In der Beschneidung wahrgenommener Inhalte heterogenster Provenienz auf jeweils einzelne, aussagelose Fragmente und deren willkürlich anmutende Verknüpfung zu neuen, collageartigen »Text«- oder »Bild«-Blöcken ist im übrigen die Ästhetik späterer Videoclip- oder Zappingmanieren schon vorweggenommen:

Swarms of bulldozers
Wrecked the site, and she died laughing
Because only once does prosperity let you go away
On your doorstep she used to explain
How if the returning merchants in the morning hitched the rim of the van
In the evening one must be very quick to give them the slip.
The judge knocked. The zinnias
Had never looked better – red, yellow, and blue [...]

In die Zeit der Fertigstellung dieses Gedichts fällt auch ein Essay »The New Realism«, den Ashbery für den Katalog einer New Yorker Ausstellung mit neuen europäischen Künstlern (u.a. Yves Klein) und amerikanischen Pop-Artisten (u.a. Andy Warhol) verfaßt hatte. Ashbery macht darin geltend, daß es für diese Künstler – und zu ihnen rechnet er auch Filmemacher wie Resnais oder Antonioni – trotz der Diversität ihrer Stile darum gehe, der technisch-medialen Überformung unserer Zivilisation mit angemessenen, an den Ausdrucksweisen der Medien und der Technik geschulten Formen zu antworten:

As the name [The »New Realism«] indicates, it is (like Surrealism) another kind of Realism – the movement which began in the nineteenth century at the same time that machines and machine-made objects began to play such an important part in daily life. [...] One could point to other examples in the arts today (elsewhere for instance the »objective« novels of Robbe-Grillet and Sarraute, or the importance of objects, especially artifacts, in the recent films of Resnais or Antonioni) of this continuing effort to come to grips with the emptiness of industrialized modern life. The most succesful way of doing this seems to be to accord it its due.[35]

Den in diesem Essay formulierten Einsichten entsprechend zeigt sein Gedicht »The New Realism« eine künstliche, zurechtgeschnittene Welt,

35 Ashbery, Reported Sightings, S. 81.

in der gerade Natur-Objekte (wie »The zinnias«) am artifiziellsten wirken. Die Wirklichkeit seines Gedichts ist von einem undurchdringlichen »décor« verschiedener medialer Oberflächen überwuchert, so daß z.B. Bäume nur noch als Reflex auf ein Plakat oder eine Leinwand mit Bäumen vorkommen, wie der Schluß deutlich macht. In einer Beschreibung, die eine mit Hollywood-Bombast inszenierte Naturkatastrophe wiederzugeben scheint: »And the iceberg slowly sank / In the volcano and the sea ran far away / Yellow over the hot sand, green *as* the green trees« (meine Hervorhebung – J. R.), werden die Bäume nur des Vergleichs mit der Farbe Grün wegen – einem Kodak- oder Technicolor-Grün – zitiert.

Nicht nur die Wirklichkeit und die Vorstellungen von ihr werden von Ashbery als medial vermittelte Konstruktionen denunziert – auch mit bestimmten mehr oder minder stereotypen Bildern belegte Begriffe, wie etwa »Europe« oder »America«, legt Ashberys Lyrik als Konstruktionen – im Sinne von Montagen – offen. Dies geschieht keineswegs jedoch in offen agitatorischer oder aufklärerischer Absicht (wie Benjamin sie an den Montagen Heartfields der zwanziger Jahre konstatierte), sondern aus Interesse an strukturanalogen Zusammenhängen von kulturell überlieferten ›Bild‹- und ›Text‹-Stereotypen. Im Falle von »Europe« handelt es sich bei dem für die Textgenese benutzten ›Rohmaterial‹ um einen amerikanischen Roman eines William Le Queux über die Abenteuer einer amerikanischen Fliegerin im Europa des Ersten Weltkriegs, den Ashbery auf den Pariser Quais fand.[36] Seine Verfahrensweise läßt sich zunächst also mit der von Blaise Cendrars bei der Verfertigung seiner »KODAK«-Gedichte vergleichen: Nur daß Cendrars neue, vorgeblich authentische lyrische »Reise«-Bilder (»photographies verbales«) aus dem Roman Gustave Le Rouges herausmontiert, wo Ashbery die Wörter aus ihrem bisherigen Sinnzusammenhang löst, seine Romanvorlage damit vorrangig ›dekonstruiert‹, ohne dem neuentstandenen Text eine derart homogen wirkende Gestalt zu verleihen, wie dies bei Cendrars' »Documentaires«-Gedichten noch der Fall war.

Die Absicht Ashberys bei der Demontage des Rohtextes ist jedoch durchaus von der Cendrars' verschieden: Es geht ihm um das Herauslösen von Wörtern und einzelnen Passagen aus ihrem Kontext, um das neue, überraschende Bezüge und Zusammenhänge freilegende Zusammenfügen semantisch, und häufig syntaktisch, inkompatibler Textstellen – um Schnittstellen, an denen konventionelle Handlung, Plot, Erzählstrukturen desavouiert und die dem Text implizit beigegebenen kulturellen Muster und Stereotype sichtbar gemacht werden können. Wie ein Film in seine

36 Vgl. Shoptaw, On the outside looking out, S. 57.

Sequenzen, so ist »Europe« in III arabisch numerierte, ungleich lange, vom Einzelwort bis zur Prosapassage reichende Abschnitte gegliedert; anstelle inhaltlicher oder thematischer Progressionen kehren bestimmte Wortgruppen, Bildbereiche, Andeutungen der abhanden gekommenen Handlung, eines vermuteten Zusammenhangs wieder. So präsentieren sie sich jeweils als erratische Blöcke, die schockieren wegen der unvermittelten bildlichen Schnitte, semantischen Sprünge, syntaktischen Brüche usw. Ähnlich der Unbestimmbarkeit filmischer Aufnahmen, geben diese Sequenzen dem Rezipienten Rätsel auf, ohne dabei einen Schlüssel für deren Lösung anzubieten; es sind durch den Willen des Autors arrangierte Text-Artefakte, die die an Texte herangetragene Sinnerwartung, ja die intendierte ›Lesbarkeit‹, also die Nutzen- oder Gebrauchsfunktion von Texten überhaupt boykottieren:

> 39.
> The few children
> Seeds under the glare
> The formal tragedy of it all
> Mystery for man – engines humming
> Parachutes opening.
> The newspaper being read
> Beside the great gas turbine
> The judge calls his assistant over
> And together they try to piece together the secret message contained in
> today's paper.
> [...]
>   78.
> applauding itself – wiser
>   more gun   I come from the district
> four times carrying a small,
>   oval
> the movie was also
>   in the entire crystal

Auf diese Weise verleiht Ashbery – und dies vereint ihn wiederum mit Cendrars' Absichten beim Montieren der »Documentaires« – dem Ursprungstext plötzlich eine Authentizität, eine Originalität, die er vorher nicht besaß. Indem »Europe« auf die an Texte herangetragenen Sinnerwartungen verzichtet, fördert es eine Wahrheit zutage, die am ehesten der fotografischen »Wahrheit« beim ausschnitthaften, ›zerschnittenen‹ Wiedergeben der »ungestellten Realität« (Kracauer) entspricht: Denn die »Wahrheit« der Fotografie kommt ohne bedeutungszuweisende Er-

klärung aus – welche bei Texten aufgrund ihres referentiellen Zeichen-
charakters im alltäglichen Kommunikationszusammenhang Voraussetzung ihrer Funktionalität ist. Insofern trifft, was Cendrars von seinen
»KODAK«-Gedichten sagte: sie seien »photographies verbales«, auch auf
Ashberys »Europe« zu – freilich nur in einem strukturellen, nicht im
bildhaften Sinne. Gerade weil sie auf Sinn und Kohärenz verzichten, und
stattdessen gewissermaßen Worte, Wortgruppen, Passagen des Ausgangs-
textes in einem »état brut« abbilden, kommen sie der fotografischen
Funktionsweise nahe, in Kracauers Jargon dem »Gegeneinanderstellen«
von »Bruchstücken« aus »Abfall«. »Europe« kann daher auch als Versuch
gelesen werden, die Potenzen des fotografischen und filmischen Mediums strukturell – nicht metaphorisch – in einem Text wiederzugeben:
Ein Text, der nach den Gesetzen der Fotografie, des Films funktioniert,
ist letzlich einer, der keine Erklärung außerhalb seiner eigenen Repräsen-
tationsebene nötig hat, zu dem es keinen Schlüssel im Sinne eines Meta-
textes gibt.

Dagegen setzt »The Lozenges« (FFB 106f.) die Linie der mit »A Long
Novel«, »Popular Songs«, »And you Know« u.a. in »Some Trees« begon-
nenen mehrdeutigen Film-Anspielungen fort. »Lozenges« können im
englischen Sprachgebrauch sowohl geschliffene, rhombenförmige Diamanten als auch medizinische Lutschpastillen sein. Für viele Gedichte
Ashberys ist es geradezu kennzeichnend, daß Titel und Inhalt in keinem
offenkundigen, sich sogleich erschließenden Verhältnis zueinander stehen. Erst ein Blick auf mögliche Korrespondenzen metonymischer oder
metaphorischer Art zwischen der suggerierten Bildlichkeit des Titels und
den vom Text angesprochenen Bildbereichen mag den Eindruck einer
bloß willkürlichen Titelwahl ausräumen. Dies ist auch bei »The Lozenges« der Fall. Im Gedicht ist weder von Diamanten noch von Tabletten
die Rede, die Mehrdeutigkeit des Titelworts ist jedoch in der Ambivalenz
der textlichen Bezüge, Allusionen, Andeutungen des Texts aufgehoben:
So legt die Entscheidung, es bei »The Lozenges« mit Diamanten zu tun
zu haben, assoziativ den Bezug zum Genre des Kriminal- oder Agenten-
films nahe, während »lozenges« als Tabletten, die z.B. die Funktionsweise
des Nervensystems beeinflussen, sich mit der im Gedicht evozierten Atmosphäre von Sprunghaftigkeit, Unbestimmbarkeit, Verwirrung, Rätselhaftigkeit verbinden lassen. Die optischen Brechungen, die man mit dem
Bild eines geschliffenen Diamanten assoziiert, finden im Gedicht zudem
ihre strukturelle Entsprechung in den semantischen Zeilensprüngen und
-diskontinuitäten, die gewissermaßen die ›Optik‹ des Gedichts, seinen
imaginativen Rahmen, die Bildbereiche, in denen es siedelt, wie durch
ein Prisma betrachtet immer von neuem verschieben.

In der filmischen Montagetechnik wird der Begriff des »Jump-Cut« dann verwendet, wenn abrupt aufeinanderfolgende Szenen bezeichnet werden sollen, die in keinem logischen, kausalen Zusammenhang zur vorangegangenen Filmszene stehen: »Der Jump-Cut ist ein Element der Wildheit, das in das funktionierende Continuity-System einbricht.«[37] »Jump-Cuts« sorgen so u.a. für einen plötzlichen Wechsel der Perspektiven, Ausweitung des Szenarios auf scheinbar unbedeutende Aspekte der Story, Spannungswechsel aufgrund der plötzlichen Unschlüssigkeit und Unsicherheit beim Zuschauer, sie verleihen einer ansonsten planen Filmhandlung also Diskontinuität und schützen vor der Vorhersagbarkeit starrer Szenenabläufe. Überträgt man den Begriff des »Jump-Cut« von der Filmmontage auf die »Montageverfahren« (Iser) von Lyrik, so lassen sich Ashberys Gedichte sehr gut von diesem Schnitt-Phänomen her analysieren: Das scheinbar planvolle Arrangement der Montage wird durch wie willkürlich eingebaute »Anschlußfehler« immer wieder in seiner Kausalität durchbrochen. Dadurch kann jedoch der Montagecharakter des Textes als solcher erst offengelegt und durchschaubar gemacht werden. Wie etwa die Jump-Cuts in Godards frühen Streifen verdeutlichen, lassen solche vermeintlich ›falschen‹ Übergänge erst die an den Schnitt gebundene Natur filmischer Montagen zutage treten, während die ›glatten‹ Übergänge kommerzieller Filmmontagen die Diskontinuitäten des Schnitts zu kaschieren suchen.

Exemplarisch für derart verfremdete, die üblichen Seh- und Wahrnehmungsgewohnheiten des Alltags irreführende Montagen bei Ashbery seien Passagen aus »The Lozenges« zitiert, wo die »Jump-Cut«-Sprünge unübersehbar den Charakter des ganzen Gedichts bestimmen, ja seinen

---

37 Rother, Sachlexikon Film, S. 165. Zu Vorkommen und Wirkung des filmischen Jump-Cuts (der von nicht-intentionalen Anschlußfehlern bei der Montage zu unterscheiden ist) heißt es präzisierend: »Schnitte, die aus einer kontinuierlichen Aktion unvermittelt [...] einen Teil eliminieren; die die gleiche Person aus nur wenig verschiedener Perspektive aber deutlich veränderten Entfernung oder wenig abweichender Distanz bei veränderter Perspektive konsekutiv zeigen [...] Jede Veränderung gegenüber den von der Wahrnehmung des Zuschauers gewohnheitsmäßig akzeptierten Kameraentfernungen und Blickwinkeln, die zu klein oder zu groß erscheint, kann [...] als J. C. realisiert werden.« Als Beispiel gibt er eine Szene aus Godards »À bout de souffle« (1960) wieder, wo ein Autofahrt-Dialog zwischen den die Helden mimenden J.-P. Belmondo und J. Seberg »ostentativ dadurch unterbrochen wird, daß [...] allein die verschiedenen Antworten Sebergs auf die (fehlenden) Fragen Belmondos, bei entsprechend geändertem Hintergrund, repräsentiert sind.«

Bauplan, seine Struktur ausmachen. Nahezu jede Verszeile bewirkt hier einen Schnitt in einen anderen Bildbereich, in eine mit der Logik der vorherigen Zeile nicht mehr vereinbare Aussage. So entsteht ein Beziehungsgeflecht vielfältiger, abrupter Schnitte, ein Spektrum dissoziierender, vielfach gebrochener Bilder, deren inneren Zusammenhang man herauszufinden bemüht ist. De facto steht jedes Bild für sich selbst, durch die Zeilenanordnung der Verse entsteht jedoch eine Abfolge, die ihrerseits eine verborgene Kausalität oder Zwangsläufigkeit der Anordnung suggeriert. Aus dieser Spannung zwischen der Sprunghaftigkeit der Bilder und einer vermeintlich verschlüsselten Logik ihres Arrangements resultiert die Faszination von Ashberys Gedichten:

> The plane had passed him,
> Bound for Copenhagen with smiling officers.
> Lighter than air, I guess. I jest
> Was playing the piano of your halitosis
> A bridge into amber. Seven bargains popped into the sloop.
> Venemously she aimed the pot of flowers
> At his head – a moth-eaten curtain hid the fire extinguisher.
> [...]
> There was rain and dew
> You hanging on the clothes horse
> Thought it funny the mushrooms
> Water mocassins and Dutch elm disease.
> If only pockets contained the auditorium,
> He, the young girl in business,
> The girl Samson told you about when they came to get him out
> Unpacked the old Chevrolet – upholstery and such
> The horse rocking us into a nightmare world of champagne

Wie zu erkennen ist, sind die Bilder von einer derartigen Diversität und Komplexität, daß es ein hoffnungsloses Unterfangen wäre, dem Ursprung jedes einzelnen Image nachzuforschen. Zwar entstammen diese Bilder fast ausnahmslos dem Image-Zitatenschatz der westlichen Populärkultur (»the plane«, »fire extinguisher«, »the old Chevrolet«, »young girl in business«); worauf sie sich genau beziehen: auf welchen konkreten Kinofilm etwa, kann allein schon wegen der bloßen Ausschnitthaftigkeit, der absurden Vergrößerungen und Verzerrungen mancher Bilder, der abrupten Wechsel und Sprünge zu ganz anderen Bildern nicht mehr geklärt werden. Wichtig ist, daß Ashbery so die Bilder, die seine eigene westliche Kultur ihm, etwa über den Film, liefert, derartig miteinander kombiniert, collagiert, schneidet und – durch optische Brechungen, Vergrößerungen (seltener Verkleinerungen), Verzerrungen, kontextuelle Sprünge, Schnitte und Verschiebungen – bearbeitet, daß dieselben Bilder plötzlich als etwas Fremdartiges, Bizarres, schwer Durchschaubares erscheinen.

Dieses gebrochene Montageverfahren weist ihn als praktizierenden »unsichtbaren« Avantgardisten in der Zeit der »Postmoderne« aus, nutzt er doch hier eine aus dem Medium selbst abgeleitete Technik »gegen den Strich«: Was im Film – es sei denn, dieser verstünde sich seinerseits als ›avantgardistisch‹ oder ›experimentell‹ – ein sparsam eingesetztes Mittel zur Auflockerung des Handlungsschemas ist, macht Ashbery zum Strukturprinzip seiner Gedichte. Seit Apollinaires »Esprit nouveau« gehört genau ein solch undogmatisches Aufgreifen des kreativen Potentials, das die moderne Technik hervorgebracht hat, zur Arbeitsweise des Avantgarde-Poeten. Die meisten Gedichte Ashberys sind der »Jump-Cut«-Schnittechnik des Films analog strukturiert; der Begriff könnte deshalb zur Paraphrasierung seiner Lyrik herangezogen werden. Doch ist bei der Festschreibung auf eine derartige Formel Vorsicht geboten, um nicht die Diversität von Einflüssen, aus denen Ashbery schöpft, aus dem Blick zu verlieren.

4.2.3 »Rivers and Mountains«

Weniger provokant als der vorangegangene Band und in seiner Textorganisation kohärenter, vermittelt »Rivers and Mountains« zwischen der europäischen Avantgarde-Intention ästhetischer Schocks und der Herausforderung der amerikanischen Pop-Kultur (bei Erscheinen des Buches 1966 war Ashbery von Paris wieder nach New York übergesiedelt). Der Mitte der sechziger Jahre auf dem Höhepunkt seines Ruhms stehende Andy Warhol erklärte um dieselbe Zeit in einem Interview, daß John Ashbery zu seinen bevorzugten Dichtern gehöre.[38] In seiner »Factory«, wo Warhol die Anregungen aus der amerikanischen Pop-Kultur zeichnerisch, filmisch, musikalisch in seine Pop-art umzusetzen suchte, dürfte er auf Ashbery durch die Vermittlung seines Assistenten, des Lyrikers, Fotografen und Filmemachers Gerard Malanga, aufmerksam geworden sein.[39] Im Gegenzug gehörte Ashbery zu den Besuchern der »Factory«, wie die Filmstills beweisen, die Malanga dort 1966 von Ashbery anfertigte und die darauf in den von Warhol und Malanga herausgegebenen Band »Screen Test« aufgenommen wurden, der die Stills von in der »Factory« aufgetauchten und dort abgelichteten Zelebritäten des New Yorker Kunst- und Lite-

---

38 Vgl. Wolf, Andy Warhol, poetry, and gossip in the 1960s, S. 81-106.
39 Vgl. Malanga, Screen Tests.

raturlebens vereint – von Salvador Dalí bis zu den Bohemiens, die Rollen in Warhols eigenen, experimentellen 16mm-Filmen spielten, u.a. »Sleep«, »Eat«, die einen Gegenmythos des Underground zum Hollywood-Starkult entwerfenden »Superstar« und »The Chelsea Girls«. Die beiderseitige Neugier Warhols und Ashberys auf die Arbeit des jeweils anderen kann nicht bloß Ergebnis einer reinen Zufallsbekanntschaft sein – nutzen doch beide Versatzstücke der Populärkultur wie das Plakatdesign oder das Rollenverhalten im Film und der westlichen technisch-artifiziellen (Stadt-)Landschaft plagiativ-verfremdend ›gegen den Strich‹. Sie machen die Ästhetik der Oberfläche – des Plakats oder des Zelluloidstreifens – zu ihrer eigenen und geben sich dabei dennoch nicht als Sprachrohr konkreter, sei es politischer, sei es gesellschaftlich-emanzipativer Intentionen zu erkennen. Sie räumen vielmehr dem »Unbestimmbaren« bei der Rezeption ihrer Werke einen großen Platz ein: Es bleibt dem Leser bzw. Betrachter überlassen, wie er mit ihren Texten und Bildern umzugehen gedenkt. Insofern verhalten sich beide als jene ›unsichtbaren‹ Avantgardisten, deren Verfahrensweisen Ashbery in »The Invisible Avantgarde« favorisierte.

Dasjenige Gedicht, welches der Sammlung den Titel lieferte, »Rivers and Mountains« (FFB 165-167), ist ein Beispiel für die Verquickung von wachgehaltenem Avantgardeanspruch und Populärkultur. Er nutzt die Vorlage des Agententhrillers, um eine Atmosphäre von Rätselhaftigkeit, Unsicherheit, Vorläufigkeit zu entwerfen. Dem enspricht, daß im Gedicht von einer Art geheimer Landkarte (»map«) die Rede ist – »Rivers and Mountains« bezeichnet ein chinesisches Landschaftsgemälde, das wechselnde, reliefartige Perspektiven entwirft[40] – die jedoch immer wieder neu zugeschnitten werden muß. Fritz Langs Stummfilm »Spione« (1928) – »gleichsam eine Brücke zwischen Expressionismus und Film noir«[41] –, den Ashbery 1962 in Paris gesehen hatte,[42] handelt von drei Agenten, welche beim Überbringen ihrer Briefe umgebracht, danach ihrem mysteriösen Oberhaupt auf den Tisch gelegt werden. Dennoch lenkt der erste der beiden Strophenteile des Gedichts von dieser Story ab, um einem Landschaftsgedicht Platz zu machen, das allerdings vorrangig vom Film reproduzierte Klischees denunziert, wie das vom »Moon River«, das »on the 1961 pop charts as the Award-winning [...] song [...] in Hollywood's whimsical guide to Greenwich Village, *Breakfast at Tiffany's*«[43] verzeichnet ist:

---

40 Vgl. Shoptaw, On the outside looking out, S. 76.
41 Werner, Film noir, S. 117.
42 Vgl. Shoptaw, On the outside looking out, S. 78.
43 Shoptaw ebd. S. 77.

On the secret map the assassins
Cloistered, the Moon River was marked
Near the eighteen peaks and the city
Of humiliation and defeat [...]
In the melodious but vast mass of today's
Writing through fields and swamps [...]
So going around cities
To get to other places you found
It all on paper processed

Der zweite Teil nimmt die Agentengeschichte wieder auf: Sie wird angeboten als der scheinbare Schlüssel zur Entzifferung der Karte jener künstlichen Umwelt, in der sich die Figuren bewegen – im Gedicht ist von
einem wahrscheinlich monologisierenden »you« die Rede –; sie ist also das
fiktionale Pendant zu einer unter dem Filmraster verschwindenden ›ursprünglichen‹, nunmehr Fiktion gewordenen Landschaft. In einer medial
überwucherten Landschaft wie der von Ashberys Gegenwart agieren die
dort anzutreffenden Personen selbst wie Charaktere aus einem Spionage-
thriller! Zwei Jahre vor der live von den Medien in aller Welt eingefangenen Ermordung Kennedys entstanden,[44] verschmelzen im Gedicht »Rivers
and Mountains« die aktuelle Existenz eines nicht näher spezifizierten lyrischen »you«, die filmisch-mediale Fiktion des in geheimer Mission, auf
geheimer Landkarte vorgehenden Doppelagenten und technisierte Landschaft, in der sich alles abspielt, zu einem sich gegenseitig bedingenden
und wechselweise durchdringenden Geflecht. So kann nur noch die
Initialanregung zur Schlußszene auf »Spione« zurückgeführt werden:
»The prototype for this scene came from Fritz Lang's silent movie«,[45] die
jedoch Ashbery seiner und des Gedichts Zeit, Gegenwart und kulturellem Hintergrund entsprechend frei moduliert:

Your plan was to separate the enemy into two groups
With the razor-edged mountains between. [...]
And quietly move among the landscape [...]
The coarser one that love had
Slowly risen in the night to overflow
Wetting pillow and petal
Determined to place the letter
On the unassassinated president's desk
So that a stamp could reproduce all this

44 Vgl. Shoptaw ebd. S. 78.
45 Ebd.

In detail, down to the last autumn leaf
And the affliction of June ride
Slowly out into the sun-blackened landscape.

Ein anderes Bild von »Fluß« als das des vom Hollywood-Mythos beschworenen »Moon River« vermittelt die Aufzählung von Flüssen in
»Into the Dusk-Charged Air« (FFB 173-177): Keiner der dort genannten
Flüsse ist erfunden; sie alle sind, irgendwo, auf der geographischen Karte
der Welt verortet. Was diesem Gedicht eine Aura filmischer Unmittelbarkeit verleiht, ist, durch die Nennung der Flußnamen eingeleitet, die
Suggestion permanenter Bewegung, dauernden Fließens, Strömens, ›in
Fluß‹ befindlichen Seins: »And the Volga is long and wide / As it flows
across the brownish land. The Ebro / Is blue, and slow. The Shannon
flows / Swiftly between its blanks. / [...] The Nelson is in Canada, /
Flowing.« Die Aufzählung der Flüsse folgt jedoch keiner erkennbaren,
z.B. geographischen, größen- oder längenmäßigen Anordnung, sondern
erscheint willkürlich, assoziativ. Die Flußbilder und -metaphern sind wie
einzelne Filmbilder aneinandergeschnitten; geographisch weit auseinanderliegende Ströme folgen so plötzlich aufeinander, werden zueinander
in Beziehung gesetzt. Dadurch verschmilzt die alte, seit Heraklit einge-
bürgerte Fluß-Metapher mit dem modernen, vom Film entlehnten Montageverfahren, das, neben der ohnehin dem Film immanenten Bewe-
gungsillusion, einen Eindruck von Ubiquität und Simultanität schafft.
Etablierte, etwa durch die Romantik überkommene poetische Fluß-To-
poi wie das des Rheins – schon von Heine sanft parodiert – werden von
Ashbery en passant aufgegriffen und ironisch gebrochen, indem die
überwältigende Auflistung verschiedenster Flußnamen die Austausch-
barkeit, Beliebigkeit solcher Topoi und Metaphern betont. Tatsächlich
sind die Zuschreibungen, die er den Flüssen gibt und die sie mit optischer Plastizität ausstatten, problemlos auf jeweils andere Flüsse übertragbar, wie z.B. die folgenden Epitheta mit der allegorieartigen Andeu-
tung der Fließrichtung aller Ströme deutlich machen: »[The Potomac]
rumbles softly. Crested birds / watch the Ucayali go / Through dreaming
night. You cannot stop / The Yenisei. And afterwards / The White flows
strongly to its [...] / Goal.« Die poetisch beschworene Einzigartigkeit
irgendeines bestimmten Flusses geht auf in der Summe aller genannten
Flüsse, die gemeinsam eine Leinwand allgegenwärtigen Fließens, globaler
Bewegung entstehen lassen.

»The Skaters« (FFB 194-223), das längste und zugleich letzte Gedicht
des Bandes, nimmt wiederum Techniken des schon in »Europe« und anderen Texten erprobten »poème trouvé« und des sinnverfremdend in den

lyrischen Diskurs inkorporierten Plagiats auf. Mit dem Hinweis auf Constant Lamberts Medley »Les Patineurs«, das Elemente der Meyerbeer-Oper »Le Prophète« aufgreift, spricht er von einer Form, die »made up of extracts from serious operas rearranged and a kind of superficial, supposedly comic ballet« sein solle.[46] Wegen des flaneurartigen *Aufnehmens* der um das lyrische Zentrum – bei Apollinaire ein Ich bzw. monologisierendes Du, bei Ashbery ein unscharf konturiertes Subjekt von multipersonaler Identität – stattfindenden Geschehnisse und Gespräche ordnet Shoptaw »The Skaters« in die Nachfolge von »Zone« ein.[47]

Was Ashberys Gedicht mit demjenigen Apollinaires trotz der differierenden Sprechgesten – immerhin dominieren bei beiden die Langstrophen whitmanscher Prägung – und der verschieden gehandhabten Zusammenführung heterogenen Materials gemeinsam hat, ist der Versuch, ein kaleidoskopisches Protokoll der jeweiligen Gegenwart zu erstellen. In einer Schlüsselstrophe im ersten Teil des insgesamt vierteiligen Gedichts bezeichnet Ashberys angenommenes »Ich« ein Bewußtsein, das die simultanen Vorgänge seiner Zeit aufnehmen und wiedergeben will, entsprechend als »tray of images« und vergleicht es mit einer »magic lantern«:

So much has passed through my mind this morning
That I can give you but a dim account of it:
It is already after lunch, the men are returning to their positions
                              around the cement mixer
And I try to sort out what has happened to me. The bundle of Gerard's
                              letters,
And that awful bit of news buried on the back page of yesterday's paper.
Then the news of you this morning, in the snow. Sometimes the interval
Of bad news is so brisk that … And the human brain, with its tray of
                              images
Seems a sorcerer's magic lantern, projecting black and orange cellophane
                              shadows
On the distance of my hand … The very reaction's puny,
And when we seek around, wondering what our position is now, what
                              the arm of that chair.

Weiter unten im ersten Teil illustriert Ashbery die Technik seiner Montagen aus dem bild-/textlichen »Abfall«, dem »found material« seiner Gegenwart folgendermaßen: »neither the importance of the individual flake [dem ›Einzelbild‹], / Nor the importance of the whole impression of the

---

46 Zit. nach Shoptaw ebd. S. 92.
47 Vgl. ebd. S. 98.

storm [der Kontext impliziert den Informations- und Bilder›sturm‹ der Medien], if it has any, is what it is, / But the rhythm of the series of repeated jumps, from abstract into positive and back to a slightly less diluted abstract.« Der fotografische Jargon drückt aus, was Ashbery vorschwebt: Aus dem negativen »abstract« einer vorübergehenden Wahrnehmung heraus ein erleuchtendes, im Sinne Rimbauds ›illuminierendes‹ »positive« zu entwickeln – vergleichbar den »Epiphanie«-Augenblicken von Joyce oder Benjamins »Jetztzeit« –, das sich jedoch im späteren Rückbezug ebenso wie alle früheren, vorübergegangenen Momente dieser »Plötzlichkeit« wieder zu einem unbestimmbaren »less diluted abstract« zurückentwickelt, das keine Erklärungskraft für die Summe der dem Text zuströmenden Bilder und Augenblicke besitzt; es handelt sich bei dieser Art von Montage um eine alogische, ungesteuerte Progression herausgehobener Momente, die in keine kausale Ordnung zueinander gebracht werden können.

Dadurch entsteht jedoch nicht etwa eine chaotische Ordnungslosigkeit, sondern eine ungewohnte, andersartige Ordnung, die überraschende, unvorhergesehene Zusammenhänge offenbart: »As a new ruler / Edits new laws, sweeping the very breath of the streets / Into posterior trash. The films have changed – / The great titles on the scalloped awning have turned dry and blight-colored. / […] Everything is trash!« Entsprechend dieser Kernstrophe des ersten Teils ist für Ashbery die Frage, *wie* er den in der Außenwelt *aufgelesenen* Abfall, den »trash«, zusammenbringt, montiert, collagiert, dem Gedicht einverleibt, für die Konstitution des Textes entscheidend. Damit ist auch die Aufgabe des Lyrikers generell neu definiert: Sie besteht nicht mehr darin, medial unabhängig aus der eigenen Sprach- und Imaginationskraft heraus zu schaffen – wie dies für Baudelaire im wesentlichen noch selbstverständlich war –, sondern darin, mit Fundstücken, *vorgefundenem Material*, dem »trash« des Alltags umzugehen, ihn demonstrativ in den Gedichten in neuer, verblüffender Anordnung *aufzuheben*.

Das Bild der »magic lantern« taucht im dritten Teil des Gedichts wieder auf und deutet dort eine künstlich determinierte Außenwelt an: eine bühnenartig illuminierte Szenerie, die der magischen Leinwandwelt eines Georges Méliès entspricht, in der die Gesetze einer ›natürlichen‹ Außenwelt demonstrativ außer Kraft gesetzt sind: »›All up and down de [sic] whole creation‹, like magic-lantern slides projected on a wall of a cavern: castles, enchanted gardens, etc.« Dazu paßt die zuvor im zweiten Teil beschriebene imaginäre (See-)Reise mit klischeehaften, wie aus dem Prospekt geschnittenen Eindrücken einer Fremde, die lediglich eine Verlängerung von Projektionen der eigenen (amerikanischen) Kultur sind:

Still there are parks and libraries to be visited, »la Bibliothèque
                                                        Municipale«,
Hotel reservations and all that rot. Old American films dubbed into
                                                        the foreign language,
Coffee and whisky and cigar stubs. Nobody minds. And rain on the
                                                        bristly wool of your topcoat.
I realize that I never knew why I wanted to come.

Zugleich berührt Ashbery damit die Klischee- und Suggestionswelten einer reklameanimierten Öffentlichkeit, aus deren Fundus sich die Pop-art
bedient; der aus »The Instruction Manual« bekannte Sehnsuchtstopos
von einem imaginierten Ort erfüllten Daseins, einem ›richtigen‹ Leben
jenseits des ›falschen‹ vor dem Schreibtisch ist nunmehr zu einer stereotypen Illustriertenvorstellung geschrumpft: »But once more, office desks,
radiators – No! That is behind me. / No more dullness, only movies and
love and laughter, sex and fun.«

Einer der Rohtexte, die Ashbery in den poetischen Diskurs von »The
Skaters« hineinverwob, ist selbst eine Art »Gebrauchsanweisung«, und
zwar zum Spielen für amerikanische Jungen (»Three Hundred Things a
Bright Boy Can Do«).[48] Er entnimmt dieser etwa die Anleitung für eine
durch Feuer zur Illumination gebrachte, also sichtbar gemachte Geheimschrift aus Pottasche. Was dort die kindliche Entdeckerlust befördern
soll, dient Ashbery als Paraphrase für die illuminierten Momente, aus
denen sich sein Gedicht zusammensetzt. So geraten Öffentlichkeitsdis-
kurse, Alltagswahrnehmungen und -texte, selbst stereotype Oberflächen
durch deren ineinanderfügendes Zusammenschneiden zu Epiphanien
des poetischen Diskurses. Das ordnende, arrangierende Ich artikuliert
sich, statt mit einer vermeintlich »eigenen« Stimme, über die Akkumulation verschiedener Stimmen, Texte bzw. Bilder, ist somit selbst eine ›flie-
ßende‹ Entität und kann nicht dingfest gemacht werden (»Yes, you are a
secret and you must NEVER tell it«, heißt es am Anfang des dritten Teils)
– es konstituiert sich jeweils neu mit den Texten, die es einschneidet, um
sie mit wieder anderen Texten *zu etwas Neuem* zu kombinieren. Sein Umgang mit dem verbalen Material, dem vorhandenen »trash«, ist dabei sowohl vergleichbar mit dem des seine Bilder aufnehmenden, sammelnden
Kameramanns als auch mit dem des daraus das spätere Filmprodukt
montierenden Regisseurs.

Wie sehr jedoch bei Ashbery immer auch die nonverbale, optisch-visu-
elle Komponente der Wahrnehmung an die verbale Textgenese gekoppelt

---

48 Vgl. Shoptaw ebd. S. 94-96.

ist, beweist eine Passage am Ende des zweiten Teils von »The Skaters«. Mit einer Konkretheit, wie sie bei William Carlos Williams anzutreffen ist, wird eine Straßenszene eingefangen: Einzelne Details – der Hund, den der Briefträger noch nicht bemerkt; eine Frau, die mit ihrem Strumpf beschäftigt ist – werden zoomartig herangefahren, scharf gestellt, bevor unvermittelt zum nächsten Detail geschwenkt wird (»for this is a puzzle scene«). Einige der Langverse demonstrieren den Wechsel von Einstellung zu Einstellung besonders deutlich; das Changieren zwischen Bewegung, Schwenk und vorübergehendem, die Perspektive einfrierendem Stillstand, der mit Beginn der nächsten Zeile wieder in Bewegung gerät, kann hier nachvollzogen werden (»fixing her stocking. [Schwenk/ Stillstellung:] Watching her, a chap […] / [Bewegung:] Is about to walk […]. [Schwenk/Stillstellung:] The line of lampposts / [Bewegung:] Marches«). Das Besondere ist, daß Ashbery diese Schilderung mit der Evokation jener oben erwähnten illuminierenden Geheimschrift verknüpft (»the fire demon […] created it«), wodurch der banal-alltäglichen Szene eine auratische Einmaligkeit zugesprochen wird. Ihre Bedeutung liegt im Fest-Stellen bildhafter, ›illuminierter‹ Momente, die ihre Bedeutung selber mit sich führen.

4.2.4 »The Double Dream of Spring«

»Day re-creates his image like a snapshot«, lautet ein Vers in »Clouds« (FFB 280-282) des folgenden Bandes. Damit ist der die moderne Existenz begleitende Widerspruch von Plötzlichkeit (»snapshot«) oder »Jetztzeit« und dazwischen angesiedeltem Gleichlauf oder »leerer Zeit« (»Day«) auf eine Formel gebracht, die die thematische Ausrichtung der meisten der in »The Double Dream of Spring« versammelten Texte gut zu charakterisieren vermag. »And life is moving on, […] / But sometimes standing still is also life«, schreibt er in »The Bungalows« (FFB 283-285) und öffnet so auch den Blick auf das *Machen* – ›Sammeln‹, Kreieren, (Re-)Produzieren – von Erfahrungen unter den Bedingungen eines medialen Zeitalters, speziell unter dem Einfluß von Fotografie und Film. Die Dichotomie von beschleunigter Bewegung und Stillstand ist der abstrakte Hintergrund dieser Gedichte, dem sich immer wieder neue konkrete Inhalte verdanken: von dem im Heineschen Balladenschema mit dem Reim im zweiten und vierten Vers je einer Quartettstrophe verfaßten »It Was Raining in the Capital« (FFB 235-237) bis zu den in Titel und Versstruktur auf antike Vorbilder anspielenden »Sortes Vergilianae« (287-289). An die Anregungen der französischen Avantgarde erinnern der ein gleichnamiges Gemälde de Chiricos aufrufende Titel des Bandes, die aus dem eigenen Französisch rückübersetzten »French Poems« (251-253) und »Some Words« (274-278), die, im Untertitel »From the French of Arthur Cravan« angebend, Übersetzungen des gleichnamigen, in der Zeit des Ersten Weltkriegs in Südamerika verschollenen Dada- und Surrealistenvorreiters vorstellen, den auch Blaise Cendrars in seinen Memoiren erwähnt.[49]

Eines der unter film- und fotoästhetischem Gesichtspunkt interessantesten Gedichte des Bandes, »Definition of Blue« (FFB 266f.), verwundert durch seinen an akademische Lehrsätze erinnernden Beginn (»The rise of capitalism parallels the advance of romanticism / And the individual is dominant until the close of the nineteenth century«). Somit scheint das Melancholieattribut »Blue« im Titel auf die Signalfarbe der Romantiker hinzudeuten, während die sprachliche Abstraktheit der Anfangsverse der Textsorte der Begriffs*definition* entspricht. Doch ist »definition« im Englischen darüber hinaus der technische Fachbegriff für die Auflösung, die Schärfe eines fotografisch oder elektronisch auf dem Fernsehschirm erzeugten Bilds. »Formerly there would have been architectural screens at the point where the action became most difficult / As a path trails off into shrubbery – confusing, forgotten, yet continuing to exist«, heißt es in der zweiten Strophe. Den Bezug dieser metaphorisch unschlüssigen Bemerkung zur technischen Determiniertheit moderner Erfahrung leistet das Ende der Strophe: »erosion produces a kind of dust or exaggerated pumice / Which fills space and transforms it, becoming a medium / In which it is possible to recognize oneself.« Das, was Ashbery als »erosion« bezeichnet, läßt sogleich an Benjamins Diktum vom Verfall der »Aura« denken.

Für Benjamin ist »die Überwindung des Einmaligen in jeder Lage durch deren Reproduzierung«[50] kennzeichnend für die moderne, *medial vermittelte* Form von Erfahrung. Beim Auraverfall handelt es sich demnach um einen Vorgang der ›Erosion‹ ursprünglicher, authentischer Erfahrung und von deren Inhalten, die transformiert werden durch die Medien technischer Reproduktion. Diese schaffen eine neue Form von – reproduzierbarer, anti-auratischer – Erfahrung; stellen, in Ashberys Lesart, diejenige Form dar, welche uns erlaubt, uns selbst zu erkennen (»to recognize oneself«). Die dritte und Schlußstrophe von »Definition of Blue« setzt ein solches pseudo-auratisches, statisches »portrait, smooth as glass [...] / And it has no relation to the space or time in which it was lived« gegen die Bewegung, den »Fluß des Lebens«, der in seiner Totalität nicht einzufangen ist. Ein Bild von statischer, festgestellter Identität steht gegen die »definition« eines unscharf konturierten, nicht festgestellten

---

49 Vgl. Cendrars, Œuvres complètes VI, S. 514-519.
50 Benjamin, Medientheoretische Schriften, S. 309f.

Ichs. Dieses Bild ist jedoch »Built up out of multiple corrections«, denn »Each new diversion adds its touch to the ensemble«.

Das fotografisch oder filmisch von uns gemachte Bild – das, auf einer Metaebene, mit dem Bild, das wir uns von uns selbst machen: unserer vermeintlichen Identität, zusammenfällt – schätzt Ashbery als »part of all being [...] therefore [...] to be prized«. Genauso wie sich für Benjamin dank Fotografie und Film eine neue, über ihren »Verfall« hinausreichende Beziehung zur einstigen »Aura« ankündigt, wo Authentizität der Aura und Medialität der Technik sich in ihren Widersprüchen ergänzen, so resultieren bei Ashbery die Bilder, die wir uns mit Hilfe der technischen Aufnahme- und Reproduktionsmedien vom Leben zu machen suchen und mit denen wir ihm eine »Definition« zu geben wünschen, »in a downward motion, or rather a floating one / In which the blue surroundings drift slowly up and past you / To realize themselves some day, while, you [...] / Waken each morning to the exact value of what you did and said, which remains.« Seine verblüffende Wirkung erzielt dieser Schluß durch das so selbstverständlich daherkommende Nebeneinander des unauflösbaren Gegensatzes zwischen den »blue surroundings« – also den einmaligen, scheinbar auratischen Bildern und Vorstellungen –, und jenen sich alltäglich wiederholenden Verrichtungen, demjenigen, »which remains«, vom angesprochenen »you«. Die Spannung versteckt sich hinter der Finalität des Eindrucks, der von den fernen Umgebungen ausgeht, »to realize themselves one day«.

Medial vermittelte Bilder und Vorstellungen und angeblich authentischere, auratische Momente unterscheiden sich bei Ashbery nicht mehr dialektisch voneinander. Ihre existentielle Wichtigkeit, ihr individueller Sinngehalt sind eine Frage der »Definition«. Ihre ›Auflösung‹ im Sinne der Entschlüsselung kann jedoch erst »some day« stattfinden: Bis dahin bleibt das Leben ein fluktuierendes, immer neue Bilder und deren »multiple corrections« hervorbringendes, ›nicht festellbares‹ Phänomen – um einmal mehr an Nietzsches Äußerung vom »nicht festgestellten Thier« anzuknüpfen.

Ashberys Landschaften, wo, wie in »The Bungalows«, »the people are all [...] desperately sleeping« und an »Coca-Cola lessons« teilnehmen, rufen die von Warhol parodierten Hochglanzparadiese ins Gedächtnis. Hier findet er sein Rohmaterial, aus dem die fluktuierenden »instants« seiner Gedichte hervorgehen. Ein Beispiel hierfür ist »Farm Implements and Rutabagas in a Landscape« (FFB 260f.). Wie Shoptaw anmerkt, ist »the ›country‹ of this sestina[s] [...] not France, but the United States«;[51]

---

51 Shoptaw, On the outside looking out, S. 260f.

die mit dem Gedicht transportierten Bilder und Vorstellungen verweisen eindeutig auf die US-amerikanische Alltagskultur als kulturellen Hintergrund.[52]

Sich des Fundus verschiedener Comic strips bedienend – Shoptaw erwähnt »Popeye el Marino« der New Yorker Zeitung »El Diario« –, zeichnet er ein sich ständig veränderndes tableau des »contemporary American life as an inscrutable assemblage of apparently random events, obeying arcane rules beyond the participants' control or knowledge«.[53] Damit berührt Ashbery eine bei ihm häufig wiederkehrende Problematik, nämlich die des von fremder, unbekannter Stelle aus gesteuerten rollenhaften Verhaltens seiner Protagonisten, als wären sie Schauspieler in einem Film, oder bloß Mit-Spieler einer »Sitcom« oder »Soap-opera« – einer mit der Verbreitung des Fernsehens aufgekommenen, (zunächst) spezifisch amerikanischen Art der Realitätsaneignung. »*Was* it information?« fragt Ashbery in »Soonest Mended« (231-233): »Weren't we rather acting this out / For someone else's benefit, thoughts in mind / With room enough and to spare for our little problems [...] // *They* were the players, and we who had struggled at the game / Were merely spectators, though subject to its vicissitudes«.

Die Comic-Protagonisten in »Farm Implements and Rutabagas in a Landscape« verhalten sich ganz wie bei ihren banalen Aktivitäten gefilmte Akteure in lebens- oder realitätsecht (»Reality-TV«) wirken wollenden Unterhaltungsprogrammen. Da es sich jedoch um künstliche Geschöpfe

---

52 Vgl. auch die Hervorhebung von Filmen der Pop- und Massenkultur in Ashberys Roman »A Nest of Ninnies«, einer burlesken, surreal verfremdeten Parodie auf die Frankomanie der gebildeten amerikanischen Mittelklasse, der in Zusammenarbeit mit James Schuyler entstand. Die Avantgarde- und »High-culture-Filme« der europäischen Stummfilmzeit stehen hier in Opposition zu den »Low-Culture«-Produktionen amerikanischer oder japanischer Provenienz, von welchen jedoch eine umso stärkere Faszination ausgeht, da sie – im Gegensatz zu den bedeutungsaufgeladenen Filmen der Hochkultur – noch über ein weithin ungedeutetes Potential an Bilder- und Vorstellungswelten verfügen. Ein Beispiel aus einer der endlosen Konversationen des Romans: »›Where is Abel this afternoon?‹ [...] ›At the *Godzilla* rerun, of course. [...]‹ ›I thought he'd seen it three times‹ [...] ›He has [...] but the only alternative is *Potemkin* and *October* at the fine arts, and he's seen them oftener still [...]‹« (Ashbery/Schuyler, A Nest of Ninnies, S. 56). An einer anderen Stelle des Romans berichten die Protagonisten stolz, wie sie beim Brand eines Kinos »the last reels of *Living on Velvet*« (S. 160) gerettet haben, eines im ›hochkulturellen‹ Sinne eigentlich wertlosen Hollywood-B-Melodrams von 1936 mit der weiblichen Hauptdarstellerin Kay Francis.

53 Shoptaw, On the outside looking out, S. 261.

in einer künstlichen Landschaft handelt, die sich dabei wie ›natürliche‹ Personen in der von ihnen als ›natürlich‹ empfundenen Landschaft über Ereignisse unterhalten, die ihnen in bunter Folge aus schleierhaften Gründen zustoßen, ist das Befremden, gerade wegen des Wiedererkennungseffektes mit der amerikanischen Medienkultur, umso größer. Hiermit weist »Farm Implements« auf das ähnlich motivierte, ein knappes Jahrzehnt später entstandene »Daffy Duck in Hollywood« voraus, das dann von noch weiter verzweigten semantisch-inhaltlichen Konfusionen durchwirkt sein wird. Landschaft, das stellt »Farm Implements« unter Beweis, ist als TV-medial vermitteltes Konstrukt auf eine Ansammlung von Klischees und Stereotypen über »the country« geschrumpft, welche sich im wesentlichen auf den Aspekt wirtschaftlicher Verwertbarkeit beschränken. Daher kommt es, daß, im Warhol-Gestus, plötzlich eine »number 2 can of spinach« metonymisch für die industriell verpackte Landschaft gesetzt wird. Es ist der Blickwinkel des Stadtbewohners, der Spinat, Erbsen, Oliven und andere Produkte – die Ashberys Gedicht als Comic-Ensemble durchstreifen – nur in ihrem Endzustand kennt: als werbewirksam verpackte Konserven. Schließlich marschiert in sattsam bekannten TV-Reklamen das Gemüse tatsächlich fröhlich singend in den Suppentopf. In pointierter Schärfe macht Ashbery durch die Collagierung von Comic- und TV-Material surreale Paradoxien des westlichen Konsumalltags bewußt.

Im Gegensatz zum parodistischen Duktus von »Farm Implements« ist »Fragment« (290-305), das den Schluß des Bandes bildende Langgedicht, eher meditativen Charakters. Auf seine Sonderstellung verweist auch ein 1969 von »Fragment« angefertigter Einzeldruck bei der kalifornischen Black Sparrow Press mit Illustrationen des New Yorker Malers und Ashbery-Freundes Alex Katz. Das dortige Text-Bild-Arrangement vermag die Intention der die emblematische Tradition der »dizaines« des Renaissance-Dichters Maurice Scève wiederaufnehmenden, 50 Strophen zu je zehn Versen viel besser wiederzugeben als dies im bloß fortlaufenden Text möglich wäre. Im Black-Sparrow-Druck befindet sich auf einer der beiden jeweils gegenüberliegenden, aufgeklappten Seiten jeweils eine Graphik, auf der anderen Seite jeweils zwei »dizaine«-Strophen. Graphik- und Textseiten sind jedoch im Wechsel auf einer geraden, dann wieder ungeraden Seite angebracht, so daß dadurch die Vorder- und Rückseiten eines Blattes entweder nur mit Text oder nur mit Graphik bedruckt sind. Die Konkretheit von Katz' Zeichnungen, die sich Details aus der Ding- und Personenwelt des Alltags zu Sujets machen, steht in frappantem Widerspruch zu Ashberys abstrakt-meditativen Strophen, die sich nicht auf Sujets, Themen oder ›Inhalte‹ festlegen lassen.

Bei seinen »dizaines« handelt es sich vielmehr um das variierende Durch-
spielen gewisser Leitwörter und Motive, das Wiederaufnehmen bestimmter Alltags- und Außenweltwahrnehmungen, die im verbalen Echoraum
eines nicht näher umrissenen Sprecher-Ichs widerhallen; um metaphorisch und metonymisch widergespiegelte Erfahrung, deren ursprüngliche
Kontexte jedoch nicht mehr aufgerufen werden können. Anders als bei
Scève fehlt das sein Material überschauende, Ordnung stiftende Zentrum. Seinem Titel entsprechend bietet »Fragment« daher nur begrenzte,
ausschnittartige Perspektiven, keine Panoramaausblicke. Die Weltwahrnehmung ist auf Blickwinkel, Aufnahmefähigkeit und -willen des Sprechers beschränkt; ein beinahe solipsistisches, eng subjektbezogenes Weltbild entsteht, das keine ›objektive‹ Wahrheit für sich beanspruchen kann.
Wie für die seit der Romantik theoretisch reflektierte, gattungsüber-
greifende Form des *Fragments* belegt, wird die Vision von Totalität, Ganzheit und Übersichtlichkeit hier ad negativum, also in ihrer Abwesenheit
beschworen.

Ausschnitt- und Fragmentcharakter, fehlende Totalität, Begrenzung
auf Perspektiven und Blickwinkel sind jedoch auch Merkmale der Fotografie, die sich ebenso im Film widerspiegeln. In der Außenwelt aufgenommene Details erlangen dort eine Bedeutung jenseits ihrer objektiven
Marginalität, weil sie, dem Kontinuum von Raum und Zeit entrissen,
plötzlich als gegenwärtig erfahren werden – auch wenn sie keine Erklä-
rungen für ihre plötzliche Gegenwart abgeben, sondern in ihrer Uner-
klärbarkeit bestehen bleiben: »Thus your only world is an inside one /
Ironically fashioned out of external phenomena / Having no rhyme or
reason [...] / Buffeted by invisible winds [...] / Without meaning, yet
drawing satisfaction / From the crevices of that wind«, heißt es zur Fragmentarizität der Welterfahrung in Ashberys zehnter Strophe. Deshalb
hebt Shoptaw den Unterschied zwischen der Renaissance-Emblematik
der »dizaines« von Scève und Ashberys die Sinnhaftigkeit einer emblematischen Formel verweigernden Schreibweise hervor: »While Scève sought
to reach ›au Centre heureux, au cœur impénétrable‹ [...] in ›Fragment‹
the happy signified is not only inaccessible but missing. In its place is a
wholesale ›distribution center‹ of second-hand ›notions‹ or ideas«.[54]

Alex Katz' Illustrationen mit ihrem Filmstill-Charakter zeigen Close-
ups von Gesichtern, herangezoomte Gegenstände oder Pflanzen, dann
wieder Panoramaaufnahmen imaginärer Landschaften usw. – entscheidend ist auch hier der *Wechsel* der Bilder, auf denen zwar, wie in Ashberys
Strophen, wiederkehrende Motive auszumachen sind, die jedoch, analog

---

54 Shoptaw ebd. S. 122f. Zitate im Zitat aus Ashberys »Fragment«.

zum Wortstrom der Texte, auf keinen intendierten Zusammenhang, keine abgeschlossene, geplante Ordnung mehr schließen lassen. Den Bezug zum Film verdeutlichen zudem die in einigen von Katz' Graphiken unverkennbar angeschnittenen Stereotype der amerikanischen Filmkultur – wie etwa das an Humphrey Bogart erinnernde Bild des zugeknöpften Mannes mit Hut, eines grazilen Mädchenprofils oder der um eine Couch versammelten Familie. Als ›Thema‹ von Ashberys »Fragment« kann die Kristallisation von alltäglicher Erfahrung und Wahrnehmung im literarischen Medium Gedicht gelten. Wird die Erfahrung der amerikanischen Gegenwart weitgehend aus zweiter Hand, über Medien wie die des TV – wie auch »Farm Implements« zeigte – vermittelt, dann ist es nur folgerichtig, wenn Katz in seinen Illustrationen sich an der Ästhetik von Filmstills orientiert.

Um kurzzeitig stillgestellte Momente, Situationen, die einen Bedeutungsgehalt suggerieren, um sich diesem sogleich wieder zu verweigern, geht es Ashbery in seinen »Fragment«-Strophen. Wie ›in Fluß‹ befindliches Leben, die ›bewegten‹ Bilder der Außenwelt als sinnhafte, jedoch wieder verlöschende Momente von »Plötzlichkeit« ins Gedicht hereingenommen werden, ihm seinen speziellen, ›nicht festgestellten‹, sondern von Bild zu Bild, Diskurs zu Diskurs sich neu etablierenden Charakter verleihen, mag z.B. die neunte Strophe verdeutlichen. In der Black-Sparrow-Ausgabe ist diese, zusammen mit der oben erwähnten zehnten Strophe, der Illustration eines Mädchens gegenüber abgedruckt, das, in der Halbtotalen eingefroren, im Begriff zu sein scheint, sich dem Betrachter zu nähern. Es *scheint* jedoch nur so, denn das graphische Still rückt zugleich wieder die suggerierte tatsächliche, nicht nur medial erfahrene Gegenwart des Mädchens »out of focus«. Bewegung und mediale Ubiquität erlauben kein Verharren – »all is / Abruptness«; der Prozeß von Wahrnehmung unter den instabil-dynamischen Bedingungen des Medienzeitalters bleibt notgedrungen fragmentarisch:

> Slowly as from the center of some diamond
> You begin to take in the world as it moves
> In toward you, part of its own burden of thought, rather
> Idle musing, afternoons listing toward some sullen
> Unexpected end. Seen from inside all is
> Abruptness. As though to get out your eye
> Sharpens and sharpens these particulars; no
> Longer visible, they breathe in multicolored
> Parentheses, the way love in short periods
> Puts everything out of focus, coming and going.

4.2.5 »Three Poems«

Einen ganz neuen Zugang zu Ashberys Lyrik eröffnet dieser fünfte, 1972 publizierte Gedichtband: Es handelt sich um drei Prosagedichte – von denen das erste (»The New Spirit«) versifizierte Partien enthält –, die aufgrund ihrer inneren Zusammengehörigkeit auch als eine Art lyrisches Triptychon bezeichnet werden können. Hatte er bisher das Prosagedicht nur selten bzw. wenn, dann lediglich als kurze Form benutzt, so wird er nach »Three Poems« regelmäßig auf diese durch Baudelaires »Petits poèmes en prose«, Lautréamonts »Les chants du Malodoror« und Rimbauds »Une saison en enfer« bzw. die »Illuminations« für die Moderne erschlossene, nicht versgebundene Form lyrischer Rede zurückkommen. Welche Bezüge sich zu den Avantgarden des frühen 20. Jahrhunderts eröffnen, zeigt ein Blick auf Max Jacobs mit surreal-absurdem Sprachwitz ziselierte Miniaturen des »Cornet à dés« oder Cendrars' vermeintliches Drehbuch »La fin du monde filmée par l'Ange de Nôtre-Dame«, auf Reverdys flashartigen »Flaques de verre«-Skizzen, die surrealistische Prosa eines Soupault und Breton in den »Champs magnétiques«, aber auch auf die kaum mehr erzählenden, von arabesken Ausschweifungen und lyrischen Digressionen durchwirkten Romane des frühen Aragon.

Als Verneigung vor dieser ›anderen‹, europäischen Tradition – für das avantgardistische Prosagedicht in Amerika ist William Carlos Williams' »Spring and All« (1923) erwähnenswert – darf der Titel des ersten Gedichts der »Three Poems« angesehen werden: »The New Spirit« ist (FFB 309-340) nicht bloß Anspielung, sondern wörtliche Übersetzung von Apollinaires Essaytitel »L'Esprit nouveau«. Dennoch entsteht gegenüber den Prosagedichten der französischen Moderne- und Avantgardetradition etwas Neuartiges.[55] Mit »The New Spirit« scheint Ashbery an einer poetischen Paraphrase seiner lyrischen Vorgehens- und Verfahrensweisen gelegen zu sein. Er bietet keine Poetik im Stil der poetologischen Reflexion, sondern entfaltet sein Programm – das in »Three Poems« verkörpert ist, jedoch seine gesamte Poesie berührt – im Medium des Gedichtes selbst. Poetischer und metapoetischer Diskurs sind damit aufs dichteste ineinander verschränkt, ja gegenseitig aufgehoben. »A permanent medium in which we are lost« (FFB 315) bezeichnet so, im Duktus von Ashberys kryptischer Metaphorik, seine Gedichtwelt in ihrer Eigengesetzlichkeit, Artifizialität. Bestimmte motivische Konstanten wie das Changieren von Identität, die Fragwürdigkeit von Phänomenen der Außenwelt, das Zerfließen bestimmter Szenen und Situationen in immer neue, instabile,

---

55 Vgl. Shoptaw ebd. S. 127-131.

wiederum zerfließende Konstellationen sind thematisch in »The New Spirit« eingebettet; ein zwischen »I«,[56] »we« oder dem noch unspezifischeren »you« die Pronomen tauschender Sprecher äußert sich zu der in ihrer Phänomenalität noch ›unbestimmbaren‹ Erfahrung, die das Rohmaterial der Gedichte bildet:

> I am afraid that you will never see your way clear through the velleities of the excursion to that other shore, eternal despite its finite nature, of acquisitions, suggestions and hints, useful, irregular: the exposed living that is going on [...] But meanwhile I am to include everything: the furniture of the room, everyday expressions, as well as my rarest thoughts and dreams, so that you may never become aware of the scattered nature of it, and meanwhile you *are* it all, and my efforts are really directed towards keeping myself attached [...] to it as it rolls from view, like a river which is never really there because of moving on someplace. [...] but there was this image as it once came to me [...] purified from being breathed in and alive from having lost life at last. Leaving rolls of experience and they happen further down too, filling space up as they create more space. (FFB 316)

Lassen die »rolls of experience«[57] bereits eine metaphorische Verankerung des Film-Mediums in Ashberys Gedicht anklingen – und in diesem metaphorischen Sinne können ohnehin viele Gedichte Ashberys als Filmgedichte gelten –, so variieren Anspielungen wie die »old photographs which« show the event [...] passing« (309), »The cold, external factors [...] inside us at last« (310), das »moving at the same rate of motion and [you] cannot apprehend the motion« (ebd.) oder »The motion of the story is moving though not / getting nearer« (314) eine Kette an filmisch wirkenden, weil sich auf die optische Reproduktion der Außenwelt und

---

56 »La notation *moi* ne désigne rien de déterminé que dans la circonstance et par elle; et s'il demeure quelque chose, ce n'est que la notion pure de présence, de la capacité d'une infinité de modifications. Finalement ego se réduit à quoi que ce soit.« Valéry, Regards sur le monde actuel et autres essais, S. 75f. – Dies umschreibt sehr treffend die Vagheit, Wandelbarkeit und Undifferenziertheit der jeweiligen lyrischen ›Subjekte‹ in Ashberys Gedichten.

57 Frank O'Hara spricht in seinem Gedicht »To the Film Industry in Crisis« von den »reels of celluloid«, die er weiterzurollen beschwört: »Roll on, reels of celluloid, as the great earth rolls on!« – Bei Ashbery sind, im Vergleich zu O'Hara, das Fortbewegungsverb »to roll« und die »reels« subtil miteinander verschmolzen, so daß bei ihm nunmehr, weitaus diskreter, metaphorisch offener und über die Film-Anspielung hinausgehend, von den »*rolls* of experience« die Rede ist. (Der Vokalismus »reels« ist phonetisch bereits in »exp*eri*ence« enthalten.)

das Primat der Bewegung beziehenden Assoziationen. Die Außenwelt ist jedoch lediglich ein Produkt fragmentarischer, ausschnitthafter Wahrnehmung, eine Agglomeration von Wahrnehmungsbruchstücken, deren Bedeutung und Beziehung zueinander sich dem Beobachter nicht sogleich erschließen. Hinzu kommt, daß die nachträgliche Fest-Stellung der Wahrnehmung innerhalb des Kontinuums von Erfahrung zu einem Zerrbild der Ursprungswahrnehmung zusammenschrumpft: »A segment [...] of reality [...] And so it slips away, like the face on a deflated balloon, shifted into wrinkles, permanent and matter-of-fact, though a perversion of itself« (311).

Aus der Fülle der Abläufe und Ereignisse, die sich dem Flaneursauge wie auf einer Kinoleinwand darbieten: »The shape-filled foreground: what distractions for the imagination [...] yet nobody has the leisure to examine it closely«, werden Details herangezoomt, um in mehr oder weniger intensiver Meditation bei ihnen zu verweilen. Über diese Details schieben sich jedoch immer wieder neue, andere Wahrnehmungsdetails, so daß ein Montagegeflecht mit Überblendungen, Schwenks, Schnitten in immer wieder neuen Lichtverhältnissen und Szeneneinstellungen entsteht. Diesen Prozeß des Ineinanderfügens simultaner Vorgänge aus heterogenstem Material schildert Ashbery in einer an die literarischen Féerien Roussels oder die filmischen Illusionen Méliès' erinnernden Szene (»a surprise was on the way«), welche durch die Rede von den »saltimbanques« zugleich die Brücke zum Ahnherrn der im Geiste des »Esprit nouveau« konzipierten Poesie, Guillaume Apollinaire (das Gedicht »Saltimbanques« in den »Calligrammes«), schlägt:

> But the light continues to grow, the eternal disarray of sunrise, and one can now distinguish certain shapes such as haystacks and a clocktower. So it was true, everything was holding its breath because a surprise was on the way. It has already installed itself and begun to give orders: workmen are struggling to raise the main pole that supports the tent while over there others are watering the elephants, dressing down the horses; one is pretending to box with a tame bear. Everything is being lifted or locked into place all over the vast plain, without fuss or worry it slowly nears completion thanks to exceptional teamwork on the part of the drew of roustabouts and saltimbanques whose job this was anyway, and whose ardor need never have excited any jealousy on your part: they are being paid, after all. And one moves closer, drawn first by the aura of the spectacle, to come to examine the merit of its individual parts so as to enjoy even more connecting them up to the whole. (FFB 334f.)

Das, was in »The New Spirit« programmatisch aufleuchtete, ist in »The System«, dem Kernstück der »Three Poems«, aufgehoben innerhalb einer dialektischen Meditation über Identität, Erinnerung, Geschichte und das Fluktuieren zwischen als vergangen, gegenwärtig oder zukünftig empfundenen Augenblicken. Der Sprecher versucht eine alternative, der Geschichtsschreibung eines historischen Bewußtseins diametral widerstrebende Chronik zu entwerfen: »The other, unrelated happenings [...] form a kind of sequence of fantastic reflections [...] according to an inner necessity of their own« (342). Diese ›andere‹ Geschichte verkörpert für ihn jene »kind of fiction that developed parallel to the classic truths of daily life« (ebd.). Ihre Faktizität liegt in den unscheinbaren, sich selbst bedeutenden, »matten« (Barthes) Details der Außenwelt: »It was life [...] you forgot about it and it was there. [...] It really knew what it *was* [...] when one looked there was nothing special to be seen [...] the mild blue sky of a summer afternoon seems to support a distant roaring bird. This was the outside reality.« (Ebd.)

Das Problem, dem Ashbery in »The System« auf der Spur ist, bleibt das des Einordnen-, Einfügenkönnens plötzlicher epiphanischer Momente und Alltagserleuchtungen in die Konstruktion der eigenen Biographie bzw. in die Fiktion der eigenen Geschichtlichkeit im Zuge des Erinnerns selbst. Die Bedeutung solcher pointiert herausgehobener Momente konkretisiert sich erst in späteren Momenten, entweder denen – wie bei Proust – der unwillkürlichen Erinnerung oder denen, die – wie bei Bretons Konzept der »vases communicants« – eine unvermittelte Entsprechung der vorangegangenen sind.

So manifestiert sich Identität als offene, unabgeschlossene Geschichte aus einzelnen, changierende Bedeutung annehmenden Konstellationen, Szenen, Augenblicken: »And it is no longer a nameless thing, but something colorful and full of interest, a chronicle play of our lives, with the last act still in the dim future, so that we can't tell whether it is a comedy or a tragedy, all we know is that it is crammed with action and the substance of life.« (367) Damit betreibt Ashbery durchaus keine Metaphysik, sondern vielmehr eine Phänomenologie des Ichs in der technisierten, medialisierten Welt unserer Gegenwart. Das Ich definiert sich über die Gegenstände, aus denen sich seine – immer jeweils bloß partiell erlebte – Außenwelt zusammensetzt: »We are to read this in the outward things: the spoons and greasy tables [...] the wooden shelves, the flyspecked ceiling merging into gloom – good and happy things, nevertheless, that tell us [...] more about themselves than we had ever imagined [...] They have become the fabric of life.« (368) Stellen wie diese kündigen den metaphorischen Bezug von »The System« zum Film an. In einer von einzelnen Augenblicken der Plötzlichkeit durchwirkten Gegenwart ist der in Bewegung befindliche, jedoch aus Einzelbildern zusammengesetzte Film für den Autor eine ideale Vergleichsbasis für die Art zusammengesetzter, ›montierter‹ Identität, die ihm vorschwebt. Dieser filmmetaphorische Zugang zum Problem der ›Fabrikation‹ personaler Identität dominiert die Textblöcke von »The System« gegen Ende des Gedichts. In einer Schlüsselpassage macht er die Filmmetapher als adäquateste Illustration der Fiktionen, die das Ich, ohne es zu bemerken, dauernd von sich selbst entwirft, geltend:

> If you could see a movie of yourself you would realize that this is true. Movies shows us ourselves as we had not yet learned to recognize us – something in the nature of daily being or happening that quickly gets folded over into ancient history like yesterday's newspaper, but in so doing a new face has been revealed, a surface on which a new phrase may be written before it rejoins history, or it may remain blank and do so anyway: it doesn't matter because each thing is coming up in its time and receding into the past [...] one must treasure each moment of the past, get the same thrill from it than one gets from watching each moment of an old movie. These windows on the past enable us to see enough to stay on an even keel in the razor's-edge present which is really a notime, continually straying over the border into the positive past and the negative future whose movements alone define it. [...] But only focus on the past through the clear movie-theater dark and you are a changed person, and can begin to live again. [...] this celluloid vehicle [...] has [...] given a definitive shape to our formless gestures; we can live as though we had caught up with time and avoid the sickness of the present, a shapeless blur as meaningless as a carelessly exposed roll of film. (372f.)

Die Kinofilmmetapher eröffnet dem Ich die Möglichkeit, objektiv sich seiner Lebens-«Geschichte« zu vergewissern, die »positive«, d.h. im Fotojargon, bereits *entwickelte* Vergangenheit, mit der noch ungewissen, unentwickelten »negative[n]« Zukunft reagieren zu lassen. Dazwischen liegt die »notime« der Gegenwart, deren Permanenz er mit der Klinge eines Rasiermessers vergleicht – eine Formulierung, die den *Schnitt*-Charakter, das nicht in einem zeitlichen Kontinuum zu Verortende augenblickshafter Wahrnehmungen oder, filmisch gesprochen, die *Schnitte*, die die jeweils aufgenommenen Einzelbilder technisch repräsentieren, veranschaulicht. So erklärt sich auch der in einem vorangegangenen Textblock erwähnte »error of forever ruminating on and repeating those fatal steps« (368f.) – eine indirekte Anspielung auf jene ›Sisyphos‹-Sequenz aus Fernand Légers Film »Le ballet mécanique«, in welcher eine alte korbschleppende Frau durch die mehrfache Wiederholung derselben Aufnahme immer wieder von neuem dieselbe Treppen steigt, ohne jemals oben anzukommen.[58] Anstatt eines geschichtsphilosophischen Interpretaments in der Nachfolge Nietzsches – ein Ansatz, der naheliegend, jedoch zu ›durchschaubar‹ für Ashberys Intentionen gewesen wäre – analysiert der Autor dieses Phänomen fataler Wiederkehr im Sinne seiner Kinometaphorik als »a broken movie projector that keeps showing the same strip of film« (ebd.). Da Ashbery an der »other tradition«, jener alternativen Konstruktion von individueller wie über das Individuum hinausreichender Geschichte, interessiert ist – »Die Geschichte ist Gegenstand einer Konstruktion, deren Ort nicht die homogene und leere Zeit, sondern die von Jetztzeit erfüllte bildet«[59] –, hebt er die »rejected chapters«, die »misshappen, misfit pieces« (FFB 374) der ›offiziellen‹, anerkannten Geschichte hervor, mit der auch die offiziell anerkannte Lebensgeschichte des Ichs gemeint sein kann.

Hier ergeben sich erstaunliche Parallelen zu Benjamins Auffassung von Geschichte in seinem oben genannten Essay. Und zwar ist es nicht nur der Begriff der »Jetztzeit«, jener Epiphanien, aus denen sich – so Benjamin – individuelle wie globale Geschichte immer wieder neu, und anders, zusammenfügt, sondern ganz konkret der Topos des Engels, vor dessen Füßen sich die Trümmer einer ausgeblendeten Geschichte sammeln. Rückblickend, neben der an der Filmmetapher orientierten Geschichtsdialektik Ashberys in »The System«, wo eigentlich eine Poetologie von Geschichte betrieben wird, offenbart sich auch der Charakter der von Benjamin in »Über den Begriff der Geschichte« entworfenen Philosophie als aus dem Erlebnis des Filmmediums hervorgegangen. In der Vorgabe, »Philosophie […] selber surrealistisch werden« zu lassen, wie Adorno über Benjamin notiert,[60] berühren sich schließlich Benjamins und Ashberys Intentionen. Wengleich sich »Über den Begriff der Geschichte« als philosophischer, »The System« hingegen als poetischer Entwurf verstanden wissen wollen, strahlen doch beide Texte zur jeweils entgegengesetzten Denkweise, also zur poetischen bei Benjamin, zur philosophischen bei Ashbery, hin aus. Den Zusammenhang beider zeigt eine Gegenüberstellung ihrer Verarbeitung des *Engels*-Topos. Während Benjamin ins historisch Grundsätzliche zu gehen versucht, pronociert Ashbery – wie übrigens auch Nietzsche in

---

58 Vgl. Kracauers Einschätzung dieser Sequenz als ›unfilmisch‹ in: Theorie des Films, S. 248-250.

59 Benjamin, Sprache und Geschichte, S. 150.

60 In Benjamin ebd. S. 168.

»Vom Nutzen und Nachteil der Historie für das Leben« – den Bezug zur Individualgeschichte oder -philosophie des lyrischen Sprechers oder der Sprechergruppe (»us«). Damit bleibt die Eigenständigkeit beider Entwürfe gewahrt: Ashbery ›bezieht‹ sich nicht zitierend auf Benjamin; die Unterschiedlichkeit beider bleibt fundamental: Dort, wo sich bei Benjamin die Trümmer bloß anhäufen, entstehen bei Ashbery aus dem »lyric crash« ungeahnte Kombinationen und wiederum neue, unvorhersehbare Schnitt-Muster:

> Ein Engel [...] der aussieht, als wäre er im Begriff, sich von etwas zu entfernen, worauf er starrt. [...] Der Engel der Geschichte [...] hat das Antlitz der Vergangenheit zugewendet. Wo eine Kette von Begebenheiten vor *uns* erscheint, da sieht *er* eine einzige Katastrophe, die unablässig Trümmer auf Trümmer häuft und sie ihm vor die Füße schleudert. Er möchte wohl verweilen, die Toten wecken und das Zerschlagene zusammenfügen. Aber ein Sturm weht vom Paradiese her, der sich in seinen Flügeln verfangen hat und so stark ist, daß der Engel sie nicht mehr schließen kann. Dieser Sturm treibt ihn unaufhörlich in die Zukunft, der er den Rücken kehrt, während der Trümmerhaufen vor ihm zum Himmel wächst. Das, was wir den Fortschritt nennen, ist *dieser* Sturm.[61]

> The rejected chapters have taken over. For a long time it was as though only the most patient scholar or the recording angel himself would ever interest himself in them. Now it seems as though that angel had begun to dominate the whole story: he who supposed only to copy it all down has joined forces with the misshappen, misfit pieces that were never meant to go into it [...] and the resulting mountain of data threatens us; one can almost hear the beginning of the lyric crash in which everything will be lost and pulverized, changed back into atoms ready to resume new combinations and shapes again, new wilder tendencies, as foreign to what we have carefully put in and kept out as a new element or another planet – unimaginable, in a word. (FFB 374)

Die Möglichkeit, daß der lyrische Sprecher in »The System« zum Betrachter seiner eigenen Geschichtsfiktion werden und damit auch das Pronomen vom agierenden »I« zum passiven »you« oder dem »us« der anonymen Zuschauermasse wechseln kann, ergibt sich aus dem extensiven Gebrauch der Filmmetapher. Denn gegen Ende seiner Meditation ist er gezwungen zuzugeben: »And it is here that I am quite ready to admit

---

61 Benjamin ebd. S. 146.

that I am alone, that the film I have been watching all this time may be only a mirror, with all the characters including that of the old aunt played by me in different disguises.« (374) Film und Lebensalltag erweisen sich als sich gegenseitig durchdringende Sphären, zwei ineinander verschränkte Modi individualgeschichtlicher Erfahrung. Der Film als die Erfahrungsweise einer von Bewegung, Oberflächenbildern und abrupt wechselnden Situationen gekennzeichneten Kultur ist von der abstrakten Metapher zur konkreten Realie des sich artikulierenden Ichs geworden: Film reflektiert nicht nur seine Existenz in der Gegenwart; er ist *das Medium* seiner Existenz.

Das Medium transformiert die Vergangenheit zu »dust and ashes«, ebnet den Weg in eine am Schluß als »pragmatic and kinetic« charakterisierte Zukunft. Wie Ashberys Insistieren auf dem Film hier zeigt, ist das Medium für ihn mehr als eine willkürlich gewählte Metapher, die dazu dient, die Konstruktion personaler Identität im Kontinuum der Zeit offenzulegen. Es besteht ein direkter Zusammenhang zwischen der »notime« auf der »Rasiermesserschneide« seiner Gegenwart und dem Medium des Films, für das, wie für die fotografischen Einzelbilder, aus denen es sich zusammensetzt, »die gültige Organisation unbekannt« ist,[62] für das keine als definitiv und »wahr« angenommene Progression von Ereignissen mehr existiert. Im Zeitalter des Films wird »Gegenwart« daher als *Schnittstelle* wahrgenommen, die den Bezug zur Vergangenheit und Zukunft immer wieder neu, und auf unvorhergesehene Weise, modifizieren kann; für den lyrischen Sprecher in »The System« stellt sie sich als Übergang von einem Film zum nächsten dar. So sehr hat sich das Dispositiv des Films seiner Wahrnehmung übergestülpt, daß das Erlebnis von »Gegenwart« nur noch unter Verweis auf das bewegte Medium darstellbar geworden ist:

> I have been watching this film […] and now I have seen enough; as I leave the theater I am surprised to find that it is still daylight outside (the darkness of the film as well as the specks of light were so intense); I am forced to squint; in this way I gradually get an idea of where I am. Only this world is not as light as the other one; it is made gray with shadows of cobwebs that deepen as the memory of film begins to fade. This is the way all movies are meant to end, but how is it possible to go on living just now except by plunging into the middle of some other one that you have doubtless seen before? […] The past is dust and ashes, and this incommensurably wide way leads to the pragmatic and kinetic future. (FFB 375)

---

62 Kracauer, Die Photographie, S. 97.

»Three Poems« klingt mit den Prosablöcken des wesentlich kürzeren »The Recital« aus. Dort findet sich folgender Hinweis auf Ashberys Vorgehensweise und Intentionen beim Schreiben der Prosagedichte, der zugleich seinen Montagebegriff umreißt: »The point was the synthesis of very simple elements in a new and strong [...] relation to one another.« (382) Das Besondere an dieser »synthesis« ist jedoch, daß ihr die filmische Montage nicht bloß ideelles Vorbild und metaphorisches tertium comparationis ist – bedeutungsgeladene Wortketten aus »movie(s)«, »film(s)«, »motion«, »action«, »image(s)«, »photograph(s)« durchziehen den ganzen Text –, sondern das technische Raster des Films gibt darüber hinaus den realen Erfahrungshintergrund dieser Gedichte ab: »The idea of the spectacle as something to be acted out [...] still hung in the air long after the last spectator had gone home to sleep« (383).

Die changierende Rollenzuweisung der in den Gedichten pronominal Angesprochenen bzw. Sprechenden als »actors« und »spectators« bestätigt die kinematographische Lesart: das Leben, unter dem Impakt des Kinos, gilt als Film mit wechselnden Szenen, plötzlichen Schnitten, Schwenks und austauschbaren Rollen; das Gedicht übernimmt dieses Wahrnehmungsraster. Indem Ashbery ihm jedoch etwa individual- und geschichtsphilosophische Diskurse an die Seite stellt, die bis zu Nietzsche, Benjamin oder auch Hegel[63] zurückreichen, verleiht er der Gattung des modernen Prosagedichts eine neue Qualität. Es ist Lyrik, die ihre literarische Eigengesetzlichkeit bewahrt, jedoch das Wahrnehmungsraster des Films als das der (post-)modernen Gegenwart entsprechende anerkennt. Die »Schockmomente«, die Benjamin prophezeit hatte, sind ihr zur Regel geworden; Ashberys permanente Jump-Cuts zwischen in ihrer Diversität kaum zu überbietenden Bilder- und Diskurswelten (images/ideas) sind deshalb die poetologische Antwort auf diesen zur Gewohnheit gewordenen Ausnahmezustand einer scheinbar nie endenden Moderne: »But don't fear that when you next speak the whole scene will come to life again, as though triggered by invisible machines.« (370)

---

63 Vgl. zur Präsenz von Hegels Geschichtsphilosophie in den »Three Poems« die Interpretation von Staiger, The hitherside of history. Er berücksichtigt jedoch zu wenig die Vielzahl und Heterogenität der in Ashberys Schreiben einfließenden Diskurse, die einer Reduktion seiner Lyrik auf bestimmte philosophische Thesen aus gutem Grund entgegentraten. Handelt es sich doch um Poesie, die die verschiedensten Diskurse nur spielerisch tangiert, um sie als Versatzstücke und Zitate innerhalb einer eigengesetzlichen, nach ›nicht festgestelltem‹ Regelwerk funktionierenden Sprach- und Bilderwelt aufleuchten zu lassen.

4.2.6 »Self-Portrait in a Convex Mirror«

Die Ashberys Ruhm als »our greatest living poet« (Harold Bloom) begründende, mehrfach preisgekrönte Gedichtsammlung von 1975 kündigt schon im Titel, der sich auf das gleichnamige Gemälde des italienischen Manieristen Parmigianino beruft, die Fixierung auf optische Variablen an. Es handelt sich dabei jedoch um eine Optik, die scheinbar eindeutige visuelle Sinneswahrnehmungen plötzlich in ein ganz anderes Licht stellt, sie vergrößert, verschärft oder verzerrt wiedergibt. In seinem langen Titelgedicht macht er auf die literarische Tradition aufmerksam, der seine Meditation über die Fragwürdigkeit des visuellen Eindrucks entstammt: Es ist die von Hoffmanns »Sandmann«, wo die Welt im Zerrspiegel neuer optischer Instrumente nicht mehr das ist, was sie zu sein vorgibt.

Die neue Optik löst *Reflexionen* – sowohl im Sinne der Widerspiegelung wie des Nachdenkens – aus, die nur noch Bilder, jedoch keinen Aufschluß mehr über das Selbst oder das Wesen hinter der Oberfläche der Bilder vermitteln; Dinge oder Personen verfügen nicht mehr über eine von ihren Abbildern unabhängige, problemlos definierte Identität, »So that you could be fooled for a moment / Before you realize the reflection / Isn't yours. You then feel like one of those / Hoffmann characters who have been deprived / Of a reflection«.[64] Es ist die Erfahrung einer durch die neuen visuellen Medien vielfach gespiegelten, reproduzierten Gegenwart, die seine Gedichte wiederum auf überraschende Weise *reflektieren*.

Auch die Reverenz gegenüber William Carlos Williams, dem neben Walt Whitman wichtigsten Patron einer amerikaspezifischen lyrischen Diktion, kommt durch das Bemühen zum Ausdruck, die Außenwelt in ihrer Konkretheit und Plastizität lyrisch widerzuspiegeln und Realität »ungestellt« aufzuzeichnen – durch ein Kaleidoskop optisch wahrgenommener Details. Die ironische Distanz zum Enthusiasmus von Williams' avantgardistischem Universaldiktum »No ideas but in things« wahrt allerdings »Ode to Bill«.[65] Dort wird die rhetorische Frage »What is writing« mit einem skeptischeren »it's getting down on paper / Not thoughts, exactly, but ideas, maybe: / Ideas about thoughts« beantwortet. Im Gegensatz zu Williams besteht für Ashbery nämlich »No Way of Knowing« – so ein weiteres, exemplarisches Gedicht der Sammlung.[66] Es ist unsicher, wie die Phänomene der Außenwelt einzuordnen, zu deuten, vom Bewußtsein zu interpretieren sind, da sich immer mehrere konkurrierende Möglich-

---

64 Ashbery, Self-Portrait in a Convex Mirror, S. 74.
65 Ebd. S. 50f.
66 Ebd. S. 55-57.

keiten aufdrängen: »It is both the surface and the accidents / Scarring the surface« – also nicht mehr die vermeintlichen ›Dinge‹ selbst (wie noch bei Williams), sondern nur noch Abbilder von ›Dingen‹ machen die post-moderne, medialisierte Wahrnehmungswelt von Ashberys lyrischen Subjekten aus. Damit löst sich sinnliche Erfahrung in ein aus divergenten, nicht mehr zu einem sinnvollen, sprich: les- und interpretierbaren Ganzen zusammenfügbaren Mosaik von Wahrnehmungssplittern auf: »The body [...] disperses / In sheeted fragments, all somewhere around / But difficult to read correctly, since there is / No common vantage point, no point of view / Like the ›I‹ in a novel.«

Ashbery bezieht sich damit ausdrücklich auf einen spezifisch ›amerikanischen‹ Erfahrungsraum mit ausgeprägter »Bewußtseinsindustrie«, die er in einem zeitgleich entstandenen Buchprojekt mit dem Maler Joe Brainard zu kartieren sucht. »The Vermont Notebooks« ist das Logbuch einer Busreise durch den amerikanischen Bundesstaat Vermont – Dokument der Atomisierung und Anonymität des Ichs inmitten einer von Kino und Fernsehen dominierten Medienkultur.[67]

Ein Gedicht aus Ashberys »Self-Portrait«-Band wie »Grand Galop«, das im Titel – neben der sich wie zufällig einstellenden Verwandtschaft zu einem musikalischen Liszt-Motiv – die *Bewegung* als Determinante amerikanischer Raumwahrnehmung betont, läßt den Streifzug des Flaneurs als Variante filmischer Sehgewohnheiten erscheinen. Die über die chevalereske Fortbewegungsart des Galopps metonymisch geschlagene Brücke zur Bewegung[68] erlaubt, zusätzlich legitimiert durch das zum Pferdegalopp assoziierbare Genre des amerikanischen Westerns, eine kinematographisch akzentuierte Kartierung von Ashberys amerikanischer

67 »The Vermont Notebook« erschien 1975 in einer limitierten Auflage bei der kalifornischen Black Sparrow Press. Was der »on a moving vehicle« (Shoptaw, On the outside looking out, S. 14) geschriebene Text beabsichtigt, ließe sich als eine Art ›poetischer Anthropologie‹ der US-amerikanischen Gegenwart bezeichnen. In fragmentarischen Prosaaufzählungen – bis auf eine versifizierte Passage gegen Ende – ohne direkt erkennbaren Bezug zueinander eingefügter found poetry und aus ihrem Kontext geschnittener reflexionsartiger Bruchstücke eines aufnehmen-den, notierenden Ichs entsteht das kaleidoskopartige Bild einer durch ihre medialen Überformungen extrem zersplitterten, vielfach gebrochenen, entfremdeten Außenweltwahrnehmung. »Even a television antenna might be something else«, heißt es dort auf die Fragwürdigkeit authentischer Erfahrung unter multimedialen Zuständen anspielend. (Ashbery/Brainard, The Vermont Notebook, S. 61).

68 Die zum Film hinführenden Bewegungsstudien Edward Muybridges im letzten Drittel des 19. Jahrhunderts stützten sich vornehmlich auf fortlaufende fotografische Aufnahmen galoppierender Pferde.

Gegenwart: »The streets / offered a variety of directions for the foot / And bookstores where pornography is sold. But then / one whiffs just a slight odor of madness in the air. They all got into their cars and drove away / as in the end of a movie.«[69]

Der Hollywood-Western wird« hier als Wahrnehmungsmuster dargestellt, das unabhängig vom Filmgenre die Vorstellung der amerikanischen Lebenswirklichkeit präfiguriert. Aus dem in den Filmen propagierten Mythos vom undomestizierten, »wilden« Westen der Vereinigten Staaten, dessen Besiedlung unvorhersehbare Abenteuer und Gefahren mit sich bringt, ist nicht nur eine Landschaft geworden, in der Pornographie angeboten wird – was die puritanischen Intentionen des Westerngenres ironisch gegen den Strich bürstet –, sondern unter seinen »*angst*-colored skies«[70] kippt das Positiv von der Eroberung des Raums um in das Negativ eines Alptraums. In einer Kultur, die, wie die amerikanische, ihre Science-fiction-Prophetien im Gestus des Western-Mythos artikuliert, ist die visuelle Erfahrung *verzerrt*: »The styles haven't changed much, / [...] It seems only yesterday that we saw / The movie with the cows in it [...] / As morning saw a new garnet-and-pea-green-order propose / Itself out of the endless bathos, like science-fiction lumps.«[71] Die sich einer Feststellung entziehenden Phänomene, denen Ashbery mit seiner Poesie auf der Spur zu bleiben versucht, sind, wie er im selben Gedicht schreibt, »whirling before my eyes / At an incredible, tame velocity. [...] / It drifts away in fragments. / And one is left sitting in the yard / To try to write poetry«.[72]

Das Grundgefühl einer gestörten visuellen Wahrnehmung, die zu Unsicherheit über das führt, was sich im Blickfeld präsentiert, einer Wahrnehmung, wo unerklärbare optische Konstellationen an Alpträume grenzende Vorstellungen heraufbeschwören, wird jedoch nicht durch das Filmgenre des Western, sondern durch das des *Film noir* bedient, auf den Ashbery bereits in früheren Gedichten anspielte und auf den er mit »Forties Flick«, einem seiner expliziten Kinogedichte, zurückkommt.[73]

Die erste der beiden dem schwarzweißen Genre gewidmeten Gedichtstrophen beginnt mit einer sehr bildhaften, vorwiegend deskriptiven Sequenz, die, folgt man der Film-Suggestion der Überschrift (»Flick«), eine Film-Sequenz evoziert. Diese Sequenz läßt sich recht problemlos in fol-

---

69 Ashbery, Self-Portrait in a Convex Mirror, S. 18.
70 Ebd. S. 20.
71 Ebd. S. 20f.
72 Ebd. S. 19.
73 Ebd. S. 5.

gende vier Kameraeinstellungen (takes) aufschlüsseln: 1) in halbnahem Winkel ein Schwenk durch das Interieur des Zimmers, in dem sich eine Frau befindet: »The shadow of the Venetian blind on the painted wall, / Shadows of the snake-plant and cacti, the plaster animals, / Focus the tragic melancholy of the bright stare / Into nowhere, a hole like the black holes in space.« Signalwörter wie »The shadow«, »Shadows«, »a hole like the black holes« vermitteln die typische kontrastreiche Chiaroscuro-Atmosphäre einer Schwarzweißprojektion. Der wohl auffälligste Kontrast wird bezeichnet durch das sich aus dem Schatten abhebende »bright stare / Into nowhere« – ein Gesichtsausdruck, dem die Qualität einer »tragic melancholy« zugeschrieben wird. Von ihm geht alle Rätselhaftigkeit dieser Einstellung aus, die Unmöglichkeit, das Starren deuten zu können – daher der Vergleich seiner Unbestimmbarkeit mit den »black holes in space«. Das Geheimnis ihres bewegungslosen, stillgestellten Blicks wird von der im nächsten Take sich abspielenden Bewegung aufgefangen: 2) »In bra and panties she sidles to the window: / Zip! Up with the blind.« Wir nehmen die Frau nunmehr in ihrer körperlichen Drapierung wahr, einer halbnackten erotischen Intimität (»in bra and panties«), die den Leinwandzuschauer in die Rolle des voyeuristischen Beobachters zwängt. Dabei impliziert ihre Handlung, die Jalousie aufzuziehen, die Gewißheit, daß sie sich selbst allein und unbeobachtet wähnt.

Die folgende Einstellung läßt uns ihre persönliche Perspektive einnehmen; der Standortwechsel der Kamera führt uns vor, was sie als Person hinter ihren Jalousien wahrnimmt: 3) »A fragile street scene offers itself, / With wafer-thin pedestrians who know where they are going.« Aus der Totalen, gewissermaßen der Hochhausperspektive, kommt die Straße in den Blick. Das Leben dort spielt sich völlig unabhängig von der abgeschotteten Existenz jener Frau ab, die darauf hinabschaut. Im Widerspruch zu den Fußgängern, die allesamt einem Ziel zustreben (»know where they are going«), weiß die Frau, die in ihrem Zimmer verharrt, eben nicht, wohin sie zu gehen hat. Um so intensiver beginnt ihre Person die Aura des Rätselhaften, Mysteriösen auszustrahlen: »Die Jalousie, die das bißchen Licht nur in schmalen Streifen hereinläßt, ist der Schutzschild [...] gegen die Realität der Außenwelt und des Alltags.«[74]

Der Schluß der Sequenz beläßt den Zuschauer in seiner Ratlosigkeit über ihre Existenz: 4) »The blind comes down slowly, the slats are slowly tilted up.« Wir kehren zur Anfangssituation ihres Raumes zurück; von der Außenwelt durch die Jalousien in besonderem Maße abgeriegelt, trat während ihres Hinausblickens für einen kurzen Moment eine Änderung

---

74 Werner, Film noir, S. 93.

dieses Zustands ein, der jetzt wieder den des Anfangs erreicht hat. Nichts ist zu erfahren über ihren Beweggrund, der sie zum Fenster treten und die Jalousie aufschieben läßt, nichts darüber, weshalb sie bloß im Negligé erscheint; keine Erklärung erhalten wir für die »tragic melancholy« ihres Gesichts. Mit dieser enigmatischen Szenenabfolge ruft Ashbery eine der stereotypen Konstellationen des Film noir auf, wie sie Werner in seiner Studie über dieses Genre beschrieben hat:

Innen/Nacht
Ein Zimmer im ersten Stock, zur Straße hin. Von der gegenüberliegenden Häuserreihe drängt sich in immer gleichen Zeitabständen der Schein einer Neonreklame durch die Jalousie und zeichnet ein Streifenmuster aus Licht und Schatten auf Boden und Wand des Raumes.
  Im hinteren Teil schläft eine junge Frau auf einer Liege. Sie schrickt auf, zündet sich hastig eine Zigarette an und bewegt sich wie in Trance zum Fenster. Sie ist überraschend gutaussehend und hochgewachsen. Eine Zeitlang beobachtet die Frau durch die Schlitze nervös die Straße. Endlich sieht sie den Mann rasch herankommen und bemerkt gleichzeitig, wie sich von hinten – fast wie in Zeitlupe und völlig geräuschlos – ein schwerer schwarzer Wagen nähert, der seine Geschwindigkeit dem nun laufenden Mann anpaßt, um auf einer Höhe mit ihm zu bleiben ...[75]

Während eine solche Sequenz als Bindeglied innerhalb einer Kette mysteriöser Verbrechen funktioniert, greift Ashbery sie in ihrer Eigenbedeutung – dem, was sie unabhängig vom Handlungszusammenhang des Streifens repräsentiert, heraus. Die zweite Strophe wirkt daher wie die subscriptio zur darüber ›abgebildeten‹ kinematographischen, auf den Film noir verweisenden ›Pictura‹. Statt die Rätselhaftigkeit der geschilderten Sequenz aufzulösen, findet der Sprecher in ihr eine unerklärbare Fatalität vorgeprägt, die mit der obigen »tragic melancholy« des Frauenblicks korrespondiert. Das, was mysteriös, unbestimmbar (»unsaid«) an ihrer Erscheinung bleibt, ist genau das, was uns immer wieder zu ihr hinzieht (»pulling us back«): »Why must it always end this way? / A dais with a woman reading, with the ruckus of her hair / And all that is unsaid about her pulling us back to her, with her / Into the silence that night alone can't explain.« Das Frageworт »Why« und vollends das »we«-Pronomen im sechsten Vers dieser Strophe verweisen auf die Anwesenheit eines Ichs bzw. einer nicht näher spezifizierbaren, anonymen Sprechergemeinde, die die Filmsituation mit ihrer eigenen Lebenssituation identifiziert; die als fiktiv ausgewiesene, doch anscheinend authentisch genug wirken-

75 Ebd. S. 9.

de Filmkonstellation wird auf diese Weise zu Situationen eingeordnet, in denen sich der oder die Sprecher selbst wiedererkennen.

Der Einfluß der film-noir-typischen »Chiaroscuro«-Licht-Schatten-Kontraste, die Werner als wichtigstes individuelles Stilmerkmal des Genres hervorhebt,[76] verleiht den sich in der Lebenswelt abspielenden, ›alltäglichen‹ Szenen plötzlich die Aura filmischer Signifikanz. Die Außenwelt wird so mit der Film-noir-Erfahrung im Hinterkopf nach Zeichen einer verborgenen, mysteriösen Geschichte abgetastet. Ungesteuert, ›planlos‹ ablaufende Realität und die durch eine vorgegebene Handlung, den Plot gesteuerte Filmstory vermischen sich (»The indoors with the outside becoming part of you«), weil in beiden die »Things too real / to be of much concern, hence artificial« eine ungeahnte, über sie hinausweisende Bedeutung annehmen und dem Dasein, sei es im Film oder dem wirklichen Leben, eine neue Richtung verleihen mögen bzw. diesen Details allein durch ihre herausragende Präsenz (»now all over the page«) in Leben und Film eine unerwartete Erklärungskraft zugesprochen wird.

Erst der am Schluß ins Spiel gebrachte »death« macht die Rolle der Filmstory wiederum geltend und markiert den unter dem »you«-Pronomen monologisierenden Sprecher als Zuschauer vor einer Kinoleinwand, der es nie unterläßt, sich über die Tragik des unvermeidlichen »background« lachend hinwegzusetzen, welcher die Tragik des »bright stare« der ersten Strophe leitmotivisch wiederaufnimmt. Es ist gleichwohl ein Lachen, das den beunruhigenden, verunsichernden Reflex, den die Dinge unter den künstlichen Hell-Dunkel-Verhältnissen des Film noir werfen, nicht abstreifen kann.

Bezeichnend für diese Verunsicherung sind die changierenden Bedeutungen, die das Wort »flick« im Amerikanischen besitzt, und das Ashbery

---

76 Ebd. S. 90-109. – Es war E. T. A. Hoffmann, der in seinen »Nachtstücken« die Prinzipien des Hell-Dunkel-Kontrastes auf literarische Verfahrensweisen übertrug: »jede [Figur] schreitet, oft aus dem tiefsten Hintergrunde, wo es erst schwer hielt sie nur zu entdecken, kräftig [...] hervor« (Hoffmann, Fantasiestücke in Callot's Manier, S. 17) – Apologie einer Technik, die »den Kontrast statt einer Abstufung [...] geradezu sucht« (Feldges/Stadler, E. T. A. Hoffmann, S. 54). Dieses Prinzip findet seine Fortsetzung auf Zelluloid, wie Bessière, Darstellung des Phantastischen in der Literatur und im Film, S. 57, andeutet: »Das Licht und besonders das Spiel mit dem Verhältnis von Licht und Schatten tragen in besonderer Weise zur Schaffung einer phantastischen Atmosphäre bei. [...] Noch heute neigt der phantastische Film zu einer Bevorzugung des Schwarz-Weiß gegenüber der Farbe. Für das Phantastische ist das Schwarz-Weiß in der Tat ein hervorragendes Instrument, das die Welt des Unbewußten zu fassen und auszudrücken sowie Schrecken und Angst zu verbreiten vermag.«

anstelle der sich anbietenden Synonyma »film«, »movie«, »stripe« etc. für den Titel verwendet. »Flick« wirkt wegen seiner Nähe zum Slang nicht nur plastischer, lebendiger als seine Synonyma; bildlich evoziert es auch die Bewegung des Flimmerns oder Flackerns – zwei Verben, mit denen »to flick« ins Deutsche zu übersetzen wäre. Die Erinnerung – »Forties Flick« entsteht in den Siebzigern – an einen in den vierziger Jahren gezeigten Streifen ruft jene in der ersten Strophe wiedergegebene stereotype Sequenz wach, die wegen ihrer unbestimmt bleibenden Bedeutung noch immer beunruhigend im Innern des lyrischen Sprechers ›flimmert‹. Mit »flick« hat Ashbery eine Vokabel gefunden, die eine treffende Entsprechung jener flackernden Schattenspiele ist, von denen die charakteristische Wirkung des Film noir ausgeht.

Die Zeit des »Forties Flick« nimmt auch »Mixed Feelings« zum Anlaß:[77] Diesmal ist das Jahrzehnt jedoch nicht auf dem Zelluloidstreifen, sondern in einer Fotografie konserviert,[78] die »old, mostly invisible [...] what seems to be girls lounging around / An old fighter bomber, circa 1942 vintage« darstellt. Zusammen mit »A pleasant smell of frying sausages«, eine olfaktorische Wahrnehmung, die das Gedicht eröffnet, dringt dieses Foto schockierend-verstörend in die Sinnenwelt des lyrischen Ichs ein (»Attacks the sense« – wobei die semantische Entsprechung dieses »attack« in der Abbildung des Kampfflugzeugs zu finden ist). Der Sprecher fragt sich, was diese – im Gegensatz zum fiktiven Rahmen des »Forties Flick« – aus dem direkten Lebensalltag der Vierziger geschossene Aufnahme noch mit seiner Gegenwart gemeinsam hat: »How to explain to these girls, if indeed that's what they are, / [...] About the vast change that's taken place / In the fabric of our society, altering the texture / Of all things in it?« Auch wenn vage geschätzt wird, »they somehow look as if they knew«, so bringt es doch schon die Tatsache, »that it's so hard to see them« mit sich, in Mutmaßungen über sie zu verfallen, sie zu Objekten der Imagination zu machen, ihre vergilbten Abbilder mit Fiktionen über sie auszustatten. Der Sprecher stellt einen fiktiven Zusammenhang zwischen sich bzw. seiner Lebenswelt und ihnen her – deren Lebenswelt verschwunden ist. Im Anschluß an Kracauer gilt, daß für uns als Betrachter

---

77 Ashbery, Self-Portrait in a Convex Mirror, S. 61.
78 Ebenso taucht die Fotografie als Medium, das die verschwundene persönliche Erinnerung konserviert und wieder zum Vorschein bringen kann, in dem Gedicht »City Afternoon« (ebd. S. 61) auf, wo es heißt: »A veil of haze protects this / Long ago afternoon forgotten by everybody / In this photograph, most of them now / Sucked screaming through old age and death.«

die ursprüngliche lebensgeschichtliche Einbettung, in der die Aufnahme stattgefunden hat, verloren ist und lediglich als Fiktion, ohne den Anspruch authentischer Gültigkeit, rekonstruiert werden kann. So, wie der Sprecher die Mädchen auf der Fotografie wahrnimmt, erscheinen sie ihm nicht als Menschen aus Fleisch und Blut, sondern als »creatures (that's the word) / Of my imagination«. Er entwirft eine stereotype Unterhaltung, die aus Filmdialogen der damaligen Zeit – also bereits fiktionalisierten Angeboten biographischer Entäußerung – übernommen sein könnte: »this guy's too much for me. / Let's go on and out, somewhere / Through the canyons of the garment center / To a small café and have a cup of coffee.« Die Geringschätzung, die sie ihm als männlicher Person in seiner Imagination offensichtlich entgegenbringen, stört ihn nicht, weil er diese als »part of a complicated / Flirtation routine« anerkennt. Er fragt sich nun selbst, wie sie zu dieser schematischen Art von Dialog gekommen sind, scheinbar vergessend, daß seine Vorstellungskraft ihnen erst zu Worten verhalf. Die Flirtroutine entpuppt sich als Comic-Routine, die die »tiny intelligences« der Mädchen reproduzieren: »that's California sunlight / Belaboring them / […] fading it's Donald Duck insignia / To the extreme point of legibility. / […] That's why / They think they're in New York.« Übrig bleibt seine Verwunderung darüber, »how they got that way«, was sowohl sein Unverständnis für die nachträglich imaginierte amerikanische Lebenswelt der Vierziger als auch seine Verblüffung darüber, zu welch fiktiven zweidimensionalen Film- bzw. Comic-Geschöpfen seine Vorstellung die auf dem Foto Dargestellten schrumpfen läßt, beinhaltet.

Er tut sie bereits als Residuen der Vergangenheit ab, die keine Bedeutung mehr für die Vorgänge seiner Zeit besitzen, bis er sich plötzlich seines Irrtums bewußt wird; wie in einer Kurzgeschichte, bei der die Pointe bereits durch unscheinbare Details zu Anfang vorweggenommen wird, so ist es hier das Kriegsflugzeug gewesen, um das die Mädchen (»lounging around«) gruppiert waren und dessen Aura bedrohlicher Faszination keineswegs verschwunden ist, sondern »in the not too distant future« wiederauftauchen wird in der Umgebung eines modernen Flughafens: »I have already forgotten them / until some day […] / When we meet possibly in the lounge of a modern airport, / They looking as astonishingly young and fresh as when this picture was made«. Das Erstaunen über ihre in naher Zukunft wiederkehrende Anwesenheit definiert auch seinen Bezug zur scheinbar erledigten Vergangenheit, die das Foto darzustellen schien, neu: Was tatsächlich seine Sinne verwirrte (»attacks«), ist die Tatsache, daß diese Fotografie ihm plötzlich eine schockierende Erklärung seiner eigenen Gegenwart an die Hand gibt, »full of contradictory ideas […] but all flooding the surface of our minds / As we babble about the sky and the weather and the forests of change«, wie es am Ende des Gedichts heißt. Ashberys metaphorischer Redegestus von der ›Oberfläche‹ unseres Bewußtseins, unserer Vorstellungswelt, läßt dabei an die künstlichen Oberflächen des fotographischen oder kinematographischen Mediums denken, mit denen Erinnerung, also Vorstellungen über die Vergangenheit, konserviert und reproduziert werden soll. Die ›gegensätzlichen Ideen‹, die diese Oberfläche[n] ›überfluten‹, erzeugen im Sprecher ebenjene »Mixed Feelings«, die der Titel evoziert und die keine Sicherheiten mehr entstehen lassen über das Bild unserer tatsächlichen Zeit und Gegenwart. Die temporalen Interferenzen mit den künstlichen Vorstellungsoberflächen von Fotografie und Film stellen die Zeitbezüge, in denen wir leben und über die wir uns zu definieren suchen, stets neu auf den Kopf.

Die Außenwelt als Projektionsfläche einer inneren, subjektiven Vorstellungswelt – einer ›solipsistischen‹ Wahrnehmungsweise entsprechend, die Nietzsches Philosophie gegen ›objektive‹ Erkenntnisansprüche der Wissenschaft ins Feld führt und die gleichermaßen in Baudelaire-Gedichten wie »Paysage« oder »Rêve parisien« lyrisch durchgespielt wurde – favorisieren die »Märchenbilder«.[79] Die durch den Titel, eine Anlehnung an Robert Schumanns musikalische Suite »Märchenbilder« von 1849, angekündigte Tradition der romantischen Féerie wird allerdings auf unerwartete Weise sprachlich mit einer aus den anderen Gedichten bereits bekannten fotomedialen Metaphorik und imagologisch mit von vorgeschriebener Bedeutung freien Bildern einer urbanen Außenwelt realisiert. Die die Welt aller Grimmschen Märchen aufschließende Formel scheint in Ashberys Gedicht das wehmütige Echo einer Liebesbeziehung zu sein: »*Es war einmal* ... No, it's too heavy / To be said. Besides, you aren't paying any attention any more.« Genauso aber könnte darin die Verzweiflung des Sprechers anklingen, mit der Fülle seiner täglichen Wahrnehmungen und Erlebnisse nicht mehr zur naiven Progression von Geschichten des »Es-war-einmal«-Typs zurückzufinden. Simultane Eindrücke bieten mehrere, alternative Einstiege in einen möglichen Geschichtenverlauf an: »How shall I put it? / ›The rain thundered on the uneven red flagstones. // The steadfast tin soldier gazed beyond the drops / / Remembering the hat-shaped paper boat, that soon ...‹ / That's not it either. / Think about the long summer evenings of the past, the queen Anne's lace.« Die nächsten beiden Quartette – eine Form, die die romantische Volksliedstrophe optisch realisiert – machen die Plötzlichkeit von Hör- und Sehreflexen

---

79 Ebd. S. 59f.

geltend, die die Möglichkeit einer unvorhergesehenen Wendung der alltäglichen Ereignisse im Sinne emphatischer Augenblicke in sich bergen.

Der gesuchte Zusammenhang dieser Aussagen und Bilder als Versatzstücke einer potentiellen Geschichte, eines narrativen Plots wird bewußt offen, im Andeutungshaften belassen, denn damit bleibt die für die Fiktion einer real ja nicht vorhandenen Märchenwelt entscheidende Rolle der Imagination gewahrt. Die Dialogfetzen in den folgenden beiden Strophen könnten einem Film entnommen sein – vorausgesetzt, die Metapher »night rainbows / In negative color« bezieht sich auf den Kinosaal –, dessen Handlung jedoch ausgespart bleibt und höchstens imaginiert werden kann: »She looks into his eyes. ›It would not be good / To be left alone.‹ He: ›I'll stay // As long as the night allows.‹ This was one of those night rainbows / in negative color. As we advance, it retreats«.

Die Rückkehr aus der Imagination einer »Märchen«- und Geschichtenwelt, für die der verlassene Kinosaal steht, läßt die Personen (»we«) in die ungeschminkte, imaginationslose Realität stürzen (»We are now far into a cave« wie Baudelaires lyrisches Ich in die »horreur de mon taudis« im zweiten Teil seines »Rêve parisien«. Die Rückkopplung mit der Realität erzeugt einen Flashback, dem zu entfliehen das Ich nur eine Möglichkeit hat – wiederum Welten der Imagination, der Phantasie zu entwerfen, jedoch aus den Partikelchen, die ihm die Realität zur Verfügung stellt; sei es die zweidimensionale Film-»reels«-Realität urbaner Wahrnehmung oder die plastische Realität konkreter Dinge. Nicht, *was* in den Blick kommt, sondern *wie* es in den Blick kommt, bestimmt unser Verhältnis zur Realität. So erscheinen die Phänomene »beautiful as we people them // With ourselves«.

Der Abflug der Phantasie *aus der Realität, der sie zugleich entspringt,* so daß Realität und Phantasie wie die Fäden eines einzigen Gewebes unentwirrbar miteinander verwoben bleiben, war eine der zentralen Voraussetzungen romantischer Narration; E. T. A. Hoffmanns »Himmelsleiter«-Konzept aus den »Serapionsbrüdern« und Tiecks sprichwörtliche »Reise ins Blaue«[80] verdanken sich dieser Auffassung. Mit »Märchenbilder« stellt Ashbery ihre ungebrochene Aktualität unter Beweis. Noch immer gilt es, die scheinbar bedeutungslosen, nebensächlichen Dinge (»empty as cupboards«) sprechen zu lassen, so daß sich, analog zu Williams' Diktum, aus den »things« die »ideas«, Vorstellungen entfalten können.

80 Vgl. Ashberys »Voyage in the Blue« ebd. S. 25-27.

4.2.7 »Houseboat Days«

Das Cover der 1977 erschienenen Sammlung mit hauptsächlich 1975/76 entstandenen Gedichten Ashberys ziert ein dem Autor gewidmetes Gemälde gleichen Titels von R. B. Kitaj. Vor dem atmosphärisch bewölkten Hintergrund einer Gebirgskulisse ist eine am Steuerruder eines gondelartigen Bootes stehende Frau zu sehen, die über die Wasserfläche des Sees im Vordergrund zu treiben scheint. Ihr Körper wie ihr Gesicht sind, in Richtung zum Betrachter, einer nicht genau lokalisierbaren Ferne zugewandt, so daß sie sich gar keine Mühe gibt, auf das Wasser direkt vor ihr und die Richtung ihres Bootes zu achten. Ihre mit dem Umriß des Boots verschmolzene Silhouette wirkt wie ausgeschnitten und nachträglich vor den Hintergrund der Berge und in die Fläche des Wassers collagiert; eine Reaktion oder Korrespondenz zwischen ihr und der sie umgebenden Landschaft ist nicht feststellbar. Die Suggestion des Vorübergleitens – wie in einem Animationsfilm, wo diese Figur, sich vor der Bergkulisse kontinuierlich mit ihrem Boot vorwärts bewegend, vorstellbar wäre – wird durch die Schrägstellung des in die Strömung getauchten Steuerruders erzeugt, an dessen Enden sie sich mit beiden Händen klammert. So entsteht der Eindruck, diese Figur bewegte sich *wie im Traum* fort, einer inneren Logik folgend, nicht derjenigen, die die scheinbaren Naturgesetzmäßigkeiten der Außenwelt ihr abnötigen: Die Landschaft, in der sie zu Hause ist, wäre eine – wenngleich mit den Schemen ›unserer vertrauten Welt‹ versehene – Traumwelt, ein künstlicher, selbstreferentieller Kosmos, der seine eigene Logik besitzt, die wir als Betrachter vergeblich zu ergründen suchen. Ihre Landschaft kann als »Féerie« verstanden werden, wo Traum, Vorstellung und Phantasie eine unberechenbare Allianz mit Versatzstücken der Wirklichkeit eingehen.

Darin kann Ashberys eigene Poesiekonzeption, durch das Medium des Malers gespiegelt, wiedererkannt werden. Es überrascht nicht, wenn Ashbery selbst ein filmisches Standfoto als Kitajs Vorbild für dieses Gemälde angibt.[81] Im Titelgedicht »Houseboat Days«,[82] das aus zwei prosaisch langen, freirhythmisch organisierten Strophenblöcken besteht, ist von »This

---

81 »À ma grande surprise, la première fois que j'ai vu cette peinture, j'ai reconnu immédiatement ce qu'elle représentait: elle reproduisait un portrait de Simone Simon tiré d'une scène du film ›Le Lac aux dames‹ réalisé par Marc Allégret. Le cliché figurait dans un livre de photos sur le cinéma français publié par la Cinémathèque française en 1945, ouvrage maintenant très rare. En fait Kitaj et moi en possédions tous les deux un exemplaire.« (Zit. nach Œil de Bœuf, S. 41.)

82 Ashbery, Houseboat Days, S. 38-40.

profile at the window that moves, and moves on, / Knowing that it moves, and knows nothing else« die Rede. *Bewegung* wird als diejenige Größe charakterisiert, die Bilder, Vorstellungen, Phantasien, »memories and associations« immer wieder neu zu kreieren hilft, ohne ihre Anordnung, ihr Zusammenspiel dabei unverrückbar *fest* zu stellen – die Beziehungen der Dinge zueinander sind fließend, eben durch das Motiv der Bewegung in Fluß gehalten. Seine Lyrik ist so aufs engste mit Bewegung verknüpft, die den Grundgedanken, »that life is various«, in immer wieder neue und neu miteinander kombinierbare Bilder umzusetzen vermag. Durch die ständig wechselnden, variierenden semantischen und assoziativen Bezüge sind die »inscribed / And pictured walls« seiner Poesie als animierte, ›nicht feststellbare‹ – d.h. nicht auf bloßen formelhaften Wort-Sinn reduzierbare – Oberflächen zu verstehen. ›Text‹ hat hier keine kommunikative, bedeutungstragende Funktion, sondern suggeriert Bilder und Vorstellungen in Bewegung:

> We must stay, in motion. To flash light
> Into the house within, its many chambers,
> Its memories and associations, upon its inscribed
> And pictured walls, argues enough that life is various.

Das auf diese Weise erzeugte Text-Gewebe kann als imaginativer Gegenentwurf zu den tatsächlichen oder in der relativierenden Logik des Gedichts *scheinbar* tatsächlichen Verhältnissen der Außenwelt fungieren. Die animierte Traumlandschaft des Gedichts konkurriert in ihrer Collage des derselben Wirklichkeit entnommenen Rohmaterials mit allzu statischen, unhinterfragten Entwürfen von Wirklichkeit. Für Ashbery existiert deshalb keine *andere* Wirklichkeit, seine Gedichte zeigen Wirklichkeit *als andere*, als eine Variante der Wahrnehmung mit jeweils veränderter Perspektive. Der »sail out of some afternoon«, den die »Houseboat Days« suggerieren, vermag der Wirklichkeit jeweils neue, in ihr verborgene Möglichkeiten und Facetten abzugewinnen. Darin manifestiert sich das mit dem Film vergleichbare Bemühen, *Projektionen* der Wirklichkeit als authentische Wirklichkeit auszugeben.

Der »Heraclitan impulse«[83] des Titelgedichts, der die Bewegung als maßgeblich beteiligt am Entstehen neuer Vorstellungen, Bilder, *Projektionen* einer Wirklichkeit begreift, über die sich nichts Feststehendes sagen läßt, eben weil sie ›in Fluß‹ ist, teilt sich auch den übrigen Texten dieses Bands mit.

---

83 Shoptaw, On the outside looking out, S. 195.

»Syringa«[84] zitiert den Ovidschen, 1948 von Jean Cocteau im Gewand der Gegenwart verfilmten Mythos von Orpheus und Eurydike, um die Frage nach der Legitimation des lyrischen (Gegen-)Weltentwurfs neu, und auf die amerikanische Gegenwartskultur umgemünzt, zu stellen:

> »[…] Why pick at a dull pavan few care to
> Follow, except a few birds of dusty feather,
> Not vivid performances of the past.« But why not?
> […] The singer thinks
> constructively, builds up his chant in progressive stages
> Like a skyscraper, but at the last minute turns away.

Die von Ovid beschriebenen Metamorphosen, die bereits in der antiken Vorlage für kaleidoskopischen Wechsel der evozierten Tropen einer durch Götter, Halbgötter und Heroen beseelten, in ständigem Fluß gehaltenen Natur sorgten, finden unter dem künstlichen Licht des Filmzeitalters ihre Entsprechung in den rapiden Schnitten, wechselnden Kameraeinstellungen, veränderlichen Beleuchtungswinkeln, Kontrasten und Perspektiven, die die ›Sprache‹ dieses Mediums ausmachen. Die *Schnitte*, aus denen sich der Zelluloidstreifen technisch gesehen zusammensetzt, inszenieren dauernde Metamorphosen unserer künstlich illuminierten ›Natur‹ der Gegenwart. Die einzelnen Bilder sind aufleuchtende, erhellte Momente, die nicht feststellbar sind, sondern Metamorphosen in ständig andere, wiederum fluktuierende Bilder durchleben.

Diese Verwandlungen einer »flowing […] scenery« bringen Ashberys Orpheus zu der Einsicht: »But it isn't enough / To just go on singing.« Die Metamorphosen der modernen Imagerien werden verglichen mit »The way music passes, emblematic / Of life and how you cannot isolate a note of it / And say it is good or bad. You must / Wait till it's over.« Orpheus' Gesang – ein bereits von Rilke für die Moderne in den »Sonetten an Orpheus« aufgegriffenes Sinnbild von Dichtung – versucht den Verwandlungen, die mit den Bildern geschehen, gerecht zu werden, indem er selbst diese Verwandlungen imitiert. Sein Gesang versucht dabei, die ›Natur‹ des Mediums, auf dessen Oberfläche sich diese Verwandlungen abspielen, zu begreifen. Für die Metamorphosen in Ashberys Gegenwart ist das Referenzmedium der Film – in »Syringa« angedeutet durch ein Vokabular wie »snapshot«, »flashes«, »scenery« –; Orpheus' Art zu ›singen‹ leitet sich vom filmischen Dispositiv ab:

---

84 Ashbery, Houseboat Days, S. 69-71.

For although memories, of a season, for example,
Melt into a single snapshot, one cannot guard, treasure
That stalled moment. It too is flowing, fleeting;
It is a picture of flowing, scenery, though living, mortal,
Over which an abst[r]act action is laid out in blunt,
Harsh strokes.

Ist der Film deshalb jener »neue böse Orpheus«, den Friedrich Nietzsche in einem seiner Genueser Fragmente aus dem Herbst 1881 befürchtet hatte, der »vielleicht im Stande [wäre], uns durch seine Töne zu überreden, wir hätten noch gar keine Musik und das Beste sei, allem, was bisher so hieß, aus dem Weg zu laufen«?[85]

Im dritten, finalen Strophenblock von Ashberys »Syringa« – das wie »Houseboat Days« in seiner Form prosanah ist, keine der festen, traditionell-etablierten Gedichtformen imitierend, durch die unregelmäßig akzentuierten, oft in den Langvers übergehenden Zeilen den Eindruck eines natürlichen rhythmischen Flusses erweckend – scheint die Möglichkeit des Verschwindens des Gedichts als sprachkünstlerischer Form der Vergegenwärtigung von Erfahrung angedeutet zu sein: »And no matter how all this disappeared, / Or got where it was going, it is no longer / Material for a poem. [...] / The singer / must then pass out of sight, not even relieved / Of the evil burthen of words.« Zeit offenbart sich in »Syringa« jedoch nicht als progredierendes Kontinuum, sondern als Medium überraschender Konstellationen, so daß die Gedichte »When all record of these people and their lives / Has disappeared into libraries, onto microfilm« plötzlich wieder Aktualität gewinnen durch »an arbitrary chorus / In whose tale are hidden syllables / Of what happened so long before [...] / [...] one indifferent summer.«

Das Gedicht, als Medium der Erfahrung, ist kein Widerspruch zum Film als dominierendem Erfahrungsmedium der Gegenwart, solange die Metamorphosen, die er verkörpert – die *Schnitte*, aus denen er sich technisch zusammensetzt –, im Gedicht selber wiederkehren bzw. ohnehin schon im Gedicht angelegt sind. Der Sommer, auf den angespielt wird, kommt »indifferent«, also unverändert, zum Vorschein, weil es trotz der Metamorphosen, die Medium und Erfahrung durchlaufen haben, »hidden syllables« gibt, an denen er wiederzuerkennen ist. Darin kommt zugleich die Auffassung einer zeit- und epochenübergreifenden Hermeneutik literarisch fixierter Erfahrung zu Wort: Den Mythos von Orpheus kann Ashbery unvermittelt in seine Gegenwart übertragen, weil er im-

---

85 Nietzsche, Kritische Studienausgabe Bd. 9, S. 652.

mer wieder in immer neuen Metamorphosen vorstellbar scheint; das bei
Ovid angerissene, scheinbar zeitlose Problem, Erfahrung poetisch zu
fixieren, kann von Ashbery neu, mit den Inhalten seiner Zeit, gefüllt werden, denn »Stellification / Is for the few, and comes about much later.«

»The old poems / In the book have changed value once again«, steht analog in »Collective Dawns«[86] zu lesen. Diesmal wird jedoch nicht auf den
Orpheus-Mythos, sondern auf die isländische Sage von Grettir dem Starken, aufgezeichnet im 14. Jahrhundert, angespielt. Inmitten einer, wie
auch in »Syringa«, amerikanisch akzentuierten Gegenwart (»They say the
town is coming apart. / And people go around with the fragment of a
smile / Missing from their faces. Life is getting cheaper // In some senses.«) werden die Gesänge über den Wikingerheroen zitiert, als würde die
Alltagssphäre plötzlich mit einem Phantasie- oder vielmehr »Fantasy«-
Universum verschmelzen – denn der Vergleich mit diesem postmodernen, die keltisch-germanisch-normannische Sagenwelt popularisieren-
den Genre des »Fantasy«-Romans, der mit J. R. R. Tolkiens »Lord of the
Rings« seine Blüte erlebte, liegt nahe –: »We needn't fire their kilns; tonight is the epic / Night of the world. Grettir is coming back to us. [...] /
The island is becoming a sun. Wait by this / Mistletoe bush and you will
get the feeling of really / Being out of the world and with it. [...].'«
    Diese Zitate scheinen einlösen zu wollen, was bereits in der Anfangs-
strophe angedeutet war; nämlich daß, auf die Aneignung (»Own it, I
mean«) der Außenwelt durch die Wahrnehmung bezogen, »whatever you
want [...] / [...] has a sense beyond that meaning that was dropped there /
And left to rot.« Dieser ›Sinn‹ hinter der alltäglichen, unhinterfragten
Bedeutung bleibt aber Geheimnis, unbestimmbar, kann nicht benannt
oder festgestellt werden. In der rhetorischen Doppelfrage »Was it / This
rosebud? Who said that?« klingt eine moderne Allegorie für diese unbestimmbare Rätselhaftigkeit der Dingwelt an: War doch »rosebud« jenes
enigmatische letzte Wort des Medien-Tycoons Charles Foster Kane, der
Titelfigur von Orson Welles' Filmdebüt »Citizen Kane« (1941), einem Klas-
siker der Kinogeschichte. Mit der Entschlüsselung des Worts »Rosebud«
erhofft sich der dem Leben Kanes nachspürende Reporter zugleich die
Entschlüsselung von Kanes mythenumwobener Biographie; sie kann jedoch nur bruchstückhaft, fragmentarisch durchforscht werden, so daß
ein aus verschiedensten Perspektiven beleuchtetes, schillerndes, allerdings
zutiefst widersprüchliches Porträt des Multimilliardärs entsteht – die
›Wahrheit‹ über sein Leben bemüht man sich vergeblich zu ergründen,

86 Ashbery, Houseboat Days, S. 5f.

sie bleibt für immer hinter der Silbenkombination »rosebud« verborgen.
So scheint auch der Sprecher in Ashberys Gedicht vor der ›Wahrheit‹ –
vergleichbar dem Kantschen »Ding an sich« – hinter dem Augenschein
der Dinge zu kapitulieren – nicht jedoch vor dem Suchprozeß seiner
Imagination.

Wie »Citizen Kane« eine zwar gescheiterte Suche nach der ›Wahrheit‹
eines sich hinter einem unentwirrbaren Gewebe aus Fassaden und Fiktionen
verbergenden Lebens darstellt, aber wohl gerade deshalb die Faszination
einer endlosen, atemberaubenden Jagd nach Details und Sinnschnipseln
zu schildern vermag, so erhebt Ashbery in »Collective Dawns« die im
Unbestimmbaren gehaltene Bedeutung der Dingwelt zum eigentlichen
Sinn »for the man to find himself«, wie es am Ende heißt. »So that all
meanings should be scrambled this way / [...] since this is the way it has
to happen / For all things under the shrinking light to change / And the
pattern to follow them, unheeded, bargained for / As it too is aborbed.«
Was Jorge Luis Borges 1941 in einer emphatischen Besprechung von »Citizen Kane« konstatierte, trifft genauso auf das poetische Collageprinzip
von Ashberys Lyrik zu: »Am Ende begreifen wir, daß die Fragmente nicht
nach einer heimlichen Einheit angeordnet sind«,[87] sondern als ein beäng-
stigendes »Labyrinth ohne Zentrum« erscheinen, und »genau dieses Labyrinth«[88] sei der Film »Citizen Kane« – Ashberys Poesie ist ebenso eines.

Die Wirklichkeit ist für Ashbery alles andere denn aus sinnreichen Wahrheiten zusammengefügt, statt dessen umgibt sie ein »decorum of dreams«,
wie er in »Fantasia on ›The Nut-Brown Maid‹«[89] betont, dem langen
Schlußgedicht der »Houseboat Days«. Dieses Dekor muß nicht notwen-
digerweise der nur »Citizen Kane« zugängliche private Traumpalast »Xa-
nadu« sein, wo der charismatische Repräsentant des amerikanischen
Traums die letzten Stunden vor seinem Tod verbringt; es genügt, dabei
an die Oberfläche der von den Medien erzeugten Phantasien zu denken,
die das Reservoir kollektiver Vorstellungen und Alltagsmythen unserer
westlichen Gegenwartskultur kreieren.

Dazu gehören die in Hollywood von Walt Disney begründeten Comic-
cartoons um Mickymaus und Donald Duck. Ashberys Gedicht »Daffy
Duck in Hollywood«[90] nimmt sich dieses genuin amerikanischen Comic-
Mythos an. Was dem Leser begegnet, ist eine riesige, Verwirrung stiftende

---

87 Borges in Zischler, Literaturmagazin Nr. 43, S. 73.
88 Ebd.
89 Ashbery, Houseboat Days, S. 72-88.
90 Ebd. S. 31-34.

Akkumulation simultaner Details und kryptozitathafter Verweise heterogenster Provenienz. Der Sinn dieses collagierenden Vorgehens bleibt zunächst im dunkeln. Denn was hat es damit auf sich, wenn gleich zu Beginn

> a mint [Lautassoziation zu *mind*! – J. R.]-condition can
> Of Rumford's Baking Powder, a celluloid earring, Speedy
> Gonzales, the latest from Helen Topping Miller's fertile
> Escritoire, a sheaf of suggestive pix on greige, deckle-edged
> Stock

in einem Atemzug genannt werden? Eine Zivilisation, in der »celluloid earring[s]«[91] – ein metaphorisches Kompositum, das die Polysemantik des amerikanischen Wortes »clip(s)« auflöst – zur Mode gehören, mag an dieser Auflistung ihren Fernsehalltag (das Switchen von Programm zu Programm, die Werbeblöcke …) wiedererkennen, dessen verschiedenste, bunt aneinandergereihte Inhalte vom Bewußtsein dechiffriert werden müssen, sollen sie mehr sein als eine bloße Anhäufung kryptischer Zeichen.

Die Anekdote, die Ashbery später zur Illustration der Genese seines »animated cartoon poem« zum Besten gab,[92] bestätigt diese Vermischung der Kategorien, in der die *spezifisch amerikanische Kultur*[93] zu Hause ist: Zu der Zeit, als er Miltons »Paradise Lost« las, sah er in einem New Yorker Museum einen Disney-Animationsfilm (»Duck Amuck«), in dem wiederholt der Bleistift des Zeichners eingeblendet wird, wie er in scheinbarer Willkür die unwahrscheinlichsten Dinge mit seinen Figuren vollführt (»adding extra limbs and erasing the head and various parts«); diese

---

91 Vermutlich handelt es sich hier auch um einen intertextuellen Reflex auf eine bereits von Max Jacob in einem der Prosagedichte (»Der Florentinerhut«) seines »Cornet à Dés« gebrauchte Formulierung: »Weintrauben aus Zelluloid sind jetzt modern, überall hängen die Damen sich dergleichen als Schmuck an. Ein Pferd hatte die Ohrgehänge einer meiner schönen Freundinnen verspeist […]« Jacob, Der Würfelbecher, S. 27.

92 Vgl. Shoptaw, On the outside looking out, S. 203.

93 »Das Authentischste […] an Amerika ist der schäbige Aspekt (trashy aspect) seines Way of Life […] eine Kultur (oder Zivilisation), die mit ihrer eigenen Wurzellosigkeit ernst macht: Blue Jeans, Coca-Cola, Fast Food, Soap Operas, Comic Strips, TV-Shows – all diese Manifestationen der amerikanischen Unkultur werden bald (wie heute schon die alten Hollywoodfilme und Broadway Musicals) als Kunst entdeckt und gewürdigt werden – als adäquater Ausdruck der technischen Zivilisation des 20. Jahrhunderts. Überall dort dagegen, wo Amerika die Kunstleistungen des alten Europa nachzuempfinden oder nachzuahmen versucht […] wirkt es, wie jede Imitation, peinlich, verkrampft und lächerlich, während die Identifikationsangebote seiner industriell produzierten Massenkultur weltweit ausstrahlen.« Buch, Der Herbst des großen Kommunikators, S. 93.

Szenen assoziierte Ashbery mit dem ersten Buch von »Paradise Lost«, wo ein versteckter Gott einem Satan gegenübersteht – diesen ›Erdenfürst‹ setzte Ashbery mit Daffy Duck gleich.[94] Ashberys Protagonist ist sich demnach bewußt, daß ein für ihn unsichtbar bleibender Zeichner seine Aktionen im voraus skizziert. Alles, was ihm zustößt, selbst die banalste Konstellation, stellt sich ihm deshalb als fataler Umstand dar. Er erlebt eine Dramatisierung, ja Fiktionalisierung des Alltags, wie sie amerikanische Soap-operas oder Sitcoms vorführen:

> I don't want to go back inside any more. You meet
> Enough vague people on this emerald traffic-island – no,
> Not people, comings and goings, more: mutterings, splatterings,
> This bizarrely but effectively equipped infantries of happy-go-nutty
> Vegetal jacqueries, plumed, […]

Die Anspielung auf die künstlichen Vegetabilien zeigt, daß mit »Daffy Duck in Hollywood« eine Fortschreibung der sieben Jahre früher, in »The Double Dream of Spring« veröffentlichten »Farm Implements and Rutabagas in a Landscape« vorliegt. Dem Comic- bzw. dem von Film- und Comic-strip-Elementen durchsetzten Charakter des amerikanischen (Medien-)Alltags versuchen diese beiden lyrischen Versuche gerecht zu werden. Europäisch konnotierte, im Zusammenhang mit Disney wie Fremdkörper wirkende Anspielungen auf Kreationen einer vergeistigten Hochkultur, wie Händels »Amadis von Gallien«, Madame de La Fayettes »Princesse de Clèves« und die später im Text genannten »Aglavaine« und »Sélysette«, Gestalten eines Maeterlinck-Dramas, können im amerikanischen Kontext, neben »Walt, Blossom, and little / Skeezix«, »Ollie / Of the Movies« usw. nicht mehr in ihrer kulturellen Eigenart rezipiert werden, sondern mutieren, auf der animierten Landkarte der künstlichen Hollywood-Paradiese, ihrerseits zu Phantasiegeschöpfen vom Schlage eines Donald Duck. Der lateinischen Devise »E pluribus unum«, die dem US-amerikanischen Traum das amtliche Motto liefert, entspricht Ashberys Poetik beim Schreiben von »Daffy Duck in Hollywood«.

Das Wahrnehmungsraster des animierten Comics, das diesem Gedicht zugrunde liegt, zwingt dazu, ursprünglich völlig andere, der Oberfläche des Comics mit seiner bilderzentrierten, Text nur elliptisch gebrauchenden Sprache diametral widerstrebende Inhalte seiner Matrix anzupassen. Die Allusionen auf historisch, geographisch und kulturell anders markierte Kreationen müssen deshalb wie kryptische Sprechblasen aus einem nicht genauer beschreibbaren Comic anmuten. »Daffy Duck in Holly-

---

94 Vgl. Shoptaw, On the outside looking out, S. 203.

wood« zieht seine Komik aus Situationen, in denen seine fragmentarischen Comic-Charaktere von Anwandlungen barocken miltonschen
Pathos befallen sind. Dieses Pathos ist nicht mehr tiefempfundener Ausdruck der Suche nach den letzten Dingen, sondern selbst Teil jener
künstlich-medialen Oberfläche, auf der sich das Leben in Ashberys »Hollywood«, einem hypostatischen Reflex auf das tatsächliche Amerika seiner Gegenwart, abspielt – Pathos ist dort gleichermaßen in der Kirchen-
predigt *und* im TV-Melodram anzutreffen.

Eine in metaphysischer ›Tiefe‹ schürfende ›Sinn‹-Suche nach abend-
ländischem Muster würde in diesem der Ästhetik der Oberfläche verhafteten Zeichenuniversum zu keinen Erkenntnissen gelangen: Das Bedürfnis nach ›tieferem‹ Sinn und Bedeutung würde auf dieser Oberfläche
wirkungslos verpuffen, denn »the pattern that may carry the sense [...] /
Stays hidden in the mysteries of pagination.«

Deshalb entschließt sich sein Sprecher zu einem anderen Weg, die auf
ihn einstürmenden Phänomene zu bewältigen: »Not what we see but
how we see it matters«. Er definiert »All life« als »but a figment«, also
»Leben« – wie es sich auf dieser künstlichen Oberfläche ereignet – als
Einbildung, Illusion, Phantasieprodukt. Darin müssen die auf Papier
und Zelluloid agierenden – mit dem Zeichenstift agiert ›werdenden‹ –
Geschöpfe aus Walt Disneys Phantasie, die Prototypen amerikanischer
Phantasie des 20. Jahrhunderts schlechthin darstellen, *realer* wirken als
Menschen aus Fleisch und Blut. Deshalb ist auch unklar, wer am Ende
des Gedichts mit »them«, wer mit »We« zu identifizieren ist: Illusionärer
Comic und ›reales‹ Leben wirken gegenseitig austauschbar. Um durch die
»Model cities« hindurchzufinden, müssen die realen Personen die Atti-
tüden der Comic-Gestalten annehmen, denn das vorgestellte »Leben«
findet lediglich zwischen (»between«) diesen Figuren statt und wird so als
Reflex auf die Comic-Phantasien wahrgenommen.

Die Ironie dieser Verse liegt darin, daß wir den durch und durch
künstlichen Charakter unserer Zivilisation gar nicht mehr als solchen
empfinden, da wir nicht einmal mehr bemerken, daß der Himmel (›pa-
pageien‹-)*grün* (»a parrot one«) – ist, also eine künstliche Oberfläche hat
– statt der ›natürlicher‹weise dem Himmel zugesprochenen Farben Blau,
Grau etc. Diejenigen Figurenschemen in Ashberys Gedicht, die wir auf
›reale‹ Menschen (»We«) zurückführen, verhalten sich ihrer künstlichen,
durch die Phänomene »Hollywood« und »Walt Disney« hinreichend cha-
rakterisierten Umgebung gegenüber angepaßt; die künstlich animierte
Oberfläche ist ihnen zur zweiten Natur geworden.

Ashberys Befund trifft sich überraschend mit den Überlegungen Walter
Benjamins in einem wenig bekannten Fragment aus dem Jahr 1931. Nach

271

dem von Erfolg gekrönten Debüt der frühen Disney-Animationen hatte sich der Autor des »Kunstwerk«-Aufsatzes unter dem Titel »Zu Micky-Maus« folgendes notiert:

[H]ier erscheint zum ersten Mal, daß einem der eigene Arm, ja der eigne Körper gestohlen werden kann. [vgl. mit Ashberys Eindruck des »allmächtigen« Bleistifts, der das Schicksal der Comic-Figur ›animiert‹! – J. R.]
    Der Weg eines Akts im Amt hat mehr Ähnlichkeit mit einem von jenen, die Micky-Maus zurücklegt⟨,⟩ als mit dem eines Marathonläufers.
    In diesen Filmen bereitet sich die Menschheit darauf vor, die Zivilisation zu überleben.
    Die Micky-Maus stellt dar, daß die Kreatur noch bestehen bleibt, auch wenn sie alles Menschenähnliche von sich abgelegt hat. Sie durchbricht die auf den Menschen hin konzipierte Hierarchie der Kreaturen.
    Die Filme desavouieren, radikaler als je der Fall war, alle Erfahrung. Es lohnt sich in einer solchen Welt nicht, Erfahrungen zu machen.
    Ähnlichkeit mit dem Märchen. Niemals seitdem sind die wichtigsten und vitalsten Ereignisse unsymbolischer, atmosphärenloser gelebt worden. [...] Alle Micky-Maus-Filme haben zum Motiv den Auszug, das Fürchten zu lernen.
    Also nicht »Mechanisierung«, nicht das »Formale«, nicht ein ›Mißverständnis‹ [ist] hier für den ungeheuren Erfolg dieser Filme die Basis, sondern daß das Publikum sein eignes Leben in ihnen wiedererkennt.[95]

Ashberys Gedicht »Daffy Duck in Hollywood« kann als radikale poetische Antwort auf diesen Entzug individueller Erfahrung in einer medialisierten artifiziellen Zivilisation, die »alles Menschenähnliche« verloren hat, gelten: Ashbery seinerseits entzieht dem Leser nämlich die an den Text herangetragenen Erwartungen nach intendiertem ›Sinn‹, ›Bedeutung‹ und ›Aussage‹ (»why not / Accept it as it pleases to reveal itself?«). Damit liefert er gerade *kein Abbild* der inhaltlich simplifizierten, auf banale Dialoge und Situationen reduzierten Welt der Comics, kopiert nicht die schönen, ausgeleuchteten Oberflächen der nach konventionalisierten Montage-Regeln[96] funktionierenden Hollywood-Ästhetik.
    Ashberys Montagetechnik kann sich auf die Tradition dadaistischer und surrealistischer Materialcollagen berufen, die gerade durch ihr Aneinanderfügen heterogenster, fragmentarischer Fundstücke aus der Alltags-

---

95 Benjamin, Gesammelte Schriften VI, S. 144f.
96 Zum sogenannten »Continuity-System« konventioneller Spielfilme vgl. Rother, Sachlexikon Film, S. 49.

welt Sinnintentionen zu vermeiden suchten bzw. vorhatten, den konventionalisierten Alltagssinn ihrer objets trouvés zu hintertreiben, um ihnen so neue, als schockierend empfundene Aspekte abzugewinnen. Die Irritation von Ashberys Vorgehen liegt darin, daß er sich in seiner »Daffy-Duck«-Collage nicht auf bloßes Alltagsmaterial seiner amerikanischen Lebenswelt beschränkt, sondern ebenso andere, nicht vorhersehbare Bezüge herstellt wie etwa zu den als kulturell elaboriert eingeschätzten europäischen Literatur-, Musik- und Bühnenphantasien (La Fayette, Händel, Maeterlinck). Hatte schon Benjamin betont, in den »Micky-Maus«-Filmen gehe es »Wie im Märchen« zu – und Benjamins deutsch-europäischer Hintergrund legt hier die Märchen der Brüder Grimm als prototypische Kreationen der Gattung »Märchen« nahe –, so kann Ashbery durch die ›europäisch‹ markierten Anspielungen und (Krypto-)Zitate seines Textes einen unterschwelligen Bezug von Disneys amerikanischen Phantasiegeschöpfen zu denen der europäischen Hochkultur herstellen, der ohne die Technik seiner Collage nicht sichtbar geworden, von niemandem in Erwägung gezogen worden wäre. Der Zusammenhang zwischen diesen so verschiedenartigen Materialien liegt aber darin, daß es sich jeweils schon um künstliche Hervorbringungen der menschlichen Imagination handelt, wenn im bildungsbürgerlichen europäischen Common sense zunächst auch nur die Kreationen der Hochkultur auf Akzeptanz als »Kunst«-Produkte stoßen, »Mickymaus« und »Daffy Duck« hingegen erst mit dem Aufleben der Pop-art in den sechziger Jahren den Geltungsbereich dessen, was als »Kunst« anerkannt wurde, eroberten.

Die Proklamationen der Pop-art können daher auch als stichwortgebend für Ashberys poetische Verfahrensweise beim Verfassen von »Daffy Duck in Hollywood« und ähnlichen Gedichten angesehen werden – versuchte diese Kunst doch, wie etwa das Beispiel ihres schillerndsten Vertreters Andy Warhol zeigt, unter Berufung auf die Readymades eines Marcel Duchamp u.a., die Anregungen der dadaistischen und surrealistischen Vorkriegsavantgarde mit dem Reflex auf den spezifischen Waren- und Reklamecharakter der amerikanischen Lebenswelt zu verknüpfen. Somit führen die Werke der amerikanischen Pop-art durch ein Universum der kollektiven amerikanischen Imagination, wie sie sich in der Produktästhetik – Ware als Fetisch (Benjamin) – ebenso wie auf den Oberflächen der Comic und Film strips und der Hochglanzmagazine niederschlägt.

Diesen kollektiven Erfahrungsraum apostrophiert Ashbery an einer Stelle seiner langen, lediglich durch ihren Titel mit Goethes »Wanderjahren« verschwisterten »Fantasia on ›The Nut-Brown Maid‹« im Hinblick auf die illuminierte Oberfläche mit »the glimmer of / An American Bar. Whereupon Berry Sullivan-type avers to Bruce Bennett-type that inert wet blackness is / Superior to boudoir light«:[97] Die beiden amerikanischen Schauspielertypen geben in dieser symbolischen Szene der lyrischen Bevorzugung des amerikanischen Hollywood-Mythos Ausdruck (der klassischen Zeit der Schwarzweißfilme), für die die »inert wet blackness« steht, gegenüber dem »boudoir light«, in dem die klassische französische Romankultur wiederzuerkennen ist. Und so ist auch das Interieur von Ashberys Gedichten primär amerikanisch geprägt – die europäischen Versatzstücke zeigen jedoch an, daß auch von der abschätzig als ›trivial‹ eingestuften amerikanischen Phantasie Verbindungslinien zur hochkulturell markierten europäischen Phantasie gezogen werden können, selbst wenn diese Verflechtungen zunächst, wie in »Daffy Duck«, der assoziativen Willkür des Autors geschuldet sind.

Erinnert sei daran, daß der erste, der ein genuin *phantastisches*, d.h. ein sich über die als gültig akzeptierten Naturgesetze und den Charakter der Alltagswirklichkeit hinwegsetzendes Universum auf die Leinwand gebracht hatte, der Franzose Georges Méliès gewesen ist. Mit seinen den technischen Charakter des Mediums geschickt ausnutzenden Tricksequenzen zählt der Schöpfer der phantastischen »Reise zum Mond« zu den Vorläufern von Disneys Zeichentrick. Doch anders als die in Europa eher in Vergessenheit geratenen Leinwandphantasien Méliès' kann lediglich Disneys Zeichentrick von sich in Anspruch nehmen, das Bild der amerikanischen Alltagskultur dauerhaft geprägt zu haben.

Der sich über vier Druckseiten erstreckende, ohne Einrückungen und Leerzeilen auskommende Gedichtblock »Daffy Duck in Hollywood« nimmt sich dieses Phänomens an, indem er graphisch wie rhythmisch dem kaleidoskopischen Wechsel der Bilder, Assoziationen, Anspielungen, kryptischen Querverweise und Pseudozitate gerecht zu werden sucht: Das Animationsverfahren des Zeichentricks, bei dem, aus technischer Perspektive betrachtet, ein handgezeichnetes Bild über das andere ›geblättert‹ wird – was dem Betrachter die Illusion bewegter Figuren verschafft –, soll sprachlich nachgebildet werden. Allerdings entstammt das, was Ashbery übereinanderprojiziert, phänomenologisch verschiedensten Bereichen der Wirklichkeit und Imagination; es vermittelt, im Gegensatz zu Disneys banalen eindimensionalen Plots, ein Bewußtseinsdiagramm zeitgenössischer amerikanischer Erfahrung. Zu dieser liefert der Film, im Fall von »Daffy Duck« der animierte Comic – ein Spezialformat des Films –, das Wahrnehmungsraster.

97 Ashbery, Houseboat Days, S. 83.

Die Erfahrung des amerikanischen Raums – ob die seiner *Alltagswirk-lichkeit*, ob die seiner *kollektiven Imagination*, Begriffe, die hier zwei sich gegenseitig durchdringende Lebenssphären meinen – ist in ihrer moto-risierten Bewegtheit, der Flut vielfältigster Oberflächenreize bis hin zur Konstruktion individueller und kollektiver Geschichte(n) nicht abbild-bar. Es sei denn (»unless«), »some movie did it first«, wie Ashbery in »Fantasia on ›The Nut-Brown Maid‹« räsoniert;[98] oder durch Gedichte in der Art Ashberys, die filmische Erfahrung zur Konstituente ihrer Poetik machen.

4.3 Resümee: Vorkommen und Funktion der Film-Metapher bei Ashbery

Die vielfältigen Filmbezüge und -anspielungen in Ashberys Gedichten verlangen nach einer resümierenden Systematik ihres Vorkommens sowie ihrer funktionalen Einbettung in den poetischen Diskurs. Verallgemei-nernd lassen sich folgende Vorkommens- und Verwendungsweisen film-bezogener Metaphorik bei Ashbery feststellen:

- konkrete Filmbezüge;
- Film als kulturelles Paradigma;
- Film als poetologische Chiffre.

Konkrete Filmbezüge   Hier ist zunächst an das unter der Definition des Kinogedichts Gesagte zu denken: Zitate aus ganz bestimmten Filmen, die, markiert oder unmarkiert – bei Ashbery ist zudem die Möglichkeit der falschen oder Pseudomarkierung nicht auszuschließen –, in die Ge-dichte einfließen; Namen von Stars, Schauspielern und Schauspielerin-nen; offensichtliche oder auch kryptische Anspielungen auf Filme, deren Titel oder ganze Filmgenres; Nacherzählungen von oder metaphorische Anleihen bei Szenen, Einstellungen, Standfotos aus oft ungenannt blei-benden Filmen. Dennoch entsteht bei Ashbery aus diesen Verweisen in der Regel keine Lyrik, der die Bezeichnung »Kinogedichte« gerecht wird.
    Der Definition »Kinogedicht« widerspricht zum einen die Vielzahl der übrigen, aus anderen Wahrnehmungsbereichen stammenden Bezüge in denselben Gedichten, weiterhin die häufige Un- oder Pseudomarkiert-heit der Verweise, die ohne zusätzliche Kenntnisse oder Informationen über die Textstellen gar nicht gestatten, sie als tatsächlichen Filmen ent-

---

98 Ebd. S. 80.

stammend auszumachen. Am eklektizistischen Umgang mit dem erinnerten oder anderswie vorgefundenen und im Gedicht ›aufgehobenen‹
Filmmaterial wird Ashberys poetisches Verfahren evident, Alltagswahrnehmungen, akustische wie optische Trouvaillen (Textschnipsel, Gesprächs-
und Dialogfetzen), Trivialitäten des Alltags genauso wie Lektürefunde
ihres ursprünglichen Zusammenhangs zu entreißen und innerhalb des
Gedichts in neuen Zusammenhängen aufleben zu lassen – ein Verfahren,
das an den Schnitt und die nachträgliche Montage im Sinne einer Neu-
zusammenfügung erinnert. Die Un- oder Falschmarkiertheit der Referenten, wie sie schon aus Reverdys Gedichten spricht, scheint für das Gelingen dieses Verfahrens Bedingung zu sein: Wären die Bezüge in ihrem
alten Zusammenhang – also etwa einer trivialen Filmhandlung – wiederzuerkennen, würde die Fremdheit, die sie im Korpus des Gedichts auslösen, kaum eintreten.[99]

Interessant ist jedoch, eine Typologie der als solche erkannten bzw. irgendwie markierten Film- und Kinoanspielungen nach den filmischen
Genres, die sie repräsentieren, zu entwerfen. Auffallend ist seine Bevorzugung von Filmen, die in der Zeit seiner Jugend herauskamen, von Holly-
wood-Melodramen der vierziger Jahre und vor allem des damals noch
wenig beachteten Film-noir- und Thriller-Genres: Wohl keine andere
Gattung wird von Ashbery derart häufig wiederkehrend thematisiert wie
die der »schwarzen Serie« – von »Popular Songs« in »Some Trees« über
»The Lozenges« in »The Tennis Court Oath« bis hin zu »Forties Flick« in
»Self Portrait in a Convex Mirror«, »Film noir« im späten Band »Hotel
Lautréamont« von 1992 oder dem 2003 erschienenen Essay über den
frühen New-York-Thriller »The Seventh Victim«. Dementsprechend
tauchen – auch in anderen Gedichten – gerade Namen von durch den
Film noir berühmt gewordenen Darstellern in Ashberys Lyrik auf, z.B.
Bruce Bennett und Joan Crawford im Prosagedicht »Description of a
Masque« des Bands »A Wave« von 1981.

Daneben kommen fast ebenso häufig Anleihen aus der Welt des animierten Comic vor, wie ihn Walt Disney populär machte – am virtuose-
sten ist dieses Genre von Ashbery in »Farm Implements with Rutabagas
in a Landscape« aus »The Double Dream of Spring« und »Daffy Duck in
Hollywood« aus »Houseboat Days« travestiert worden. Überhaupt über-

---

99 In dem Prosagedicht »The Lonedale Operator« aus »A Wave« von 1981, das, für
   Ashbery ungewöhnlich konkret, einen Filmtitel (von D. W. Griffith) übernimmt, stellt sich die Fremdheit jedoch anders, durch den Schock, die stummen
   Leinwandakteure von einst zu Fermenten der unwillkürlichen Erinnerung von
   »jetzt« eingefroren zu sehen, beim lyrischen Sprecher ein.

wiegen unter Ashberys Anspielungen in Amerika beheimatete Filme und Genres, darunter auch der Western; Verweise auf das europäische Kino, etwa die Nouvelle-Vague-Streifen Godards, sind eher selten – wenngleich Analogien zwischen Ashberys und Godards undogmatischer Art der verfremdenden Übernahme von Zitaten und Versatzstücken aus anderen Kontexten in das eigene künstlerische Werk bestehen mögen. Darüber hinaus ist eine Präferenz Ashberys für phantastisch konnotierte Filme auszumachen – also diejenige, sich auf Méliès berufende Art von Filmen, die mit Hilfe des Bühnendekors und montagetechnischer Tricks Naturgesetze und logisch-kausale Beziehungen aus ihrem chaotisch oder anarchisch anmutenden Universum verbannt. Dies ist etwa an »Haunted Landscape« in »As we know« von 1979 zu beobachten, das auf Wojciech Has' Verfilmung von Potockis »Die Handschrift von Saragossa« anspielt.

Wie ist jedoch die Häufigkeit der beiden von Ashbery bevorzugten Genres: des Film noir und des Comic, zu erklären? Eine Interpretation dieses Befundes gibt schon der weitere Verwendungskontext, der aus dem des konkreten Filmbezugs hervorgeht und diesen überlagert:

Film als kulturelles Paradigma   An der Dominanz des Film-noir- wie des Comic-Genres innerhalb der kinematographischen Bezüge von Ashberys Gedichten zeigen sich nicht bloß individuelle Vorlieben des Autors; an ihnen sind – ob intendiert oder nicht – kulturelle Muster, gesellschaftliche Paradigmen ablesbar: Indem Ashbery diese Filme zitiert, zitiert er damit zugleich die ihnen eingeschriebenen Aussagen über Individuum, Moral, Ethik, Zusammenleben usw. jener Gesellschaft, die sie hervorgebracht hat. Allein die Frequenz der Filmmetapher in Ashberys Texten ist aussagekräftig in bezug auf den Stellenwert, den der Film in der Kultur, in welcher der Autor situiert ist, genießt. Die Selbstverständlichkeit, mit der Ashbery sein Filmwissen, seine Kinoerfahrungen immer wieder in die Gedichte einbringen kann, zeugt von der Etabliertheit des Filmmediums in der amerikanischen Kultur. Im Gegensatz dazu wirken Ashberys europäisch-hochkulturell konnotierte Anspielungen und Verweise weitaus fremder und dem amerikanischen Kontext seiner Gedichte ferner stehend. In seinen Gedichten läßt Ashbery den Film als Medium amerikanischer Selbsterfahrung in der ihm gebührenden Transparenz aufleuchten. Die im Erzähl- und Kamerastil des Film noir angelegten Selbstaussagen über die amerikanische Gesellschaft und die Situation des in ihr lebenden Individuums – daß es, von »existentieller Unsicherheit« gezeichnet, zum »Spielball eines willkürlichen Schicksals« wird[100] – überträgt Ashbery auf

---

100 Müller in Rother, Sachlexikon Film, S. 119.

seine lyrischen Protagonisten. Wie die lediglich partielle Raumausleuchtung, die für die film-noir-charakteristischen Hell-Dunkel-Kontraste verantwortlich ist, den Eindruck fragmentarischer, deformierter Figuren bewirkt, so treffen wir auch in Ashberys Gedichten keine ausgeprägten Charaktere, kein differenziertes Ich an, sondern stets fragmentarische, partielle Aspekte eines »Ichs«, über dessen Identität wenig Bestimmtes zu vermerken ist.

Ebenso vermag der Kinozuschauer nie Eindeutiges über die im Halbdunkel des Film noir agierenden Personen zu sagen – psychologische Festschreibungen prallen an ihnen ab. Die scheinbare Unmotiviertheit der lawinenartig über die filmischen Protagonisten hereinbrechenden Ereignisse – Morde, Gewaltverbrechen, Obsessionen, Geldnöte – spiegelt sich in der akausalen, unvorhersehbaren Abfolge der in einem Ashbery-Gedicht geschilderten Sequenzen. Dies kann als Reflex auf eine nur noch partiell, in simultanen Ausschnitten, nicht mehr als lineare zeitliche Progression wahrnehmbare Gegenwart gedeutet werden. Daß die psychisch wie moralisch deformierten Charaktere des Film noir ein Zerrbild gesellschaftlich-kultureller Defekte sind, bedarf an dieser Stelle keiner näheren Begründung – es genügt, darauf hinzuweisen, daß die handelnden Figuren auf den Zuschauer immer den Anschein von Geheimnisträgern ausüben, da ihre öffentliche und private Existenz nicht übereinstimmen: Sichtbares Sinnbild dieser ›Persönlichkeitsspaltung‹ in öffentliches und privates Ich sind die Schlitze der Jalousien, die der Frau in Ashberys »Forties Flick« zwar den Blick auf die Straße gestatten, sie zugleich jedoch ausschließen und abschotten vom dort sich abspielenden Leben.

Auf eine andere Facette des amerikanischen Alltags verweist der Comicfilm. Die Fragmentierung der handelnden, auf dem Zeichentisch entworfenen Phantasiefiguren dient hier nicht der Desorientierung des Zuschauers wie im Film noir, sondern steht im Dienste psychologischer Simplifizierung, die lediglich die Dichotomie von Gut – Böse zuläßt. Dies trifft zumindest für die von Disney in Umlauf gebrachten Zeichentrickfilme zu, deren Helden Mickey Mouse und Donald Duck jedoch nicht nur die Leinwand, sondern die gesamte amerikanische Lebenswelt eroberten, indem sie »zur Reklamefigur für Süßigkeiten, Hygieneartikel, Mode und Spielzeug«[101] wurden. Wenn Ashbery die Disney-Figuren daher zu Sujets seiner Gedichte macht, das simplifizierte Figurenensemble, die infantil wirkenden Dialoge und linearen Handlungsverläufe parodiert, so greift er damit ein kulturelles Paradigma der amerikanischen Wirklichkeit auf. Die Tatsache, daß in diesen Filmen psychologisch ex-

---

101 Hoffmann in Rother ebd. S. 320f.

trem reduzierte, ja ihrer diffizilen menschlichen Regungen entmündigte Gestalten auftreten, veranlaßte bereits Benjamin zu Reflexion über eine moderne Wirklichkeit, die alle ›menschlichen‹ Dimensionen verloren habe. Die künstliche Kulisse, vor der Disneys Trickfiguren ihre scheinbaren Konflikte entfalten, entspricht denn auch der künstlichen Oberfläche einer Außenwelt, die mit einem naiven, zwischen Natur und Kultur unterscheidenden Landschaftsbegriff nicht mehr zu fassen ist. Disneys Comic-Akteure sind Teil jener virtuellen, künstlich arrangierten ›Landschaft‹, in der sich das ›postmoderne‹ amerikanische Leben abspielt. Im Bild der trickartig auf dem Reißbrett einer Phantasielandschaft animierten Phantasiefigur gelingt es Ashbery, den künstlichen, medial überfrachteten Charakter der amerikanischen Kultur einzufangen.

Film als poetologische Chiffre   Ashberys lyrische Sprache hat sich den Duktus des Films einverleibt. Er verwendet film-, kamera- und fototechnische Begriffe zur Kreation einer neuartigen, davon abgeleiteten Bild- und Metaphernwelt; darüber hinaus hilft ihm der cineastische Jargon, seine Poetik jeweils im Gedicht selbst zu formulieren. Die Erwähnung des Filmmediums – oder aus dem Bereich des Films stammender Begriffe, die metonymisch, in der Art des pars pro toto auf das Medium verweisen – korreliert daher in Ashberys Lyrik häufig mit poetologischen Aussagen. Der Film ist für ihn auch eine Chiffre, die sein eigenes poetisches Vorgehen umschreibt. Auf den Film, das filmische Dispositiv oder auch nur einen im kracauerschen Sinne ›filmischen‹ Eindruck seiner Poesie verweisen Signalwörter wie »cut«, »screen«, »lense«, »flow«, »negative«, »positive«, »color«, »motion«, »acting«, »shot«, »scene«, »drapery«, die seine Gedichte durchziehen. Einen ›filmischen‹ Eindruck hinterlassen die für seine Lyrik üblichen abrupten, verschiedenartige Sinnbezüge und Bildbereiche miteinander verleimenden Schnittmontagen. Sein am Zufälligen und Vorläufigen orientierter Bilder- und Gedankenstrom findet durch die Chiffre des Films bzw. des Filmischen eine adäquate poetologische Entsprechung (»Meanwhile the same film strip / is projected endlessly across one's forehead. One has seen it so many times! / Yet one dares to admit there are so many details, each time, that escaped one before«),[102] so daß der Film als Metapher für Ashberys lyrischen Schreibprozeß gelten kann.

Besonders an diesem Punkt ergeben sich Parallelen zu Cendrars' lyrischer Beschäftigung mit dem Film. Auch bei ihm konnten wir feststellen, daß Komponenten filmischer Ästhetik, wie Bewegung, rasanter Bilder-, Motiv- und Metaphernwechsel, Eindruck potentieller Endlosigkeit des

102 Ashbery, Flow Chart, S. 54.

übermittelten Materials, Aufnahme einer authentischen, ›ungestellten Realität‹ ins Gedicht im Sinne des poème trouvé bzw. des sinnverfremdenden Plagiats von Alltagstexten sein poetisches Verfahren bestimmten. Auch der avantgardistische Impuls bei Cendrars, Poesie eine neue, antipoetische Definition zu geben, zu der ihm die Ästhetik des Films – wie er sie sich in »L'ABC du cinéma« zurechtlegte – Pate stand, ist bei Ashbery, wenngleich auf andere Weise, anzutreffen.

Da der Film für Ashberys Gegenwart und Kultur längst nicht mehr dieselbe ästhetische Neuheit und kulturelle Andersartigkeit besitzt wie für Cendrars' Generation, bemächtigt er sich des Mediums auf andere Weise. Dies liegt schon darin begründet, daß Cendrars' filmische Poetik nur die Wirklichkeit des schwarzweißen Stummfilms vor Augen hatte, die Parallelmontagen eines Griffith, die Dramatik eines Gance, die Komik eines Charlie Chaplin und Buster Keaton seine Anschauung vom Film prägten, während Ashbery in eine Welt der von Hollywood produzierten Ton- und zunehmend auch Farbfilme hineinwuchs, in ein Amerika, in dem das Kino zum kulturellen Establishment gehörte, wo seit den fünfziger Jahren das Fernsehen als vom Film abgeleitetes Medium mit seiner bald unüberschaubaren Anzahl von Sendern und Programmen das Bild einer medialen, virtuellen Realität bestimmte. Von Cendrars zu Ashbery hat sich der Filmbegriff selbst gewandelt und bedeutend erweitert. Konnte Cendrars noch ein Kino imaginieren, das dokumentarische Echtheit und Authentizität vermittelt, so hatte sich Ashbery mit einer schon ausgeprägten vielfältigen, vom (Kino-)Film determinierten Medienrealität auseinanderzusetzen. Wenn Ashbery die Filmmetapher als poetologische Chiffre verwendet, so ist dies auch ein Reflex auf die Wahrnehmung seiner amerikanischen Gegenwart – denn diese scheint am adäquatesten durch den Bezug auf das Medium Film darstellbar zu sein.

So hat sich der avantgardistische Impuls von der ›bloßen‹ Anlehnung an ästhetische Prinzipien des Films (Cendrars) auf die Radikalisierung bestimmter filmischer Techniken bzw. zu Techniken des Films analogen Textstrategien hin verlegt, so z.B. die Bevorzugung des im konventionellen Film eher vermiedenen oder spärlich genutzten Jump-Cuts sowie allgemein bei Ashbery die Betonung auf diskontinuierliche, einem linearen Handlungsfluß entgegensteuernde Montagen heterogensten Materials, wie sie kaum im kommerziellen Film, vielmehr im experimentellen – also selbst avantgardistisch markierten – Film anzutreffen sind: Ashberys Freundschaft mit den filmenden New Yorker Künstlern Joseph Cornell und Rudy Burckhardt ist ein auch biographisch verbürgtes Zeichen dieser Affinität zum nicht-narrativen, poetisch motivierten Kunst- und Collagefilm.

Sowohl Cendrars als auch Ashbery übernehmen bei ihrer lyrischen Anlehnung an den Film nie das gesamte ästhetische Spektrum des Mediums, sie beziehen sich auf den Film nicht in der Absicht, seine Wirkung sprachlich bloß zu kopieren, sondern sie greifen jeweils ganz bestimmte, mit ihren ästhetischen Vorstellungen korrespondierende Aspekte des Mediums heraus, um sie ihrer eigenen poetologischen Konzeption einzufügen. Speziell bei Ashbery sind die differenzierten Anspielungen auf den Film metaphorisch aufzufassen, weil sie immer auch etwas anderes meinen als die Vokabel »Film«, wie sie außerhalb seiner Gedichte im Alltag gebraucht wird. »Film« ist bei Ashbery die Chiffre für eine Auffassung von Film, die sich erst im Gedicht selbst realisiert, d.h. das Gedicht selbst ist nach Ashberys Verständnis bereits ein »Film« – wie ihn jedoch nie ein tatsächlicher Film, sondern eben nur das Gedicht in seiner Sprache hervorbringen kann.

Wie nicht zuletzt etwa die in filmischer Endlosigkeit ausschwingenden, sich immer wieder fragmentarisch verrätselnden Langzeilenstrophen von Ashberys Langgedicht »Flow Chart« aus dem Jahr 1991 unter Beweis stellen – die sich konsequent der Kontinuität und Abgeschlossenheit eines konventionellen filmischen Plots verweigern –, bleibt in jedem Fall die ästhetische Eigenständigkeit, der Autonomieanspruch von Poesie gewahrt:

Every film is an abidance. We are merely agents, so
that if something wants to improve on us, that's fine, but we are always
the last
to find out about it, and live up to that image of ourselves as it gets
projected on trees and vine-coated walls and vapors in the night sky:
a distant
noise of celebration, forever off-limits.[103]

---

103 Ebd. S. 216.

5. Rolf Dieter Brinkmann

5.1 Film als Impulsgeber

5.1.1 Faszination des Kinos

»Flickermaschine« – Kino als Ikonographie modernen Bewußtseins

Auf die 1969 in einem Fragebogen an Brinkmann gerichtete Frage »Was tun Sie am liebsten?« steht an erster Stelle der Antwort »Ins Kino gehen«.[1] Die Filmbegeisterung ging einher mit den Abgrenzungsbestrebungen jüngerer Autoren vom als zu akademisch empfundenen Literaturverständnis der Gruppe 47 und einer breiten Rezeption zunächst westeuropäischer, vor allem französischer, später dann US-amerikanischer Avantgarden bzw. gegenkultureller Strömungen, die unter Namen wie »nouveau réalisme« bzw. »nouveau roman« sowie »Beat«, »Pop« und »Underground« Bedeutung erlangten. Ein kultureller Paradigmenwechsel vollzieht sich: Die Literatur wird nicht mehr als privilegierte Kunstgattung begriffen, sondern als Teil verschiedenartiger künstlerischer Aktivitäten, die nach dem Vorbild der historischen Avantgarden die Kunst mit dem Leben versöhnen sollen. Auf dieses neue Verständnis von Literatur unter dem Einfluß außerliterarischer Kunst- und Kommunikationsformen weist Brinkmann selbst nachdrücklich hin:

> Es gibt einen Bruch in der westdtschen [sic] Literatur, und der ist Mitte der 60er Jahre da, beeinflußt u.a. durch neue Filme, nouvelle vague in Frankreich, new cinema in England, Undergroundfilme aus New York, durch amerikan. Popart[,] durch die Autoren der amerikan. Beatgeneration, durch die Erhebung der Studenten gegen die Rituale des Akademismus, durch die Erfahrungen mit bis dahin tabuisierten Rauschmitteln, durch die Heftige [sic] Stärke der Rock-n-Rollmusik, – alles das waren neue Erfahrungen, die den Autoren der 50er Jahre fehlten, und diese neu hinzugekommenen Elemente alltäglichen Lebens, diese Hinweise auf Lebendigkeit, fehlte den Autoren der 50er Jahre. Auch völlig neu war, daß Literatur nur eine Vermittlungsart war (& da

---

[1] Vgl. Tsakiridis, Supergarde, o. S. Auf »ins Kino gehen« folgen: »schreiben, ficken, kaffeetrinken, zeitrumbringen, lesen«.

hat M. McLuhan mit seinen Theorien und der Propagierung von TV und Reklame, also der Propagierung des Visuellen und der Umstellung der anderen Sinne außer dem visuellen Sinn, Einfluß gehabt): insgesamt kommt der Umschwung Mitte der 60er Jahre, und die Autoren haben das wohl sehr lustvoll mitgemacht, auf ihre Weise, ohne mich [sic] von ideologischen Doktrinen einfangen zu lassen.[2]

Unter »Bildern« versteht Brinkmann diejenigen künstlich erzeugten Vorstellungswelten, die auf reproduzierbaren Oberflächen unser Gegenwartserleben prägen und somit unsere Wahrnehmung, unser Bewußtsein prädisponieren: »ein Film, also Bilder – also Vorstellungen, nicht die Reproduktion abstrakter, bilderloser syntaktischer Muster … Bilder, flickernd und voller Sprünge, Aufnahmen auf hochempfindlichen Filmstreifen Oberflächen verhafteter Sensibilität«.[3] Die Filmbilder transportieren mit den durch sie reproduzierten Vorstellungen eine neue Art von Ikonographie unserer technisierten, der Ästhetik der Oberfläche verpflichteten Gegenwart:

Alte Filmbilder flickern durch den Kopf … Mae West stemmt die Hände in die Hüften, sie ist Flower Belle Lee – sie sagt »Kultur ist eine große Sache …« und wir hören diesen Satz und wir lachen zu Recht, denn wir sehen Mae West, die mehr ist als das, was wir immer bis zu dem Augenblick als »Kultur« begriffen haben […] Dias rutschen vorbei, wir könnten uns in anderen Bildern als die gegenwärtig in der Literatur uns angebotenen zurücklassen …[4]

Vor allem die 1969 von Brinkmann zuerst in der Anthologie »Supergarde« veröffentlichte experimentelle Prosa mit eingeschnittenen Filmstills »Flickermaschine« – eine Wortschöpfung Brinkmanns, die das sinnlich-visuelle Erlebnis des Mediums betont[5] – setzt sich mit der bewußtseins-präformierenden Kraft des Kinos auseinander. Dem Wort »Kino« kommt

---

2   Brinkmann, Briefe an Hartmut, S. 145. Zitate aus »Briefe an Hartmut« werden nachfolgend im laufenden Text unter der Sigle BaH nachgewiesen.
3   Brinkmann, Der Film in Worten, S. 223.
4   Brinkmann, Der Film in Worten, S. 150.
5   Schwalfenberg, Die andere Modernität, S. 129, erinnert an die Herkunft von Brinkmanns Neologismus »Flickermaschine« aus der englischen Umgangssprache (vgl. auch die Verwendung von »the flicker« in Dorns Langgedicht »Gunslinger«): »In Brinkmanns Text ›Flickermaschine‹ ruft das Stichwort *Kino* außerdem das englische Wort ›flicker‹ ins Bewußtsein, das im Gegensatz zu dem im Deutschen eher ungebräuchlichen Verb ›flickern‹ als Synonym für ›flackern‹ auch als Substantiv existiert, das im Plural einen Slangausdruck für Film bildet.«

hier eine doppelte Bedeutung zu: Zum einen meint es die von der Filmindustrie gelieferten Bilder und stereotypen Vorstellungswelten – die Standbilder zumeist erotisch konnotierter Posen bzw. Close-ups von Gesichtern, die Brinkmann jeweils in Dreierfolgen, in der Manier von Hitchcocks »cross-cutting«,[6] seinem Text eingegliedert hat, illustrieren dies. Zum anderen bezeichnet »Kino« zugleich auch den innen, im Kopf ablaufenden Bewußtseins›film‹, der sich sowohl aus den filmartig-oberflächenhaften ›Second-hand‹-Bildern der Außenwelt speist als auch die Eindrücke singulären Erlebens mit seiner Patina überzieht. Unter einer Bilderreihe, in deren Mitte eine lächelnde Marilyn Monroe, eingerahmt von einer Seiten- und einer Frontalansicht männlicher Mundpartien (Kennedy?) zu sehen ist, beginnt eine Passage, die *die Genese des Texts aus dem Geist einer kinematographischen ›Ur-Erfahrung‹ heraus* schildert:

> Der Bildschirm wurde angeschaltet. Das tanzende Gewimmel von Wörtern erschien als erstes, winzige Pünktchen, die immerzu zerplatzten, in einer hellgrauen Flüssigkeit, in dem hoch von oben einfallenden Licht, in dem weichen Schmerz. Die Wörter würden dann später zu Sätzen zusammengefügt werden. Dann würde man weiter sehen.[7]

Für Brinkmanns Sprachgebrauch ist zu unterscheiden zwischen einem engen, konkreten Gebrauch des Kino-Begriffs, der den Ort, wo Filme vorgeführt und angeschaut werden, sowie die Art der Filme dort meint; und einem abstrakteren, metaphorischen Gebrauch der Kino-Vokabel im weiteren Sinn als einer das menschliche Bewußtsein steuernden Medienindustrie. Beide Begriffe bedingen sich gegenseitig, wie nicht zuletzt das von ihm selbst geprägte Kino-Synonym »Flickermaschine« demonstriert: Zitate der Filmgeschichte, simulierte kinematographische Wahrnehmung und durch künstlich illuminierte Oberflächen diagnostizierte Bewußtseinspräformation gehen in diese Wortschöpfung ein.

»Das Kino« beinhaltet für Brinkmann immer mehr als nur virtuell präsente Stars im Sinne von Helden oder identifikatorischen Mythen des technischen Zeitalters. Es ist für ihn auch mehr als nur die »Traumfabrik«, die auf ihren Oberflächen Erfahrung aus zweiter Hand vermittelt: Die »Flickermaschine« veranschaulicht für ihn die Perzeptionsgewohnheiten des Menschen in der Mediengesellschaft des ausgehenden 20. Jahrhunderts. Deshalb schlägt er auch Plakatwerbung, Illustriertenästhetik und andere Medien dem Kino zu, weil dieses in seinen Augen am umfassendsten die mediale Determiniertheit des Menschen durch Wort und Bild

---

6 Vgl. ebd. S. 130f.
7 Ebd.

repräsentiert. Er vergleicht die Realität mit »Filmbildern [...] dieser ganzen Kulisse«,[8] fragt denunziatorisch: »Wer dirigiert den täglichen Film?«[9] oder klagt die medialisierte Öffentlichkeit als »dreckige[n] Wortfilm«[10] an. Nicht zuletzt sind es Publikationen der Hirnforschung und der experimentellen Psychologie, Wahrnehmungs- und Gedächtnistheorien, die Brinkmanns Affinität zum Kino engführen mit seinem Interesse am Funktionieren des menschlichen Bewußtseins.[11] In der Auseinandersetzung mit Brinkmann ist es deshalb unabdingbar, auf die vielschichtige, ständig changierende Bedeutung hinzuweisen, die diese Metapher bei ihm annimmt. Sie läßt sich auf folgende Komplexe zusammenfassen:

1) Die moderne urbane Realität wird vom Bewußtsein wie ein Film – fragmentarisch, bruchstückhaft, mit assoziativen simultanen Schnitten, Schwenks und Perspektivwechseln – wahrgenommen: »Die Wirklichkeit ein Gehirnfilm?« (BaH 77)

2) Das Kino als Teil alltäglicher Erfahrung innerhalb der »zweiten Natur« moderner Urbanität determiniert und präfiguriert mit seinen Projektionen seinerseits unseren Blick auf diese Realität.

3) Die Projektionen des Kinos – im konkreten wie metaphorischen Sinne – wirken zugleich auf die personale Wahrnehmung des Subjekts zurück, bestimmen seinen Zugang zur Wirklichkeit und dominieren so sein Bewußtsein.

4) Um wahrgenommene ›Realität‹ als bereits fiktionalisiert, medial vermittelt begreifen und dechiffrieren zu können, nutzt der Autor in seiner Literatur die ikonographischen Codes des Films. Dieses demontierende Verfahren schließt gleichwohl nicht aus, daß sich der Autor ebenso aus persönlichem, autobiographischem Interesse dem Kino, dessen Bildersprache, Technik und Historizität zuwendet.

Attraktivität amerikanischer B- und Gangsterfilme

Zwischen 1962 und 1966 bin ich dauernd in die Spätvorstellungen gegangen [...] um mir diese rohen, ungebrochen gemachten Filme anzusehen, worin so befremdliche Aufnahmen waren, die mir wegen dieser

---

8 Brinkmann, Erkundungen, S. 218.
9 Ebd. S. 223.
10 Ebd. S. 386.
11 In einer Ankündigung für den nie erschienenen experimentellen Sammelband Brinkmanns »Omnibus« spricht das Programmheft des März-Verlags 1969 vom »große[n] Kino des Bewußtseins« – eine Formulierung, die auf Brinkmann selbst zurückgehen dürfte.

genauen Beobachtungen und seltsamen und doch alltäglichen Details (etwa eine leere Mülltonne rollt lange eine morgendliche leere amerikan. Vorortstrasse entlang) mehr gezeigt haben als die schicken französ. Kunstfilme. [...] Ich wollte wirklich einen rohen, unmittelbaren Effekt haben, und keinen Kunsteffekt, der dann Kunst so vorne rausstellt. (BaH 41)

Die genretypischen Handlungsverläufe der Gangsterfilme boten ähnlich wie im Film noir den Regisseuren die Gelegenheit, den Plot mit scheinbar unmotivierten, plötzlich ›rohen‹, nach Kracauers Auffassung *ungestellt* wirkenden Szenen des urbanen Alltags anzureichern. Der klassische Gangsterfilm hat mit dem Film noir nicht nur den zeitlichen Entstehungshintergrund gemeinsam – von den späten dreißiger bis in die fünfziger, frühen sechziger Jahre hinein –, sondern auch Topoi von Verbrechen, Mord und Promiskuität. Wird der Film noir wegen seiner thematischen Vielfalt, seines inhaltlichen Variationsreichtums gern auch nur als an seinen Hell-Dunkel-Bildkontrasten diagnostizierbarer »Stil« bezeichnet,[12] so legt schon der Genrebegriff »Gangsterfilm« die thematische Fokussierung nahe. Wenngleich nicht alle Noir-Filme ein Gangsterleben darstellen, sind umgekehrt viele Gangsterfilme im Stil des Film noir gehalten und fallen unter diese Kategorie.

Brinkmanns Interesse am Gangstergenre richtet sich auf die Komposition der Szenen, auf scheinbar nebensächliche Details, die von der Handlung abzweigen, auf überraschende Alltagsszenen und dinghaft-konkrete Vergegenwärtigungen einer urbanisierten Außenwelt, wie sie bereits früher von Kracauer und Benjamin am Filmmedium nachgewiesen worden waren. Sein Interesse an den oft mit geringem finanziellem Budget und zeitlichem Aufwand produzierten Gangsterstreifen ist vergleichbar mit der Affinität, die die Pariser Avantgarde um Apollinaire vor dem Ersten Weltkrieg zu den Feuillade-Stummfilmprojektionen der »Nick Carter«- oder »Fantômas«-Krimiserien empfand. Es ist die Faszination für die ›einfachen‹, ›konkreten‹ Dinge, die in Brinkmanns Augen die Poesie unserer Zivilisation ausmachen – eine Poesie, die sich an der neuartigen Schönheit von Konservendosen, Geschäftsreklamen, Ladentheken entzündet, wie Louis Aragon in »Du décor« festgestellt hatte, nachdem Rimbaud mit seinem Katalog an diversen populären »décors« in »L'alchimie du verbe« bereits die Richtung vorgegeben hatte:

---

12 Im Gegensatz zu Werner, Film noir, definiert Müller in Rother, Sachlexikon Film, S. 119-121, den Film noir als »kein eigenständiges Genre, sondern ein Stil, der sich in bereits etablierten Genres manifestiert. Dies waren vor allem das Melodram und der Gangster-, Polizei- und Detektivfilm«.

Schon den neuen Film gesehn? Welchen? Von Budd Boetticher. Ist gut, nicht. Gut. Der Plan ist einfach. Einer sitzt auf einem Stuhl allein in einem Zimmer und starrt auf die Tür. Wer wird gewinnen? Legs Diamond hält die Pistole hin und sagt, Hallo, ist da, im Fenster, aus dem er den andern rausspringen läßt. Die zwei Typen von dem rennen auf die Straße, leicht abzuknallen, und Legs holt sie sich. Die Eleganz dieser Szene ist die Eleganz von Musik, die man nicht hört.[13]

Die ›unprätentiöse Prätention‹ der amerikanischen Gangsterfilme besteht für Brinkmann darin, Dinge zu offenbaren, Bedeutungen aufzuzeigen, Wahrheiten zu enthüllen, die gar nicht als solche im Plot der Filme angelegt, scheinbar unintendiert, ohne herausgestellten Kunstanspruch in ihnen zu finden sind. Damit rezipiert er, wie Godard, diese Filme gegen den Strich. Da sie selber nicht »Kunst« zu sein beanspruchen, gestatten sie ihm, sich ihrer »rohen«, anscheinend intentionslosen, künstlerisch unverwerteten Aspekte zu versichern und sie so für seine eigenen künstlerischen, d.h. literarischen Intentionen fruchtbar zu machen.[14] Indem er künstlerisch aufgegriffen wird, verselbständigt sich der »rohe Effekt« der Gangsterfilme, so daß er ein neues poetisches Prinzip gebiert.

Die neomythischen Projektionen sollen mit Hilfe subversiver Textstrategien ihrem ursprünglichen Zusammenhang entrissen werden, um aus dem Vorgefundenen etwas anderes als das Intendierte zu machen. Damit nähert sich Brinkmann aber genau der Konzeption von »Film als Kunst«, die wegen ihres erklärten Kunst- bzw. Avantgardeanspruchs in diametraler Opposition zum Populär-, Massen- und Trivialkino steht.

---

13 Brinkmann, Keiner weiß mehr, S. 110f.

14 Dasselbe gilt für diejenigen von Brinkmann favorisierten amerikanischen B-Filme, welche nicht eindeutig unter das Gangsterschema fallen, darunter »Russ Meyer's Muchoney [Mudhoney], Russ Meyer's Faster Pussycat« (BaH 116), aus voyeuristischem Blickwinkel gemachte ›Sexwestern‹, die Sexualität in damals schockierend offener, ›roher‹, d.h. ins Brutale gesteigerter Weise zeigen – hier wird der Motivkomplex von Sexualität *und* Verbrechen zitiert, den Brinkmann in seinen Materialbänden wie »Rom, Blicke« oder »Schnitte« als negatives Fundament der westlichen Gegenwartskultur denunziert. Russ Meyers ohne erklärte Kunstintention produzierte Filme gelten heute als bahnbrechend für die filmische Darstellung von Sexualität, weil hier erstmals mit ästhetischen Konventionen wie der Darstellung weiblicher Nacktheit oder von Geschlechtsakten gebrochen wurde. Im Gegensatz zum Pornofilm liefert Russ Meyer jedoch keine den Voyeurismus bloß bedienende Hochglanzästhetik, sondern inszeniert die Rolle des Voyeurs als verfremdende, mit unerwarteten Brechungen spielende Projektionen.

Anregungen aus dem Kunst- und Experimentalkino

Hatten die Gangsterstreifen vor allem inhaltlich inspiriert, moderne Groß-
stadtmythen mit dem dazugehörigen Arsenal an Bildern und Szenen vermittelt, so suchte Brinkmann doch auch nach genuin ästhetischen Anregungen durch den Film, und diese erhielt er aus anderer Richtung. Einen
wichtigen Hinweis darauf liefern Brinkmanns eigene Filmexperimente
aus den Jahren 1968/69, die er mit Schmalfilmkamera im Home-Movie-
Format 8 mm betrieb. Als »eine Art, sein Ich zu vergessen und seine volle
Aufmerksamkeit der Umgebung zu widmen«,[15] bezeichnet er 1971 seine
Gewohnheit, mit einer billigen Pocketkamera seine Stadtgänge zu dokumentieren: »schoß 60 Bilder mit der Instamatic Schwarz/Weiß […] langsam und dann mehr, eine Aufnahme nach der anderen, und ist das nicht
eine Reise?« Der nachdrückliche Hinweis auf den seriellen, in zeitlicher
Folge ablaufenden Vorgang des Bildermachens und der Vergleich dieser
Streifzüge mit einer »Reise« zeigen, daß er auch mit seinen Fotografien
den Anschein einer bewegten filmischen Progression zu erwecken suchte.

Brinkmann sammelt wie Blaise Cendrars – wenn im Jahr 1968 auch
unter anderen Vorzeichen als 1920 – praktische Erfahrungen mit dem
Film. Es gehört zur Ironie am praktischen Filmschaffen dieser beiden
Lyriker, daß ihre eigenen Filme als verschollen bzw. unzugänglich gelten
müssen; und da beide ihre Filmversuche schließlich zugunsten des
Schreibens wieder aufgaben, ist die Geschichte ihres Medienwechsels zugleich mit einer Signatur uneingestandenen Scheiterns versehen – zumindest verglichen mit dem, was ihnen mit ihrer Literatur gelang. Ein
eher kommerziell angelegtes Filmprojekt Brinkmanns, das sich unter
dem Arbeitstitel »Der Abstieg« »mit der Geschichte eines Popsängers beschäftigt«[16] und für das er 1968 mit dem WDR einen Vertrag abgeschlossen hatte,[17] wurde nie zu Ende gebracht, andere Filmvorhaben kamen über
den Entwurf – das von Späth erwähnte Drehbuch zu »Flickermaschine«[18] –
nicht hinaus oder erwiesen sich als unverfilmbar. Wie bei dem französischen Dichter der Vorkriegsavantgarde darf jedoch auch bei Brinkmann
auf Wechselwirkungen zwischen seinen praktischen Filmkenntnissen
bzw. -erfahrungen und seiner Vorstellung von Literatur, seinen poetologischen Konzepten, seiner Einstellung zu Sprache, Bild und Intermedialität geschlossen werden. Das Programm des »Cambridge Poetry Festival

---

15 Brinkmann, Erkundungen, S. 57.
16 Späth, Rolf Dieter Brinkmann, S. 117.
17 Vgl. Brinkmann, Erkundungen, S. 257.
18 Vgl. Späth, Rolf Dieter Brinkmann, S. 66.

1975«, auf dem Brinkmann wenige Tage vor seinem Tod u.a. mit John Ashbery las, verzeichnete für »Sunday 20th April« einen Workshop, der sich den »Correspondences between Contemporary American Poetry and Experimental Film Technique« widmen sollte; und ganz im Sinne der damit beschworenen Transmedialität von Lyrik und Film wurden während des Festivals zahlreiche Filme über Lyriker (z.B. die Brakhage-Hommage an Robert Creeley und Michael McClure), z.T. auch von Lyrikern selbst gemachte Filme gezeigt. Von einem solchen Kunst- und Experimentalkino versprach sich Brinkmann ästhetische Anregungen für seine eigenen Filme und von diesen rückwirkend auch für seine Literatur:

> Den Sommer 1968 verbrachte ich mit Super-8-Filmen in der Stadt.[19]
> Und 1968 bin ich dann angefangen und habe 8 mm Filme gedreht, endlos, lang und teuer, wobei wirklich schöne Sachen (Filme) rausgekommen sind. 1969, im Winter, verschob ich dann das Filmen auf das Fotografieren. (BaH 81f.) 1967/68: Schmalfilme, in schwarz-weiß & Color, 8 mm (angeregt durch die Filmexperimente der New Yorker Underground und Nicht-kommerzieller Filmer, – verschiedene Super 8 mm-Filme, vorgeführt auf der Buchmesse Frankfurt in einer Galerie) 5 Filme: zwischen ½ Stunde und 1 ½ Stunden (BaH 113)

Empfand er gegenüber dem, was etwa deutsche Filmemacher um dieselbe Zeit produzierten, eine heftige Abneigung[20] – die mit seiner weitgehenden Ablehnung der zeitgleich hervorgebrachten westdeutschen Lyrik korrespondiert –, holte er sich analog zu den in »ACID« und »Silverscreen«

---

19 Brinkmann, Erkundungen, S. 257. Hierzu enthält das Rowohlt Literaturmagazin 44 ein Foto von Jens Hagen, das Brinkmann filmend in einer Kölner Fußgängerpassage zeigt.

20 Überliefert sind Brinkmanns Widerstände sowohl gegen die filmische Dialektik eines Alexander Kluge, die er in Der Film in Worten, S. 226, als unsinnlich-filmfremde »Denkakrobatik« bezeichnet; als auch gegen die Spielfilme eines Faßbinder, »den stumpfen feierlich mit der Kamera und den Arrangements vorgetragenen Kitsch, die deutsche stumpfe Mentalität, die daherschreitet und Bedeutsamkeiten fabriziert […] ungeheuer lächerlich modern aufgeputzt«, wie er angesichts des Films »Händler der vier Jahreszeiten« in einem Brief vom 2. August 1974 an Hartmut Schnell schreibt (BaH 88). Selbst den deutschen Experimentalfilmer Helmut Costard, der 1968 auf den Oberhausener Kurzfilmtagen mit der Nahaufnahme eines eregierten Penis schockiert hatte, empfand er als »Muff-Costard« (Brinkmann, Erkundungen, S. 257). Einzig der Regisseur Ulf Miehe genießt Brinkmanns Freundschaft, wie die in Literaturmagazin 36, S. 102-110, vorgestellten Briefe belegen, welche entstanden, während Miehe sich mit einer Verfilmung der Storm-Novelle »Ein Doppelgänger« befaßte.

dokumentierten Lyrikanregungen seine Inspirationen aus Übersee. Was er konkret bei den »New Yorker Underground und Nicht-kommerzielle[n] Filmer[n]« lernen konnte, mag aus zwei dem Experimentalfilm gewidmeten Aufsätzen in der von Brinkmann und Rygulla herausgegebenen Anthologie »ACID« hervorgehen. Und zwar sind dies Jonas Mekas' »Anmerkungen zu einigen neuen Filmen und zur Glückseligkeit« und Gregory Battcocks Besprechung »Vier Filme von Andy Warhol«.[21] Erwähnenswert ist zudem Brinkmanns Mitgliedschaft im damaligen Kölner Experimentalfilmclub XSCREEN, dessen als provozierend empfundene Veranstaltungen er öffentlich verteidigte.[22] Hier wurden seinerzeit in deutschlandweit einzigartigem Umfang und ungewohnter Vielfalt sonst schwer zugängliche Streifen der New Yorker Experimentalfilmszene vorgeführt und diskutiert. Den Kontakt zwischen dem unabhängigen New Yorker Film- und der vom akademischen Betrieb weitgehend losgelösten jungen New Yorker Lyrikszene demonstrierte dort ein Abend (24.10.1968) im Rahmen des fünftägigen Festivals »Underground-Explosion« mit einer Lesung Brinkmanns, auf der er »Neue amerikanische Lyrik« vorstellte, der eine Schau von Filmen des New Yorkers Kenneth Anger unmittelbar vorangegangen war.[23] Aus dem ebenfalls dort gezeigten Film »Flaming Creatures« von Jack Smith verwendete Brinkmann darüber hinaus das Szenenfoto, das, auf grobkörnigem Schwarzweiß, ein ausgestrecktes, halb entkleidetes Mädchen zeigt, für den Einband seiner Anthologie »Silverscreen. Neue amerikanische Lyrik«. Das Programm von XSCREEN aus den Jahren 1968-71 verzeichnet neben Klassikern des avantgardistischen Films wie Buñuels »Un chien andalou« und »L'Age d'or« oder Maya Derens »Meshes of the Afternoon«, der Vorstellung von Projekten New Yorker Filmemacher wie Jonas Mekas, Stan Brakhage, Gregory Makropoulos, Michael Snow, mit »The Chelsea Girls«, »Nude Restaurant«, »Bike Boy«, »Kiss«, »Banana« u.a. auch einen repräsentativen Querschnitt durch das filmische Œuvre Andy Warhols.[24]

Doch auch andere Kunstkonzepte, die sich unter dem Mantel des »nouveau réalisme« verbargen, scheinen in Brinkmanns Kurzfilme und von dort in seine filmische Poetologie eingegangen zu sein. Die Fluxus- und Happeningbewegung mit ihrem kalkulierten Exhibitionismus – denen etwa das Action-Painting eines Jackson Pollock vorausgegangen war – mochte ihm ein Anstoß zur Inszenierung körperlicher Anwesenheit sein,

---

21 Vgl. Brinkmann/Rygulla, ACID, S. 159-166; 294-307.
22 Vgl. Hein, XSCREEN, S. 113-119.
23 Ebd. S. 113.
24 Vgl. ebd. S. 122f.

die gezielt Tabugrenzen unterwandert, wie dies u.a. auch von den mit der Kölner XSCREEN-Gruppe assoziierten Wiener Aktionisten – Valie Export mit ihrem »Tastkino« oder Kurt Kren mit der Vorführung seiner Stuhlentleerung – beabsichtigt war.[25]

Hinter Brinkmanns Vorliebe für die nicht-kommerziellen oder zumindest unabhängigen Filmemacher – eine Bezeichnung, die in den Vereinigten Staaten für alle unabhängig von Hollywood arbeitenden Regisseure verwendet wird – verbirgt sich die Idee eines »Cinéma vérité«,[26] eines primär dokumentarisch angelegten Kinos, dessen Sujets in der realen Welt vorgefunden werden – eines Kinos, das anstelle neuer Fiktionen an der Entfiktionalisierung der Wahrnehmung interessiert ist: »Vorliebe für Filme von Chris Marker (z.B. La Jete [La Jetée] & Jean Vigo-Filme/Vorliebe für Filme [von] John Cassavetes u.a. Faces (den ich in Austin sah), Dokumentarfilme vom Kanadier Leacock« (BaH 116). Wenn die genannten Regisseure auch jeweils völlig verschiedenartige Filme hervorgebracht haben, eint sie doch die Tatsache, von den Standards des kommerziellen Kinos weitgehend unabhängige Wege eingeschlagen zu haben und statt dessen eigenen Vorstellungen vom Film gefolgt zu sein. Ein dokumentarischer, den Film entfiktionalisierender Ansatz ist den Filmen aller Genannten, auf die eine oder andere Weise, eingeschrieben: Sind bzw. waren sie doch auch – bis auf die Ausnahme des älteren Jean Vigo – Vertreter derselben ›neuen‹ Generation von Filmemachern, für die in Brinkmanns Gegenwart die Begriffe der »Nouvelle Vague« (was den französischen Film betrifft) bzw. des »Independent-Cinema« (für den amerikanischen Bereich) gefunden wurden.

Chris Marker, der bereits 1956 mit Alain Resnais den Dokumentarfilm »Les statues meurent aussi« über die kulturelle Ausbeutung Afrikas geschaffen hatte, wurde 1963 bekannt mit dem halbstündigen Film »La Jetée«. Die Handlung, die alptraumartige Vision einer durch die Mani-

---

25 »Hier in Köln hat er Schmalfilme vorgeführt, wo er wirklich onaniert hat. Er hat Leute zu sich eingeladen, und dann konnte man ihm zugucken. Der ganze Film handelte nur davon, wie er onanierte«, erinnert sich Wellershoff, in Geduldig/Sagurna, Too much, S. 122.

26 Der Begriff des »Cinéma vérité« wurde zunächst für die ethnologischen Dokumentarfilme Jean Rouchs geprägt, steht aber auch in Zusammenhang mit der (in den fünfziger/sechziger Jahren entwickelten) Idee eines erneuerten Dokumentarfilms mit autoreflexivem Anspruch: »Der Kamera kommt [...] der Charakter eines Caméra Provocateur zu, der eine Wahrheit hervorbringt, die unter dem Sichtbaren verborgen liegt. [...] Kamera und Drehsituation werden dabei Teil des Films [...] in dem Filmemacher und technisches Gerät eine Symbiose der Beobachtung und der Teilnahme bilden.« Rother, Sachlexikon Film, S. 44.

pulation von Vergangenheit und Zukunft nach einem 3. Weltkrieg fort-
existierenden Menschheit, wird nahezu komplett realisiert durch die
Montage von Standfotos, ausgeschnittener, unbeweglicher Filmstills:
eine Form, die eine Reflexion über den Charakter und die Funktion von
Erinnerung bzw. deren technische Manipulierbarkeit nahelegt. Den beunruhigenden Aspekt scheinbar realer, ›wirklicher‹ Bilder (Fotos) unterstreicht der irritierende Schluß, in dem der Protagonist unerwartet Zeuge
seines eigenen Tods auf dem Rollfeld von Orly wird.

Das französische Cinéma vérité fand in Amerika sein Pendant in den
Dokumentarfilmen des sogenannten Direct Cinema, den der von Brink-
mann angeführte Richard Leacock repräsentiert – ein 1921 geborener, in
Amerika lebender Engländer (kein Kanadier, wie Brinkmann schreibt).
Leacock[27] verabschiedete sich vom herkömmlichen Dokumentarfilm seiner Zeit, griff jedoch zurück auf frühere Vorbilder, etwa auf seinen Lehr-
meister Robert Flaherty, der 1921 »Nanook of the North«, eine Eskimo-
Reportage mit ethnographischem Anspruch, inszeniert hatte. Was Kracauer an Flahertys Film hervorhebt: »daß er auf einer Story besteht, die dem
Rohmaterial des Lebens entnommen ist, nicht aber dieses Material ihren
vorher festgelegten Forderungen unterwirft«,[28] entspricht auch dem Bemühen eines im amerikanischen Direct Cinema verorteten Filmemachers
wie Leacock, der, mit Handkamera und Zoomobjektiven ausgestattet,
spezifische Aspekte der amerikanischen Gegenwartskultur ablichtete
(z.B. mit »Crisis« von 1963 J. F. Kennedys Wahlkampf, 1965 »Ku Klux
Klan – Invisible Empire«, in »Hickory Hill« 1968 einen Kinder-Wohl-
tätigkeitsbasar im Hause Robert Kennedys, in »Chiefs« [1969] eine Zu-
sammenkunft von 3500 US-amerikanischen Polizeioffizieren und deren
Ehefrauen auf Hawaii), ohne seine Sujets in das Korsett bereits vor-
gefaßter Urteile oder Wertungen zu pressen, wie es der herkömmliche,
meist vorab inszenierte Dokumentarfilm praktiziert hatte.

Die ›unkontrollierte‹, sich selbst – d.h. den geschilderten Vorgängen
bzw. den dort agierenden Personen – überlassene Protokollierung einer
›ungestellten‹, nicht vorher arrangierten Wirklichkeit war in gewisser
Weise auch Absicht des unabhängigen Spielfilmregisseurs John Cassavetes, der seine Projekte durch Auftritte als Schauspieler in B-Produktionen
Hollywoods wie Don Siegels »The Killers« finanzierte. Cassavetes be-
nutzte den nur lose, geradezu beiläufig aufgerollten Handlungsfaden in

---

27 Vgl. die Internetquelle mit einer Werkübersicht Leacocks und ausgewählten
    Essays, in denen er u.a. auf sein Verhältnis zu Flahertys Filmen eingeht:
    www.richardleacock.com_15.01.2004.
28 Kracauer, Theorie des Films, S. 326f.

seinen Filmen dazu, das Verhalten seiner Schauspieler zu studieren, die er bei der Darstellung ihrer Rollen zur Improvisation, zu spontanen, ›unkontrollierten‹ Reaktionen ermunterte. Untermalt von den analog zum Acting der Schauspieler improvisierenden Rhythmen des Bebop Jazz entstand 1958/59 im New York der Beat-Ära der Film »Shadows« mit ›entfesselter‹ Handkamera. Der Titel selbst deutet schon auf die zentrale Fähigkeit des Mediums hin, durch Ausleuchtung, Hell-Dunkel-Kontraste, durch Ausnutzung natürlicher oder künstlicher Lichtquellen die Aufmerksamkeit des Zuschauers zu lenken, Objekten oder Personen eine changierende Bedeutung zu verleihen, je nachdem, ob sie im Licht aufscheinen oder in Schatten gehüllt sind.

In Cassavetes' Streifen bestimmt die Verteilung von Licht und Schatten über die Identität der Protagonisten: Ein – ungewöhnlich hellhäutiges – Mädchen aus einer schwarzen Familie erlebt eine Liebesgeschichte mit einem jugendlichen Weißen, die jedoch zerbricht, als jeder der beiden mit seiner eigenen unauslöschlich markierten Herkunft konfrontiert wird. Wichtiger als dieses Handlungsgerüst ist die durch die wechselnden Licht-Schatten-Verteilungen und die improvisierte Kameraführung geschaffene Atmosphäre der Vorläufigkeit, Unverbindlichkeit aller sich andeutenden Beziehungen und Verwicklungen. Der ästhetisch wie existentiell als Befreiung empfundene Impetus von Cassavetes' Debüt spiegelt sich noch in einer zehn Jahre nach dem Kinobesuch festgehaltenen Erinnerung wider:

> Schatten (Shadows)/: cool jaaz [sic], westcoast, Cassavetes, Erinnerung-Essen 1961, das Kino, nachmittags, allein, »also ran/tretet ihr immer in Rudeln auf? Erfolgversprechender schöner Tag!« [...]: leerer winterlicher Park, Charlie Mingus-Musik/: (warum laufen Liebende soviel in Filmen? Weil sie für winzige Augenblicke sich Bewegung vorspielen [...].[29]

Als ein »Vorspielen von Bewegung« erscheinen die Handlungen der in »Shadows« improvisierenden Akteure in der Tat: Ihr Acting kehrt das Verhältnis von vorgeschriebener Story und den Inhalt repetierenden Schauspielern im konventionellen Spielfilm um; aus dem spontanen Verhalten der Schauspieler entwickelt sich bei Cassavetes überhaupt erst so etwas wie eine Story.

Diese Spontanität fand knapp zehn Jahre später (1968) mit »Faces« ihre Fortsetzung. Unter dem Mantel einer sich »im Verlauf von allenfalls

---

29 Brinkmann, Erkundungen, S. 227.

36 Stunden«[30] abspielenden Geschichte beiderseitigen Ehebruchs kommen nunmehr Elemente des Psychodramas bzw. von Artauds »théâtre de la cruauté« hinzu. Die Direktheit der Szenen, deren Pendant in der amerikanischen Lyrik etwa im gestischen Sprechstil eines Robert Creeley – von den Improvisationen des Jazz inspiriert – zu suchen wäre, dürfte Brinkmanns Faszination erregt haben: Erzeugte Cassavetes damit ja wiederum eine offene Form, der im doppelten Sinne die ›nicht festgestellte‹ Perspektive der Kamera zugute kam, eine Art der Aufzeichnung, die ästhetische oder moralische Einschränkungen nicht akzeptierte. In der Offenheit, Spontanität und Uneingeschränktheit von filmischer Absicht und Aussage nähert sich Cassavetes' in »Shadows« und »Faces« auf die Leinwand gebrachte Auffassung damit den Konzepten vom »Cinéma vérité«, »Direct Cinema«, sogar dem Experimentalfilm nach Warholschem Muster:

> Diane Jacobs spricht von »cinéma-vérité«-Stil, der FACES in der Tat den dokumentarischen Filmen von Jean Rouch [...] nähert, oder den Produktionen des Direct Cinema von Robert Drew, Leacock und Pennebaker [...] die ebenfalls vom neuartigen, beweglichen Equipment der 16 mm-Kameras mit Direktton inspiriert waren, oder – auf dem Gebiet des Spielfilms [...] den Filmen von Jean-Luc Godard, Andy Warhol (Chelsea Girls 1966) und mehr noch Jacques Rivette [...] Jan Dawson verweist ferner darauf, daß alle diese Menschen [in FACES] in einer »Welt zweideutiger Oberflächen leben, in der es keine bequem fixierte Beziehung zwischen Zeichen und Bedeutung« gebe [...].[31]

Wie verhält es sich mit der Affinität Brinkmanns zu Jean Vigo? Jede von dessen insgesamt drei ausgeführten Produktionen ist ein kaum mit den Filmen anderer Regisseure vergleichbarer Beitrag zur Filmgeschichte.[32] Die erste, »A propos de Nice« von 1927, ist eine dokumentarisch angelegte Montage, die die Möglichkeiten abrupter Schnitte zur Vergegenwärtigung simultaner Wirklichkeitsvorgänge virtuos ausreizt. Gegenstand sind Aufnahmen des städtischen Treibens in der im Titel genannten mondänen Riviera-Hochburg während der dortigen Karnevalsaison; Aufnahmen des müßiggängerischen Alltags promenierender Badegäste kontrastieren mit Szenen proletarischer Gassen; Karnevalsbilder von roher sinnlicher Ekstase, z.T. in Zeitlupengeschwindigkeit wiedergegeben, stehen elegischen Aufnahmen von Friedhofsstatuen gegenüber. Die wie auch in seinem

---

30 Jansen, John Cassavetes, S. 79.
31 Ebd. S. 79-82.
32 Vgl. Weiss, Avantgardefilm, S. 66-73.

nächsten Film »Zéro de conduite« von Boris Kaufman[33] geführte Kamera scheint von der Absicht getragen zu sein, menschliches Verhalten in seiner Gestik und oft leeren Theatralik bloßzustellen – etwa wenn die übereinandergeschlagenen Beine eines Mädchens im Café Anlaß einer Entkleidungsphantasie werden oder wenn auf eine Unterhaltung bourgeoiser Damen das Bild eines Straußenvogels folgt. Nach Ansicht Kracauers wird in »A propos de Nice« »die physische Realität in der Absicht exponiert, das Gewebe von Konventionen zu durchdringen«.[34] Mit Hilfe der rapiden simultanen Schnittmontagen, die aufgrund der Wiederholung und Variation bestimmter Bilder und Abläufe dennoch über einen musikanalogen ›Rhythmus‹ verfügen, gelingt es Vigo in seinem Film, ein poetisch verdichtetes Panorama komplexer Wirklichkeit zu beschwören.

Gegen die Konventionen richtet sich auch der Tonfilm »Zéro de Conduite« von 1931, in dem die Jungen eines Lycée den Aufstand gegen ihre tyrannischen, bourgeois verkrusteten Lehrer – Vigo zeigt uns bitterböse Karikaturen von Pädagogen – anzetteln. Schon hier jedoch erweist sich seine Fähigkeit, an Bildern und Szenen des scheinbar Alltäglichen, »Vertrauten«[35] Dimensionen aufzudecken, die bisher völlig unentdeckt, unsichtbar gewesen zu sein schienen: »Vigo weiß ein gewöhnliches Eisenbahnabteil in ein magisches Wigwam zu verwandeln, in dem die beiden [aus den Ferien ins Internat zurückkehrenden Schüler], berauscht von ihren Prahlereien und Streichen, durch die Luft gleiten«.[36]

»L'Atalante« (1934) schließlich, Vigos letzter und einziger Streifen mit Spielfilmlänge, der gleichzeitig als sein unübertroffenes Meisterwerk gilt, dringt noch tiefer in verborgene, traumartige Dimensionen der Wirklichkeit ein. Kracauer konstatiert an ihm einen allgegenwärtigen »straßenähnliche[n] Fluß«,[37] den die überwiegend in einem seineaufwärts auf Paris zusteuernden Transportkahn sich abspielende Handlung unterstreicht. Die auf der Zille Lebenden – der junge, eben angetraute Schiffskapitän, seine undinenhaft hübsche, unerfahrene Braut, der schrullige alte, von seinen Ozeanreisen fabulierende Maat mit seinen Katzen und seinem Sammelsurium absurder Gegenstände – wirken plötzlich wie mythisch-

---

33 Kaufman war ein Bruder des russischen Revolutionsfilmers Dziga WertoW, der mit seiner Schrift »Kino-Prawda« und dem bahnbrechenden Dokumentarstil seines Films »Der Mann mit der Kamera« dem späteren Cinéma vérité entscheidende Anregungen geliefert hatte.

34 Kracauer, Theorie des Films, S. 398.

35 Ebd. S. 88.

36 Ebd. S. 89.

37 Ebd. S. 335.

zeitlose Gestalten, deren Existenz in krassem Kontrast zum modernen Moloch Paris steht. Die Braut, magisch angezogen von der Stadt, verliert sich in ihr, kann jedoch auf ebenso magisch anmutende Weise von ihrem Bräutigam und dem alten Bootsmann wiedergefunden werden.

Brinkmanns Faszination für Vigos Filme mag sich aus ganz ähnlichen Motiven speisen wie die, welche Kracauer benennt und auf die Potenzen des Mediums allgemein überträgt: Es ist die Transformation konkreter alltäglicher Phänomene in eine poetisch verdichtete Wirklichkeit – *eine Wirklichkeit jedoch, der keine Bedeutungen von außen aufgepfropft sind, sondern die an sich schon, für sich selbst genommen bedeutsam ist.* Bei Vigo sei, wie Kracauer in einer Charakteristik des Franzosen bemerkte,

> die Fabel [...] keine hermetisch abgedichtete Konstruktion, die alle Spannung auf sich zöge, sondern ein kaum belastetes, sehr poröses und gar nicht zielbewußtes Geschehen [...]. Indem Vigo die Episoden wie Perlen an der Schnur der Handlung aufreiht, macht er ein technisches Faktum ästhetisch fruchtbar; das Faktum, daß der Zelluloidstreifen grundsätzlich endlos ist und jederzeit abgebrochen werden kann.[38]

Diesen Aspekt einer scheinbar von Symbolen unbelasteten, beiläufigen, an der ›Endlosigkeit‹ und ›Offenheit‹, dem potentiellen Zufallscharakter des von der Außenwelt in die Wahrnehmung einfließenden Materials geschulten Poesie hat Brinkmann schon früh im Film für sich entdeckt, und es war nicht der amerikanische B-Film, sondern zunächst die Tradition des französischen Kinos, in der sich ihm diese für seine weitere literarische Entwicklung so wichtige Potenz des Mediums enthüllte.[39]

Das geht aus einer vor 1960 entstandenen Skizze »Fast eine kleine Szene« hervor, in der die Kino-Manie des autobiographisch fundierten Protagonisten sich exemplarisch an einem Streifen von Vigos Altersgenossen René Clair entzündet. Das Kino wird wie noch bei den frühen Avantgardisten als Ort empfunden, der ein Erlebnis vermittelt, das nirgendwo sonst zu finden ist. Der nachhaltige Einfluß, den der Film auf Brinkmanns poetologische Ansichten ausübte, rührt entschieden von dieser emphatischen Grundeinstellung dem Medium gegenüber her:

> Ein wunderbarer Film war das! [...] hieß porte des lilas mit Pierre Brasseur, der den Lumpensammler spielte, und George Brassens, dem

---

38 Kracauer, Kino, S. 120f.
39 Vgl. zu Brinkmanns wechselvoller, in ihrer Bedeutung für sein literarisches Schaffen oft unzureichend wahrgenommenen, jedoch sein Werk konstant begleitenden Frankreich-Rezeption Röhnert, »Es grüßt uns sehr / Herr Apollinaire«.

Chansonnier. Rainer wünschte sich, dass er dort leben könnte, ein schäbiger, pariser Vorort [...] wie das in bildhafte Poesie gebracht worden war, eine Poesie, die doch nichts gemein hatte mit Sentimentalität und verlogener Einfachheit, so: und genauso wollte er doch seine Geschichten geschrieben haben [...].[40]

5.1.2 »Film in Worten« als poetologisches Konzept

Medienüberschreitender Ansatz

Wird das *Bild*-Prinzip, also der Vorrang des visuellen Wahrnehmungsbereichs, zur Richtschnur von Brinkmanns literarischer Aktivität, so resultiert daraus eine neue Poetik, die die Wörter nurmehr zur Vergegenwärtigung konkreter bildlicher Inhalte heranzieht – im Gegensatz zu abstrakten, z.b. ideologischen, theoretischen oder politischen Aussagen. Der »Film in Worten« ist ein Schreibprogramm unter der Prämisse, »Wörter, Gelesenes wieder in Bilder, Gesehenes zurückzuführen«.[41] Diese Haltung macht auch die offensichtliche, auf den ersten Blick befremdlich wirkende Geringschätzung Brinkmanns seinem eigenen Medium, der Sprache, gegenüber verständlich: »Was haben Dichter mit Wörtern und Sätzen [...] zu tun? [...] Ein Schriftsteller [...] dessen Mittel die gegebene Sprache ist, kann gar nicht anders [...], als immer wieder darauf hinzuweisen, daß Sprache gar nicht so wichtig ist.«[42] Diese scheinbar paradoxe Position wird allerdings zum Teil erklärbar durch den von Brinkmann als unumstößliches Faktum prophezeiten Paradigmenwechsel von der Schrift zum Bild. Seine Aktivität als Schriftsteller scheint nur noch durch mediale Vielseitigkeit, intermediales Changieren, multimediales Experimentieren – wie er es in der Anthologie »ACID« an den US-Autoren demonstriert – gerechtfertigt.

Daß diese abwertende Haltung gegenüber seinem Arbeitsmittel Sprache mehr als bloßes Postulat ist, zeigen nicht zuletzt seine die eigene mediale Determiniertheit aufbrechenden multimedialen Versuche – seine Filme, die Fotoarbeiten und -collagen sowie die Hörspielproduktionen: Damit entsteht die Vision vom Autor als eines (Multi-)Mediakünstlers oder -jongleurs, dessen Betätigung nicht mehr (nur) auf das Medium Sprache beschränkt bleiben darf.

---

40 Brinkmann, Erzählungen, S. 381.
41 Kramer, Schnittpunkte in der Stille, S. 155.
42 Brinkmann, Westwärts 1&2, S. 260. – Im fortlaufenden Text wird dieser Band nachfolgend unter der Sigle WW angeführt.

Für Brinkmann legitimiert sich der zeitgenössische Autor in seiner Rolle als Dichter dadurch, daß er – in bzw. mit welchem Medium auch immer – Sichtweisen und Erfahrungen ermöglicht, die »aus der Sprache und den Festlegungen raus« führen (WW 9); die Sinnlichkeit oder »Neue Sensibilität«, der der Lyriker dadurch zum Ausdruck verhilft, ist für ihn konkret mit der Absicht gesellschaftlicher, und zwar anti-ideologischer Subversion verknüpft. Zwar bleibt sein Haupt- und Arbeitsgegenstand uneingestanden die Sprache. Die *Einstellung* zu ihr hat sich jedoch unter der Vorherrschaft des Bildes und bewegter Oberflächen radikal gewandelt. Schreiben *nach* dem »Ende der Gutenberg-Ära« verfolgt damit für Brinkmann vordergründig den Zweck, unsere mediengesteuerte Wahrnehmung einsichtig, d.h. wahrnehmbar zu machen, indem es die Funktionsweise und Technik der Medien, z.B. des Films, zu simulieren, analog in Sprache ab- oder umzubilden sucht: Dadurch wird Schreiben zum medienreflexiven Akt.

Neucodierung von Literatur

In der Beschränkung auf das Oberflächenhafte als dem visuell Wahrnehmbaren trifft sich Brinkmanns Ästhetik mit der des Films. Wie Kracauer in seiner Theorie des Films kommt Brinkmann zu dem Schluß, daß den aufgenommenen und dargestellten Dingen als Oberflächen keine symbolhafte, von außen aufgezwungene Bedeutung – der zurückgewiesene literarische ›Tiefsinn‹ – mehr innewohnt, sondern eigene bildhafte Bedeutung anhaftet, die vom Abstraktum eines Wortes nicht mitgeteilt, höchstens beschrieben werden kann. Daraus erklärt sich seine Tiefsinn vermeidende Präferenz scheinbar banaler, trivialer, »gewöhnlicher« Gegenstände und dementsprechend eine »einfache«, von gestischen Verweisen und deiktischen Verortungen durchdrungene Sprache auch in der Lyrik:

> Je weniger »etwas« Bedeutung hat, desto mehr ist es »es selbst« und damit Oberfläche, und *allein Oberflächen, wie jeder weiß, sind* »*tief*«! Es ist eine Tiefe, für die bisher geltende literarische Kategorien nicht mehr zutreffen. Um sie charakterisieren zu können, muß zu Beziehungen wie »Attraktivität« oder »Un-attraktivität« gegriffen werden.[43]

Für die anvisierte filmisch-oberflächenhafte Art von Literatur prägt Brinkmann unabhängig von Gattungseinschränkungen, die Metapher vom »Film in Worten«. Auf eine Formel gebracht, läßt sich das Programm, das diese Metapher verkörpert, so umschreiben: Die Literatur

---

43 Brinkmann, Vanille, S. 142f.

soll radikal von Bedeutungen entlastet, dafür umso mehr mit Bildern angereichert werden. Unter dem Eindruck des medialen »Anwachsen[s] von Bildern = Vorstellungen (nicht von Wörtern)« habe das Schreiben

> die bisher übliche Addition von Wörtern hinter sich zu lassen, statt dessen Vorstellungen zu projizieren – »Das Buch in Drehbuchform ist der Film in Worten« (Kerouac) … ein Film, also Bilder – also Vorstellungen, nicht die Reproduktion abstrakter, bilderloser syntaktischer Muster … Bilder, flickernd und voller Sprünge[…].[44]

Das hier gebrauchte Verb »flickern« legt die Assoziation zur Prosa der »Flickermaschine« nahe, einem Text, der den Versuch unternimmt, die im »Film in Worten« metaphorisch erhobene Forderung nach einer *Fortsetzung der Ästhetik des Films im Medium der Literatur* auch praktisch einzulösen, und zwar u.a. durch den Einschnitt von Fotos (Filmstills) in den Textverlauf, wodurch der gewohnten literalen Semiotik (der Wörter) noch eine direkt piktorale Semiotik (der Bilder) gegenübergestellt wird – ein Verfahren, das die späteren Collagealben bis hin zum als »Fotoroman« konzipierten Buch »Schnitte« weiter ausbauen und variieren sollen. Auf der literalen Ebene entspricht dem »Flickern« jedoch ebenso ein metaphorisches Ein- und Überblenden von Vorstellungsbildern auf den »inneren Bildschirm« – eine Redewendung, die Brinkmann häufig gebraucht. Um die mit dem Film korrespondierende Technik zu veranschaulichen, benutzt allerdings auch er den Begriff der »Montage«. Seine Vorstellung literarischer Montage ist ungleich enger an der technischen Metaphorik des Films orientiert, als dies gewöhnlich in literarischen Montage-Diskursen geschieht. So tituliert er die Seiten eines Typoskripts wechselweise mit:

> Kurze Montage von Eindrücken und Gedanken, die mir im Lauf der
> Woche passiert sind
> Kurze Montage flackernder Eindrücke und Gedanken
> Kurze Montage, flackernd und Springend [sic] durch Worte und Bilder
> Flackernde, kurze Sätze, die eine Montage sind
> Eine Montage aus springenden Gedanken und flackernden Bildern
> kurze Montage aus Flackern[45]

Montage definiert sich für Brinkmann nicht als bloße literarische Technik, die in mehr oder weniger enger Analogie zur tatsächlichen Montage

44 Brinkmann, Der Film in Worten, S. 223.
45 Brinkmann, Erkundungen, S. 170-177.

beim Film steht. »Montage« bedeutet für ihn einen ›filmischen‹ Wahrnehmungs- und Bewußtseinsvorgang, den es ins Literarische zu transkribieren gilt: »Montage« als Übersetzung von filmartig auf dem »inneren Bildschirm« sich abspielenden Bewußtseinsvorgängen (»Flackern«, »Flikkern«, »Springen«). Aufgrund des filmischen Wahrnehmungdispositivs erübrigt sich in seinen Augen auch ein genuiner Narrationsstil literarischer Prosa. Für ihn ist »Montage« vielmehr eine neue Diskursform von Literatur, die sich narrativ strukturierten Handlungsverläufen mit festen Figurenkonstellationen, psychologischen Konflikten usw. verweigert. Darin besteht der Unterschied zum Montagebegriff, wie er für Erzählstrategien in Romanen der klassischen Moderne verwendet wird.

Auf mehreren Ebenen zugleich wird der Film damit zum Referenzmedium für Brinkmanns neuartigen Literaturbegriff. Zunächst auf metaphorischer Ebene, indem etwa vom »inneren Bildschirm« die Rede ist, das *Bild* also als perzeptive Projektionsfläche (Bildschirm oder auch Leinwand) von medialen Inhalten beschworen wird. Filmische Metaphorik verfolgt demnach das Ziel, diese projizierten Inhalte in Literatur gegenwärtig zu machen, um so zu einem sprachlich adäquaten Abbild einer medial durchgestalteten Außenwelt vorzustoßen. Auf technischer Ebene versuchen die vielfältigen, Collage-(Wort-Bild-amalgamierenden)- und Montage-(Text-synthetisierenden)-Formexperimente dem Schneide- und Montageprozeß des Films nahezukommen. Hier ist auch die angestrebte Suggestion bewegter Abläufe und das Beharren auf einer gestisch-deiktischen, »einfache« Gegenstände und Vorgänge der Außenwelt benennenden Schreibweise angesiedelt, die, statt an Syntax und Wort-Zusammenhänge zu erinnern, die benannten Dinge selbst oder zumindest deren Abbilder als ›gegenwärtig‹ erfahrbar machen will. Dabei ist es als programmatische Aussage zu verstehen, wenn filmisches Vokabular nicht nur zur Umschreibung neuartiger poetologischer Verfahren herangezogen, sondern dessen stilbildende Kraft auch noch kursiv hervorgehoben wird. Was sich unter dem Eindruck des Films, ja der gesamten Medienlandschaft herausbilde, sei

> als *die Entsublimierung der Gedicht-Kunst* zu verstehen. Die eigene *Optik* wird durchgesetzt, *Zooms* auf winzige, banale Gegenstände ohne Rücksicht darauf, ob es ein »kulturell« angemessenes Verfahren ist, *Überbelichtungen, Doppelbelichtungen* [...] unvorhersehbare *Schwenks* (Gedanken-Schwenks), *Schnitte*: ein image-track.[46]

---

46 Brinkmann, Der Film in Worten, S. 267.

Poetologische Schlußfolgerungen

Was auf den ersten Blick eine theoretische »Eingrenzung« von Brinkmanns Lyrik erschweren mag, ja sich ihr entgegenstellt, ist die von ihm vertretene Prämisse der Offenheit jeglicher literarischen Form. Was Kracauer in bezug auf die Fotografie als »ästhetisch einwandfrei« empfindet, nämlich »›Schnappschüsse‹ im Sinne von ungestellten Aufnahmen«,[47] artikuliert sich in Brinkmanns Poetologie als Beharren auf dem Aspekt des Zufälligen: der Offenheit für Überraschendes, ›Un-Festgestelltes‹, nicht vorab Arrangiertes.

> Die Anstrengung, das was auf dem inneren Bildschirm, dem Bewußtseins[-] und Gefühlsbildschirm erscheint, ist schon Anstrengung genug, wenn man aufschreiben will, was da vorüberzieht, – warum noch eine Anstrengung der Form [...]? [...] Das genaue Bild, das genaue Wort, das genaue Wahrgenommene, Erlebte, »no Ideas but in things« [...] Gedichte, so wie ich sie verstehe, sind spontane Äußerungen, spontane Einstellungen, Wahrnehmungen, Schnittpunkte. Das Zufällige lobe ich mehr als das Konstruierte [...]. (BaH 140–142)

Was Brinkmann deshalb bevorzugt, sind die von ihm so bezeichneten »Momentanaufnahmegedichte« (BaH 251), die nicht nur wegen ihrer der Fotografie entlehnten Terminologie der fotografischen Ästhetik huldigen. Kracauers Definition der »Photographie« als eines »Gemenge[s], das sich zum Teil aus Abfällen zusammensetzt«,[48] feiert ihren Einzug in Brinkmanns Poetik. Die fotografisch-filmische Ästhetik, für die er das Wort vom »snap-shot« und ähnliche Synonyma findet, hat ihre spiegelbildliche Entsprechung in den filmisch-kinematographischen Inhalten seiner Gedichte. Fotografisch-filmisch empfundene Gedichte (»Momentaufnahmen«, »snap-shots«, »Einstellung«, »Vorgänge«) im Sinne der in dieser Arbeit vorgenommenen Definition filmischer Gedichte werden, inhaltlich an die den Kinogedichten eigenen Film- und Kinosujets gebunden, zu echten *Filmgedichten*:

> Es gibt kein anderes Material als das, was allen zugänglich ist und womit jeder alltäglich umgeht, was man aufnimmt [...] Filmbilder, Reklamebilder, Sätze aus irgendeiner Lektüre oder aus zurückliegenden Gesprächen, Meinungen, Gefasel, Gefasel, Ketchup, eine Schlagermelodie, die bestimmte Eindrücke neu in einem entstehen läßt [...]

---

47 Kracauer, Theorie des Films, S. 38.
48 Kracauer, Die Photographie, S. 86.

Zeilen, Bilder, Vorgänge [...] bevor das Licht ausgeht, der Vorspann im Kino, hier bin ich.[49]

Brinkmann verbindet diese fotografisch-kinematographische Poetologie der 1968 verfaßten »Notiz« zu seinem Band »Die Piloten« mit einem knappen Hinweis auf die ›andere Tradition‹, der er sich verbunden fühlt: Statt sich »von der deutschsprachigen Lyrik anregen zu lassen«, habe er erst von den Gedichten Frank O'Haras gelernt, »daß schlechthin alles, was man sieht und womit man sich beschäftigt, wenn man es nur genau genug sieht und direkt genug wiedergibt, ein Gedicht werden kann« (ST 187). O'Hara, dem die »Notiz« vor allem in dessen Eigenschaft als »leidenschaftlicher Kinogänger« (ebd.) hofiert, ist die namentlich genannte Referenz an jene als »amerikanisch« gepriesene Spontanität und Offenheit einer sich nicht auf bloße Formfragen beschränkenden Lyrik.

Daß Brinkmann mit dem prononciert ins Rampenlicht gestellten Primat von Fotografie, Film, Kino und urbanem Alltag jedoch genauso an Apollinaires Avantgardismus des »Esprit nouveau« anknüpft, unterschlägt er in der »Notiz« ebenso wie die Tatsache, daß O'Hara und sein New Yorker Freundeskreis (Ashbery) sich ihrerseits von einem Großteil der amerikanischen Lyrik abgewandt hatten und sich statt dessen zumeist auf europäische, vor allem französische Vorbilder aus dem Umfeld des »Esprit nouveau« beriefen. Erst in dem seiner Auswahlübersetzung O'Haras 1969 beigegebenen Essay »Die Lyrik Frank O'Haras« rückt Brinkmann die Relationen zurecht: New York wird als *das* zeitgenössische (1969) weltliterarische Zentrum apostrophiert, das jedoch die Anregungen europäischer Vorkriegsavantgarden dankbar in sich aufgesogen und weiterverarbeitet habe.

Die Direktheit, die er an den amerikanischen Gedichten lobt, entsteht, wie die Metaphorik der »Blitzlichtaufnahme« suggeriert, durch die Geschwindigkeit, mit welcher der Lyriker fähig ist, auf die medialen, primär visuell übermittelten Reize zu reagieren, d.h. für ihn: diese Reize in der Sprache seines Gedichtes als ›Bilder‹ aneinanderzu»koppeln«. Vom unbeteiligten, bloß spielerischen Montieren der Oberflächenbilder, dem bloßen Zitieren oder Anschlagen cineastischer Themen und Sujets im Sinne eines »name-dropping« distanziert sich diese Poetik ebenso: »sehen Sie sich um, *was ist wirklich da* [...] jetzt, hier, in diesem Augenblick«.[50] Brinkmann hält fest an dem Ziel, jenen »winzigen Partikelchen tatsäch-

---

49 Brinkmann, Standphotos, S. 186. – Im fortlaufenden Text nachfolgend unter der Sigle ST angeführt.
50 Brinkmann, Der Film in Worten, S. 250.

lich befreiter Realität«[51] nachzuspüren. Der durch ein Erlebnis von
»Plötzlichkeit« herbeigeführte, von äußeren Zwängen und Zwecken ent-
kleidete Moment soll zum Anlaß für das Gedicht genommmen werden –
dies geht am deutlichsten aus seinen poetologischen Äußerungen nach
1970 hervor:

> Die fragmentarische Form [...] ist für mich eine Möglichkeit gewesen,
> dem Zwang, jede Einzelheit, jedes Wort, jeden Satz hintereinander zu
> lesen, und damit auch logische Abfolgen zu machen, wenigstens für
> einen Moment nicht zu folgen. Eine andere Möglichkeit sind die un-
> verbundenen Vorstellungen gewesen, von einem Satz oder einem Satz-
> teil zum nächsten jeweils ein anderes Bild zu bringen. [...] Und so ist
> immer der jeweils zuletzt geschriebene Satz ein Ende gewesen, von
> dem ich mit jedem Mal neu beginnen mußte, also lauter Endpunkte,
> aber genausogut und zutreffend ist, Anfänge, und diese Anfänge aus-
> weiten, gehen, fortgehen. (WW 263)

Fotografie, Film, Kino sind hier in einer umfassenderen Konzeption von
Poesie als einer radikal offenen Form ästhetisch fixierter Wahrnehmungen aufgehoben. Mit seinem Hinweis darauf, daß »alles da« sei, insistiert
er zum einen darauf, daß es ihm um die ästhetisch adäquate Darstellung
simultaner Gegenwartserfahrungen zu tun ist: um die Abbildung unmittelbarer Realität, wie sie sich auf dem »inneren Bildschirm« des lyrischen
Erfahrungsträgers repräsentiert. Zum anderen benutzt er hierfür bewußt
eine Form, die sich selbst einer ›anderen‹ Tradition verdankt – etwa im
Rückgriff auf die »Cantos« Ezra Pounds (vgl. BaH 263).
    Diese »offene Form« langer Ketten von Augenblicksassoziationen (»lange
ausschweifende und abschweifende, rauschhafte Texte«)[52] stellt er in den
Briefen jedoch die »durchgehenden auf einen Eindruck [...] basierenden
Gedichte« gegenüber: »es sind schnelle Schaltungen! Blitzlichter (manche
Sätze), Übersprünge«. (BaH 263) Es ließe sich auch von zwei komplementären Formen sprechen: in kinematographischer Terminologie ausgedrückt,
den kürzeren Gedichten einerseits mit bloß *einer* »durchgehenden« ›Einstellung‹ sowie andererseits denen mit vielen, wechselnden Einstellungen, zwischengeschnittenen Szenen, »Sprüngen« von Bildern bzw. Vorstellungen. Brinkmann überwindet bei der Herleitung dieser Formen
den seinen früheren Reflexionen noch inhärenten Impuls, Fotografie
und Film zu primären Stimulantien der Gedichte zu erheben und dabei

---

51 Ebd. S. 216.
52 Brinkmann, Rolf Dieter Brinkmann zum Fünfzigsten, S. 15.

den literarischen Jargon durch den cineastischen zu ersetzen. Die Fabrikation von Lyrik begreift er nunmehr als genuines Zusammenspiel von
»Auge und Ohr und Sprechen, (& ne Schreibmaschine, & hinterher
streichen und schneiden, ne Arbeit)«. (BaH 253)

Seine ›Definition‹ der Gedichte als »momentane Fantasien« (WW 256)
richtet sich ausdrücklich gegen jenen von den Medien zurechtgestutzten
Begriff von Realität, das poetische »dérèglement de tous les sens« konzentriert sich darauf, die von den Medien etablierte gesellschaftliche ›Ordnung der Dinge‹ zu dekonstruieren. Diese Intention reicht weit über das
hinaus, was er Fotografie und Film an Anregungen entnimmt. Er nutzt
diese Medien und deren Ästhetik jedoch, um die durch sie selbst *festgestellte* Wahrnehmung der ›Ordnung der Dinge‹ zu hintertreiben. In einem filmischen Selbstporträt postuliert er: »Mir geht es nicht darum,
andere Dinge, sondern die Dinge anders zu sehen.«[53] Darauf dürfte auch
der Wert seiner Poesie an sich beruhen: Bilder, der Realität entnommen,
durch die Erfahrung der Realität gefiltert, jedoch so zusammengeschnit-
ten, daß daraus eine völlig neue Wahrnehmung resultiert:

> Da sind Entzückungen, wortlose, anwesend zu sein. Und je mehr das
> Körpergefühl, in der Gegenwart anwesend zu sein, vorhanden ist,
> desto mehr ist das Wissen vorhanden, daß das, was erstarrt und auf-
> gebaut ist, eine Kulisse ist, durch die man sich hindurchbewegt. [...]
> ja, »wie in einem Film«, wie eine Redewendung, die ich vor kurzem
> hörte: es liefen Dinge ab. Ja, Bilder, Gegenstände, keine Fragen mehr,
> Gedankenstriche! (WW 272)

5.2 Film- und Kinoreferenzen in Brinkmanns Gedichten

5.2.1 Frühes lyrisches Œuvre vor »Was fraglich ist wofür«

Der Titel des ersten, 1962 privat verlegten Bändchens »Ihr nennt es Sprache« ist als programmatische Absage Brinkmanns an alle bisher rezipier-
ten kanonischen Gedichte zu sehen; der Leser trifft auf eine spröde, steril
wirkende Sprache, die beharrlich all die Dinge aufzählt, die ein Gedicht
nicht ist; es entsteht eine Lyrik, die gerade jene Aspekte benennt, welche
sich außerhalb des Radius von Lyrik abspielen, weil sie außerhalb ihrer
medialen Reichweite, der Fixierung auf Sprache, liegen: Gedichte gegen

---

53 In Brundiers, »Als ich ohne Wörter im Kopf war, begann ich tastend zu sehen«.

die Form ›Gedicht‹. Indem sie explizit das zum Thema machen, was ein Gedicht nicht sein kann bzw. was sich ihm entzieht, versuchen sie sich einer Definition von ›Form‹ zu verweigern. Von dem, was Brinkmann dennoch als Gedichte ausgibt, bleibt zu prüfen, wie sehr es sich der Vorgabe anderer medialer Quellen verdankt. In »Wie zufällig« (ST 12) ist von ästhetischen Spezifika des Films die Rede, nämlich »Lichtwirkungen die Bewegung«, während »was es zu sagen / gibt« »beliebig / austauschbar« bleibt.

Ist hier mit Bewegung und Licht genau das genannt, »was Schrift, trotz wilder Typografie, nicht zeigen kann« (BaH 137), so macht das daneben abgedruckte »Kulturgüter« (ST 13) von dem Gebrauch, was thematisch aus dem Fokus der Literatur dieser Jahre gerückt war. Mitten unter die akademisch-deutsch konnotierte Aufzählung »Eine Sonate von Stockhausen / drei Preise für Böll / das Dementi von Andersch [...] das Vermächtnis von Borchert / von Bense die Theorie / ein Jahr die Frankfurter / Ohrenschmalz von Enzensberger« bricht wie ein erratischer Block die Mitteilung ein: »Marilyn Monroe ist tot« mit dem gestischen Verweis auf »ihre roten Morgenröcke«. Dieses sinnliche Detail, mit dem Brinkmann schon an die Argumentation seiner späteren Aufsätze, eine alltagssensible Wahrnehmung zu entwickeln, erinnert, kontrastiert geradezu provokativ mit einem akademischen Begriff von »Lyrik«, der mit den ausgestellten »Kulturgütern« nachkriegswestdeutscher Provenienz als unsinnige Anhäufung bildleerer Worte denunziert wird: »Die deutsche Lyrik war mir äußerst widerwärtig und langweilig, immer Gräser, Natur, Gefühle, künstliche Metaphern, unkonkret, viehlosophisch [sic], elend gebosselt intellektuell [...] was hatte das mit mir zu tun [...] was mich jeden Tag umgab?« (BaH 39f.) Begreift er die Lyrik der genannten Autorengarde als »ein Fötus in Spiritus«, so evozieren die »roten Morgenröcke« der Schauspielerin, zusammen mit der Schlagzeile ihres Todes, eine konkrete, völlig unsymbolische Vorstellung, und sie bleiben auch ohne jeden dialektischen Hintergedanken brechtscher Provenienz. Sie zeigen den Weg an, den seine Lyrik einschlagen wird: Sprache soll, trotz ihrer fehlenden »Gegenständlichkeit«, Vorstellungen wachrufen – ein Vehikel, das über den Umweg der Buchstaben ›Bilder‹ reproduziert. Damit beweist er schon an dieser Stelle seine Sensibilität für die ästhetischen Dimensionen literaturfremder Medien wie des Films – eines Mediums, das, wie »Marilyn Monroe« illustriert, zudem andere Sujets mit sich brachte als das, was sich an Themen in der Lyrik der unmittelbaren deutschen Nachkriegszeit eingebürgert hatte.

Spätestens mit »Photographie« (ST 52) kommt die Intention zum Ausdruck, die lyrische Repräsentation im Sinne einer *Vergegenwärtigung* in eine bewußt fotografische umzuwandeln, auch wenn das Bezugssystem zwangsläufig nicht Bilder sind, sondern weiterhin von den Wörtern und ihrer Grammatik determiniert wird. In »Photographie« ist ein fotografischer Schnappschuß sprachlich ›abgebildet‹, sprachliche Funktionen der Mitteilung, der Bedeutung, des Zusammenhangs zwischen der Fotografie und lyrischem Ich bleiben ausgespart: »Mitten / auf der Straße / die Frau / in dem / blauen / Mantel.« Hier nimmt die Sprache den Verweischarakter des Bildes an: Es ist ›einfach da‹, ohne eine Erklärung für sein Dasein abzugeben. Damit stellt das Gedicht eine in Worten mitgeteilte optische Wahrnehmung dar, die sich allein durch das Faktum ihrer momentanen *Aufnahme* legitimiert.

Der Text gibt dadurch fast noch mehr Rätsel als eine analoge Fotografie auf; er läßt nicht nur offen, wer die dargestellte Frau ist und in welchem Verhältnis das hinter der scheinbaren ›Objektivität‹ der Abbildung sich verbergende lyrische Subjekt zu ihr steht, sondern es ist wegen des fehlenden Verbs nicht einmal klar, ob sie bloß »Mitten / auf der Straße« (hastig? schlendernd?) geht oder (überfahren?) daliegt. Bedeutungstragend ist das Detail der Farbe ihres Mantels, sein Blau: Hier offenbart sich noch am ehesten jenes Moment von Plötzlichkeit, das die Aufmerksamkeit des hinter der ›Objektivität‹ der Kamera verschwindenden Beobachters provoziert haben muß und somit zwischen technischem Aspekt des Schnappschusses und ›Schock‹-Erlebnis des lyrischen Subjekts vermittelt.

Dennoch ist dadurch der Widerspruch zwischen Sehen und Sagen nicht aus der Welt geschafft. In der Verbalisierung des visuell Aufgenommenen erblickt Brinkmann – zu Recht – immer schon eine interpretative Veränderung und Einschränkung des ursprünglichen Bildgehaltes. Aufgrund des sprachlichen Anspruchs auf ›Bedeutung‹ und der von sich aus ›bedeutungsfreien‹ fotografischen Repräsentation beunruhigt ihn das Mißverhältnis von sinnlich-visueller Wahrnehmung und deren sprachlicher Wiedergabe. Die Entscheidung zugunsten der Fotografie begründet zugleich seinen neuartigen lyrischen Gestus, »die Dinge« in ihrer Unmittelbarkeit und Konkretheit ›direkt‹ ohne metaphorische Umwege benennen zu wollen. Dies hat auch Konsequenzen für Form und Inhalt seiner Gedichte: Indem er die Semiotik von Sprache und Schrift mit der fotografischen Zeichenwelt konfrontiert, hält zugleich die der Fotografie von Kracauer attestierte Affinität zum ›Zufälligen‹ und ›Ungestellten‹ Einzug in die Gestaltung des Gedichts. Was Blaise Cendrars im Hinblick auf seine »KODAK«-Sammlung mit dem Ausdruck »photographies verbales« bezeichnet hatte, versucht Brinkmann in Gedichten wie »Photographie« buchstäblich umzusetzen.

Dieser Impuls einer Lyrik mit ausgeprägt fotografischem Bewußtsein manifestiert sich nachdrücklich in den beiden in Kleinauflagen publi-

zierten Folgebänden »Ohne Neger« (1965/66) sowie »&-Gedichte«
(1966). Die Fotografie – ihr Momentaufnahmecharakter, ihre Semiotik,
ihr technisches Vokabular – wird zum festen Inventar seiner lyrischen
Gegenstände, schlägt sich sowohl in der kunstlosen, Unmittelbarkeit er-
zeugenden Formensprache als auch dem direkten, den Jargon des Alltags
durch rhythmische Verknappungen verfeinernden Sprechgestus nieder.
»Ich ziehe Pascal vor« (ST 86) verblüfft durch sein Wortspiel: Während
der Titel, zumal durch die Unterbringung des Namens in der abendländischen Kulturform ›Gedicht‹, die Assoziationen der Leser in Richtung
abendländischer Philosophie lenkt, spricht das lyrische Ich über nichts
anderes als seine Erfahrungen mit der fotografischen Praxis. Die Doppel-
deutigkeit der Schlußformel »Objektiv« ist ein weiteres Spiel mit den
Vorstellungen und Sinnerwartungen des Lesers: Das Kameraobjektiv
scheint ein objektives Bild der Wirklichkeit zu versprechen, während
gleichzeitig ein Ich-Subjekt hinter der Kamera *seine* »langen / Einstellungen« wählt! Das Kameraobjektiv schenkt der Netzhaut des fotografie-
renden Ichs verschiedene »Möglichkeiten [...] nicht zu Unrecht schön«.
Die Reflexion über die Potenzen des technischen Mediums erhält daher
zugleich eine poetologische Dimension: »die Idee«, sich in immer wieder
neuen Versuchen, »Einstellungen«, seiner Wirklichkeit anzunähern, und
zwar mit dem ›Objektivitäts‹anspruch der Fotografie, der selbst jedoch
von der subjektiven Wahl des Kamerastandpunkts mitbestimmt
wird.[54]

Anhand dieser Vorgabe können auch die Gedichte des Bandes »Ohne
Neger«, dessen Poetik mit »Ich ziehe Pascal vor« angedeutet ist, als wechselnde »Einstellungen« angesehen werden, als »Möglichkeiten«, die Wirklichkeit durch das »Objektiv« des scheinbar unbeteiligten, zwangsläufig
jedoch an eine Perspektive gebundenen Beobachters aufzunehmen. Es
sind Ausschnitte von Vorgängen, die oft nichts als Momentaufnahmen
oder kurze Szenen sein wollen. Da die Einbettung in eine umfassende
Geschichte, in einen (und sei es imaginären) Zusammenhang fehlt, stellt
ihre drastische Unmittelbarkeit den Leser unwillkürlich vor Rätsel, die er
nicht zu lösen imstande ist.

In enigmatischer Elliptik präsentiert sich ebenso »Frivolität« (ST 88),
in dem Brinkmann das von Kodak Anfang der fünfziger Jahre entwickelte

---

54 Bei der Wiederaufnahme in den Band »Was fraglich ist wofür« wurde »Pascal«
   durch »Annoncen« ersetzt, was zu dem neuen Titel »Annoncen« führte (ST 118).
   Das Credo des Fotografen ist zum Credo des Popartisten geworden: »In langen
   Einstellungen / ziehe ich / Annoncen vor / objektiv.«

Farbreproduktionsverfahren »Eastmancolor« mit dem kommunistischen Historienfilmer Michael Tschesno-Hell assoziiert, der für frühe ostdeutsche Streifen über Liebknecht, Thälmann, die Arbeiter während der Weimarer Republik usw. verantwortlich zeichnete. Die Paradoxie des Gedichts besteht nicht bloß darin, daß »Eastmancolor« als Breitwandverfahren für Filmproduktionen im Ostblock gar nicht zugänglich war, sondern daß Tschesno-Hells Filme nicht in Farbe, sondern in Schwarzweiß produziert waren! Die Formulierung »Eastmancolor« ist demnach als bissige Parodie auf die im doppelten Sinne schwarzweißen Geschichtsprojektionen des Defa-Filmwesens anzusehen: »in Eastmancolor: Koloraturen / also Ornamente, wenn / es an Vorbildern // mangelt. / Auch Tschesno-Hell, der / so gern auf seine exakten Forschungen // hinweist.« Die Rede ist von Filmen, wäre zu schließen, in denen – um an Siegfried Kracauers Buchtitel »Das Ornament der Masse« anzuknüpfen – die Masse (der Arbeiter, der Antifaschisten, der Kommunisten …) zum bloßen Ornament geworden ist, »wenn / es an Vorbildern // mangelt«. Beiden Sätzen, aus denen das Gedicht besteht, fehlt zudem das Prädikat, also die Voraussetzung, die sie zu syntaktisch wie semantisch gültigen Aussagen machte. So wissen wir z.B. nicht genau, worauf sich die »exakten Forschungen« des genannten Filmemachers beziehen: Auf die Re-Konstruktion von Geschichte durch den Film? Der Sinn bleibt, wie die Sätze, fragmentarisch – ganz wie der Anspruch, Geschichte im Film »exakt« wiedergeben zu wollen, notwendig fragmentarisch bleiben muß: ein Selbstbetrug, der statt Wirklichkeit lediglich »Ornamente« zeigt. Brinkmanns Kinogedicht ist damit über die Thematisierung antifaschistischer Defa-Filme hinaus – die auch im Westen zu sehen gewesen sein mochten – eine Reflexion über das Verhältnis des Filmmediums zur geschichtlichen Wahrheit: Trotz noch so exakter »Forschungen« kann der Film mit seinem zusammengeschnittenen Material nichts anderes liefern als fragmentarische (Re-)Konstruktionen in fragwürdiger »Eastmancolor«.

Eine entscheidendere Rolle für Brinkmanns Lyrik spielt statt des Kino-Topos zunächst die Absicht, filmisch empfundene Bewegungsabläufe samt der Vergegenwärtigung entsprechender Bilder in der Form des Gedichts wiederzugeben. Zu diesem Ziel knüpft er bei der »amerikanische[n] Sprachhaltung, einfach und direkt etwas zu sagen« (BaH 40), an. Insbesondere der 1966 bei der Berliner Oberbaumpresse verlegte Band »&-Gedichte« verrät den Einfluß Robert Creeleys, dessen Gedichte dank Klaus Reicherts Übersetzung 1964 erstmals auf deutsch erschienen waren: »Brinkmann […] wollte – wie Creeley – Verkörperungen durch Sprache in Fluß halten« durch »die dem Film verwandte Technik, Bewegungsabläufe rasch zu isolieren und banale Gegenstände zu vergrößern«.[55] Das Sichverorten des Subjekts innerhalb der um es herum stattfindenden Vorgänge und von ihm wahrgenommenen Phänomena war ein poetologisches Anliegen Creeleys, das Brinkmann direkt von ihm übernommen haben dürfte. Damit gelangte er zu einem für die deutsche Lyrik völlig neuen Ton, für den die Gestik des Sprechens im Mittelpunkt steht, die Absicht also, eine Analogie zwischen dem Atemrhythmus des Sprechers und der Zeilenform des Gedichts herzustellen.

Am überzeugendsten vereinen sich Bild-Reflexion und Bewegungssuggestion in »Bild« (ST 95f.). Die Tatsache, daß Brinkmann dieses Gedicht dann unter dem Titel »Plastik« mit leichten Textrevisionen in »Was fraglich ist wofür« aufnahm, zeugt davon, daß er damit an einem Punkt seiner lyrischen Entwicklung angelangt war, der bereits zu neuen Schreibformen und Sujets überleitet. Geschildert wird eine Alltagswahrnehmung als filmischer Ablauf; die ungleich langen (kurzen) Verszeilen schaffen einen zwischen Verzögerung und Beschleunigung des Sprechens changierenden Rhythmus, der an die Zoom- und Schwenkbewegungen einer auf das Objekt gerichteten, dabei unruhig den Hintergrund abtastenden Kamera gemahnt: »Die Frau mit dem / weißen / Sommerhut // die langsam / einen Kinderwagen die / Straße // hinunterschiebt / was / denkt sie. [...] Oh, wie sie / geht. [...] / ein Ding // und mehr, bis sie / endgültig / verschwindet.«

Die rhetorische Imagination ihrer Gedankenwelt und das interjektorische »Oh« enthüllen dabei zugleich den Blickwinkel dessen, der die Kameraperspektive eingenommen hat, desjenigen, welcher durch das fiktive Objektiv schaut, um seine Art des Voyeurismus zu legitimieren: Es ist die Perspektive des vorzugsweise männlichen Beobachters auf eine Frau – eine Konstellation, die Brinkmanns Zugang zu den visuellen Medien gut verdeutlicht. Immer ist es auch die Schau-Lust des Beobachters, die von den Objektiven der Foto- und Filmkamera befriedigt wird, immer ist der Beobachter dadurch auch in die Bilder und Abläufe involviert, die er als scheinbar Unbeteiligter, ›hinter der Kamera‹ optisch wahrnimmt.

Zwar kreieren Foto und Film eine neue, ›objektivere‹ Art von Weltwahrnehmung, die auf die direkte bildhafte Präsenz der Dinge verweist. Die Beziehung des Beobachters zu den Dingen ist dabei alles andere als ›objektiv‹ – sei es als ›Fotos schießender‹, sei es als die reproduzierten Bilder im Kino oder in den Illustrierten anschauender Voyeur: »Leben ist *ein komplexer Bildzusammenhang.* Es kommt darauf an, *in* welchen Bil-

---

55 Schäfer, Rolf Dieter Brinkmann, S. 394.

dern wir leben und *mit welchen Bildern wir unsere eigenen Bilder koppeln.*«[56]

Naivität gegenüber der ›Komplexität‹, v.a. dem Manipulationspotential der technisch vervielfältigten Bilder ist Brinkmann, im Gegensatz zu allzu enthusiastischen Verlautbarungen mancher frühen Avantgardisten, fremd. Der »komplexe Bildzusammenhang« von »Leben« im industrialisierten Zeitalter soll durchleuchtet und thematisiert werden – ein potentiell aufklärerisches Unterfangen, gerade auch, weil es nicht auf ein bilderfeindliches Verdammen hinausläuft, sondern eine Vorgehensweise propagiert, die, wie im Montageverfahren des Films, die wahrgenommenen Bilder aneinander»koppeln« und so das Zustandekommen von Erfahrung – wofür er den Begriff »Leben« verwendet – unter medial geprägten Umständen nachgestalten will.

5.2.2 »Was fraglich ist wofür«

Ein einziger klarer sinnlicher starker Eindruck, ohne Bedenken, das war eigentlich meine Absicht, dann die Verwendung, das wörtlichnehmen [sic] von gewöhnlichen Redensarten und Umgangssprache [...] und die bildliche Vorstellung der Umgangs-Alltagssprache konkret nehmen. Das war eine Tendenz. – Das Material war oft sehr künstlich, Postkarten, Filme, Bücherzitate, Lektüre, Illustrierten und Zeitungsnachrichten – Und »Was ...« war in Deutschland der erste Gedichtband mit Poptendenz. (BaH 44)

Zu diesem Schluß kommt Brinkmann im Rückblick auf sein erstes umfangreicheres, 1967 bei Kiepenheuer verlegtes Gedichtbuch, seinem Selbstverständnis nach »eine Gallerie [sic] von Momentaufnahmen aus dem alltäglichen Leben« (BaH 48), die Film- und Oberflächenthematik dominieren, weshalb er ihnen die »Poptendenz« zuerkennt. Das Schlußgedicht »Flimmrig« (ST 158) erzählt von den Schwierigkeiten, die sich beim schriftlichen Fixierenwollen dieser künstlichen »Landschaft [...] zwei mal vor- // handen« aus »Schatten / und des Flutlichts // treibend in den / Schatten«, einstellen: »alles stimmt nicht / mehr, wenn du es / festgehalten siehst // auf einem Blatt / Papier«. Daran wird deutlich, daß es Brinkmann weniger um die lyrische Suggestion eines die kinematographische Bildersprache naiv adaptierenden »Film[s] in Worten« geht als darum, einen adäquaten Ausdruck für die *Schwierigkeit* zu finden, mit Worten die flimmernden Suggestionen des Films abbilden zu können:

---

56 Brinkmann, Der Film in Worten, S. 249.

»das Bewußtsein als Bildscheibe, Bildschirm, Wahrnehmungsschirm, worauf etwas erscheint, und dann auf dem Papier, als sichtbarer Ausdruck des Bewußtseinsbildschirmes (aber reicht 1 Stück Papier aus dazu? Ich glaubs nicht)« (BaH 83). Sein notorischer Zweifel an der Darstellungskraft der Sprache erweist sich als legitimierende Triebkraft, sich in poetischem Neuland voranzutasten.

»Schlesingers Film« (ST 121) zählt zu den Versuchen Brinkmanns, vom Eindruck eines Kinofilms lyrisch zu abstrahieren. John Schlesinger, ein Vertreter des jüngeren britischen Nachkriegskinos, hatte 1965 mit »Darling« einen Krimi über die Karriere eines von Julie Christie gespielten Playgirls gedreht – von Handlung jedoch ist in Brinkmanns Gedicht keine Spur mehr. »Ich erinnere nur, daß ich diese wenigen Zeilen gleich nach dem Anschauen des Filmes auf der Strasse abends so aufgeschrieben habe [...] einige Sätze mitten aus einer Unterhaltung, über den Film« (BaH 51): »Sie waren / im Anfang / zu glück- / lich. Etwas // weniger, wäre / schon zuviel. / Auch da. / Alles ist // eine Frage der / Beleuchtung.«

Nach Brinkmanns eigenem Bekunden handelt es sich um ein lyrisches Zufallsarrangement in der Art von »found poetry«, dem die Kinovorstellung nur als äußerer Anlaß dient – ohne die Titelanspielung wäre die Verbindung der in Verszeilen arrangierten Sätze zu einem vorausgegangenen Filmbesuch gar nicht mehr assoziierbar. Das scheinbar dem Zufall entsprungene Notat fördert jedoch eine Grundeinsicht über das Wesen des Films zutage, der gegenüber die einzelne Streifen lediglich anekdotischen Wert besitzt. Brinkmann empfindet das Arrangement der aufgeschnappten Unterhaltungsfetzen als »ein Reflex auf die Manipulation der Gefühle durch Beleuchtungstechnik. Alles ist eben eine Frage der Beleuchtung, also wie man das sieht, wie man das ins Licht rückt und wie das Licht [...] die Stimmung und den Bewußtseinsinhalt bestimmt.« (BaH 51)

Licht als optischer Reiz erscheint ihm unverzichtbar als eine Voraussetzung für seine visuelle Wahrnehmung: »Ich mag sehr gerne Licht, Helligkeit. Da sieht man dann alles genau« (ebd.), und er weist auf den Anteil der richtigen Ausleuchtung für das Gelingen der filmischen mise en scène hin: »Im Film, um Stimmungen, Gefühle zu provozieren, muß man sehr auf Beleuchtung achten. [...] Wie eine Szene beleuchtet ist usw. [...] Erinnere Dich an so ein Dreh wie: ›Mir geht ein Licht auf.‹« (Ebd.)[57] Der

---

57 Zu einer ähnlichen Ansicht gelangt auch Robert Creeley in einem zuerst 1968 unter dem Titel »Mehr Licht ...« veröffentlichten Essay über die experimentellen Filmarbeiten seines Freundes Brakhage: »Consider how explicit the activity of light is to film in all senses. We see the movie by virtue of the fact that light is

aus der Umgangssprache festgehaltene Satz »Alles ist // eine Frage der / Beleuchtung« meint jedoch nicht nur diese Grundeinsicht über die Rolle der Lichtquellen für das Zustandekommen filmischer Aussagen, sondern auch den konkreten Entstehungsprozeß des Gedichts selber: Die »Beleuchtung« ist das Rohmaterial, das an der Entstehung seines Texts – »nachts, so gegen halb elf in der Straße in Köln« (ebd.) – grundsätzlichen Anteil hat. Die Intensität der »Beleuchtung« modelliert die dem Gedicht zugrunde liegende Erfahrung. Das Zufälligkeitsmoment, das die außerhalb einer sterilen Studiowelt aufgenommenen Filme auch in der Frage ihrer Lichtverhältnisse auszeichnet, korreliert hier direkt mit der ›zufälligen‹ Niederschrift eines Gedichts nach einem Kinobesuch auf einer, wie angenommen werden darf, künstlich beleuchteten nächtlichen Straße.

Das vom Licht selbst produzierte Negativ, sein Schatten, ist bedeutsam in »Einfaches Bild« (ST 124) hineinverwoben, wo es sich zugleich in der schwarzen Farbe der Strümpfe des geschilderten Mädchens wiederfindet. War die in »Le Chant du Monde« veröffentlichte »Photographie« die Evokation eines stillgestellten Momentes gewesen, wo »die Frau / in dem / blauen / Mantel« die Aufmerksamkeit auf sich zieht, so spielt »Einfaches Bild« eine durchgehende filmische Einstellung durch. Keine Leerzeile unterbricht den durch das Enjambement begünstigten dynamischen Ablauf aufgenommener Bewegung; lediglich die dreimalige Interpunktion deutet Zäsuren in der imaginierten Kameraführung an. Die Benennungen der einzelnen Kleidungsstücke auf dem Mädchenkörper suggerieren Schwenk- und Zoombewegungen.

»Einfaches Bild« ist eine mit lyrischem Minimalismus operierende dreiteilige filmische Sequenz in Worten. Das Auf-die-Kamera-Zukommen, das Verweilen, das Fortgehen des Mädchens – jede einzelne Benennung steht für die Scharfstellung eines Details des gefilmten weiblichen ›Objekts‹ im vermeintlichen Objektiv der Kamera: »Ein Mädchen / in / schwarzen / Strümpfen / schön, wie / sie / herankommt / ohne Laufmaschen. / Ihr Schatten / auf / der Straße / ihr Schatten / an / der Mauer. / Schön, wie / sie / fortgeht / in schwarzen / Strümpfen / ohne / Laufmaschen / bis unter / den Rock.« In keinem Gedicht Brinkmanns kommt die Involviertheit des Beobachters in den kameragleichen Aufzeichnungsvorgang eines Teils von Wirklichkeit so unverblümt zur Sprache wie hier in »Einfaches Bild«: Der Bildschnitt, der mit dem Schluß des Gedichts zusammenfällt, setzt genau dort ein, wo der »Rock« des Mädchens auf-

being projected from a source, through a material variously prepared«. (Creeley, Collected Essays, S. 400).

hört. Dies bestätigt die innere Verflechtung von aufnehmendem und aufgenommenem Subjekt im Akt des Filmens. Die Erregung des passiv hinter der Kamera – bzw. der ›Kamera‹ seiner Augen – verharrenden männlichen Voyeurs steigert sich mit dem zweimal wiederholten Kommentar »schön, wie«, bis sie ihren Höhepunkt vor jenem Teil des weiblichen Körpers findet, der wegen des Kleidungsstücks darüber zwar verborgen bleibt, auf den sich aber implizit alle Vorstellungskraft konzentriert: »das Gedicht ist einfach schön und klar. Und wohin wird der sinnliche Eindruck geführt? Unter den Rock, an die Stelle, klar« (BaH 52). Nicht die Bloßstellung des Voyeurs ist jedoch sein Ziel, sondern zu zeigen, wie die Funktionsweise der Kamera, ihre emotionslose technische »Indifferenz« beim Aufnahmevorgang mit der Schau-Lust dessen ineinandergreift, der diese Kamera bedient und durch das Scharfstellen im Sucher diejenigen Objekte definiert, auf die sich sein Interesse konzentriert. Die Kamera kooperiert mit den sexuellen Wunschvorstellungen dessen, der sie steuert. Voyeurismus, Sexualität und die Beziehung der Geschlechter zueinander erhalten durch die Einschaltung der Kamera zusätzlichen Nähr- und Zündstoff.

Kinosujets und Filmproblematik vereinigen sich auf eigentümliche Weise im anders strukturierten Gedicht »Film« (ST 115). Ein Rundfunkzitat dringt in die private Umgebung des Ichs ein und führt einen krassen Wechsel seiner inneren Bilderwelt herbei – seine mémoire involontaire reproduziert beim Hören der Nachricht plötzlich eine früher gesehene Bildsequenz, die so wieder gegenwärtig wird und damit überblendungsartig von der tatsächlichen Umgebung des Ichs wegführt. Dem Zeitrafferstil verpflichtet, in sieben fortlaufende Strophen aufgefächert, wird der Vorgang menschlichen Sterbens inszeniert – erst die isolierte Schlußzeile mit dem isoliert stehenden Schlußwort bringt den Ablauf von Agonie zum Stehen: »Ich hatte / gerade / das Bett / aufgeschüttelt // [...] als der / Sprecher im // Radio sagte / Zbigniew Cybulski / ist tot [...] während er / auf dem / Schutthaufen // stirbt und / noch einmal / auf dem Breslauer / Bahnhof beim // Aufspringen auf den / fahrenden / D-Zug und //stürzt.«

Zwar mag die Darstellung von räumlich, zeitlich und medial differenzierenden Abläufen seine Vorläufer in Gedichten wie Brechts »Zeitungslesen beim Teekochen« haben (Brinkmanns lyrischer Protagonist hat sich »Kaffee / gemacht«); eine derart unmittelbar szenisch ineinandergeschnittene Montage simultaner Ereignisse hatte es bis dahin in der deutschen Lyrik nicht gegeben. Für ihn ungewöhnlich, nimmt Brinkmann auch nicht das Kino amerikanischer Provenienz zum Anlaß, sondern Andrzej Wajdas in Ost und West hochgerühmten Nachkriegsstreifen »Asche und Diamant« Bezug, in dem Zbigniew Cybulski – »ein etwas intellektuell wirkender James Dean Typ« (BaH 47) – einen jugendlichen Außenseiter und Kriminellen spielt, der schließlich, angeschossen und allein, seinen Tod auf einer Müllkippe vor der Stadt findet. In seinem Kommentar hebt Brinkmann den Aspekt der Gewöhnlichkeit der sich gleichzeitig im Bewußtsein des Ichs abspielenden Szenen hervor: »also das sehr stimmungsvolle, beeindruckende Spiel des Sterbens im Film Asche und Diamant [...] und dann der profane gewöhnliche Tod bei den Dreharbeiten zu einem neuen Film, wo er auf einen fahrenden Zug springen muß. Und dann das gewöhnliche Bettenmachen.« (Ebd.) Der Fokus der Aufmerksamkeit wird bei der Lektüre, wie schon in »Einfaches Bild«, jeweils auf einzelne, für sich genommen »gewöhnliche« Details (»ein heißer Tropfen / auf den / Handrücken«) gerichtet, die jedoch durch ihre montageartige Verquickung den Eindruck hektischen Changierens zwischen innen, außen, vorgestellter, medialer und tatsächlicher Realität erwecken: »Du kannst das [...] als ein Gedicht sehen, das zwischen Moment, außen, Radio, Medium, und Erinnerung, persönl. Tätigkeit spielt. Bettenmachen und vom Tod hören« (ebd.).

In »Film« gelingt es Brinkman, jene Art von Bewußtseins- oder Gedankenfilm lyrisch zu realisieren, die er mit der Spontanität augenblickhaften Erlebens verbindet. Die »Momentaufnahme von dem Augenblick, da ich im Radio die Nachricht hörte vom Tod des Zb. Cybulski« (ebd.) ist ein Beispiel dafür, wie mediale Vorgaben (die Radionachricht vom Tod »beim // Aufspringen auf den / fahrenden / D-Zug« und die erinnerte Spielfilmszene des Sterbens) in den Alltag einzubrechen vermögen und dort als Auslöser eigener filmisch-assoziativer Vorstellungen fungieren. Der reale »gewöhnliche« Tod des jugendlichen Schauspielers wird auf diese Weise selbst wiederum zu einer Filmszene umgebildet.

Die sich über den Alltag legenden Projektionen des Kinosaals sind hingegen das Spannungsfeld, durch welches sich die Protagonisten des längeren, in seinem epischen Erzählfluß beinahe balladesk anmutenden »Von Walt Disney« hindurchbewegen (ST 143). Die reale Außenwelt mit einem realen Personenpaar, das auf der Suche nach einem guten Kinofilm ist, und die künstliche Kinowelt animierter Comicfiguren kollidieren auf verstörende Weise miteinander. Ja, die Außenwelt scheint zu einer Karikatur des Zeichentrick geschrumpft zu sein, in der existentielle Probleme nur noch Resultat entsprechender Animation sind. Die »gut« beginnende Geschichte gipfelt in der schockierenden, banal erzählten Pointe: »wenn in dem Augenblick nicht einer von // uns in die Straßenbahn gelaufen wäre, was / hätten wir uns sonst schon ansehen / können.« Das Ich erfährt den Unfalltod seines Gegenübers als slapstickhaftes Ableben einer Disney-Figur. Die ›heile‹ Phantasiewelt des Comics, in der ein Tod keine existentiellen Konsequenzen nach sich zieht, hat sich mit ihren Projektionen über die reale Welt gelegt, so daß, wie es am Schluß heißt, Erfahrung einer von medialen Oberflächen determinierten Gegenwart gleichbedeutend wird mit »ins / Kino gehen und zusehen, was alles heutzutage // passiert, ohne daß jemand will, daß es / passiert, vielleicht mit ihm selbst. Den Film / kannte ich aber auch schon von Walt Disney.« Der Name »Walt Disney« steht hier, wie Brinkmann im Rückblick erläutert, für die Filmindustrie, durch deren Filter die »Gegenwart, so wie sie ringsum ist, [zu] ein[em] Mickey Maus Comic« (BaH 77) degradiert wird: »Der Tod selbst ist noch eine Inszenierung durch 1 Massenmedium, ein Trick […] im Film, durch Film, wo in 1 ½ Std. die wüstesten Ereignisse passieren durch bewegtes Licht und Schatten.« (Ebd. 78)

Dem Gedicht, das Brinkmann seinem in ebendieser »Filmindustrie« beschäftigten Bruder Carl-Heinz widmete (vgl. BaH 77), ist Agitation allerdings völlig fremd; ihm fehlt jeder Ton der Anklage oder Brandmarkung des Comic-Mediums, statt dessen benutzt es die stereotype Lakonie der Comic-Dialoge mit ihren umgangssprachlichen Idiotismen als Stilmittel, was seiner Form selbst den Charakter eines animierten ›Zeichentricks in Worten‹ verleiht: Im Gegensatz zum Disney-Comic jedoch kommt es im Brinkmann-Gedicht zu ständigen, bewußt provozierten Brüchen und Überschneidungen mit der Wirklichkeit des Lebens. Seine Problematik umreißt die in diesem Kontext von Brinkmann aufgeworfene Frage: »die Wirklichkeit, so grausig sie ist, ein Zeichentrickfilm?« (BaH 76). In der Konsequenz müßte sich daran die Überlegung anschließen, inwieweit individuelles Erleben immer schon von Interferenzen mit Wahrnehmungsmustern aus ›Film- und Bewußtseinsindustrie‹ gesättigt ist – eine Fragestellung, der Brinkmanns Gedichte im Grunde permanent und in immer wieder wechselnden Varianten auf der Spur sind. Der Anspruch auf ein ›authentisches‹, vom medialen Zugriff unbehelligtes Erleben, wie er sich am Beginn von »Von Walt Disney« noch äußert: »Jetzt war endlich alles wieder gut / und die Sonne schien wieder gut / und wir gingen nach draußen, weil das / besser war«, steht im Gegensatz zum Erlebnisschema des Zeichentricks, das sich über die Wahrnehmung des tatsächlichen Todes legt: »Den Film / kannte ich aber auch schon von Walt Disney.« Das Gedicht besitzt dabei nicht jenes komplexe surreale Gefüge, wie es in John Ashberys »Rutabagas in a Landscape« oder »Daffy Duck in Hollywood«, die auch mit den Wahrnehmungsschemata des Comic jonglieren, zu finden ist. Statt dessen nimmt es, mit der expliziten Nennung des Kinobetriebs, schon Motive vorweg, die erst Brinkmanns Nachfolgebände dominieren sollen (»bewegt sich wohl schon auf die Richtung der Pilotengedichte hin« [BaH 77]).

Sowohl an den Comic als auch an sein Gangsterfilmgedicht »Da schnallst du ab« (ST 153) knüpft »Auto« (ST 156) durch das Motiv des Überfahrenwerdens an. In der dargestellten Szene schwenkt die Kamera vom Close-up des vorsätzlich überfahrenen Körpers zur Reaktion der um ihn herum stehenden Menge – es könnte sich genausogut um die Reaktion von Kinozuschauern auf ein über die Leinwand abgespieltes Ereignis handeln: »Der Wagen / setzte / noch / einmal zu- // rück, und / die Hin- / terreifen / zerquetsch- / ten endgültig / ihm die / Brust / du lieber Him- // mel, sagten / sie / das / muß schmerz- // haft sein, so / dazu- / liegen / im eigenen Dreck.«

Durch den zerschnittenen Rhythmus, der trotz des regelmäßigen äußeren Strophenschemas bis in die Brechung und Aufsplitterung einzelner Worte im Enjambement reicht – der verbale Nachvollzug körperlicher Brüche, Splitterungen und Quetschungen beim Überfahrenwerden –, entsteht der Eindruck zeitlupenartiger Verzögerungen (der zurücksetzende Wagen) und zeitrafferartiger Verknappungen. Dem ganzen Vorgang liegt jedoch, wie ein Blick auf die Satzzeichen bestätigt, eine einzige, durchgehende Einstellung zugrunde. Die hilflose Reaktion der geschilderten Passanten oder Zuschauer (»sagten / sie«) zeugt dabei vom rein passiven Involviertsein des Medienkonsumenten in die ihm – vorzugsweise visuell – übermittelten Prozesse: Zwischen der auf der Leinwand vorgespielten, handlungsreichen »action« und dem in den Plüschsesseln ausgelebten statischen Voyeurismus der Zuschauer herrscht eine massive Disproportion.

»Was fraglich ist wofür« kann mit seiner Film- und Kinothematik als eine der entscheidenden Publikationen im Œuvre Brinkmanns angesehen werden: Sie ebnet das Verständnis für die zahlreichen späteren Kinogedichte in »Die Piloten«, ebenso wie sie durch das Aufdecken sexueller Tabuzonen und deren Verhältnis zum voyeuristischen Aspekt der visuellen Medien den Intentionen der nachfolgenden »Godzilla«-Collagen vorgreift. Formal gelingt es Brinkmann, Vorgänge von Bewegung und Bewegtheit, im Zusammenhang mit der oberflächenhaften Bildlichkeit urbaner Räume im Medium des Gedichtes in neuer, auf amerikanische Vorbilder – vor allem Williams und Creeley – zurückgehender Art abzubilden: Durch gestische Vergegenwärtigungen, die, anstelle von Metaphorik, Bilder ›konkret‹ benennen, durch im Enjambement aufgefächerte Satz- und Zeilenbrüche, die einen spezifischen, szenisch-direkten, von Atempausen bzw. -verzögerungen begleiteten Rhythmus suggerieren. »Bewegungen, Körperbewegungen, Gehen, Sprache, Sprechen, Orte, Licht: dann die Dinge, Sachen – Film, Vorstellungen im Kopf –: das sind die Themen, die immer wieder vorkommen, und Sexeindrücke, Sinnlichkeit.« (BaH 79) Insofern ist es keine bloße Willkür, wenn er sich in den »Briefen an Hartmut« 1974 die Mühe machte, gerade diese Texte ausführlich zu kommentieren, und daß er mit »Schlesingers Film« und »Von Walt Disney« zwei dieser Gedichte noch für seine Lesung im April 1975 auf dem »Cambridge Poetry Festival« ausgesucht hatte. Dieser Band enthält all jene frühen Gedichte Brinkmanns, aus denen sich Sujets und Motive seines späteren lyrischen Œuvre explizit herausschälen lassen.

5.2.3 »Godzilla«

Mit diesem Band gestattet Brinkmann den Lesern Einblick in ein Experimentierfeld besonderer Art: Den siebzehn darin veröffentlichten Gedichten wurden vom Autor »farbige Plakate aus der Illustrierten-Werbung« (Maleen Brinkmann in der »Editorischen Notiz«, ST 371) unterlegt; es handelt sich um Collagen, in denen individuelle, durch ihre Strophen- und Zeilenform als Gedichte erkennbare Texte mit öffentlichen, in Zeitschriften annoncierten Werbefotografien für Damenunterwäsche zusammengebracht werden. Wurden die Fotos, in die hinein die Gedichte collagiert sind, scheinbar willkürlich, selbst von Exemplar zu Exemplar der auf 200 Stück begrenzten Auflage changierend,[58] aus Modekatalogen und -illustrierten ausgeschnitten, so bieten auch die Gedichte auf den ersten Blick keinen Anhaltspunkt für eine direkte, eng aufeinander bezogene Verknüpfung von Wort und Bild. Im Titel auf das Monster »Godzilla« anspielend, den Protagonisten einer billig produzierten japanischen Kinoserie sciencefictionartiger Horrorstreifen der fünfziger Jahre, versuchen sie durch ein Maximum an sexueller Direktheit und Obszönität dem Gedicht – und mit ihm dem redenden Subjekt – bisher verschlossene oder verweigerte Arten der Artikulation zu erschließen. In dem 1969 publizierten Aufsatz »Über Lyrik und Sexualität« forderte Brinkmann von der Poesie, den Wandel in der öffentlichen Dar- und Zurschaustellung von Sexualität wahrzunehmen. Es müsse darum gehen, den Widerspruch zwischen propagiertem Lustanspruch der Reklame und moralischen Restriktionen und Tabus der Gesellschaft einzusehen und zum Thema der Lyrik, sich subversiv gerierender Kunst überhaupt zu machen: »Während bereits in Filmen oder auf Reklamebildern zaghaft Schamhaar gezeigt wird, von Brustwarzen ganz zu schweigen, wagt es der Lyriker offensichtlich nicht, sein zartes, kunstvoll-apartes Sprach- und Gedankengebilde durch das Wort *Schamhaar* zu bereichern […].«[59]

---

58 Vgl. Urbe, Lyrik, Fotografie und Massenkultur bei Rolf Dieter Brinkmann, S. 99.
59 Brinkmann, Über Lyrik und Sexualität, S. 67.

Ein von ihm übersetztes Gedicht Robert Creeleys, »Irgendetwas« (»Something«), in der das Ich das Verhalten einer Frau beim Wasserlassen nach dem Liebesakt in einem nur mit einem Waschbecken ausgestatteten Zimmer schildert, zitiert Brinkmann als exemplarisch für die gelungene zeitgenössische Auseinandersetzung mit dem Lust-Motiv, »indem es demonstriert, was zu diesem lyrischen Thema tatsächlich noch zu sagen bleibt [...] ein Schnappschuß, der mir nun tatsächlich Sexualität vermittelt«.[60] Brinkmann sieht eine der Aufgaben von Lyrik im Zeitalter der öffentlichen Reproduktion von Lustreizen auf Hochglanz und Zelluloid darin, der medialen Inanspruchnahme von Körper und Geschlecht subversiv zu begegnen, was er etwa in den »dirty speech«-Schreibweisen des New Yorker Underground verwirklicht sieht: »Der permanenten Hörighaltung mittels Sexualität à la Hollywoods Erfindung Jean Harlow und Carrol Baker als Jean Harlow wird Widerstand zu leisten versucht.«[61] Wie jedoch hat Brinkmann diese von ihm als solche rezipierte Schock-Intention der Amerikaner auf seine eigene Lyrik des »Godzilla«-Zyklus übertragen?

In seiner Kombination aus der in Illustriertenwerbung vorkommenden Nacktheit und darübergeblendeter tabubrechender lyrischer Obszönität unternimmt »Godzilla« praktisch einen »Angriff aufs Monopol« der Medien in ihrer öffentlichen Zurschaustellung und optischen Festschreibung von Sexualität. Das japanische Filmmonster – eine Trivialmetapher für das unbewältigte Hiroshima-Trauma und zugleich, wie Goethes »Zauberlehrling« und Mary Shelleys »Frankenstein«, die Verkörperung unbewußter Ängste und Schrecken vor dem selbstgeschaffenen, unkontrollierbar gewordenen technologischen Zerstörungspotential – terrorisiert in den Collagen Brinkmanns die sexuelle Vorstellungskraft: Der Schrecken vor der atomaren Selbstauslöschung, der sich in der Figur Godzillas manifestiert, wird hier übertragen auf die Angst vor einer entfesselten, alle Regeln und Konventionen sprengenden Libido.

Die auf den grobporig vergrößerten, im Original farbig abgezogenen Werbefotos dargestellten Akte erwecken den Eindruck einer beliebigen Verfügbarkeit des weiblichen Körpers – worauf der Blick gelenkt wird, sind die primären Zonen sexueller Lust, also die Brüste und Beckenpartien, während statt dessen das Gesicht als Ausdruck individueller Identität zumeist fehlt, abgeschnitten wurde oder nur bis zum Kinn oder den Lippen angedeutet ist.[62] Die Fragmentarisierung des Körpers bzw. dessen

---

60 Ebd. S. 69.
61 Ebd. S. 70.
62 Vgl. Strauch, Rolf Dieter Brinkmann, S. 58.

Reduzierung auf ›sprechende‹ Körperteile geschieht im Namen eines in den Dienst der Werbung eingespannten, stereotypen Schönheitsideals. Sexualität wird als klinisch saubere, sterile Oberflächenprojektion ausgegeben, wohingegen die Gedichttexte Brinkmanns gerade auf den von den Hochglanzseiten verleugneten körperlich-unmittelbaren, ›schmutzigen‹ Aspekt des Sex abheben.

Hatten die 1935 unter dem Titel »Facile« veröffentlichten Liebesgedichte Paul Eluards mit den schwarzweißen Fotomontagen Man Rays – Hochglanzoberflächen, auf welchen sich, wie bei Brinkmanns »Godzilla« die Texte abrollen – in der Vorstellung einer schamlos-reinen, authentischen Liebe konvergiert und den Eindruck eines synästhetischen Gesamtkunstwerks hervorgebracht, wo Wort und Foto sich in ihrer Aussage gegenseitig ergänzen, so widersprechen die Texte Brinkmanns diametral dem Hochglanz der anonym anstatt von der individuellen Hand eines Künstlers geschossenen Fotos: Sie sind auf Schock und Provokation, den größtmöglichen Kontrast zur klinisch sauberen Hochglanzvorlage hin konzipiert. Wo Eluard die Harmonie einer zweckfreien gegenseitigen geschlechtlichen Liebe imaginiert, demontiert Brinkmann das von der Warenwerbung gelieferte weibliche Rollenklischee, indem er die Aufnahmen scheinbar unproblematisch sich inszenierender, ›einfach‹ wirken wollender Weiblichkeit mit den ungestillten Obsessionen und ›Perversionen‹ des sexuellen, männlich konnotierten Voyeurs – in der entpersönlichten Phantasiefigur »Godzillas« personifiziert – konfrontiert. Im Gegensatz zu Eluard driften bei Brinkmann die geschlechtlichen Beziehungen aufgrund der divergierenden Blick-Winkel der jeweiligen (männlichen versus weiblichen) Protagonisten immer wieder auseinander, werden aber gleichzeitig durch die gegenseitige Harmonie vorspiegelnden Projektionen der Werbung fortlaufend angeheizt.

Brinkmanns Collagen scheinen in ihrem komplexen Zusammenwirken von Text und Bild motiviert zu sein von einem geradezu anthropologischen Interesse; fragen sie doch nach dem Verhältnis von Subjekt und Sexualität in einer Massenkultur, welche die private Sexualität des Subjekts enteignet, ja selbst ›Intimität‹ als Rückzugsmöglichkeit des Subjekts aus dem Prozeß gesellschaftlicher Verwertung durch konsumträchtige Illustration intimer Nähe und Körperlichkeit vereitelt. Kollektivvorstellungen von sexueller Attraktivität schlagen sich in den von Brinkmann aufgegriffenen Reklameprospekten nieder, sie widersprechen jedoch den ungezügelten Triebkräften des Unbewußten, denen das Gros der Gedichte verpflichtet ist. Dadurch projiziert Brinkmann die ursprünglichen Regungen ›wilder‹ Sexualität auf die kulturell domestizierten Vorstellungen von ihr – Bilder, die Ausdruck einer spezifischen sozialgeschichtlichen

Situation sind, an denen sich aber, wie schon bei den vorgefundenen Images der Surrealisten, die individuelle Phantasie des Lyrikers gleichsam entzündet.

Brinkmann ist, wie der Vergleich mit Eluards »Facile« zeigte, dennoch weit davon entfernt, die Verfahren der Surrealisten zu kopieren – er radikalisiert und transformiert sie in einen ›Hyperrealismus‹, der seine adäquate Entsprechung in der Hochglanzästhetik seiner Gegenwart Ende der sechziger Jahre hat. Seine spezifische Leistung ist im Akt gezielter Subversion des vorgefundenen Materials zu sehen: der Gegenüberstellung ›sauberer‹ öffentlicher Lust-Projektion und enthemmter libidinöser Phantasie.

Aus diesem Kontrast lebt das längste der »Godzilla«-Gedichte, »Celluloid 1967/68« (ST 169-172), eine indirekte Replik auf Heißenbüttels experimentelle Prosa »Cellulloid 1959/60«. Die das Programm der im Titel angeführten Kinosaison dominierenden Schauspieler und Aktricen entfalten durch den Text plötzlich pornographische Aktivitäten, indem sie dort weitermachen, wo die Kamera, sanktioniert durch die öffentliche Konvention, ausblendet, schneidet oder lediglich andeutet. Der passive voyeuristische Akt des Betrachtens der Leinwandvorgänge ergänzt in der Vorstellung das, was die Bilder nicht zeigen, wenngleich in zensierter, sublimierter Form an Imaginationspotential zur Triebbefriedigung enthalten. Die Sterilität des Posierens[63] für Voyeur und Kamera offenbart die ›Wirklichkeit‹ der ›unwirklichen‹, »gekrümmten« Oberfläche des »Celluloid« – Brinkmann bevorzugt die englische Schreibweise mit großem »C« –, dem er mit dem Verweis auf Chardin gar anthropologische Dimensionen zuspricht: Die Repräsentationen einer Oberfläche, die, wie Zelluloid, »Bewegung« konserviert, verhalten sich zur Wirklichkeit wie die eingeübte Pose zu einer unwillkürlichen Geste. Damit ähnelt die technische Abrufbarkeit des Vorgangs aber auch dem, was im Gehirn im Moment des Erinnerns geschieht: Vorher aufgenommene Bilder können abgerufen werden, auch wenn ihre ›Wirklichkeit‹ inzwischen vorübergegangen ist.

In der Anspielung auf David Hemmings, den Londoner Modefotografen aus Antonionis »Blow Up«, ist etwa ein solches Bild einer kinematographisch ausgedeuteten »Pose« aufgegriffen: »Posen« sind für Brinkmann

---

63 Zur semantischen Aufladung des Begriffs »Pose« bei Brinkmann vgl. auch seine Prosastudie »Strip« von 1967, in der die »Pose« sich auf die künstlich geschaffene Seh-Beziehung des männlichen Voyeurs zu seinem weiblichen Objekt in der Situation des Striptease bezieht: Wie beim Film, scheint das Objekt zwar ›zum Greifen nahe‹ zu sein, kann jedoch nicht berührt werden. (Vgl. Brinkmann, Der Film in Worten, S. 61-64.)

die zu »Celluloid« geronnenen bloßen Surrogate von Erfahrung, an denen der Anspruch nach Einmaligkeit, Auratizität des Erlebnisses abprallen muß. Die technische Reproduzierbarkeit von ›Erfahrung‹ schafft eine von individueller Erfahrung entleerte Vorstellung von Sexualität. Hier setzt Brinkmanns Subversion an, indem er die »Celluloid«-Surrogate rückzubinden versucht an das alltägliche Erleben bzw. an die Möglichkeiten alltäglichen Erlebens innerhalb der urbanen, massenmedial durchtränkten Sphäre, die »Godzilla« reflektiert. Was sich auf diese Weise in den Gedichten manifestiert, sind – unterstützt durch ihren Repro-Untergrund aus Illustriertenfotos – Erfahrungen mit dem Erfahrungssurrogat »Celluloid«, das stellvertretend die übrigen künstlich illuminierten Oberflächen verkörpert, zwischen denen sich der fremdbestimmte Lebensalltag abspielt.

Subversion übt das »Godzilla«-Buch auch in der Gegenüberstellung von medial kreiertem Anspruch und tatsächlicher Wirklichkeit der Sexualität in der Massenkultur. Hatte Brecht in den Collagen seiner »Kriegsfibel« das Auseinanderklaffen von Anspruch und Wirklichkeit des Nationalsozialismus entlarven wollen, so überträgt Brinkmann dieselbe Methode auf die bewußtseinsvereinnahmenden Suggestionen der Populärkultur: Dieser Zusammenhang macht deutlich, welch verstörende Sprengkraft »Godzilla« enthält! War es Brecht darum gegangen, die Barbarei eines Systems zu geißeln, das die Entmündigung und Ächtung der geistigen, aber auch körperlichen Freiheit des Menschen in seiner Ideologie enthielt, so stellt Brinkmann die prinzipiell entmündigenden Mechanismen einer Kulturindustrie bloß, die kraft ihres öffentlichen Bild- und Medien-Monopols an die Stelle des faschistischen Propagandaapparates getreten ist, der sich seinerseits bereits des Radios, Films, der Illustrierten als Instrumenten zur Durchsetzung seiner Macht bedient hatte – freilich ist in der Zielsetzung der Populärkultur nunmehr die Kriegs- der Konsumverherrlichung gewichen. Damit fragen Brinkmanns Collagen letztlich nach den Voraussetzungen bzw. der potentiellen (Un-)Möglichkeit von subjektiver Mündigkeit in der Industriegesellschaft – eine Thematik, die sein Vorhaben mit der aufklärerischen Stoßrichtung von Adornos Philosophie gemeinsam hat.

Brinkmanns Arbeit ist jedoch ihrem Profil nach vordergründig spielerisch-assoziativ angelegt, er jongliert mit den Mythen seiner Populärkultur, indem er aus ihnen sarkastische Zerstörungsphantasien destilliert, wie im »Fernsehgedicht«[64] »Godzilla-Baby« (ST 166f.), das den Gangstermythos ins Gewand sadomasochistischer Erotik transponiert: »Wir // sit-

---

64 Zum Begriff vgl. Schenk, Das Fernsehgedicht.

zen in unseren kleinen / schwarzen Gehäusen / und / warten nackt // auf das Ende, bis / sie / plötzlich / da ist. Das // schwarze Leder glänzt / darunter ist sie nackt. / Und sie / fängt ohne // abzuwarten an zu / lutschen: oooooooooooh, / stöhnt / der Mann auf // und hört nicht mehr, wie / die Polizei / das Haus umstellt. […] // Und sie / verschwindet / wieder in dem // weißen Zittern / während / die Hausfrau / von einem Bauchschuß // getroffen, sich auf dem / Teppich vor dem Fernseh- / apparat / krümmt.«

Oder er demontiert die auf Hollywood-Zelluloid anzutreffenden geschlechtertypischen Verhaltensweisen, wie in dem Gedicht »Andy Harlot Andy« (ST 165), wo er, in Anlehnung an einen Kurzfilm Andy Warhols und auf Freudsche Gedankengänge von der ›Einverleibung‹ des jeweils anderen Geschlechts anspielend, den Akt des Bananenessens zitiert. In Warhols »Banana« – 1968 im Kölner XSCREEN-Filmklub gezeigt – tut ein vermeintlich als Jean Harlow, Hollywoods jugendliches Sexidol der dreißiger Jahre, verkleideter Transvestit nichts anderes als eine Banane nach der anderen zu schälen und aufzuessen; und entsprechend reproduziert das aus sechs je vierzeiligen Strophen bestehende Gedicht Brinkmanns die Monotonie dieser Einstellung: »Er zieht ihr mit / Bedacht die Schale ab und lutscht / sie auf. Die Bedeutungen / wechseln / ständig. Er sagt: was wir sehen, ist // nicht das, was wir sehen, und fängt / von vorne an. (Einmal ist es eine / Banane, einmal nicht!) Und auf dem / selben alten Sofa wie vorher sitzt // Jean Harlow in Verkleidung.« Das Bizarre der dargestellten Situation erinnert dabei an die Künstlichkeit der filmischen décors bzw. jener taktilen Oberflächen wie Nylon, die die Illustriertenoberflächen des Bandes abbilden. Die früher getroffene Feststellung: »Alles ist // eine Frage der / Beleuchtung« wird in »Andy Harlot Andy« unter dem Aspekt der Fragwürdigkeit des Geschauten variiert: Es ist unklar, welche Rolle die décors und Beleuchtung am Zustandekommen des »Bildes« und unserer Interpretation des Gesehenen spielen; nicht überprüfbar, wie groß der Beitrag kameratechnischer Effekte, Tricks an der erotischen Aufladung eines Bildes, einer Einstellung oder Szene im einzelnen ist. Da das »Bild« künstlich, d.h. technisch generiert ist, trägt es immer schon den Aspekt der Inszenierung in sich; seine ›Wahrheit‹ ist immer nur das, was zu sehen ist, kein Weg führt ›hinter‹ oder ›unter‹ die Oberfläche des Bildes. Bezeichnenderweise ist »Andy Harlot Andy« mit der Aufnahme einer blonden Schönheit unterlegt, deren Gesicht – einzige Ausnahme der ganzen Collagenserie – aus dem Zentrum des Bildes heraus den Betrachter auf zweideutige Weise anlächelt; der Grund für ihr Lächeln bleibt jedoch genauso rätselhaft wie das »Licht / das von Osram ist wie / ein Licht, das nicht / von Osram ist«, von dem ein paar Seiten weiter in »Gedicht« (ST 176) die Rede ist.

Die Oberflächen reproduzieren, trotz oder gerade wegen der ausgestellten, scheinbar ›freizügigen‹ Nacktheit, lediglich sexuelle Stereotype, anstelle von ›befreiter‹ Sexualität ist der Körper mit Hilfe der massenmedialen Oberflächen gesellschaftlich verwert- und vermarktbar geworden – eine Entwicklung, auf die Brinkmanns »Godzilla« in demaskierender Absicht reagiert. Der neue Mythen generierende Apparat der Massenmedien wird in diesen Collagen mit der Form des Gedichts zusammengebracht. Erfahrungsloses Oberflächensurrogat und das traditionell als Medium subjektiven Erlebens konnotierte Gedicht gehen eine ungewöhnliche Verbindung ein, als deren Ergebnis beide Bedeutungsebenen sich verschieben: Das Gedicht diagnostiziert massenkompatible Alltagserfahrungen, die von keinem einmalig-individuellen Erfahrungsgehalt mehr gedeckt sind; dadurch erhalten andererseits die Plakatausschnitte in ihrem entmündigenden, Sexualität und nackte Körperlichkeit auf Stereotype reduzierenden Aspekt erst eine individuelle Rezipierbarkeit – auf der Folie der Gedichte.

Die Oberflächen sind Identifikationsangebote, in denen sich das Subjekt von Brinkmanns Gedichten verliert – ob es sich dabei an ihnen aufreibt, sei in den Raum gestellt. In »Godzilla« nimmt Brinkmann, bei aller intendierten Subversion einer als sinnlich verstümmelt empfundenen, von der Ideologie des Konsums regulierten Sexualität, eine sich auf diese Identifikationsangebote der »zweiten Natur« dennoch einlassende Haltung ein. So entsteht ein neues, die populären, foto- und filmindustriell erzeugten Mythen als Stimulantien anerkennendes Konzept von lyrischer Personalität. Ist die alltägliche Wahrnehmung Voraussetzung von Brinkmanns Poetologie, so sind die Oberflächen, von denen diese Wahrnehmung umgeben ist, der Rohstoff seiner Gedichte. Ist unter »Pop« die Hinwendung zu solchen künstlichen, aus der technischen Reproduzierbarkeit von Erfahrung entstandenen Oberflächen zu verstehen, so haben wir es auch bei »Godzilla« grundsätzlich mit »Pop«-Gedichten zu tun. Daß sich seine Versuche bis zu Vorläufern in der modernen Poesie zurückverfolgen lassen – wie die Hinweise auf Eluard und Brecht illustrieren – zeigt, daß auch der Begriff »Pop« nicht in einem traditionslosen Raum aufgekommen ist, sondern verschiedenste Anregungen auf neue Weise in ihm verschmelzen. Brinkmanns »Pop« reagiert auf die Dominanz einer Bilder-Kultur, deren Explizitheit dem Lyriker nicht mehr viel zu sagen übrigläßt – ihn statt dessen aber zu neuen bildhaften Phantasien anregt.

5.2.4 »Die Piloten«

Es ist nicht übertrieben, Brinkmanns Tribut an die amerikanische Pop-art, als der »Die Piloten« gemeinhin angesehen werden, als sein eigentliches Kinobuch zu bezeichnen. Bereits die vorangestellte »Notiz« (ST 185-187) zum poetologischen Programm nimmt ausführlich auf den Film Bezug. Wie Kracauer in seinem »Photographie«-Essay spricht er vom »Abfall« (»dem, was wirklich alltäglich abfällt«) als dem »Material« für seine Gedichte; und vom Vergleich mit dem fotografischen snap-shot, der dem Gedicht die Möglichkeit eröffne, »spontan erfaßte Vorgänge und Bewegungen [...] festzuhalten«, geht er in seiner Wortwahl über zur Wiedergabe filmischer Abläufe: Er spricht vom »genaue[n] Hinsehen, die richtige Einstellung zum Kaffeerest in der Tasse [zu finden], während jemand reinkommt ins Zimmer und fragt, gehen wir heute abend in die Spätvorstellung?« Dabei erwähnt Brinkmann, cineastisch geschult, »Das alte Rückpro-Verfahren«, das als salopper Hinweis auf die Collage-Verfahren der Pop-art zu verstehen sein dürfte, den alltäglichen »Abfall« in ihrer Kunst visuell zu reproduzieren, was er damit zugleich umstandslos auf die Art seiner Gedichte umzuschlagen weiß: »Filmbilder, Reklamebilder, Sätze [...] Gefasel, Ketchup, eine Schlagermelodie [...]. Das alte Rezept und die neue Konzeption, bevor das Licht ausgeht, der Vorspann im Kino, hier bin ich.«

Trotz der spielerischen, scheinbar willkürlichen Aufzählung verschiedenster »Abfälle« der Massenkultur nimmt gerade das Kino den größten Raum in seiner »neue[n] Konzeption« ein – wenn sie auch dem »alte[n] Rezept« Apollinaires in »L'esprit nouveau« folgt, der dem Dichter die alltäglichsten Umstände zur lyrischen Vergegenwärtigung anempfohlen und das Kino und das Grammophon als die technischen Erfindungen begrüßt hatte, welche dem Dichter neue, unerschöpfliche Inspirationsquellen böten. Zwar beruft sich Brinkmann nicht namentlich auf Apollinaire – vielleicht, weil ihm dieser Hinweis im Zusammenhang mit seiner »Pop-art« bereits als zu akademisch erschienen wäre –, er widmet sein Album jedoch dem »Andenken Frank O'Haras«, des begeisterten New Yorker Apollinaire-Adepten und Flâneurs, »und dann all denen, die sich immer wieder von neuem gern auf den billigen Plätzen vor einer Leinwand zurücksinken lassen. Sie alle sind die Piloten, die der Titel meint.«

Entsprechend dem Vorbild O'Haras macht Brinkmann das Kino als wichtigste Inspiration für seine Lyrik geltend, und in der Tat handelt es sich größtenteils um amerikanische Streifen, die ihm die kulturelle Neuorientierung, die er literarisch beabsichtigt, garantieren: Er zitiert den von Arthur Penn 1967 in der Tradition des amerikanischen Gangstergenres gedrehten Film »Bonnie and Clyde« als Beispiel für den angestrebten radikalen Paradigmenwechsel vom abendländischen Tiefsinn zur transatlantischen Oberfläche: »Wie sagte Warren Beatty zu den deutschen Kinobesitzern beim Start von Bonnie und Clyde: ›Bei der Schlußszene mit dem Maschinengewehrfeuer müßt ihr den Ton ganz aufdrehen!‹«

Demonstrativ bedient er sich amerikanischer Muster in Aufmachung und Gestaltung seines Bandes: Das Cover ziert eine von ihm selbst entworfene Collage, in der, ähnlich der Hülle der Beatles-LP »Sgt. Pepper's Lonely Hearts Club Band«, Stars des amerikanischen Film- und Illustriertenbusiness (Marilyn Monroe, Marlon Brando, Humphrey Bogart ...) zusammen mit Personen aus Brinkmanns privater Umgebung (seine Frau, sein Bruder, R.-R. Rygulla) abgebildet sind. Seinem eigenen Foto hat er eine Sprechblase beigefügt, die von den seine postavantgardistische Aufbruchseuphorie bezeichnenden Sätzen »It is not enough to love art. One must **be** art!« (Original in Großbuchstaben) ausgefüllt wird. Die Aufspaltung des »Piloten«-Bandes in drei separate Teile wird durch jeweils eine Comicstripseite am Anfang jedes der Teile sichtbar gemacht. Bei diesen Comicstrips handelt es sich um Parodien von Elementen der US-amerikanischen Comic-Kultur, wie sie in der New Yorker literarischen Szene der 1960er Jahre mit dem Ziel ästhetischer Subversion aufgekommen waren. Ihr Schöpfer Joe Brainard hatte bereits das Cover des Readers »The Avantgarde« gestaltet, den Ashbery und Hess mit Texten zur Pariser Avantgarde um Apollinaire und Cendrars sowie dem Ashbery-Essay »The Invisible Avantgarde« herausgegeben hatten. Die aus Brainards Serie »C-Comics« entnommenen Comic-Parodien in Brinkmanns »Piloten« enthalten ins Deutsche übersetzte Sprechblasen, die Brinkmanns Absicht der subversiven Durchdringung der lyrischen Form mit Elementen der Populär- und Massenkultur entsprechen.[65]

Auch wenn Brinkmann aus der Rückschau des Jahres 1974 für sich in Anspruch nimmt, »daß ich das meiste an der ganzen künstlichen Schau-Geschäfts-Welt und Bildwelt der Ziviehlisation [!] nicht mag [...][,] in den Gedichten nie verschwiegen« (BaH 136) zu haben, und ihm trotz der

---

65 Von Brinkmanns Affinität zur Kunst Brainards zeugt auch dessen Aufnahme in den mit Rygulla herausgegebenen Reader ACID – Neue amerikanische Szene. (Vgl. ebd. S. 402) Auch in seinen die »ACID«-Konzeption begleitenden Briefen an den New Yorker Dichter Ron Padgett erwähnte Brinkmann seine Faszination für das Brainardsche Œuvre und versprach dabei, diesem einen eigenen Essay zu widmen. – Anstelle des Aufsatzes ist uns jedoch ein Brainard gewidmetes Gedicht überliefert, das in Brinkmanns nächstem Band *Standphotos* enthalten ist – die »Hommage à Joe Brainard aus Tulsa, Oklahoma« (ST 292f.).

Einverleibung des Zitatenschatzes US-amerikanischer Pop-Trivia keine bloß affirmative Haltung zur westlichen Konsum- und Massenkultur nachgesagt werden kann – man denke an Zeilen wie »waffenlos jetzt 1968« in »Daguerreotype von William Cody i.e. Buffalo Bill« (ST 201) oder »Mr. Amerika / geh doch endlich wieder weg / du bist wirklich nur noch / der letzte Schrott« in »Populäres Gedicht Nr. 17« (ST 255), die an Brinkmanns antikapitalistischer Haltung keinen Zweifel lassen –, so muß er dennoch einräumen, »das hätte ich [in »Die Piloten«] viel deutlicher [...] sagen sollen und nicht so verspielt, daß es darauf ankommt, womit man sich beschäftigt, nicht mit zweitrangigen Stars usw./ so geistert das alles etwas durcheinander« (BaH 136f.). Deshalb will er selbst »die Einordnung in eine Pop oder postmoderne Literatur« (ebd.) nur für die Materialbasis seiner Gedichte gelten lassen, also den gesamten Fundus an Zitaten, Bildern, Referenzen aus einer primär nicht-literarischen, sondern visuell-akustisch ausgerichteten, elektronisch vervielfältigten Populärkultur, »jenen Bereich, der die Wi(e)derspiegelung der industriellen bunten Weltansichten im Bewußtsein und die Darstellung dieses Bereichs betrifft« (ebd.). Ansonsten jedoch beharrt er auf einer eigenständigen Poetik, die den Avantgardismus der Vorbilder William Carlos Williams und Frank O'Hara mit ihrer Affinität zum Oberflächen-Reiz der visuellen Wahrnehmung fortzuschreiben sucht (vgl. BaH 124-127).

Der erste Teil der »Piloten«-Gedichte (ST 189-215) stellt dementsprechend Schreibweisen vor, die als programmatisch für die lyrische Liaison mit der Hochglanzkultur gelten können. Brinkmann übernimmt eines der wesentlichen Merkmale bildlicher Repräsentationssysteme wie v.a. der Fotografie: nämlich deren unzureichende Interpretierbarkeit auf der Folie des verbalen Repräsentationssystems, was im lyrischen Diskurs einen verblüffenden, ent-semantisierenden Effekt zur Folge hat, wie sich z.B. in »Ein bestimmtes Bild von irgendwas« (ebd. 189) ablesen läßt: »Da sind Blätter, man / sieht sie auf dem Boden liegen // es sind einfach nur Blätter. / Dahinter kommt nichts mehr / und keiner kann sagen, wieso.« Dabei kommt der auralose, von keiner authentischen Erfahrung gesättigte Charakter des massenhaft reproduzierten Bildmaterials aus Werbung, Printmedien, TV und kommerziellem Kino zum Vorschein. Wird, wie Brinkmann dies tut, solches Material zur Grundlage von Gedichten gemacht, so erübrigt sich deren Interpretierbarkeit nach klassischen Kriterien der Interpretation wie Form-Inhalt-Relation, Originalität der künstlerischen Methode, Wahrhaftigkeit der verarbeiteten Erfahrung. Das massenmediale Bildmaterial läßt wegen seines fehlenden, sonst für Kunst verbürgten Erfahrungsgehalts den klassischen Interpreten scheitern – er sieht sich zurückgeworfen auf das Material, die Oberfläche, die nur ihrer selbst wegen existiert. Wenn Brinkmanns Gedichte auch graphisch oft, zwar ohne auf Reim und Versgrenzen acht zu geben, nach klassischen Drei- und Vierzeilen-Strophenformen organisiert sind – mit der Terzinenstrophe etwa Williams' beliebtester lyrischer Druckform folgend –, so kann dafür kein plausiblerer Grund angegeben werden als der, den Text optisch *als Gedicht* erscheinen zu lassen – ein Bemühen, das wegen des völlig unpoetischen Parlando-Tons der Zeilen mit ihrem durchgehenden Enjambement wiederum als Willkürakt des Autors ausgelegt werden kann. Diese scheinbare Willkür der Form drückt sich in der offensichtlichen Beliebigkeit der ins Gedicht übernommenen Motive und Bilder aus: »Das Material ist massenweise / überall vorhanden, herausgeschossen aus dem / Kopf [...] // Gut für so Farbfilme, denk ich, auf einer / Breitwand mit Stereophon. Dort treffen wir / uns alle einmal wieder, wenn alle Luft uns / aus dem Kopf gelassen ist« (ST 193).

Daß sich Brinkmanns lyrische Konzentration auf den Warenfetisch jedoch nicht auf die um 1968 übliche Kapitalismus- und USA-Kritik festnageln läßt, geht aus einem Gedicht wie »Billig« (205) hervor. Es ist vielmehr eine Kritik unserer Wahrnehmung unter den Bedingungen des technischen Zeitalters, um die er bemüht ist. Sein Bild zweier Politiker aus verfeindeten Lagern, die sich im TV die Hände schütteln, bringt aufgrund der weltweiten Medialisierung dieses Ereignisses die ökonomischen Gegensätze zwischen Ost- und Westblock zum Verschwinden: »jemand fällt als flüs- / siges Ketchup wie ein roter / Faden vom Himmel, leuchtet / noch einmal kurz auf, bevor // er wie die beiden alten Män- / ner verschwindet direkt vor / den laufenden Fernsehkameras. / Und jeder kann das sehen.«

Das die beiden Systeme Trennende, das bis in die Trennstriche von Wörtern am Versende hineinreicht, wird aufgehoben in der comicartigen Vorstellung von Ketchup, das sich über diesen Vorgang ergießt. Anstelle des echten Bluts, das in Stellvertreterkriegen (Vietnam) zwischen beiden Fronten tatsächlich fließt, bekommt der TV-Zuschauer nur ›Filmblut‹, wie Ketchup salopp bezeichnet wird, zu sehen. »Die TV-Politikbilder« werden im Zuge ihrer medialen Ausstrahlung »als Comicbilder« wahrgenommen; »die zwei Männer, waren damals Johnson und Breschnew, die sich in dem amerikan. Dorf irgendwo in den USA trafen [...] ein Gedicht gggegen [sic] das Ritual der Politiker und gegen die Öffentlichkeit die in diesen Ritualen [...] eingesperrt wird.« (BaH 131)

Öffentlichkeit wird in den »Piloten«-Gedichten – bis auf die Texte, wo Öffentlichkeit der Intimität einer Paarbeziehung weicht – gewöhnlich über die Relaisstation künstlicher Medien inszeniert: seien es das TV, das Kino (vorherrschend im zweiten Teil der Sammlung), bunte Plakat-

wände oder das illuminierte Auslagenfenster, von dem das Dieter Wellershoff gewidmete »Selbstbildnis im Supermarkt« (ST 204) berichtet.
Die flimmernden Leinwandprojektionen, deren Vergegenwärtigung den zweiten Teil der »Piloten« ausfüllt, vertreiben die Angst vor der kahlen Wand oder der weißen Seite. »Die Fortsetzung« (219) nimmt programmatisch auf diese Möglichkeit der endlosen technischen Reproduzierbarkeit und der lyrischen Evokation bewegter Bilder, die in diesen Film- und Kinogedichten geschieht, Bezug:

Ich erzähl
dir einen
Film, von rückwärts

gesehen und immer
nahe dran zu reißen.
Der Tod flitzt
darauf als ein
kleines helles
Körnchen um
die Ecke. Wenn
dann die Birne
platzt, weißt
du Bescheid.

Die Fortsetzung
geht mich persönlich
nichts mehr an. Ich

warte auf das nächste
Flitzen.

Mit einer Ausschließlichkeit, wie sie in der deutschen Lyrik bis dahin nicht vorgekommen war, greift Brinkmann auf die amerikanischsten Genres des Filmmetiers zurück: den *Comic*, den *Western* und den *Gangsterfilm*. Der europäische Film kommt überhaupt erst in den Gedichten in den Blick, wo sich Brinkmann des *Schwarzweiß- und Stummfilmkinos* erinnert.
Die Tricktechnik des *Comics* ist für Brinkmann Ausgangspunkt, mediale Wahrnehmungen zu brechen, sie ironisch zu verzerren und in subversiver Intention zu verfremden. Das wird ablesbar an den beiden »Batman«-Comics, wo aus dem Duo der Filmserie mit übermenschlichen Fähigkeiten ein homoerotisches Liebespaar wird. Dennoch bleiben Witz und Pointe in beiden Gedichten eindimensionaler und flacher als etwa in dem früheren »Nach Walt Disney«, weil diesmal rein auf sexuelle Schock-

momente beschränkt (»Hinter den / Wänden von / Gotham-City // wird schwer / gewichst«, ST 266). In »Ohne Rente« (221) ist das Pathos politischer Rhetorik der Lächerlichkeit des Trivialreims am Ende preisgegeben: »Wir flimmern zusammen / in einer Vorstellung / [...] für Gerechtigkeit und // Frieden, erklärte Batman / [...] während // Superman schon längst Rente / bezieht. Wir aber reisen / immer weiter und haben / einen Harten in der Hand, // damit kommen wir beide / durch das ganze Land.«

Comicartige Stilisierungen mit einer sexuell freudianischen Schlußpointe weist auch das »Tarzan«-Gedicht (235f.) auf, in dem der Sprecher seine »éducation sentimentale« im Lichte der als Heranwachsender angeschauten »Tarzan«-Streifen Revue passieren läßt: »Ich erinnere mich / noch sehr gut / an mich selbst // und an die / verschiedenen Größen / der Lendenschürze / von Johnny / Weismüller / bis zu Lex Barker«. Der von der Filmindustrie kreierte Urwaldheld Tarzan wird zur Kult- und Identifikationsfigur des Jugendlichen in einer vom Film geprägten Alltagskultur. Wenngleich nur »der See / in dem er schwamm / [...] wirklich aus Wasser« war, »das Krokodil aus Plastik«, so erteilt doch das im Film demonstrierte Rollenverhalten dem Jungen eine erste Aufklärungslektion: »es gab Urwälder / wie haarige Löcher / und Jane rief um / Hilfe, Hilfe, Hilfe / aber da stand ich / auch schon im / Lendenschurz / als Lex Barker / oder Johnny / Weismüller«. Das Gedicht endet mit einer Sentenz, in der die tiefenpsychologische Dimension der Urwald-Metapher mit dem Muster einer »éducation sentimentale« via Kinoleinwand und der persönlichen Erinnerung des Protagonisten beispielhaft zusammenfließen: »es gibt ganz kleine / haarige Löcher wie / Urwälder, die man nie / wieder vergißt.«

Mit der Reimparodie »Die Hand am Colt / ging es um Gold« ruft Brinkmann in »Der Weg nach Mexiko-City« (245f.) das *Western*-Genre auf. In den »Briefen an Hartmut« bezeichnet er den Text zwar als »Filmgedicht« (BaH 132), doch geht es ihm nicht um die Nacherzählung einer Handlung. Statt dessen wird eine szenische Einstellung des (nicht genannten) Western aufgegriffen, die wiederum, wie im »Tarzan«-Gedicht, in einer unterschwelligen sexuellen Enthüllung kulminiert. Die Verwirrung beginnt, als auf »der Held« plötzlich ein weibliches Pronomen folgt, was den dann wieder auftretenden »er« zu der hilflosen Ausflucht veranlaßt, »daß Helden einsam sind«. Das Moment der sexuellen Verwirrung und die film-noir-typischen Chiaroscuro-Kontraste sind identisch mit der Dunkelheit im Kinosaal. Das Licht am Ende des Films bringt jedoch ›kein Licht ins Dunkel‹, sondern stiftet lediglich die Neugier auf die Fortsetzung des Flimmerns: »das Licht / ging aus, und // er lehnte sich / [...]

in den / Sessel zurück [...] und [...] // der Held / erschien. / Sie saß mit weitgespreizten // Beinen da. / [...] Im Dunkeln / war das ein Ort / wo er schon oft / gewesen war / [...] bis zum nächsten Mal / in Mexiko.« Anspielungen auf das *Gangsterfilmgenre* begegnen u.a. in »Ra-ta-ta-ta für Bonnie & Clyde etc.« (244) und »Brief an Humphrey Bogart, schon weit entfernt« (231). Auf das erste Gedicht verweist bereits die Nennung des Films »Bonnie and Clyde« in der den »Piloten« vorangestellten »Notiz«. Aus Arthur Penns virtuoser, zitatartiger Parodie auf den amerikanischen Gangstermythos, der in Filmen wie Howard Hawks' »Scarface« bis hin zu Budd Boettichers »The Rise and Fall of Legs Diamond« immer wieder aufgegriffen worden war, macht Brinkmann seinerseits eine Parodie auf den Einsatz von Spezialeffekten im kommerziellen Kino. Schon im »Ra-ta-ta-ta« des Titels wird auf die artifizielle Geräuschkulisse zur Suggestion des grausamen, brutalen Filmendes verwiesen, und die Ströme von Blut, denen sich die Zuschauer ausgesetzt sehen werden, sind antizipiert von »einem Klumpen rotes Gelee«, den »man plötzlich auf einem einfachen / weißen Kleid [...] / zerplatzen sieht«. Die filmische Sichtbarmachung von Blut wird damit zwar als Trick entlarvt, dennoch nicht ihrer Wirkung auf das Publikum (»wir«) beraubt. Der atemlose, durchgehende Rhythmus der ungereimten Terzinenverse beschwört die atemlose Hektik des »Weiterlaufens« (das Pärchen befindet sich auf einer endlosen Flucht), mit dem der Film und dessen Gangsterduo unausweichlich auf ihr furioses Finale zusteuern. Durch das Enjambement auseinandergesprengte Sinneinheiten wie etwa die von Subjekt und Prädikat (»wir // laufen«) bzw. ganze zwischen zwei Verszeilen abgetrennte Worte (»Platzanweiser- // innen«) lassen kaum Zeit zum Atemholen – der Leser wird in die gespannte Atmosphäre im Zuschauerraum hineingezogen, ja wegen des vereinnahmenden »wir«-Pronomens geradezu gezwungen, sich (wie es auch der lyrische Sprecher tut) mit dem Publikum zu identifizieren. Dieses seinerseits identifiziert sich mit dem ort- und ruhelosen Heldenpaar: »jetzt haben wir wieder Grund / zu laufen«, obwohl es äußerlich ja nichts anderes tun kann, als auf seinen Stühlen zu verharren! Daß die Katastrophe der sympathischen Ganoven deshalb »zur Freude« der »Platzanweiserinnen« und der »Marmeladenindustrie« geschähe, ist wieder eine jener Pointen Brinkmanns, in denen er die vom Hollywoodkino kreierte Welt des statt Lebensechtheit bloß Surrogate liefernden Scheins mit surrealem Humor karikiert. In dieser grotesk dargebotenen Kritik wie auch in dem atemlos sich akzelerierenden Zeilenrhythmus erinnert »Ra-ta-ta-ta« u.a. an das früher schon veröffentlichte »Von Walt Disney«. Alternieren die Verszeilen in allen Terzinenstrophen unregelmäßig zwischen neun und zwölf Silben, so erfordert die allein stehende Schlußzeile mit ihren dreizehn Silben vom Leser den längsten Atem, genau wie die Schlußszene im Film vom Zuschauer ›die stärksten Nerven‹ verlangt. Die Erleichterung, sich schließlich sagen zu können, daß es sich nur um Filmblut aus der »Marmeladenindustrie« handle, vermag kaum die Lähmung zu verdrängen, die eine derartige Szene »innen« – vgl. das durch die ›Abtrennung‹ der »Platzanweiser- // innen« entstandene Wortspiel – unter »uns« Zuschauern provozieren muß.

Auch der »Brief an Humphrey Bogart, schon weit entfernt« demontiert spielerisch das von der Filmindustrie geschaffene Image des hartgesottenen Film-noir-Ganoven bzw. Ganovenjägers, das wir mit seinem Namen assoziieren: »Kulissenschieberei […] eben alles Schau und Business« (BaH 131). Banale Szenen aus dem Alltag des lyrischen Ichs kontrastieren mit dem Film-Bild vom kühlen Helden: »ich öffne den // Kühlschrank. Keine Leiche im Haus. Lieber / Humphrey Bogart / deine Vision des / Mannes, der nicht // lacht, einsamer Gast / in einem Haus, das nur noch / aus einer Vorderfront / besteht mitten in Beverly // Hills.« Doch sind für den Schreiber des Gedichts Bogarts große Erfolge, wie der Titel sagt, schon derart »weit entfernt«, daß sich dem einmal kreierten Image nichts Neues hinzufügen läßt: »Und alle die Fenster / für immer geschlossen nach dem einen // Schuß.« Der »Schuß« mag hier auf einen Schuß hindeuten, der Bogarts Typus im Film noir (man mag hier an »Der Malteserfalke« denken) ein für alle Mal feststellte und berühmt machte, genauso aber ist im »Schuß« jener »shot« des Filmfotografen enthalten, der die Grundlage für Bogarts stereotypes Standbild auf Kinoplakaten und Illustriertenseiten lieferte.

»Eine übergroße Photographie von Liz Taylor« (ST 217) scheint noch mehr als etwa »Brief« vom Impuls gespeist zu sein, das populäre Image eines Stars in die alltägliche Lebenswelt des lyrischen Ichs zu verpflanzen. Die exponierte Stellung am Beginn des zweiten Teils der *Piloten* verleiht diesem Gedicht programmatischen Charakter – dient das Plakat Liz Taylors, mit dem sich der Sprecher konfrontiert sieht (»Liz Taylor lächelt immerzu«), doch lediglich als Anlaß, über die Rolle der uns von den Medien präsentierten Bilder im Alltag und ihrer Bedeutung für die individuelle Imagination zu reflektieren.

Wie schon in den »Godzilla«-Gedichten schwenkt auch hier die Imagination von den öffentlich zugänglichen Bildern – etwa das Starfoto Liz Taylors – zu Bildern, die die Öffentlichkeit sanktioniert (»Ich trinke meinen Kaffee wie jeder Kaffee trinkt / aber die Bilder sind anders«): »Die Krümmung einer Haarlocke«, z.B. in einer Aufnahme vom Gesicht der Taylor, führt zur Vorstellung entblößten »Schamhaars / wie Schamhaar sich in meinen / Träumen kräuselt«. Das Aussprechen einer öffentlich tabuisierten Vorstellung von weiblicher Nacktheit, noch dazu hervorgehoben als alleiniges Wort der Verszeile[66] soll ein Schockmoment provozieren, das die öffentlich, durch die Medien festgestellte Vorstellung der Filmschauspielerin von ihrem Sockel des unzugänglichen Stars herunterhebt und sie statt dessen, durch den von den Haarlocken ausgelösten Traum vom Schamhaar, in intime Nähe zum Ich transportiert.[67] Wie die Surrealisten oder Ernst Bloch kommt Brinkmann zu der Aufassung, daß gerade banales, als kitschig empfundenes Material der subjektiven Imagination Nährstoff bietet. Wenn das Foto Liz Taylors für sich gesehen auch »nichts [ist] / was sich lohnt«, lyrisch honoriert zu werden, »dann bleibt dieses von allem übrig / nachdem ich meinen Kaffee ausgetrunken habe«.

Dem Film mit dem wechselnden Inventar seiner Heldinnen und weiblichen Stars als Inspirationsquellen für die persönliche Imagination wendet sich genauso »Synthetisches Gedicht 7.2.68« (237–239) zu, in seiner aufgesprengten, filmartigen Fluß zelebrierenden Form, dem cineastischen Name-dropping und den in tabuisierte Nacktheit abgleitenden Vorstellungsinhalten direkt an »Celluloid 1967/68« des »Godzilla«-Bands anknüpfend. Der Titel »Synthetisches Gedicht« ist wie »Celluloid« ein direkter Verweis auf die künstliche Natur des Mediums. Deshalb tritt zur »Luft / Luft / dieses alltägliche Gemisch / aus verschiedenen Körpern« noch »eine gute Klima-Anlage im Kino« hinzu, wo wir den Stars persönlich / entgegentreten«. Nun hebt das »synthetische« Gedicht an zu einer Synthese verschiedener Schauspielerinnen im Gedächtnis des Protagonisten. Vieldeutige Tätigkeitsverweise wie »Ursula Andress spritzt / Raquel Welch sprudelt« bringen ein unterschwelliges sexuelles Fasziniertsein des Zuschauers an den Darstellerinnen ins Spiel. Am deutlichsten wird dies in dem eingeklammerten Block, der der darüber erwähnten »Hedy Lamarr von einst« gilt: »(diese Figur möchte ich einmal nackt aus dem / Wasser steigen sehen in dem Augenblick, da / die beiden Zipfel vorne ganz steif

---

66 In einer Lesung dieses Gedichtes für den WDR 1968 war Brinkmann angehalten worden, die Provokation, die vom Wort »Schamhaar« ausgehen könnte, zu vermeiden, indem er anstelle von »Schamhaar« »*Schaum*haar« sagen sollte – was er, in absichtlicher Überbetonung des Wortes, die die sittliche Zensur lächerlich machte, beim Vortrag auch einlöste. (Vgl. das Radiofeature von Grzimek, »Ich war wirklich«).

67 Dieser Wunsch nach Intimität mit dem unnahbaren Star, der nur über sein Standbild, die Fotografie verfügbar zu sein scheint, unterstreicht Brinkmanns Antwort auf die Frage »Mit welcher bekannten Frau (bzw. Mann) möchten Sie gerne mal?« im Autorenfragebogen der Anthologie »Supergarde«: Brinkmann entschied sich für Liz Taylor.

werden)«. Die Suggestion des Films als einer traumhaften, aus dem Alltag entführenden Sphäre nimmt in Brinkmanns »synthetischer« Eloge mythische Dimensionen an, wenn er die Reaktion des in Stammeln und ungläubige Verzückung geratenden Publikums (»wir alle«) wiederzugeben versucht. Die Namen der einzelnen Aktricen bleiben untereinander austauschbar, solange sie sich alle gemeinsam im ›Stoff, aus dem die Träume sind‹ verewigen.

In einer für seinen deiktischen Sagestil außergewöhnlich poetischen Metapher macht er uns auf den Gegensatz zwischen der gefühllosen technischen Verfaßtheit des Mediums und den im Film ausgespielten starken Gefühlen aufmerksam: »das Licht gefriert auf dem Celluloid zu / einem harten Kern von Leidenschaft«, und er fragt, einen ironischen Unterton aufgrund der Übernahme des philosophischen Modeworts ins Gedicht anschlagend, ob dieser Kontrast vielleicht »Bewußtseinskritik« sei. »Wozu […] dieser / Tod gut« sei – das Demonstrativpronomen ist eine irreführende Referenz, denn wir können nicht erschließen, auf welches filmische Sterben sich »dieser / Tod« überhaupt beziehen soll – kann der Dichter sich nur erklären über das buchstäblich »schmale« Trägermedium von soviel Leidenschaft: »in der Tat ein schmales Pro- / blem, 35 Millimeter breit, und manche bleiben / lebenslang noch darunter, 16 Millimeter«. Aber wie Brinkmann schon im Gedicht »Die Fortsetzung« notiert hatte, stellt sich das Problem der Vergänglichkeit nicht für die auf Zelluloid verewigten Figuren, denn »die Projektionen hören zum Glück nicht auf«. Diese Erkenntnis setzt den surrealen Wunsch frei, anstelle von Büchern sich »die Körperteile einzeln […] aufs Bücherbrett [zu] stellen« und »sie jeden Abend vor dem Schla- / fengehen mit einem weichen Tuch ab[zu]putzen«. Doch der Gegensatz zwischen der künstlichen Realität des Films, dessen künstlich außer Kraft gesetztem Kontinuum der Zeit und dem ›realen‹, alltäglichen Leben ist nicht auflösbar. Auch improvisiert gemachte, scheinbar dokumentarische, ›aus dem Leben gegriffene‹ Filme, wie sie der am Schluß zitierte deutsche Filmemacher Will Tremper (»Will Tremper / wann fängst du auch mal endlich wieder / an zu kurbeln?«) abseits des Hollywood-Klischees vom schönen Schein mit einem Streifen wie »Die lange Nacht« (1963) im Sinn gehabt haben mag, können das medienspezifische Paradoxon nicht aufheben. Denn, statt der tatsächlichen »Luft« (»Ich brauche Luft«), ist am Ende »Das Weiß«, das wir dafür auf dem »Agfacolor«-Streifen sehen, »entschieden // härter.«

Mag Zelluloid den Zündstoff für Träume und Tagträume enthalten, dann ebenso für deren Kehrseite: Alpträume, Angst und Schrecken. Davon vermittelt uns Brinkmann eine Vorstellung in »Der nackte Fuß von Ava Gardner« (222f.), einem seiner poetisch wie formal herausragendsten

Filmgedichte, auch über den Kontext der »Piloten« hinaus. Bereits im Druckbild wird dem Leser ein quasi ›filmischer‹ Ablauf vorgespiegelt: Die erste Verszeile der, bis auf die zweite Strophe aus vier Zeilen, jeweils dreizeiligen Strophen ist jeweils so eingerückt, daß sie in Leserichtung direkt dort anschließt, wo die letzte Zeile der vorangegangenen Strophe aufhört; dies trifft lediglich auf die erste und elfte der insgesamt dreizehn Strophen nicht zu: als sollten, wie dies beim Film geschieht, Einzelbilder aneinandergeschnitten bzw. -geklebt werden. Die Titelzeile enthält nicht nur bereits das zentrale Bildmotiv des Gedichts, das Close-up des nackten Fußes einer in den fünfziger Jahren hochberühmten Hollywooddiva, sondern damit auch die Referenz auf den Film, dem es zugrunde liegt: In »The barefooted contessa« (deutsch »Die barfüßige Gräfin«) von 1954 brillierte Ava Gardner mit der Geschichte einer spanischen Tänzerin, die zum Hollywood-Star avanciert war.

Die erste Strophe schließt nahtlos an die Titelzeile an, setzt den »Fuß« jedoch relativ abrupt, abgebremst nur durch das die Spannung hinauszögernde Wörtchen der ersten Zeile, in einen einigermaßen unerwarteten semantischen Kontext, der sich bis in die vierte Strophe hinein fortsetzt: »ist / ein Alptraum, wenn er sich nicht / wieder aus dem Gedächtnis // entfernen läßt / obwohl ich nie mehr in einen Film / mit Ava Gardner / gegangen bin // nachdem ich einmal / gesehen habe, wie der Stoff / sich teilt // und eine Zehe erscheint.« Wir erfahren (noch) nichts darüber, weshalb gerade der nackte Fuß der Schauspielerin einen alptraumartigen Magnetismus ausstrahlen sollte, und wenn das Ich auch zugibt: »Es gibt Schlimmeres als Zehen, das / weiß ich«, so steht doch für ihn fest, daß es nichts gebe, »was / sich mit der Zehe von Ava / Gardner vergleichen läßt.« Die Initialszene für seinen Alptraum – Gardners Auftritt im Film als barfüßige Tänzerin – läßt der Autor für den Leser, etwa in der Mitte des Gedichts, Revue passieren. Der Eindruck des Terrors, der das Ich im Moment der Enthüllung des Zehs erfaßte, soll sich auch auf uns übertragen. Der Übergang ins Präsens läßt die Erinnerung als gegenwärtig erscheinen, ganz so, als liefe diese Schlüsselszene für den Protagonisten noch einmal ab: »Ein / Vorhang teilt sich und ich / dringe ein in den // wüsten Traum / aus Chinaseide, Plissee, Tüll / und beiseite // geschleuderten leichten / Sandalen. Sie ist barfuß!«

Was folgt, ist eine Aufreihung von Eindrücken bzw. Bildern, die in Form rhetorischer Fragen an den Leser weitergegeben werden – als handelte es sich dabei um ebensolche klar sichtbaren, jedoch in ihrer terrorisierenden Wirkung auf die Psyche des Ichs unerklärbaren Mysterien wie ebenjene nackte Zehe. Genauso bleibt für den Leser ungewiß, ob es sich bei diesen Eindrücken um im Gedächtnis des Sprechers gebliebene filmische Szenen und Standfotos handelt oder um private Schreckmomente des Ichs, welche die Erinnerung an den nackten Zeh plötzlich wieder aus der Versenkung der mémoire involontaire ans Tageslicht befördert hat: »Aber wohin geht die Wärme // wenn sie verfliegt? / Was bedeuten die gespreizten Finger auf / einem Schenkel? Wer erlitt den // tragischen / Unfall, als er zum ersten Mal eintreten / wollte und den Schlüssel nicht fand?« Fragen, auf die keine Antwort gegeben werden kann, weil sich hinter ihnen persönlich-kinematographische Angstszenarien verbergen, die kein rationales Erklärungsmuster aufzulösen vermag. Es handelt sich um Bilder, die aus der Welt des Kinos stammen (man denke nur an die psychologischen Angst- und Terrorszenarien Hitchcocks und seiner Vorbilder im Film noir), jedoch von der Psyche des Zuschauers – in Brinkmanns Gedicht eines Heranwachsenden, der autobiographische Züge aufweist – aufgesogen werden: Das Kino liefert, nach dem Zeitalter der Schauermärchen und Spukromane, Variationen tiefenpsychologischer Urbilder der Angst. Auch der Schrecken ist inzwischen technisch manipulierbar und reproduzierbar geworden. Was nicht heißt, daß von allen Bildern die gleiche Wirkung auf jeden Zuschauer ausginge – »The barefooted contessa« ist kein Horrorfilm wie »Godzilla«, sondern ein Melodram aus Hollywood-Perspektive; doch ungeachtet der seichten Handlung vermag der nackte Zeh der schönen Darstellerin eine derart desaströse Reaktion im Innenleben des Protagonisten hervorzurufen. Die alptraumhafte Wirkung, die von diesem Leinwandvorgang auf das lyrische Subjekt ausgeht, ist weder entschlüsselbar noch interpersonell übertragbar; sie bleibt an die Bildwelt im psychischen Haushalt des Ichs gebunden.

Diese Einsicht mag Brinkmann dazu veranlaßt haben, das Gedicht mit der enigmatischen Sentenz zu schließen: »Das Gedächtnis ist die eine Seite / die andere Seite erfahren wir nie.« Läßt sich das »Gedächtnis« mit dem wachen Bewußtseins-Ich vergleichen, so hätte Freud in der »anderen Seite« jenes unbewußte Es ausgemacht, in dem sich, vom Über-Ich mühsam in Zaum gehalten, die »wüsten Träume« und destruktiven Phantasien ansammeln, die, wie schon in Tiecks »blondem Eckbert« oder Hoffmanns »Sandmann«, in unkontrollierbaren Momenten von »Plötzlichkeit« an die Oberfläche des Bewußtseins gelangen und das Ich in panische Zustände versetzen. »Noch bewegte sich eine Zehe / als ich das Kino für immer // verließ«, fügte Brinkmann vor der Schlußsentenz des Gedichts ein, eine Aussage, die in ihrer Ambivalenz Fragen aufwirft: Versucht das Ich sich mit dem Verlassen des Kinos gewaltsam von der Macht, welche die Bilder über sein Innenleben gewonnen haben, zu befreien, oder wird die Übermacht der Bilder nach dem Verlassen des Saals in ihm so stark, daß sie ihn schließlich zugrunde richtet?

»Monster der Gefühle« erblickt Brinkmann auch in den Filmen des *Schwarzweiß- und Stummfilmkinos* – zu denen »Der nackte Fuß von Ava Gardner« schon eine Art thematischer Brücke darstellt –, dem er sich in den beiden Gedichten »Film 1924« (ST 228f.) und »Ohne Chaplin« (ST 224f.) eingehender widmet – nie jedoch ohne den Bezug zu seiner aktuellen Gegenwart zu verlieren.

»Manchmal denk ich / an diese alten / Filme und weiß // nicht, was ich denken soll«, beginnt »Film 1924« und deutet damit die zeitliche Distanz des Sprechers zur vergangenen Ära des Stummfilms an. In den folgenden, unregelmäßig langen Strophen zählt er verschiedene Protagonisten dieser Epoche auf, deren Namen für ihn stellvertretend die »Monster der Stummfilmzeit« repräsentieren. Weiß er zunächst auch nicht, was er von ihnen halten soll, so ist es doch gerade die Attraktion der noch ganz ohne Worte auskommenden bewegten Bilder, die ihn zu der Feststellung nötigt,

Wie wahr dieses stumme Rauschen ist
ein anhaltendes Flimmern über die
Körper hinweg, wenn sie ganz nackt sind

und noch immer auf Rudolph Valentino
warten, oder ist es Douglas Fairbanks
als Dieb von Bagdad 1924
bei der United Artists

das ewige Monstrum, das sich mitten
in diesem Flimmern bewegt
lächelt und immerzu sagen will

guten Tag, guten Tag, guten Tag
meine Dame, und die Dame
erschrickt nicht einmal.

Die Akteure der Stummfilmzeit mit ihrer theatralischen Gestik, innerhalb einer bühnenhaft-bizarr anmutenden Kulissenwelt plaziert, auf dem von den Zeitläuften angegriffenen – von Kratzern, Rissen, Klebestellen u.a. Benutzungsspuren gezeichneten – Filmmaterial konserviert, üben eine fremdartige, beinahe hypnotische Faszination auf den Sprecher aus. Brinkmann imaginiert deren Leinwandbewegungen, als handle es sich dabei um phantastische, der Wirklichkeit entrückte Vorgänge – in einer Welt, die sich ihre eigene Wirklichkeit aus animierten »Schatten« kreiert: »Was für Schauer müssen das gewesen sein / was für eine Art von Empfindung / als Conrad Veidt und Lya de Putti / sich aufeinander zubewegten, als / bewegten sie sich richtig. / Schatten gibt es, die wirklicher sind // als Schatten wie die Schatten von Schatten / die es nie gegeben hat.« Der

Blick auf die alten Filme führt zu einem paradoxen Befund: Obwohl – oder gerade weil? – sie ›bloß‹ auf dem porösen Filmmaterial erhalten geblieben sind und lediglich so tun, »als bewegten sie sich richtig«, erscheinen die Gestalten von damals inzwischen verstörend real, ganz so, als wären ihre Bewegungen von der Patina jener Aura überzogen, die Walter Benjamin in seinem »Photographie«-Essay auch den frühen Daguerreotypien zuspricht. Daher der Wunsch, selber in diesem Zustand gelebter Einmaligkeit aufgehoben zu sein: »Einmal wär ich selber gern so ein Monstrum / gewesen, flimmrig im Kopf von all / dem lautlosen Flimmern. / Das wäre dann schon sowas wie Kunst.«

Die Stummfilmaktricen ragen dank des Zelluloids wie überwirkliche Schatten in die Lebenswirklichkeit des Ichs hinein. Ihre »Kunst« ist ihre konservierte Jugendlichkeit, so daß »Asta Nielsen […] eine einzige / Träne immer noch einmal von vorn [vergösse] / um meinetwillen wie Henny Porten / unter Ernst Lubitsch.« Die »Kunst« Brinkmanns bzw. des mit Brinkmann identischen Protagonisten bestünde demnach darin, die Szenen der Stummfilmzeit in die eigene Gegenwart umzuschreiben, um die »immer noch einmal von vorn« ablaufende Vergangenheit in von aktueller Gegenwart ausgefüllte »Jetztzeit« zu transponieren.

Liegt die Besonderheit des Films in seiner technischen Reproduzierbarkeit, darin, ihn »immer noch einmal von vorn« ablaufen zu lassen, so ist es dem Zuschauer möglich geworden, die wegen der zeitlichen Distanz zur Entstehung fremd gewordene »Qualität« des Mediums immer wieder von neuem zu *vergegenwärtigen*. Anders jedoch als die anonymen, kaum mehr bekannten »Schatten« und »Monster« in »Film 1924« läßt der im Gegensatz zu diesen ›in aller Munde‹ geführte, medial präsent gebliebene Chaplin das lyrische Ich des anderen Stummfilmgedichts »Ohne Chaplin« kalt; »Chaplin« ist zum auralosen Zitat der Filmgeschichte geschrumpft, das keine dichterische Imagination mehr wiederbeleben kann.

Es überrascht daher kaum, im dritten Teil der »Piloten« auf Gedichte zu stoßen, die in ihrer Mehrzahl, von Filmerlebnissen weg, wieder in die individuelle Lebens- und Erlebnissphäre des lyrischen Subjekts hinüberzuführen suchen. Doch wie soll noch klar zwischen ›wirklichem, authentischem‹ Leben und den künstlichen, fiktiven Suggestionen des Films unterschieden werden, wenn »der Himmel, den man sieht / jetzt auch aus Technicolor ist« – wie »Für Paramounts Vollendung« (ST 232) verkündet –, d.h., wenn inzwischen auch der Alltagswahrnehmung das Dispositiv des filmisch-oberflächenhaften Blicks übergestülpt worden ist?

Aus der Qualität von Erfahrung wird damit in der Tat »eine Frage der / Beleuchtung«. Die Lichtquellen sind gleichermaßen künstlich wie natürlich, oder mehr noch, sie bleiben, wie die Lichteffekte in einem Film,

ihrem tatsächlichen Ursprung nach kaum mehr zu bestimmen. Brinkmanns »Sonnen-« und »Licht«-Metaphorik umfaßt deshalb genauso
›natürlich‹ das künstliche Licht der Innenstädte, die Beleuchtung des
Kinosaals oder gar die Glühbirne des Projektors. In »Es ist hell« etwa ist
das Vorhandensein einer Beleuchtungsquelle Voraussetzung für die Unterhaltung der Personen im Raum, die Kondition, unter der sie ihre
alltäglichen, floskelhaft-belanglos daherkommenden Sätze austauschen:
»Jetzt war es Sommer / jetzt war es Winter / und jetzt ist es hell / die Fenster sind alle geöffnet // was für ein Tag / und was für ein / Licht / und
diese Fenster stehen alle offen! // Man konnte das auf einmal ruhig / zueinander sagen / und meinte nicht / mehr damit«. Die Worte, welche die
lyrischen Protagonisten wechseln, sind bloße Bestätigung ihrer Anwesenheit; und was läge näher, als daß sie sich dabei auf das Licht bezögen,
wodurch sie erst die Dinge und einander erkennen können, welches ihnen
bzw. den Gegenständen um sie herum körperliche Konturen verleiht?[68]
Das Licht, egal woher es stammt, versichert sie auch nach all »diesen paar
Jahren« jeweils neu ihrer momentanen Existenz: »Und wußte nach diesen paar Jahren / davon nicht mehr als vorher // wenn man einander sagte / wenn die Sonne scheint, ist es hell / wenn es regnet, wird die Straße
naß.«

Damit schafft das Licht überhaupt erst die Voraussetzung für die lyrische *Reflexion*: Unter der »Sonne« des Kinoprojektors kann das Ich einer
spiegelbildlichen Verdoppelung seiner Welt beiwohnen. So ist in »Einfach Sonne« (ST 259f.) nicht nur die »Sonne«, von der die Rede ist, sondern mit ihr auch das Ich gleich mehrfach, durch Fenster, Kino, Straßen-
licht gespiegelt und gebrochen, vorhanden: »noch eine Sonne, oh ja! Du
machst / das Fenster auf, und ich mache es / wieder zu. Wir spielen beide
auf / diese Art Leben.«

Als sich das Subjekt nach einem Erlebnis auf der Straße (»Leute gehen
[…] / hin und / her und / vor und / zurück, aus einer kleinen / Hand-
tasche […] kommt leise Musik«) entschließt, »zuerst einmal ins Kino« zu
gehen, erstaunt es über das unverhoffte Wiedersehen mit dem Leuchtkörper: »was / denkst du, seh ich dort noch einmal? // Sonne!« Das für
sich stehende, auf die Mitte der Seite gedruckte und emphatisch mit Ausrufezeichen versehene Wort kann durchaus als eine der Basisvokabeln des
Dichters aufgefaßt werden, bündelt die »Sonne«, egal ob sie künstlich
oder natürlich animiert ›scheint‹, erst die Wahrnehmungen im Auge des

---

68 Die gegenteiligen Erfahrungen beim Ausbleiben des Lichts teilt »Die Dunkelheit
als ein Dunst für meine Frau« (ST 261) mit.

Betrachters. Die »Sonne« ist Voraussetzung für eine Poesie, die wie diejenige Brinkmanns aus der sichtbaren Gegenständlichkeit der Welt ihre Inspirationen zieht: »Ich bin wohl ein sehr optisch orientierter Typ) (und optisch heißt: über die Oberfläche gleiten) (die Oberfläche genießen) (›Augenfreuden‹, – aber dann nicht nur und nicht ausschließlich)« (BaH 128). Es bleibt am Ende offen, ob das in »Einfach Sonne« unter der »Sonne« Wahrgenommene sich auf das Kino oder die Straße bezieht. In seiner fragmentarischen Unbestimmbarkeit ist es Teil all jener Alltagsrätsel, die uns Brinkmanns Poesie an ihren besten Stellen, gleichermaßen geschult an der Optik des Tageslichts *und* des Filmprojektors, immer wieder neu aufgibt.

5.2.5 »Vanille«

An dieser Stelle muß auf ein langes Gedicht hingewiesen werden, das nicht im Sammelband der »Gedichte 1962-1970« enthalten ist, dessen Entstehung zeitlich jedoch zwischen das Erscheinen der »Piloten« (1968) und die Veröffentlichung des Folgebands »Standphotos« (1969) fällt. Brinkmanns »Vanille« erschien zusammen mit seinen »Anmerkungen zu meinem Gedicht ›Vanille‹« 1969 in »März-Texte«, einem Reader des März-Verlages, bei dem Brinkmann und Rygulla im gleichen Jahr die »ACID«-Anthologie herausgaben, und wurde 1984 im Reprint wiederaufgelegt.

Unter der Schlußzeile von »Vanille« sowie am Beginn der »Anmerkungen« gibt Brinkmann die genauen Daten und Bedingungen der Abfassung seines Gedichts an, und so ist zu erfahren, daß es an sechs Tagen zwischen dem 12. Oktober 1968 und dem 1. April 1969 niedergeschrieben wurde. Zur Situierung von »Vanille« im Rahmen der Tradition des modernen und avantgardistischen Langgedichts nach den Vorbildern u.a. von Apollinaires »Zone« oder Williams' »Paterson« hat sich bereits Kramer im Anschluß an die Überlegungen von Schwalfenberg geäußert – Cendrars' Poeme »La Prose du transsibérien« oder »Le Panama« wären der Liste an Vorbildern hinzuzufügen. Mit Recht weist Kramer darauf hin, daß Brinkmanns lyrisches Schreiben in »Vanille« neue Dimensionen annimmt: Nicht nur, daß er sich damit erstmals für das Langgedicht öffnet, dessen poetische Relevanz gerade damals u.a. im Zuge von Walter Höllerers 1965 in den »Akzenten« veröffentlichten »Thesen zum langen Gedicht« diskutiert wurde; auch seine poetisch-poetologische Reflexion über Form und Materialcharakter des Gedichts, die mit der »Notiz« der »Piloten« begonnen hatte, treibt Brinkmann damit voran. So wird die in der Nachfolge Lautréamonts und der Materialcollagen der Kubisten im künstlerisch-literarischen Dada- und Surrealismus Mode gewordene Methode des »objet [bzw.: poème] trouvé« nicht nur auffällig und variationsreich in »Vanille« zitiert, sondern selbst praktiziert *und* lyrisch reflektiert. »Prozeß und Augenblick«, wie es bei Adorno heißt, fallen in Brinkmanns Langgedicht tatsächlich insofern »in eins«,[69] als das von ihm in »Vanille« aufgenommene und arrangierte heterogen-diverse Alltagsmaterial (aus Tageszeitung, Illustrierten, Gebrauchsanweisungen, Comics, Gesprächen, Gedichten anderer,[70] Briefen, Filmen, Fotos, Beobachtungen, Tagträumen …) den genauen Moment der ›Arbeit‹ am Gedicht dokumentieren soll: »Das ›Thema‹ des Gedichts ist das Gedicht selber!«[71] postuliert er deshalb (dort kursiv hervorgehoben) in seinen »Anmerkungen«. Das lyrische Ich verliert seine Souveränität an die Materialien, die jeweiligen »Abfälle«, mit denen es sich im Moment der Konstitution des Gedichts identifiziert. So ist das Ergebnis der Collage, daß »das Subjekt […] durch die Dinge […] durch deren entfremdete und lädierte Gestalt« sich äussert, wenn es schon »nicht unmittelbar mehr sprechen« dürfe.[72]

Es bietet sich an, unter diesem Aspekt dem Paradigma des Films und der Art, wie Brinkmann mit Anspielungen auf Film und Kino im Gedicht umgeht, Beachtung zu schenken. Wenn er in den »Anmerkungen« von seiner Affinität zur »Oberfläche« der sichtbaren Welt spricht, davon, daß »je weniger ›etwas‹ Bedeutung hat, desto mehr es ›es selbst‹ und damit Oberfläche« sei, so dürfte gerade das filmische Paradigma ihm dabei helfen, sich lyrisch zu dieser »Oberfläche« zu bekennen. Und in der Tat sind Hinweise auf das zum jeweiligen Zeitpunkt des Weiterarbeitens an »Vanille« aktuelle Kinoprogramm, Inhaltsangaben zuvor geschauter Filme, auf Filmstars bezogene collagierte Zeitungsausschnitte und namentliche Erwähnungen von Schauspieler/-innen nicht bloß akzidentiell, sondern ziehen sich wie ein medientopologischer Leitfaden durch den Text – was

---

69 Adorno, Ästhetische Theorie, S. 154.
70 Der Dichter, dessen Namen Brinkmann in »Vanille« fallenläßt, ist John Ashbery. Im sechsten Abschnitt des Langgedichts schließen Verse aus dessen Gedicht »Our Youth« (in »The Tennis Court Oath«), wo die Jugend als »dead« apostrophiert wird, an die irritierend resignative Feststellung Brinkmanns an: »Niemand entgeht seinem persönlichen Objet trouvé, ich meine die Todesanzeige im Lokalblatt.« In den »Anmerkungen« führt Brinkmann die Zitierung des Amerikaners darauf zurück, »daß ich Ashbery erst vor kurzem gelesen habe und einige seiner Gedichte sogleich mochte […] Bei Ashbery stehen seltsame *Bilder, die ›neugierig‹ machen*« (Brinkmann, Vanille, S. 144).
71 Brinkmann, Vanille, S. 141.
72 Adorno, Ästhetische Theorie, S. 179.

sowohl Schwalfenberg als auch Kramer in ihren Analysen von »Vanille«
aufgrund ihrer abweichenden Fragestellungen unberücksichtigt lassen.

Interessant ist in dieser Hinsicht auch die Gliederung des Langgedichts:
Es ist nicht numerisch, etwa in Kapitel oder progressiv fortschreitende
Abschnitte aufgeteilt, sondern wirkt – eher willkürlich-spontan als einer
präzise formulierten Absicht folgend – ›geschnitten‹, nimmt man die in
»Vanille« anzutreffenden, sich quer über die Seite ziehenden schwarzen
Linien als Markierung für die Grenze zwischen den jeweiligen Teilen des
ansonsten nahtlos die verschiedenen »Objekte« verknüpfenden Textes.
So ergäben sich für »Vanille« insgesamt acht lyrische Sequenzen oder
›Einstellungen‹, die durch den ›Schnitt‹ des Trennstrichs wie in einer Art
von Montage zusammengehalten wären. Doch entscheidender noch sind
die semantischen Bezüge auf den Film-Topos an jenen Stellen, wo das
seine Collage / Montage vorantreibende lyrische Ich sich zu erkennen
gibt, wie z.B. am Beginn des vierten Abschnitts (ebd. 121), nachdem vor
dem Trennstrich, am Ende des dritten Abschnitts, eine unkommentierte
Auflistung von Filmtiteln (»Ein dreckiger Haufen 100 Gewehre Macken-
na's Gold Laila Funny Girl Die Teufelsbrüder Der General Nacht ohne
Zeugen Stern des Südens Geraubte Küsse Der Mörder mit den Mandel-
augen«) zu lesen war, wahrscheinlich aus dem aktuellen Programm oder
der persönlichen Erinnerung: »Es ist die Energie des Abfalls, die mich
antreibt! Ich / bin irritiert, ich bin entzückt! Die / ›phantastische‹ Wirklichkeit: / um halb fünf nachmittags zieht / eine Frau die Rolläden / des
Schlafzimmers hoch«. Es bleibt unklar, ob sich diese Beobachtung auf
eine Filmszene – in einer der aufgezählten Produktionen, z.B. Truffauts
»Geraubte Küsse«? – oder eine Alltagswahrnehmung bezieht: Für Brinkmann ist es die »Attraktivität« der visuellen Oberfläche, die Film und All-
tagsrealität einander annähert.

Auch das Faktum, daß Realität im Zeitalter der Zelluloidspule vom be-
obachtenden Subjekt aus ja nicht mehr nur *wie* ein Film, sondern genauso
als Film aufgenommen werden kann – um 1968/69 im Zeitraum der Arbeit an »Vanille«, war Brinkmann mit der Montage seiner Schmalfilme
beschäftigt –, trägt zu dieser Einschätzung bei. Im Gedicht wird zwar
nicht auf die Kamera, aber immerhin auf das Tonbandgerät als Medium
der Aufzeichnung von Realität verwiesen. Im achten Abschnitt spricht
Brinkmann, nachdem der Name Duchamps im Zusammenhang mit einem Zitat über »›ein krankes Bild / […] oder ein / krankes readymade‹«
gefallen ist, davon, »mit dem Philips / Cassetten-Recorder / ›3302‹ / noch
einmal das / Leben / einfangen«[73] zu wollen, was zugleich an eine zeitge-

---

73 Brinkmann, Vanille, S. 136.

nössische Adaptation von Apollinaires Forderung erinnert, daß der Großstadtdichter alle auf ihn einströmenden Wort- und Satzfetzen *aufzunehmen* habe. Wenn Brinkmann dann einige Zeilen weiter vom Versuch spricht, »einfach nur / die Augen [zu] schließen«, so drängt sich hier wiederum der Vergleich mit John Cages »Silence«-Experiment auf, bei welchem alle die während der provozierten Stille im Konzertsaal zufällig von außen eindringenden Geräusche den ›Inhalt‹ des ›Musik‹stückes ausmachen.

Das Kino jedoch ist die aussagekräftigste all dieser oberflächenhaften, technisch arrangierten und künstlich illuminierten Manifestationen der urbanen »Zone«, innerhalb der das Ich zu Hause ist und seine Fundobjekte zusammenträgt, denn das Kino ist ein direkter Reflex auf die ›zweite Natur‹ der urbanen Szenerie. Die bewegten Bilder sind nicht nur die Botschaft (»message«) des Mediums an die Kino-Rezipienten, sondern sie ›massieren‹ (»massage«) zugleich deren Bewußtsein, wie Brinkmann im Hinblick auf ein Wortspiel Marshall McLuhans andeutet: »Ich bin ›massiert‹! / Die Sonne fängt wieder an zu scheinen / diesmal ist es / eine ganz andere Sonne, ein / 1000-Watt-Kunstlicht«.[74] Die Zuschauer »in unserem trüben Dunkel, das nur manchmal von einer Lichtmaschine aufgehellt wird«,[75] sind nicht bloße Rezipienten mehr, sondern genauso *Konsumenten* von Bildern.

In den für die Form von »Vanille« typischen aufgefächerten Langzeilen, die wiederum von Leerräumen, kurzzeiligen Notaten u.a. aufgebrochen werden, sind denn auch Hinweise auf die gesellschaftlich-kulturelle Dominanz der kommerziell in Umlauf gebrachten Kinobilder und -reklamen und deren Vermögen, unser Bild von der Wirklichkeit zu modulieren, zu finden: »›Ars gratia artis‹ // ist schon lange das Firmen- / zeichen Samuel B. Goldwyns und steht für den Verleih belichteten / Celluloids. Jede neue Premiere […] hat / größere Auswirkungen // als der Vortrag eines / Professors […] // keiner kann mit den / Titten Raquel Welchs [die Schauspielerin, deren Foto die Titelseite von »Vanille« ziert!] / ernsthaft konkurrieren«.[76] Der Film besitzt eine wirklichkeitsetzende und im buchstäblichen Sinne *-erhellende* Kraft. Dank des Leuchtradius des »Kanals / mit Sonnenuntergängen« bevölkern die auf dem Zelluloid sich bewegenden Schauspieler-Figuren die imaginative Wirklichkeit des lyrischen ›Ichs‹ und haben Anteil an seiner privaten ›Realität‹: »Der ›Partisan der Menschenwürde‹, der [»Frankenstein«-]Schauspieler Boris Karloff, ist tot // Raquel Welch und / Elizabeth Taylor / und Marina Vlady // leben, eben-

---

74 Ebd. S. 122.
75 Ebd. S. 111.
76 Ebd. S. 109.

so die / Bardot und auch / die Kim Novak und // wer weiß was noch / alles geschieht.«[77] Gegen die »Massage« des Bewußtseins durch Bilder läßt sich nicht diskursiv-analytisch in Stellung gehen, denn sie ›nehmen für sich ein‹, ohne verbal dafür argumentieren zu müssen; die Bilder wirken unterschwelliger und nachhaltiger als diskursive Rede, so daß sich das ›Ich‹, das sich hier zum Massenornament eines ›Wir‹ vervielfacht hat, widerstandslos mit ihnen identifiziert: »Wir sehen etwas / das gar nicht da // ist, und sagen, das / ist entsetzlich // schön, wir sagen / dazu: ja!«[78]

Sehr aufschlußreich ist auch die Vorgehensweise, den Überschneidungen und Interferenzen des filmmedialen Bezugssystems mit dem Bezugssystem der aktuellen Wirklichkeit in der Imagination des lyrischen Protagonisten nachzugehen. Im folgenden lyrischen Binnenkomplex, der auch allein, als vom Zusammenhang des Langpoems losgelöstes Einzelgedicht stehen könnte, erscheinen imagologisches Reservoir von Filmwirklichkeit und Lebenswirklichkeit als untrennbar ineinander verschränkt. Die pointiert kurzzeiligen, vier- bis sechssilbigen, durch bis in die Silben einzelner Wörter hineinreichendes Enjambement in Fluß gehaltenen Verse lassen in ihrem verbalen Minimalismus, der Reduktion der Aussagen auf deiktische bzw. gestische Setzungen die Prädominanz optischer Reize im Sensorium des Sprechers erkennen. Sprache scheint hier lediglich als Vehikel zu fungieren, um auf ein primär sprach-loses, für das Ich jedoch »reiz- / volleres« Bezugssystem zu verweisen – das musikalisch untermalter Bilder, die sich in der Vorstellung überlagern:

Die »Bilder« kommen
in kleinen Rucken

ich habe meinen
Kaffee ausgetrun-

ken und leg mir
eine Platte auf

die Balkontür steht
offen, es ist Sams-

tagvormittag, gleich
gehe ich nach drau-

ßen und werde das
hier total verges-

---

77 Ebd. S. 127f.
78 Ebd. S. 112.

sen, es gibt reiz-
volleres als Gedichte

etwa: die Frage nach
der Farbe der Scham-

haare Elizabeth Tay-
lors, oder dort fällt

eine alte »Frau« hin
und steht nicht wie-

der auf, das ist ein
kleines Geheimnis, das

den Tag lebenswert macht.[79]

Aus diesen »Geheimnissen«, die sich aus dem Andeutungsreichtum, der
Unbestimmbarkeit der Bilder ergeben, die, wo Worte etwas aussprechen,
bloß *zeigen*, profitiert das Beziehungsgeflecht von »Vanille«. Der Text begnügt sich dennoch nicht damit, in gestischer Rede auf die Allgegenwart
der Bilder zu verweisen, er öffnet sich selbst den Bildern, indem er sie als
objets trouvés inkorporiert. Die Existenz, Leben und »der / Tod ist [...]
eine / Angelegenheit / des // Auges«,[80] was auch den »kleinen Tod« mit
einschließt, an den auf einem Foto gegen Ende von »Vanille«, das mit
dem objet trouvé einer Todesanzeige abschließt, erinnert wird, wenn der
Geschlechtsakt eines Paars – wohl des Autors mit seiner Frau, das Foto
enthält nur die Körper, keine Gesichter – festgehalten ist.[81]
  Da Bilder, visuelle Reize als Hauptinspirationsquelle von Brinkmanns
Lyrik angesehen werden müssen, nimmt es nicht wunder, daß Kino und
Film in »Vanille« ein unerschöpflicher Quell für immer neue Bilder und
Vorstellungen sind. Die »Sonne« des Projektors ist ein idealer Brennspie-
gel für die Mutationen und Metamorphosen des lyrischen Ichs. Der Film
läßt, ganz im Sinne von Kracauers Theorie, die eigene Lebenswelt noch
einmal mit neuen Augen, durch die Erfahrung des Kinos hindurchge-
gangen und ›illuminiert‹, erleben. Das Kino ist Teil seiner Lebenswirklichkeit, wie ihrerseits die verschiedenen, nur noch fragmentarisch wahrnehmbaren lebensweltlichen Details unter dem Licht des Kinos neue,
frag-würdige Dimensionen annehmen. Film und Leben durchdringen
sich – bis zur Negation der Voraussetzung beider, nämlich bis zur Dunkelheit bzw. dem Tod. Das Gedicht dokumentiert diese Durchdringung

---

79 Ebd. S. 110f.
80 Ebd. S. 126f.
81 Vgl. ebd. S. 139.

von künstlich illuminierter Oberfläche mit dem individuellen Wahrnehmungsapparat des lyrischen Subjekts. Leben und Film scheinen gegeneinander austauschbar geworden zu sein, so daß der Film als Metapher für den ›Fluß‹ des Lebens, das Leben mit seinen »komplexen Bildzusammenhängen« genauso jedoch als Metapher für den Ablauf eines Films herhalten kann – bis zum potentiellen Verlöschen des Lichts, dem sich Film und Leben gleichermaßen verdanken:

> Gute Nacht, leerer Kinosaal! [...] Gute Nacht, Schläge in einem grüngekachelten Zimmer und Schüsse ohne viel Aufwand in den Italo-Western! Gute Nacht, Blaulicht und Rotlicht! Gute Nacht, Löwe von Metro-Goldwyn-Mayer! Gute Nacht, Ernest Borgnine für Ars gratia artis! Gute Nacht, Großaufnahme von Raquel Welch![82]

5.2.6 »Standphotos«

Der Band, der titelgebend für die spätere Sammlung von Brinkmanns Gedichte 1962-1970 wurde, erschien ursprünglich 1969 als Künstlerbuch mit einer Auflage von 100 signierten Exemplaren im Duisburger Guido Hildebrandt Verlag. Neben den elf Gedichten Brinkmanns tragen die vier zweiteiligen Farbätzungen Karolus Lodenkämpers sowie die unkonventionelle Größe – etwa das Anderthalbfache des A4-Formats – des in einem braunen Leinenschuberkasten aufbewahrten Buchs zu dessen Originalität bei. Es empfiehlt sich, zunächst diese ursprüngliche Erscheinungsform der »Standphotos« in Betracht zu ziehen, dessen Besonderheit beim Wiederabdruck im Sammelband völlig verlorengegangen ist.

Allein das für die ›Seiten‹ dieser Edition verwendete Material legt die Vermutung einer speziellen ästhetischen Form-Inhalt-Relation nahe: Es handelt sich um grob angerauhte PVC-Folie, die den Eindruck von Durchsichtigkeit des Materials erweckt, so daß beim Blick auf die einzelnen Textseiten bereits die Gedichte der folgenden Seiten durchscheinen und teilweise mitgelesen werden können. Dem entspricht auch die Anordnung der Gedichte auf den jeweils aufeinanderliegenden Seiten: jeweils versetzt, nach dem ersten doppelteiligen Ätzdruck Lodenkämpers beginnend mit »Künstliches Licht« im linken oberen Drittel der Folie, danach »Bild« in der rechten oberen Hälfte abgedruckt, gefolgt von »Reading Ron Padgett's Great Balls of Fire«, das in seiner zersprengten Form zur Mitte tendierend wiedergegeben ist, und »Carl«, das die untere rechte Hälfte des Blatts (dort, wo »Bild« aufhörte) einnimmt. An diese ersten

---

82 Ebd. S. 133.

vier Gedichte schließt sich der zweite Ätzdruck des Künstlers an, dessen erste Teilfolie farblich stets in einem schimmernden, ›ätherischen‹ Grün gestaltet ist, in dem sich verschwimmende, fluoreszierende Formen erkennen lassen, während seine zweite Teilfolie von einem hellen, ins Orange tendierenden Braun ist, das weitaus klarere Formen beinhaltet – meist ein weiblicher Kopf, der von anderen, schwer zu deutenden ›verfließenden‹ Strukturen umgeben ist bzw. ›durchdrungen‹ wird. So entsteht ein Eindruck von Unbestimmtheit, Flüchtigkeit, wie er von schnell abgespulten oder unscharf projizierten Filmbildern her bekannt ist.

Dem optischen Überblendungs- oder ›Überlappungs‹effekt, den die durchsichtigen Plastikfolien hervorrufen, entsprechen die Ätzdrucke zudem mit ihrer zweiteiligen (zweifarbig-zweiseitigen) Gestalt. Nach Lodenkämpers zweiter Druckgraphik wiederholt sich die wechselnde Anordnung der Gedichte: »Er sagt« beginnt in der linken unteren Seitenhälfte, »Beim Lesen von Ron Padgett's Great Balls of Fire« nimmt mit seinen aufgefächerten Versen überwiegend die rechte Blatthälfte mit Tendenz zur Mitte ein, »Photos machen« dominiert das linke obere Blattviertel, während die »Hommage à Joe Brainard aus Tulsa, Oklahoma«, sich über die ganze Länge der Seite erstreckend, die rechte Folienhälfte einnimmt. An den dritten doppelseitigen grün-orangebraunen Druck schließen sich dann »Kälter« (im rechten oberen Viertel der Folie), »Cinemascope« (links oben beginnend) und »Gedicht« (in Seitenmitte, nach unten versetzt) an, worauf der folgende vierte Zweifarbdruck Lodenkämpers die ganze Zusammenstellung optisch noch einmal umrahmt.

Mit seinen an das Zelluloidmaterial des Films erinnernden Seiten aus Kunststoffolie, dem durchscheinenden, überblendungsartigen Eindruck der Gedichtanordnungen sowie der fluoreszierenden Ätzdrucke stellen die »Standphotos« ein kongeniales buchgraphisches Äquivalent zum durch den Titel angedeuteten Referenzmedium des Films dar. Wenn Brinkmann unter »Standphotos«, also dem deutschen Begriff für filmische »stills«, mit eigenen Worten genau »die Fotos, die von einem Fotografen während der Dreharbeiten eines Films geknippst werden« (BaH 82), versteht, so bleibt zu fragen, inwieweit der Inhalt seiner Gedichte diese mediale Vorgabe einzulösen vermag.

Wenn die von einem Film angefertigten Standbilder die Rückübersetzung der dem Film eigenen Bewegungssuggestion in die Starrheit des fotografischen Einzelbildes bedeutet, indem jeweils nur ein einzelner Moment (der »Schnappschuß«) aufgenommen und festgehalten sein kann, so scheinen auch die Gedichte die Rolle der aus einem Kontinuum herausgesprengten und mit Bedeutung aufgeladenen Einzelbilder und -momente zu betonen, wie sie den eigentlichen filmischen stills innewohnt.

Im »Sachlexikon Film« unterscheidet Rother zwischen dem einfachen »Standbild«, das aus dem Filmband herausgeschnitten wurde, und dem mit Fotokamera am Drehort angefertigten »Standfoto«, dessen »photographische Qualität« wegen höherer Auflösungen und Belichtungszeiten nicht nur »deutlich besser« als die des Standbilds sei, sondern auch »eigene, abweichende Stilisierungen« aufweise, um der für cineastische Vorberichte, Plakatierung etc. wichtigen Intention gerecht zu werden, »entscheidende Momente der Szene festzuhalten.«[83] Brinkmanns Interesse scheint sowohl dem bewegten Ablauf der Bilder als auch deren plötzlichem Einfrieren in bewegungslose Standbilder zu gelten. Mit Formulierungen wie »Wir sehen das finish in Zeitlupe« (ST 296) zeigt er seine Faszination an Vorgängen, die an der Schnittstelle von wahrgenommener Bewegung und deren (willkürlich erscheinendem) Anhalten stattfinden; für ihn verbinden sich damit offensichtlich ein intensiveres Bild-Erleben, eine visuelle Bewußtseinssteigerung.

»Künstliches Licht«, das erste der »Standphotos« (ST 283), ist symptomatisch für die hervorgehobene Bedeutung des aus dem Filmfluß geschnittenen Einzelbildes. Mit den auf sieben Strophen verteilten, durchschnittlich siebensilbigen Versen zu je drei Zeilen wird der Verbleib einer autoerotischen Handlung als bloßes »Bild« im Unterbewußtsein beschworen: »Als ob in der Erinnerung // nur dieses eine ›Bild‹ / wirklich wäre. Ich ›tat‹ das / und später, als ich fertig war // blieb diese Bewegung zurück.« Die Anführungszeichen, mit denen der Dichter selbst Wörter wie »Bild«, »Bewegung« oder »tat« versieht, zeugen von dem Abstand nicht nur der Evokation dieser Erinnerungs»bilder« in der sprachlichen Form des Gedichts, sondern auch dem Kontrast zwischen der ursprünglichen ›authentischen‹ Handlung und dem bloßen »Bild«, das von ihr in der Erinnerung übrigbleibt. Jedoch ist die nachträgliche »Bedeutung« solcher »Bilder die sich / ›bewegen‹ […] nicht nur etwas, das sehr // hell ist«, sie können auch, wie bereits »Der nackte Fuß von Ava Gardner«, in psychische Abgründe führen: »dieses Muster aus Autounfällen / und ›Angst‹ […] Aus / zu großer Nähe gesehen, verschwinden / die Einzelteile und werden ›Angst‹«. Die Erinnerung selbst wird zum künstlichen Lichtspiel eines Films, dessen bewegte Bilder in der Psyche des Zuschauers bzw. im Unbewußten (dem »Es«) des Ich-Protagonisten eigene, unkontrollierbare Bedeutungen annehmen. Die Bilder des Films stehen, wie die Bilder der unwillkürlichen Erinnerung, nicht fest; da sie sich »bewegen«, stehen auch alle bedeutungstragenden Festschreibungen in durch die Anführungszeichen markierter ironischer Distanz zum ›authentischen‹

---

83 Vgl. Rother, Sachlexikon Film, S. 276.

Inhalt der Bilder, die begrifflich nicht einzugrenzen sind. Auf Begriffe gebrachte Bilder wären lediglich Interpretationen von Bildern, nicht deren ›Bedeutung‹, für die es keine adäquaten Worte gibt.

Es ist die Intensität einer Beobachtung, das Insistieren im Sinne des Zooms auf Details, was die alltäglichen *Standphotos* Brinkmanns mit Bedeutungen füllt. Die Unbestimmbarkeit solcher Situationen, die zur Entzauberung der überkommenen »Aura« beiträgt, liegt in der Nichtbestimmbarkeit des Realitätscharakters der geschilderten *Standphotos*: Es bleibt unentschieden, ob es sich um Aufnahmen direkt erfahrener Realität oder um Wiedergaben aus Szenen der »zweiten Natur« des Filmmediums handelt.

»Bild« überläßt den Leser seiner Unschlüssigkeit über die Provenienz der Wahrnehmung eines »Mädchen[s] / das ich nicht / kenne« an einer Örtlichkeit, »wo die / Sonne ein sommer- // liches Weiß / imitiert, das / ich nicht kenne«. Ganz wie ein Foto oder Standbild bleibt das Mädchen zudem »stumm, wie um / zu zeigen, daß es das Wet- // ter nicht ist«, während unser Blick auf die »Schreibmaschine // die im Freien steht« gelenkt wird, denn dort »liegt das, was sie ab- / gelegt hat. // Es ist wenig.« War die Rede zu Beginn vom imitierten Weiß, so kommt gegen Ende des graphisch versetzten, siebenstrophigen Gedichtarrangements (die Strophen im Umfang unregelmäßig zwischen zwei und sechs Zeilen variierend) eine weitere Farbe ins »Bild«: ein »Grün«, das sich »dahinter bewegt«. Und wie um auf der Oberflächenhaftigkeit des Eindrucks zu insistieren, wiederholt die Ellipse zum Schluß, daß auch »dahinter / wenig« vorhanden sei. Das »Bild« ist eine scheinbar für sich existierende Sphäre, die dem Ich verschlossen bleibt; denn weder ›kennt‹ es das »sommerliche Weiß«, das dort herrscht, noch »das Mädchen«, auch wenn es ihre Sachen auf seiner Schreibmaschine »ab- / gelegt hat«, während das bewegte »Grün« ohnehin nur die Qualität eines verschwommenen Hintergrunddekors besitzt. Mag im »Bild« auch ein ursprüngliches Ereignis festgehalten sein, das im biographischen Kontext des Ichs zu verorten ist, so ist seine »Aura« verblaßt, der einmal aufgenommene Moment nicht wiederholbar: Der ›Eintritt‹ in die Welt des Bildes bleibt dem Ich verwehrt, denn im Gegensatz zum eingefrorenen Augenblick der Fotografie vollzieht sich seine Existenz in einem Kontinuum. Deshalb ist das »Mädchen / das ich nicht / kenne, schon vor mir da«. Während er zeitbedingt in ständiger Veränderung lebte, ist auf ihrem »Bild« die Zeit angehalten. Sie ist nicht (mehr wieder) zu erkennen für ihn, da die Wirklichkeit des Bilds nicht (mehr) die seine ist, nicht sein kann – schon die Zweidimensionalität des Bildes, ihr ›Konserven‹-Charakter schließt die Dreidimensionalität (oder Vierdimensionalität, um die zeitliche Komponente zu berücksichtigen) des Körpers aus, der nur in der Gegenwart, dem jeweiligen Hier und Jetzt angesiedelt ist.

»Cinemascope« gibt sich zwar schon durch den Titel als Kinogedicht zu erkennen, jedoch abstrahiert es, gemessen an Brinkmanns poetischen Vorgaben, auffällig stark von den auswechselbaren Inhalten des Kinos, wie sie die formal verwandten »Celluloid 1967/68« oder »Synthetisches Gedicht 7.2.68« aufwiesen. Ihnen gegenüber überwiegt die mediale Reflexion. Brinkmann ist bemüht, den Widerspruch zwischen Wirklichkeit und Abbild der Wirklichkeit, der auf der Leinwand – unabhängig von den ›Inhalten‹ – ausgetragen wird, auf den Punkt zu bringen: »Es ist diese Ferne, die wir / zusammen meinen, die endlose / Ausdehnung von Celluloid, wenn // der / Himmel / klarer / ist / als / sonst!«

Die in Klammern gesetzte, wie ein Nachtrag wirkende Schlußsentenz macht den eklatanten Widerspruch zwischen zweidimensionalem Erfahrungssurrogat und dreidimensionaler leiblicher Erfahrung sichtbar. Die »weiße« Leinwand »dahinter«, sosehr sie sich auch ›bemüht‹, Wirklichkeit wiederzugeben, »ist absolut weiß, und / das ist die Leinwand, sie ist ab- // solut: weiß!)«. Die dreimalige Wiederholung des farblosen Attributs der filmischen Projektionsfläche macht deren ›Erfahrungslosigkeit‹ bewußt, die Gleichgültigkeit des Mediums gegenüber den projizierten, möglicherweise von authentischer (»auratischer«) Erfahrung gesättigten Inhalten. Die »Ferne, die wir / zusammen meinen«, wird durch das »Cinemascope« herangeholt, scheinbar auch für Dritte erfahr- und wiederholbar gemacht, jedoch ist sie nie »das, was / es wirklich ist«: Faszination durch die Reproduzierbarkeit von Wirklichkeit im technischen Medium – Brinkmann drehte um diese Zeit mit der Schmalfilmkamera – und Enttäuschung über die Illusion des Mediums, das gleichzeitig Erfahrungsinhalte wie »Einmaligkeit«, »Aura« oder »leibliche Gegenwart« negiert, halten sich beim ins Kino gehenden Dichter der »Standphotos« die Waage.

5.2.7 »Gras«

Brinkmanns letzte Einzelpublikation vor einer Phase des öffentlichen Rückzugs und der Isolation, die erst 1975 mit dem Erscheinen von »Westwärts 1&2« durchbrochen wird, ist in gewisser Hinsicht bereits ein Werk des Übergangs, der tastenden lyrischen Neuorientierung, auch wenn es sich in erster Linie noch als Bestandsaufnahme bisher praktizierter Formen und Schreibweisen präsentiert. So finden sich die lakonischen Transkriptionen simultaner Vorgänge (»Samstagmittag«, »Rolläden«, »Lied«) neben Beobachtungen vom Rand des Wahrnehmungsradius (»Bild«), Objet-trouvé-Gedichten (»Gravad Sill i Dill«) oder kommentarlosen Aufzählungen banaler Alltagsverrichtungen, zwischen die sich fast unmerklich verfremdende, surreal anmutende Details mischen (»Kaffe trinken«, »Gedicht«, »Die Aloe« und »Nachmittags«). All diese poetischen Alltagserkundungen haben den von Williams und Creeley übernommenen gestischen Duktus gemeinsam, mit dem Wirklichkeit möglichst unmittelbar wahrgenommen, sprachlich ›unverfälscht‹ im Gedicht aufgehoben werden soll. Der Dichter ist bestrebt, sich in seiner monologischen Autorposition zurückzunehmen gegenüber dem Anspruch einer heterogenen Wirklichkeit und tritt dadurch in ein neues Verhältnis zu seinem Medium: Sprache fungiert nicht mehr als Organ der dichterischen Expressivität, sondern als Trägermedium bzw. Aufzeichnungsorgan sinnlich, vor allem visuell wahrgenommener Vorgänge. Dies heißt nicht, daß er damit in ein vermeintlich ›naives‹, unkritisches Verhältnis zur Sprache zurückfiele, denn gerade indem er immer wieder auf Vorgänge fokussiert, die nicht primär in Sprache, sondern in Bildern wahrgenommen werden, rückt er den Gegensatz von verbalem Medium und nonverbalem Wirklichkeitsgeschehen in den Blick.

Neben dieser Art ›remimetisierender‹ Tendenzen, dem Versuch, die simultane Vielfalt der Wirklichkeit und ihre Widerspiegelung in der Psyche des Subjekts ins Gedicht hineinzuholen (vgl. »Kippen«, ST 360), experimentiert der 1970 erschienene Band ebenso mit Formen, die Brinkmann bei den amerikanischen, mit der New Yorker Kunstszene assoziierten Dichtern kennengelernt und die er sich maßgeblich durch die Edition der Anthologien »ACID« und »Silverscreen« erschlossen hatte. Das von Ashbery und O'Hara auf jeweils eigene Weise in die amerikanische Gegenwartslyrik eingebrachte Erbe des französischen Surrealismus war von der »zweiten Generation« der »New York School«, den selbsternannten Bohemiens des East Village, dankbar aufgenommen und weiterentwickelt worden – die melancholische Zeile aus den »Sonnets« ihres Doyen Ted Berrigan: »Guillaume Apollinaire is dead«, die titelgebend für die von Brinkmann besorgte deutsche Berrigan-Auswahl »Guillaume Apollinaire ist tot« wurde, ist bezeichnend für die Anleihen der New Yorker beim vormaligen europäischen Avantgardismus. Ron Padgett, mit dem Brinkmann im Zuge seiner Übersetzertätigkeit in engem (Brief-)Kontakt stand, hatte längere Zeit in Paris gelebt und dort begonnen, Apollinaires »Le poète assassiné« ebenso wie die Gedichte Cendrars' zu übersetzen; von Paris kommend hatten sowohl Ron Padgett als auch Larry Fagin Brinkmann zwischen 1968 und 1970 besucht.[84] Durch diese Korrespondenz angeregt, wird auch Brinkmanns Aufmerksamkeit wieder stärker

---

84 Mündliche Auskunft von Padgett/Fagin, März 2004 in New York.

auf die europäischen Wurzeln der Gegenkultur der Avantgarde gelenkt, sein Bewußtsein für die seinerseits bereits »historisch« gewordene Tradierung dieses Begriffs einer »absoluten«, konsequent radikalisierten Moderne geschärft.

Was *nach* Guillaume Apollinaire und dessen Pathos einer radikalen, mit Kunst und Technik gleichermaßen voranschreitenden Avantgarde kommt, ist für Brinkmann eine pathoslose Bestandsaufnahme seines aktuellen Hier und Jetzt, ein kunstloser deiktischer Duktus, der nur mehr auf die Erfassung von Gegenwart ausgerichtet zu sein scheint: »›Alles‹ schien nicht / mehr so zu sein, wie es früher einmal war […] ›Oma […] und Papa, Mama und die Kinder / alle für den Rest des Lebens tot‹, da dieses Leben // meine Jacke war, die du für mich jetzt trägst. / […] das ist zwar wenig, doch das ist schön!« (»Nach Guillaume Apollinaire«, ST 356f.)

Auch die Metaphorik und Topographie des Kinos bekommt unter der Prämisse einer als schon »historisch« diagnostizierten, jedoch unter anderen Vorzeichen – und seien dies Brinkmanns ironisch-distanzierte Anführungszeichen – fortgeschriebenen und weitergeführten Avantgarde einen neuen Stellenwert. Das Kino ist in »Gras« kein Vehikel eines Popart-Bewußtseins mehr wie zumeist noch im »Piloten«-Band, sondern es ist selbst ein mit der Geschichte der Avantgarden eng verbundenes Medium von eigener Historizität.[85] Statt mit der Aura des Neuen, anderen oder gar Exotischen ausgestattet zu sein, ist das Kino in »Gras« vielmehr durch den Charakter des (Alt-)Bekannten, Gewohnten und lebensweltlich Vertrauten geprägt (»*Marilyn Monroe / stirbt* war eine Gedichtzeile, in der ich mich / wiederzuerkennen glaubte«, ST 344).

Das Kino ist ein Ferment der Alltagserfahrung innerhalb urbaner Kontexte, Signum einer Wahrnehmung, die sich innerhalb der domestizierten »zweiten Natur« des modernen bzw. schon post-modernen (weil bereits als Moderne »historischen«) Lebensraumes konstituiert, aus welchem Brinkmanns Vergangenheit und Gegenwart hervorgegangen sind: Ganz dieser Auffassung geschuldet scheint etwa die von dem mit Brinkmann befreundeten Graphiker Berndt Höppner angefertigte Umschlagzeichnung der Originalausgabe von »Gras«, auf der ein Paar abgebildet ist, das von einer Couch aus auf die Mattscheibe des Fernsehers schaut, während das Zimmer, in dem es sich befindet, von hohen, stilisiert skiz-

---

85 »Im Gedichtband Gras hast Du schon verschiedene Spuren zu der Entwicklung von Surrealismus, Gegenwart, Gedankenreflex / auch die Brechung des Themas Film, Optik […] das unterscheidet sich sehr von der Haltung gegenüber Film in dem Pilotenband.« (BaH 128)

zierten Grasstengeln eingewuchert ist. Der kommentarlos an den Anfang des Bandes gestellte Lexikoneintrag zum Titelwort »Gras« bezeugt die implizite Bezugnahme des Titels auf das Rousseausche Gegensatzpaar von Natur und Kultur und das Primat einer domestizierten, »zweiten Natur« in der Erlebnissphäre der hier versammelten Gedichte. Mit diesem Aspekt einer in urbanen Kontexten kultivierten Vegetation korrespondiert auch der unwillkürlich zum Titelwort assoziierte Slangausdruck für Haschisch bzw. Marihuana, das nicht nur eine der Modedrogen der Gegenkultur der sechziger Jahre, sondern spätestens seit Baudelaires »Les paradis artificiels« auch für die Erfahrungen der literarischen Moderne mit Bildern immanenter Künstlichkeit prägend wurde.

Da das Kino, wie die Moderne selbst, inzwischen auf eine eigene Vergangenheit zurückblicken kann, kommt in »Gras« gerade die Vergangenheit des Kinos in den Blick, wie sie sich aus Brinkmanns lyrischer Perspektive jener Gegenwart um 1968-70, in der »Gras« entstanden ist, präsentiert. Gedichte wie »Schauspielerin« (ST 302f.), »1000 Watt« (ST 339-341) und »Mae West macht mit 75 immer noch weiter« (ST 326f.) sind exemplarische Bruchstücke jener schier endlosen Geschichte kinematographischer Weiblichkeit, besonders der Darstellung des weiblichen Eros im schwarzweißen (Stumm-)Film.

Das Bemühen, dabei nicht nur thematisch, sondern auch formal von den Möglichkeiten des Films zu profitieren, lyrisch auf neue Weise Äquivalenzen zum Film zu schaffen, ist zudem am sentenzartigen Reihungsstil von »Schauspielerin« ablesbar. Wie analog im »Gras«-Band auch in »Die gelbe Fußmatte liegt vor der Badewanne« (ST 321), »Gedicht 19. Juni 1969« (330f.) und »Nach Guillaume Apollinaire« (354f.) gehandhabt, ist »Schauspielerin« aus einer numerierten Folge von hier insgesamt 17 Sentenzen aufgebaut, prosanahen Kurznotaten, die in ihrer Kontextisoliertheit splitterhaft wirken, in der Abruptheit ihres Aufeinanderfolgens jeweils den Eindruck fragmentarischer Unabgeschlossenheit hinterlassen. Wie die aneinandermontierten Bildersequenzen bzw. Einstellungen eines Films läßt diese lyrische Form der numerierten Sentenzenreihe dem Leser keine Gelegenheit, zu verweilen, jede neue Sentenz bzw. Sequenz bedeutet einen neuen Schnitt, die Überblendung in ein anderes Bild. Das Licht fällt auf jeweils einen neuen Aspekt, erhellt einen neuen Puzzlestein im imaginären Bild der »Schauspielerin« und ihres ›Dialogs‹ mit dem lyrischen Ich. Die in Anführungszeichen beschworene »Anny Ondra« (»›Anny Ondra‹, wo bist du?«) ist eine Reminiszenz an die Filmgeschichte – die auch als »weiblicher Keaton« gepriesene Tschechin spielte in zahlreichen Stummfilmkomödien und -revuen, hatte aber auch die weibliche Hauptrolle in Hitchcocks »Blackmail« (1929) und trat bis zu ihrer Heirat mit dem Boxer Max Schmeling in Lustspielen des Tschechen Carl Lamarr auf –, zugleich aber auch die Beschwörung eines Phantoms, das nur auf der Leinwand, als Reproduktion seiner selbst (quasi virtuell, deshalb in Anführungszeichen), existiert:

> 4.
> Das ist nämlich gar kein Leben; es ist bloß
> der Eindruck davon.
> [...] 6.
> Es ist heller geworden; eine neue
> Aufnahmetechnik. Ich mag sie.
> [...] 14.
> Nur Vorstellungen von Toten sind es, die uns hier
> glücklich sein lassen. Wenn es dunkel wird
> und vor uns hell.
> [...] 16.
> »Anny Ondra«, du bist – was das tatsächlich ist,
> weiß ich auch nicht mehr.

»Schauspielerin« kann als Reflexion sowohl über die Wahrnehmung personaler Identität als auch über den Begriff der Vergänglichkeit unter den Bedingungen des Filmzeitalters verstanden werden. Über das Medium des Films scheint das Ich des Gedichts in der Lage zu sein, mit »Anny Ondra« in Kontakt zu treten, ebenso wie es deren wechselnde Film-Identität zum Vorwand der eigenen changierenden Rolle nimmt: »7. / Deine Frisur war nie unordentlich. Du warst / ein braves Mädchen, und das war ich auch. / 8. / Auch ich werde nie mehr dasein. / 9. / Das ist nicht einmal notwendig, / nur manchmal wird das verlangt. [...] / 12. / Ich denke an dich nicht noch einmal.« Ein wirklicher Dialog zwischen der Film-Ikone und dem Ich kommt jedoch nicht zustande, die an die Schauspielerin gerichteten Sentenzen bleiben unbeantwortet. Das Gegenüber des Ichs ist letztlich nichts als eine stumme Figur auf einem Streifen belichteten Zelluloids – jenes Materials, welches »Anny Ondras« Existenz nicht nur im platten materiellen Sinn sicherte, sondern auch in der Imagination des Ichs aufbewahren hilft. Dennoch bleibt ein Ungenügen an dieser Art von virtueller Präsenz bestehen; »dieses Leben« auf dem Filmstreifen wird, ebenso wie die Erinnerung selbst, vom Ich bzw. dem gruppenhaften »Wir« der dritten Sentenz als eine Schein-Wirklichkeit begriffen, die dem eigentlichen Leben (»was das tatsächlich ist«), dem Aufgehobensein in aktueller Gegenwart widerspricht: »2. / Du wirst nie wiederkommen ... / 3. / Wir müssen vergessen, daß es etwas gibt, was / sich zu erinnern lohnt. Ich wehre mich gegen / dieses Leben.«

Der Gegensatz von ›synthetischer‹ Existenz auf Zelluloid und ›wirklichem‹ Leben kommt auch in »1000 Watt« zur Sprache. Das Gedicht zeichnet das fiktiv-konstruierte, wohl aus verschiedenen Starporträts und Illustriertenberichten (sich über 19 unregelmäßig lange Strophen erstrekkende) zusammengeschnittene Porträt »der alternden Frau / […] die einmal eine Hollywood-Schönheit war / (oder kam sie aus der Vorkriegs-Ufa und ging / dann einfach nach einiger Zeit in die Schweiz, / wo sie bessere Luft zum Atmen hatte?)«. Ihr inzwischen »gealtertes Gefühl« soll ersetzt werden durch jene nunmehr angesagte, jüngere Schauspielerin, »die unten in der Halle sitzt und darauf wartet, / die Rolle zu übernehmen: sie (dort unten) / trägt Büstenhalter aus Lycra und einen Slip von Triumph, / der sie nicht daran hindert, auf künstlich hochgeblasenem / Schnee Ski zu laufen«. Brinkmanns Doppelporträt ist eine Überzeichnung, die mit Mitteln der sexuellen Provokation den Starkult der Massenmedien zu desavouieren versucht. Das Verfremdungsmotiv des gekräuselten Schamhaars, das er seit den »Godzilla«-Gedichten immer wieder als Attribut der von ihm porträtierten Schauspielerinnen heranzog, wird hier in surrealer Manier zugespitzt. Die beiden geschilderten Aktricen erkennen sich jeweils nur in künstlichen Reproduktionen ihrer selbst wieder, sie sehen sich entweder gespiegelt in einem »Fenster (in ihrer Vorstellung, die niemand wieder / betreten hat)« oder »dem kleinen Foto, das sie von sich mit Selbstauslöser / ›schoß‹«. Der stets unbeachtet unter dem filmischen Flutlicht von 1000 Watt mitangestrahlte Gegenstand scheint jenes »Taschentuch« zu sein, eine Art roter Faden, auf den das Gedicht mehrmals rekurriert, zu Anfang »ausgebreitet […] / wie ein besonders bösartiger Witz«, dann als Utensil, »mit dem sie zurückwinkte: // Auf Wiedersehen, alte Ufa-Träume! / Auf Wiedersehen, ›Walzertraum‹! / Auf Wiedersehen, lieber Purzel dort im unsichtbaren Hollywood!«, und schließlich »verlorengegangen […] nachdem die Geräte eingepackt wurden«. Kalauernd verfremdet Brinkmann den Terminus ›entfremdet‹ zu »›ähntfremdet‹«, um die paradoxe Wechselbeziehung der Figuren zu ihrer Umgebung sichtbar zu machen (»die Wolken / wie immer ›hoch‹ und sehr / ›ähntfremdet‹ von dieser / Person«): Sie ›ähneln‹ den Reproduktionen, die von ihnen auf Zelluloid oder auf Hochglanz in Umlauf sind; sobald »die Geräte eingepackt« sind und »die Wolken« nicht mehr als Filmkulisse, sondern als wirkliches Naturphänomen erscheinen, fühlen die Protagonisten sich ›fremd‹ vor ihnen.

In »1000 Watt« sei es ihm genauso wie in »Mae West macht mit 75 immer noch weiter« um die »ironische Durchbrechung der Filmklischeewelt gegen das künstliche ausgestattete Leben, gegen die miesen Schauspielerbiografien« (BaH 134) gegangen. Auch wenn er nachträglich die

Fabrikation ›synthetischer‹ Identitäten durch das Illustriertengewerbe als »alter vergammelter Glimmer [...] alles verrottet durch Geld und Schau« empfindet, so reicht doch die biographische Collage, die er in »Mae West« unternimmt, erstaunlich weit in die Gegenwart des lyrischen Protagonisten hinein: »Plötzliche und erschreckende Gedanken an Gin im / Badezimmer, Linkshändergriffe, feuchte Umschläge gegen / Kopfschmerzen ..., das passende Bild findest du / nie im richtigen Augenblick, wenn eine Haustür / sich öffnet und dort in der Halle steht vor dir / Mae West!« Auf den 44 Zeilen des durchgehenden Strophenblocks entrollt Brinkmann – vermutlich aus einer illustrierten Biographie geschnittene – Details des früh mit körperlicher Freizügigkeit und Promiskuität provozierenden amerikanischen Sexsymbols der dreißiger Jahre,[86] verknüpft sie jedoch, wie am oben zitierten Anfang, mit eigenen biographischen Imaginationen – das Ich redet hier monologisch mit sich selbst in der zweiten Person: »›O, hallo, Liebling!‹ sagt sie aus fülliger / Kehle mit diesem halben verschlagenen Grinsen / um circa 1933 in *She Done Him Wrong* ... Wieder bist du / fünfzehn und streckst ihr die Hand hin. [...] sie / nimmt deine Hand und führt dich hinein / in deinen alten Traum [...] du wagst es / kaum, das Staubige deiner Gefühle auszuatmen«. Die 1893 geborene Schauspielerin, die 1968 ihren 75. Geburtstag feierte – die Schlagzeile, die der Gedichttitel offensichtlich zitiert, müßte also aus diesem Jahr stammen –, ragt mit der Hochglanzkolportage ihrer Biographie wie »ein glitzerndes Monument [...] das / [...] im richtigen Moment zersprang« in die aktuelle Biographie des lyrischen Ichs hinein, auch wenn dabei die verstreuten Fakten ihres Lebens seine alltägliche Existenz keineswegs erklären oder aufzuhellen helfen. Im Gegenteil, sie vermehren noch seine Verwirrung angesichts »plötzliche[r] und erschreckende[r] Gedanken«, die nicht beim Namen genannt werden können, wie der Schluß mit Rekurs auf die Anfangszeilen illustriert: »Sie war die erste Frau, die Stücke schrieb / und Filme machte über den »besonderen Glanz der Welt: Homosexualität. [...] / [...], an das du nicht aufhören kannst /

---

86 Vgl. zur damaligen Rezeption Mae Wests eine Eloge von Jorge Luis Borges, die dieser in Reaktion auf »She Done Him Wrong« (1933) verfaßt hatte: »Als wunderschöner Flegel und ganz und gar physische Frau läßt Mae West Jean Harlow und – selbstverständlich – Marlene weit hinter sich. Sie singt die verzweifelten Blues, die ich wieder hören will, wenn ich den Film zum drittenmal sehe. [...] das volkreiche und generöse New York der Jahrhundertwende mit seinen kleinen Stadtteilkönigen, seinen Zuhältern mit den kessen Hüten und pingeligen Nagelfeilen, seinen vielen engtaillierten und leichtfrisierten Prostituierten, seinen näselnden methodistischen Liedern, seinen Angebereien, seinen jähen Wutausbrüchen und seinen Vergnügungen.« (Borges in Zischler, Literaturmagazin 43, S. 34).

zu denken wie Gin, Perlenkollier, ein Kristallglas / und Kopfschmerzen im Badezimmer. Du kennst / dich und gibst auf, dich dagegen zu wehren.« Brinkmann sieht »die alltäglichen lebendigen Szenen mit Filmkulissen-szenen und künstlichem Aufbau, Schau-Aufbau, durchsetzt« (BaH 135), und dementsprechend determinieren derartige Kulissen auch die Lebens-welt seiner Gedichte. Brinkmann selbst scheint zu schwanken zwischen der spielerischen Verzerrung bzw. Subversion des Secondhand-Materials – eine Strategie, von der sich die Poetik der »Piloten« anregen ließ – und der resignativen Verzweiflung vor dem buchstäblich unerträglichen Bal-last des »Abfalls«, der sich um seine Dichter-Existenz herum angestaut hat. Im »Gedicht ›Für Frank O'Hara‹« (ST 309-315), das den Nachruf auf das 1966 verunglückte Dichteridol zitatweise im Namen führt, scheinen die darin akkumulierten Versatzstücke der Massenkultur nurmehr den Erschöpfungszustand des Ichs zu beschleunigen. Genese und Exodus sind, wie mit ironischem Verweis auf die Televisualisierung der Indianer konstatiert wird, anthropologische Phänomene, die von der Bilderwelt der Medien aufgesogen wurden und so zum »lautlose[n] Verschwinden der Zärtlichkeit aus / meinem Körper« beitragen:

> Ich bin tatsächlich der Ansicht, daß das Verschwinden der
>   Indianer
>   aus unseren Träumen mit dem Fernsehen
>   zusammenhängt:
>   in mir »kämpft« die Rothaut Pierre Brice gegen
> die Rothaut Jeff Chandler. (So gingen ganze Völker
>   »unter«.)   [...]
>   »Lebensmut« ist natürlich
>   das Wort, das jederzeit leicht beschafft werden kann. Aber
>   besser ist ab und zu
>   eine Pille,
>   um noch die Spätvorstellung zu schaffen,
>   Samstag, 22 Uhr 45, mit
>   Rod Steiger als der »Große
> Al« (Capone) in Schwarz-Weiß.

Durch die ironische Infragestellung der in Anführungszeichen gesetzten Ausdrucksweisen unterstreicht Brinkmann die »Unwirklichkeit« der me-dial empfangenen Bilder und Szenen, die wiederum auf die alltägliche Wahrnehmung zurückwirken, so daß auch deren Authentizität zu einem fragwürdigen Konstrukt zusammenschrumpft. Die ›offene‹, an Auslassun-gen, Aussparungen, inhaltlich-semantischen Sprüngen reiche Form von »Gedicht ›Für Frank O'Hara‹« kündigt mit ihren aufgefächerten, variablen Langzeilen – deren Gestalt auch als ›elastisch‹ im Sinne von Cendrars' angesehen werden kann –, den eingerückten Strophenblöcken und Prosaeinschüben schon die komplexen Montagen von Brinkmanns nach 1970 entstandenen Langgedichten an.

Auch die Intention der meisten Gedichte, sich abzustoßen von den Angeboten der Unterhaltungskultur, deren retuschierter, »unwirklicher« Oberfläche, und des kommerziellen Films als bloßen medialen Konsumguts, weist schon in Richtung der späteren, auf die Reize der Massenkultur mit ästhetischer Autonomie reagierenden Gedichte. Im Gegensatz jedoch zu »Westwärts 1&2« bleibt »Gras« noch ursächlich durch die bebilderten Oberflächen motiviert, auf welche sich seine Texte beziehen. So ist im zweiteiligen »›Optik‹« (ST 319f.), auch einem ›offenen‹ Text mit aufgefächertem, auseinandergerissenem Zeilenmuster, vom »Fotoillustriertensex und Fotografieren und wie das von der Frau gesehen wird« (BaH 135) die Rede: »zwei Schenkel, die fest sind / dazwischen kräuselt sich Haar / eine gespannte Bauchfläche / volle Brüste, d.h. ›meine Titten‹ […] // sie hat den Slip zwischen den gespreizten Beinen und / beugt sich vor // […] wahrscheinlich auf Anweisung des Fotografen, der / ein Liebhaber / bizarrer Anblicke ist«. Das Foto liefert lediglich den Anlaß für Brinkmanns lyrische »Optik«, die auf den Hintergrund dieser gestellten Szenerie zu fokussieren versucht. Was macht, wie er eingangs fragt, »die Frau / auf diesem undeutlich abgezogenen / Foto« zu »etwas, / das sie selber nicht ganz versteht, obwohl sie // nichts anderes ist als das, / was sie jeden Tag an sich / berührt«? Die Antwort darauf, die der zweite Teil aperçuartig erteilt, fällt mit aller Schärfe aus. Hatte sie die Anweisungen des Fotografen mit dem Gefühl ausgeführt, daß ihr das Posieren »›Scheiße‹ schwer gefallen ist, // […] weil ihr der Slip zwischen / den Knien hing / und sie hüpfen mußte, / um die Creme […] // zu holen«, so bleibt nur der Schluß übrig, daß »dieses Foto […] die Geschichte einer Leidenschaft [erzählt], / die nicht unsere ist« – und auch nicht die ihre war. Hinter dem Bild verberge sich nichts als »die ›Scheiße‹, / die nachher erzählt werden / kann // mit dem einen / Wort // Scheiße.« Die inhaltliche Leere, die von dem gestellten Foto ausgeht, aber auch, was die Abgelichtete später als Kommentar darüber abgibt, kann nicht mit »Leidenschaft« ausgefüllt werden, denn was darauf dargestellt ist, geht nicht auf »unsere« Erfahrung zurück, sondern auf eine ›leidenschaftlich‹ wirken wollende Inszenierung für ein Hochglanzmagazin. Hatten sich frühere Gedichte wie »Einfaches Bild« mit der Ausleuchtung des voyeuristischen Blicks des männlichen Subjekts im Rahmen der alltäglichen Wahrnehmung begnügt, so ist die Optik des Lyrikers nunmehr auf den Aspekt der kommerziellen Ausschlachtung und massenmedialen Verwertbarkeit dieses voyeuristi schen Blicks fokussiert: von individueller Wahrnehmung losgelöste, aus sterilen Kulissenwelten herausgefilterte und reproduzierbar gemachte Surrogate von »Leidenschaft«, mit denen die Unterhaltungsindustrie aufwartet. Als alleinige, inhaltsleere »message« bleibt das Medium zurück, das die voyeuristische Neugier stimuliert. Die Kritik an einer medialen Praxis, durch deren »Massage« (McLuhan) die Wahrnehmungs- und Blickgewohnheiten des einzelnen massiv beschränkt, ja manipuliert und konditioniert werden (können), ist unübersehbar.

In »Oktober« ist diese Kritik subtiler, sprachlich zurückhaltender, dafür um so hintergründiger formuliert. Mit »Oktober« (ST 359) ist durchaus nicht Sergej Eisensteins gleichnamiger Film zum zehnten Jahrestag der Oktoberrevolution gemeint, sondern das Monatsmotiv »des Star-Kalenders der Columbia / Film Ges.«, ein Standbild von »Sharon Tate, // die mit Dean Martin als Matt Helm / in *The Wrecking Crew* // aufgetreten ist.« Das unkommentierte Zitat, das die aufgefächerte, unregelmäßige Zeilenkomposition im nüchternen Ton einer Bestandsaufnahme einleitet: »Eine Tote sieht / auf mich // herab««, erschließt sich mit Kenntnis der tagesgeschichtlichen Aktualitäten während der Entstehungszeit des Gedichts. Roman Polanskis Ehefrau war am 9. August 1969 Opfer des Ritualmords einer Satanssekte geworden, woraus das in seiner nüchternen Konstatierung plötzlich unheimlich wirkende Paradox einer den Betrachter anblickenden Toten hervorgeht – noch unheimlicher, wenn man sich die unnatürlichen Umstände ihres Todes und die Unheimlichkeit der filmischen Sujets ihres Ehemanns Polanski vergegenwärtigt. Doch ganz im Kontrast zu diesen Assoziationen resümiert Brinkmanns »Oktober« lediglich das Faktum, das dem lyrischen Ich das Kalenderblatt vermittelt: »Sie hat den ganzen Oktober 1969 für eine / Irving Allen Produktion // auf mich herabgesehen.« Was hier im minimalistischen Gewand eines »poème trouvé« à la Handkes »Innenwelt«-Gedichten sich präsentiert, jongliert gleichzeitig gezielt mit literarischen Bild-Konventionen jahreszeitlicher Symbolik. So kommentiert Brinkmann später, daß er mit der Anspielung auf das Filmkalenderblatt habe ausdrücken wollen, »wie die Steuerung der Jahreszeitempfindungen sich vermischt mit Bild dh. Kino und Filmgesellschaft, kein Wort von Natur [...] und Oktober ist schon Herbst usw. um den Witz besser zu machen hätte das Gedicht November heißen sollen, nicht?!« (BaH 138).

Die von Kracauer diagnostizierte Diskordanz zwischen fotografisch festgehaltenem Augenblick und zeitlichem Kontinuum, die eine »natürliche Realität« zerschlage,[87] kommt daher in »Oktober« auf besonders

---

87 Kracauer, Die Photographie, S. 97.

drastische Weise durch den scheinbar nüchternen Hinweis auf eine Tote, die den Betrachter auch nach ihrem Leben weiterhin *anschaut*, zum Ausdruck. Doch läßt gerade Brinkmanns eigener Kommentar Verbindungslinien seines dem modernen oder postmodernen Erfahrungsschatz entnommenen Bildreservoirs bis zurück zur barocken Emblematik sichtbar werden: das Standfoto aus einem Agentenfilm (»The Wrecking Crew«) mit einer inzwischen toten Schauspielerin als Pictura, auf die das Gedicht referiert, dem Kalenderblatt-Titel »Oktober« als sinnbildhaftem Motto und den lakonischen Sentenzen des Gedichts als erklärend-bekräftigender subscriptio. Aus dieser Perspektive ist »Oktober« durchaus als Beispiel für die Fortschreibung des barocken Vergänglichkeitstopos in modernen, zeitgenössischen Kontexten anzuführen.

Entscheidender für Brinkmanns Poetik der »Gras«-Gedichte wie auch dessen, was folgen wird, scheint aber das Ausloten von Möglichkeiten zu sein, die Empfindung einer »schöne[n] Gegenwart, inmitten einer Umwelt aus Reklamebilder[n]« (BaH 134) lyrisch zu fixieren, auf individuell erlebte Gegenwart »gegen Reklamefotos« zu setzen, wie er anläßlich von »Das stille Zimmer« (ST 346) notiert. Darin wird das Verhalten des Ichs aus der dritten Person heraus geschildert, was einen ›objektiven‹ Abstand zu ihm suggeriert. Innerhalb einer – um das Diktum Adornos zu verwenden – »beschädigten Gegenwart«, wo »der Rauch der Zigarette / [...] sehr geschickt in dieses Farbphoto für eine neue / Zigarettenmarke hineingekommen [ist]«, widmet der Dichter seine Aufmerksamkeit den alltäglichen Verrichtungen in ihrer scheinbaren Selbstverständlichkeit und Bedeutungslosigkeit: »aaaaah ... dieses andauernde Hingucken ... ein tiefes Atemholen / durch die Nase! // ›Vergiß nicht, den Blumen Wasser zu geben. / Mach's gut. Deine Francine.‹ // Ein weiches Frottierhandtuch, // ein Badetuch. // Und der denkt an ... ..., und dann nicht. // Kreuzworträtsel, / die Programmvorschau, / Farbfernseher.« Das Bedürfnis, sich in dieser – nicht wie selbst eingerichtet, sondern bereits vorgefunden wirkenden – Gegenwart niederzulassen, vermag für Momente eine Übereinkunft mit den Gegenständen der Bewußtseinsindustrie zu erreichen. Diese Übereinkunft bedeutet jedoch keine Affirmation ihrer Inhalte und Botschaften, sondern meint stets nur ein augenblickliches, unwillkürliches Einverstandensein mit dem Jetzt und Hier einer »Gegenwart«, so wie sie sich den Subjekten darbietet. Diese Art von Momenten kann als »Epiphanie« bezeichnet werden. Bei Brinkmann ausgelöst von den Dingen der unmittelbaren Umgebung, weist dieser Zustand doch über den eigentlichen Anlaß hinaus, indem er unausgesprochen jenes Moment von Utopie wachhält, in dem, wie es von Bloch im »Prinzip Hoffnung« beschrieben wird, die Widersprüche zwischen dem Subjekt und entfremdeter Umwelt aufgehoben sind. Bemerkenswert ist dabei, daß auch die Reize, die dieser entfremdeten Umwelt angehören, in der Imagination des Dichters zu etwas Unvorhergesehenem transzendieren. Visuelle Oberflächenreize, auf die das Auge innerhalb der urbanen »Zone« gelenkt wird, sind trotz – oder gerade wegen? – ihres »Kitsch«(Bloch)- oder »Fetisch«(Benjamin)-Charakters willkommene, epiphanienanregende Attraktionen.

Diese Utopie einer spontanen Aussöhnung von Außenwelt und Ich führt bereits zum Verständnis von Brinkmanns lyrischem Wandel während der folgenden Jahre. Die Gegenwart, die »neue Wörter in ihr entstehen« läßt, wie es in »Das stille Zimmer« heißt, oder in der, wie im Schlußgedicht »Wolken« (ST 361), »ein einziges Wort mächtig [ist], die Schranken der Sprachlosigkeit zu durchbrechen«,[88] steht in *Gras* keineswegs auf autonomem, poetologisch abgesichertem Terrain, sondern taucht zumeist als vage anvisiertes Desiderat auf, an das sich das lyrische Subjekt herantasten muß, »auf diesem Blatt Papier, in meinem Zimmer, / in mir drin«.

5.2.8 Verstreute Gedichte 1971-1975 aus dem Vorfeld von »Westwärts 1&2«

Vor dem Hintergrund eines sensibilisierten Sprachbewußtseins und einer prononciert zutage tretenden, wenngleich latent schon immer geäußerten Sprachskepsis ist auch die Weiterentwicklung seiner Lyrik nach 1970 zu betrachten. Die Beobachtung, daß in Brinkmanns Materialalben so gut wie keine Hinweise auf seine Lyrik eingestreut seien, kann nicht dahingehend ausgelegt werden, daß zwischen beiden Textsorten – an denen, wie anzunehmen ist, insgesamt zwar parallel, jedoch zu verschiedenen Zeiten mit unterschiedlicher Intensität gearbeitet wurde[89] – kein innerer

---

88 Späth, Rolf Dieter Brinkmann, S. 64.

89 Es darf vermutet werden, daß Brinkmann zu keinem Zeitpunkt völlig dem Gedichteschreiben entsagte, zwischen 1971 und 1973 jedoch wohl intensiver mit den »scrapbooks« beschäftigt gewesen sein muß, während er sich ab 1974 wieder hauptsächlich dem Gedichteschreiben widmete. Dafür spricht bereits die in »Briefe an Hartmut« ausführlich dokumentierte Arbeit an »Westwärts 1&2« seit seiner Rückkehr aus Austin / Texas im Mai 1974 bis zur Jahreswende 1975. Für die Zeit seines Aufenthalts in Austin (Januar-Mai 1974) ist kein seinem Italien-Aufenthalt (Oktober 1972-August 1973) ähnliches Konvolut wie »Rom, Blicke« und »Schnitte« bekannt – dafür allerdings der schmale Gedichtband »Eiswasser an der Guadelupe Str.«, ein eigenständiges, mit diversen ›offenen‹, fragmentarischen Formen jonglierendes Langgedicht.

Zusammenhang bestünde. Im Gegenteil: Die Gedichte scheinen die strukturell adäquate Antwort auf die text- und sprachzertrümmernden, Wort und Bild akkumulierenden Demontageverfahren seiner »scrapbooks« zu enthalten. Aus dem Dekonstruktionsversuch der dort collagierten Materialien und Formen erwächst geradezu die elaborierte Montageform seiner späteren Lyrik – zumindest verweist sie darauf. Es besteht Grund zu der Annahme, daß Brinkmann das jegliche Rezeptionsgewohnheiten des Lesers negierende Experimentierfeld seiner Materialbücher nötig hatte, um schließlich zu der Art von Gedichten zu gelangen, wie sie uns vor allem durch »Westwärts 1&2« überliefert sind. Eine Untersuchung, die sich dezidiert den intertextuellen Bezügen und strukturell-inhaltlichen Interferenzen – auf syntaktisch-semantischer Ebene, im bildlich-imagologischen Reservoir – zwischen den Collagebänden und den Gedichten Brinkmanns der siebziger Jahre widmen würde, steht noch aus.

Eine erklärtermaßen ›abendliche‹ Stimmung im Sinne eines agonierenden, entropieartigen Außenweltzustands beherrscht das Gedicht »Programmschluß«, das, wahrscheinlich Ende 1971 entstanden, 1972 in Heft 5 des »Tintenfisch« bei Wagenbach erschien. Im flußartigen Rhythmus der 18 im Enjambement aneinandergereihten langzeiligen Terzinenblöcke ist schon vom Motiv des ›Weitermachens‹ die Rede, das dann die »Vorbemerkung« von »Westwärts 1&2« programmatisch variiert. So bedrängen in »Programmschluß« durch ihr unaufhörliches Weitermachen »Die alten häßlichen Dichter, Reklame für / ein neues Schuhputzmittel, Dreitausendmeterläufer / und Fernsehansagerinnen« gleichermaßen das Ich, das »die Ölflecken vom / letzten Sommer« aus seinen Turnschuhen zu entfernen sucht, »mürrisch und ein bißchen verzweifelt«, wozu ihm »van Gogh« einfällt, »die Leidenschaft, einfache / Dinge zu sehen« – eine Umschreibung seines poetischen Selbstverständnisses. Wie findet sich der Sprecher damit aber in seiner Umgebung zurecht? Statt Klarheit zu gewinnen, gerät er in einen Orientierungsverlust, der ihn die Phänomene seiner Außenwelt als fremd und unwirklich wahrnehmen läßt: »Ich blicke mich um. Leute waten im Dunst, // Kinoreklamen. […] Jetzt wate ich selber im Dunst. / Wo ist der Ausgang? Ich sehe ihn nicht // mehr. Vor mir kollert eine Blechdose die / Steintreppe hinunter. […] In wessen finsteren Tagtraum habe ich / mich verirrt?« Brinkmann beschwört ein düsteres Szenario lustlosen Weitermachens mit den Bildern von »lebenden Toten«, eines ›totgesagten‹ Parks, wo »das wenige Grün […] eine schmutzige Collage ist aus Hundekot, // alten Zeitungen, Zigarettenschachteln und einem / ausgelatschten, staubigen Halbschuh«. Die Beobachtung an einer alten Frau in Schwarz schließt mit der Prognose: »wenn man aufhört zu träumen, ist man tot, / selber schon ein Traum?« Dagegen vermag eine bizarre Traumszene aus Buñuels »Un chien andalou«, wo eine seltsam verstümmelte Hand eingeblendet wird, die alltäglichen Vorstellungen aufzubrechen und über sie hinauszuweisen: »Ein Bild, / das leerer ist als die abgeschlagene Hand auf der / Straße, vor dem verträumt ein Mädchen steht wie in dem // Film von Buñuel […] // […] Es gibt zu viele Bilder, die sich / gleichen. Sie verstopfen die Fantasie.«

Brinkmanns Unmut richtet sich nicht gegen die »Bilder« als solche, sondern gegen diejenigen Bilder seiner Umgebung, »die sich / gleichen« und die Phantasie »verstopfen«. Wie die Surrealisten interessiert Brinkmann weniger die nüchterne Aufzeichnung des Alltags als diejenigen Momente, die darüber hinausführen, indem plötzlich neue Bilder in die Vorstellungswelt, die »Fantasie« des lyrischen Subjekts eindringen. »Traum«, in seiner positivsten Variante, ist für Brinkmann gleichbedeutend mit einer luziden Form des »Tagtraums«, der sich – ähnlich den Epiphanien von Joyce, der mémoire involontaire eines Proust oder der »Jetztzeit« Benjamins – innerhalb des Alltags, jedoch diesen transzendierend, in der Vorstellungswelt des Subjekts vollzieht. »Wer träumt, geht / woanders, sagt / kein Wort«, heißt es entsprechend in dem 1973 in der Zeitschrift »Zet« publizierten, wahrscheinlich in Rom entstandenen »Das ist«.

Diese wie andere in dieser Zeit entstandene Gedichte lassen Brinkmanns Fixierung auf seine unmittelbare Gegenwart als Richtmaß seines Schreibens erkennen. Daraus erklärt sich auch die Fülle lyrischer Formen, die er fast parallel praktiziert: Er scheint bemüht zu sein, aus dem Erlebnis von Gegenwart, anstatt es in eine festgelegte Form zu pressen, eine Form ›ad hoc‹ entstehen zu lassen. Wie bereits angedeutet, sind bei diesem Gegenwartserlebnis optische Signifikanten von besonderer Wichtigkeit; dies würde eine – noch ausstehende – Konkordanzanalyse von auf das visuelle Sinneserlebnis abzielendem Wortgut in seinen Gedichten erhellen. Bereits einer aufmerksamen Lektüre werden die häufigen, visuelle Qualitäten benennenden Attribute und Epitheta nicht entgehen, die sich an die Bezeichnungen für Leuchtkörper (»Sonne«, »Lampe«, »Funzel«) bzw. von diesen ausgelöste Effekte (»Tageslicht«, »Schatten«) anschließen.

Der Schatten als notwendiger Grund und Gegenpart des Lichts spielt dabei in Brinkmanns Poetik einer vorzugsweise optisch erlebten Gegenwart eine genauso essentielle Rolle. Die Terzinen von »Schattenmorellen« leben gleichsam aus einer abundanten Aufzählung anspielungsreicher Assoziationen und Variationen zum Grundwort »Schatten«: »Es gibt Schattenverfahren, Schatten- / Vögel, Schattenwickler, Schattenspiele // und Schattenboxen, es gibt Schatten / Probe und Schattenrisse, es gibt /

Schattenpflanzen, Schwachlicht // Pflanzen, Schattenregierungen / und Schattenlitze«.[90]

Der sowohl wegen seines Umfangs als auch wegen seiner außergewöhnlichen Form (neben »Eiswasser«) bedeutendste lyrische Text aus den Jahren 1971-1975, der nicht in »Westwärts 1&2« eingegangen ist, liegt in »Fragment zu einigen populären Songs« vor. Das im Druck in Nr. 3 von Rowohlts »Literaturmagazin« knapp 20 Seiten beanspruchende Langgedicht schwebte Brinkmann als Titel für einen geplanten, bis heute unveröffentlicht gebliebenen zweiten Gedichtband in der Nachhut von »Westwärts 1&2« vor, wie Andeutungen in »Briefe an Hartmut« (vgl. BaH 224) sowie editorische Mitteilungen Maleen Brinkmanns verraten.

»Fragment zu einigen populären Songs« zeigt Brinkmann im Vollbesitz der ästhetischen Autonomie, wie er sie in »Westwärts 1&2« umsetzen konnte. Sie ist vor allem das Ergebnis neugewonnener, wenn auch radikal eigenwilliger Form. Ordnung in diesem singulären Versuch poetischer Weltaneignung *nach* Apollinaire, Williams und Pound entsteht hier – mit seinen durch Einrückungen und Versetzungen aufgebrochenen Verszeilen, den Einschüben und der Auffächerung in synchron lesbare Textspalten – etwa durch den leitmotivischen, oft iterativ-variierenden Einsatz bestimmter, emotional besetzter Grundwörter wie »Traum«, »Schatten«, »Sonne«, »Kulisse«, »jetzt«, »Zeit«, »Bild«. Diese leitmotivischen Setzungen treten jedoch in den sechs einzelnen Teilen des Gedichts, deren inhaltlicher Fokussierung entsprechend, jeweils unterschiedlich stark hervor. Als ›Thema‹ von »Fragment«, dessen Titel an das lange »Westwärts 1&2«-Gedicht »Einige sehr populäre Songs« anknüpft, ließe sich die Erringung von lebendiger Gegenwart im Bewußtsein des Subjekts bestimmen; einer Gegenwart, die sich – wie die nicht zielgerichtete, sondern sich arabeskenartig verzweigende und abschweifende Progression der Einzelteile nahelegt – erst, und dann auch nur für Momente, einstellen kann, wenn die sprachlichen und sozialen Verhaltenszwänge der Wirklichkeit, die das Ich durchwandert, abgestreift worden sind: Brinkmanns Utopie von idealer Gegenwart,[91] die, wie Kramer mit Blick auf den sechsten Teil des Gedichts formuliert, im »Notat einer augenblicklichen Empfindung [endet], in dem der Druck der Sprache, des Allgemeinen auf das Subjekt für einen Moment aufgehoben ist und sich der Blick von innen nach außen richtet und öffnet«, so daß daraus kurzzeitig »ein Augenblicks- und Ge-

---

90 Brinkmann, Unveröffentlichte Gedichte, in Rolf Dieter Brinkmann zum Fünfzigsten, S. 18f.

91 »Jedenfalls kriegte ich eine Art Heimweh nach etwas, das noch nie, wie E. Bloch sagt, wirklich gewesen ist« (BaH 207).

meinschaftserlebnis, in der Erinnerung und Gegenwart zusammenfallen«,[92] entstehen kann.

Wo äußere Wirklichkeit jedoch selbst schon die Signatur einer künstlichen Filmkulisse trägt, verheißen die Manifestationen des filmischen Mediums keinen Ausweg mehr in eine befreite Gegenwart: »die Spätvorstellung / ist zu Ende, ein dunkler / Kinoeingang«,[93] sondern sind lediglich Teil jener »Kulisse«, in der alltägliches Leben stattfindet: »sie sah die Bilder und die Wände [...] sie schlief in der / Spätvorstellung ein und ließ sich / dann den Film nacherzählen«.[94] In einer »Kulisse«, die »Polizeibilder, Fernsehbilder / Politikbilder«[95] dominieren, vermögen lediglich die Phantasie, der Tagtraum Gegenwelten zu entwerfen, die dann wie ein innerer Film den Eindruck einer unzureichenden Gegenwart überlagern:

> du träumst nur noch im Kopf die alten Bilder, die
> > friedlicher als die
> Gegenwart sind,

> der Ballsaal ist ausgeräumt, wo die verkleideten Wörter getanzt haben,
> > als sie
> jung gewesen sind, zuckend im stroboskopischen Lichtblitz,

> [...] du fliegst im

> > Traum über die zerstörte Landschaft, du schaust im
> > Traum aus einem Apartmentfenster, du kleidest dich ein im
> > Traum als einer, der Ich sagt, und wenn du aufwachst,

> siehst du dich selber weiter im Traum [...]

> > im stroboskopischen Licht der Erinnerung tauchen
> > zuckend die Körper auf, schöner in diesem künstlichen
> > > Tanzsaaluniversum als auf dem Hundekot verschmierten
> > Trottoir, wo die verwirrten Gesichter sind[96]

Manchmal jedoch führt den Dichter die Wahrnehmung auch vor unerwartet plötzlich sich einstellende (und dadurch sowohl unverstellt wie ungestellt wirkende) Bilder, die, mit der Heftigkeit des Schnappschusses registriert, das blinde Kontinuum der Abläufe aufbrechen und so einen Aspekt jener von Sinn-, Sprach- und Sachzwängen befreiten Wirklichkeit

92 Kramer, »Der Raum macht weiter«, S. 277.
93 Ebd. S. 105.
94 Ebd. S. 118f.
95 Ebd. S. 110.
96 Ebd. S. 111.

vermitteln, wie sie ihm als konkrete Utopie von Gegenwart vorschwebt. Scheinbar nebensächliche, von der Pragmatik des Alltagsblicks vernachlässigte Details erleben eine emphatische Aufwertung in gestisch den Augenblick vergegenwärtigenden, die Raschheit des Sprechrhythmus reproduzierenden Zeilen, wie sie eines William Carlos Williams würdig wären: »aber plötzlich / an der Straßenecke / ein Kasten roter / Tomaten, frisch / im Regen!«.[97] Brinkmanns Epiphanien sind nach wie vor von zumeist optischen Konkreta inspiriert, ohne dabei direkt das Paradigma des Film- oder Kinogedichts aufzurufen. Doch auch noch im Bemühen um ästhetische Autonomie wird die am Kino geschulte Optik vergegenwärtigt, wenngleich in funktional gewandeltem Zusammenhang: eingebettet in übergreifende, elaborierte poetologische Strukturen; gebrochen durch vielfache perspektivische Verfremdungen. Ebensowenig wie aus dem Film sind die Welt der äußeren Erscheinungen sowie die den »Fluß des Lebens« garantierende Bewegung aus Brinkmanns Lyrik wegzudenken. »Und die Leute gehen am Schluß auch wieder, sind in Bewegung, erstarren nicht durch die erstarrte Umwelt.« (BaH 207)

5.2.9 »Westwärts 1 & 2«

Die Utopie lyrischer Simplizität, die Brinkmann in seinem letzten Gedichtband mit der Vorstellung einfacher »Songs [...] aus der Sprache und den Festlegungen raus« (WW 9) verknüpft, die qualitative Zuschreibung »Lied« oder »Song«, die Brinkmann mehreren seiner Gedichte im Titel verleiht, das Insistieren auf der Außersprachlichkeit der mit der lyrischen Sprache ausgedrückten Erfahrungen, die er besonders in seinem poetologischen Testament »Ein unkontrolliertes Nachwort zu meinen Gedichten« verteidigt: »Jedes Gedicht enthält in sich die Verneinung der Sprache« (WW 271), hat viele seiner Interpreten dazu veranlaßt, auf die Musik als Brinkmanns Bezugsmedium hinzuweisen, das in den Gedichten aus »Westwärts 1 & 2« an die Stelle der Bilder und des Films getreten sei.[98] Zweifellos ist es zutreffend, daß Brinkmann, ganz im Sinne seines für die Zeit nach 1970 proklamierten Desinteresses an Filmen, in seinen späten Gedichten kaum mehr stoffliche Anleihen beim Film macht, explizite Kinogedichte unvereinbar mit der inhaltlichen Fokussierung von »Westwärts 1 & 2« sind.

Anders verhält es sich jedoch mit der Frage, ob damit auch die Affinität zum Wahrnehmungsschema des Films, mit dem er 1969 in seinem

---

97 Ebd. S. 106.
98 Am pointiertesten ist diese Ansicht bei Pickerodt, »Der Film in Worten«, zu finden.

Essay »Der Film in Worten« metaphorisch für einen Paradigmenwechsel in der Literatur eintrat, zurückgenommen ist. Dafür liefert »Westwärts« keine Indizien: »Zur ›Multimedialität‹ seines Schreibens gehört doch die ›filmische‹ Phantasie, die seine Texte inspiriert (und zugleich eine gewisse Theaterqualität des szenischen Hier und Jetzt verstärkt)«.[99] In der Tat deutet die Lektüre des Bands darauf hin, daß eine kinematographische Perzeption selbstverständlicher Teil von Brinkmanns lyrischer Praxis geworden ist, der filmische Impakt in diesen Gedichten – ohne daß sie ihn zum Thema hätten – verinnerlicht wurde, während er z.B. in »Die Piloten« häufig noch ›veräußerlicht‹ dargeboten worden war. »I saw a movie on the plane« (WW 10), lautet eine Zeile in dem als Motto den Gedichten vorangestellten Song »Plane, Too« – en passant wird dadurch mitgeteilt, daß die Textmasse des lyrischen ›Großflugzeugs‹ »Westwärts 1&2« auch als Film aufgefaßt werden kann, als ein *movie*, in dem Bilder, Bewegung und innere Anteilnahme des erlebenden Subjekts zum Ausdruck kommen.

Für ein derartiges *Aufgehobensein* des filmischen Paradigmas in einem poetischen Programm, das auf Transzendierung wortloser Zustände und in momentanen Konstellationen hereinbrechende sinnliche Entrückungen abzielt – »Gedichte sind momentane Fantasien«, heißt es am Beginn von »Ein unkontrolliertes Nachwort« (WW 256) –, spricht bereits der unübersehbar piktorale, fotografische Rahmen, den der Autor seinem Buch gegeben hat: »Westwärts 1&2« beginnt und schließt spiegelbildlich mit einer Folge von jeweils 12 x 6 Fotos, d.h., es beinhaltet auf 24 Seiten – jede Seite regelmäßig von sechs Fotos in gleichem Format ausgefüllt – insgesamt 144 vom Autor geschossene Kamera-Abbildungen. Hintereinander ›gelesen‹, lassen die Fotos, zumal ihr regelmäßiges quadratisches Format an die fotografischen Frames des Zelluloidstreifens erinnert, an die Einzelbilder eines Filmes denken.[100] Im Sinne von Markers »La Jetée« hätten wir es mit einer Montagesequenz aus durchweg starren Einzelbildern zu tun, deren Struktur von der technischen Herkunft des Films aus der Fotografie inspiriert ist. Nach dem Schema von »La Jetée« realisiert, sind Brinkmanns Fotofolgen als Film zu ›lesen‹, in welchem jedoch die das Filmmedium auszeichnende Bewegungssuggestion zugunsten einer Sequenz jeweils punktuell festgehaltener Einzelmomente – der Schnappschüsse – aufgehoben worden ist. Die Zusammenstellung fotografischer Einzelmomente erhält durch ihre anhand fortlaufender Seiten suggerierte

---

99 Lehmann, Schrift/Bild/Schnitt, S. 190.

100 Einen ähnlichen kurzfilmartigen Eindruck vermittelt die in den Reader »Der Film in Worten« aufgenommene Fotofolgenserie »Chicago«, die 1974 während seines Amerika-Aufenthalts entstand (Brinkmann, Der Film in Worten, S. 297-306).

Progression wie von selbst den Charakter eines Bewegungs*ablaufs*, somit eines Films; die amerikanische Ampelanzeige »WALK« auf dem rechten Foto des mittleren Blocks der fünften Seite gibt über das Bild selbst einen Fingerzeig darauf. Dargestellt ist jedoch keine Geschichte, sondern das Kaleidoskop einer als Gegenwart begriffenen Realität. Die beiden Montagesequenzen – in ihrer Zweiteiligkeit, den eigentlichen Gedichten voran- und nachgestellt, an die Titelvorgabe »1&2« erinnernd – tragen damit den Charakter von herausgeschnittenen Segmenten aus einem potentiell unabschließbaren Prozeß der fotografischen Aneignung von Wirklichkeit in isolierten Augenblicken intensivierter Wahrnehmung. Nichtsdestotrotz ist dabei eine durch die Abfolge der Bilder erkennbare Progression bestimmter Bild- und Motivketten auszumachen: So deuten die ersten Seiten mit den gegen die Sonne aufgenommenen Baumkronen auf eine Art Naturzustand hin, der von den Hervorbringungen der Zivilisation, die mehr und mehr die nächsten Seiten dominieren, in Frage gestellt wird. In einem Brief bekennt sich Brinkmann zu der Absicht, Natur mit Kultur zu konfrontieren – indem »immer wieder Landschaftseindrücke […] gegen die Eindrücke die von der Ziviehlisation [sic] auf das Gehirn projiziert [sic] werden, gestellt sind« (BaH 131).

Ein besonders brutaler Kontrast ergibt sich zuweilen aus dem völlig übergangslosen Nebeneinander einer solchen Opposition, wie ihn etwa die vierte Seite der Fotofolge am Schluß zeigt: Das Detail der zahlreichen, vom Baumstamm wegstrebenden, sich verzweigenden Äste neben dem bruchstückhaften Anblick der aus dem Fenster fotografierten Tragflächen eines Düsenflugzeugs in diesiger Atmosphäre; das in die Ferne schießende Bahngleis neben dunklen Baumschatten auf einer hellen Wiese; eine zerfallende Betonbaracke am Meeresstrand neben dem aus dem regenbeschlagenen Flugzeugfenster aufgenommenen Anblick eines Rollfeldes, das nicht von ungefähr an die Eingangssequenz von Markers »La Jetée« erinnert – dort nimmt ein die Menschheit und die menschlichen Erinnerungen nahezu komplett auslöschender dritter Weltkrieg seinen Ausgang vom Rollfeld des Flughafens Orly.

Es ist bedeutsam, wenn Brinkmann die Bilder sprechen läßt, bevor er auf die Worte zurückkommt bzw. wenn er am Schluß des Bandes die Worte wiederum mit einer Bilderserie ausklingen läßt: »Poesie löst sich auf in Wortlosigkeit« (WW 273). Es ist zweifellos richtig, wenn Braun Brinkmanns Utopie einer »Poesie ohne Wörter« mit den Fotofolgen zusammenbringt und darin einen »totalen Rückzug auf den Urmodus der sinnlichen Anschauung, die visuelle Wahrnehmung«, erblickt.[101] Seine

---

101 Braun, Poesie ohne Wörter, S. 149.

These, daß damit »Literatur [...] in Fotografie transformiert«[102] würde, bedarf jedoch der Präzisierung: Die Fotos ersetzen keineswegs die Gedichte oder fungieren an deren Stelle – wie die 281 auf 38 Kapitel verteilten Fotos in Jürgen Beckers 1971 erschienenem tatsächlich wort-losem Band »Eine Zeit ohne Wörter«, den Braun zum Vergleich mit Brinkmann heranzieht –, sondern sie stehen zu den Gedichten in einer komplementären Beziehung. Sie untermauern zum einen durch ihren ausgeprägten Schnappschußcharakter Brinkmanns Ansicht von der Nicht-Sprachgebundenheit poetischer Erfahrung, bestätigen sein Verständnis von Poesie als eines in erster Linie in der sinnlichen Wahrnehmung stattfindenden Erlebnisvorgangs; zum anderen liegen ihnen Erfahrungen zugrunde, die wegen ihrer Flüchtigkeit und Augenblicksgebundenheit durch das Bezugssystem Sprache immer erst im nachhinein erfaßt werden können, während das Bild die Eindrücke unmittelbar, ohne verbale Umwege, wiedergibt. Nach wie vor die zutreffendste Einschätzung der Funktion dieser Fotografien im Rahmen des »Westwärts 1&2«-Kompilats findet sich in einer Studie von Götz Großklaus. Die Ästhetik der Fotos ist durch einen ausgesprochen anti-poetischen Impetus geprägt, weshalb ihre Beurteilung nach Kriterien von Schönheit oder künstlerischer Vollkommenheit sie ihres Anspruchs berauben würde: »Es sind snap-shots, die die Wirklichkeit unarrangiert antreffen wollen; dazu müssen sie schneller sein als die dazwischen tretende mögliche ästhetische Schablone [...] diese Fotos müssen anders gelesen werden [...] eben als visuelle Spur, die die Wirklichkeit in uns hinterläßt.«[103]

Die Fotos können als ideelle Vorgabe seiner Gedichte verstanden werden, als Richtmaß, an dem sich die sprachliche Umsetzung der intendierten fotografischen Unmittelbarkeit zu orientieren hat. Aus poetologischer Perspektive sind somit die Fotos nicht den Gedichten, sondern die Gedichte den Fotos zugeordnet: Das, was den Fotos durch ihre Fixierung im Schnappschuß bereits innewohnt, nämlich »die Entstehungen zu unvermuteten Augenblicken«,[104] versuchen die Gedichte in größtmöglicher formaler Diversität einzulösen, einer variablen lyrischen Gestalt, die im phänomenologischen Sinne, mit Nietzsche zu sprechen, ›nicht festgestellt‹ zu sein beansprucht. Zur Umschreibung dieser polymorphen lyrischen Formen bietet sich daher der Begriff des ›elastischen Gedichts‹ an, der uns bei Cendrars begegnet ist.

102 Ebd.
103 Großklaus, Verlust und Wiedergewinnung der eigenen Geschichte, S. 235.
104 Brinkmann, Vorläufiger Text, In: Rolf Dieter Brinkmann zum Fünfzigsten, S. 15.

Dennoch läßt sich die Art der lyrischen Fixierung in »Westwärts 1&2«, trotz aller tatsächlichen Diversität der einzelnen Gedichte, auf zwei flexible Grundschemata zurückführen, die Brinkmann auch selbst auseinanderhält (vgl. BaH 251f., 263f.): das des kürzeren, im lyrischen Habitus dem Schnappschußcharakter augenblicklicher Wahrnehmung am nächsten kommende, von ihm bewußt mit einem Begriff aus der Foto-Ästhetik so bezeichnete »Momentanaufnahmegedicht«, welches zudem auf ähnliche Schreibweisen in den vorangegangenen Gedichtbänden zurückgeht; und das des längeren »Notizgedichts« oder dezidiert »offenen Gedichts«, das seine Vielschichtigkeit aus dem Anspruch ableitet, daß »um die einzelnen Assoziationen [...] ganze Geschichten herum gelegt werden [müssen]«. Mit ihren zwischen Enumerationen aufgefächerter Langzeilen, mehrspaltigen, z. T. parallel, z. T. versetzt gedruckten Textblöcken, fragmentarisch aufgesprengten Zeilenkompositionen, versifizierten Kurznotaten changierenden Passagen vermitteln die Langgedichte den Eindruck, »oft lange ausschweifende und abschweifende, rauschhafte Texte« zu sein, die einen »intensiven Erlebniswirbel« provozieren wollen.[105]

Für Großklaus, dessen exemplarische Untersuchung des Titelgedichts »Westwärts« sich der Repräsentation von medialer Realität in der strukturellen Konstitution des Textes widmet, nehmen diese rasterartigen, intertextuell miteinander vernetzten Flächengedichte gar unsere aktuelle, unter dem Zeichen globaler Simultanität stehende Mediensituation vorweg – die »offenen Gedichte« Brinkmanns entwürfen nach dieser Auffassung ein Raster, das weit über eine lyrische Weltaneignung nach dem Modell der filmischen Perzeption hinausreichte:

Wesentliche Momente seiner Ästhetik und seiner Poesie (Text-Partitur – Raster – »Screen« – Mehrfachspuren – Punktzeilen etc.) [verweisen] auf Wahrnehmungs- und Botschaftsformen der telekommunikativen (elektronischen) Epoche. [...] ihre kognitiven Karten oder ›mental maps‹ [vgl. mit Brinkmanns Formulierung »Bewußtseinsbildschirm«! – J. R.] entsprechen offenen Netzplänen, über die alles mit jedem: das Nächste mit dem Fernen augenblicklich in Verbindung gesetzt werden kann. Die neue Wahrnehmung erzeugt die Lust blitzartiger Zusammenschlüsse, totaler und gleichzeitig offener Vernetzungen.[106]

Die zahllosen Varianten kinästhetischer Licht-/Schatten- und Bewegungsmetaphorik legen eindrucksvoll Zeugnis von der Auseinandersetzung mit den medial bestimmten Wahrnehmungsparadigmen seiner Zeit ab.

105 Ebd.
106 Großklaus, Wahrnehmungswandel im Übergang zum technischen Zeitalter, S. 94f.

Dem Film-, besonders auch dem Fernsehjargon entlehntes Vokabular hilft ihm, das Vexierbild einer fremdbestimmten Gegenwart in entsprechenden sprachlichen Nuancen auszumalen. In diametraler Opposition zu den Manifestationen dieser ›Kulissenwelt‹ wird dagegen die Sphäre natürlicher Licht- und Bewegungsphänomene wahrgenommen. In der in Terzinen gesetzten zweiten Sequenz des ersten »Westwärts«-Gedichtes ist an einer Stelle etwa eine Leibeserfahrung ›zweiter Hand‹ ausgesprochen, wie sie erst über das Fernsehen vermittelt wurde: »Er hat sich im / Zeitrafferstil die Hände gewaschen. / [...] Was angeschaut / werden kann, ist längst geschehen« (WW 69).

In damit kontrastierenden Passagen ist hingegen vom Primat einer unmittelbaren Wahrnehmung die Rede: »Und / über den Sommerwiesen schaukelte / ein Sommertag in den Augen, // auf der Netzhaut« (WW 75). Diese Opposition unvermittelte vs. technisch modulierte Wahrnehmung ist nicht antithetisch aufgebaut, oft vermischen oder überlagern sich beide Optionen in der lyrischen Phantasmagorie: »Du gehst / durch die künstlichen Schatten des Ankleidezimmers // der Dame. [...] Eine lautlose, stumme, gleitende Bewegung von Augen / geschah. Die Blicke glitten über diese Schatten.« (Ebd.) Auffällig auch die Verquickung natürlicher Lichtverhältnisse und Körperkonturen, die ein vorsokratisches Zitat begleitet, mit künstlichen Bildern und Abbildern von den Oberflächen des Alltags, die mit Filmzitaten – und einer Reminiszenz an W. C. Williams' Gedicht »Picture of a Nude in a Machine Shop« – unterlegt sind:

> »der Mensch zündet sich in der Nacht
> & die junge Frau   ein Licht an«, sagte Heraklit.
> Sein Todesjahr ist unbestimmt.
> in der Küche murmelt: »Hitchcock« [...]
> Das ist für dich, verschlissenes,
> abgetakeltes
> Pin-Up-Mädchen,
>
> dein Dosenlächeln auf dem Bild verblichener
> Onaniertagträume aus der
> Kindheit, wiedererstanden auf einem
>
> Geschäftskalender, der an einer
> Wand hängt, blöde lächelnd in einer Reparaturwerkstatt,
>
> blöde lächelnd in einem Büro, blöde lächelnd im
> Vorzimmer einer Filmgesellschaft
>
> (WW 80)

Die metaphorischen Anleihen beim Film erweitern durchaus die Perspektive des Subjekts, Redewendungen und Vokabular, das aus der Sprache des Films abgeleitet ist, helfen ihm, sich in seiner urbanen technisierten Umwelt zu situieren, während zugleich die auf die semantischen Strukturen des Gedichts übertragenen filmischen Mittel von Schnitt, Schwenk, Überblendung, Szenen- oder Einstellungswechsel dazu benutzt werden, »die intensiven Momente des unmittelbaren Gegenwarterlebens [sic]«[107] vom Gleichlauf des Weitermachens abzusetzen. Es sind die vom Film und der Fotografie abgeschauten Techniken der Suggestion von »Plötzlichkeit«, die es Brinkmann ermöglichen, mit seinen Gedichten eine Neudefinition poetischer Unmittelbarkeit vorzunehmen, durch die »Zusammenhang auf andere, unerkannte oder unerwartete Weise generiert wird«.[108] Daß Brinkmann sich dabei auf Rimbaud und Nietzsche beruft, ist ein Indikator seines neuerwachten Bewußtseins für Kontinuitäten im Anspruch der Avantgarden, ›absolut modern‹, und das heißt für ihn zugleich: poetisch autonom zu sein.

In der sechsten Sequenz von »Westwärts, Teil 2« setzt er die Lebensgeschichten Rimbauds und Nietzsches auffällig zur Geschichte der Fotografie in Beziehung, spielt auf letzte Fotos seiner poetischen Referenzgrößen an (»Umsteigen in Paris, die alte Daguerreotypie«; »Und Fritz [...] macht etwas Musik, während / der Fotograf die richtige Einstellung / sucht«). Im auf Terzinen verdichteten Block, der den variablen Zeilen einer ›aufgefächerten‹ Passage vorangeht, leuchtet das lyrische Ich in einem spontanen Akt neugewonnener Identität auf. Rimbauds einst revolutionäres Verdikt, ein anderer zu sein, wird zurückgewiesen angesichts einer aktuellen Umgebung, in der die virtuelle Verdoppelung und Vervielfachung des Selbst in beliebig reproduzierbare Abbilder, Rollen oder Figuren zur Angelegenheit einer hybriden Medienindustrie heruntergekommen ist:

Die Landschaft schwenkt. Die eigenen Geräusche
brauchst du auch. [...]

[...] Hier bin ich und gehe in dem lieb
lichen Nachmittagsschatten, der die Straße nicht nur
schwarz und weiß wie eine Erinnerung

fleckt, die Löcher hat. Ich kann durch sie
entwischen und atme auf. Ich bin froh,
daß ich kein anderer bin.   (WW 85)

---

107 Brinkmann, Vorläufiger Text, S. 15.
108 Kramer, »Der Raum macht weiter, S. 282.

In die Gedichte von »Westwärts 1&2« eingestreute Filmreferenzen sind häufig das Ferment unwillkürlich aufblitzender Erinnerungen des Subjekts. Filmbilder oder Fotografien sind es vorrangig, die ihm – die eigene – Vergangenheit vergegenwärtigen. Die Bilder präsentieren sich ihm »schwarz und weiß« als »Erinnerung […] die Löcher hat«. Somit bieten sie auch die Möglichkeit, eine als niederdrückend empfundene Vergangenheit wieder zu verlassen, d.h., sie aufgrund des bloßen, bruchstückhaften Bild-Charakters als tatsächlich *vergangen* zu erfahren. Geschichte wird dadurch zu einem Arsenal von (Film-)Bildern, die der Dichter in einer Art Montage neu zu lyrischen Erinnerungssequenzen zusammenfügt.

Dies ist in dem elegischen »Schlaf, Magritte« (WW 45f.) der Fall, das in freirhythmischer Kontinuität zwischen Strophen mit drei, zwei oder einer Zeile unregelmäßig alterniert. Die aus Splittern des Unbewußten freigelegte Erinnerungslandschaft gerät zur surrealen Szenerie – daher die Präsenz des belgischen Surrealisten im Titel –, in der »ein Renaissanceengel […] in einer Allee« unter »Spotlight auf den Kommentator« auftaucht. Die an die lyrische Bilderwelt von Rilkes »Duineser Elegien« und Benjamins »Engel der Geschichte« gleichermaßen erinnernde Figur, bei Brinkmann auch in »Nach Shakespeare« (WW 237) zu finden, eröffnet die Möglichkeit, individuelle Wirklichkeit und Geschichte alternativ zu imaginieren: »Ich zählte das Geld, es reichte ins Kino / zu gehen, zu träumen, wo ein Waschkessel gezeigt wurde, Kabel, bist du das, Engel?«

Der Imagination von Geschichte liegt auch »Fotos 1, 2« (WW 12) zugrunde, der vielleicht überzeugendsten Umsetzung einer radikal kinematographischen Ästhetik in der Schreibart der kürzeren, von Brinkmann so bezeichneten »Momentanaufnahmegedichte« in »Westwärts 1&2«. An »Fotos 1, 2« mit seinen acht Terzinen und der neunten, bloß zweizeiligen Schlußstrophe – deren synkopierte, gegenüber den übrigen um ca. zwei Silben kürzeren Verse das Gedicht auch rhythmisch pointieren – fällt die kompromißlose, unvermittelte Apodiktik der Fügungen auf. Syntaktische Konnektoren, die gewöhnlich für die Kohärenz eines Textes sorgen, fehlen fast völlig. Statt dessen ist es der Vorstellungskraft der Leser überlassen, zwischen den einzelnen Sätzen semantische Zusammenhänge herzustellen. In Analogie zur Titelprägung des Gedichtbands deutet die Zahlenfolge »1, 2« ein Kontinuum an, auf das auch die Aufzählung des Weitermachens in der »Vorbemerkung« Bezug nimmt. Es suggeriert eine ständige Fortsetzbarkeit. Eindeutig macht der Titel darauf aufmerksam, daß es sich nicht um ein einzelnes Foto handelt, sondern um »Fotos«. Die Zahlenfolge hingegen bleibt semantisch ambig: Ist lediglich von zwei Fotos die Rede, auf die sich der Inhalt des Gedichts dann bezöge – wie es die Lesart Thurmans will –, oder soll damit auf eine Folge von Fotos hingewiesen werden, die mit dieser an das Anzählen beim Musizieren oder sportlichen Wettkämpfen erinnernden Wendung ›an den Start geschickt‹ werden? Auch der ohne bestimmten Artikel stehende Plural »Fotos« läßt eher an eine unbestimmte, nicht quantifizierbare Anzahl von Fotos denken.

Die Lektüre bestätigt diesen Zusammenhang: Der frappierende, kausal unbegründbare Tempuswechsel etwa markiert die semantischen Brüche und Sprünge, die zwischen den einzelnen evozierten Bildern oder »Fotos« stattfinden, abrupte Orts- und Zeitwechsel, die von filmischen Schnitt- und Montagetechniken inspiriert scheinen. Nachdem in der ersten Strophe im Präteritum von »Tiere[n]« die Rede war, die »älter geworden [waren] und [...] sterben [mußten]«, folgt mit der die zweite Strophe einleitenden Frage der Schwenk ins Präsens: »Was geht in deinem Verstand vor?« Hier ist Thurmans Vorschlag beizupflichten, darin einen Hinweis auf die Rolle zeitlich und räumlich distanter Wahrnehmungspartikel bei der Herausbildung subjektiver Identität zu erblicken. Die Bilder, so will es Brinkmann, sind einem ständigen Wandel, einem Aufflackern und Ver- löschen unterworfen, denn: »Eine Sonne / schlägt rein und setzt die alte Kulisse in Brand.« Was ist das für *eine* Sonne, deren unbestimmter Arti- kel unserer Wahrnehmung von *der* Sonne widerspricht? Zumal in der syntaktischen Verknüpfung mit dem Objekt der »alte[n] Kulisse«, die sie in Brand setzt, muß man sie unwillkürlich für eine Metapher des künst- lichen Lichts etwa eines Filmprojektors halten oder auch des Lichts, das in einem Kinosaal nach dem Ende des Films angeht, für einen überbe- lichteten Filmstreifen, der zwischen zwei Sequenzen eingeschnitten ist u.a. Unter dem Licht dieser neuen »Sonne« vollzieht sich ein kaleidosko- pischer Bilderreigen (oder besser: Fotodurchlauf), der einen angebote- nen »Fahrschein«, »Weiter weg [...] die Wellen«, »Auf dem Boden [...] Stroh« mit einer »darüber« balancierenden »Tänzerin, nackt, an Armen / und Beinen, mit blaßblauen Augen«, deren »Fell« »weich, braun und // lang« ist, aufeinander folgen läßt. Die Zeitform der Gegenwart impliziert einen außergewöhnlichen Zusammenhang von eigener, nicht bestimm- barer Kausalität zwischen den einzelnen »Foto«-Imaginationen.

Wie verhalten sie sich jedoch zur Vergangenheit, in die nach dem Er- scheinen der Tänzerin wieder hinübergewechselt wird: »Eine Mundhar- monika spielte. Die Ebene / davor flammte auf. Ich habe sie gesehen, / und das wars«? Das Perfekt, mit dem sich der lyrische Sprecher zu erkennen gibt, sorgt für eine Verbindung zwischen Vergangenheit und Gegenwart, es deutet an, daß die »Fotos« der Vergangenheit – Fotos der Erinnerung? – in die Gegenwart hineinreichen und einen unbestimmten Einfluß auf die Bilder der Gegenwart ausüben; eine wechselseitige Beziehung zwischen den Bildern beider Zeiten ist evident. Die Sequenz führt diesen Zusammenhang durch die Erwähnung von »Schatten« fort, die »noch eine Art Rest darstellen [mögen], der von dem früheren Moment übrig bleibt«:[109] »Der Platz ist inzwischen // saubergeweht. Eine Figur schob den / Kinderwagen voll Zeitungen darüber, kleiner / als der Schatten. Mir schien das ein Ende // zu sein, aber ich hatte mich selber getäuscht. / Die Tiere brannten aus und starben zwischen / den Häusern. Die Häuser sind jetzt leer.« In der Zeit dieses »Jetzt« ist das Gedicht angekommen. Statt der Dynamik des zeitlich-fotografischen Hin und Her, die bis dahin bestimmend war, ist nun der Zustand einer Statik eingetreten, in dem »an den Wänden […] die Bilder […] / keiner mehr berührt« und »die Apparate […] / abgestellt [sind]«. Anstelle der Unruhe der »Tiere« zu Anfang »ist [es] wieder ruhig geworden«. Eine Situation epiphanisch erlebter Gegenwart ermöglicht »das Hervortreten des Ichs aus den Wörtern« (H. C. Buch). Statt des künstlichen Lichts einer »Sonne« beherrscht das »Sonnenlicht« die beiden Verse der Schlußstrophe, die »Fotos« haben einem direkten, unvermittelten Sehen des Subjekts Platz gemacht: »und ich gehe in dem Sonnenlicht / über den Asphalt, wo sie sind.«

Diese Epiphanie vermag das ›Rätsel‹ der Fotosequenz nicht aufzulösen. Sie läßt es jedoch als eine Folge von Ereignissen erscheinen, die nicht mehr in einem logischen Verhältnis zur Gegenwart stehen. Die Ereignisse sind »Fotos«, also bereits medial vermittelte Eindrücke, die keinen direkten Einfluß mehr auf die aktuelle Identität des Ichs haben, denn »das Subjekt [ist] auch eine Funktion von Zeit und Raum […]. Also erzeugt jeder einzelne Moment eine neue Identität des Subjekts«.[110] Die Gegenwart der Schlußstrophe ist deshalb nicht identisch mit der Gegenwart, in der weiter oben etwa die Tänzerin beschrieben wurde. Allerdings besteht ein nicht zu vernachlässigender Zusammenhang zwischen dem kurzzeitigen präsentischen Hervortreten des Ichs oben zwischen zweiter und dritter Strophe: »Ich lebe gern und schaue mir an, wie sie alle // leben«, und der endgültigen Präsenz dieses Ichs am Schluß. Dies scheint für eine »kohärente Existenz«[111] des Subjekts innerhalb eines Wahrnehmungsfeldes dissonanter Bilder oder »Fotos« zu sprechen. Das an beiden Stellen in semantische Beziehung zum Ich gebrachte Pronomen »sie« scheint das zu bestätigen. Doch wer sind »sie«? Nicht zuletzt die Mehrdeutigkeit dieses Pronomens – sind es Passanten, Autos, »Tiere«, »Fotos« …? –, ähnlich der Ambivalenz der Pronomen in Ashberys Gedichten, bewahrt dem Gedicht seine Offenheit, die sich gegen vereinnahmende Sinn-Zuschrei-

---

109 Thurman, Subjektkonstitution im Wahrnehmungsprozeß, S. 329.
110 Ebd. S. 330f.
111 Ebd.

bungen sperrt, und sichert es damit ab gegen vorschnelle, auf ›Feststellung‹ ausgerichtete Interpretationen. Die »Fotos« als imagologische Referenzobjekte des Gedichts sorgen überhaupt erst für die flexible, dynamische – nach Cendrars ließe sich sagen: ›elastische‹ – Identität des Subjekts, die einen prinzipiell unabschließbaren Prozeß von Ich-Konstitution, durch die Bilder, denen es ›laufend‹ ausgesetzt ist, markiert.

Daß sich diese Art foto-filmisch akzentuierter Poetologie nicht auf ein einzelnes Gedicht beschränkt, sondern damit eine Grundeinsicht in die semantische Struktur der Texte von »Westwärts 1&2« formuliert ist – ihre formale Diversität steht dazu nicht in Widerspruch, sie bestätigt vielmehr die durch die Fotos intendierte Offenheit –, bekräftigt der Blick auf weitere Beispiele aus dem Umkreis der »Momentaufnahmegedichte«.

Das im Zeilenschema genau wie »Fotos 1,2« aus acht Terzinen und einer neunten, doppelzeiligen Schlußstrophe gebaute »Sommer (Aus dem Amerikanischen)« (WW 30) hat eine von Brinkmann so bezeichnete »Oberflächenübersetzung« des Gedichts »Summer« von John Ashbery aus dessen 1970 erschienenem Band »The Double Dream of Spring« zur Grundlage. Der intertextuelle Zusammenhang beider Gedichte, dem sich bereits Sartorius widmete, ergibt sich durch Brinkmanns intensive Lektüre des Originals, die ihn dazu anregte, die ›unübersetzbaren‹ Sommerbilder Ashberys in seinem eigenen lyrischen Duktus aufzuheben. »Sommer« dokumentiert so das Ergebnis eines lyrischen Zwiegesprächs – die räumlich und zeitlich voneinander entfernten Dichter kommunizieren durch das Medium ihres Gedichts mit dem jeweils anderen, wobei das erste Wort von Ashbery stammt, das von Brinkmann, nicht unähnlich dem surrealistischen »cadavre exquis«, in »eine[r] Folge von Annäherungen [...] völlig freien Abweichungen«[112] aufgegriffen und individuell variiert wird: »Niemand kann das übersetzen. Was ein Ding bedeutet, / und was runtergeht, (eine Blaupause, eine Sache) / zum Träumen. Du setzt es ab.«

Brinkmann ›übersetzt‹ die bei Ashbery vorgefundenen Bilder, indem er sie mit eigenen Imaginationen überblendet – ein Verfahren, das schließlich in der diametralen Umkodierung mancher Aussagen gipfelt, etwa dort, wo er »to live is a cheap affair« des Originals in »zu sterben, ist eine / billige Sache« übersetzt. Doch die in Klammern gesetzte Spezifikation des Titels »Aus dem Amerikanischen« kann unabhängig von Ashberys Vorgabe für eine ›Fantasie‹ über den Sommer in der amerikanischen Landschaft gehalten werden; nicht nur das aus dem Original übernommene Wort vom »Highway« in der zweiten Strophe, auch Brinkmanns

---

112 Sartorius, Die Oberfläche des Sommers oder Was Brinkmann mit Ashbery machte, S. 196.

eigener Erklärungsansatz (BaH 249-251) sprechen dafür. Diese Lesart spricht nicht gegen die ›kinematographische‹ Intention, das Motiv der Jahreszeit in unzählige fragmentarische Wahrnehmungssplitter dissoziieren zu lassen. Die Unbestimmtheit der Bilder, das Überraschende der Assoziationsketten, in denen die Images sich fortsetzen, ist beiden Dichtern, Ashbery und Brinkmann, gemeinsam, wenn auch die Wahl der Bilder, Metaphern und Ausdrucksweisen durchaus distinkt bleibt. Indirekt nimmt das Gedicht selbst auf diesen individualpoetischen Verweischarakter der Bilder Bezug: »Zwischen dir und mir und zwischen allen dort / draußen ist diese Linie. Und die Phase der // Ausleuchtung (einige glänzende Tage) folgen. / Eine Reflexion, zB. seinen eigenen Körper zwischen den hellen Gesträuppen aus // den Augen zu verlieren […] // das ist es, sobald du aufstehst, den / Grashalm ausspuckst und hinüber gehst.«

Die Unvermitteltheit einer derartigen Schlußzeile, die ein direktes Gegenwärtigsein, ein Aufgehobensein des Ichs in der Präsenz des Augenblicks heraufbeschwört, schreibt sich, zum kompositorischen Leitmotiv erweitert, in Gedichten wie »Die Orangensaftmaschine«, »Einen jener klassischen«, »Trauer auf dem Wäschedraht im Januar«, »Über das einzelne Weggehen«, »Oh, friedlicher Mittag« oder auch dem längeren »Canneloni in Olevano« fort, echten, nahezu ungebrochen epiphanischen Schnappschüssen oder Snapshot-Sequenzen.

An »Die Orangensaftmaschine« (WW 34) fällt die fortlaufende, rhythmisch konstante Bewegung auf, die weder angehalten noch beschleunigt wird. Sie beginnt mit dem Hineinreichen des Titelworts in den Redefluß der ersten Verszeile und setzt sich kontinuierlich im strophenübergreifend praktizierten Enjambement fort (»sich zu bewegen // auf diese Art«). In diese vertikale Fließrichtung schiebt sich jedoch eine horizontale Gegenströmung ein, die an den syntaktischen Einschüben, Wiederaufnahmen, voran- und nachgestellten Satzteilen, zwischengeschalteten Aussagen sichtbar wird (»Sie hat einen kräftigen / Körper, und als sie den Arm / ausstreckt, das Glas auf // die Glasplatte zurückstellt, / einen schwitzenden, haarigen / Fleck unterm Arm, was […]«). Aus diesen beiden Fließbewegungen ergibt sich die ein- und ausschwingende rhythmische Grundstruktur, die am besten mit dem Bild einer oszillierenden Sinuskurve zu vergleichen wäre: Ausdruck der monoton ablaufenden Bewegung »dieser Orangensaftmaschinen, die ständig laufen, in einem durchsichtigen Plastikgehäuse dreht sich dauernd eine Schraube und der orangefarbene Saft wird immer wieder hochgewirbelt«, wie Brinkmann (BaH 251) dem amerikanischen Freund erklärt. Derselbe sinuskurvenartige Rhythmus ist in der Abfolge der suggerierten Bilder erkennbar, aus denen sich das Gedicht zusammensetzt. Die Dynamik der Drehbewegung der Maschine wird jedoch überspielt von der Statik des Blicks »auf die nackten Stellen eines / Mädchens, das ein Glas kalten // Tees trinkt.« Der schwitzende »Fleck« unter ihrem Arm, der sowohl graphisch als auch sinnstiftend die spiegelbildliche Achse dieser Terzinen darstellt, wird von der Bewegung akkordiert, mit der sie das Glas hinstellt, bzw. von der bewegten, dynamischen Art ihres Auftretens im Raum, »was den Barmann / auf Trab bringt nach einer langen / Pause, in der nur der Ventilator // zu hören gewesen ist«. Dieser Ventilator mit seinen Drehbewegungen ist wiederum das spiegelbildlich dem Drehrhythmus der Orangensaftmaschine zugeordnete Bild. Dank dieser Art präziser bildlicher wie rhythmischer Entsprechungen erscheint es nicht übertrieben, bei »Die Orangensaftmaschine« von einem veritablen lyrischen Kurzfilm zu sprechen, dessen Montage nicht, wie oft beobachtet, explosive Dissonanz hervorruft, deren einzelne Elemente sich statt dessen zu einem organisch miteinander verwachsenen Ablauf zusammenfügen – innerhalb von »Westwärts 1&2« ein seltener Fall ungetrübter, wenn auch punktueller Harmonie, der poetisch transzendiert wird.

Im Gegensatz zu »Die Orangensaftmaschine« ist »Einen jener klassischen« (WW 35) der Prototyp einer Momentaufnahme, die zugleich die metapoetische Reflexion über ihr eigenes Gelingen enthält (»Ich // schrieb das schnell auf«). Alle rhythmische Bewegung drängt auf den einen, epiphanischen Moment, versucht seine Dauer gar durch die dreimalige beschwörende Wiederholungsformel (»für einen Moment«) und die Transkription auf dem Papier, *bevor* er »wieder erlosch«, auszudehnen. Das Gedicht ist damit alles andere als ›statisch‹: Die Transzendenz des Moments hängt von der Dynamik ab, mit der das Ich fähig ist, ihn *blitzschnell* in Worten einzufangen bzw. durch die ihn umgebenden Bilder einzukreisen, da er, als musikalisches Phänomen, selber gar nicht fixierbar ist.

Ein visuelles Phänomen von weit größerer Plastizität ist hingegen jene »frisch gewaschene / schwarze Strumpfhose«, Brinkmanns konkretes Sinnbild für die »Trauer auf dem Wäschedraht im Januar« seines gleichnamigen Gedichts, für das uns u.a. eine Interpretation von Gruenter vorliegt. Lamping zieht es als Beleg für seine These heran, daß die deutsche Lyrik erst durch und seit Brinkmann – noch nicht durch Enzensbergers Übersetzungen – in ihren Schreibweisen und -formen dem Anspruch von William Carlos Williams' Lyrik gerecht geworden sei. Aus »Trauer […]« Brinkmanns kongeniale Anverwandlung von Doktor Williams' poetischer Praxis abzuleiten ist mehr als berechtigt, haben wir es doch hier mit lakonisch ins Wort gefaßten visuellen Wahrnehmungsdetails zu tun, die, in der für Williams typischen Terzinenform, durch strophenübergreifende Enjambements in die Bewegung eines rhythmischen Flusses eingebunden sind. Die Abfolge der sich um den »Wäschedraht« gruppierenden Eindrücke (»krumm / ausgespannt, zwischen zwei / kahlen Bäumen, die // bald wieder Blätter / treiben«), die dann im Bild der Strumpfhose kulminieren, aus deren »verwickelten // langen Beinen […] / das Wasser in dem hellen, / frühen Licht auf die Steine [tropft]«, kann mit der Suchbewegung einer Kamera verglichen werden, die sich ihrem mit dem Signum eines weiblichen Alltagsfetischs versehenen Objekt (der Strumpfhose) zoomend nähert, optisch an ihm entlangfährt, es ›abtastet‹ – den Wäschedraht, an dem es aufgehängt ist, hinab zu den »Beinen«, aus denen sich Wassertropfen absondern, die in der Morgensonne oszillieren, bevor sie auf den Steinen zerschellen.

Es ist kein Zufall, daß es gerade eine Strumpfhose ist, auf die sich in dieser nature morte die Aufmerksamkeit des dem Objektiv der Kamera analogen Blicks konzentriert – die Affinität von Nylon und Zelluloid hatte bereits »Einfaches Bild« zur Sprache gebracht. In dem Stilleben »Trauer« allerdings führt das Ausbleiben derjenigen, die die Strumpfhose trägt, zur »Elegie«.[113] Dies mag, neben der Farbe Schwarz bzw. dem an den Fluß von Tränen erinnernden Abtropfen des Wassers, ein weiterer Grund für die »Trauer« sein, die der Titel, scheinbar unvermittelt, suggeriert; ein hinreichender Grund allemal für einen Dichter, dessen Poetik sich der Attraktivität bewegter Oberflächen verdankt.

Andererseits wird die Künstlichkeit der modernen lebensweltlichen Oberflächen in vielen Gedichten von »Westwärts 1&2« auch zum Indiz einer ›übergestülpten‹, heteronomen Alltagserfahrung ›zweiter Hand‹, die ein genuines, autonomes Erleben des Subjekts verhindert. So macht im ersten Teil von »Canneloni in Olevano« (WW 130-135) jene auf der Straße beobachtete »Braut […] mit einem winzigen Strauß künstlicher Blumen / in der Hand […] genau dasselbe Bild // wie tags vorher ein Foto in der Fotoromanze, / die um den frischen Salat gewickelt wurde.« Das Nebeneinander künstlich (Fotoromanze) versus natürlich (Salat) wirkender Wahrnehmungssegmente bestimmt dieses nicht nur im Rahmen des Gedichtbands, sondern auch im Ensemble der literarischen Dokumente seines Italienaufenthalts singuläre Gedicht.

Der wie dadaistischer »Wortsalat« (Benjamin) anmutende Zusammenschnitt des auf einem modernen italienischen Platz kursierenden Sprachenwirrwarrs in der »Hymne« (WW 124) wird zur Projektionsfläche eines hektischen Zusammenschnitts verschiedenster, wahllos einströmender akustisch-visueller Wahrnehmungspartikel. Das rasante, stakkatohafte

---

113 Vgl. Gruenter, Elegie mit Strumpfhose.

Tempo, mit dem die Schnitte wechseln, verbietet ruhige Einstellungen, läßt keine längere Verweildauer auf einzelnen Objekten zu, wie dies »Trauer« oder »Die Orangensaftmaschine« taten. Es ist ein Tempo, das in der Frequenz der Schnitte dem eines Videoclips ähnelt. In Brinkmanns Gedicht bedarf es lediglich der Kommata oder Ausrufezeichen, um unvermittelt einen Schnitt zu setzen: »Lady Wool! Cinestop! Grüner Bus! [...] Zoom! O Eva Moderna, Medaglioni, Tramezzini, / Bollati! Aperto! Locali Provvisori! Balkone, o Schatten // mit Öl, Blätter, Trasferita!« An einigen Stellen kommt es jedoch zur Überblendung distanter Wahrnehmungsdetails, so daß sich, ganz im Sinne der surrealistischen Bilddefinition als der Annäherung entfernter Wirklichkeiten, ein neuer, überraschender Eindruck ergibt. Dies ist bei Überschriften der Fall, die auf Kinofilme hindeuten, welche in den Lichtspielsälen Roms angekündigt sein mochten: So schiebt sich über die halbe Nennung des Bertolucci-Streifens »Der letzte Tango in Paris« das Bild – oder bloße Wort – für eine Tomatenwerbung: »O Ultimo Tango / Pomodoro!«, oder der tatsächliche Titel einer italienischen Detektivkomödie wirkt bereits als sprachliches Fundstück so bizarr, daß es zur Intensivierung der Fremdheit kaum noch des Hinweises auf Kunstlicht oder des Schnappschusses einer Melone – Wassermelone oder Chaplins Requisit? – bedarf: »Neon, Il Gatto Di Brooklyn Aspirante Detective, Melone!«

Die darauf im großflächigen, mehrspaltig aufgefächerten Raster von »Roma die [sic] Notte« vertextete Stadt bleibt für das Ich der Ort zweifelhafter künstlicher Paradiese, wo die »rauschende Cinemascopeproduktion« und »Kinoreklame in den Trümmerfeldern« die Möglichkeiten authentischer Erfahrung zu ersticken droht:

> Spiegelwände, die Wirklichkeit zu verdoppeln,
>
> die schäbige Konkurrenz der Fantasie,
>
> [...]
> durch sanftes gelbes Nachmittagslicht,
> weht eine faule August   blaue Filme
> Brise, vom Meer, [...]   die leben,

Es bleibt unklar, ob »blaue Filme« als bildliche Entsprechung einer durch den Meerwind hervorgerufenen Wettererscheinung zu verstehen sind oder eine Anspielung auf pornographische Phantasien enthalten. Schon die Titelzeile »Roma die Notte« enthält einen unübersehbaren Hinweis auf die Vermarktung von Sexualität wie auch der weiter unten im Text erwähnte »Film des Conte / La Malfa« neben den »Tagträume[n], / die durch Tagträume gehen, / die über das Trottoir geschoben werden [...] Und Schatten, die durch Schatten / kommen« auf einen 1970 bei dem pornographischen Label »Olympia Press« auf deutsch erschienenen Roman anspielt, dessen zur Zeit der Entstehung von »Roma die Notte« in Rom lebender Übersetzer Peter O. Chotjewitz ein Bekannter Brinkmanns war. Die Fixierung der Phantasie auf vermarkt- und reproduzierbare pornographische Projektionen ließe sich in diesem Zusammenhang als fortgeschrittenste Art des Entzugs authentischer Erfahrung durch die Überschwemmung der Wahrnehmung mit synthetischen Erfahrungssurrogaten begreifen.

Vor dem Hintergrund der Vorgabe, letzte Residuen authentisch leibhafter Wahrnehmung vergegenwärtigend zu artikulieren, ist daher der Authentizitätsanspruch in »Canneloni in Olevano« zu verstehen. Das Paar passiert, auf dem Weg zum Restaurant, das ihnen den Genuß der Canneloni verschafft, auch jenes Provinzkino, »das die ganze / Woche dunkel und abseits bleibt, um dann, am Samstag / und Sonntag zu zeigen, was sie in Rom farbig ficken.«[114] Doch bleibt dies bloß ein Eindruck am Rande jenes Jetzt und Hier, das die Personen »ein leuchtendes rosa Licht, weiter und weiter« erleben läßt. Die Bilder folgen nicht, wie in der »Hymne«, im Stakkato enervierender Hektik aufeinander, sondern scheinen dem Schritt-Rhythmus des Paars, das durch die Umgebung des Dorfs streift, angepaßt: Dem entspricht die Form der längerzeiligen Terzinenblöcke, die Raum lassen für das behutsame Parlando einer Abschweifung. In Brinkmanns Olevano wird »Nach einem längeren Gehen, in der Stille, […] der Körper / ein großer Raum, hell, der ins Haus tritt. Wie einfach // das erste Zimmer ist, wie genau die Dinge darin, / zum Gebrauchen, ohne Hast.« Hier scheint das Kino als Erlebnismöglichkeit des Subjekts ausgespielt zu haben, statt dessen wird ein »sanftes rhythmisches Einschwingen in [sic] Jetzt« eingeübt, das gegen das »Melodiegetöse kurzer Werbespots aus unsichtbaren Fernsehgeräten« steht.[115] »Die großen teuren Filmbilder sind völlig leer«, resümieren ernüchtert die Meditationen des »Samstagabend im Winter« (WW 238-242).

Die Vielfalt des lyrischen Materials in »Westwärts 1&2« ist so groß, daß das Kino dennoch nicht als »erledigt« gelten kann – das zeigen schon Titel wie »La Dame Aux Camelias Potty Greta Garbo Vollmond« (WW 48)

---

114 Vgl. folgende Stelle in »Bruchstück Nr. 1« (WW 106-108), aus der hervorgeht, daß Brinkmann mit der Apostrophierung »farbig ficken« keineswegs nur auf die pornographische Verwertung, sondern ebenso auf die kulturelle Eingemeindung von Sexualität abzielt: »Romy Schneider bläst // in ihrem neuen Film einem Filmkomparsen auf französisch / die Liebe, er steht vor ihr, sie kniet, aufgetakelt, davor.«

115 Brinkmann, Schnitte, S. 67f.

oder eine Zeile wie »er war nicht Kirk / Douglas« in dem Van-Gogh-Gedicht »Nachmittags im Museum« (WW 55-58). Der Blick auf ein weiteres Beispiel bestätigt, daß ihm die Metaphorik des Mediums bei der Dekonstruktion geschichtlicher Mythen und Fiktionen hilft, wie er sie in »Historie«, der dritten der vierteiligen lyrischen Meditation »Einige sehr populäre Songs« (WW 163-189, hier 172-181), unternimmt.

»Historie« berührt *den* neuralgischen Punkt deutscher Geschichte, und dies in einer Epoche, in der die Studentenunruhen und RAF-Aktivitäten die westdeutsche Nachkriegsgesellschaft erschütterten. Das Ich versetzt sich in die Zeit seiner Geburt zurück: »Heute Nacht dachte ich [vgl. Heines: »Denk ich an Deutschland in der Nacht«! – J. R.] über die Liebes / Geschichte Adolf Hitlers nach. / [...] Wieviele deutsche Weiber / / sehen heute aus wie das Lächeln von / Eva Braun. Die Fotos vermehren sich. / Ich bin nicht, weiß ich, in einem Foto / geboren worden. [...] Der Krieg, ich verstehe nicht, was das / ist, welche Sprache ist wo?« Anstelle der öffentlichen Lesart hat *diese* Geschichte für das Subjekt *nicht* aufgehört – wie es ein ›historisches‹ Foto nahelegen würde –, sondern ragt in seine Lebensgeschichte hinein: »Das Foto war eine Erinnerung, auf die ich / sah. [...] Ich kenne Mädchen, / die genauso aussehen wie Eva Braun, die auf / dem Foto wie Eva Braun aussieht.« Immer wieder sind es Fotos, die dem Ich das frühkindliche Trauma der Kriegs- und Faschismuszeit in Erinnerung rufen, in dieser »Historie« schrumpft das Bild seiner Eltern zu genau einer solchen fotografischen Projektion wie das Bild Adolf Hitlers: »Ich sah meine / Mutter auf einem Foto [...] sitzen und lachen, ich sah meinen Vater / eine Chaussee auf einem Foto entlang // gehen, naiv in Uniform wie ein Chausseebaum, / was spielten sie, als sie fotografiert / wurden?«

Demonstrativ setzt sich Brinkmann über das ungeschriebene öffentliche Verbot hinweg, in der Figur Hitlers etwas anderes als die Inkarnation des Bösen zu sehen, und zieht sie hinab auf die Ebene des Trivialen, ja Obszönen, indem er den Tabubruch begeht, ihr – wie den Figuren seiner Eltern – eine »Liebes / Geschichte« zuzubilligen. Diese wird vom Ich im vulgären Slang der Pornographie, dem hyperbolischen Sarkasmus des Comic und mit ironischen Anleihen beim Pathos der Groschenromanze imaginiert (»Meine Mutter liebte Groschenromane, sie sah / nach, ob die Strumpfnaht gerade saß«). Brinkmann raubt dem historisch tabuisierten Liebespaar Adolf Hitler – Eva Braun den Nimbus des Dämonischen, entdeckt statt dessen die wahre Dämonie in den banalen, von der kollektiven Vorstellung unterdrückten Fakten ihrer Existenz, die sich in jedermanns alltäglicher Existenz aufspüren lassen. Die Fragen, die er rhetorisch an sie stellt, sind Fragen, die ihnen noch keiner zu stellen wagte – wohl kaum aus der Befürchtung heraus, Geschichte zu verharmlosen, sondern eher aus Angst, sich dabei mit *dem* deutschen Täterpaar zu identifizieren: »Ich wuchs auf, betrachtete mein Schamhaar, betrachtete // Brustwarzen [...] Jahre / später betrachte ich das Bild von Eva Braun. [...] dein / Taschentuch mit dem Nasenschleim, das Camelia // zwischen den Beinen, deine Arschrundungen in dem / Hüftgürtel, deine Brustwarzen, blieben sie ein / Geheimnis?«

Geschichte ist für das Ich der Gegenstand von Fiktionen, die sich an medialen Repräsentationen – Fotos, Filmbildern – entzünden. Dies erlaubt ihm, zeitlich und räumlich auseinanderliegende Ereignisse in Beziehung zu setzen: »Im selben Monat wird eine Brust von der / Frau des amerikanischen Präsidenten ab // geschnitten, auf einem anderen historischen / Foto wetzen alte Herren ihre Arschlöcher / nach der Konferenz [...], der südliche Vormittag ist voller // Schrott, Staub, zerfallenden Konstruktionen. Was war / mit den Darmwürmern, die Adolf Hitlers Schäfer / Hund hatte?« Die »Konstruktion« von Geschichte entsteht für Brinkmann aus dem Zusammenspiel ihrer Medialisierung, ihrer filmisch-fotografischen Transparenz und deren Widerspiegelung in der individuellen – subversiv-enttabuisierenden – Imagination. In einem Brief vom 4. Juni 1972 an den befreundeten Filmregisseur Ulf Miehe beklagt Brinkmann, von einer Vorführung der 1936er-Olympiade-Filme Leni Riefenstahls[116] in der Kinemathek des Wallraff-Richartz-Museums kommend, das Verschweigen der nationalsozialistischen Alltagswelt im westdeutschen Bewußtsein:

Das war ja der große Zug, daß sie [die Nationalsozialisten] nämlich die verschütteten Bedürfnisse des kleinbürgerlichen Volkes kannten und artikulieren konnten – man kann das ja noch gar nicht kühl genug durchreflektieren, weil das ja sofort tabuisiert worden ist [...] es gibt kein Museum, in dem ich mir die Nazi-Zeit-Malerei ansehen könnte [...] oder die Bauten, die Uniformen, die Pläne, die Schlachten, die Waffen, die Farben, also alle die sinnlich-konkreten Einzelheiten statt der Anhäufung von moralischen Abstraktas [...].[117]

Wie er an Riefenstahls »Fest der Völker«, vertraut mit filmischer Terminologie und geschickt im Benennen formalkompositorischer Eigentümlichkeiten des sportlichen Leinwandepos, scheinbar nebensächliche, von der

---

116 Auch der Katalog des Kölner Experimentalfilmklubs XSCREEN, mit dem Brinkmann 1968/69 in Verbindung stand, enthält auf seiner Programmliste für den 24.10.69 das Screening von Leni Riefenstahls propagandistischer Reichsparteitagsinszenierung »Triumph des Willens«.

117 Brinkmann, Literaturmagazin 38, S. 107.

Heroik bedeutungsschwerer Posen abweichende Einstellungen – Aufnahmen unspektakulärer, einfacher Handgriffe – hervorhebt (»zum Beispiel wie das Zeigen der Wettkampfsvorbereitungen wie Boden glätten, harken, abmessen […] in eine Spielfilmbewegung übergeht«), so ist er in »Historie« manisch bemüht, Details und Situationen zu imaginieren, die aus der offiziellen Geschichtsschreibung ausgeblendet sind. Seine Fragen sind an Eva Braun gerichtet, Nebendarstellerin und historische Schattenfigur par excellence – so etwa die Erkundigung, ob »Adolf Hitler mit steifem Schwanz vor dir im Raum« gestanden habe oder »deine Fotze vor Schreck ein[getrocknet sei], als der Krieg begann?« Die Geschichte wird so zu einer Schnittfolge logisch unzusammenhängender, unkontrolliert einströmender Bilder und Assoziationen auf dem inneren Bildschirm des Ichs. Entsprechend Rimbauds Forderung nach einem »dérèglement de tous les sens« wird hier ein nach kausalem Erklärungsschema funktionierender Geschichtsbegriff dereguliert, die gesellschaftlich sanktionierte Scheidung von Wahrnehmungsebenen und Denkkategorien hintertrieben. Anstelle einer statischen Auffassung von Geschichte entsteht ein dynamisches, von der mit den historischen Medienabfällen jonglierenden Imagination angetriebenes Geschichtskaleidoskop: »zwischen den Filmschatten Berlins, Schatten / Gebärden, Leinwandschatten, Schattenschreie, / zusammenstürzende Schatten, später mit einer / Tonspur untergelegt, nachsynchronisierte // Lippenbewegungen, Eva Braun, in welchen Illu / Strierten hast du gelesen?«

Brinkmanns Provokation besteht genau darin, Geschichts*schreibung* als Systematik, sich ordnend und feststellend der Vergangenheit zu bemächtigen, ad absurdum zu führen: Immer wieder vereitelt hier die eigene Involviertheit des Subjekts mit seinen Erinnerungen, Assoziationen, intimen Fragen das Funktionieren des ›Vergangenheitsbewältigungsrituals‹ Geschichte. Statt dessen wird die Geschichte als Resonanzraum von Bildern empfunden, die fortwirken im Erlebnis der Gegenwart. So verbindet sich etwa das imaginierte Schicksal eines Exilanten (»Koma in einem schwedischen Hotel / Zimmer« – Tucholsky?) mit der in London, der Stadt der britischen Befreier, Ende der 1960er Jahre erfahrenen emotionalen Befreiung des Ichs vom Alptraum deutscher Geschichte. Das absurde, mit geschichtlicher Faktizität unvereinbare Szenario, das eine Frage wie »Eva Braun, hast du jemals frierend am Piccadilly / gestanden« entwirft, zeugt vom Auseinanderklaffen zwischen der offiziellen Historie und der persönlichen Initiationsgeschichte des Ichs zur Poesie. In London konstituiert es sich neu nach der Kinoseance des evolutionskritischen Science-fiction-Streifens »2001 – A Space Odyssey« (1968) von Stanley Kubrick und der anschließenden Lektüre US-amerikanischer Poesie:

Nun werfen die Rechenmaschinen Knochen / in die Luft, Stanley Kubrik [sic], der Filmtrick ist // durchschaut trotz vier Kanalstereogeräuschen im / roten Plüschkino Sohos, wo ich eines regnerischen / Abends bin, allein durch London gehend […] Nach dem Film krieche / ich fröstelnd unter die Decke eines billigen / Hotels in Bayswater, Haltestelle Odeon, das Monster / Viertel Londons […] ich lese noch ein / Gedicht von Frank O'Hara und W. C. Williams

In Kubricks »2001« ist es in der Tat ein Affe, der, nach der schicksalhaften Umfunktionierung eines Knochens zum Werkzeug, diesen zu den Klängen von Richard Strauß' »Zarathustra«-Vertonung in den Weltraum schleudert, woraufhin der Knochen, in kühner, die Menschheitsgeschichte subsumierender kinematographischer Metaphorik, zum Raumschiff mutiert, das einer selbstzerstörerischen Mission entgegenschwebt. Indem Brinkmann Kubricks Knochen von »Rechenmaschinen« in die Luft schleudern läßt, gibt er zum einen an, den »Filmtrick« – die Überblendung vom Affenwerkzeug zum Raumschiff – »durchschaut« zu haben. Er verschärft durch diese metonymische Verknappung zugleich jedoch die Metaphorik des Films, denn schließlich führt bei Kubrick eine von den Menschen als »Werkzeug« erfundene »Rechenmaschine« die Vernichtung des Raumschiffs und der Menschen darin herbei; die destruktive Symbolik des Knochens überträgt sich vom Knochen auf die »Rechenmaschinen«. An späterer Stelle schlägt Brinkmann einen kühnen Bogen von Kubricks globalhistorischer Filmvision zum Kaleidoskop seiner eigenen »Historie«. Die Imagination verbindet den in »2001« nach der »Zarathustra«-Szene auf dem Raumschiff erklingenden »Straußwalzer, einen dunklen Kinoraum und Krieg« miteinander: »Ein Knochen, in die Luft geworfen, ein Totschläger / Werkzeug auf der weißen Leinwand des Gedächtnisses […] // ist mit den Schattengeräuschen aus dem Stereokanal / nichts anderes als ein Schatten im gespenstischen, wahnsinnigen / Ballsaal des Todes«.

Brinkmann exorziert die Dämonen der Geschichte durch die Referenz auf das Medium Film. Das scheinbar so pietätlose »Rock'n'Roll-Lied über euren / furchtbaren Wahnsinn, Eva Braun« bekommt seinen Sinn dadurch, daß wie auf der Leinwand die Figuren der Geschichte zu Objekten der Fiktion mutieren und der ›Konstruktion‹ durch die individuelle Imagination zum freien Spiel überantwortet sind, genauso wie die ›Konstruktion‹ von Geschichte im Film *strukturell* dem Zusammenspiel von Kulissenbild, Kostümen, Dialogen, Schnitt, Montage, Einbau von Originaldokumenten (wie bei Kluge oder Faßbinder) unterliegt, sich also, je nach Persönlichkeit und Intention von Autor oder Filmemacher, jeweils grundverschiedene *Bilder* von Geschichte ergeben. Die diversen Bilder, Fiktionen oder Konstruktionen von Geschichte sind für Brinkmann lediglich »Verkleidungen« für etwas, das sich der (Re-)Konstruktion entzieht, da es »zusammengebrochen und aus« ist. Brinkmanns Montage kann also, ganz im Sinne eines Status quo des (gegenwärtigen) Posthistoire, als *Dekonstruktion*, d.h. als umfassende Destruktion geschichtlicher Kausalitätskonstruktionen angesehen werden.

Indem sie Gedächtnissplitter (etwa: »Einquartierungen, die / Fremdheit noch fremder zu machen«; »das Pausenzeichen // der BBC im Radio eines Morgens im Krieg«) und medial aufbereitetes Material aus dem dunkelsten Kapitel deutscher Geschichte (»Filmaufnahmen, Luftaufnahmen [...] Geschichte, kitschig und nachcoloriert«), Erinnerungen an die Nachkriegszeit (»die Nachkriegsschokolade der / englischen Soldaten, blaue Pflaumen auf einem / Karren«) und Studentenrevolte (»Tränengasnebel und Glasscherben der zer / trümmerten großen Schaufensterscheiben«), markante Stationen der eigenen éducation sentimentale wie Kino und amerikanische Poesie, Anspielungen (an Williams' »This Is Just To Say«: »besser ist die Pflaumen aus dem / Kühlschrank aufzuessen ohne sich zu entschuldigen«), Reflexionen, Phantasien, Imaginationen (»Wichsflecken an dem Winter / Mantel, ein paar Generäle auf dem Abtritt«), Träume, Alpträume (»Hitler im Nachthemd [...] irre im Betonbunker«), im Ton zwischen banalem Zynismus und bekenntnishaftem Ernst changierend, unvermittelt und gleichrangig neben- bzw. gegeneinander stellt und miteinander mischt, desavouiert sie gleichsam die Erkenntnisfunktion der geschichtlichen Kategorie als solche: »Nun bist du in dem historischen / Foto verschwunden. Nun gehen die Verkleidungen / herum. Nun ist die Geschichte zusammengebrochen und aus.«

Mit dem postulierten Ende der Geschichte – dem Zusammenbruch der »Konstruktionen« – erübrigt sich für den Dichter die Kategorie der Geschichte als sinnstiftende Organisation von Erinnerung. Dagegen setzt er ausdrücklich das poetische *dérèglement*, die lyrische De-Montage als Möglichkeit, aus der Befindlichkeit des Augenblicks heraus ständig neu den Charakter von Wirklichkeit, Imagination und Erinnerung zu verhandeln.

»D-Zug« (WW 182-189) ist hingegen der Ankunft des Ichs in der unmittelbaren Gegenwart vorbehalten, kündigt mit seiner aufgefächerten, variablen Langzeilenform, dem teilweisen Zweispaltendruck, dem bruchstückhaft-fragmentarischen Textraster bereits das separat veröffentlichte »Fragment zu einigen populären Songs« an. Hatte er in »Westwärts, Teil 2« emphatisch seine Initiation durch die amerikanische Poesie mit der besonders an Whitman, Ginsberg und Kerouac gemahnenden Eloge

rekapituliert: »Sonnenblumen und Schnellzüge, die durch die finstere /
Ebene rasen, erinnern mich an die amerikanische Poesie«, so enthält
»D-Zug« direkte, mit den Initialen der Autoren ausgewiesene Zitate von
W. C. Williams und Ezra Pound, und auch wenn Cendrars nicht namentlich hinzugezogen wird, so dürfte doch dessen richtungweisendes
Langgedicht von der Transsibirischen Eisenbahn im intertextuellen Re-
ferenzrahmen der D-Zug-Metaphorik enthalten sein. Freilich handelt es
sich bei seiner Reisebeschreibung um alles andere als einen Aufbruch in
unbekannte Territorien; aller Forscherdrang der Avantgarden scheint hier
nur noch, wie das Pound-Zitat nahelegt (»weitab und / im fremden Land /
sein«), als wehmütige Erinnerung zu existieren. Brinkmann schildert eine
Zugfahrt, die das autobiographisch fundierte Ich mit seinem Kind von
Nordwestdeutschland (wo Brinkmann aufgewachsen war) über das Ruhr-
gebiet (wo Brinkmann Buchhändlerlehrling war) zurück an den Rhein
(wo Brinkmanns Wohnort war) führt. Beim Hindurchfahren wird »zwischen den regen // verwaschenen alten Reklamebildern« eine Atmosphäre
»erloschene[r] Poesie« konstatiert, wo »im Pestlichtgeflacker des // TV
[…] die fremden Geschichten / an der Zimmerwand [erscheinen]«. Dennoch wird die am Gleisdamm vorüberziehende Umgebung zum Imagi-
nationsraum für ein auseinanderliegende Bezüge und Assoziationen ver-
knüpfendes Subjekt.

Bereits Schäfer wies darauf hin, daß Brinkmann »die Momentaufnahme einer [aus dem Zug geschwenkten] Kinderhand […] zum Anlaß […]
die verlorene Identität […] in einem ›Gehirnfilm‹ vorüberziehen zu lassen«
genommen habe.[118] Die Revolution der Raum- und Zeitwahrnehmung,
die mit dem Aufkommen der Eisenbahn verbunden gewesen war und
zugleich Anteil hatte an der Revolution des poetischen Duktus, scheint
nunmehr von einem Zustand der Entropie eingeholt, wenn Brinkmann
auch »die Dynamik der vorwärtsdrängenden Bilder« durch die mit dem
D-Zug-Motiv »assoziierte Bewegung unterstützt«.[119] Für den Dichter ist
die Umgebung mit ihren Bildern einer ans Ende gekommenen (Indu-
strie-)Historie das »Ausland«, durch das er sich auf die Suche nach dem
verlorenen poetischen Augenblick begibt; dabei sorgt die vom Zug pro-
vozierte äußere Bewegung zugleich dafür, daß der innere, eine Gegenwelt
zu imaginieren versuchende Bilder- und Gedankenfluß nicht abreißt.

Die Phantasie des Ichs entzündet sich an der »Klarheit beim Raus-
schauen aus einem D-Zugfenster, / sanft, sanfter Rhythmus jetzt hier, //
laß mich, laß mich erinnern, sagst du.« So wird aus der Landschaft »fan-

118 Schäfer, Rolf Dieter Brinkmann, S. 402.
119 Ebd.

tastisches Grün, das vorüberzieht«, die erblickten Menschen zerfließen zu »sanften Gesichter[n] zwischen / den Reklamewänden«. Sich über ein Zitat aus W. C. Williams' Autobiographie (»»Müssen wir […] träumen in den / Halbobscuritäten einer zwielichtigen Stimmung / um Dichter zu sein?‹«) mit der Rolle des *außen* stehenden Dichters identifizierend, ereilt ihn, den verhinderten Flaneur, nach dem Verlassen des »D-Zugs« das »Erschrecken, bleibt man mitten auf der Straße / stehen unter den Passanten, // & jeder für jeden ein Passant.« Seine individuelle poetische Imagination wird nicht mehr durch die Ordnung der gesellschaftlich legitimierten Imaginations-Räume gedeckt: »die Kinosäle werden abgedunkelt, etwas mehr Leben // zu zeigen, die Kassen schließen eine / Viertelstunde nach Beginn des Hauptfilms, // die Fernsehstation sendet bis kurz nach / 12 nachts«. Damit steht das Ich im Widerspruch zu den Übereinkünften des Zeitgeists wie des gesellschaftlichen Establishments – fremd inmitten einer trivialen Kultivierung technischen Fortschritts, der, anstatt das angestrebte Gefühl einer gesteigerten Lebenswahrnehmung zu befördern, lediglich den lähmenden Zustand der Entropie erhärtet.

»An alles das dachte ich nicht, / als ich das Gras, das zwischen den / Fugen der Kopfstein gepflasterten Straße wuchs, / fotografierte«, heißt es dementsprechend, sich selber positionierend, in »Variation ohne ein Thema« (WW 193-195), worin Brinkmann zugleich seine poetische Intention in Abgrenzung von einer bloß am (foto-)optischen Abbild interessierten Poesie präzisiert. Es ist bezeichnend, daß er sich dafür auf einen un-zeitgemäßen Dichterkollegen beruft, nämlich auf Ludwig Tieck, der bereits für das Motto von »Canneloni in Olevano« Pate gestanden hatte – eine Formulierung aus einer Zeit aufgreifend, da die Fotografie der Wahrnehmung noch nicht ihr Paradigma übergestülpt hatte: »&: ›den lebenden Schatten mehr Körper / zu geben‹, L. T. 1832 / dh. Poesie«.

Dennoch ist ihm die Fotografie als Medium von Nutzen, um seine körperliche Anwesenheit zu dokumentieren. Nicht um einen dialektischen Umgang mit Technik geht es ihm, wie er mit Rückgriff auf ein Enzensberger-Zitat formuliert, sondern um die Steigerung der Wahrnehmungsfähigkeit, wofür ihn die Kamera sensibilisiert. Brinkmann fotografiert *gegen* »das Tageslicht«, d.h., er macht vom Apparat nicht den ihm zugedachten, konventionellen Gebrauch. Er versucht, ebenso wie mit seiner Sprache, nicht bloße Abbilder von etwas zu geben, sondern Spuren einer Empfindung nachzuzeichnen, die weder im Wort noch im Bild enthalten ist, weil sie sich in der leiblich-konkreten Existenz des wahrnehmenden Subjekts abspielt. Das ist Brinkmanns Definition von Authentizität, die philosophisch am ehesten mit einer phänomenologischen Betrachtungsweise korrespondiert, jedoch von der Frankfurter Dialektik wie von einem empirischen Foto-Positivismus gleich weit entfernt ist: »heute inmitten wahnwitziger // ›Verkabelung‹ [...] heißt Technologie auch ›die Technologie negieren‹ / (H. M. E.) / [Schrägstrich in der Originalzeile – J. R.] [...] Und auch daran dachte ich nicht, als ich [...] // gegen das Tageslicht fotografierte, [...] / an ›diesem wilden Morgen‹. // [...] und // nicht die Negation der Sprache verstehen, während ich dich zärtlich / berühre«.

Überwiegend im letzten Viertel von »Westwärts 1&2« sind jene lyrischen Text-Flächen konzentriert, in denen der Impakt einer als allgegenwärtig empfundenen, bereits vorfabrizierten Realität den autonomen Wahrnehmungs- und Artikulationswillen des Subjekts auszulöschen droht. So fragt das »Gedicht 30.10.74« (WW 214-218) nach dem »Ich, metaphysisch, was / ist das, / in dieser tagtäglichen schmierigen / [...] Fabrik der Realität«, eine Metaphorik, die variiert wird in der als Zitat ausgewiesenen Frage, »›was da für’n schmieriger Film abläuft‹«. Das Ich ist nicht mehr imstande, in der Wirklichkeit, von der es umgeben ist, irgendeine sinnfällige, mit seiner Gefühls- und Wahrnehmungswelt korrespondierende Ordnung zu erkennen, auch »1 Fotoblitz« reproduziert deshalb lediglich »1 rat / loses Gesicht«. Apollinaires »Zone« – dessen christliche Metaphorik bei Brinkmann auf einer »Schimmelwand, auf der ›Jesus lebt‹ in Sprühdosen / Schrift gespritzt ist« wiederkehrt – mit dem vor der Wirklichkeit nicht kapitulierenden, sondern in ihr neu sich konstituierenden Subjekt bleibt unverkennbar dasjenige lyrische Modell, auf welches sein Langgedicht verweist, selbst noch in der Negation der bei Apollinaire angedeuteten Aussöhnung von Ich und Welt. Es läßt außerdem Rückblenden auf prägende Kinoerlebnisse zu, etwa in der Anspielung auf Louis Malles Streifen, dessen Spannung im Kontrast zu den darin unterlegten Improvisationen Miles Davis’ steht: »erinnerst du dich? Miles Davis, / Fahrstuhl zum Schafott«.

Die Möglichkeit, die dem die Instanz des Lyrikers verkörpernden Ich so noch bleibt, konstruktiv mit dem sich aufdrängenden ›Abfall‹ der Außenwelt umzugehen, ist, die ›Wirklichkeit‹ als Konstruktion medial präfigurierter Wahrnehmung zu de-konstruieren. Metaphorische Realitätszuschreibungen wie »Bildschirm«, »Film«, »Kulisse«, »Drehplan«, »Fabrik« usw. zeigen, daß die Wirklichkeit von Brinkmann als eine Art von ›Montage‹ begriffen wird, die es zu demontieren bzw. im Akt der lyrischen De-Montage als tendenziell bewußtseinspräfigurierende Öffentlichkeits-Montage zu denunzieren gilt.

Rimbauds »dérèglement de tous les sens« wird ausgeweitet zu einem dérèglement der medialen Öffentlichkeit, am konsequentesten durchgeführt in »Politisches Gedicht 13. Nov. 74, BRD« (WW 219-227), das keine Politik im Sinne politischer Agitation zum Inhalt hat, sondern die mediale Konstruktion einer ›politischen‹ Öffentlichkeit im Sinne des griechischen »politeia« oder des englischen »politics«. Angesichts einer Atmosphäre grassierender Terrorismusparanoia, vom im Titel genannten Datum evoziert, wird nach der Legitimation einer »Politik« gefragt, die sich erst durch ihre Präsenz bzw. Widerspiegelung in den Medien (»das TV [...] die / Unterhaltung der Öffentlichkeit«) zu erkennen gibt. Wird politisches Bewußtsein, lautet die Fragestellung im Hintergrund des Text-Konglomerats, erst generiert »mittels // TV und / Zeitungs / Fotos, // grob gerastert«? Für Brinkmann markiert »Staat« deshalb den »Terror der Öffentlichkeit« mit »den arrangierten / Unterhaltungen, // in den Strassenszenen, / die sich wiederholten«. Wenn »die Öffentlichkeit 1 Problem der Technik« darstellt, so daß »die Körper / Zustände [...] erzählt [werden] in Form von Werbespots«, dann drängt sich die Frage auf, »wer von ›Demokratie‹ zu sprechen [wagt]« – der jedoch das utopische Desiderat an die Seite gestellt ist: »Wann übernehmen Dichter die Regierung?«

Entgegen dem auf Offenheit hindeutenden Aspekt desjenigen Erfahrungsraums des Subjekts, welchen die Bezeichnung *Öffen*tlichkeit vorgibt, präsentiert sich dieser locus als abgeschlossen gegenüber einer individuellen, autonomen poetischen Wahrnehmung; statt dessen kreieren die sie eingemeindenden, ›terrorisierenden‹ medialen Konstruktionen eine Sphäre, »wo Bilder / Leben / ersetzen«: »Bilder, und Bilder / von Bildern, // [...] & endlose Bilderfluchten, sich entziehende Gegenwart« (»Bruchstück Nr. 4«, WW 229).

Im konjunktivischen Irrealis formulierte Vorstellungen demonstrieren in »Dieses Gedicht hat keinen Titel« das Desiderat eines Subjekts, das völlig in der ihm angebotenen Konstruktion von Wirklichkeit aufginge: »Ich müßte [...] rollen wie ein Film und // die Premiere« oder »wüst [sein] wie das Manuscript für ein Drehbuch«. Dagegen steht jedoch die Unvereinbarkeit der Ansprüche des Ichs mit der ihm als Wirklichkeit offerierten vorgestanzten Welt: »Ist das nächste Kinoprogramm, jede Woche / neu kein Blues?« Der Dichter bleibt prinzipiell unausgesöhnt mit einer Wirklichkeit, die sich nicht ausblenden läßt, da in der Totalität ihres Zugriffs auf das Wahrnehmungsraster das autonome Subjekt immer von neuem in Frage gestellt ist: »aber ich schlendere meine eigenen Wege«, lautet der Protest des Ichs, das dagegen aufbegehrt.

Das »andere Blau«, in welches das »Ich« im »Gedicht« (WW 61) sich anschickt fortzugehen, ist nicht mehr jenes »monochrome Blau«, mit dem er in »Die Piloten« noch glauben konnte, eine popkulturell kolonisierte Wirklichkeit zu subvertieren. Das »andere Blau« der »Westwärts 1&2«-Gedichte ist die sprachlose, ›unsagbare‹ Farbe einer poetischen

Utopie, die sich verbaler *und* abbildhafter Darstellung zwangsläufig entzieht – nur ihre Spuren, die in Form konkreter Phänomene der Wahrnehmung zugänglich sind, können im Gedicht oder Foto festgehalten werden. Jene Paradoxie, in Worten ausdrücken zu müssen, was jenseits von Worten liegt, deckt sich mit dem Verdikt Adornos: »In der verwalteten Welt ist die adäquate Gestalt, in der Kunstwerke aufgenommen werden, die der Kommunikation des Unkommunizierbaren, die Durchbrechung des verdinglichten Bewußtseins.«[120] Doch wirkt nicht auch in Brinkmanns Utopie wortloser, sprachlich nicht ›feststellbarer‹ Erfahrungen noch die Macht der potentiell ohne Worte auskommenden Bilder fort, die der Dichter seiner medialen Sozialisation verdankt? Wie sonst wäre die ans Manische grenzende Hingabe an bildhafte Details der unmittelbaren Wahrnehmung zu erklären als aus dem Verlangen nach Rückgewinnung einer äußeren Wirklichkeit, die ihm durch dieselben medialen Errungenschaften entzogen zu werden droht, welche doch erst ihre Entdeckung oder »Errettung« für den dichterischen Wahrnehmungsapparat eingeleitet hatten?

5.3 Resümee: Rolf Dieter Brinkmann und der Paradigmenwechsel in der deutschsprachigen Lyrik

Der in all diesen Analysen indirekt ausgesprochene Befund eines lyrischen Paradigmenwechsels – signalisiert durch heuristisch so verschiedene Ansätze wie Wechsel von Natur- zu Filmmetaphorik, Wandel des Montagebegriffs, Postmodernität, Oberflächenästhetik usw. – kann nun anhand des in dieser Darstellung dokumentierten Materials präzisiert und auf sein wesentlichstes, bedeutsamstes Moment eingegrenzt werden: das filmische Paradigma. Wie zu zeigen versucht wurde, ist die Bedeutung Brinkmanns nicht zuletzt an dem Faktum abzuschätzen, daß seine Gedichte, ausgehend vom Paradigma des Films, der deutschen Poesie neue Themenkreise, Sujets, Stoff- und Motivbereiche zugeführt haben. Brinkmanns Lyrik dürfte die erste ihrer Art im deutschsprachigen Raum gewesen sein, die systematisch die Möglichkeiten eines Fortbestands der Lyrik im Medienzeitalter auszuloten sich vorgenommen hatte.

Deshalb steht die lyrische Praxis Brinkmanns unter der Prämisse des Zustandekommens von lyrischer Erfahrung in einer von multimedialem Impakt geprägten Gegenwart – ein Aspekt, der bereits von Richter aufgegriffen wurde. Mit der für sein Œuvre leitmotivischen Formel vom »Film

---

120 Adorno, Ästhetische Theorie, S. 292.

in Worten« habe Brinkmann »zwei ganz verschiedene Prinzipien« zu »einer Einheit zusammengeführt: [...] die (nach Metz) ›natürliche Expressivität der Dinge‹« des Films und den »Abstraktionscharakter eines elaborierten Codes, der wortsprachlichen Artikulation«.[121] Als fruchtbar für die weitere Rezeption Brinkmanns erweist sich daran die Vermutung, daß mit der bewußten Ausrichtung der Lyrik am Paradigma des Films das Bedürfnis nach poetischer Authentizität ins Medienzeitalter weitergetragen wird. Der innere Zusammenhang von Authentizitätsgebot und Filmästhetik liegt allerdings nicht sogleich auf der Hand. Er wird plausibel, wenn man wie Richter davon ausgeht, daß Brinkmann mit seiner Metapher vom Film in Worten »ein Bild« für die »Einheit aus künstlerischer Intention und Authentizitätsbewahrung«[122] gefunden hatte, das ihm gestattete, den Montagebegriff für das Verfertigen von Literatur in Anspruch zu nehmen, ohne dabei auf dessen genuin filmische Implikationen verzichten zu müssen. Woher, wenn nicht vom Postulat Kracauers der »Errettung der äußeren Wirklichkeit« ist diese Möglichkeit einer durch den Film neugewonnenen Authentizität abgeleitet?

Zweierlei ist zu bedenken, wenn man bei Brinkmann den Zusammenhang von lyrischer Authentizität, filmischem Paradigma und ästhetischer Autonomie betrachtet. Beides erhellt die Singularität seiner dichterischen Erscheinung:

1. Das vorbehaltlose Sicheinlassen auf den Film. Über weite Strecken seiner Autorenexistenz war Brinkmann passionierter Kinogänger; er ist filmisch sozialisiert worden. Die Filme, die seine Biographie als Cineast markieren, sind sowohl Indizien dieser Sozialisation als auch seines spezifischen Interesses am Medium. Seine technische Vertrautheit demonstrieren zudem seine eigenen intermedialen Arbeiten mit Schmalfilm, Fotografie, Collage. Das führt zum Eindruck, Brinkmann habe die Lyrik als ein ›Filmemachen mit sprachlichen Mitteln‹ verstanden.

2. Dabei verliert sich Brinkmann nicht ans Medium; seine Filmrezeption läuft *nicht* auf eine Bespiegelung des Films im Genre der Lyrik hinaus, wie es bloße Kinogedichte täten. Statt dessen führen die Implikationen, die an seine in- und extensiven Film-›Lektüren‹ anknüpfen, immer wieder zur eigenen Lyrik zurück. Der Film versetzt ihn in die Lage, zu einer neuen Bestimmung von Lyrik zu gelangen, die mit direkt oder indirekt durch Film vermittelten Wahrnehmungsweisen der Gegenwart korrespondiert. Zum selben Ziel führt seine Rezeption vom Film affizierter französischer und amerikanischer Lyrik.

121 Richter, Ästhetik der Ambivalenz, S. 208.
122 Ebd. S. 212.

Über die Hinwendung zum Paradigma des Films gelingt Brinkmann im deutschen Raum eine Revolution der poetischen Sprache. Eine auf das Primat filmischer Perzeption verweisende Metaphorik, eine neuartige variable Formensprache, deiktisch-gestische Markierungen der optischen Vergegenwärtigung, vom Kino entlehnte Sujets und Motivketten, die man inzwischen mehr denn je in Gedichten anzutreffen gewohnt ist, können auf seine ästhetischen Innovationen zurückgeführt werden. In Brinkmann ist einem von Adorno in der »Ästhetischen Theorie« beschriebenen Typus von Autor zu begegnen, der aus den medialen Implikationen seiner Zeit das Potential für poetische Autonomie zieht: »in jeder [Epoche] scheinen tatsächlich die […] Begabungen heranzuwachsen, die gleichwie aus zweiter Natur auf den Stand der Technik ansprechen und in einer Art sekundärer Mimesis ihn weitertreiben […]: der kinematographische Blick als Angeborenes.«[123]

---

123 Adorno, Ästhetische Theorie, S. 287.

Ausblick: Die endliche Ausdehnung von Zelluloid?

Mit vorliegender Arbeit wurde der Versuch unternommen, Perspektiven für eine Mediengeschichte der Lyrik unter dem Primat des Films zu ermitteln. Benjamins These, daß uns als Interpreten nicht geholfen sei, »wenn wir die rätselhafte Seite am Rätselhaften pathetisch […] unterstreichen; vielmehr durchdringen wir das Geheimnis nur in dem Grade, als wir es im Alltäglichen vorfinden«,[124] muß mit Blick auf die mediale Determination der Lebenswelt konkretisiert werden. Nur so läßt sich die Rolle des mit all seinen Derivationen im Alltag omnipräsenten Film-Mediums bei der Ausprägung spezifischer Bild- und Struktureigenheiten von Lyrik – und noch ihrer vermeintlich hermetischsten, ›dunkelsten‹ Fabrikate – sichtbar machen.

Methodische Distinktionen, die sich bei der Beschreibung lyrischer Progressionen im 20. Jahrhundert eingebürgert haben – Moderne vs. Postmoderne, Hermetismus vs. Konkretismus, antimimetisch vs. hyperrealistisch – sowie schulmäßige Klassifizierungen nach Stilen und Epochen – Kubismus, Imagismus, Surrealismus, Neuer Realismus – würden mehr denn je in ihrer defizitären Erklärungsfunktion offenbar werden, während gleichzeitig der Begriff der Avantgarden – seit den dialektischen Verdikten von Bürger methodisch eher gemieden – um neue Aspekte bereichert würde. Die Entscheidung für das Modell der filmischen Repräsentation als Vergleichsmaßstab einer ›absolut modernen‹ Poesie verleiht dem Bild der Avantgarden eine neue Dimension.

Siegfried Kracauers »Theorie des Films«, in der seine phänomenologische Auseinandersetzung mit der klassischen Hoch-Zeit des internationalen Kinos zwischen ca. 1920 und 1960 ihren Niederschlag findet, benennt Eigentümlichkeiten des bewegten Mediums, die mit Eigentümlichkeiten der ungefähr im selben Zeitraum entstandenen Lyrik korrespondieren: Die Hinwendung zur sichtbaren Oberfläche der Welt, der Eindruck von Zufälligkeit und Fragmentarizität, die Suggestion beliebigen Fortlaufs, einer potentiellen Endlosigkeit der Bilder, der Unbestimmtheit dessen, was gezeigt wird – allesamt filmimmanente »Affinitäten«, die, auf das Feld der modernen Poesie übertragen, jedoch den Bruch mit der auf Kürze,

---

124 Benjamin, Gesammelte Schriften II/1, S. 307.

Abgeschlossenheit, rhetorisch fundierte Metaphorik usw. bedachten lyrischen Tradition beschleunigen.

Die Beschäftigung mit der Lyrik dreier auf verschiedene, individuelle Weise vom Film tangierter Dichter bestätigte diese These. Ihre sich in räumlicher und zeitlicher Distanz entfaltenden literarischen Karrieren geben zugleich Aufschluß über Sprach- und Kulturräume transzendierende Korrespondenzen einer veritablen ›Weltpoesie‹, die kaum mehr vor dem Hintergrund von Nationalliteraturen zu begreifen ist. Zu deren Bestimmung bedarf es vielmehr global markierter Indikatoren – etwa dessen des Films. Dies bedeutet nicht, daß die Reaktionen der im Fokus stehenden Dichter auf dasselbe Phänomen aufgrund ihrer Verankerung in je eigenen sozialen, kulturellen, literarischen Kontexten nicht beträchtlich voneinander abwichen:

Cendrars' klassisch-avantgardistische Neugier und Aufgeschlossenheit gegenüber dem Film ist bedingt durch andere historisch-kulturelle Tatbestände als Ashberys späteres, routiniertes Laborieren mit dem Medium als einem Ferment amerikanischer Selbsterfahrung. Brinkmanns vorübergehend emphatische Aneignung des kinematographischen Blickrasters – die in mancher Hinsicht die frühe Kino-Emphase der Expressionisten und »Esprit nouveau«-Poeten bis hin zu Cendrars wiederholt – ist erst vor dem Hintergrund zu verstehen, daß filmische Motive und Sujets seit dem Ende der Stummfilmzeit von der poetischen Landkarte der deutschsprachigen Lyrik verschwunden waren und der enorme transatlantische Kulturimport der Nachkriegszeit v.a. über das Relais der Kinosäle funktionierte. Die individuelle filmische Rezeption der einzelnen Lyriker ist deshalb höher einzuschätzen als zweifellos vorhandene gegenseitige Anregungen in der lyrischen Transposition der Film- und Kinothematik – von Cendrars zu Ashbery und Brinkmann, von Ashbery zu Brinkmann.

Festzuhalten bleibt, daß der Film zu einer Konstante der lyrischen Weltwahrnehmung geworden ist. Dennoch fällt der extrem differierende Gebrauch auf, den die Lyriker von diesem Paradigma machen. Der Bezug zum Film bzw. dessen phänomenologischen Manifestationen (Fotografien, Kino, TV, ›bewegte‹ künstliche Oberflächen) ist immer auch Teil eines unabhängigen poetischen Programms – ob ausformuliert oder als Poetik den Gedichten eingeschrieben. Als solcher bleibt er aufgehoben innerhalb weiterer, z.T. miteinander korrespondierender, z.T. divergierender poetologischer Bezüge. Mit anderen Worten: Das Kino, welches Cendrars meint, ist *nicht* dasjenige Ashberys, welches sich wiederum von dem Brinkmanns unterscheidet. Mit Cendrars teilt Brinkmann das Beharren auf der unvermittelten Authentizität der poetischen Äußerung, die sich letztlich gegen (massen-)mediale Feststellungen zu sperren ver-

sucht. Auf andere Weise gelingt dies auch Ashbery, indem die in unbestimmten Relationen zueinander stehenden Syntagmen seiner Gedichte
Erwartungen an Kohärenz, Stimmigkeit, Sinn usw. durchkreuzen – Erwartungen, die umso frappierender enttäuscht werden, als das banale
Material massenmedialer Oberflächen, das er dafür verwendet, sie permanent einzulösen verspricht.

Erkennbar wird, daß Lyrik im 20. Jahrhundert Mechanismen entwik-
kelt, die es ihr erlauben, sich abzugrenzen und abzusetzen vom massen-
und multimedialen Dispositiv, auf das sie nichtsdestoweniger reagiert –
selbst noch in Gesten extremster Verweigerung. Füllt die Lyrik damit gar
eine Leerstelle im medialen Diskurs unserer Gegenwart aus – nämlich
diejenige, eine Art von Erfahrung zu artikulieren, welche trotz des Wissens
um die Einbettung moderner oder postmoderner Lebenswelt in multi-
mediale Kontexte nur durch eine als *autonom* deklarierte Wahrnehmung
des Subjekts abgedeckt ist? Der Autonomieanspruch – schon dadurch bedingt, daß Lyrik im sozioökonomischen Kontext seit Anbruch der Moderne
anders als dem Film nur noch die Bedeutung einer quantité négligeable
zusteht –, welcher aus poetischem Programm und poetischer Praxis jedes
der hier vorgestellten Autoren spricht, würde diese Vermutung stützen.

Indem sich die Lyrik auf den Film einläßt, gibt sie keineswegs ihre ästhetische Eigenständigkeit auf, sondern demonstriert im Verweis auf das
andere Medium ihre Verschiedenheit. Das Paradox der lyrischen Gattung
im modernen wie postmodernen Umfeld – dem gesellschaftlichen Verwer-
tungszusammenhang enthoben, kann sie rücksichtslos auf gesellschaftliche
Tatbestände zurückgreifen – schafft einen *ästhetischen* Freiraum, der durch
ihre öffentliche Bedeutungslosigkeit erkauft ist. So kann die Bindung
von Lyrik an den Film auch als Strategie interpretiert werden, sich gesellschaftliche Relevanz zurückzuerobern.

Doch ist es nicht gerade dieses Beharren auf einer eigenen Repräsentationsform, das die Poesie vor der Diffusion mit dem Film als Massenmedium bewahrt und somit ihre Autonomie als *nicht festgestelltes*, außerhalb
medial regulierter Wahrnehmungsmuster angesiedeltes Zeichensystem
sichert? Es steht zu erwarten, daß die lyrische Gattung auch nach dem
Zeitalter der zu Ende gehenden Kinematographie, welche für das 20. Jahrhundert und dessen Wahrnehmungskonfigurationen bestimmend war,
in der sich ankündigenden Epoche virtueller Repräsentationen von Welt
und Wirklichkeit Strategien entwickelt, die es ihr erlauben, sowohl die
neuen medialen Zeichensysteme in ihren Diskurs zu integrieren als auch
eine qualitative Distanz zu entwickeln, die ihre positive *Differenz* zu den
Diskursen der sie umgebenden medialen Öffentlichkeit zur Sprache bringt.

Literaturverzeichnis

Quellen

Albert-Birot, Pierre: Cinémas, Paris 1995.

Apollinaire, Guillaume: Œuvres poétiques, Paris 1965.

–: Œuvres en prose complètes II, Paris 1991.

Aragon, Louis: Le paysan de Paris, Paris 1926.

–: Le mouvement perpétuel, précédé de Feu de Joie et suivi de Écritures automatiques, Paris 1970.

–: Anicet ou le Panorama, Paris 1972.

–: Du décor, in Chroniques I 1918-1932, Paris 1998, S. 23-28.

Ashbery, John: Reverdy en Amérique, in Pierre Reverdy (1889-1960), hg. v. Mercure de France, Paris 1962, S. 109-112.

–: Introduction, the Decline of the Verbs, in Giorgio de Chirico, Hebdomeros, Translated by Louise Bourgeois and Robert Goldwater, Cambridge 1964.

–: Fragment, illustrated by Alex Katz, Los Angeles 1969.

–: Preface, in Frank O'Hara, Collected Poems, hg. v. Donald Allen, Berkeley/Los Angeles 1971, S. VII-XI.

–: Self Portrait in a Convex Mirror, Harmondsworth/New York 1975.

–: Houseboat Days, Harmondsworth/New York 1977.

–: As we know, Harmondsworth/New York 1979.

–: A Wave, New York 1981.

–: Reported Sightings, Art Chronicles 1957-1987, Manchester 1989.

–: Flow Chart, a Poem, New York 1991.

–: Hotel Lautréamont, New York 1992.

–: Can you hear, bird, New York 1995.

–: The mooring of starting out, the First Five Books of Poetry, Manchester 1997.

–: Other Traditions, the Charles Eliot Norton Lectures, Cambridge, Ma./London 2000.

–: The Enabler, Rudy Burckhardt, in New York Times Magazine 2.1.2000, S. 20.

–: The Seventh Victim, in Modern Painters vol. 16 (3/Autumn 2003), London, S. 98-100.

– / Brainard, Joe: The Vermont Notebook, Calais, Vermont 2001.

– / Schuyler, James: A Nest of Ninnies, a Novel. Calais, Vermont 1983.
– / Hess, Thomas B. (Hgg.): The Avant-Garde, New York 1968.
Baudelaire, Charles: Œuvres complètes I, Paris 1975.
–: Œuvres complètes II, Paris 1976.
Becher, J. R.: Ausgewählte Gedichte 1911-1918, Berlin/Weimar 1965.
Becker, Jürgen: Das Ende der Landschaftsmalerei, Gedichte, Frankfurt a.M. 1974.
–: Die Gedichte. Frankfurt a.M. 1995.
Benn, Gottfried (1956): Gesammelte Gedichte. Zürich 1956.
–: Prosa und Autobiographie in der Fassung der Erstdrucke, Frankfurt a.M. 1984.
–: Gedichte 2, Gedichte aus dem Nachlaß, Poetische Fragmente 1901-1956, Stuttgart 1986.
–: Essays und Reden in der Fassung der Erstdrucke, Frankfurt a.M. 1989.
Berrigan, Ted: Guillaume Apollinaire ist tot, Gedichte Prosa Kollaborationen, zusammengestellt von Rolf Dieter Brinkmann, Frankfurt a.M. 1970.
Beyer, Marcel: Falsches Futter, Gedichte, Frankfurt a.M. 1997.
–: Erdkunde, Gedichte, Köln 2002.
Böhmer, Paulus: Kaddish I-X, Frankfurt a.M. 2002.
Born, Nicolas: Gedichte, hg. v. Katharina Born, Göttingen 2005.
Brakhage, Stan: Two, Creeley/McClure, 16mm Film, 1965.
–: Essential Brakhage, Selected Essays on Filmmaking, New York 2001.
Brecht, Bertolt (1963): Versuche 1-12. Heft 1-4. Berlin 1963.
–: Gesammelte Gedichte, 4 Bde., Frankfurt a.M.
Breton, André: Manifestes du surréalisme, Paris 1972.
– / Soupault, Philippe: Les champs magnétiques, Paris 1967.
Brinkmann, Rolf Dieter: Angriff aufs Monopol, in Christ und Welt 46, 15.11. 1968, S. 14f.
–: Standphotos, mit vier zweiteiligen Farbätzungen von Karolus Lodenkämper, Duisburg 1969.
–: Über Lyrik und Sexualität, in Streit-Zeit-Schrift 7, Frankfurt a.M. 1969, S. 65-71.
–: Phantastik des Banalen, in Der Spiegel Nr. 24/1970, S. 108-110.
–: Programmschluß, in Tintenfisch 8, Berlin 1972, S. 105f.
–: Das ist; Schatten, No Return, in Zet 3, Zeitschrift für Literatur und Graphik, Heidelberg 1973, S. 42f.
–: Fragment zu einigen populären Songs, in Literaturmagazin 3, Reinbek 1975, S. 105-122.
–: Rom, Blicke, Reinbek 1979.
–: Standphotos. Gedichte 1962-1970. Reinbek 1980.

–: Der Film in Worten, Prosa Essays Hörspiele Fotos Collagen 1965-1974, Reinbek 1982.

–: Vanille, Gedicht, Anmerkungen zu meinem Gedicht »Vanille«, in Mammut, März Texte 1&2, Darmstadt 1984, S. 106-144.

–: Eiswasser an der Guadelupe Str., Reinbek 1985.

–: Erzählungen, Reinbek 1985.

–: Erkundungen für die Präzisierung des Gefühls für einen Aufstand, Reise Zeit Magazin (Tagebuch), Reinbek 1987.

–: Schnitte, Reinbek 1988.

–: Rolf Dieter Brinkmann zum Fünfzigsten, unveröffentlichte Texte, hg. v. Udo Seinsoth, Bremen 1990.

–: Kollaborationen Briefe Essays, in Literaturmagazin 36, Reinbek 1995, S. 50-155.

–: Briefe an Hartmut 1974-75, Reinbek 1999.

–: Westwärts 1&2, erweiterte Neuausgabe, Reinbek 2005.

–: Korrespondenz mit Ron Padgett 1968-69, unveröffentlicht.

– (Hg.): Silverscreen, Neue amerikanische Lyrik, Köln 1969.

– / Rygulla, Ralf Rainer (Hgg.): ACID, Neue amerikanische Szene, Reinbek 1983.

Burckhardt, Rudolph: Mounting Tensions, 16mm-Film, New York 1950.

Celan, Paul: Gedichte, 2 Bde., Frankfurt a.M. 1975.

Cendrars, Blaise: La Prose du transsibérien et de la Petite Jeanne de France, Couleurs simultanées de Sophia Delaunay-Terk, Paris 1913.

–: Profond aujourd'hui, Paris 1917.

–: La fin du monde filmée par l'Ange N.-D., Compositions en couleurs par Fernand Léger, Paris 1919.

–: L'ABC de Cinéma, Paris 1926.

–: Interview de Blaise Cendrars sur le Cinéma, in Les cahiers du mois 16/17, S. 138-142.

–: Aujourd'hui, Paris 1930.

–: Hollywood, la Mecque du Cinéma, Avec 29 dessins de Jean Guérin, Paris 1936.

–: Préface, in Erich von Stroheim, Poto-Poto, Paris 1956.

–: Œuvres complètes V, Préface d'Henry Miller, Paris 1960.

–: Œuvres complètes VI, Paris 1961.

–: Œuvres complètes IV, Paris 1962.

–: Œuvres complètes VIII, Bibliographie inédite, Paris 1964.

–: Inédits sécrets, présenté par Miriam Cendrars, Paris 1980.

–: Contrebandiers, Scénario de Blaise Cendrars, in Jean Vigo, Œuvre de Cinéma, Préface de François Truffaut, Paris 1985, S. 395-410.

–: Hollywood, Tout autour d'aujourd'hui vol. 3, Nouvelle édition des œuvres de Blaise Cendrars, Paris 2001.

–: Poésies complètes, Tout autour d'aujourd'hui vol. 1, Nouvelle édition des œuvres de Blaise Cendrars, Paris 2005.

Corso, Gregory/Höllerer, Walter (Hgg.): Junge amerikanische Lyrik, München 1961.

Crane, Hart: Complete Poems, New York/London 2001.

Creeley, Robert: Words, New York 1967.

–: The Finger, poems 1966-1969, London 1970.

–: Collected Essays, New York 1989.

–: Windows, New York 1990.

–: Selected Poems, Berkeley/Los Angeles/London 1991.

–: Echos, New York 1994.

De Chirico, Giorgio: Hebdomeros, Paris 1929.

Desnos, Robert: Cinéma, textes réunis et présentés par André Tchernia, Paris 1966.

Dorn, Edward: Gunslinger, Berkeley 1975.

Eich, Günter: Gesammelte Werke Bd. 1, Gedichte, hg. v. Axel Vieregg in Verbindung mit Ilse Aichinger, Frankfurt a.M. 1973.

Einstein, Carl/Westheim, Paul (Hgg.): EUROPA-Almanach, Malerei Literatur Musik Architektur Plastik Bühne Film Mode, Leipzig/Weimar 1984 [Reprint].

Eliot, Thomas Stearns: Gesammelte Gedichte 1909-1962, hg. u.m. einem Nachwort von Eva Hesse. Frankfurt a.M. 1988.

Eluard, Paul: Facile, poèmes, photographies par Man Ray, Paris 1935.

–: Choix de poèmes, Paris 1946.

Enzensberger, Hans Magnus: Mausoleum, 37 Balladen aus der Geschichte des Fortschritts, Frankfurt a.M. 1978.

– (Hg.): Museum der modernen Poesie, Frankfurt a.M. 1960.

Epstein, Jean: Bonjour Cinéma, Paris 1921.

–: La poésie d'aujourd'hui nouvel état d'intelligence, Paris 1921.

French, Philip (Hg.): The Faber book of movie verse, London 1993.

Goethe, Johann Wolfgang: Wilhelm Meisters Wanderjahre; Wilhelm Meisters theatralische Sendung; Gedenkausgabe der Werke, Briefe und Gespräche Bd. 8, hg. v. Ernst Beutler, Zürich 1949.

Goll, Iwan: Die Chapliniade, eine Kinodichtung, mit vier Zeichnungen von Fernand Léger, Dresden 1920.

–: Gefangen im Kreise, Dichtungen, Essays und Briefe, hg. v. Klaus Schumann, Leipzig 1982.

Goll, Claire: Lyrische Films, Gedichte, Basel/Leipzig 1922.

Greve, Ludwig: »Sie lacht« und andere Gedichte, Frankfurt a.M. 1992.

Grünbein, Durs: Grauzone morgens, Gedichte, Frankfurt a.M. 1989.

QUELLEN

Handke, Peter: Die Innenwelt der Außenwelt der Innenwelt, Frankfurt
a.M. 1969.
Hardekopf, Ferdinand: Morgen-Arbeit, in: Die Aktion 5, 1915, S. 650.
Heaney, Seamus: The Haw Lantern – Die Hagebuttenlaterne, Gedichte, a.d.
Englischen v. Giovanni Bandini und Ditte König. Frankfurt a.M. 1996.
Heine, Heinrich: Lutetia, in Sämtliche Schriften Bd. 9, hg. v. Klaus
Briegleb, München 1976.
Hessel, Franz: Ein Flaneur in Berlin, Berlin 1984.
Hofmannsthal, Hugo von: Reden und Aufsätze I, hg. v. Bernd Schoeller
in Beratung mit Rudolf Hirsch. Frankfurt a.M. 1979.
–: Reden und Aufsätze II, hg. v. Bernd Schoeller in Beratung mit Rudolf
Hirsch, Frankfurt a.M. 1979.
–: Gedichte, Dramen I, hg. v. Bernd Schoeller in Beratung mit Rudolf
Hirsch, Frankfurt a.M. 1979.
Holz, Arno: Phantasus, zur Einführung, Berlin 1922.
Jacob, Max: Cinématoma, Paris 1920.
–: Der Würfelbecher [Le Cornet à Dés], deutsch von Friedhelm Kemp,
Frankfurt a.M. 1968.
Jandl, Ernst: Sprechblasen, Stuttgart 1979.
Jean Paul: Werke Bd. 1, Die unsichtbare Loge/Hesperus (I), hg. v. Norbert Miller, München/Wien 1976.
Kling, Thomas: geschmacksverstärker, gedichte, Frankfurt a.M. 1988.
Lautréamont: Les chants de Maldoror, Œuvres complètes d'Isidore Ducasse, Paris 1963.
Lehmann, Wilhelm: Sämtliche Gedichte, hg. v. Hans Dieter Schäfer,
Stuttgart 1982.
Malanga, Gerard: Poetry on film, New York/Philadelphia 1972.
–: Screen Tests, Portraits Nudes 1964-1996, Göttingen 1998.
– / Warhol, Andy: Screen Tests, A Diary, New York 1967.
Marker, Chris: La jetée, ciné-roman, New York 1992.
McClure, Michael: Huge Dreams, San Francisco and Beat Poems, Introduction by Robert Creeley, Harmondsworth 1999.
Mekas, Jonas: Just like a shadow, Göttingen 2000.
Miller, Henry: Scenario, a film with sound, Paris 1937.
O'Hara, Frank: Selected Poems, ed. by Donald Allen, Harmondsworth
1994.
–: Lunch poems und andere Gedichte, a. d. Amerikanischen und mit
einem Essay v. Rolf Dieter Brinkmann, Köln 1969.
– / Leslie, Alfred: Frank O'Hara, outtakes from the NET-Series of the
American Poetry Archive at San Francisco State University, Filmmitschnitt 1966.

Olson, Charles: Selected Writings, ed. with an Introduction by Robert Creeley, New York 1967.

Pinthus, Kurt (Hg.): Das Kinobuch, Frankfurt a.M. 1983.

Pound, Ezra: Personae, the Shorter Poems of Ezra Pound, London 1990.

Priessnitz, Reinhard: vierundvierzig gedichte, Linz 1978.

Rheiner, Walter: Kokain, Lyrik, Prosa, Briefe, hg. v. Thomas Rietschel, Leipzig 1985.

Reverdy, Pierre: Les jockeys camouflés, trois poèmes agrémentés de 5 dessins inédits de Henri Matisse, Paris 1918.

–: Flaques de verre, Paris 1929.

–: Plupart du temps, poèmes 1915-1922, Paris 1969.

–: L'émotion appelée poésie, Écrits sur la poésie (1932-1960), Paris 1974.

–: Nord-Sud, Self-Defence et autres écrits sur l'art et la poésie (1917-1926), Paris 1975.

–: Main d'œuvre, poèmes 1913-1949, Paris 2000.

Rilke, Rainer Maria: Sämtliche Werke Erster Band, Frankfurt a.M. 1962.

–: Sämtliche Werke Sechster Band; Die Aufzeichnungen des Malte Laurids Brigge; Prosa 1906-1926, Frankfurt a.M. 1966.

Rimbaud, Arthur: Œuvres, Paris 1960.

–: Poèmes et poésies, Paris 1987.

Rubiner, Ludwig/Eisenlohr, Friedrich/Hahn, Livingstone: Kriminal-Sonette, München 1963.

Seiler, Lutz: vierzig kilometer nacht, gedichte, Frankfurt a.M. 2003.

Soupault, Philippe: Charlot, Paris 1931.

–: Poésies complètes. Paris 1937.

Stevens, Wallace: The Collected Poems, New York 1954.

Tieck, Ludwig: Phantasus, hg. v. Manfred Frank, Frankfurt a.M. 1985.

Trakl, Georg: Dichtungen und Briefe Bd. 1, hg. v. Walter Killy und Hans Szklenar, Salzburg 1969.

Tsakiridis, Vagelis (Hg.): Supergarde, Prosa der Beat- und Popgeneration, Düsseldorf 1969.

Tucholsky, Kurt: Ein Lesebuch für unsere Zeit, hg. v. Roland Links, Berlin/Weimar 1985.

Tzara, Tristan: Cinéma calendrier du cœur abstrait maisons, Illustrations sur bois par Jean Arp, Paris 1919.

–: De nos oiseaux, Paris 1929.

Warhol, Andy (1971): Blue movie, ein Film, a. d. Amerikanischen v. Hans Hermann, Berlin 1971.

Williams, William Carlos: Pictures of Breughel, Collected Poems 1950-1962, New York 1967.

–: The Autobiography of William Carlos Williams, New York 1967.

–: Selected Poems, New York 1985.

–: Collected Poems I 1909-1939, Manchester 2000.

Forschungs- und Sekundärliteratur

Abel, Richard: The Contribution of the French Literary Avant-Garde to Film Theory and Criticism (1907-1924), in: Cinema Journal 143, spring 1975, S. 18-40.

–: American Film and the French Literary Avant-Garde (1914-1924), in Contemporary Literature 17, 1976, S. 84-109.

Adorno, Theodor W.: Ästhetische Theorie, Frankfurt a.M. 1973.

–: Noten zur Literatur, Frankfurt a.M. 1981.

Albersmeier, Franz-Josef: Die Herausforderung des Films an die französische Literatur, Entwurf einer Literaturgeschichte des Films, Heidelberg 1985.

–: Theater Film Literatur in Frankreich, Darmstadt 1992.

– (Hg.): Texte zur Theorie des Films, Stuttgart 1998.

Arnold, Heinz Ludwig (Hg.): Text + Kritik 71, Rolf Dieter Brinkmann, München 1981.

– / Schäfer, Jörgen (Hgg.): Pop-Literatur, Edition Text + Kritik Sonderband X, München 2003.

Association Blaise Cendrars/Blaise Cendrars International Society (Hg.): Feuille de Routes No. 9, 1983.

Auslander, Philip: The New York school of poets as playwrights, O'Hara, Ashbery, Schuyler, Koch and the visual arts, New York 1989.

Baatsch, Henri-Alexis/Bailly, Jean-Christophe (Hgg.): Wozu Dichter in dürftiger Zeit/A quoi bon les poètes en un temps de manque?/Why poets in a hollow age? Paris 1978.

Barthes, Roland: Die Lust am Text, Frankfurt a.M. 1974.

Bawden, Liz-Anne: rororo Film-Lexikon, Edition der deutschen Ausgabe von Wolfram Tichy, Bde. 1-3 Filme, Bde. 4-6 Personen, Reinbek 1978.

Béhar, Henri: Débris, collage et invention poétique, in: Europe 566, 1976, S. 102-114.

Benjamin, Walter: Das Kunstwerk im Zeitalter seiner technischen Reproduzierbarkeit, Frankfurt a.M. 1963.

–: Illuminationen, Ausgewählte Schriften, zusammengestellt v. Siegfried Unseld, Frankfurt a.M. 1977.

–: Gesammelte Schriften II, hg. v. Rolf Tiedemann/Hermann Schweppenhäuser, Frankfurt a.M. 1977.

–: Gesammelte Schriften VI, hg. v. Rolf Tiedemann/Hermann Schweppenhäuser, Frankfurt a.M. 1985.

–: Sprache und Geschichte, Philosophische Essays, mit einem Essay von Theodor W. Adorno, Stuttgart 2002.

–: Medienästhetische Schriften, Frankfurt a.M. 2002.

Bense, Max: Plakatwelt, Stuttgart 1952.

Bergmann, Harald/Fiedler, Ralf: Zu Burroughs' & Brinkmanns Cut-up Seiten, in: Literaturmagazin 44, Reinbek 1999, S. 5-25.

Bessière, Irène: Die Darstellung des Phantastischen in der Literatur und im Film, in: Dimensionen des Phantastischen, Studien zu E. T. A. Hoffmann, hg. v. Jean-Marie Paul, St. Ingbert 1998, S. 47-58.

Beyer, Marcel/Kramer, Andreas (Hgg.): William S. Burroughs, Eggingen 1995.

Bochner, Jay: Writing a Cinema, Blaise Cendrars and the Documentary Idea, in: Feuille de Routes No. 9, 1983, S. 36-48.

Bohrer, Karl Heinz: Die gefährdete Phantasie, oder Surrealismus und Terror, München 1970.

–: Plötzlichkeit, zum Augenblick des ästhetischen Scheins, Frankfurt a.M. 1981.

Bonnefoy, Yves: Préface, in: Baudelaire/Paris, hg. v. Claude Pichois und Jean-Paul Avice, Paris 1993, S. 11-23.

Born, Nicolas: Stilleben einer Horrorwelt, in: Petrarca-Preis 1975-1979, Rolf Dieter Brinkmann Sarah Kirsch Ernst Meister Herbert Achternbusch Alfred Kolleritsch Zbigniew Herbert, hg. v. Joachim Heimannsberg, o.O., S. 125-128.

Braun, Michael: Poesie ohne Wörter, die Sprachkrise des Rolf Dieter Brinkmann, in: Sprache im technischen Zeitalter 90, 1984, S. 145-152.

–: Eklektizismus und Montagekunst, in: Sprache im technischen Zeitalter 98, 1986, S. 91-106.

Brundiers, Ludwig: »Als ich ohne Wörter im Kopf war, begann ich tastend zu sehen«, zur Aktualität Rolf Dieter Brinkmanns, WDR-Fernsehfilm, Köln 1988.

Brüne, Klaus et al. (Hgg.): Lexikon des internationalen Films, 10 Bde., Reinbek 1987-1995.

Buch, Hans Christoph: Hanf um einen kaputten Wasserhahn, zu R. D. Brinkmanns Gedichten, in: Das Hervortreten des Ichs aus den Wörtern, München 1978, S. 150-154.

Burdorf, Dieter: Einführung in die Gedichtanalyse, 2., überarbeitete und aktualisierte Auflage, Stuttgart/Weimar 1997.

Bürger, Peter: Theorie der Avantgarde, Frankfurt a.M. 1974.

Burri, Peter (Hg.): Cendrars entdecken, Basel 1986.

Caws, Marie-Ann: Blaise Cendrars – A Cinema of Poetry, in: The Inner

Theater of Recent French Poetry, Cendrars Tzara Péret Artaud Bonne-foy, Princeton, N. J. 1972, S. 25-51.

Cendrars, Miriam: Blaise Cendrars, Basel 1986.

Chefdor, Monique: Cendrars et le simultanéisme, in: Europe 566, 1976, S. 24-29.

–: Blaise Cendrars outre-Atlantique, Perspectives postmodernistes, in Blaise Cendrars 20 ans après, hg. v. Claude Leroy, Paris 1983, S. 39-47.

– (Hg.): Cendrars et l'Amérique, Paris 1989.

– et al. (Hgg.): Modernités de Blaise Cendrars, Actes d'un colloque tenu du 20 au 30 juillet 1987 à Cerisy-la-Salle, Marseille 1988.

Clair, René: Kino, Kritische Notizen zur Entwicklungsgeschichte des Films, a. d. Französischen v. Eva Fehsenbecker et al., Zürich 1995.

Clébert, Jean-Paul: Cendrars et le surréalisme, in Europe 566, 1976, S. 30-35.

Colville, Georgiana M. M.: Blaise Cendrars, écrivain protéiforme, Amsterdam et al. 1994.

Conget, José Maria (Hg.): Viento del cine, Madrid 2002.

Daniels, Dieter: Kunst als Sendung, Stuttgart 2002.

Debrix, Jean (1956): Cinema and Poetry, in Yale French Studies 17, 1956, S. 86-104.

Di Bella, Roberto: Zur Romanpoetik von Rolf Dieter Brinkmann, in Rolf Dieter Brinkmann, Blicke ostwärts – westwärts, hg. v. Gudrun Schulz und Martin Kagel, Vechta 2001, S. 248-258.

Dörr, Marianne: Medien, Moderne, Schreiben, Untersuchung zur Medienthematik bei Charles Ramuz und Blaise Cendrars, Heidelberg 1991.

Elm, Theo/Hiebel, Hans H. (Hgg.): Medien und Maschinen, Literatur im technischen Zeitalter, Freiburg i.Br. 1991.

Enzensberger, Hans Magnus: Baukasten zu einer Theorie der Medien, in Kursbuch 20, 1970, S. 159-186. Paris.

Epstein, Jean: Le cinéma du diable, Paris 1947.

Feldges, Brigitte/Stadler, Ulrich: E. T. A. Hoffmann, Epoche – Werk – Wirkung, München 1986.

Film-Makers Cooperative (Hrsg.): On Rudy Burckhardt, Film-Makers Cooperative Catalogue No. 7, New York 1989.

Flückiger, Jean-Carlo: Musik ist eine Himmelsmacht, in: Cendrars entdecken, hg. v. Peter Burri, Basel 1986, S. 64-75.

Foucault, Michel: Andere Räume, in Short Cuts 3, hg. v. Peter Gente et al., Frankfurt a.M. S. 20-38.

Friedrich, Hugo: Die Struktur der modernen Lyrik, von der Mitte des neunzehnten bis zur Mitte des zwanzigsten Jahrhunderts, erweiterte Neuausgabe, Reinbek 1992.

Geduldig, Gunter (Hg.): Amerikanischer Speck, englischer Honig, italienische Nüsse, Rolf Dieter Brinkmann zum 60., Vechta 2000.

– / Sagurna, Marco (Hgg.): Too much, das lange Leben des Rolf Dieter Brinkmann, Vechta 2002.

– / Wehebrink, Claudia: Bibliographie Rolf Dieter Brinkmann, Bielefeld 1997.

Gehlen, Arnold: Die Seele im technischen Zeitalter, Hamburg 1964.

Gemünden, Gerd: The depth of the surface, or, what Rolf Dieter Brinkmann learned from Andy Warhol, in The German Quarterly 68, 1995, Cherry Hill, New Jersey. S. 235-250.

Giraud, Eric et al. (Hgg.): Poésie et cinéma américain, Marseille 1998.

Goldenstein, Jean-Pierre: Vers une systématique du poème élastique, in Europe 566, 1976, S. 115-130.

–: »Dix-neuf poèmes élastiques« de Blaise Cendrars, Paris 1986.

Goldstein, Laurence: The American Poet at the Movies, Ann Arbor 1994.

Greve, Ludwig et al. (Hgg.): »Hätte ich das Kino!« Die Schriftsteller und der Stummfilm, Marbach a.N. 1976.

Großklaus, Götz: Verlust und Wiedergewinnung der eigenen Geschichte, Rolf Dieter Brinkmann – Alexander Kluge, in: Gegenwart als kulturelles Erbe, hg. v. Bernd Thum, München 1985, S. 335-365.

–: Medien-Zeit, Medien-Raum, Frankfurt a.M. 1995.

–: Wahrnehmungswandel im Übergang zum technischen Zeitalter, in Medien-Zeit Medien-Raum, Frankfurt a.M. 1995, S. 72-102.

Grimm, Reinhold: Montierte Lyrik, in: Evokation und Montage, hg. v. Reinhold Grimm und Hermann Otto Burger, Göttingen 1961, S. 44-68.

Gruenter, Undine: Elegie mit Strumpfhose, in: 1000 deutsche Gedichte und ihre Interpretationen, hg. v. Marcel Reich-Ranicki, Frankfurt a.M. 1994, S. 306-308.

Grzimek, Bernhard: »Ich war wirklich«, eine Erinnerung an Rolf Dieter Brinkmann, Radiofeature SWF, Stuttgart 1995.

Güttinger, Fritz: Der Stummfilm im Zitat der Zeit, Frankfurt a.M. 1984.

–: Kein Tag ohne Kino, Schriftsteller über den Stummfilm, Frankfurt a.M. 1984.

Hagen, Jens: Fotosequenz ›R. D. B. filmend‹, Köln, Hohe Straße, Juli '68, in: Literaturmagazin 44, Reinbek 1999, S. 32-34.

Hamon, Philippe: Imageries, Littérature et image au XIX siècle, Paris 2001.

Hansen, Miriam: Mass Culture as Hieroglyphic Writing, in: New German Critique 56, 1992, S. 43-73.

Hartung, Harald: Die Glaskugel, in der es schneit – ein Filmmotiv in neuer Lyrik, in: Deutsche Lyrik 1965-1985, München 1989, S. 143-147.

Hein, Birgit: Film im Underground, Frankfurt a.M./Berlin/Wien 1971.

Hein, Wilhelm et al. (Hg.): XSCREEN, Materialien über den Underground-Film, Köln 1971.

Heller, Heinz-B.: Literarische Intelligenz und Film. Zu Veränderungen der ästhetischen Theorie und Praxis unter dem Eindruck des Films 1910-1930 in Deutschland. Tübingen 1985.

Herd, David: John Ashbery and American Poetry, Manchester 2000.

Herrmann, Karsten: Breakthrough in the Grey Room, Rolf Dieter Brinkmann und William S. Burroughs, in: Literaturmagazin 44, Reinbek 1999, S. 26-31.

Hickethier, Knut: Film- und Fernsehanalyse, Stuttgart 1993.

Hinck, Walter: Stationen der deutschen Lyrik, von Luther bis in die Gegenwart, 100 Gedichte mit Interpretationen, Göttingen 2000.

Hoffmann, E. T. A.: Fantasiestücke in Callot's Manier, Werke 1814, hg. v. Hartmut Steinecke et al., Frankfurt a.M. 1993.

Höllerer, Walter: Thesen zum langen Gedicht, in: Akzente 2/1965, S. 128-130.

Hörisch, Jochen: Ende der Vorstellung, Frankfurt a.M. 1999.

Iser, Wolfgang (Hg.): Immanente Ästhetik – ästhetische Reflexion, Lyrik als Paradigma der Moderne, München 1966.

Jansen, Peter W./Schütte, Wolfram (Hgg.): Jean-Luc Godard, München 1979.

– : John Cassavetes, München 1982.

Jauß, Hans Robert: Literaturgeschichte als Provokation, Frankfurt a.M. 1973.

Jordan, Lothar: Zur amerikanischen Wirkung auf westdeutsche Lyrik seit 1965, in: Blick über die Grenzen, hg. v. Lothar Jordan, Frankfurt a.M. 1984, S. 139-158.

–: Europäische und nordamerikanische Gegenwartslyrik im deutschen Sprachraum 1920-1970, Tübingen 1994.

Kaes, Norbert: Kino-Debatte, Texte zum Verhältnis Film – Literatur 1909-1929, Tübingen 1978.

Kaiser, Gerhard: Geschichte der deutschen Lyrik von Heine bis zur Gegenwart Bd. 2, Frankfurt a.M. 1991.

Kaiser, Gerhard R.: Proust – Musil – Joyce, Frankfurt a.M. 1972.

–: Einführung in die Vergleichende Literaturwissenschaft, Darmstadt 1980.

–: Baudelaire pro Heine contra Janin, in Heine-Jahrbuch 22, 1983, S. 134-178.

–: Zur Metaphorik der Moderne, in Synthesis 10, Bukarest, S. 65-77.

–: »Vulkan«, »Féerie«, »Lusthaus«, in: Rom – Paris – London, hg. v. Conrad Wiedemann, Stuttgart. S. 479-511.

Katz, Vincent: Film collaborations, in: Rudy Burckhardt and Friends, New York Artists of the 1950s and 60s, hg. v. New York University und Grey Art Gallery, New York 2000, S. 8f.

Kayser, Wolfgang: Geschichte des deutschen Verses, Bern 1960.

Kermani, David K.: John Ashbery, a comprehensive bibliography, New York 1976.

Kittler, Friedrich A.: Aufschreibesysteme 1800/1900, 2., erw. und korr. Auflage, München 1987.

Kloock, Daniela/Spahr, Angelika: Medientheorien, Stuttgart 1995.

Kohlroß, Christian: Theorie des modernen Naturgedichts, Loerke Eich Brinkmann, Würzburg 2000.

Koriath, Helen: Larry Rivers' Bildende Kunst in Beziehung zur Dichtung Frank O'Haras, Frankfurt a.M. 1990.

Kracauer, Siegfried: Theorie des Films, Frankfurt a.M. 1985.

–: Kino, Essays, Studien, Glossen zum Film, hg. v. Karsten Witte, Frankfurt a.M. 1974.

–: Die Photographie, in Aufsätze 1927-1931, hg. v. Inka Mülder-Bach, Frankfurt a.M. S. 83-98.

–: Americana, in Aufsätze 1932-1965, hg. v. Inka Mülder-Bach, Frankfurt a.M., S. 302-311.

Kramer, Andreas: Schnittpunkte in der Stille, Rolf Dieter Brinkmann und William S. Burroughs, in: William S. Burroughs, hg. v. Marcel Beyer und Andreas Kramer, Eggingen 1995, S. 153-166.

–: »Basis aller neuen kommenden Kunst ist das Kino«, Yvan Goll und das Medium Film, in: Yvan Goll – Claire Goll, hg. v. Eric Robertson und Robert Vilain, Amsterdam 1997, S. 83-95.

–: »Der Raum macht weiter« – Überlegungen zum langen Gedicht bei Rolf Dieter Brinkmann, in: Rolf Dieter Brinkmann, Blicke ostwärts – westwärts, hg. v. Gudrun Schulz und Martin Kagel, Vechta 2001, S. 269-284.

–: Claire Goll, in: Deutschsprachige Exilliteratur seit 1933 Bd. 3 USA Teil 3, hg. v. John M. Spalek et al., Bern/München 2002, S. 13-34.

–: Zur Rezeption amerikanischer und britischer Literatur in den sechziger Jahren, in: Pop-Literatur, hg. v. Heinz Ludwig Arnold und Jörgen Schäfer, München 2003, S. 26-40.

Kulcsár-Szábo, Erno: Wie (un)zugänglich sind literarische »Bewegungsbilder«? Zur Lesbarkeit kinetographischer Techniken in der Lyrik zwischen Avantgarde und Spätmoderne, in: »und Thut ein Genügen Seinem Ambt«, Festschrift für Karl Manherz zum 60. Geburtstag, hg. v. Maria Erb et al., Budapest, S. 333-342.

Lacassin, Francis: Louis Feuillade, Paris 1964.

–: Gustave Le Rouge, le gourou secret de Blaise Cendrars, in: Europe 566, 1976, S. 71-93.

Lamping, Dieter: Gibt es eine Weltsprache der modernen Poesie? Über W.C. Williams' deutsche Rezeption, in Literatur und Theorie, Göttingen 1996, S. 69-85.

Lehman, David: Beyond amazement, new essays on John Ashbery, Ithaca/New York 1980.

Lehmann, Hans-Thies: Die Sprache neu (er)finden, Anmerkungen zum Thema Arthur Rimbaud, in: Merkur 8, 1982, S. 826-835.

–: SCHRIFT/BILD/SCHNITT, Graphismus und die Erkundung der Sprachgrenzen bei Rolf Dieter Brinkmann, Literaturmagazin 36, Reinbek 1995, S. 182-197.

Leonard, Arthur Byron: Poetry and Film, Aspects of the Avant-Garde in France (1918-1932), Stanford 1975.

Leroy, Claude (Hg.): Blaise Cendrars 20 ans après, Paris 1983.

Lévi-Strauss, Claude: Das wilde Denken, a. d. Französischen v. Hans Naumann, Frankfurt a.M. 1973.

Lippard, Lucy R.: Rudy Burckhardt, moviemaker, photographer, painter, in: Art in America, March-April 1975, S. 75-81.

Löser, Philipp: Mediensimulation als Schreibstrategie, Film, Mündlichkeit und Hypertext in postmoderner Literatur, Göttingen 1999.

Mandelstam, Ossip: Gespräch über Dante, Gesammelte Essays 1925-1935, a. d. Russischen v. Ralph Dutli, Frankfurt a.M. 1994.

Martin, Marcel: Le langage cinématographique, Paris 1975.

McCabe, Susan: Cinematic modernism – Modernist poetry and film, Cambridge 2005.

McLuhan, Herbert Marshall: Die magischen Kanäle, Düsseldorf 1964.

Möbius, Hanno: Montage und Collage, München 2000.

Monaco, James: Film verstehen, Reinbek 1980.

Moscariello, Angelo: Poeti al cinema, Bologna 1996.

Mourier, Maurice: Cendrars, une écriture travaillée par le Cinéma, in: Feuille de Routes No. 9, 1983, S. 49-57.

Mueller, Agnes C.: Rolf Dieter Brinkmann und die Vermittlung amerikanischer Lyrik, in: Rolf Dieter Brinkmann, Blicke ostwärts – westwärts, hg. v. Gudrun Schulz und Martin Kagel, Vechta 2001, S. 190-206.

Müller, Wolfgang G.: Rilke, Husserl und die Dinglyrik der Moderne, in: Rilke und die Weltliteratur, hg. v. Manfred Engel und Dieter Lamping, Frankfurt a.M. 1999, S. 214-235.

–: »Neue Gedichte/Der Neuen Gedichte anderer Teil«, in: Rilke-Handbuch, hg. v. Manfred Engel unter Mitarbeit von Dorothea Lauterbach, Stuttgart/Weimar 2004, S. 296-318.

Musil, Robert: Ansätze zu neuer Ästhetik, Bemerkungen über eine Dramaturgie des Films, in: Gesammelte Werke 8, hg. v. Adolf Frisé, Reinbek. S. 1137-1154.

Nekes, Werner: Film before Film, VHS-Kassette, 1986.

Nietzsche, Friedrich: Kritische Studienausgabe, hg. v. Giorgio Colli und Mazzino Montinari, 13 Bde., München/Berlin/New York 1999.

Nowell-Smith, Geoffrey (Hg.): Geschichte des internationalen Films, Stuttgart/Weimar 1998.

Œil de Bœuf 22 (Hgg.): John Ashbery, Paris 2001.

Onimus, Jean: Cinéma et poésie, in: Études cinématographiques II, 1961, S. 2-16.

Padgett, Ron: Poets and Painters in Paris, 1919-39, in: The Avant-Garde, hg. v. John Ashbery und Thomas B. Hess, New York 1968, S. 85-95.

Paech, Joachim: Das Kino, die Eisenbahn und die Geschichte des filmischen Sehens, in: Kino-Express, hg. v. Ulf Meyer, München/Luzern 1985.

–: Literatur und Film, Stuttgart 1988.

Panofsky, Erwin: Stil und Medium im Film, Frankfurt a.M. 1999.

Patalas, Enno (Hg.): Andy Warhol und seine Filme, München 1971.

Perloff, Marjorie: Frank O'Hara – Poet among Painters, Austin, Texas 1979.

–: The Poetics of Indeterminacy, Princeton, NJ 1981.

–: »Mouvences de midis«, les »poèmes élastiques« de Blaise Cendrars et Frank O'Hara, in: Cendrars et l'Amérique, hg. v. Monique Chefdor, Paris 1989, S. 97-124.

–: »Transparent Selves«, the poetry of John Ashbery and Frank O'Hara, in: Yearbook of English Studies 8, 1978, S. 171-196.

Pickerodt, Gerhart: »Der Film in Worten«, Rolf Dieter Brinkmanns Provokation der Literatur, in: WB 37, 1991, S. 1028-1042.

Pilard, Philippe: Cendrars – Cinéma de rêve, rêve de cinéma, in: Modernités de Blaise Cendrars, hg. v. Monique Chefdor et al. Marseille 1988, S. 123-132.

Poupon, Marc: Apollinaire et Cendrars, Paris 1969.

Prinz, Manfred: Das Motiv der Reise im Frühwerk von Blaise Cendrars (1910-1929), Genève 1985.

Ramirez, Francis: Poésie & cinéma, in: Le cinéma au rendez vous desarts, hg. v. Emanuelle Toulet, Paris 1996, S. 30-41.

Reichardt, Ulfried: Innenansichten der Postmoderne – Zur Dichtung John Ashberys, A. R. Ammons', Denise Levertovs und Adrienne Richs, Würzburg 1991.

Richter, Hansjürgen: Ästhetik der Ambivalenz, Studien zur Struktur

»postmoderner« Lyrik, exemplarisch dargestellt an Rolf Dieter Brinkmanns Poetik und dem Gedichtband »Westwärts 1&2«, Frankfurt
a.M. 1983.

Riha, Karl: Cross-Reading und Cross-Talking, Zitat-Collagen als poetische und satirische Technik, Stuttgart 1971.

Röhnert, Jan: »Meine erstaunliche Fremdheit!« Zur poetischen Topographie des Fremden am Beispiel von Rolf Dieter Brinkmanns Reiselyrik,
München 2003.

–: »Es grüßt uns sehr/Herr Apollinaire«, zur Präsenz der französischen
Avantgarde in der deutschen Nachkriegslyrik – der Beitrag Rolf Dieter
Brinkmanns, in: LiLi 134, 2004, S. 129-146.

Rother, Rainer (Hg.): Sachlexikon Film, Reinbek 1997.

Rußegger, Arno: Mimesis in Wort und Bild, in: Die Ungetreuen und
Nichtvereinten, Studien zum Verhältnis von Film und Literatur, hg. v.
Friedbert Aspetsberger und Arno Rußegger, Innsbruck 1995, S. 11-29.

Sartorius, Joachim: Die Oberfläche des Sommers oder Was Brinkmann
mit Ashbery machte, in: Akzente 3/1985, S. 196-198.

Schäfer, Hans Dieter: Rolf Dieter Brinkmann, in: Die deutsche Lyrik
1945-1975, hg. v. Klaus Weissenberger, Düsseldorf 1981, S. 391-405.

Schäfer, Jörgen: Pop-Literatur, Rolf Dieter Brinkmann und das Verhältnis zur Populärkultur in der Literatur der sechziger Jahre, Stuttgart
1998.

Schenk, Klaus: Das Fernsehgedicht, Medienbezüge in deutschsprachiger
Lyrik der sechziger und siebziger Jahre, in: Bildschirmfiktionen, Inter-
ferenzen zwischen Literatur und neuen Medien, hg. v. Julika Griem,
Tübingen 1998, S. 89-116.

Schindler, Stefan K.: »Der Film in Worten«, R. D. Brinkmanns postmoderne Poetik, in: Seminar 32, 1996, S. 44-61.

Schlemmer, Gottfried (Hg.): Avantgardistischer Film 1951-1971, München 1973.

Schmid, Axel: Über hermetische Poesie und das Sehen bei Celan und
Brinkmann, in: NZZ v. 06.03.1993, S. 49f.

Schultz, Susan M. (Hg.): The tribe of John. Ashbery and contemporary
poetry, Tuscaloosa 1995.

Schulz, Genia: Nachwort, in: Rolf Dieter Brinkmann, Künstliches Licht,
Lyrik und Prosa, hg. v. Genia Schulz, Stuttgart, S. 153-166.

Schulz, Gudrun/Kagel, Martin (Hgg.): Rolf Dieter Brinkmann, Blicke
ostwärts – westwärts, Beiträge des 1. Internationalen Symposions zu
Leben und Werk Rolf Dieter Brinkmanns, Vechta 2001.

Schwalfenberg, Claudia: Die andere Modernität, Strukturen des Ich-
Sagens bei Rolf Dieter Brinkmann, Münster 1997.

Schweinitz, Jörg: »Der Selige Kintopp«, in: Film, Fernsehen, Video und die Künste, Strategien der Intermedialität, hg. v. Joachim Paech, Stuttgart 1994, S. 72-88.

– (Hg.): Prolog vor dem Film, Nachdenken über ein neues Medium, Leipzig 1992.

Seeßlen, Georg: Der Asphalt-Dschungel, Geschichte und Mythologie des Gangster-Films, Reinbek 1980.

Seng, Joachim: »Damit der Schrei der Opfer nicht verstummt«, Paul Celan und der Dokumentarfilm »Nacht und Nebel«, in: Neue Rundschau 112, 2001, S. 166-171.

Shapiro, David: John Ashbery, an introduction to the poetry, New York 1979.

Shi, David E.: The Impact of the American Cinema upon the French Avant-Garde 1918-1924, in: Journal of Popular Culture 14, 1981, S. 583-596.

Shoptaw, John: On the outside looking out, John Ashbery's poetry, Cambridge, Mass. 1994.

Simmel, Georg: Die Großstädte und das Geistesleben, in: Das Individuum und die Freiheit, Essais, Frankfurt a.M. 1993, S. 192-204.

Simmons, Sherwin: Chaplin Smiles on the Wall, Berlin Dada and Wish Images of Popular Culture, in New German Critique 84, 2001, S. 3-36.

Sontag, Susan: A Susan Sontag Reader, New York 1982.

–: Geist als Leidenschaft, Ausgewählte Essays zur modernen Kunst und Kultur, Leipzig und Weimar 1989.

–: Über Fotografie, Frankfurt a.M. 1992.

–: Kunst und Antikunst, 24 literarische Analysen, Frankfurt a.M. 1995.

Späth, Sybille: Rolf Dieter Brinkmann, Stuttgart 1989.

Staiger, Jeff: The hitherside of history – Tone, knowledge and spirit in John Ashbery's »The System«, in: Texas studies in literature and language 39, 1997, S. 80-96.

Steland, Dieter: Antipoetische Poesie, in: Cendrars entdecken, hg. v. Peter Burri, Basel 1986, S. 31-36.

Stolz, Dieter: »Zuviele Wörter, zuwenig Leben« oder »He, he, wo ist die Gegenwart?«. Lyrik und Fotografie am Beispiel von Rolf Dieter Brinkmann, in: Sprache im technischen Zeitalter 133, S. 98-117.

Strauch, Dieter: Rolf Dieter Brinkmann, Studie zur Text-Bild-Montagetechnik, Tübingen 1998.

Sutherland, Marielle: Sex, Wort und Bild in »Godzilla«, in: Rolf Dieter Brinkmann, Blicke ostwärts – westwärts, hg. v. Gudrun Schulz und Martin Kagel. Vechta 2001, S. 168-171.

Thibault, Jean-François: Cendrars et Survage, Rhythmes colorés, in: Blaise Cendrars 20 ans après, hg. v. Claude Leroy, Paris 1983, S. 183-188.

Thurman, James: Subjektkonstitution im Wahrnehmungsprozess – Rolf Dieter Brinkmanns Gedicht »Fotos 1, 2«, in: Blicke ostwärts – westwärts, hg. v. Gudrun Schulz und Martin Kagel, Vechta 2001, S. 327-333.

Toulet, Emmanuelle (Hg.): Le cinéma au rendez-vous des arts, France, années 20 et 30, Paris 1996.

Ullmaier, Johannes: Yvan Golls Gedicht »Paris brennt«, Tübingen 1995.

Umlauf, Joachim: Mensch, Maschine und Natur in der frühen Avantgarde, Blaise Cendrars und Robert Delauney, Würzburg 1995.

Urbe, Burglind: Lyrik, Fotografie und Massenkultur bei Rolf Dieter Brinkmann, Frankfurt a.M. 1985.

Valéry, Paul: Regards sur le monde actuel et autres essais, Paris 1945.

–: Œuvres II, Paris 1960.

Vanoye, Francis: Le cinéma de Cendrars, in: Europe 566, 1976, S. 183-196.

–: Cendrars et Gance à La Roue, in: Blaise Cendrars 20 ans après, hg. v. Claude Leroy, Paris 1983, S. 189-192.

–: Préface, in: Blaise Cendrars, Tout autour d'aujourd'hui Vol. 3, Paris 2001, S. ix–xxii.

Vietta, Silvio: Expressionistische Literatur und Film, in: Mannheimer Berichte aus Forschung und Lehre 10, 1975, S. 294-299.

Virilio, Paul: Ästhetik des Verschwindens, Berlin 1986.

–: Die Sehmaschine, Berlin 1989.

Virmaux, Odette: Les Surréalistes et le Cinéma, Paris 1976.

Ward, Geoff: The New York School of Poets, Basingstoke 2001.

Watzkin, William: In the Process of Poetry, The New York School and the Avant Garde, Bucknell 2001.

Weingart, Brigitte: Bilderschriften, McLuhan, Literatur der sechziger Jahre, in: Pop-Literatur, hg. v. Heinz Ludwig Arnold und Jörgen Schäfer, München 2003, S. 81-103.

Weiss, Peter: Avantgarde Film, Frankfurt a.M. 1995.

Werner, Paul: Film noir, Frankfurt a.M. 1985.

Willems, Gottfried: Großstadt- und Bewußtseinspoesie, Tübingen 1981.

Wolf, Reva: Andy Warhol, poetry, and gossip in the 1960s, Chicago/London 1997.

Wolf, Werner: »Cross the Border – Close that Gap«, towards an Intermedial Narratology, in: European Journal of English Studies 8, 2004, S. 81-103.

Zischler, Hanns (Hg.): Literaturmagazin Nr. 43, Borges im Kino, Reinbek 1999.

Namenindex

Veröffentlicht mit Unterstützung der
LUDWIG SIEVERS STIFTUNG
und der
GESCHWISTER BOEHRNGER INGELHEIM STIFTING
für Geisteswissenschaften in Ingelheim am Rhein

Bibliografische Information der Deutschen Nationalbibliothek

Die Deutsche Nationalbibliothek verzeichnet
diese Publikation in der Deutschen Nationalbibliografie;
detaillierte bibliografische Daten sind im Internet
über http://dnb.d-nb.de abrufbar.

© Wallstein Verlag, Göttingen 2007
www.wallstein-verlag.de
Vom Verlag gesetzt aus der Adobe Garamond
Umschlaggestaltung: NEUEFORM, Hermann Schmidt
Druck: Hubert & Co, Göttingen
Gedruckt auf alterungsbeständigem Papier

ISBN 978-3-8353-0215-0